이본 및 관련 문헌 참조한 교감, 누락 부분이 없는 완역
현전 '병자록' 이본군 가운데 最先本인 필사본 장서각 소장본
서인 노론 계열의 확대 재생산 과정에서 지대한 영향을 끼친 기록

구포 나만갑 병자록

鷗浦 羅萬甲 丙子錄

羅萬甲 원저 · 申海鎭 역주

머리말

이 책은 구포(鷗浦) 나만갑(羅萬甲)이 1636년 병자호란 당시 남한산성에 들어갔다가 전란으로 인해 갖은 고초를 겪고서 마침내 항복하지 않을 수 없었던 저간의 사정을 있는 그대로 기록한 《병자록(丙子錄)》을 번역하였다.

《병자록》은 '병자호란의 원인 서술', '일록', '타인으로부터 얻은 문건과 전문(傳聞)', '발문'으로 된 것이 기본적인 구성이라 할 수 있다. 좀 더 구체적으로 보자면, ①시초의 곡절, ②급보 이후의 일록, ③칸에게 올린 표문, ④각처 장수의 일, ⑤강화도 함락 진상 기록, ⑥척화신의 사적, ⑦난리 뒤에 생긴 일, ⑧청음이 무고 당한 일, ⑨청으로부터 받은 곤욕스런 일, ⑩발문 등으로 되어 있다. 특히, ①'시초의 곡절'은 '누르하치가 후금을 세운 경위', '정묘호란의 발발과 전개', '청조(淸朝)의 성립', '척화론의 대두', '불의의 괴변', '척화론자와 주화론자의 대립', '병자호란의 발발' 등의 세부 단락으로 구성되어 있다.

현전《병자록》은 세 종류의 이본군으로 나눌 수 있는바, 첫째 이본군은 ①부터 ⑩까지 갖춘 부류이고, 둘째 이본군은 ①에서 후금을 세운 경위와 정묘호란 과정을 생략한 뒤 청조의 성립부터 시작해서 ⑩까지 갖춘 부류이며, 셋째 이본군은 ①부터 ⑥까지 비슷하나 ⑦이 많이 생략되고 그 이하가 삭제된 부류이다.

이 책에서 역주의 텍스트로 삼은 한국학중앙연구원 소장 한문필사장서각본(청구기호: K2-207)은 첫째 이본군에 속한다. 그런데 이긍익(李肯翊, 1736~1806)이 지은 《연려실기술(燃藜室記述)》 제21권 〈폐주광해군고사본말(廢主光海君故事本末)·심하지역(深河之役)〉에 의하면, 나만갑의 《병자록》에서 인용한 대목으로 '누르하치의 후금을 세운 경위'가 있는데, 앞서 언급하였듯 현전 '병자록'의 이본들 가운데, 그 대목이 있는 필사본도 있고 없는 필사본도 있다. 장서각본은 그 대목이 병자록의 서두에 기록되어 있다. 이긍익이 〈연려실기술〉을 1777년부터 저술하기 시작하여 타계할 때까지 약 30년 동안에 걸쳐 완성한 것을 염두에 둔다면, 적어도 18세기 말까지는 그 대목이 전승되었음을 알 수 있으니, 없는 필사본은 후대의 파생본이라 해도 좋지 않을까 한다.

또한 장서각본과 흔히 견주는 이본으로서의 국립중앙도서관 소장 한문필사본(청구기호: 古2154-4)은 12월 28일 9행에서 32자를 누락시켜 필사하다가 5행 뒤에서야 누락 사실을 알고 다음 면의 첫행에 괄호로 삽입하였다. 그 누락시킨 첫부분이 장서각본에서 행을 달리한 곳의 첫부분이니, 국립중앙도서관본의 필사텍스트가 장서각본인 셈이라 하겠다. 이렇다면 소제목도 없고 오탈자도 많은 장서각본을 대본으로 삼아 소제목도 붙이고 오탈자도 교감하면서 또한 내용도 부연한 것이 국립중앙도서관본이 아닌가 한다. 국립중앙도서관본에서 "좌병사 허완과 우병사 민영" 부분이 장서각본에 비하여 대폭 부연(773글자)되어 있기 때문이다. 이에, 장서각본은 현전 《병자록》의 최선본(最先本)으로 추단할 수 있을 것이다.

나만갑(1592~1642)의 본관은 안정(安定), 자는 몽뢰(夢賚), 호는 구포(鷗浦)이다. 적성현감 나익(羅瀷, 1507~1537)의 증손자, 평산부사 나윤

침(羅允忱, 1527~1578)의 손자이다. 부친 공주목사와 평산부사 등을 지낸 나급(羅級, 1552~1602)과 모친 한성참군(漢城參軍) 김호선(金好善)의 딸 광산김씨(光山金氏) 사이에서 아들로 태어났다. 그는 11살의 나이에 아버지를 여의었다. 1613년 진사시에 입격하여 성균관에 입교하였으나, 인목대비의 서궁 유폐사건이 일어나자 모친과 함께 고향에 은거하였다. 1623년 인조반정 후 순릉참봉(順陵參奉)이 되었고, 그해 알성문과에 급제하여 벼슬길에 들어서며 승정원가주서가 되었다가 9월에 예문관검열이 되었다. 1624년 이괄의 난 때 한남도원수(漢南都元帥) 심기원(沈器遠)의 종사관으로 군수 물자를 공급한 공로로 홍문관수찬·부교리를 지냈고, 1625년 사간원헌납으로 김류(金瑬)가 등용한 북인 남이공(南以恭)을 반대하다 강동현감으로 좌천되었다. 1627년 정묘호란 당시 종사관으로 인조를 호종한 뒤, 1628년 병조정랑·사헌부지평을, 1631년 헌납을, 1632년 교리를 거쳐 1635년 형조참의가 되어 당시 좌의정 오윤겸을 비판하다가 파직되었다. 1636년 병자호란이 발발하자 남한산성으로 들어가 관향사(管餉使)로서 군량 공급에 큰 공을 세웠으나, 강화 직후 무고를 받아 영해(寧海)에 귀양 가는 도중 1637년 모친상을 치렀으며, 1639년 해배(解配)되어 경북 영주(榮州)에서 은거하였다.

나만갑이 《병자록》의 발문에서 서애 류성룡(1542~1607)의 《징비록》과 상촌 신흠(1566~1628)의 《상촌고(象村稿)》를 언급하고 있다. 《징비록》은 류성룡이 임진왜란과 정유재란에 대해 자신의 경험과 사실을 기록한 문헌인데 1599년 2월 집필하여 1604년에 마친 것으로 알려져 있다. 1633년 아들 류진(柳袗)이 《서애집》을 간행할 때 먼저 수록했다가 후손들의 요청으로 10년 뒤인 1642년에 의성현령(義城縣令) 엄정구

(嚴鼎耉)가 다시 16권의 목판본을 간행했다고 하는 주장이 있다.(신태영, 「〈징비록〉의 판본과 비판정본」, 『진단학보』 133, 진단학회, 2019, 298~300면) 반면, 외손 조수익(趙壽益)이 경상도 관찰사로 있을 때, 류성룡의 손자가 조수익에게 요청하여 1647년에 16권 7책으로 간행하였다고 한 설이 보다 정설로 받아들여 지고 있다. 나만갑의 몰년(1642)을 고려한다면 이런 상이한 주장은 되짚어 볼 필요가 있다. 그리고 《상촌고》는 1621년 상촌의 자서가 있고, 상촌의 아들 신익성이 활자본으로 1629년 간행한 것이다. 한편, 《병자록》을 보면 임오년(1642) 2월 송산참(松山站)에서 왕정신(王廷臣)이 청나라와 내응하는 기사가 실려 있다. 이렇게 본다면, 원전 《병자록》은 1642년에 탈고되었던 것으로 생각된다. 요컨대, 나만갑은 병자호란의 치욕을 직접 겪은 뒤 귀양살이를 하면서도 5년에 걸쳐 체험과 전문 등을 정리하여 탈고한 것이라 하겠다.

나만갑이 쓴 발문을 보면, "먼저 화란이 일어나게 된 연유를 언급했고, 다음에는 눈으로 자세히 본 것 및 전해 들은 것들은 두루 찾고 널리 묻되 여러 사람들의 말을 듣고 수집해서 크고 작은 일을 막론하여 다 거론하지 않은 것이 없으며, 어질고 그른 사람과 옳고 그른 일들에 대해 친소를 가리지 않고 사실에 의거하여 곧이곧대로 썼다.(先及其起禍之由, 次之以目見之詳, 若其傳聞者, 則旁搜廣訊, 博採群言, 毋論細大, 靡不畢擧, 人之賢否, 事之是非, 不問親疏, 據實直書.)"라고 하면서, 또한 "후세에 이것을 보는 자가 마치 눈앞에 펼쳐지는 것과 같다면 필시 조금이나마 보탬이 없지 않았다고 할 것이다.(後之覽此者, 幾若眼前, 則未必無少補云爾.)"라는 그의 소박한 소망을 언급하였다.

이 소박한 소망을 이루기 위해서는 한문으로 된 고문헌을 오늘날 현대어로 된 재현이 필요하다. 그래야만 눈앞에 펼칠 수 있을 것이기 때문이다. 과거의 역사가 있으므로 해서 오늘의 현재가 있고, 현재가 있으므로 해서 또한 미래가 있을 수 있음은 누구도 부인하지 못하는 것으로 자명하다. 특히 과거 전계층이 겪을 수밖에 없었던 수난의 역사를 기록한 고문헌에 대해 제대로 된 재현을 하기 위해서는 오늘날 현대인의 기호에 맞춘 정확한 번역이 필요하고, 또한 재현의 보충 자료로서 정교한 주석 작업이 필요하다. 고문헌의 제대로 된 재현이 우선하지 않은 학술적 논의는 협소한 장에서 몇몇 사람의 놀이에 지나지 않을 우려가 있는데도, 그간 홀대하여 간과한 측면이 없지 않아 마음을 아프게 한다. 이론을 적용하기 위한 텍스트 현란한 이해가 풍미하기보다는 텍스트의 정치한 해석에 기여하는 이론 적용을 위해서도 정치한 해석의 토대인 제대로 된 재현이 필요하다. 그 고문헌의 제대로 된 정확한 재현은 전통의 지속가능성을 확보할 수 있을 것이고, 또한 학술적 나눔과 공유의 실천을 통해 보다 많은 사람들이 참여하는 학문적 놀이터가 될 것이니, 자연 미래를 위한 안목도 도출될 것이라서 영속성을 지닌 새로운 방향성으로 나아갈 것이라 생각한다.

한결같이 하는 말이지만 나름대로 최선을 다하고자 했다. 그러함에도 불구하고 여전히 부족할 터이니 대방가의 질정을 청한다. 끝으로 편집을 맡아 수고해 주신 보고사 가족들의 노고와 따뜻한 마음에 심심한 고마움을 표한다.

2023년 10월 빛고을 용봉골에서

무등산을 바라보며 신해진

차례

구포 나만갑 병자록
鷗浦 羅萬甲 丙子錄

정축년(1637)

일러두기

이 책은 다음과 같은 요령으로 엮었다.

01. 번역은 직역을 원칙으로 하되, 가급적 원전의 뜻을 해치지 않는 범위 내에서 호흡을 간결하게 하고, 더러는 의역을 통해 자연스럽게 풀고자 했다. 다음의 자료가 참고되었다.
    • 『丙子錄』, 尹在瑛 역, 정음사, 1979.
02. 원문은 저본을 충실히 옮기는 것을 위주로 하였으나, 활자로 옮길 수 없는 古體字는 今體字로 바꾸었다.
03. 원문표기는 띄어쓰기를 하고 句讀를 달되, 그 구두에는 쉼표(,), 마침표(.), 느낌표(!), 의문표(?), 홑따옴표(' '), 겹따옴표(" "), 가운데점(·) 등을 사용했다.
04. 주석은 원문에 번호를 붙이고 하단에 각주함을 원칙으로 했다. 독자들이 사전을 찾지 않고도 읽을 수 있도록 비교적 상세한 註를 달았다.
05. 주석 작업을 하면서 많은 문헌과 자료들을 참고하였으나 지면관계상 일일이 밝히지 않음을 양해바라며, 관계된 기관과 여러분께 진심으로 감사드린다.
06. 이 책에 사용한 주요 부호는 다음과 같다.
    (　　) : 同音同義 한자를 표기함.
    [　　] : 異音同義, 出典, 교정 등을 표기함.
    "　　" : 직접적인 대화를 나타냄.
    '　　' : 간단한 인용이나 재인용, 또는 강조나 간접화법을 나타냄.
    〈　　〉 : 편명, 작품명, 누락 부분의 보충 등을 나타냄.
    「　　」 : 시, 제문, 서간, 관문, 논문명 등을 나타냄.
    《　　》 : 문집, 작품집 등을 나타냄.
    『　　』 : 단행본, 논문집 등을 나타냄.

07. 이 책과 관련된 안내 사항은 다음과 같다.

- 장경남, 「병자호란의 문학적 형상화 연구: 여성 수난을 중심으로」, 『어문연구』 31-3, 한문어문교육연구회, 2003.
- 김일환, 「병자호란 남한산성 경험의 '再話' 과정과 그 의미: 武人 형상화를 중심으로」, 『한국문학연구』 37, 동국대학교 한국문학연구소, 2009.
- 허태구, 「병자호란 강화도 함락의 원인과 책임자 처벌: 김경징 패전책임론의 재검토를 중심으로」, 『진단학보』 113, 진단학회, 2011.12.
- 박양리, 「병자호란의 기억, 그 서사적 형상과 의미」, 부산대학교 대학원 박사학위논문, 2015.

구포 나만갑 병자록

鷗浦 羅萬甲 丙子錄

번역과 원문

시초의 곡절

노아합적(奴兒哈赤: 누르하치)은 동(佟)이란 성을 쓰고, 옛 건주(建州)에 속한 부족 사람이다. 그의 할아버지 규장(叫場: 覺昌安)과 아버지 탑실(塔失: 塔克世)이 아태(阿台: 누르하치의 외삼촌)의 난에서 나라를 위하여 몸 바친 충성이 있었다. 누르하치는 이에 동쪽으로 달아났다가 점차 북쪽으로 장해(張海)·색실(色失)을 엄습하여 제추(諸酋)들을 누에가 뽕잎을 갉아 먹듯이 병탄하였고, 때로는 노략질하며 사로잡은 한인(漢人)들을 돌려보내어 스스로 중조(中朝: 명나라)와 결탁하였다.

얼마 후에 아부(阿部: 木札河部의 오기인 듯)의 오랑캐 극오십(克五十) 등이 시하(柴河)의 요새를 노략질하며 지휘사(指揮使) 유부(劉斧)를 죽이고서 건주로 달아나자, 노추(奴酋: 누르하치)는 즉시 극오십의 머리를 베어 명나라에 바치면서 승진시켜 주기를 바라고 또 오랑캐의 말을 바치면서 제 할아버지와 아버지가 병화에 죽었음을 아뢰니, 만력(萬曆) 17년 기축년(1589) 9월 누르하치에게 용호장군(龍虎將軍)이란 직이 내려졌다.

용호장군의 이름을 훔친 뒤로 동이(東夷)에서 과시하니 세력이 더욱 강해져 활을 잘 쏘는 군사가 수만이나 되었다. 만력 40년 임자년(1612) 겨울 누르하치는 제 동생 속아합적(速兒哈赤: 슈르하치)을 죽이고 그의 군사를 병합하여 올자(兀剌: 兀喇의 오기)의 여러 추장을 엄습하였다.

만력 45년 무오년(1618) 4월 누르하치는 몰래 무순(撫順)을 함락시키고자 유격(遊擊) 이영방(李永芳)을 사로잡아 성을 마침내 함락시키니, 총병(摠兵) 장승윤(張承胤)·부총병(副摠兵) 파정상(頗廷相)·유격 양여귀(梁汝貴)가 죽고 전군(全軍)이 함몰되었다.

만력 46년 기미년(1619) 3월 경략(經略) 양호(楊鎬)가 다만 사로(四路)로 나누기로 결정하였다. 마림(馬林)은 유격 마암(麻巖: 麻岩)·정벽(丁碧), 도사(都司) 두영징(竇永澄) 등을 거느리고 그 북쪽을 공격하였는데, 삼송(三松: 三岔의 오기)을 거쳐 이도관(二道關)에 이르러 패하여 첨사(僉使) 반종안(潘宗顔)·두영징·마암이 죽었다.

두송(杜松)은 도사 유우절(劉遇節) 등을 거느리고 무순을 거쳐 심양(瀋陽)으로 달려가서 그 서쪽을 공격하였는데, 오령관(五領關: 五嶺關의 오기)을 넘어 그 앞의 혼하(渾河)에 이르러 반쯤 건너자 적병 1만여 명이 갑자기 길을 막고 쳐들어왔다. 이에 두송이 죽음을 무릅쓰고 오시(午時)부터 유시(酉時: 오후 6시 전후)까지 맹렬히 싸웠으나 힘이 다해 군사들이 섬멸되었다.

유정(劉綎)은 경마전(景馬佃: 晾馬佃의 오기)을 거쳐 관전(寬典: 寬奠의 오기)으로 달려가고, 도사 교일기(喬一琦)는 우리나라 군사 1만여 명을 독촉하여 도원수(都元帥) 강홍립(姜弘立)·부원수(副元帥) 김경서(金景瑞)·종사관(從事官) 이민환(李民寏), 무장(武將) 문희성(文希聖)·이일원(李一元)·김응하(金應河) 등을 거느리고 그 동쪽을 공격하였다. 유정은 마가채(馬家寨)를 거쳐 즉시 3백여 리나 깊숙히 들어가서 10여 채(寨)를 이겼으나, 4일에 적이 거짓으로 명나라 군졸의 복장을 하고 유인하는 속임수에 빠져 겹겹이 포위되어 군사들이 마침내 무너지니, 유정과 유송손(劉松孫: 劉招孫의 오기)·교일기가 모두 죽었다. 우리나라 장수 김응하도 힘써 싸우다가 진중에서 죽었는데, 병조판서에 추증되었고 충렬록(忠烈錄)이 있다.

도원수 강홍립 이하 전군(全軍)이 투항하자, 노주(奴主)가 우리 군사들을 죽이고 단지 약간의 장령(領將)만을 남겨 두었다. 그 후 김경서가 남몰래 일기를 써서 저들의 사정을 자세하게 기록하여 조만간 본국으로 보내려고 하였는데, 강홍립이 오랑캐에게 고발하여 김경서가 해를 당하였다. 기사년(1629) 본도(本道: 평안도) 사람이 상소하여 김경서의 억울함을 호소하니 그의 관직을 회복시켜 주었다. 오랑캐[奴賊]가 우리나라와 화친하고자 강홍립은 남겨 두고 문희성·이일원·이민환은 내어 보냈는데, 훗날 모두 거두어 등용했다.

이여백(李汝栢: 李如柏의 오기)은 참장(參將) 하세현(賀世賢)·이회충(李懷忠) 등을 거느리고 아골관(鴉鶻關)을 거쳐 청하성(淸河城)으로 달려가서 그 남쪽을 공격하였다. 그런데 이여백은 경략(經略: 양호)이 화살을 쏘아 전달한 명령으로 인하여 철수해 돌아와서 목숨을 보전할 수 있었다. 웅정필(熊廷弼)을 특진 발탁하여 양호(楊鎬)를 대신하게 하고, 제기(緹騎: 禁軍)를 보내어 양호를 치죄하게 하니 마침내 옥중에서 죽었다.

그해 5월에 누르하치는 참람하게 후금국(後金國) 한(汗)이라 일컫고, 연호를 천명(天命)이라 하였는데, 중국을 가리켜 남조(南朝)라 하며 황색 옷을 입고 짐(朕)이라 칭하였다. 그 뒤에 심양(瀋陽)·요동(遼東)을 점령하고는, 건주(建州)에서 심양으로 도읍을 옮겼다. 원숭환(袁崇煥)이 웅정필을 대신하니 위엄이 화하(華夏: 명나라)에 떨쳤는데, 노추(奴

酋: 누르하치)가 군사들을 거느리고 관외(關外)를 침범하였다. 원숭환이 그의 군대를 모두 죽이니, 노추는 분노로 인하여 등창이 터져 죽었다.

경오년(1630) 겨울에 이르러 노적(奴賊: 홍타이시)이 제경(帝京: 북경)을 쳐들어가 원숭환이 잘 방어하지 못했다고 하니, 끝내 그의 시신을 찢었던 사람들이 지금까지도 애석하게 여겼다. 조대수(祖大壽)가 원숭환을 대신하였다. 누르하치의 둘째 아들 홍타시(弘他時)가 대를 잇고 있었다.

갑자년(1624) 이괄(李适)의 난 때, 한명련(韓命璉: 韓明璉의 오기)의 일당이 참수되었고, 그의 아들 한윤(韓潤)이 도망쳐서 오랑캐의 소굴로 들어가 우리나라가 강홍립의 온 집안을 몰살시켰다는 말을 하여 강홍립을 속이고 끌어들였다. 정묘년(1627) 정월 13일 강홍립이 오랑캐를 이끌고 쳐들어와서 한밤중에 의주(義州)를 습격하니 부윤(府尹) 이완(李莞)과 판관(判官) 최몽량(崔夢涼: 崔夢亮의 오기)이 피살되었고, 또 안주(安州)를 함락시키자 병사(兵使) 남이흥(南以興)과 목사(牧使) 김준(金俊: 金浚의 오기)이 스스로 불을 지르고 뛰어들어 죽었다. 평양(平壤)·황주(黃州)·평산(平山)이 저절로 무너지자, 평안 감사(平安監司) 윤훤(尹暄)과 황해 병사(黃海兵使) 정노서(丁奴恕: 丁好恕의 오기)를 잡아와서 윤훤은 주살하였고, 정호서는 멀리 유배를 보냈다가 10년 뒤에 거두어 등용하였다. 주상(主上: 인조)은 강도(江都: 강화도)로 피난하였고 세자(世子: 소현세자)는 분조(分朝)를 이끌어 전주(全州)로 내려갔다.

그 당시 강홍립의 삼촌 진창군(晉昌君) 강인(姜絪) 및 강홍립의 첩자(妾子: 강홍립의 庶子 姜璹)를 노적(奴賊)의 진지 앞에 보내니, 강홍립은 자신의 온 집안 사람들이 모두 생존해 있었고 반정 후에도 선량한 인사가 조정에 가득했음을 처음으로 자세히 알고서야 비로소 후회하는 뜻이 생겼다.

노적 또한 강홍립에 의해 유인되어 내려왔는데, 애초의 뜻은 관서지방의 초입에만 쳐들어왔다가 그만두려는 것에 지나지 않았다. 비록 여러 진(鎭)이 와해되었을지라도 깊숙이 평산까지 쳐들어왔는 데다 봄과 여름 사이에 요수(潦水)가 크게 불어나면 진퇴양난일 것이라서 크게 두려워하는 마음이 생겼다. 만약 이러한 때에 맨 앞과 맨 뒤에서 요격한다면 한 척의 수레도 돌아가지 못하게 할 수도 있을 것이나, 우리나라는 감히 이러한 계획을 내지 못하고 단지 사신을 보내어 화친을 청하였다. 노적(奴賊)이 이를 허락하자, 주상이 오랑캐 사신과 삽혈(歃血: 맹세할 때 희생의 피를 마심)하고 하늘에 맹세하였다. 상신(相臣) 윤방(尹昉)·오윤겸(吳允謙), 병조 판서 이정구(李廷龜)·참판 최명길(崔鳴吉)이 맹세를 약속하는 자리에 참여하였는데, 화친을 주장하는 계책은 오로지 최명길로부터 나온 생각이다. 노적이 강홍립 및 그가 첩으로 삼은 노적의 여자를 내어보냈는데, 삼사(三司)에서 감히 논하지 못하였지만 오랑캐의 문에서 몰래 죽였다고 하였다. 이로부터 피차간에 춘신사와 추신사의 왕래가 끊어지지 않았다.

병자년(1636) 초봄에 무재 동지(武宰同知) 이확(李廓)과 첨지(僉知) 나덕헌(羅德憲)이 춘신사(春信使)로 심양(瀋陽)에 갔는데, 마침 3월 15일에 후금(後金)의 칸(汗) 홍타시(弘他時: 홍타이지)가 황제(皇帝)를 참칭하고 국호를 대청(大淸)이라 하면서 사신 이확 등을 겁박하며 축하하는 반열에 참여토록 하였다. 이확 등이 죽기로 저항하며 따르지 않자, 차호(差胡) 등이 이확 등을 으스러지도록 구타하여 의관이 다 찢어졌어도 끝내 들어가 항복하지 않으니 한인(漢人: 포로가 된 명나라 사람)들이 눈물을 흘리는 자까지 있었다. 이확 등이 장차 돌아오려 할 때 칸(汗: 홍타이지)이 답서(答書)를 부쳤는데, 황제라 칭하였으니 이확 등이 가지고 통원보(通遠堡)에 이르러 푸른 베로 싸서 자루 속에 몰래 넣고는 말이 병든 데다 짐이 무겁다는 구실로 통원보를 지키는 오랑캐에게 맡겨 두고 돌아왔다.

평안 감사(平安監司) 홍명구(洪命耉)가 이확 등이 황제라 참칭하고 국호를 대청이라 한, 후금(後金) 칸(汗)의 답서를 처음에 받으며 엄한 말로 준엄히 배척하지 않고 도중에 몰래 두고 온 것을 죄로 삼고서 급히 장계(狀啓)를 올려 상방검(尙方劍)을 빌려 국경에서 효시해 보이기를 청하였다. 주상(主上)이 그 장계를 비국(備局)에 내려보냈는데, 이조판서(吏曹判書) 김상헌(金尙憲)이 이확 등의 죄는 죽이기까지 할 정도는 아니라고 하자 비국이 회계하여 우선 잡아 와야 한다고 하니 주상이 그대로 따랐다. 대개 그에게 죄가 없다는 것을 분명히 알면서도 중론(衆論)이 한창 들끓었으므로 이렇게 아뢴 것이다. 삼사(三司)가 함께 일어나 형률을 적용하자는 논의를 내놓았고, 관학 유생(館學儒生) 조복양(趙復陽) 등도 모두 상소를 올려 아뢰었다.

영의정 김류(金瑬)가 바야흐로 척화론(斥和論)을 주장하니 나이 젊고 준열한 논의를 하는 자가 따라서 화답하자, 벼슬아치들 가운데 어떤 자는 "후금의 칸(汗)이 제 스스로 자기 나라에서 황제 노릇을 할지라도 우리나라는 다만 정묘년(1627)에 맺었던 형제의 맹약만을 지키면 될 뿐이니, 저들이 참칭한들 우리와 무슨 관계가 있다는 것인가. 그런데도 우리나라의 병력을 헤아리지도 않고 먼저 우호 맹약을 저버려 원한을 사서 화를 재촉하기에 이른단 말인가."라고 생각하기도 하였다. 비록 소견이 이와 같다 할지언정 감히 입을 열지 못하였다.

그해 늦봄에 용골대(龍骨大)와 마부대(馬夫大) 두 오랑캐 장수가 인열왕후(仁烈王后)의 상사(喪事)에 조제(弔祭)한다고 칭하면서, 금국(金國)의 시왕(十王: 누르하치의 15남 多鐸)이 서신을 주상(主上)에게 보내왔다. 대체로 황제(皇帝)를 참칭하고 국호를 대청(大淸)이라 한 일을 말한 것이지만, 화친(和親)을 끊지 말라면서 또 이확(李廓) 등이 축하의 반열에 참여하지 않은 잘못을 언급하였으니, 이는 곧 우리나라의 뜻을 탐색하여 군사를 일으키려는 것이었다. 어쩔 수 없이 당한 일이지만 매우 중요했음에도 조정에서는 이명(李溟)·박로(朴簵) 등 때를 놓친 무리들에게 용골대 등을 접반하는 임무를 맡도록 하였다.

이명 등은 훗날 화가 있을 것으로 암암리에 알았으나, 다만 당시 사람들의 의론에 어긋나 죄를 얻는 것이 두려워 매번 오랑캐를 대할 즈음이면 전혀 대수롭지 않게 보아 소홀히 대접하기를 일삼았다. 두 오랑캐 장수가 대동하고 온 몽골 사람들은 곧 금국(金國)에 항복한 자들인데, 우리나라로 하여금 몽골인들을 후하게 대하도록 해서 자신들의 지위를 과시하려고 했으나, 조정에서 이를 허락하지 않고 단지 오랑캐의 종자(從者)로만 대우하도록 하여 그들의 마음을 실망시켰다. 또 남의 신하 된 자가 감히 국왕에게 서신을 보낼 수는 없는 것이라 말하고, 시왕(十王)의 서신을 끝내 뜯어 보지 않았다.

일찍이 인목대비(仁穆大妃)의 상사(喪事) 때 오랑캐 장수가 조문하러 와 전각(殿閣)에서 제사를 지내도록 한 적이 있었지만, 이번에는 전당(殿堂)이 비좁다는 핑계를 대며 빈 장막을 금천교(禁川橋)에 별도로 설치하여 제사를 지내도록 하였다. 그들이 막 제사를 지내려는데 바람이 불어 장막이 걷히자 속은 것을 비로소 깨닫는 순간 노한 기색이 있었다. 게다가 이날에 도감 포수(都監炮手)들이 후원에서 활쏘기를 연습하려고 모두 궁궐에 모인 데다, 숙위 금군(宿衛禁軍) 또한 서로 교대하게 되었지만 오랑캐 사신이 궁궐에 있었으므로 각자 무기를 가지고 모두 장막 뒤에 있었으나, 장막이 걷히는 즈음에 오랑캐 사신들은 그들을 숨겨 놓은 병사들로 의심하여 허둥지둥 나와 버렸다.

그때 장령(掌令) 홍익한(洪翼漢)이 직언하는 상소를 올려 오랑캐 사신을 참수해야 한다고 청하였고, 관학 유생(館學儒生)도 사신을 참수해야 한다는 상소를 올렸다. 오랑캐 장수가 몰래 그 기미를 알고서 더욱 의심하며 두려워하는 마음이 생기자 빗장을 부수고 걸어 나와 뿔뿔이 흩어져 여염집으로 들어가 말을 빼앗아 타고 달아났다. 길에서 이를 본 자는 놀라지 않은 이가 없었고, 골목길에 뛰놀던 아이들이 그들에게 다투어 돌을 던졌으니, 경성(京城)이 그 때문에 소란스러웠다.

묘당(廟堂: 의정부)에서 그제야 겁을 먹고 재신(宰臣)을 보내어 장수들을 그대로 머물도록 애쓰느라 길에 그칠 줄 몰랐지만, 오랑캐 장수는 끝내 들어오지 않았다. 이에, 주상(主上)이 즉시 교서(教書)를 팔도에 내려 척화(斥和)의 뜻을 알아듣도록 타일렀는데, 서로(西路: 관서 지방)로 가지고 가던 유지(諭旨)를 오랑캐 장수에게 빼앗겨 끝내 말꼬리를 잡히는 처지가 되었다. 조정에서는 이확 등이 몰래 칸(汗)의 서신을 도중에 두고온 것을 오랑캐가 필시 알지 못할 것이라며, 선전관(宣傳官)이 만상(灣上: 의주)에 가서 격서(檄書)를 심양(瀋陽)에 보내어 이 뜻을 알리도록 하였다.

그 뒤로부터 주상(主上)이 여러 번 회개하는 교서를 내리고 충성과 의리로 적개심을 일으키라는 뜻을 권면하니, 원근에서 올리는 상소문이 날마다 답지한 것은 모두 화친을 배척하고 오랑캐를 공격해야 한다는 말이었다. 대사간(大司諫) 윤황(尹煌)이 상소하여 어공(御供: 임금에게 바치는 물건)을 줄이고 묘악(廟樂: 종묘 제례 아악)을 철폐하며 강도(江都: 강화도)의 행궁(行宮)까지도 불사르고서 공방전에만 전념하기를 청하고, 이조 참판(吏曹參判) 정온(鄭蘊)도 상소하여 송도(松都: 개성)에 진주(進駐)하기를 청하고, 참의(參議) 김덕함(金德諴)도 평양(平壤)에 진주하기를 청하여 장수와 군사들을 격려하였다.

이때 자연재해와 이변이 잇달아 일어났는데, 이를테면 부평(富平)과 안산(安山)에서 돌이 옮겨진 것, 영남(嶺南)과 관서(關西)에서 물오리가 서로 싸운 것, 대구(大邱)에서 황새가 진(陣)을 친 것, 청파(青坡)에서 개구리가 서로 싸운 것, 죽령(竹嶺)에서 두꺼비가 행렬을 이룬 것, 예안(禮安)에서 물줄기가 끊긴 것, 양릉(兩陵: 선조와 인목왕후의 무덤)에 벼락이 떨어진 것, 경조(京兆: 경성)에서 땅이 붉어진 것, 도성(都城)에서 하루 동안 27곳에 벼락이 떨어진 것, 홍수가 갑자기 밀어닥쳐 동문(東門)의 길이 잠긴 것, 세 대궐이 일시에 모두 흔들린 것, 흰 무지개가 해를 꿰뚫은 것과 함께 별자리의 변고가 모두 1년 안에 몰려 일어났다. 그런데도 영의정 김류(金瑬), 좌의정 홍서봉(洪瑞鳳), 우의정 이홍주(李弘冑)는 바야흐로 묘당(廟堂: 의정부)에 있으며 화친하는 일에 이미 믿는 것도 없이 오랑캐와 싸워서 지키는 일 또한 대책을 세우는 바가 없었다.

김류가 체찰사(體察使)를 겸했을 때 일찍이 주상(主上)에게 아뢰기를, "오랑캐가 만약 깊숙한 곳까지 쳐들어오면, 도원수 및 양서(兩西:

황해도와 평안도) 방백(方伯: 관찰사)은 노륙(孥戮: 처자식까지 연좌하여 죽임)의 형전(刑典)대로 처치해야 합니다."라고 하자, 주상이 체찰사 또한 무거운 형률을 면하기가 어려울 것이라고 하교(下敎)하였다. 김류는 일찍이 척화론을 주장하였으나, 이 하교를 듣고부터 되레 화친(和親)을 해야 한다고 주장하였다.

때는 가을이라 오랑캐에 대한 방비를 특별히 강화해야 하는 일이 이미 박두하였거늘 최명길(崔鳴吉)이 강화사(講和使)를 보내도록 청하는 상소를 하자, 교리(敎理) 오달제(吳達濟)·이조 정랑(吏曹正郎) 윤집(尹集)이 최명길을 참수하도록 청하는 상소를 하였다. 헌납(獻納) 이일상(李一相)이 명나라로부터 받을 수 있는 혐의(嫌疑)를 피해야 한다는 상소에 위로는 천조(天朝: 명나라)를 저버리고 아래로는 우리 백성들을 속인다는 등의 말이 있었으니, 대개 당시의 여론이 화친을 배척하는 것은 청의(淸議: 뜻이 높고 올바른 의론)라 하고, 화친에 얽매여 있는 것은 사의(邪議: 옳지 못한 의론)라 하니, 누구도 이의를 제기하는 사람이 없었다.

조정은 이 때문에 양쪽 사이에서 우물쭈물 지체하며 별다른 건의를 하지 못하였는데, 김류가 최명길의 주장에 보조를 맞춘 뒤에야 비로소 소역(小譯: 낮은 지위의 통역관)을 심양(瀋陽)에 보내어서 오랑캐의 뜻을 탐문하게 하였다. 삼사(三司)가 함께 일어나 소역을 심양에 들여보내지 말라고 청하여 최명길의 주장을 정지하기도 전에 주상(主上)이 특명으로 떠나보낸 것이었다.

후금의 칸(汗: 홍타이지)이 소역(小驛)에게 말하기를, "너희 나라가 만약 11월 25일 이전에 대신과 왕자를 들여보내고 다시 화친하는 의론을 정하지 않는다면 나는 마땅히 크게 군사를 일으켜 동쪽으로 너희 나라를 칠 것이다." 하였고, 그의 답서에 이르기를, "귀국이 산성을 많이 쌓았지만, 나는 응당 큰길을 따라 곧장 경성(京城)으로 향할 것이니 그 산성으로 나를 막을 수 있겠는가? 귀국이 믿는 것은 강도(江都: 강화도)이지만, 내가 만약 팔도를 유린하면 일개 조그마한 섬으로 나라라 할 수 있겠는가? 귀국에서 지론을 펴는 자는 유신(儒臣)이지만 그들이 붓을 휘둘러 우리를 막을 수 있겠는가?"라고 하였다. 소역이 돌아와 그의 말과 답서를 전하자, 묘당(廟堂: 의정부)에서 재신(宰臣)을 보내려 하였으나 각계에서 화친을 배척해야 한다는 의론이 바야흐로 준엄하여 감히 사신을 보내자고 드러내어 말하지 못하였다. 시간이 얼마간 지난 뒤에 박로(朴簬)를 보내자고 청하니, 대간(臺諫)들이 또한 극력히 간쟁하며 갈수록 고집하였지만, 부득이하여 박로를 보냈으나 이미 후금의 칸(汗: 홍타이지)이 말한 약속 기일을 놓치고 말았다.

이때 이시백(李時白)이 남한산성 수어사(南漢山城守禦使)였는데, 이시백의 아버지 이귀(李貴)가 일찍이 김류(金瑬)와 서로 사이가 좋지 않았다. 무릇 남한산성을 방어하는 일에 대해 하나도 이시백의 청을 들어주지 않은 데다 성을 지키는 군사들도 모두 영남의 군사들로 분담하게 하였으니, 만약 위급한 사태가 생긴다면 먼 곳에 있는 사람들이 어찌 급히 올 수가 있겠는가.

조종조(祖宗朝)로부터 요충지에는 중진(重鎭: 중요한 軍鎭)을 설치하여 벌여두고서 방어하기에 편리하게 하였는데, 지금 김류(金瑬) 및 도원수(都元帥) 김자점(金自點)은 앞장서서 중진(重鎭)을 허물고 철수하도록 건의하여, 의주(義州)의 중진은 백마산(白馬山)으로 옮기고, 평양(平壤)의 중진은 자모산(慈母山)으로 옮기고, 황주(黃州)의 중진은 정방산

(正方山)으로 옮기고, 평산(平山)의 중진은 장수산(長水山)으로 옮기도록 하니, 그 사이가 가까운 곳이라 해도 큰길과의 거리가 3,40리나 되었고, 먼 곳은 하루 이틀 길이나 되었다. 양서(兩西: 황해도와 평안도) 일대의 큰 진(鎭)들이 모두 무인지경이 되고 말았다.

그때 가도(椵島)의 도독(都督) 심세괴(沈世魁)는 우리나라가 후금과의 화친을 배척한다는 뜻을 중조(中朝: 명나라 조정)에 보고하였다. 그해 가을에 감군(監軍) 황손무(黃孫茂)를 보내어 우리나라를 장려하며 타일렀다. 감군이 관서(關西)에 되돌아와서 우리 조정에 보낸 자문(咨文: 외교문서)에서 이르기를, "귀국의 인심과 기계(器械: 무기)를 보건대 결코 저 강한 오랑캐를 당해 내기가 어려우니, 우리 조정의 일시적인 장려하는 말로 인하여 저들과의 느슨한 관계라도 끊지 않도록 하라." 하였다.

김자점(金自點)이 졸지에 막중한 추곡(推轂: 도원수)의 임무를 맡았으나 군사들을 돌보고 양성하지는 않은 채, 피폐한 백성들을 마구 몰아서 부리며 정방성(正方城)을 쌓도록 독촉한 데다 형벌과 매질로 위엄을 세우려 하여 인심을 계속 잃었다. 제 스스로 늘 생각하기를, '오랑캐가 올 겨울에는 반드시 오지 않을 것이다.'라고 여겼으니, 어떤 사람이 적이 온다고 하면 화를 내고, 오지 않는다고 하면 기뻐하였다. 그래서 휘하의 사람들은 오랑캐가 올 것이라고 말하는 것을 꺼리게 되었다. 겨울에 올 오랑캐에 대한 방비를 해야 할 시기가 이미 지났는데도 성을 지킬 군졸 한 명조차 증강하여 방비하지 않았다.

일찍이 의주(義州) 건너편의 용골산(龍骨山)에 봉수대(烽燧臺)를 설치했는데, 아무런 일이 없으면 횃불 하나를 올리고, 적이 나타나면 횃불

2개를, 국경을 침범하면 횃불 3개를, 적과 접전하게 되면 횃불 4개를 올리게 하여 용골산에서 원수가 있는 정방성까지만 이르게 하였다. 대개 봉화가 만약 도성(都城)에까지 다다르면 소동이 일까 염려하여 이곳에서 그치도록 하였던 것이다.

12월 6일 이후에 횃불 2개가 연달아 올려졌는데도 김자점이 말하기를, "이것은 박로(朴簬)가 들어가서 오랑캐가 필시 맞이하러 나온 것일 터이다. 어찌 오랑캐가 쳐들어올 리가 있겠느냐?"라고 하면서 즉시 치계(馳啓)하지 않다가, 9일에야 비로소 군관(軍官) 신용(申榕)을 보내어 의주(義州)에 가서 그 형세를 살피도록 하였다. 신용이 다음날 순안(順安)에 이르자 노적(奴賊)들이 이미 고을 안에 온통 가득 들어차 있었는지라, 즉시 말머리를 돌려서 내달려 돌아오는 길에 평안 감사(平安監司) 홍명구(洪命耈)에게 말하였다. 홍명구 또한 오랑캐의 형세가 이와 같은 줄 알지 못하였다가 비로소 몹시 놀랐으며 가까스로 혼자서 말을 타고 자모산성(慈母山城)에 달려 들어갔다. 신용이 돌아와 본대로 보고하니, 김자점은 그 보고를 망령된 말로 여기고 군사들의 마음을 어지럽힌다며 목을 베려 하였다. 신용이 말하기를, "적병이 내일이면 이곳에 당도할 터이니 우선 저를 죽이지 말고 기다려 주시오."라고 하였다. 잠시 후에 뒤따라 보냈던 군관이 또 돌아와서 위급함을 보고하였는데, 하나같이 신용의 말과 똑같으니 그제서야 즉시 장계(狀啓)를 올렸다.

대개 노적이 강(江: 압록강)을 건너서는 성곽(城郭)과 진영(鎭營)을 돌아보지도 않고 곧장 올라오면서 강화(講和)를 핑계대며 회오리바람이 몰려오듯 빨랐고, 변방의 신하가 올린 장계를 노적이 모두 탈취하였으므로, 조정에서는 변방의 소식을 까마득히 모르고 있었다.

記初頭委折[1]

奴兒哈赤[2], 佟姓, 故建州[3]枝部也。其祖叫場[4]·父塔失[5], 及于阿台[6]之難, 有殉國忠。奴兒哈赤, 乃走東方, 漸北侵張海·色失, 諸酋蠶食[7]之, 時送所掠漢人, 自結于中朝。

---

1) 이 책의 텍스트인 한국학중앙연구원 장서각 소장 필사본(청구기호: K2-207)은 소제목이 없으나, 국립중앙도서관 소장 필사본(청구기호: 古2154-4)에는 소제목이 있어 그에 따른 것임을 밝힌다. 다만 이 국립중앙도서관 소장 필사본은 누르하치가 建州女眞에서 일어나 세력을 떨치며 후금을 세운 부분이 누락된 후대의 이본으로 여겨지는바, 소제목도 나만갑이 직접 표제로 삼은 것이 아니라 후대의 누군가에 의해 작명된 것으로 짐작된다.

2) 奴兒哈赤(누르하치, Nurhachi, 1559~1626): 1583년 부족장이 되어 여진을 통일하고 1616년 후금을 세워 칸(汗)으로 즉위하였으며, 명나라와의 크고 작은 전쟁에서 여러 번 대승을 거두어 청나라 건국의 초석을 다졌다. 그가 병사한 후 아들 홍타이지가 국호를 대청으로 고치고 청나라 제국을 선포했다. 조선에서 누르하치를 奴酋로 슈르가치를 小酋로 불러 두 사람에게 추장이라는 칭호를 붙인 셈이다.

3) 建州(건주): 建州衛. 명나라 초기에 두만강과 압록강 유역 남만주 일대의 여진을 招撫하기 위하여 1403년에 설치한 衛所. 兀良哈의 추장 阿哈出(또는 於虛出)이 영도하였으며, 1405년에 斡朶里의 童猛哥帖木兒가 입조하여 建州衛都指揮使가 되었으나, 그 후 建州左衛가 설립되었다. 건주좌위는 동맹가첩목아가 죽은 후에 다시 좌우위로 분리되어, 건주위는 建州本衛와 建州左衛·建州右衛의 3衛로 되었다.

4) 叫場(규장): 명나라 때 사람. 建州女眞 수령의 한 사람으로, 福滿의 넷째 아들이자, 누르하치의 할아버지가 된다. 覺昌安 또는 覺常剛, 教場으로도 부른다. 청나라 때 추존하여 景祖翼皇帝라 불렀다. 1583년자사위 阿臺가 古埒寨에서 명나라 李成梁의 군대에 포위당하자 아들 塔克世와 함께 성에 들어가 손녀를 데리고 돌아오려 했다. 그러나 성이 함락되자 피살당했다. 童山(童倉·充善)의 셋째 아들이 錫寶齊篇古(石報奇)이고, 그의 아들이 都督 복만인데 누르하치의 고조부와 증조부이다.

5) 塔失(탑실): 他失. 각창안의 넷째 아들 塔克世. 청나라 태조 누르하치의 아버지이다. 누르하치에 의해 顯祖 宣皇帝로 추숭되었다.

6) 阿台(아태): 명나라 말기의 건주여진족 두령 王杲(?~1575)의 아들. 왕고의 성은 喜塔喇, 이름은 阿古, 출생지는 古勒寨인데, 청나라 태조 누르하치의 외조부이다. 1575년 李成梁이 군대를 이끌고 건주를 공격했을 때에 왕고는 사로잡혀 북경에서 능지처참되었으며, 아태도 탈출했지만 그 후 그의 부하들에 의해 살해되었다.

7) 蠶食(잠식): 누에게 뽕잎을 갉아먹는 것처럼 남의 것을 차츰차츰 병탄하는 것.

居頃之, 阿部[8]夷克五十[9]等, 掠柴堡阿[10], 殺指揮使劉斧, 走建州, 奴酋卽斬克五十以獻, 乞陞償, 又貢夷馬, 且述父祖兵火, 萬曆十七年己丑九月, 加奴兒哈赤龍虎將軍。

旣竊名號[11], 誇耀東夷, 勢愈强, 控弦[12]數萬。萬曆四十年壬子冬, 奴兒哈赤, 殺其弟速兒哈赤[13], 竝其兵, 侵兀刺[14]諸酋。萬曆四十五年戊午四月, 奴兒哈赤, 潛陷撫順[15], 執遊擊李永芳[16], 城遂陷,

---

8) 阿部(아부): 陸人龍의 《遼海丹忠錄木》 권1에 의하면 木札河部의 오기. 木札河는 만주 동부에 있었던 여진족인 듯. "목찰하에 유목하며 사는 극오십 등이 시하보를 노략하고 추격하는 기병을 죽이며 지휘 유부를 죽인 뒤 건주로 달아났다.(有住牧木札河部夷克五十等, 掠柴河堡, 射追騎, 殺指揮劉斧, 走建州.)"는 기록을 통해 알 수 있다.

9) 克五十(극오십): 만주 동부 목찰하부의 오랑캐 두목. 누르하치가 극오십을 베여 명나라에 바쳐 상을 내려주기를 청하며 또 오랑캐의 말을 바치면서 그의 아버지와 할아버지가 모두 병화에 죽었음을 알리자 1589년 9월에 도독첨사로 임명되었고 1595년에 龍虎將軍이라는 칭호를 받았다.

10) 柴堡阿(시보아): 柴河堡의 오기. 만주 땅의 오랑캐 부족의 지명. 옛 하다부(哈達部) 남쪽에 있는 곳으로 누르하치가 대규모 개간을 벌였다고 한다.

11) 名號(명호): 지위를 표시하는 명칭.

12) 控弦(강현): 활의 시위를 잡아 당긴다는 의미로 弓手. 활을 잘 쏘는 병사를 이르는 말이다.

13) 速兒哈赤(속아합적): 슈르하치(Šurhaci, 舒爾哈齊, 1564~1612). 청나라 초기의 황족으로 탑극세(塔克世, taksi)의 3남이자 누르하치의 동복동생이다. 형인 누르하치를 따라 전쟁에 참가하고 건주여진의 군사를 통솔하는 등 전공을 세웠으나 형과 알력이 생겨 형에 의해 감옥에 구금되었고 후금이 세워지기도 전에 1612년 49세의 나이로 사망하였다. 小羅赤, 小乙可赤으로도 표기되었다.

14) 兀刺(올자): 兀喇의 오기. 遼寧省 부근의 지명.

15) 撫順(무순): 중국 遼寧省 중부에 있는 탄광 도시.

16) 李永芳(이영방, ?~1634): 누르하치의 무순 공격 당시 투항한 명나라의 장수. 1618년 누르하치가 무순을 공격하자 곧장 후금에 투항하던 당시 명나라 유격이었는데, 누르하치는 투항에 대한 보답으로 그를 三等副將으로 삼고 일곱째 아들인 아바타이(阿巴泰, abatai)의 딸과 혼인하게 하였다. 이후 그는 淸河·鐵嶺·遼陽·瀋陽 등지를 함락시

摠兵張承胤[17]·副摠頗廷相[18]·遊擊梁汝貴[19]死之，全軍覆沒。

萬曆四十六年己未三月，經略楊鎬[20]，決第分四路。馬林[21]率遊擊麻巖·丁碧，都司竇永澄等，攻其北，由三松[22]，抵二道關[23]敗績[24]，僉使潘宗顔[25]·竇永澄·麻巖死之。

킬 때 함께 종군하여 그 공으로 三等總兵官에 제수되었다. 1627년에는 아민(阿敏, amin)이 지휘하는 후금군이 조선을 공격한 정묘호란에도 종군하였는데, 전략 수립 과정에서 아민과 마찰을 빚어 '오랑캐(蠻奴)'라는 모욕을 당하기도 하였다. 그럼에도 불구하고 그는 佟養性과 함께 투항한 漢人에 대한 누르하치의 우대를 상징하는 인물로 자주 언급되었다.

17) 張承胤(장승윤, ?~1618): 張承蔭이라고도 함. 누르하치가 撫順城을 함락하자, 그는 무순성을 구원하려고 1만 병력을 이끌고 달려갔으나, 누르하치의 팔기군에 궤멸 당하고 자신의 부하 지휘관들과 함께 전사했다.

18) 頗廷相(파정상, ?~1618): 명나라 만력제 神宗 말기의 副將. 요동 총병관 張承蔭을 따라 무순에서 후금 군대와 맞서다가 패전 후 갑자기 포위되어 장승엄이 전사하고 다시 함락되어 죽었다.

19) 梁汝貴(양여귀, ?~1618): 海州遊擊. 撫順 전투에서 浦世芳을 따라 전사했다.

20) 楊鎬(양호, ?~1629): 명나라 말기의 장군. 1597년 정유재란 때 經略朝鮮軍務使가 되어 참전했다. 다음해 울산에서 벌어진 島山城 전투에서 크게 패해 병사 2만을 잃었다. 이를 승리로 보고했다가 탄로나 거의 죽을 뻔하다가 대신들의 도움으로 목숨을 구하고 파직되었다. 1610년 遼東을 선무하는 일로 재기했지만 곧 사직하고 돌아갔다. 1618년 조정에서 그가 요동 방면의 지리를 잘 안다고 하여 兵部左侍郎겸 僉都御史로 임명해 요동을 경략하게 했다. 다음해 四路의 군사들을 이끌고 後金을 공격했지만 대패하고, 杜松과 馬林, 劉綎 등의 三路가 함락되고, 겨우 李如栢의 군대만 남아 귀환했다. 그는 투옥되어 사형 선고를 받고 1629년 처형되었다.

21) 馬林(마림, ?~1619): 명나라 말기의 장수. 명장 馬芳의 차남이다. 父蔭으로 관직에 나가 大同參將에 이르렀다. 萬曆 연간에 遼東總兵官으로 임명되어, 1619년 楊鎬를 따라 군사를 내어 후금을 공격하는 薩爾滸 전투에 참가했으나 開原에서 패배하여 전사했다.

22) 三松(삼송): 三岔의 오기. 山西省 五寨縣 북쪽으로 60리 떨어진 곳의 지명.

23) 二道關(이도관): 吉林省 琿春市 春化鄕 草坪村에 있는 城墻砬子山城의 북쪽 계곡.

24) 敗績(패적): 자기 나라에 패전을 일컫는 말.

25) 潘宗顔(반종안, 1582~1619): 명나라 말기의 장수. 어려서부터 독서하기를 좋아하여 시를 읊조리고 賦를 지었으며 천문학과 병법까지 통하였다. 1613년 진사가 되었고,

杜松[26]率都司劉遇節等, 從撫順, 趨瀋陽[27], 敗[28]其西, 越五領關[29], 前抵渾河[30]半渡, 賊萬餘, 忽遮擊。松血戰, 自午至酉, 力竭師殲焉。

劉綎[31]從景馬佃[32], 趨寬典[33], 都司喬一琦[34], 督我國之衆萬餘兵, 率都元帥姜弘立[35]·副元帥金景瑞[36]·從事官李民寏[37]·武將文希

그 후에 산동성 안찰사 첨사가 되었으며, 사르후 전투에서 전사하였다.

26) 杜松(두송, ?~1619): 명나라 말기의 武將. 용감하고 전투에 능하여 변방의 민족들이 그를 '杜太師'라고 불렀다. 명나라 大將 杜桐의 아우이다. 萬曆 연간(1573~1620)에 舍人으로 從軍하여 공을 세워 寧夏守備가 되었다. 1594년에 延綏參將이 되었다. 그 후에 都督僉事, 山海關 總兵 등을 지냈다.

27) 瀋陽(심양): 遼寧省의 省都. 청나라 때에는 盛京이라고 했으며 承德縣을 설치하여 奉天府에 속하게 하였다.

28) 敗(패): 攻의 오기.

29) 五領關(오령관): 五嶺關의 오기.

30) 渾河(혼하): 중국 遼寧省을 흐르는 강으로, 遼河 강의 한 지류.

31) 劉綎(유정, 1558~1619): 명나라 말기의 장군. 본명은 龔綎이다. 임진왜란 때는 부총병으로 조선에 와서 휴전 중에도 계속 머물렀고, 정유재란에서는 총병으로 승진해 西路軍의 대장이 되어 순천 싸움에서 고니시 유키나가를 공격했지만 저지당하였다. 그 후 播州土官 楊應龍의 반란을 진압하는데 공을 세웠다. 120근짜리 鑌鐵刀를 썼다고 해서 劉大刀로 불렸으며, 黑虎將軍으로 존칭되었다고 한다.

32) 景馬佃(경마전): 晾馬佃의 오기. 亮馬佃. 遼寧省 寬甸縣 동부에 있었으며, 지금은 太平哨라 한다.

33) 寬典(관전): 寬奠의 오기. 寬奠堡. 여진족의 침입을 방비하기 위하여 1573년 변장 李成梁에 의해 축조된 군사시설. 중국 遼寧省 丹東市 寬甸에 있었다.

34) 喬一琦(교일기): 명나라 神宗 때의 武臣. 劉綎과 함께 조선의 임진란에 참전하였고, 阿布達哩岡에서도 後金軍과 싸우다가 패하자 같이 자살했다.

35) 姜弘立(강홍립, 1560~1627): 조선 중기 정치가. 본관은 晉州, 자는 君信, 호는 耐村. 참판 姜紳의 아들이다. 1618년 명나라가 後金을 토벌할 때, 명의 요청으로 조선에서 구원병을 보내게 되었다. 이에 조선은 강홍립을 五道都元帥로 삼아 13,000명의 군사를 거느리고 출정하도록 했다. 그러나 조선과 명나라 연합군이 富車에서 대패하자, 강홍립은 조선군의 출병이 부득이하게 이루어진 사실을 통고한 후 군사를 이끌고 후금에 항복하였다. 이는 현지에서의 형세를 보아 향배를 정하라는 광해군의 밀명에

聖[38]·李一元[39]·金應河[40]等，攻其東。綎從馬家寨[41]，卽深入三百餘里，克十餘寨，初四日，賊詭漢卒裝誘墮，重圍，衆遂潰，綎及劉松孫[42]·一琦，竝死之。我將金應河，力戰陣沒，追贈兵判，有忠烈錄。

따른 것이었다. 투항한 이듬해 후금에 억류된 조선 포로들은 석방되어 귀국하였으나, 강홍립은 부원수 金景瑞 등 10여 명과 함께 계속 억류되었다. 1627년 정묘호란 때 귀국, 江華에서의 和議를 주선한 후 국내에 머물게 되었으나, 逆臣으로 몰려 관직을 빼앗겼다가 죽은 후 복관되었다.

36) 金景瑞(김경서, 1564~1624): 본관은 金海, 초명은 金應瑞, 자는 聖甫. 1618년 평안도 병마절도사로 있을 때 명나라가 建州衛의 後金을 치기 위해 원병을 요청하자, 부원수가 되어 원수 강홍립과 함께 구원병을 이끌고 출전했다. 그러나 富車에서 패전한 뒤 포로가 되었다가 몰래 敵情을 기록하여 조선에 보내려 했으나 강홍립의 고발에 의해 사형되었다.

37) 李民寏(이민환, 1573~1649): 본관은 永川. 자는 而壯. 호는 紫巖. 張顯光의 문인. 1618년 명나라가 建州衛의 後金을 치기 위해 원병을 요청하자, 원수 姜弘立의 종사관으로 출전하여 富車싸움에서 패하여 청군의 포로가 되었다가 1620년에 송환되었다. 당시의 일을 기록한 일기《柵中日錄》이 그의 문집인《紫巖集》에 실려 있다. 그 후 李适의 난 때와 정묘호란 때 왕을 호종하였고, 1636년 병자호란이 일어나자 嶺南號召使 장현광의 종사관이 되어 출전하였다.

38) 文希聖(문희성, 1576~1643): 본관은 南平, 자는 敬修, 호는 愚峯. 1594년 무과에 급제하고, 1597년의 정유재란 때 공을 세웠다. 뒤에 서생포와 고령첨사를 역임하고 광해군 때 水原府使에 임명되었다. 1618년 정주목사에 임명되었고, 1619년 姜弘立의 휘하 分領編裨防禦使로 遼東의 후금을 토벌했으나, 이듬해 심하에서 패배하여 포로가 되었다가 풀려났다.

39) 李一元(이일원, 1575~?): 본관은 咸平, 자는 會伯. 1605년 무과에 급제하였다.

40) 金應河(김응하, 1580~1619): 본관은 安東. 자는 景義. 시호는 忠武. 1618년 建州衛의 後金을 치기 위해 명나라에서 원병을 요청하자, 도원수 강홍립을 따라 左營將이 되어 출전했다. 명나라 劉綎이 군사 3만 명을 거느리고 富車에서 패하여 자결하자, 3천 명의 휘하군사로 수만 명의 후금군을 맞아 싸우다가 중과부적으로 패하고 그도 전사하였다. 1620년 명나라 神宗이 그 보답으로 遼東伯으로 追封하고, 처자에게는 銀을 하사하였다.

41) 馬家寨(마가채): 遼寧省 開原市 柴河堡鎭 시하 우안의 산정상부. 강홍립의 조선 구원군이 1619년 3월 1일에 도착한 지역이다.

42) 劉松孫(유송손): 劉招孫(?~1619)의 오기. 명나라 말기의 將領. 劉綎의 양자이다.

元帥姜弘立, 以下全軍投降, 奴主殺我軍, 只留略干領將。厥後, 金景瑞潛爲日記, 詳錄彼間事情, 早晚欲送本朝, 弘立發告於奴賊, 景瑞被害。己巳年, 本道人, 上疏伸冤, 復其官職。奴賊欲通我國, 留弘立, 出送希聖·一元·民寏, 後皆收用。

李如栢[43]率參將賀世賢[44]·李懷忠等, 鴉鶻關[45], 趨淸河[46], 攻其南。如栢, 以經略令箭[47], 撤回獲全。超擢[48]熊廷弼[49], 代楊鎬, 遣緹騎[50], 逮治楊鎬, 竟死于獄中。

是年五月, 奴兒哈赤, 僭號後金國汗, 建元天命, 指中國爲南朝, 黃衣稱朕。其後, 陷瀋陽·遼東, 自建州移瀋陽。袁崇煥[51], 代熊廷

사르후 전투에 참가하였다가 전사하였다.

43) 李如栢(이여백): 李如柏(1553~1620)의 오기. 명나라 말기의 장군. 李成梁의 둘째 아들이자 李如松의 동생이다. 1619년 사르후 전투에서 누르하치가 이끄는 후금에게 대패하여 자결하였다.

44) 賀世賢(하세현, ?~1621): 명나라 말기의 장수. 1619년 요동 경략 楊鎬가 부대를 넷으로 나눠 후금을 정벌할 때 都督僉事로 발탁되어 전쟁에 참여하였다. 1621년 3월에 후금이 심양을 공격하여 함락시킬 때 전사하였다.

45) 鴉鶻關(아골관): 連山關이라고도 함. 鎭夷堡와 甛水站 사이에 있었다.

46) 淸河(청하): 淸河城. 遼東에 있어서 遼陽과 瀋陽의 병풍이었던 성. 누르하치가 공격할 때 명나라는 鄒儲賢이 험요한 지세에 기대어 지키고 있었는데, 누르하치는 처음 이곳에 맹공을 퍼부었지만 참모의 조언을 따라 八旗軍에게 나무판을 머리에 얹은 채 성 밑에서 벽을 허물게 했다고 한다.

47) 令箭(영전): 군중에 명령을 전달하거나 또는 비밀 명령을 내리는 것. 화살촉이 넓은데, 한쪽에는 某營大將이라 쓰고, 한쪽에는 令이란 글자를 쓴다.

48) 超擢(초탁): 벼슬을 품계를 뛰어넘어서 높은 자리에 뽑아 씀.

49) 熊廷弼(웅정필, 1569~1625): 중국 명나라 말기의 장군. 자는 飛百, 호는 芝岡. 遼東經略으로서 후금에 맞서 요동의 방위에 공을 세웠다. 그러나 1622년 王化貞이 그의 전략을 무시하고 후금을 공격하였다가 크게 패하자 廣寧을 포기하고 山海關으로 퇴각하였으며, 그 책임을 뒤집어쓰고 1625년 억울하게 처형되었다.

50) 緹騎(제기): 붉은 옷을 입은 禁軍의 騎馬隊.

51) 袁崇煥(원숭환, 1584~1630): 明나라 말기의 장군. 1622년 御使 侯恂에게 군사적

弼, 威振華夏, 奴酋擁兵, 侵關外。袁崇煥盡沒其軍, 奴酋憤恚, 疽發背而死。

至庚午冬, 奴賊入寇帝京[52], 謂崇煥不能防禦, 終乃磔死人, 至今惜之。將祖大壽[53], 代崇煥。奴兒哈赤第二子弘他時代立。

甲子, 李适[54]之亂, 韓命璉[55]黨賊被斬, 厥子沇[56]逃入奴穴, 以我

재능을 인정받아 兵部의 職方司 主事가 되었다. 당시 明나라는 王化貞이 이끄는 군대가 후금에 크게 패하여 만주의 지배권을 후금에 완전히 빼앗겼다. 후금은 遼陽과 廣寧을 점령하고 山海關을 넘보고 있어 北京도 위기감에 휩싸여 있었다. 이러한 상황에서 袁崇煥은 홀로 遼東 지역을 정찰하고 돌아와서는 스스로 山海關의 방위를 지원했다. 그는 兵備檢事로 임명되어 山海關으로 파견되었다. 당시 明軍은 山海關의 방어에만 모든 힘을 기울이고 있었다. 하지만 원숭환은 山海關 북쪽에 성을 쌓아야 효과적으로 방어를 할 수 있다고 보고, 寧遠城(지금의 遼寧 興城)을 改築할 것을 조정에 건의했다. 그리고 1623년부터 1624년까지 영원성을 10m의 높이로 새로 쌓았고, 포르투갈 상인들에게 구입하여 '紅夷砲'라고 불리는 최신식 대포를 배치하였다. 1626년 누르하치가 遼河를 건너 영원성을 공격해 왔으나, 원숭환은 우월한 화력을 바탕으로 후금의 군대를 물리쳤다. 明은 1618년 이후 후금에게 계속 패전만 거듭해 왔는데 원숭환이 비로소 승리를 거둔 것이다. 이 전투를 '寧遠大捷'이라고 하며, 그 공으로 원숭환은 兵部侍郎 겸 遼東巡撫로 승진하였다. 1627년에는 영원성과 錦州城에서 후금의 太宗 홍타이지[皇太極, 1592~1643]의 공격도 물리쳤는데, 이는 '寧錦大捷'이라고 부른다. 이처럼, 후금의 침략에 맞서 遼東 방어에 공을 세웠지만 1630년 謀反의 누명을 쓰고 처형되었다.

52) 帝京(제경): 황제가 있는 서울로, 여기서는 북경을 가리킴.

53) 祖大壽(조대수, 1579~1656): 1623년 寧遠城을 축조하는데 주관하였으며, 1626년 누르하치가 영원성을 공격하였을 때 원숭환 등이 크게 패하자 부총병으로 승진되었다. 1627년 영금대첩을 거두었으며, 1630년 홍타이지의 반간계로 원숭환이 투옥되었다가 죽자, 원숭환을 대신하게 되었다.

54) 李适(이괄, 1587~1624): 본관은 固城, 자는 白圭. 1622년 함경북도병마절도사에 임명되어 임지로 떠날 준비를 할 즈음, 평소 친분이 있던 申景裕의 권유로 광해군을 축출하고 새 왕을 추대하는 계획에 가담해 1623년 3월의 인조반정 때 큰 공을 세웠다. 그러나 논공행상에서 밀려 겨우 한성부판윤이 되자 불만이 많았다. 1623년 포도대장을 지낸 뒤 평안병사 겸 부원수에 임명되었다. 1624년 정월에 외아들 李栴·韓明璉·鄭忠信·奇自獻·玄楫·李時言 등과 함께 반역을 꾀한다는 무고를 받았다. 이어 서울에서

國盡赤姜弘立一門爲言，誑誘[57]弘立。丁卯正月十三日，弘立引賊入寇，夜襲義州[58]，府尹李莞[59]·判官崔夢涜[60]被殺，陷安州[61]，兵

선전관과 의금부도사 등이 이괄의 軍中에 머물던 아들 이전을 붙잡아 사실 여부를 조사한다는 명목으로 영변에 내려오자, 이들을 죽이고 반란을 일으켰다.

55) 韓命璉(한명련): 韓明璉(?~1624)의 오기. 황해도 文化(信川) 출생. 1592년 임진왜란이 일어나자 영남지방에서 적과 싸워 공을 세우고, 1594년 경상우도 別將이 되어 진지를 修築하고 군대를 훈련시켰다. 1597년 정유재란 때 도원수 權慄의 휘하에서 충청도 방어사와 합세, 공주에서 싸우다가 부상하여 왕이 보낸 內醫에게 치료를 받았고, 羊皮를 하사받았다. 1598년 재차 권율 휘하에서 의병장 鄭起龍과 합세, 경상우도에 있던 적군을 격파, 명나라 제독 麻貴의 특별 천거로 五衛將이 되고, 방어사를 거쳐 1623년 龜城巡邊使가 되었다. 이듬해 李适의 난에 가담했다는 혐의로 잡혀 압송 도중 이괄에게 구출되어 반란군에 가담, 관군을 각지에서 패주시켰다. 서울을 점령했으나, 길마재[鞍峴]싸움에서 선봉장으로 싸워 패배, 이괄과 함께 달아났다가 伊川에서 부하의 배반으로 살해되었다. 임진왜란 때부터의 명장으로, 여러 전투에서 큰 공을 세웠으나 무고로 처벌받게 되자 반란군에 가담하였다고 한다.

56) 沇(연): 潤의 오기. 韓潤(1597~?). 조선 仁祖 때의 반역자. 임진왜란 때 의병장 郭再祐·金德齡·鄭起龍 등과 함께 큰 공을 세운 韓明璉의 아들이다. 1624년 아버지 한명련이 무고로 부득이 李适의 반란군에 가담하였다가 살해되자 평안도 龜城으로 도피하였다. 관군이 추격하자 이듬해 사촌동생 韓澤과 함께 국경을 넘어 後金의 建州로 들어갔다. 그곳에서 광해군 때 명나라의 요청으로 후금을 토벌하러 갔다가 작전상 후금에 투항한 姜弘立을 만나 그의 휘하로 들어갔다. 1627년 정묘호란 때 阿敏이 이끄는 후금군의 길잡이가 되어 조선침략에 앞장섰다. 함께 들어온 강홍립의 주선으로 조선과 후금의 화의가 성립되었으나 그는 계속 후금에 남아 조선이 약속을 어겼으므로 정벌해야 한다고 부추기는 등 반역행위를 하였다. 그때 조선에서는 그를 가리켜 '한적(韓賊)'이라 하였다.

57) 誑誘(광유): 속여서 끌어들임.

58) 義州(의주): 평안북도 북서부에 있는 고을. 쪽은 삭주군과 천마군, 남쪽은 피현군, 서쪽은 신의주시에 접하고, 북쪽은 압록강을 국경으로 중국의 둥베이 지방[東北地方: 滿洲]과 접한다.

59) 李莞(이완, 1579~1627): 본관은 德水, 자는 悅甫. 1592년 임진왜란 때 이순신 휘하에서 종군하였고, 1598년 露梁 해전에서 이순신이 전사하자 그 사실을 공표하지 않고 督戰하여 대승을 거두었다. 1599년 무과에 급제, 1618년 평양 중군이 되었고, 1623년 충청도 병마절도사에 올랐다. 1624년 호현에서 결집하여 이천으로 도망치는 李适의 난군을 평정한 공으로 嘉善大夫에 올랐다. 義州 부윤 때 명나라 毛文龍과

使南以興[62]·安州牧使金俊[63]自焚死。平壤·黃州·平山自潰，平安監司尹暄[64]·黃海兵使丁奴恕[65]拿來，尹被誅，丁遠謫，十年後收

사이가 좋지 못하였다. 1627년 정묘호란 때에 후금의 병력이 의주를 공격해오자 성을 지키기 위해 싸우다가 사촌동생인 李藎과 함께 焚死하였다.

60) 崔夢涼(최몽량): 崔夢亮(1579~1627)의 오기. 본관은 慶州, 자는 啓明. 1612년 진사시에 합격하였고, 1617년 알성 문과에 급제하였다. 이어 승정원에서 注書 등을 역임하다가 1624년 李适의 난 때 공주로 몽진하는 왕을 호종하여 그 공으로 병조낭관에 올랐고, 1625년 의주판관이 되었다. 1627년 정묘호란이 일어나자 鍾峴에서 적을 맞아 싸웠다. 이때 姜弘立이 적을 선도하는 것을 보고 크게 질책하였으나 중과부족으로 포로가 되었다. 청나라 장수가 항복을 권유하였으나 거절하고 아우와 아들과 함께 죽임을 당하였다.

61) 安州(안주): 평안남도 북서쪽 끝에 있는 고을. 淸川江 하류 남안에 자리잡고 있으며, 동쪽은 개천군·순천군, 서쪽은 황해, 남쪽은 평원군, 북쪽은 청천강을 경계로 평북 박천군·영변군과 접한다.

62) 南以興(남이흥, 1576~1627): 본관은 宜寧, 자는 士豪, 호는 城隱. 1602년 무과에 급제했다. 이어서 선전관을 거쳐 부총관, 포도대장, 충청·경상도병마절도사, 구성부사, 안주목사, 평안도병마절도사 등을 역임했다. 장만의 휘하에 부원수 겸 평안병사로 좌천되어 영변에 머무르고 있던 李适이 난을 일으키자, 남이흥은 장만의 지휘 아래 중군을 이끌고 싸워 많은 무공을 세웠다. 이어 평안도병마절도사로서 영변부사를 겸하여 국경 방어의 임무를 맡고 있던 중, 1627년 정묘호란이 일어나자 안주성에 나가 후금군을 저지하려 하였다. 이때 후금의 주력부대 3만여 명이 의주를 돌파하고 淩漢山城을 함락한 뒤 안주성에 이르렀다. 이에 목사 金浚, 虞候 朴命龍, 강계부사 李尙安 등을 독려하여 용전하다가 무기가 떨어져 성이 함락되자, 그는 "조정에서 나로 하여금 마음대로 군사를 훈련하고 기를 수 없게 하였는데, 강한 적을 대적하게 되었으니 죽는 것은 내 직책이나, 다만 그것이 한이로다."라고 하며 성에 불을 지르고 뛰어들어 죽었다.

63) 金俊(김준): 金浚(1582~1627)의 오기. 본관은 彦陽, 자는 澄彦. 1605년 무과에 급제, 部長을 거쳐 선전관이 되고, 이어 喬桐縣監을 지냈다. 1623년 인조반정으로 都總府都事가 되고, 經歷을 거쳐 죽산부사로 나갔다. 1624년 이괄의 난 때 後營將으로 임진강 상류에 있는 永平山城을 수비했고, 난이 평정된 뒤 의주부윤을 거쳐 안주목사 겸 방어사가 되었다. 정묘호란 때 안주성을 사수하다 성이 함락되자 처자와 함께 분신하여 자결하였다.

64) 尹暄(윤훤, 1573~1627): 본관은 海平, 자는 次野, 호는 白沙. 아버지는 영의정 尹斗壽이다. 형인 영의정 尹昉을 비롯한 네 형제가 모두 높은 관직에 진출하였다. 成渾의 문인이다. 1625년 평안도관찰사로 부임한 뒤 1627년 정묘호란이 일어나자

用。上去邠[66]避江都[67]，世子[68]分朝[69]全州[70]。

其時，送弘立三寸晉昌君姜絪[71]及弘立妾子[72]于陣前，弘立始詳

副體察使를 겸직하여 적과 싸웠다. 그러나 安州를 빼앗긴 뒤 평양에서 싸우고자 하였지만 병력과 장비의 부족으로 從事官 洪命耉의 건의를 받아들여 다시 成川으로 후퇴하였다. 이로 인하여 황해병사 丁好恕도 싸우지 않고 황주를 포기하는 등, 전세를 불리하게 하였다는 죄로 체포되어 의금부에 투옥되었다. 형 윤방을 비롯하여 조카 尹新之의 아내이며 仁祖의 고모인 貞惠翁主가 구명운동을 벌였으나 강화도에서 효수되었다.

65) 丁奴恕(정노서): 丁好恕(1572~1647)의 오기. 본관은 羅州, 자는 士推. 1624년에 定州牧使로 재직하고 있을 때에 李适의 난이 일어나자 자청하여 진압에 나섬으로써 그 공로를 인정받아 通政大夫로 승진하였다. 그러나 1627년 정묘호란이 발발했을 때에 오랑캐의 침입에 성공적으로 대처하지 못하였다는 이유로 유배 길에 올랐다.

66) 去邠(거빈): 周나라 太王이 적을 피하여 도읍인 빈을 버리고 옮겨갔던 것을 이르는 말로, 播遷을 의미. 임금이 도성을 떠나 다른 곳으로 피란하던 일을 일컫는다.

67) 江都(강도): 江華島. 경기도 강화군 서해안에 있는 큰 섬. 나라가 위급해지고 풍운이 몰아칠 때마다 호국의 숨결이 가빴던 곳이다. 강화도는 몽골의 침입과 병인·신미양요에 이르기까지 수많은 전란을 겪은 역사유적이 산재해 있는 곳이다. 또한 외국의 문물이 강화도 바닷길을 통해 육지로 드나들던 관문이기도 했다.

68) 世子(세자): 조선시대 제16대 仁祖와 仁烈王后 한씨의 장남인 왕자 李溰. 곧 昭顯世子(1612~1645)이다. 1625년 세자에 책봉되고, 1627년 정묘호란 때에는 전주로 내려가 남도의 민심을 수습했으며, 그 해에 參議 姜碩期의 딸 愍懷嬪과 혼인하였다. 李元翼·張維 등을 賓師(세자시강원의 1품관)로 맞아 왕자의 덕을 닦았다. 1636년 병자호란 때 강화도로 옮겨 청나라에 항전하려 했으나, 청군의 빠른 남하로 인조와 함께 남한산성으로 들어가 항전하다가 중과부적으로 三田渡에서 굴욕적인 항복을 하였다. 그 뒤 자진하여 鳳林大君 및 주전파 宰臣들과 같이 인질로 瀋陽에 갔다. 심양에 9년 동안 있으면서 1642년 3월과 1644년 정월에 두 차례 본국을 다녀가기도 하였다. 심양에서 단순한 質子가 아니라 大使 이상의 외교관 소임을 하였다.

69) 分朝(분조): 위급한 때를 당하여 조정이 피란할 때, 임금과 세자가 따로 피란하여 세자가 거느리는 조정. 정묘호란 때는 후금에게 郭山의 능한산성을 빼앗기자 이미 조정에서 파천에 대한 논의가 시작되었다.

70) 全州(전주): 전라북도 중부에 있는 고을. 주변은 대부분이 완주군에 둘러싸여 있으며, 서남쪽의 일부가 김제시와 접한다.

71) 姜絪(강인, 1555~1634): 본관은 晉州, 자는 仁卿, 호는 是庵. 우의정 姜尙의 아들. 姜弘立의 숙부. 여러 고을의 수령을 지낸 뒤 1594년 공조 좌랑이 되었고,

知宗黨俱存, 反正後善類滿朝, 然後始生悔憶。

奴賊亦爲弘立所引而來, 初意不過欲寇關西初面[73]而止。雖因列鎭瓦解, 深入平山, 而春夏之交, 潦水[74]大漲, 進退維谷, 大生恐懼之心。若於此時, 首尾邀擊[75], 則可使隻輪不返, 而我國不敢出此計, 只送使乞和。奴賊許之, 上與奴使, 歃血誓天。相臣尹昉[76]·吳允謙[77], 兵判李廷龜[78]·參判崔明吉[79], 參於約誓, 而主和之計, 專

이듬해 永柔縣令이 되었으며, 1602년 宣川郡守에 올랐다. 임진왜란 때 왕을 호종한 공으로 1604년 扈聖功臣 3등에 녹훈되고, 晉昌君에 봉해졌다. 1605년 홍주목사가 되고 1610년 상주목사를 역임했다. 1627년 정묘호란 때는 回答使로 적진에 내왕하여 적정을 비밀리에 탐색하며 협상을 벌였다. 그 후 한성부좌윤, 한성부우윤을 역임하였다. 일찍이 선천군수로 있을 때 30여리의 관개 수로를 팠는데, 백성들이 이것을 '姜公堤'라 불렀다.

72) 妾子(첩자): 姜璹을 가리킨다. 趙慶男의 《續雜錄》 권에 의하면 강홍립의 庶子로 나오며, 그에게 당상관을 주고 의식을 갖추어 들여보내어 후히 돌봐 주는 뜻을 표했다고 하였다.

73) 初面(초면): 지역의 分界.

74) 潦水(요수): 韋皐 동쪽에서 나오며 동남쪽 渤海로 모이며 遼陽으로 들어가는 강.

75) 邀擊(요격): 도중에 기다리고 있다가 맞받아침.

76) 尹昉(윤방, 1563~1640): 본관은 海平, 자는 可晦, 호는 稚川. 1601년 부친상을 마친 뒤 冬至使로 명나라에 다녀와서 곧 海平府院君에 봉해졌다. 1623년 인조반정 후 예조판서로 등용되고, 이어 우참판으로 판의금부사를 겸하였으며, 곧 우의정에 올랐다. 다시 좌의정으로 있을 때 李适의 난이 일어나자 이를 진압하고 민심을 수습하는 데 공헌하였으며, 1627년 영의정이 되었다. 그해 정묘호란이 일어나자 인조의 피난을 주장하여 강화에 호종하였고, 영의정에서 물러나 판중추부사를 역임하고 1631년 다시 영의정이 되었다. 1636년 병자호란이 일어나자 廟社提調로서 40여 神主를 모시고 嬪宮·鳳林大君과 함께 강화로 피난하였다. 그러나 신주 봉안에 잘못이 있었다 하여 탄핵을 받고 1639년 연안에 유배되었다.

77) 吳允謙(오윤겸, 1559~1636): 본관은 海州, 자는 汝益, 호는 楸灘·土塘. 인조반정이 일어나자 대사헌에 임명되고, 이어 이조·형조·예조의 판서를 두루 역임하였다. 1624년 李适의 난이 일어나자 왕을 공주까지 호종하였다. 이어 예조판서·지중추부사를 거쳐 1626년 우의정에 올랐다. 1627년 정묘호란이 발생하자 좌의정으로 왕명을

出於崔明吉之謀。奴賊出送姜弘立及所畜胡漢之女， 三司不敢論，厥門潛殺之云。自此彼此，春秋信使，往來不絶。

丙子春初，武宰[80]同知李廓[81]·僉知羅德憲[82]，以春信使，往瀋陽，

받고 慈殿과 중전을 모시고 먼저 강화도로 피난했으며, 환도 뒤 1628년 70세로 영의정에 이르렀다.

78) 李廷龜(이정구, 1564~1635): 본관은 延安, 자는 聖徵, 호는 月沙·癡菴·保晩堂·秋崖·習靜. 1623년 예조판서가 되었다. 이듬해 李适의 난에 왕을 公州에 호종하고 1627년 정묘호란 때 병조판서로 왕을 호종, 강화에 피난하여 화의에 반대하였다. 1628년 우의정이 되고 이어 좌의정에 올랐다. 한문학의 대가로서 글씨에도 뛰어났고 申欽·張維·李植과 함께 조선 중기의 4대 문장가로 일컬어진다.

79) 崔鳴吉(최명길, 1586~1647): 본관은 全州, 자는 子謙, 호는 遲川·滄浪. 李恒福과 申欽에게 배웠다. 1605년 생원시와 증광시 문과에 연이어 급제하였고, 승문원을 거쳐 성균관 전적이 되었다. 1611년 공조 좌랑과 병조 좌랑을 거쳤다. 1614년 유생이 사사로이 明使와 접촉하는 것을 방치하였다는 탄핵을 받아 투옥되고 삭탈관직 당하였다. 1623년 인조반정에 참여한 반정공신이다. 1627년 정묘호란 때는 후금과 화의를 성사시켰으나, 수도로부터의 피난 종용, 임진강 수비 포기, 화의 주장 등의 이유로 끊임없이 탄핵을 받았다. 또 인조의 친아버지에 대한 대우 문제를 둘러싸고 홍문관의 배척을 받다가 경기도관찰사로 나갔다. 1636년 병자호란 때 이조판서로서 강화를 주관하였는데, 항복 문서의 초안을 최명길이 작성하였는데, 예조 판서 金尙憲은 문서를 찢고 통곡하였다고 한다. 그럼에도 난중의 일처리로 인조의 깊은 신임을 받음으로써 병자호란 이후에 영의정까지 오르는 등 대명, 대청 외교를 맡고 개혁을 추진하면서 국정을 주도했다. 명과의 비공식적 외교관계가 발각되어 1643년 청나라에 끌려가 수감되기도 했다. 1645년에 귀국하였고 1647년에 사망하였다.

80) 武宰(무재): 武官으로서 예전에 판서나 참판의 벼슬을 지낸 사람.

81) 李廓(이확, 1590~1665): 본관은 全州, 자는 汝量. 1623년 仁祖反正 때 敦化門 밖에서 수비하다가 밤에 반정군이 이르자 문을 열어 들어가게 하였다. 반정 후 그를 죽이려 하자, 李貴가 길을 비켜준 그의 공을 역설하여 화를 면하게 하였다. 1624년 李适이 난을 일으키자, 도원수 張晩의 군에 들어가 선봉이 되어 적을 격파하는데 공을 세우고, 자산부사를 거쳐 부총관이 되었다. 1636년 回答使가 되어 청나라 瀋陽에 갔을 때, 심양에서는 국호를 淸이라 고치고 왕을 황제로, 연호를 崇德이라 하여 교외에서 하늘에 제사를 올리려고 할 때 그의 일행을 조선 사신으로 참여시키려고 하였으나, 결사적으로 항거하여 그 의식에 불참하고 돌아왔다. 우리 조정에서는 그 사실을 잘못 전하여 듣고, 한때 선천에 유배시켰다가 뒤에 충절을 알고 석방하였다. 그해 胡賊이

適當三月十五日, 金弘汗他時[83], 潛稱[84]皇帝, 國號大淸, 刧使廓等參賀班[85]。廓等抵死不從, 差胡等, 驅碎廓等, 衣冠盡破, 終不入降, 漢人至有垂淚者。廓等將還, 汗付答書稱皇帝, 廓等齎至通遠堡[86], 裹以靑布, 密置囊橐中, 托以馬病任重, 留置守堡胡人處而來。

平安監司洪命耉[87], 以廓等初受金汗僭號之書, 不爲嚴辭峻斥, 潛

침입하자 남한산성을 수비하는 데 활약하였고, 난이 끝난 뒤 충청도병마절도사를 거쳐 1641년 삼도수군통제사에 이르렀다.

82) 羅德憲(나덕헌, 1573~1640): 본관은 羅州, 자는 憲之, 호는 壯巖. 아버지는 羅士忱이다. 1603년 무과에 급제하고 선전관을 거쳐 1624년 李适의 난 때 도원수 張晩의 휘하에서 종군했다. 특히, 鞍峴戰鬪에서 큰 공을 세웠다. 이후 吉州牧使를 거쳐 1635년 昌城府使·의주부윤을 역임하고, 1636년 春信使로 다시 심양에 갔는데 李廓과 심양에 도착했다. 이때 후금의 태종은 국호를 淸이라 고치고 皇帝를 칭하며 즉위식을 거행했다. 조선 사신에게도 경축반열에 참석하라고 했으나, 하례를 완강히 거부하다가 옷이 찢어지고 갓이 부서지는 구타를 당했다. 구타와 회유를 거듭해도 시종 거부하다가, 청나라가 볼모를 요구하는 국서를 주어 돌려보내기로 하자, 내용을 알기 전에는 받을 수 없다고 받지 않았다. 100여 명의 기병으로 通院堡까지 호송되었는데, 기병의 호위가 풀리자 통원보의 胡人에게 국서를 맡기고 귀국했다. 이 사실을 안 三司와 趙復陽을 중심으로 한 관학 유생들은 皇帝僭稱의 국서를 받았다고 논핵했다. 영의정 金瑬까지 가세한 조정의 거센 척화론으로 위기에 몰렸으나, 이조판서 金尙憲의 적절한 변호로 극형만은 면하고 白馬山城으로 유배되었다. 1636년 병자호란 후 과거 춘신사로 심양에 가서 하례를 거부, 항거한 사실이 밝혀져 유배에서 풀려나 삼도통어사로 특진되었으며, 1639년 벼슬에서 물러났다. 1636년 춘신사로서 심양을 다녀온 일기인 『북행일기(北行日記)』(보고사, 2020)가 참고된다.

83) 金弘汗他時(김홍한타시): 金汗弘他時의 오기.

84) 潛稱(잠칭): 僭稱의 오기.

85) 賀班(찬반): 축하하는 의식에 벌여 서는 반열.

86) 通遠堡(통원보): 원래 鎭夷堡라 하였는데, 중국 요녕성 鳳凰城의 서쪽에 위치한 堡.

87) 洪命耉(홍명구, 1596~1637): 본관은 南陽, 자는 元老, 호는 懶齋. 1619년 알성문과에 장원했으나 시골에 은거하다가 1623년 인조반정 후에 등용되어, 1625년 부수찬이 되었다. 1627년 직강을 거쳐 교리·이조좌랑·좌부승지 등을 역임하였다. 그 뒤 1633년에 우승지가 되고, 1635년에 대사간·부제학을 거쳐 이듬해에는 평안도 관찰사로 나아갔다. 그해 병자호란이 일어나자 慈母山城을 지키다가, 적병이 남한산성을

置中道爲罪, 馳啓請借尙方劍[88], 梟示於境上。自上下其狀啓於備局, 吏曹判書金尙憲[89], 以爲廓等之罪, 不至置死, 備局回啓, 姑請拿來, 上從之。蓋明知其無罪, 而衆論方張, 故以此爲啓。三司俱發, 論以按律, 館學儒生趙復陽[90]等, 亦皆陳疏[91]。

領議政金瑬[92], 方主斥和之論, 年少峻論者, 隨而和之, 搢紳[93]中

포위했다는 소식을 듣게 되었다. 이에 勤王兵 2,000명을 거느리고 남하하던 중, 金化에 이르러 청나라 대군과 맞서 싸우다가 전사하였다. 김화 전투에서 홍명구와 같이 싸운 평안도 병마절도사 柳琳과 李一元이 청나라 군대를 격퇴하였는데, 병자호란 때 조선군이 승리한 것은 김화 전투와 金俊龍의 광교 전투가 유일하다.

88) 尙方劍(상방검): 임금이 병마를 지휘하는 장수에게 주던 검. 임금의 도장을 새겨 군령을 어긴 자는 허락 없이도 죽일 수 있었다.

89) 金尙憲(김상헌, 1570~1652): 본관은 安東, 자는 叔度, 호는 淸陰·石室山人. 아버지는 都正 金克孝이다. 金尙容의 아우이다. 尹根壽의 문인이다. 1596년 정시문과에 급제, 1608년 文科重試에 합격하여, 1611년 승지로 李彦迪·李滉의 문묘종사를 반대하는 鄭仁弘을 탄핵하다가 좌천되었고, 1613년 사돈인 金悌男이 賜死되었을 때 연좌되어 延安府使에서 파직되었다. 1623년 인조반정 후 대사간을 거쳐, 1636년 병자호란 때 斥和論을 주장하다 청에게 항복하자 안동으로 돌아갔다. 1639년 청의 출병 요구에 반대하는 상소를 하여 청에 압송되었다. 1645년에 昭顯世子를 수행하여 귀국하였다. 효종이 즉위하자 좌의정·영돈령부사를 지냈다. 죽은 뒤 崇明節義派로 朝野에 큰 정신적 영향을 미쳤다.

90) 趙復陽(조복양, 1609~1671): 본관은 豐壤, 자는 仲初, 호는 松谷. 1633년 사마시에 합격하였고, 1638년 정시 문과에 급제한 뒤 검열을 거쳐 지평 등을 거쳐 1641년 정언을 지냈으며, 잠시 체직되었다가 헌납·교리·지평을 거쳐 부교리가 되었다. 1651년 아버지 조익이 쓴 尹昉의 謚狀 문제로 의금부에 감금되었다가 풀려난 뒤 관직에서 물러났다. 1653년 헌납으로 복직된 뒤, 부교리·이조정랑을 거쳐 집의가 되었으나, 이후에도 계속해서 파직과 복직을 반복하다가 겸보덕으로 돌아와 집의·겸필선·사간·응교를 역임하였다. 1660년 대사성이 되었고, 이듬해 대사간을 거친 뒤 부제학·예조참판·병조참판·강화유수 등을 지낸 뒤 元子의 보양관이 되었다.

91) 陳疏(진소): 임금에게 올리는 글.

92) 金瑬(김류, 1571~1648): 본관은 順天, 자는 冠玉, 호는 北渚. 아버지는 金汝岉이고, 金慶徵의 아버지이다. 1592년 임진왜란 때 復讐召募使 金時獻의 종사관으로 호서와 영남 지방에서 활약하였다. 1596년 정시 문과에 급제해 承文院權知副正字에

或, 以爲: "金汗, 雖自帝其國, 我國只守丁卯兄弟之盟而已, 彼之僭號, 何與於我? 而不量我國之兵力, 先荒盟好, 以至於挑怨速禍哉?" 雖所見如此, 莫敢開喙。

是年春末, 龍骨大[94]·馬夫大[95]兩將, 稱以仁烈王后[96]弔祭[97], 而金國十王[98], 致書于主上。蓋陳僭號之事, 欲使和好不絶, 且及廓等不參賀班之非, 此乃探我國之意, 欲爲加兵也。所關甚重, 而朝廷以李溟[99]·朴簪[100]失時之輩, 使主接伴之任。

임명되었다. 1623년 인조반정의 공로로 병조참판에 제수되었으며 곧 병조판서로 승진되더니 昇平府院君에 봉해졌다. 1627년 정묘호란 때는 副體察使로서 인조를 江都로 호종하였고, 환도 후에는 都體察使가 되어 八道軍兵을 통솔하였다. 1636년 병자호란 때는 인조와 함께 남한산성으로 피난하였다가, 이듬해 삼전도의 맹약을 맺는데 주화론자로서 주도적 역할을 하였다.

93) 搢紳(진신): 홀을 큰 띠에 꽂는다는 뜻으로, 모든 벼슬아치를 통틀어 이르는 말.

94) 龍骨大(용골대, 1596~1648): 他塔喇 英固爾岱(Tatara Inggūldai)인데, 명나라에서는 잉어얼다이(英俄爾岱) 혹은 잉구얼다이(英固爾岱)라고 부르는 인물. 그는 청나라 개국 시기의 유명한 장군이면서, 동시에 理財와 外交에 밝았던 것으로 유명하다. 1636년에 사신으로 仁祖妣 韓氏의 조문을 왔을 때 후금 태종의 尊號를 알리면서 군신의 義를 강요했으나 거절당하였다. 그 후 1636년 12월에 청나라 태종의 지휘하에 청이 조선 침략을 감행할 때 馬夫大와 함께 선봉장에 섰다.

95) 馬夫大(마부대): 馬福塔으로도 표기되는 인물. 청나라의 전신인 後金 때부터 사신으로 여러 차례 조선을 왕래했다. 1635년에는 후금의 親書를 가지고 조선에 오기도 하였다. 병자호란 때는 淸나라 太宗의 막료로서 행패가 심하였다.

96) 仁烈王后(인열왕후, 1594~1635): 仁祖의 왕비로 韓浚謙의 딸 淸州韓氏. 1635년 12월 9일에 승하하자, 後金과 西㺚의 사신들이 그 장례를 조상하려 하였다.

97) 弔祭(조제): 죽은 이의 靈魂을 弔喪하여 제사함.

98) 金國十王(금국시왕): 누르하치의 열다섯째 아들 多鐸(1614~1649). 전공을 많이 세워 豫親王에 봉해졌다. 세조의 섭정왕 도르곤(多爾袞)의 동모제이며, 병자호란 때 태종을 따라 조선을 침략하였고, 1644년 定國大將軍으로 도르곤을 따라 산해관을 들어가 李自成의 군대를 격퇴하였다. 그리고 군대를 이끌고 揚州로 가서 史可法을 죽였으며, 강남으로 내려가서 福王을 사로잡았다. 輔政王에 봉해졌다.

99) 李溟(이명, 1570~1648): 본관은 全州, 자는 子淵, 호는 龜村. 1591년 진사가 되고,

溟等陰智後之有秋, 只恐得罪於時議, 凡待虜之際, 一切以慢忽[101]薄略[102]爲使[103]。兩將所請[104], 蒙古之人, 卽金國所服者, 欲使我國厚待, 以爲誇張之地, 而朝廷不許, 特以從胡待之, 以失其心。且謂人臣, 不敢致書於國君, 十王之書, 終不拆見。

曾在仁穆大妃[105]之喪, 胡將來弔也, 許令處上[106]設祭, 今則稱以處宇[107]偪側[108], 別設空幄於禁川橋[109], 使之致祭。使其行禮, 風吹

1606년 증광문과에 급제하여 설서·정언·지제교를 지냈다. 三司에 있다가 光海君 초에 어사로 나가 의주에 이르러 府尹 李爾瞻의 후대를 받았으나 그의 사람됨을 꺼려 사이가 좋지 못했다. 仁祖 초에 金瑬·李貴 등의 추천을 받아 호남 관찰사가 되었다가 1627년 정묘호란 때 경기 관찰사로 전임되었다. 평안도·경상도 등의 관찰사를 맡아 전란의 수습과 국방의 강화에 기여하였다. 호조·병조·형조의 참판과 호조·형조의 판서를 거치면서 재정 운영에 뛰어난 성과를 올렸다. 그러나 西人이 臺諫을 지배하면서 大北 출신 그를 끊임없이 탄핵하였다.

100) 朴簹(박로, 1584~1643): 본관은 密陽, 자는 魯直, 호는 大瓠. 1609년 문과에 급제하여 승문원에 들어간 뒤 사간원정언·병조정랑·홍문관수찬 및 교리, 사헌부지평·성균관직강·안동부사·의정부검상 등을 거쳤다. 1623년 인조반정 뒤에는 장연부사·신천군수·파주목사·장단부사·이조참판·세자빈객·도승지·병조참판 등을 지냈다. 광해군을 동정하였다는 혐의로 반정 뒤에도 처음에는 소외되다가, 이괄의 난과 정묘호란 때 국왕을 호종한 공로로 관직에 올랐던 것이다. 정묘호란 뒤에 後金의 심양에 여러 차례 파견되었고 병자호란 후에는 淸으로 볼모로 잡혀간 昭顯世子를 3년간 수행하였다.

101) 慢忽(만홀): 태만하고 소홀함.

102) 薄略(박략): 후하지 못하고 약소함.

103) 爲使(위사): 爲事의 오기.

104) 所請(소청): 所帶의 오기.

105) 仁穆大妃(인목대비, 1584~1632): 조선 제14대 宣祖의 繼妃. 본관은 延安, 延興府院君 金悌男과 光山 盧氏의 딸이다. 1602년 15세에 선조의 계비가 되고 1603년에 貞明公主를, 1606년에 永昌大君을 낳았다. 1613년 癸丑獄事로 영창대군이 유배되어 죽었고 본인은 폐위되어 西宮에 유폐되었다. 인조반정으로 복권되었지만 1632년 6월 28일 세상을 떠났다.

106) 處上(처상): 殿上의 오기.

107) 處宇(처우): 殿宇의 오기.

帳開, 始覺見欺, 輒有怒意。且於是日, 都監炮手, 私習[110]後苑, 皆會闕下, 而宿衛禁軍, 亦當相遞, 因虜使在闕, 各持戎器, 俱在幕後, 帳開之際, 疑其藏兵, 顚倒出來。

其時, 掌令洪翼漢[111], 抗疏請斬虜使, 館學儒生, 又上斬使之疏。胡將密知其機, 益生疑懼之心, 破關步出, 散入閭家, 奪馬而走。道路觀者, 莫不驚駭, 閭巷兒童, 爭相投石, 京城爲之震動。

廟堂始爲恇㥘, 發遣宰臣乞留, 相屬道路, 胡將終不入來。自上, 卽下敎八道, 諭以斥和之意, 西路齎去諭旨[112], 爲胡將所奪, 終爲執言之地。朝廷, 以廓等潛置汗書於中道, 虜必不知, 使宣傳官到灣上, 移檄瀋陽, 爲通此意。

自此之後, 上屢下悔悟之敎, 勉以忠義敵愾之意, 遠近疏章, 逐日

---

108) 偪側(핍측): 비좁음.

109) 禁川橋(금천교): 궁궐 정문 안에 흐르는 명당수를 금천이라 하는데 그 위에 놓여진 다리.

110) 私習(사습): 정식으로 쏘기 전에 연습으로 쏘는 일.

111) 洪翼漢(홍익한, 1586~1637): 본관은 南陽, 초명은 霫, 자는 伯升, 호는 花浦·雲翁. 아버지는 진사 洪以成이며, 어머니는 金琳의 딸이다. 백부인 校尉 洪大成에게 입양되었다. 1615년 생원이 되고, 1621년 알성문과에 급제했으나 罷榜(과거에 급제한 사람의 발표 취소)되었다. 1624년 정시문과에 장원으로 급제한 뒤 司書를 거쳐, 1635년 장령이 되었다. 1636년 청나라가 조선을 속국시하는 모욕적인 조건을 내걸고 사신을 보내오자, 帝號를 참칭한 죄를 문책하고 그 사신들을 죽임으로써 모욕을 씻자고 상소하였다. 마침내 그 해에 병자호란이 일어나자 崔鳴吉 등의 和議論을 극구 반대하였다. 이 난으로 두 아들과 사위가 적에게 죽임을 당하였다. 그리고 아내와 며느리도 적에게 붙들리자 자결하였다. 그러나 청나라의 강요로 화친을 배척한 사람의 우두머리로 지목되어 吳達濟·尹集과 함께 청나라로 잡혀갔다. 그곳에서 그는 청장 龍骨大에게 "작년 봄에 네가 우리 나라에 왔을 때 소를 올려 너의 머리를 베자고 청한 것은 나 한 사람뿐이다."했고, 갖은 협박과 유혹에도 끝내 굽히지 않다가 죽임을 당하였다.

112) 諭旨(유지): 임금이 신하에게 내리는 글.

沓至, 皆是斥和攻虜之言也。大司諫尹煌[113]陳疏, 減御供[114], 撤廟樂[115], 焚江都行宮, 專意攻戰, 吏曹參判鄭蘊[116]上疏, 請進駐松都, 參議金德諴[117], 請進駐平壤, 激厲將士。

時天災物怪, 疊見層出[118], 如富平[119]·安山[120]之移石, 嶺南關西

---

113) 尹煌(윤황, 1571~1639): 본관은 坡平, 자는 德耀, 호는 八松. 1597년 알성 문과에 급제해 承文院權知正字에 임명되었다. 1599년 주서로 입시한 뒤 군자감첨정·성균관 전적을 거쳐, 1601년에 감찰이 되었으며 곧 정언으로 옮겼다. 이후 병조·예조의 좌랑, 예조 정랑을 거쳐 북청 판관으로 나갔다. 1626년 사간·보덕 등을 역임했으며, 이듬해 정묘호란이 일어나자 主和를 반대해 李貴·崔鳴吉 등 주화론자의 유배를 청하고, 降將은 참할 것을 주장하였다. 그런데 주화는 항복이라고 했다가 왕의 노여움을 사 삭탈관직되어 유배의 명을 받았으나 삼사의 구원으로 화를 면하였다. 1628년 다시 사간이 되었고 길주목사·안변부사·사성·승지·대사성 등을 거쳐 1635년 대사간에 이르렀다. 1636년 병자호란이 일어나자 정묘호란 때와 같이 척화를 주장하다가, 집의 蔡裕後, 부제학 全湜의 탄핵을 받았다. 영동군에 유배되었다가 병으로 풀려 나와 죽었다.

114) 御供(어공): 임금에게 물건을 바침.

115) 廟樂(묘악): 宗廟나 文廟의 제례 때 연주하는 雅樂.

116) 鄭蘊(정온, 1569~1641): 본관은 草溪, 자는 輝遠, 호는 桐溪·鼓鼓子. 1606년 진사가 되고, 1610년 별시문과에 급제하여 시강원겸설서·사간원 정언을 역임하였다. 임해군옥사에 대해 全恩說을 주장했다. 1614년에 永昌大君의 처형이 부당함을 상소, 가해자인 강화부사 鄭沆의 참수를 주장하다가 제주도 大靜에서 10년간 유배생활을 하였다. 1623년 인조반정으로 석방되어 이조참의·대사간·경상도관찰사·부제학 등을 역임하고, 1627년 정묘호란이 일어나자 행재소로 왕을 호종하였다. 1636년 병자호란 때 이조참판으로서 金尙憲과 함께 斥和를 주장하다가 화의가 이루어지자 사직하고 덕유산에 들어가 은거하다가 5년 만에 죽었다.

117) 金德諴(김덕함, 1562~1636): 본관은 尙州, 자는 景和, 호는 醒翁. 1587년 생원시에 합격하고, 1589년 증광시 문과에 급제하였다. 1592년 임진왜란이 일어나자 연안에서 초토사 이정암을 도와 의병을 모집하고 군량을 조달하는 일을 맡았다. 1593년 공조 좌랑을 거쳐 비변사 낭청·호조 정랑·직강·사예 등의 중앙 관직과 선천·청풍·단천·성천·장단·안주의 지방관을 역임하였다. 1617년 인목대비 폐모론에 반대하여 南海에 유배되었다가 1623년 인조반정으로 풀려나 여러 벼슬을 거쳐 1636년 대사헌에 올랐다.

118) 疊見層出(첩현층출): 거듭하여 일어남.

之坌戰[121], 大口[122]之鸛陣, 青坡[123]之蛙戰, 竹嶺[124]之蟾行, 禮安[125]之流斷, 兩陵[126]之雷震, 京兆之地赤, 都城一日之內震擊二十七處, 大水猝至, 東門路注, 三闕一時俱震, 白虹貫日及星文之變, 咸萃於一年之內。而領相金瑬·左相洪瑞鳳[127]·右相李弘胄[128], 方

119) 富平(부평): 인천광역시 북동부에 있는 고을.

120) 安山(안산): 경기도 남서부 해안가에 있는 고을.

121) 坌戰(분전): 蚠戰의 오기.

122) 大口(대구): 大邱의 오기.

123) 青坡(청파): 서울특별시 용산구에 북쪽에 있는 마을.

124) 竹嶺(죽령): 경상북도 영주시 풍기읍과 충청북도 단양군 대강면 사이에 있는 고개.

125) 禮安(예안): 경상북도 안동시의 북동쪽에 있는 고을.

126) 양릉(兩陵): 宣祖와 繼妃 仁穆王后의 무덤을 가리킴. 목릉에 1635년 3월 14일 벼락이 떨어져 무너진 것을 일컫는다.

127) 洪瑞鳳(홍서봉, 1572~1645): 본관은 南陽, 자는 輝世, 호는 鶴谷. 1590년 진사가 되고, 1594년 별시문과에 급제하였다. 1600년 사서가 된 뒤 정언·부수찬에 이어 1602년 이조좌랑과 성주목사를 역임하였다. 1608년 중시문과에 급제한 뒤 사성·응교 등을 역임하고, 1610년 강원도관찰사를 거쳐, 이듬해 동부승지 재직 중 金直哉獄事에 장인 黃赫이 연루되어 삭직당하였다. 1623년 인조반정에 가담하여 병조참의가 되었으며, 대사헌·병조참판 등을 차례로 역임한 뒤 1626년에는 도승지가 되었다. 1636년 우의정을 거쳐 좌의정에 올랐을 때 병자호란이 일어나자 崔鳴吉과 함께 和議를 주장하였고 영의정, 좌의정을 지냈다. 昭顯世子가 급사하자 鳳林大君(孝宗)의 세자책봉을 반대하고 세손으로 嫡統을 이어야 한다고 주장하였으나 용납되지 않았다.

128) 李弘胄(이홍주, 1562~1638): 본관은 全州, 자는 伯胤, 호는 梨川. 1582년 진사시에 합격, 의금부 낭관이 되고, 1594년 별시 문과에 급제, 주서·교산찰방을 거쳐 예조·병조·이조 좌랑을 역임하였다. 1609년 부수찬·교리·의주부윤·안동부사를 거쳐, 1618년 전라도를 순찰하고 돌아와 형조참판이 되었다. 1619년 謝恩使로 명나라에 다녀왔으며, 다시 陳奏使가 되었으나 병으로 사직하였다. 1621년 함경도관찰사로 나갔다가 예조참판에 이어 1624년 도승지가 되었다. 그해 李适의 난이 일어나자 도원수 張晩을 도와 큰 공을 세웠고, 이괄의 난이 진압된 후 장만의 병이 위독해지자 그의 후임으로 도원수가 되었다. 胡太監接伴使·대사헌·전주부윤·도승지·병조판서를 지냈다. 1636년 병자호란이 일어나 적들이 西門 밖까지 이르자 왕의 國書를 가지고 적진으로 들어가 국서를 전하고 화의 교섭을 벌였으나 항복은 끝까지 반대하였다.

在廟堂, 和事旣無所恃, 戰守亦無所講矣。

金瑬, 兼體察使, 嘗啓於上, 曰: “虜若深入, 都元帥及兩西方伯, 請置孥戮[129]之典.” 上以體察使亦難免重律爲敎。金瑬曾主斥和之議, 及聞此敎, 反爲和議。

時秋防[130]已迫, 崔鳴吉上疏, 請送和使, 敎理吳達濟[131]·吏曹正郎尹集[132]上疏, 請斬崔明吉。獻納李一相[133]避嫌, 有上負天朝, 下欺

129) 孥戮(노륙): 온 가족을 죽이는 것. 남편 혹은 아비 죄 때문에 처자까지도 연좌되어 죽임을 당하는 것을 말한다.

130) 秋防(추방): 防秋. 오랑캐에 대한 방비. 고대에 西北의 각 유목 부락이 天高馬肥의 계절에 南侵하므로 변방의 수비군이 특별히 경계를 강화하여 병력을 징발해 防守하는 것을 말한다. 《舊唐書》 139권 〈陸贄傳〉에서 河隴이 蕃族을 함락한 이래로 “서북의 변방에 항상 중대한 병력으로 수비를 하였는데, 이를 防秋라고 한다.(西北邊常以重兵守備, 謂之防秋.)”라고 한 데서 나오는 말이다.

131) 吳達濟(오달제, 1609~1637): 본관은 海州, 자는 季輝, 호는 秋潭. 1627년 사마시에 합격, 1634년 별시 문과에 장원으로 급제하였다. 典籍·병조좌랑·侍講院司書·正言·持平·修撰을 거쳐, 1636년에 副校理가 되었다. 그해 병자호란이 일어나자 남한산성에 들어가 청나라와의 和議를 극력 반대하였다. 그러나 청군에 항복하게 되자 스스로 척화론자로 나서 敵陣에 송치되었다. 적장 龍骨大의 심문에 굴하지 않고, 瀋陽으로 이송되어 모진 협박과 유혹에 굴하지 않자, 결국 심양성 서문 밖에서 尹集·洪翼漢과 함께 처형당했다. 세상에서는 이들을 ‘삼학사’라고 하여 그들의 절개와 충성을 높이 기리게 되었다.

132) 尹集(윤집, 1606~1637): 본관은 南原, 자는 成伯, 호는 林溪·高山. 1627년 생원이 되고, 1631년 별시 문과에 급제해 이듬해 설서가 되었다. 그 뒤 修撰에 오르고 獻納을 역임한 뒤, 1636년 이조정랑·부교리를 거쳐 교리로 있을 때 병자호란이 일어났다. 왕이 남한산성으로 피하였는데 산성이 포위되어 정세가 불리해지자 崔鳴吉 등이 화의를 주장하였으나, 吳達濟 등과 함께 이를 극렬히 반대하는 상소를 올렸다. 결국 화의가 이루어지자 吳達濟, 洪翼漢과 함께 척화론자로 청나라에 잡혀가 갖은 고문을 받았지만 끝내 굴하지 않았고, 결국 瀋陽 西門 밖에서 사형되었다.

133) 李一相(이일상, 1612~1666): 본관은 延安, 자는 咸卿, 호는 靑湖. 영의정 李廷龜의 손자이며, 이조판서 李明漢의 아들이다. 1633년 검열이 되고, 대교·정언을 거쳐 헌납이 되었다가 1636년 병자호란 때에는 왕을 호종하지 못하고, 또한 화의를 반대한 척화신으로서 이듬해 탄핵을 받아 영암으로 귀양 갔다가 다시 위원으로 이배되었다. 뒤에 南老星

吾民等語, 蓋時論, 以斥和爲淸議, 以羈縻[134]爲邪議, 人無異議者。

朝廷以此, 依違[135]兩間, 別無建白[136], 及金瑬付崔鳴吉之論, 然後始送小譯瀋陽, 以探虜意。三司俱發, 請勿入送, 未及停論, 上特命發送。

金汗言於小譯, 曰: “爾國, 若不於十一月二十五日前, 入送大臣·王子, 更定和議, 則我當大擧東搶.”云, 而其答書曰: “貴國多築山城, 我當從大路, 直向京城, 其可以山城扞我乎? 貴國所特者[137]江都, 我若蹂躪八路, 其可以一小島爲國乎? 貴國持論者儒臣, 其可以揮筆却之乎?” 小譯, 還傳其言與書, 廟堂欲送宰臣, 上下斥和之論方峻, 不敢顯言送使。久而後, 請送朴簭, 臺諫又爲力爭, 彌時堅執, 不得已經送朴簭, 然已失金汗所約之期矣。

李時白[138], 時爲南漢山城守禦使, 時白之父貴[139], 嘗與金瑬不相

등의 주장으로 풀려나 인조 말년에는 사간에 올랐으며, 1647년에는 창덕궁수리소도청으로 공이 있다 하여 당상관에 올랐다. 효종이 즉위하면서 우승지에 발탁되어 총애를 입었으며, 이어서 대사간을 거쳐 1652년 도승지가 되었다. 이어 부제학·대사간·대사성을 거쳐 대사헌이 되었다. 1654년 正朝兼進賀副使로 청나라에 갔다가 이듬해 귀국, 청나라의 실정을 보고하여 효종의 북벌계획 수립에 宋時烈 등과 함께 도움을 주었다. 그 뒤 병조참판·동지의금부사 등을 지내고, 실록편찬의 공으로 正憲大夫에 가자되었으며, 공조판서·예조판서·좌우참판·호조판서를 거쳐 1666년에 다시 예조판서가 되었다가 죽었다. 이일상의 처는 平壤趙氏 趙寬錫의 딸이다.

134) 羈縻(기미): 굴레와 고삐라는 뜻으로, 속박하거나 견제함을 비유적으로 이르는 말.

135) 依違(의위): 가부를 결정하지 못하고 우물쭈물하는 모양.

136) 建白(건백): 임금이나 조정에 의견을 말함.

137) 所特者(소특자): 所侍者의 오기.

138) 李時白(이시백, 1581~1660): 본관은 延安, 자는 敦詩, 호는 釣巖. 1623년 인조반정 때 아버지 李貴와 함께 가담하여 靖社功臣 2등으로 延陽君에 봉해졌다. 1624년 李适의 난이 일어나자 協守使로 군사를 모집하여 鄭忠信 등과 함께 鞍峴에서 반란군을 격퇴했다. 이 공으로 수원부사가 되었는데 위급한 일이 생길 경우 깃발과 총소리로

好。凡南漢守禦之事，一不從其請，守堞之卒，皆以嶺南之軍分定，若有警急，遠地之人，何得以急來乎?

自祖宗朝以來，要衝之地，列置重鎭，以便扞禦[140)]，今者金瑬及都元帥金自點[141)]，首建毁撤之議，使義州移白馬[142)]，平壤移慈母[143)]，

신호하기로 하여 1627년 정묘호란이 일어났을 때 군사를 이끌고 신속히 동작나루에 도착, 인조를 강화도로 무사히 인도했다. 1636년 경주부윤이 되었으나, 왕이 불러들여 병조참판으로 남한산성수어사를 겸하였다. 그해 12월 병자호란이 일어나자 인조를 영입하였으며, 西城將으로 성을 수비하였고, 다음해 공조판서에 승진되어 지의금부사를 겸하였다.

139) 貴(귀): 李貴(1557~1633). 본관은 延安, 자는 玉汝, 호는 默齋. 1623년 金瑬와 더불어 인조반정을 성사시켜 延平府院君에 봉하여졌으며, 벼슬은 병조 판서와 이조 판서에 이르렀다. 1627년 정묘호란 때 왕을 모시고 강화에 피란 중, 화의를 주장하다가 탄핵을 받았다.

140) 扞禦(한어): 적의 공격을 맞서서 막음.

141) 金自點(김자점, 1588~1651): 본관은 安東, 자는 成之, 호는 洛西. 李貴, 金瑬, 申景禛, 崔鳴吉, 李适 등과 함께 광해군과 집권세력인 대북파를 축출하고 綾陽君(후의 인조)을 추대하여 반정에 성공하였다. 당시 西人이 功西와 淸西로 갈라지자 공서의 편에서 金尙憲 등 유림을 탄압하였다. 이괄의 난을 평정하고, 정묘호란이 일어나자 巡檢事臨津守禦使에 임명되었다. 1633년 都元帥가 되었으나 병자호란이 일어나자 兎山 싸움에서 참패한 죄로 전쟁이 끝나자 絶島定配당했다. 1643년 판의금부사로 登極使가 되어 淸에 다녀온 뒤 우의정에 승진되고, 1644년 좌의정에 봉해지고 영의정에 올라 謝恩使로 다시 淸에 다녀왔다. 1646년 仁祖가 昭顯世子嬪 姜氏를 죽이려는 내심을 간파하고 인조의 수라상에 독약을 투입한 뒤 그 혐의를 강빈에게 미루어 죽였으며, 소현세자의 세 아들을 모두 濟州에 유배 보내게 하였다. 1649년 효종이 즉위하자 김상헌 등을 등용하여 北伐을 꾀하고, 그를 파직시켰다. 다음해 그는 유배지인 洪川에서 심복인 역관 李馨長을 시켜 조선이 북벌을 계획하고 있음과 宋時烈이 지은 長陵의 誌文에 淸의 年號를 쓰지 않고 明의 연호를 쓴 사실을 淸에 알렸다. 이에 청나라는 크게 의심하고 大軍을 보내 眞否를 물었으나 孝宗의 기민한 수습으로 무마되었다. 결국 그의 반역행위가 드러나 光陽에 유배되었다가 1651년 아들의 역모가 들어나 역모죄로 아들과 함께 사형 당하였다.

142) 白馬(백마): 白馬山. 함경북도 의주 남쪽 30리에 있는 산. 이곳에 백마산성이 있다.

143) 慈母(자모): 慈母山. 평안남도 順川郡 慈山面에 있는 산. 이곳에 자모산성이 있다.

黃州移正方[144], 平山移長水[145], 其間近者, 去大路三四十里, 〈遠者〉至一二日程。兩西一帶大鎭, 盡爲無人之域。

其時, 椵島[146]都督沈世魁[147], 以我國斥和之意, 傳報中朝。是年秋, 〈送〉監軍黃孫茂[148], 奬諭我國。監軍回到關西, 移咨朝廷, 曰: "見貴國人心·器械, 決難當彼强寇, 勿以一時奬諭, 以絶羈縻之計[149]."云。

金自點, 猝受推轂[150]之重任, 不爲撫養軍卒, 驅役疲氓, 督築正方, 且以刑杖立威, 積失人心。嘗謂: '奴賊, 今冬必不來.' 人或謂賊來則怒, 不來則喜。故管下[151]之人, 以賊來之說爲忌諱。冬防已過, 守城軍卒, 無一人添防。

---

144) 正方(정방): 正方山. 황해도 황주군과 봉산군 경계에 있는 산. 이곳에 정방산성이 있다.

145) 長水(장수): 長水山. 황해도 재령군과 신원군의 경계에 있는 산. 이곳에 장수산성이 있다.

146) 椵島(가도): 평안북도 철산군 가도리에 딸린 섬. 皮島라고도 한다.

147) 沈世魁(심세괴, ?~1637): 명말에 登州總兵으로 청나라에 대항한 장수. 명나라 遼東都司 毛文龍의 군대가 후금의 군대에 쫓긴 끝에 국경을 넘어 평안도 철산군 앞바다의 椵島에 주둔하게 되자, 1623년 명나라는 후일을 도모하려고 가도에 都督府를 설치하고 모문룡을 그 도독으로 임명했다. 모문룡이 조정의 명에 따라 遼東에 출전했다가 실패하고 죽은 뒤, 가도로 도망한 그 잔당 사이에 누차 내분이 일어난 끝에 장사꾼 출신으로 그 딸이 모문룡의 첩이었던 심세괴가 도독이 되었다. 심세괴는 1637년 청나라와 조선의 연합군에게 패하여 죽었다.

148) 黃孫茂(황손무, ?~1637): 1636년 심세괴가 상주한 내용을 본 명나라 毅宗이 우리나라를 표창하는 조서를 내리면서 監軍御使였던 그를 椵島로 파견했으나, 그 이듬해 내분으로 인하여 도독 심세괴의 부하에게 피살되었다.

149) 羈縻之計(기미지계): 고삐를 느슨하게 잡되 끈은 끊지 않는 계획.

150) 推轂(추곡): 수레의 바퀴를 민다는 뜻으로, 옛날 임금이 장수를 보낼 때 몸소 수레를 밀어주던 고사에서 유래. 여기서는 都元帥를 일컫는다.

151) 管下(관하): 관할하는 구역이나 범위. 휘하.

嘗於義州越邊龍骨山[152], 置烽燧, 無事則擧一炬, 賊現形則二炬, 犯竟則三炬, 接戰則四炬, 而自龍骨, 至元帥所在正方。蓋烽火, 若達于都城, 恐爲騷動, 使止於此矣。

十二月初六日以後, 連擧二炬, 而自點曰: "此是朴簹入去, 虜必來迎也。寧有賊來之理?" 不卽馳啓, 初九日, 始送軍官申榕, 使到義州, 察其形勢。申榕, 翌日到順安[153], 賊騎已遍滿邑內, 卽爲回馬, 馳還言於平安監司洪命耉。命耉亦不知賊勢之如此, 始爲驚勳[154], 廑以戰馳騎慈母。申榕, 回報所見, 則自點謂之妄言, 亂軍情, 將斬之。榕曰: "賊兵明當到此, 姑勿斬我以待." 俄而, 追送軍官, 又來報急, 一如榕言, 始卽狀啓。

蓋賊兵渡江, 不顧城鎭, 直爲上來, 稱以講和, 來如飄風, 凡邊臣狀啓, 賊皆奪取, 朝廷漠不知邊報。

---

152) 龍骨山(용골산): 평안북도 염주군과 피현군에 있는 산. 이곳에 고구려의 성곽인 용골산성이 있다. 1627년 정묘호란 때 鄭鳳壽가 수천 명의 의병을 지휘하여 압록강을 건너 침입해오는 후금의 공격을 물리친 곳으로 유명하다.

153) 順安(순안): 평안남도 평원군에 있는 고을. 동쪽은 순천군, 남쪽은 대동군·강서군, 북쪽은 안주군과 접하고, 서쪽은 황해에 면한다.

154) 驚勳(경훈): 驚動의 오기.

급보 이후의 일록

후금 → 청
백두산
두 만 강
1627.1
1636.12
압 록 강
임경업 백마산성 항쟁
백마산성
의주
용천
함흥
가도
안주
순안
평양
맹산
명나라 장수 모문룡 군대 주둔
조 선
신계
김자점 대패
동 해
평산
개성
토산
김화
홍명구 전사
울릉도
독도
도원수 장만
한성
남한산성
강화
왕실, 강화도로 피난
수원
검단산
인조, 남한산성으로 피신
황 해
정세규, 조정호 패배
전라 병사 김준룡
제주도

병자년(1636) 12월 12일。

오후에 원수(元帥: 김자점)의 장계(狀啓)가 들어온 뒤에야 비로소 적의 형세가 급박함을 알았으나, 또한 회오리바라처럼 이렇게까지 들이닥칠 줄 알지 못하였다.

急報以後日錄

十二日。

午後, 元帥狀啓, 入來然後, 始知賊勢之急, 而亦不知飄忽之至此。

12월 13일。

묘당이 논의하여 장차 강도(江都: 강화도)로 들어가려 하면서 김경징(金慶徵)을 검찰사(檢察使)로 삼았고 이민구(李敏求)를 부사(副使)로 삼았으며 복상(服喪) 중인 심기원(沈器遠)을 유도대장(留都大將)으로 삼았다.

애초 우의정 이홍주(李弘胄)가 김경징을 천거하였는데, 김류는 그의 아들이 그 직임을 감당하지 못하는 것을 알지 못한 채 주상(主上)의 하교(下敎)를 받들게 되자 도리어 칭찬하고 명예롭게 여겼다. 심기원은 상중(喪中)에서 기용되었으나 휘하에 군사 한 명도 없으니 무슨 일을 할 수 있겠는가.

十三日。

廟議將入江都, 以金慶徵[1)]爲檢察使, 李敏求[2)]爲副使, 起服[3)]沈器

---

1) 金慶徵(김경징, 1589~1637): 본관은 順天, 자는 善應. 昇平府院君 金瑬의 아들이다. 1623년 개시문과에 급제하였고, 뒤에 도승지를 거쳐 한성부 판윤이었을 때 병자호란이 일어나자 강도검찰사에 임명되었다. 당시 섬에는 빈궁과 원손 및 鳳林大君·麟坪大君을 비롯해 전직·현직 고관 등 많은 사람이 피난해 있었다. 하지만 그는 혼자서 섬 안의 모든 일을 지휘, 명령해 대군이나 대신들의 의사를 무시하였다. 또한 강화를

遠[4)]爲留都大將。初右相李弘胄，擧慶徵，而金瑬不知其子之不稱[5)]，

金城鐵壁으로만 믿고 청나라 군사가 건너오지는 못한다고 호언하며, 아무런 대비책도 강구하지 않은 채 매일 술만 마시는 무사안일에 빠졌다. 그러다가 청나라 군사가 침입한다는 보고를 받고도 아무런 대비책을 세우지 않다가 적군이 눈앞에 이르러서야 서둘러 방어 계책을 세웠다. 하지만 군사가 부족해 해안의 방어를 포기하고 강화성 안으로 들어와 성을 지키려 하였다. 그런데 백성들마저 흩어져 성을 지키기 어렵게 되자 나룻배로 도망해 마침내 성이 함락되었다. 대간으로부터 강화 수비의 실책에 대한 탄핵을 받았는데, 仁祖가 元勳의 외아들이라고 해 특별히 용서하려 했으나 탄핵이 완강해 賜死되었다.

2) 李敏求(이민구, 1589~1670): 본관은 全州, 자는 子時, 호는 東洲. 이조판서 李睟光의 아들이고, 영의정 李聖求의 아우이다. 1609년 사마시에 수석으로 합격해 진사가 되고, 1612년 증광 문과에 장원급제해 수찬으로 등용되었다. 이어서 예조·병조좌랑을 거쳐 1622년 持平이 되고, 이듬해 宣慰使로 일본 사신을 접대하였다. 1624년 李适의 난이 일어나자 도원수 張晩의 從事官이 되어 난을 평정하는 데 공을 세웠다. 1626년 대사간이 되고, 이듬해 정묘호란이 일어나자 병조참의가 되어 세자를 모시고 남쪽으로 피난하였다. 그해 승지가 되었다가 외직인 임천군수로 나갔다. 1636년 이조참판·同知經筵事를 역임하였고, 병자호란이 일어나자 화의를 주장하다가 尹集의 논박을 받고 중지하였으며, 檢察副使가 되어 嬪宮을 호위하고 강화도에 들어갔다. 그런데 충청감사 鄭世規가 근왕병을 이끌고 왔다가 죽자, 남한산성의 조정은 이민구를 대신 충청감사로 임명했다. 하지만 강화도에서 나가면 죽을 것을 염려하여 갖은 수단을 모두 동원하여 충청도로 부임하는 것을 회피했다. 하물며 처삼촌인 전 영의정 尹昉의 힘까지 동원하여 끝내 부임하지 않은 것으로 알려졌다. 그리하여 화의 후에 돌아와 경기도관찰사가 되었으나 강화 함락의 책임으로 영변에 귀양을 가서 圍籬安置되어 종시 풀리지 못하고 사망했다.

3) 起服(기복): 起復의 오기. 어버이의 상중에 벼슬자리에 나아감. 상중에는 벼슬을 하지 않는다는 관례를 깨고 벼슬을 하는 것을 이른다.

4) 沈器遠(심기원, 1578~1644): 본관은 青松, 자는 遂之. 유생으로 李貴 등과 협력하여 1623년 인조반정에 공을 세워 靖社功臣 1등에 책록되고 青原府院君에 봉해졌고, 이어 동부승지를 거쳐 병조참판에 특진되었다. 1624년 李适의 난이 일어나자 漢南都元帥가 되어 난을 막았다. 1627년 정묘호란 때는 경기·충청·전라·경상도의 都檢察使가 되어 종사관 李尙岌·羅萬甲 등과 함께 세자를 모시고 피란하였다. 1628년 강화부유수를 거쳐, 1634년 공조판서에 승진되었다. 1636년 병자호란이 일어나자 留都大將으로 서울의 방어책임을 맡았고, 1642년 우의정을 거쳐 좌의정에 승진되었다. 1644년 좌의정으로 남한산성 守禦使를 겸임하게 되자 이를 기화로 심복의 장사들을 扈衛隊에 두고 前知事 李一元, 廣州府尹 權濬 등과 모의하여 懷恩君 德仁을 추대하려는 반란

不爲止之, 及承上敎, 反爲稱譽。沈器遠, 起自草土[6], 無一手下之兵, 何能有爲?

12월 14일。

적군이 이미 도성 외곽에 이르자, 대가(大駕)가 허둥지둥 대궐을 떠나서 오후에 남대문(南大門)으로 나가 장차 강도(江都: 강화도)로 향하려는데, 오랑캐 장수 마부대(馬夫大)가 수백 명의 철기병을 거느리고 이미 홍제원(弘濟院)에 도착하니 주상(主上)은 도로 도성으로 들어와 남대문의 문루(門樓)에 올랐다. 상하가 허겁지겁 어찌할 바를 몰랐고, 도성의 사대부들은 늙은이들을 부축하고 어린아이들을 이끌고서 피난하느라 울음소리가 길에 가득하였다.

이조 판서(吏曹判書) 최명길(崔鳴吉)이 어전에서 마부대(馬夫大)를 찾아가 만나보겠다고 자청했으며, 도감 대장(都監大將) 신경진(申景禛)이 모화관(慕華館)으로 나가 진(陣)을 쳤다.

그날 아침에 먼저 도감 장관(都監將官) 이흥업(李興業)을 보내어 마대(馬隊: 기병대) 80여 기(騎)를 거느리고 적군을 막도록 하였는데, 숙배하고 하직할 즈음 하사한 술과 친구들의 전별주(餞別酒)를 지나치게 마셔 장관 이하 모두 몹시 취하지 않은 자가 없었으니, 길을 떠나 창릉(昌陵)의 건너편에 이르러 적에게 죄다 몰살되고 단지 몇 명의 기병만 살아남았다.

을 꾀하다 탄로되어 죽임을 당하였다.

5) 不稱(불칭): 감당해 낼 수 없음. 어울리지 않음.

6) 草土(초토): 거적자리와 흙베개라는 뜻으로, 居喪 중임을 가리키는 말.

강도(江都)는 이틀 거리에 있는지라 적의 기병이 추격해올까 염려되었다. 그래서 대가(大駕)가 수구문(水口門)으로 나가 남한산성(南漢山城)에 달려 들어갔다. 최명길이 호장(胡將: 후금 장수)을 만나러 가서 우리나라로 깊숙이 들어온 이유를 묻자, 그가 답하기를, "귀국이 아무런 까닭 없이 맹약(盟約)을 저버리니 다시 화친(和親)을 맺으러 왔다."라고 거짓말을 하였다. 최명길이 도성으로 되돌아와서 묵는 한편, 오랑캐 장수의 이러한 뜻을 행재소에 아뢰었다. 사람들은 대부분 오랑캐 장수 마부대가 화친을 맺으러 왔다는 말을 믿었지만, 주상만은 홀로 그렇지 않다고 여겼다.

체찰사(體察使) 김류(金瑬)와 병조 판서(兵曹判書) 이성구(李聖求)가 주상을 알현하고 비밀리에 의논하였는데, 주상에게 새벽을 틈타 몰래 강도(江都)로 들어가도록 청하였다. 이에, 대제학(大提學) 이식(李植)이 인천(仁川)에 가서 배를 타고 강도로 들어가기를 청하였다. 묘당에서 의논하여 비밀리에 옮겨갈 계획을 정했지만, 도성에 들어가니 어느 누구도 이미 알지 못하는 자가 없었다.

十四日。

賊兵已到畿甸[7], 大駕蒼〈黃〉去邠[8], 午後出南大門, 將向江都, 胡將馬夫大, 率數百鐵騎, 已到弘濟院[9], 上還入城, 御南大門樓。上

7) 畿甸(기전): 都城 외곽지역을 가리킴. 주로 京畿道를 뜻하였다.

8) 去邠(거빈): 임금이 전란을 피해 도성을 버리고 다른 곳으로 옮겨가는 것. 원래 邠은 중국 周나라의 서울이었는데, 太王이 오랑캐의 침입을 받자 이를 피하기 위해 岐山 밑으로 옮겨간 고사에서 유래한다.

9) 弘濟院(홍제원): 서울특별시 서대문구 홍제동 지역에 있었던 원. 공무여행자에게 편의를 제공하기 위한 목적으로 설치되었는데, 중국으로 향하는 의주로에 위치하여 중요한 기능을 수행하였던 원이었다. 공관이 별도로 마련되었고, 누각도 있었다. 서대

下皇皇, 罔知所爲, 都城士大夫, 扶老携幼, 哭聲載路。吏曹判書崔鳴吉, 自請上前, 往見馬胡, 都監大將申景禛[10], 出陣于慕華館[11]。其日朝, 先送都監將官李興業[12], 領馬隊八十餘騎, 禦賊, 拜辭之際, 過飮賜酒及親舊餞盃, 將官以下, 無不沈醉, 行到昌陵[13]越邊, 爲賊盡沒, 只餘數騎。江都在二日程, 恐賊騎追逼。大賀[14], 自水口門[15], 馳入南漢山城。崔明吉, 往見胡將, 問其深入之由, 則陽言[16]: "貴國, 無故渝盟[17], 更爲約和而來." 崔回入都城, 止宿一邊, 啓此意于行在。人多以馬將約和之言爲信, 而上獨以爲不然。體察使金瑬,

문 밖에서 무악재를 넘으면 동편에 위치하였고, 도성과는 가장 가까운 의주로상의 첫번째 원이었던 이유로 중국에서 오는 사신들이 많이 이용하였다.

10) 申景禛(신경진, 1575~1643): 본관은 平山, 자는 君受. 아버지는 都巡邊使 申砬이다. 병자호란이 일어나자 수하의 군사를 인솔하여 적의 선봉부대를 차단, 왕이 남한산성으로 피난할 여유를 주었으며, 청나라와의 화의 성립 후 다시 병조판서에 임명되었다. 1637년 좌의정 최명길의 추천으로 우의정이 되어 훈련도감제조를 겸했는데, 이때 난후의 민심수습책을 논하고 수령의 임명에 신중을 기할 것을 개진하였다. 이듬해 謝恩使로 청나라에 파견되었다. 돌아와 좌의정으로 승진하자 영의정 최명길과 의논하여 승려 獨步를 은밀히 명나라에 파견, 청나라에 항복하게 된 그간의 사정을 변명하도록 하였다. 1641년 다시 사은사로 청나라에 들어가 구금되어 있던 金尙憲 등을 옹호하였다. 1642년 청나라의 요구로 최명길이 파직되자 그 뒤를 이어 영의정에 올랐다. 그러다가 병으로 사퇴한 후 이듬해 재차 영의정에 임명되었으나 열흘도 못 되어 죽었다.

11) 慕華館(모화관): 서울특별시 서대문구 현저동에 있었던 客館. 조선시대 명나라와 청나라의 사신을 영접하던 곳으로, 敦義門 바깥 서북쪽에 있었다.

12) 李興業(이흥업, 1601~?): 본관은 牛峯, 자는 起夫. 1629년 별시 무과에 급제하였다. 都監將官을 지냈다.

13) 昌陵(창릉): 西五陵의 하나. 조선시대 8대 睿宗과 睿宗妃 安順王后의 능. 경기도 고양시 덕양구 용두동에 있다.

14) 大賀(대하): 大駕의 오기.

15) 水口門(수구문): 光熙門을 가리킴. 水溝門 또는 屍口門이라고도 한다.

16) 陽言(양언): 사실이 아닌 것을 사실인 것처럼 꾸며 대어 말을 함.

17) 渝盟(투맹): 맹세한 언약을 저버림.

兵曹判書李聖求[18], 請對[19]密議, 上請[20]乘曉潛入江都。大提學李植[21], 請往仁川, 浮海[22]入江都。廟議密定歸駐[23]之計, 而入城大小人, 已無不知者。

---

18) 李聖求(이성구, 1584~1644): 본관은 全州, 자는 子異, 호는 分沙·東沙. 조선조 태종과 효빈김씨 사이에서 난 慶寧君의 후손으로, 병조판서 李希儉의 손자이며, 이조판서 李晬光의 아들이다. 1603년 진사에 오르고, 1608년 별시 문과에 급제해 翰苑(예문관)에 들어가 관직 생활을 시작하였다. 광해군 초기에 전적·감찰을 거친 후 예조·병조·형조의 좌랑, 부교리·헌납·병조정랑·교리 등을 역임하였다. 1613년 헌납으로 있을 때 아버지는 대사헌을, 동생 李敏求는 홍문관부제학을 지내, 삼부자가 삼사의 언관직에 같이 있어 세인들의 주목을 받기도 하였다. 1623년 인조반정 이후 대사헌, 병조 판서 등 요직을 두루 거쳐 영의정을 지냈다. 1636년 병자호란 때에 왕을 호종하였고, 이때 崔鳴吉 등의 주화론에 동조했으며, 1637년 왕세자가 볼모로 瀋陽에 갈 때 좌의정이 되어 수행하였다. 1640년 다시 사은사로 청나라에 들어가 명나라를 공격할 군사를 보내라는 청국의 강력한 요청을 결코 들어 줄 수없는 외교적 난제라는 조선의 입장을 밝히고 귀국했다. 1641년 영의정에 오른 11월, 청나라의 명령적 요청으로 전 의주부윤 黃一皓를 처형 하는 등 안타까운 사건을 숱하게 치러야 했다.

19) 請對(청대): 나라에 일이 있을 때 신하가 임금에게 時政에 대한 의견을 건의하고 의논하기 위해 알현하기를 청하는 것.

20) 上請(상청): 請上의 오기.

21) 李植(이식, 1584~1647): 본관은 德水, 자는 汝固, 호는 澤堂. 1610년 별시문과에 급제했다. 1613년 세자에게 經史와 道義를 가르친 정7품에 해당하는 設書를 거쳐 1616년 北評事가 되었다. 이듬해에 선전관을 지냈다. 1623년 인조반정이 일어난 뒤 교분이 두터운 친구들이 집권하게 되자 요직에 발탁되어 이조좌랑에 등용되고, 1625년에 예조참의·동부승지·우참찬 등을 거쳐, 1632년까지 대사간을 3차례 역임하였다. 私親追崇이 예가 아님을 논하다가 인조의 노여움을 사 杆城縣監으로 좌천되었다. 1633년에 부제학을 거쳐 1636년 대제학과 예조참판·이조참판을 역임하였다. 1642년 金尙憲과 함께 斥和를 주장한다 하여 瀋陽으로 잡혀갔다가 돌아올 때 다시 의주에서 잡혀 갇혔으나 탈출하여 돌아왔다. 1643년 대사헌과 형조·이조·예조의 판서 등을 역임하였다.

22) 浮海(부해): 《論語》〈公冶長篇〉에 공자가 천하가 어지러움을 탄식하여, "도가 행해지지 않으니 뗏목을 타고 바다에 뜨리라.(道不行, 乘桴浮于海.)"에서 나온 말. 여기서는 바다에 뗏목을 띄운다는 뜻으로 쓰였다.

23) 歸駐(귀주): 移駐의 오기.

12월 15일。

남한산성

새벽에 주상(主上)이 남한산성을 나섰으나, 큰 눈이 온 뒤라서 산비탈이 얼어붙어 주상이 탄 말이 비틀거렸다. 그리하여 주상이 말에서 내려 걸었으나 여러 차례 엎어지고 자빠지니 옥체가 불편하여 도로 성안으로 들어갔다.

도감 대장(都監大將) 신경진(申景禛)이 경성으로부터 뒤따라왔다. 신경진은 동성(東城)의 망월대(望月臺)를 지키도록 하되 이현달(李顯達)을 중군(中軍)으로 삼았고, 호위 대장(護衛大將) 구굉(具宏)은 남성(南城)을 지키도록 하고 수원 부사(水原府使) 구인후(具仁垕)는 거느리고 있는 수원부 군사들을 보강하여 돕도록 하였고 상중(喪中)인 이확(李廓)을 중군으로 삼고, 총융대장(摠戎大將) 이서(李曙)는 북성(北城)을 지키도록 하고 수어사(守禦使) 이시백(李時白)은 서성(西城)을 지키도록 하여 이직(李稷)을 중군으로 삼았다.

체찰사(體察使: 김류)가 전날 산성의 방어를 분담할 때에 영남 지방의 군사들이 멀어서 아직 경기(京畿)에 도착하지 못하였고, 수령들에게 성첩(城堞)을 나눌 때에도 여주 목사(呂州牧使) 한필원(韓必遠)·이천 부사(利川府使) 조명욱(曺明勗)·양근 군수(楊根郡守) 한회일(韓會一)·지평 현감(砥平縣監) 박환(朴煥)이 약간의 초군(哨軍: 100명 단위의 지방군)을 거느리고 겨우 성내에 들어왔지만 그밖의 군사들은 태반이 미처 도착하지 못하였다. 성첩을 분담한 네 고을의 군사들 외에 파주 목사(坡州牧使) 기종헌(奇宗獻)이 수백 명을 거느리고 구원하러 성안으로 들어왔다. 성밖의 군사가 겨우 1만 2천여 명, 문무관(文武官) 및 음관(蔭官)이 200여 명, 종실(宗室)·삼의사(三醫司)가 200여 명, 호종관(扈從官)이 거느린 노복(奴僕) 300여 명이었다.

최명길과 동지(同知) 이경직(李景稷)이 홍제원(弘濟院)에서 돌아와 말하기를, "마부대(馬夫大)가 화친(和親)을 정하고자 군사들을 거느리고 삼전도(三田渡)에 와 있는데, 바람이 불고 날씨가 몹시 추워서 인가(人家)에 들어가 있으라고 하자, 그가 '화친이 정해지기 전에는 비록 밖에서 눈보라를 맞을지언정 결코 들어가지 않겠다.' 하였습니다. 마부대의 언사와 안색을 보니, 단연코 다른 뜻이 없는 것 같았습니다."라고 하였다. 온 조정은 자못 최명길의 말을 믿었다.

十五日。

曉, 上出城, 大雪之後, 山坂氷凍, 御乘[24]趺趺[25]。上下馬步行, 累

---

24) 御乘(어승): 임금이 타는 수레나 가마 등을 통틀어 이르는 말. 또는 임금이 타는 말을 일컫기도 한다.

次顚仆, 玉體不寧, 還入城中。都監大將申景禛, 自京城追到。以申景禛守東城望月臺, 李顯達[26]爲中軍, 護衛大將具宏[27]守南城, 副以水原府使具仁垕[28]添其所領本府之兵, 起服李廓爲中軍, 摠戎大將李曙[29]守北城, 守禦使李時白守西城, 李稄爲中軍。體察使, 前日山城分防時, 嶺南之兵, 遠未及到京畿, 分堞守令, 呂州牧使韓必遠[30], 利川府使曺明勗[31], 楊根郡守韓會一[32], 砥平縣監朴煥[33], 領若干哨

---

25) 趺趺(부부): 跌跌. 비틀비틀 거리며 걷는 모양.

26) 李顯達(이현달, 1591~1645): 본관은 全州. 효령대군의 7대손. 1628년 義州府尹을 거쳐, 1637년 4월에 이조의 건의로 남한산성을 출입할 때 호종한 공로를 인정받아 北兵使에 제수되었으며, 이후 平安兵使 등을 역임하였다.

27) 具宏(구굉, 1577~1642): 본관은 綾城, 자는 仁甫, 호는 群山. 1595년 奏聞使인 맏형 具宬을 따라 명나라에 다녀왔고, 1598년에 監牧官이 되었다. 이후 선전관·都摠府都事 등을 거쳐 1605년 고창현감이 되었다. 1608년에 비로소 무과에 급제해 다시 선전관이 되었고, 1619년 長淵縣監이 되었다. 1623년 金瑬·李貴·李曙 등과 합류해 반정을 성공시켰다. 그 공으로 綾城君에 봉해졌다. 1624년 이괄의 난이 일어나자 공주로 임금을 호종했으며, 난이 평정되자 知中樞府事·漢城判尹이 되었다. 1627년 정묘호란 때 임금을 호종하였고, 1629년 삼도통제사 경상우수사, 1631년 형조판서 등을 거쳐 1636년 병자호란 때 공조판서로서 임금을 호종하여 남한산성으로 들어갔다.

28) 具仁垕(구인후, 1578~1658): 본관은 綾城, 자는 仲載, 호는 柳浦. 具宬의 아들로 具宏의 조카이다. 1603년 무과에 급제해, 1606년 선전관이 되고, 고원군수·갑산부사 등을 지냈다. 1621년 진도군수가 되었고, 1623년 인조반정 공신으로 綾川君에 봉해졌다. 그뒤 통제사·한성부윤을 거쳐 1627년 정묘호란 때 舟師大將이었다. 전라병사·포도대장을 거쳐 충청병사·수원방어사 등을 역임했다. 1636년 병자호란 때 남한산성으로 호종하여 어여대장이 되었다. 1652년 우의정이 되었다.

29) 李曙(이서, 1580~1637): 본관은 全州, 자는 任叔, 호는 月峰. 1603년 무과에 급제하여 진도군수 등을 지냈다. 1623년 인조반정의 공신으로 完豊君에 봉해졌다. 1628년 형조판서, 1632년 공조판서, 1634년 판의금부사를 거쳐 1636년 병자호란 때 남한산성으로 왕을 호종하다가 과로로 1637년 순직하였다.

30) 韓必遠(한필원, 1578~1660): 본관은 淸州, 자는 遠而, 호는 道川. 동지중추부사 韓孝仲의 아들. 병자호란 때는 남한산성을 방어한 공로를 인정받아 嘉善으로 승계하였다.

軍[34], 僅能入城, 軍兵皆太半未到。分堞四邑之兵外, 坡州牧使奇宗獻[35], 領數百名, 入援城中。城外軍兵僅一萬二千餘人, 文武及蔭官二百餘人, 宗室·三醫司二百餘人, 扈從官所率奴僕三百餘人。崔鳴吉, 同知李景稷[36], 自弘濟院, 來言: "馬夫大, 欲定和議, 領兵到三田渡[37], 風日甚寒, 諭以入處人家, 則馬胡言: '未定和之前, 雖露處風雪, 決不入.'云, 觀馬胡之辭色, 斷無它意," 擧朝頗信崔言矣。

---

31) 曺明勖(조명욱, 1572~1637): 본관은 昌寧, 자는 汝偶, 호는 栗村. 1591년 식년시에 급제, 1605년 別提로서 별시문과에 급제하여, 검열·정언을 거쳐 예조 좌랑을 지냈다. 1610년 경기도사를 지낸 뒤에 남양부사·영천군수 등을 지냈으며, 1636년 이천부사가 되었을 때 병자호란을 당해서 왕을 호종하다가 과로로 죽었다.

32) 韓會一(한회일, 1580~1642): 본관은 淸州, 자는 亨甫, 호는 愜素. 영돈녕부사를 지낸 韓浚謙의 아들이고, 인조의 비인 仁烈王后의 오빠이다. 병자호란 때 楊根郡守로 재임하였는데, 인조가 남한산성으로 피란하였다는 소식을 듣고는 군대를 이끌고 가서 산성을 수비하였다. 1637년에는 衛山城에 들어가서 공을 세웠다.

33) 朴煥(박환, 1584~1671): 본관은 潘南, 자는 汝述, 호는 守愚. 참봉 朴東民의 아들. 砥平縣監이 되었을 때 병자호란이 일어나 현의 군사들을 모두 이끌고 남한산성으로 들어가 守城軍과 합류하였다.

34) 哨軍(초군): 군사 약 1백 명을 단위로 하여 조직된 군대.

35) 奇宗獻(기종헌, 1575~1643): 본관은 幸州, 자는 景猷, 호는 守虛堂. 司果 奇大有의 손자이고, 皆伯君 奇孝謹의 아들. 忠淸水使에 이어 坡州牧使가 되었다가, 1636년 병자호란 때 御駕가 남한산성에 播遷하였는데 南砲樓를 지킬 것을 명받고 驪州牧使 韓必遠·利川府使 曺明勖·楊根郡守 韓會一·砥平縣監 朴煥과 함께 병력을 이끌고 남한산성을 지켰다. 이로써 嘉義大夫에 올랐고, 水軍節度使에 제수되었다.

36) 李景稷(이경직, 1577~1640): 본관은 全州, 자는 尙古, 호는 石門. 영의정을 지낸 李景奭의 형이다. 李恒福과 金長生에게 배웠다. 1622년에는 가도에 주둔한 명나라 장수 모문룡을 상대하는 임무를 수행하였으며, 1636년 병자호란 때에도 초기에 최명길을 따라 청나라 군의 부대로 찾아가 진격을 늦춤으로써 국왕을 피신시키는 등 주로 청나라 장수를 상대하는 일을 맡았다.

37) 三田渡(삼전도): 조선시대에 서울과 남한산성을 이어 주던 나루. 상류의 광나루[廣津]와 하류의 中浪浦 사이에 있었다.

12월 16일。

적군이 뒤를 따라 대거 들이닥쳐서 성을 에워싸니 안팎이 서로 통하지 못했다. 마부대는 대군이 아직 도착하지 않은 까닭에 우선 달콤한 말로 우리를 속인 것이다. 적군이 처음 들이닥쳐 왔을 때는 군사의 수가 많지 않았고 멀리서부터 빙판길을 오느라 몰골이 귀신 같고 말들도 모두 지쳤으니, 만약 이때를 틈타 급습하면 승리를 쟁취할 수 있었을 것이다. 그러나 홀연히 급하게 성에 들어가서 성첩(城堞)을 지키는 허약한 장수들은 모두 두려움을 품고 감히 나가 싸울 뜻이 없을 수 있단 말인가?

마부대가 왕자(王子)와 대신(大臣)을 보내라고 요구하자, 조정에서 능봉수(綾峯守)의 품계를 군(君)으로 올리고 형조 판서(刑曹判書) 심집(沈諿)을 임시 직함인 대신(大臣)으로 삼아 오랑캐 진영(陣營)에 보냈다. 그 자리에서 심집이 말하기를, "나는 본디 평생에 말한 바가 충성스럽고 진실하였으니, 비록 미개한 오랑캐일지라도 속일 수 없다."라고 하면서 오랑캐에게 일러 말하기를, "나도 대신이 아니고 곧 임시 직함이요, 능봉군도 종실이지 친왕자가 아니다."라고 하자, 능봉군이 말하기를, "심집의 말은 사실이 아니다. 이 사람은 정말 대신이고 나도 정말 왕자이다."라고 하였다. 이보다 앞서 박로(朴簬)와 박난영(朴蘭英)이 심양(瀋陽)으로 갔는데, 도중에서 마부대에게 사로잡혀 적진 속에 와 있었다. 마부대가 박난영에게 묻기를, "이 사람들의 말이 어찌된 것인가?"라고 하자, 답하기를, "능봉군의 말이 옳소이다."라고 하였다. 그 뒤로 마부대는 자기가 속은 줄 알아차리고 박난영이 거짓말을 했다면서 참수하였다.

능봉군과 심집이 다시 성안으로 돌아오자, 그날 하는 수 없이 좌의정(左議政) 홍서봉(洪瑞鳳)과 호조 판서(戶曹判書) 김신국(金藎國)을 사자(使者)로 적진에 보내어 말하기를, "장차 봉림대군과 인평대군 두 대군 중에서 한 분을 보낼 것인데, 지금 강도(江都: 강화도)에 있는 까닭에 미처 보내지 못하고 있소이다."라고 하니, 그 자리에서 마부대가 말하기를, "동궁(東宮)이 만약 오지 않으면 화친을 할 수가 없소이다."라고 하는지라, 홍서봉 등이 그냥 돌아왔다.

주상(主上)이 연일 성을 순찰하였는데, 이날 내가 청대(請對)하여 주상에게 아뢰어 말하기를, "마부대가 처음에는 화친을 맺자고 말하며 왕자를 보내도록 청하다가 지금은 또 동궁을 보내도록 청하면서 갖가지로 변덕을 부리는데, 이것이 어찌 화친을 맺자는 진의(眞意)이겠사옵니까? 기필코 뒤에 오는 군사들을 기다리는 것입니다. 동궁을 보내라고 하는 말을 이 어찌 신하된 자가 차마 들을 수 있겠습니까? 만약 이러한 일이 생긴다면 신하된 자로 사는 것이 죽는 것만 못하니, 먼저 신(臣)의 머리를 어전에서 부수겠습니다. 지금 적병이 멀리서 오느라 지치고 쇠약한 때를 틈타 만약 군사를 동원하여 공격하면 혹시라도 승리할 수 있을 것인데, 우리나라 군사는 평소에 대적하며 교전해 보지 않았던 까닭에 적을 보면 먼저 겁부터 먹습니다. 만약 교전하여 승리하기만 하면 군사들은 마음속으로 반드시 이 적들은 대적하기가 어렵지 않다라고 여길 것이니, 한번 이기고 두 번 이기면 군사들의 기세가 절로 배가될 것입니다. 중원(中原: 명나라)에서는 적의 머리 하나를 베어 바치면 은(銀) 50냥을 상으로 주었던 까닭에 임진왜란 때 천병(天兵: 명나라 군사)이 자신의 몸을 잊고 적진으로 돌진한 것이 이 때문입니다.

성안에는 재물과 비단이 많지 않지만, 이서(李曙)가 가지고 온 은 8천 냥이 있습니다. 이 은으로 10냥씩 적의 머리 하나를 베어 온 자에게 주고, 은 받는 것을 원하지 않는 자는 벼슬을 제수하여 공로에 보답하면 될 것입니다. 이렇게 하여 군사를 모집하면 군졸 중에 어찌 용감한 자로서 응모하는 군사가 없겠습니까?"라고 하였다. 주상이 이러한 생각을 곧장 체찰사(體察使: 김류)에게 물으니, 대답하기를, "성을 지키는 군졸들이 고단하고 허약하니, 만일 한번 싸우다가 패하기라도 하면 이는 만전의 계책이 아니옵니다."라고 하였다. 무장(武將)들은 적을 두려워하지 않는 자가 없어 심지어 눈물까지 흘리고 길게 한숨지으며 하루를 보내면서도 모두 신(臣: 나만갑)의 말을 어설픈 소리라고 하였다. 그러나 주상은 여러 비방을 물리치고 은 20냥씩 적의 머리 하나를 베어 온 자에게 주도록 하여 군사를 모집하게 하니, 사람들이 다투어 응모하였다.

그날 밤에 영상(領相: 김류)·좌상(左相: 홍서봉) 및 김신국(金藎國)·이성구(李聖求)·최명길(崔鳴吉), 신풍군(新豐君) 장유(張維), 사재(四宰: 우참찬) 한여직(韓汝稷: 韓汝溭의 오기), 참판(參判) 윤휘(尹暉)·홍방(洪雱)이 입대(入對)하여 동궁을 적진 속으로 보내도록 청하였고 또한 신하와 황제로 칭하도록 청하였지만, 주상이 그대로 따르지 않았다. 예조 판서(禮曹判書) 김상헌(金尙憲)이 이런 의논이 있다는 말을 듣고 비국(備局)에 들어와서 큰소리로 말하기를, "내가 응당 이러한 건의를 한 자들을 손수 베고 맹세코 같은 하늘의 해를 함께 이지 않겠다."라고 하니, 김류가 비로소 그 잘못을 깨닫고 대궐에 나아가 대죄하였다.

이서(李曙)가 병으로 성을 지킬 수가 없자, 원평군(原平君) 원두표(元

斗杓)를 총융 부사(摠戎副使)로 삼아 대신 그 군사를 거느리도록 하고 황집(黃緝)을 중군으로 삼았다.

十六日。

賊兵, 隨後大至圍城, 中外始不通。蓋馬胡, 以大軍未到, 故姑以甘言, 紿我也。賊兵始到, 兵數不多, 氷路遠來, 形色如鬼, 馬皆疲困, 若乘此時急擊, 則或可取勝。而忽急入城, 守堞單弱諸將, 皆懷畏懼, 無敢有出戰之意? 馬胡請送王子大臣, 朝廷以綾峯[38]陸秩爲君, 刑曹判書沈諿[39]假銜大臣, 出送虜陣。則沈諿言: "我本平生, 所言忠信, 雖蠻貊, 不可欺." 謂馬胡, 曰: "我非大臣, 乃假銜也, 綾峯君宗室非親王子也." 綾峯君曰: "沈諿之言非也。此實大臣, 我實王子也." 先是, 朴簹·朴蘭英[40], 往瀋陽中路, 爲馬將所執, 來在陣

---

38) 綾峯(능봉): 綾峯守. 仁祖의 외종형 具仁垕의 누이 아들 정4품 능봉수의 품계를 올려 정1품 능봉군으로 삼았던 李偁. 병자호란 때 왕자와 대신을 인질로 요구할 때 왕의 동생으로 속여 보냈다.

39) 沈諿(심집, 1569~1644): 본관은 靑松, 자는 子順, 호는 南崖. 1596년 정시문과에 급제, 承文院 등의 각 청환직(淸宦職에 보직되었으나 한때 사직하였다. 1601년 檢閱이 되고, 水原府判官에 올라 무고를 받은 成渾을 변호한 일을 비롯하여 광해군 초에도 직언을 서슴지 않아 좌천·면직이 거듭되는 등 관로에 우여곡절이 많았다. 그 뒤 폐모론이 일어나자 사직, 1623년 인조반정으로 재등용되어 도승지, 예조·형조 참판을 지내고 1629년 형조판서가 되었다. 1636년 병자호란 때는 大臣을 인질로 보내라는 요구에 대신으로 신변을 가장하고 청나라 진영에 가서 적장 마부대를 만나 화의를 교섭했으나 신분이 탄로나 실패했으며, 이로 인해 이듬해 파직되었다가 1638년 용서되어 예조판서에 이르렀다. 이때 심집의 신변을 끝까지 속이고 밝히지 않았던 무장 朴蘭英은 살해되었다. 그러나 1644년 아들 沈東龜가 沈器遠의 모반 사건에 연좌되어 유배되자 지병이 악화되어 죽었다.

40) 朴蘭英(박난영, ?~1637): 선조 때 沔川郡守·中軍 등을 거쳐 1619년 姜弘立을 따라 후금 정벌에 출전, 포로가 되었다. 1627년 정묘호란 때 후금군의 길잡이로 함께 들어왔다가 석방된 뒤 回答官·宣慰使·宣諭使 등으로 瀋陽을 여러 번 왕래하며 후금의 회유에 힘썼다. 1636년 병자호란 때에는 청나라와 휴전교섭에 나서 龍骨大 등과

中。馬胡問蘭英, 曰: "此言如何?" 答曰: "綾峯君之言是也." 其後, 馬胡知其爲見欺, 以蘭英賣言, 斬之。綾峯君·沈諿, 還入城中, 其日不得已, 使左相洪瑞鳳·戶曹判書金藎國[41], 往上陣[42], "將送鳳林[43]·獜坪[44]兩大君中一人, 而方在江都, 故未及送之."云, 則馬胡

청나라 병영에서 회담했다. 그때 왕의 동생과 대신을 볼모로 보내라는 청나라의 요구에 인조의 동생 대신 綾峰君과 沈諿을 대신으로 위장시켜 청나라 진영에 함께 갔다가 이들이 신변이 가짜라는 것이 탄로났지만, 박난영은 청나라 장수의 추궁에도 끝까지 신변을 숨기고 밝히지 않았다가 살해되고 말았다.

41) 金藎國(김신국, 1572~1657): 본관은 淸風, 자는 景進, 호는 後猜. 1591년 생원이 되고, 1592년 임진왜란이 일어났을 때 영남에서 의병 1천여 명을 모아 활동하자 조정에서 그를 참봉으로 봉하였다. 1593년 별시 문과에 급제하고, 藝文館檢閱을 거쳐 도원수 權慄의 종사관으로 활약하였다. 北人이 大北과 小北으로 갈라지자 소북의 영수로 대북과 대립하다가 관직이 삭탈되어 충주에 은거하였다. 1618년 평안도 관찰사·우참찬·호조판서를 지냈다. 1623년 인조반정으로 광해군 때의 훈작을 삭제 당했다가 다시 평안도 관찰사에 임명되어 後金의 침략에 대비하기 위해 城池의 수축, 군량의 비축 등에 힘썼고, 李适의 난 때 국문 당했으나 혐의가 없음이 밝혀졌다. 1627년 정묘호란 때에 호조판서로 李廷龜와 함께 금나라 사신과 和約을 협상했고, 1636년 병자호란 때는 남한산성에 들어가서 끝까지 싸울 것을 극력 주장했다. 이듬해 볼모로 가는 소현세자의 貳師로 瀋陽에 배종했다가, 1640년 귀국하여 耆老所에 들어갔다.

42) 往上陣: '往陣, 上言:'의 오기.

43) 鳳林(봉림): 鳳林大君(1619~1659). 본관은 全州, 이름은 淏, 자는 靜淵, 호는 竹梧. 인조의 둘째 아들이다. 비는 우의정 張維의 딸 仁宣王后이다. 1626 鳳林大君에 봉해졌다. 1636년 병자호란이 일어나자 인조의 명으로 아우 麟坪大君과 함께 비빈·종실 및 남녀 양반 들을 이끌고 강화도로 피난했다. 이듬해 강화가 성립되자, 형 昭顯世子와 斥和臣 등과 함께 청나라에 볼모로 갔다. 청나라가 山海關을 공격할 때 세자의 동행을 강요하자 이를 극력 반대하고 자기를 대신 가게 해달라고 고집해 동행을 막았다. 그 뒤 西域 등을 공격할 때 세자와 동행해 그를 보호하였다. 청나라에서 많은 고생을 겪다가 8년 만인 1645년 2월에 소현세자가 먼저 돌아왔고, 그는 청나라에 머무르고 있었다. 그 해 4월 세자가 갑자기 죽자 5월에 돌아와서 9월 27일에 세자로 책봉되었다. 1649년 인조가 죽자 창덕궁 仁政門에서 즉위하였다.

44) 獜坪(인평): 麟坪大君(1622~1658). 본관은 全州, 자는 用涵, 호는 松溪. 인조의 셋째 아들이며 효종의 동생으로, 1628년 7세 때 麟坪大君에 봉해졌다. 1640년 볼모로 瀋陽에 갔다가 이듬해 돌아온 이후, 1650년부터 네 차례에 걸쳐 謝恩使가 되어 청나라

曰: "東宮[45]若不來, 不可爲和." 洪瑞鳳等, 空還。上連日巡城, 是日臣請對白上, 曰: "馬胡初言約和, 請以王子, 今者又請東宮, 變詐百出, 此豈約和之眞意乎? 必待後軍也。請送東宮之言, 此豈臣子之所忍聞? 若有此事, 爲人臣者, 生不如死, 先以臣頭碎於輦前。今若乘賊兵遠來疲弱之時, 出兵擊之, 或可以勝, 我國之軍, 素不與敵交鋒, 故見賊先慟。若交戰得捷, 則軍情必以此賊爲無難, 一捷士氣, 自氣[46]自倍。中原則獻一馘, 賞以五十兩白金[47], 故壬辰之亂, 天兵忘身赴敵者, 此也。城中財帛不多, 而有李曙齎來, 八千兩白金。以此銀十兩, 賞其一馘, 不願受銀者, 除職酬功。以此募士, 則軍卒中, 豈無勇敢應募之士乎?" 上以此意, 卽問體察使, 對曰: "守城之卒孤弱, 若一戰見敗, 此非萬全之計." 武將輩, 莫不危懼, 至以流涕, 太息度日, 皆以臣言爲疏闊。而上排衆議, 以二十兩銀, 賞一馘, 出令募之, 人爭應募。其夜, 領左相及金藎國·李聖求·崔鳴吉·新豐君張維[48]·四宰[49]韓汝稷[50]·參判尹暉[51]·洪雱[52], 入對[53]請送東宮陳

에 다녀왔다.

45) 東宮(동궁): 昭顯世子(1612~1645). 仁祖의 장자, 孝宗의 형이다. 1625년 세자로 책봉되었고, 부인은 姜碩期의 딸인 愍懷嬪 姜氏이고 보통 姜嬪이라고 부른다. 1636년 병자호란이 일어나 삼전도에서 청나라에 항복한 이후, 아우 봉림대군과 함께 청나라에 인질로 끌려갔다 돌아와 아버지 인조의 견제로 비참한 최후를 맞이했다.

46) 士氣自氣(사기자기): 再捷士氣의 오기.

47) 白金(백금): 銀의 다른 이름.

48) 張維(장유, 1587~1638): 본관은 德水, 자는 持國, 호는 谿谷. 우의정 金尙容의 사위이며, 효종비 仁宣王后의 아버지이다. 金長生의 문인이다. 1605년 사마시를 거쳐 1609년 증광 문과에 급제하였고, 이듬해 겸설서를 거쳐 검열·주서 등을 지냈다. 1612년 金直哉의 誣獄에 연루해 파직되었다. 1623년 인조반정에 가담하여 봉교를 거쳐 전적과 예조·이조의 낭관을 지내고, 그 뒤 대사간·대사성·대사헌 등을 역임하였다. 1627년 정묘호란이 일어나자 강화로 왕을 호종하였고, 1629년 羅萬甲을 伸救하다

上[54], 且請稱臣稱皇帝, 上不從。禮曹判書金尙憲, 聞有此議, 來入備局, 大言曰: "吾當手斬此建議者, 誓不與共戴天日." 金瑬始覺其非, 卽詣闕待罪。李曙病不守城, 以原平君元斗杓[55], 爲摠戎副使,

---

가 나주목사로 좌천되었다. 1636년 병자호란 때는 공조판서로 남한산성에 임금을 호종하였고, 최명길과 함께 화의를 주도하였다. 이듬해 예조판서를 거쳐 우의정에 임명되었으나 어머니의 訃音으로 18차례나 사직소를 올려 끝내 사퇴했고, 장례 후 과로로 병사하였다.

49) 四宰(사재): 네 번째의 재상이라는 뜻으로 의정부의 右參贊을 이르는 말.

50) 韓汝稷(한여직): 韓汝溭(1575~1638)의 오기. 본관은 淸州, 자는 仲安, 호는 十洲. 1604년 생원으로 裕陵參奉에 처음 제수되었다. 1610년 식년문과에 급제, 설서·사서·정언·문학 등을 지내고, 광해군의 난정을 당하여 외직에 보임되어 재령군수를 지냈다. 1616년 재령군수로 있을 때에 大北派의 음모로 일어난 海州獄事에 연루되어 투옥되었다가 곧 석방되었으나, 10여년 동안 은거하였다. 1623년 인조반정이 일어나자 동부승지가 되고, 이어 좌부승지가 되었다. 1624년 이괄의 난이 일어나자 경기도 관찰사로서 난을 평정하였다. 1628년 형조참판으로 동지의금부사를 겸하여 柳孝立의 모반사건을 잘 다스려 정2품에 올랐으며, 그해 登極使가 되어 명나라에 가서 황제의 칙서를 가지고 왔다. 다시 형조판서·우참찬 등을 지내고, 1636년 병자호란 때는 왕을 호종하였다. 이후 대사헌을 거쳐 예조판서 등을 역임하였다

51) 尹暉(윤휘, 1571~1644): 본관은 海平, 자는 靜春, 호는 長洲·川上. 인조반정 때 長興·牙山 등지에 유배되었다가, 정묘호란 때 기용되어 한성부좌윤 등을 지냈다. 병자호란 때 인조를 남한산성까지 호종, 특명전권대사로 적진을 오가면서 화의교섭을 벌였다. 환도 뒤 도승지가 되어 청나라와의 외교를 전담하였다.

52) 洪雱(홍방, 1573~1638): 본관은 豊山, 자는 景望, 호는 芝溪. 1623년에 예조참의, 외직으로 경상도관찰사를 역임했으며, 1635년 禮曹判書를 거쳐, 대사간·도승지·부제학에 이르렀다.

53) 入對(입대): 궁중에 들어가 임금을 알현하거나 자문에 응하기도 함.

54) 陳上(진상): 陣上의 오기.

55) 元斗杓(원두표, 1593~1664): 본관은 原州, 자는 子建, 호는 灘叟·灘翁. 1623년 인조반정 때 공을 세워 원평부원군에 책봉되었다. 1624년 전주부윤을 지냈고 전라도관찰사를 지냈다. 1636년 병자호란이 일어나자 어영부사로 남한산성을 지켰다. 1642년 형조참판에 이어 강화부유수와 경상도관찰사를 역임하였다. 이 기간에 서인의 功西에 소속되어 淸西를 탄압하였고 같은 붕당의 김자점과 권력을 다툼으로 분당되자 원당의 영수가 되었다. 1649년 호조판서로 재임하면서 그의 처신이 부적절하다고 문제되어

代〈領〉其衆，黃緝[56]爲中軍。

12월 17일。

주상(主上)이 남한산성의 대문(大門)에 나와서 대소 신료(大小臣僚)들을 모아 놓고 애통해 하는 교서를 반포하면서 그동안 위리안치(圍籬安置)한 이하의 죄인들을 석방하도록 하니, 뜰에 가득한 신료들이 통곡하지 않는 이가 없었다.

주상이 전교(傳教)하기를, "만일 마음속에 품은 생각을 아뢰고자 하는 사람이 있으면 통렬하게 말하고 숨기지 말라." 하니, 승지(承旨) 심액(沈詻)의 아들 심광수(沈光洙)가 입대(入對)하여 나라를 그르친 죄로 최명길을 참수하도록 청하였으나, 주상이 대답하지 않았다. 조정의 신하 가운데 몇 사람을 제외하고는 모두 겁을 집어먹고 어찌할 줄 몰라 낯빛이 죽은 사람처럼 핏기가 없었다.

그리고 남한산성에 들어오던 날, 전 병사(前兵使) 이진경(李眞卿)은 말에서 떨어져 중풍(中風: 몸의 일부가 마비되는 병)이 들었다고 핑계대며 뒤떨어져서 들어오지 않았으니, 그 당시 사람들 모두가 남한산성에 들어가는 것을 꼭 죽을 곳에 들어가는 것으로 여겼음을 알 수 있다.

十七日。

파직되었다. 1651년 복직되어 좌참찬이 되었고, 1654년 병조판서에 올랐다. 효종의 북벌정책을 지지하여 군비를 증강하는데 앞장섰고 金堉이 주장한 대동법에는 반대하였다. 1656년 우의정을 거쳐 1662년 좌의정에 올라 군기시의 도제조를 겸직하였다.

56) 黃緝(황집, 1580~1658): 본관은 長水, 자는 조承. 1608년 별시 무과에 급제하였다. 남포현감, 미조항첨사을 거쳐 1628년 의주 부윤, 1637년 경상 좌병사, 1640년 황해 병사, 1641년 전라 병사 등을 지내고 1647년 북병사가 되었다.

上出御大門, 集大小臣僚, 宣諭哀痛之敎, 疏放[57]前後圍籬[58]以下罪人, 滿庭臣僚, 無不痛哭。上敎以: "如有所懷者, 痛言無諱." 承旨沈詻[59]之子, 光洙[60]入對, 請斬崔鳴吉誤國之罪, 上不答。朝臣中數人之外, 皆恇㥘失措, 面無人色。而入城之日, 前兵使李眞卿[61], 托以墜馬中風, 落後不入, 可知其時人, 皆以入城爲必死之地也。

12월 18일。

북문 대장(北門大將) 원두표(元斗杓)가 처음으로 군사를 모집하도록 하여 성을 나가서 싸워 6명의 적을 죽이니, 죽인 바가 비록 적었을지라도 군사들은 점차 적을 공격할 마음이 생기게 되었다.

이날, 파면되었던 내가 다시 등용되어 곧 관량사(管糧使)에 임명되었

57) 疏放(소방): 疏決放免. 죄인을 관대히 처결하여 석방해주는 일.

58) 圍籬(위리): 圍籬安置. 귀양을 간 죄인이 그곳에서 달아나지 못하도록 가시가 많은 탱자나무로 울타리를 만들고 그 안에 가두어 둠.

59) 沈詻(심액, 1571~1654): 본관은 青松, 자는 重卿, 호는 鶴溪. 1589년 사마양시에 합격, 1596년 정시문과에 급제하여 검열이 되었고, 이듬해에 說書·正言 등을 지냈다. 1598년 경성부판관에 이어 1626년 동부승지, 1634년 인천부사, 1635년 좌부승지, 우승지, 1636년 좌승지, 1637년 강원도 관찰사 등 여러 관직을 역임하였고, 1644년 도승지·대사헌 등을 지냈다. 1647년 형조·예조·이조의 판서를 역임하고 青松君에 봉해졌다.

60) 光洙(광수): 沈光洙(1598~1662). 본관은 青松, 자는 希聖, 호는 魯淵. 1627년 사마시에 합격하여 성균관에 들어갔다. 인조의 아버지인 定遠君을 왕으로 추존하려는 논의가 일어나자, 1631년 성균관 유생들과 함께 상소하여 반대하였다. 1635년 鳳林大君의 師傅로 뽑혔다. 이듬해 병자호란이 일어나자 남한산성으로 인조를 호종했으며 강력한 척화론을 주장하여 화의론자인 최명길의 참형을 요구하고, 세자를 볼모로 청에 보내는 데에도 반대하였다. 청나라에 항복한 뒤에 춘천으로 퇴거하였다.

61) 李眞卿(이진경, 1576~1642): 본관은 全義. 1609년 무과에 급제하여 仁同府使, 1633년 경상좌수사, 경상 우병사, 1637년 양주목사를 지냈다.

는데, 창고 안에는 양식쌀 및 피잡곡(皮雜穀)이 단지 1만 6천여 석쯤 되어 보였다. 이는 1만 명의 군사가 한 달 치 먹을 군량에 불과하였다. 이서(李曙)가 일찍이 남한 수어사(南漢守禦使)가 되어 온 마음을 다해 계획을 잘 세워서 군량을 많이 쌓았다. 그러나 병으로 교체된 뒤에는 광주 목사(廣州牧使) 한명욱(韓明勖)이 군량을 산성으로 운반하여 들이는 것을 민폐로 여기고 갑사창(甲士倉)을 강가에 지어서 군량을 모두 이 창고에 쌓아두었는데, 간혹 고읍(古邑)의 창고에 나누어 쌓아두었던 것은 이번에 죄다 적병에게 점거되고 말았다. 성안에 저장해 둔 군량은 바로 이서가 지난날에 쌓아두었던 것이고, 소금·간장·종이·병기·무명 및 그 밖에 소용되는 물건들 또한 모두 이서가 갖추어 놓았던 것인데, 경황없이 성에 들어와서 그것에 힘입어 사용할 수 있는 것은 터럭 하나까지도 다 이서의 힘이었다. 대비책과 경략(經略)은 다른 장수들에 견준다면 또한 사람들의 마음을 얼마간 든든하게 하는 것이니, 성안에 있는 상하의 사람들이 모두 이서(李曙)를 사직을 지킬 만한 신하라 여겼고, 평소에 그의 단점만 들추어냈던 사람들도 지금에 이르러서 또한 모두 그가 나라를 위해 충성을 다했다고 이르며 칭찬해 마지않았다.

十八日。

北門大將元斗杓, 始令募軍, 出戰殺六賊, 所殺雖少, 軍兵稍有擊賊之心。是日, 以我敍用[62], 卽拜管糧使, 倉庫中見糧米及皮雜谷, 只有一萬六千餘石。此不過萬兵, 一月之糧矣。李曙曾爲南漢守禦使, 盡心謀畫, 多積軍糧。病遞之後, 廣州牧使韓明勖[63], 以運入山

62) 敍用(서용): 파면되었던 사람을 다시 채용함.

63) 韓明勖(한명욱, 1567~1652):본관은 淸州, 자는 勖哉, 호는 栗軒. 참판 韓述의

城爲民弊, 作甲士倉[64]於江邊, 糧餉盡置於此倉, 或分置於古邑[65]倉, 今者盡爲賊兵所據。城中所儲, 乃是李曙前日之所置, 而鹽醬·紙地·兵器·木綿及他所用雜物, 亦皆李曙之所備, 倉卒入城, 賴以爲用者, 秋毫皆曙之力也。猷謀經略, 比諸他將, 亦差强人意[66], 城中上下之人, 皆以曙爲社稷臣, 平昔以察察[67]短之者, 到今亦皆謂爲國盡忠, 稱道[68]不已。

12월 19일。

총융사(摠戎使) 구굉(具宏)이 군사를 모집하여 성을 나가서 적 20명을 죽이고, 군관(軍官) 이성익(李成翼)이 전장에 나아가 공을 세우자, 주상이 즉시 그들의 품계를 올려주었다.

이날 큰바람이 불면서 비까지 오려 하니, 김상헌(金尙憲)에게 성황당(城隍堂)에 제사지내도록 하자, 바람이 곧바로 그치고 비도 내리지 않았다.

十九日。

摠戎使具宏, 出募兵, 殺賊二十, 軍官李成翼, 進戰有功, 上卽命加資。是日, 大風天欲雨, 命金尙憲祭城隍, 風卽止不雨。

아들이다.

64) 甲士倉(갑사창): 甲士에게 소용되는 물건을 넣어 두는 창고.

65) 古邑(고읍): 경기도 하남시에 있는 고골로.

66) 差强人意(차강인의): 사람의 마음을 얼마간 든든히 하여 줌.

67) 察察(찰찰): 지나치게 꼼꼼하고 자세함.

68) 稱道(칭도): 칭찬하여 말함.

12월 20일。

마부대(馬夫大)가 오랑캐 역관 정명수(鄭命壽)를 보내어 종전대로 화친(和親)을 맺자고 하였다. 주상이 즉시 김류(金瑬)에게 응답을 할 것인지 하지 않을 것인지를 묻는데, 신(臣: 나만갑) 또한 입대(入對)하였다. 김류가 말하기를, "청컨대 성문을 열어 중신(重臣)을 보내소서."라고 하였지만, 내가 말하기를, "성을 지키는 날에 문을 열고 말해서는 안 됩니다. 주상께서 지금 만약 화친을 의논하면 군사들의 기세가 반드시 꺾일 것이니, 성위에서 물으면 묻는대로 거침없이 대답함이 좋을 것입니다."라고 하였다. 주상이 신(臣)의 말을 좇아 성위에서 말을 전할 것이나 문답은 못하도록 하였다.

선전관(宣傳官) 민진익(閔震益)이 명을 받들어 일찍이 충청도에 갔었다가 성이 포위된 뒤인데도 기꺼히 성안으로 들어왔으니, 주상이 품계를 올리라고 명하였다. 이날 또 어명을 받들어 성밖으로 나갔다.

二十日。

馬胡送胡譯鄭命壽[69], 依前約和, 上卽問金瑬其答可否, 臣亦入對。金瑬曰: "請開門送重臣." 我曰: "守城之日, 不可開門白。上今若議和, 則士氣必挫, 從城上, 隨問隨答[70], 可也." 上從臣言, 自城上傳言, 而勿使問答。宣傳官閔震益, 奉命, 曾往忠淸道, 圍城之後,

---

69) 鄭命壽(정명수, ?~1653): 鄭明守로도 표기됨. 평안도 殷山에서 태어났다. 1619년 姜弘立의 군대를 따라 청나라에 갔다가 포로가 되었는데, 청나라 말을 배우고 조선의 사정을 밀고하여 청나라 황제의 신임을 얻었다. 1636년 병자호란 때는 龍骨大와 馬夫大 등 청나라 장수의 역관으로 들어와 동포를 괴롭히고 매국행위를 일삼았다. 조정에서는 뇌물을 주고 그의 친척들에게도 벼슬을 주었으나, 瀋陽에서 姜孝元·鄭雷卿을 죽게 했다.

70) 隨問隨答(수문수답): 묻는대로 거침없이 대답함.

能得入城，上命加資。是日，又承命而出。

12월 21일。

어영장(禦營將) 이기축(李起築)이 군사들을 이끌고 서성(西城)으로 나가 적 10여 명을 죽였고, 동성(東城)의 신경진(申景禛) 또한 군사를 이끌고 잠깐 성을 나가서 적을 공격하여 죽였다.

二十一日。

禦營將李起築[71)], 率兵出西城, 殺賊十餘, 東城申景禛, 亦少出兵, 有所擊殺。

12월 22일。

마부대(馬夫大)가 또 오랑캐 역관(譯官: 정명수)을 보내어 말하기를, “지금 이후로는 동궁을 보내도록 요구하지 않을 것이고, 만약 왕자나 대군을 보낸다면 마땅히 화친을 맺는 것으로 정하겠다.”라고 하였지만, 주상은 오히려 허락하지 않았다.

북문의 어영군(御營軍)이 적 10여 명을 죽이고 동문의 신경진(申景禛)이 또 적 30여 명을 죽여서 전후에 통틀어 죽인 것이 100여 명이었는데, 우리나라 군사는 죽은 자가 5,6명에 지나지 않았고 화살에 맞아 부상을 입은 자가 7,8명이었다. 주상이 내정(內庭)에서 군사들을 호궤하였다.

---

71) 李起築(이기축, 1589~1645): 본관은 全州, 자는 希說. 1620년 무과에 급제하였다. 1623년 인조반정 때 선봉장으로 참여하여 그 공으로 禁軍將이 되었고, 이어 首別將이 되었다. 1629년 위원군수, 1635년 삭주부사를 거쳐 1636년 병자호란 때 금군장으로서 남한산성으로 왕을 호종했고 다시 御營別將이 되어 남쪽성을 지켰다.

二十二日。

馬胡又送胡譯, 言: "自今以後, 不請東宮, 若送王子·大君, 定當講和." 上猶不許。北門御營軍, 殺賊十餘, 東城[72]申景禛, 又殺三十餘, 通前後所殺百餘, 我國之兵, 死者不過五六人, 中矢被傷者七八人, 上犒軍內庭。

12월 23일。

사영(四營)에서 출병하자, 주상이 북문에 거둥하여 싸움을 독려하였다. 사영에서 각각 적을 죽인 전공(戰功)이 있었으나 북문에서 죽인 것이 조금 더 많았다. 아군은 더러 싸우다가 부상을 입은 자가 있었지만 죽은 자가 많지 않았다.

오랑캐가 비록 싸우다가 죽을지라도, 오랑캐 진중(陣中)의 법은 전장에서 시체를 거두어 가는 것을 첫째가는 공으로 삼았기 때문에 죽으면 곧장 싣고 가버려서 적의 머리를 베어 바칠 수가 없었다. 그래서 전투할 때에 적을 죽인 자임을 분명히 알면 적의 머리를 바친 자와 동일하게 상을 주었다.

어영군이 처음으로 적의 머리 하나를 얻어서 막부(幕府)에 바쳐 군문(軍門)에 매달아 놓으니, 온 성안의 사람들이 그 썰렁함을 비웃지 않는 자가 없었다.

二十三日。

四營[73]出兵, 上御北門, 督戰。四營, 各有殺賊之功, 而北門所殺

72) 東城(동성): 문맥상 東門으로 표기하는 것이 보다 온당함.

73) 四營(사영): 訓鍊都監·禁衛營·御營廳·摠戎廳의 軍營.

稍多。我軍, 有或戰傷者, 而死者不多。虜雖戰死, 虜中之法, 以戰場收尸, 爲第一功, 故死輒輸去, 不得獻馘。其於戰時, 明知其殺賊者, 與獻馘同賞。御營軍, 始得一馘, 獻幕府, 懸於軍門, 一城無不笑其冷落。

12월 24일。

빗줄기가 그치지 않아 성위에서 성첩을 지키는 군사들이 죄다 흠뻑 젖어서 얼어 죽을까 염려되었다. 주상이 세자와 함께 한데 나와 뜰 한복판에 서서 말로 하늘에 빌며 이르기를, "오늘 이 지경에 이르게 된 것은 우리 부자(父子)가 죄를 지은 소치가 아닌 것이 없으니, 온 성안의 군사와 백성이 무슨 죄가 있습니까? 하늘이 재앙을 내리려면 그 재앙을 우리 부자에게 내리고 모든 백성들을 살려주소서."라고 하였는데, 눈물이 말할 때마다 떨어져 옷이 다 젖자 측근의 신하들이 행궁 안으로 들어가기를 청하였다.

조금 지난 후에 비가 그치고 한밤중에는 별과 은하수가 환하게 밝은 데다 날씨 또한 혹심하게 춥지도 않자, 온 성안의 사람들이 모두 감동하여 울지 않은 자가 없었고 성첩을 지키는 군사들도 끝내 딴마음을 품는 자가 없었으니, 실로 성상(聖上)이 하늘에 기원한 일에 감동한 것으로 정성스런 뜻을 사람들이 깊이 받아들였음을 알 수 있다.

二十四日。

雨勢不止, 城上守堞之卒, 盡爲沾濕, 慮其凍死。上與世子, 露立庭中, 以口辭祝天, 曰: "今日之至於此, 莫非吾父子獲戾之致, 一城軍民何罪? 天欲降禍, 禍我父子, 而願活萬民." 涕隨言零, 御衣盡濕, 近侍請入。良久, 雨止, 夜半星河朗然, 日氣亦不沍寒[74], 一城上下人, 莫不感泣, 守堞之卒, 終無異心者, 實感聖上祝天之擧, 可見誠意之入人之深也。

12월 25일。

날씨가 몹시 추웠다. 묘당(廟堂: 의정부)에서 오랑캐 진중(陣中)에 사신을 보내려 하였는데, 신(臣: 나만갑) 또한 입시(入侍)하였다가 아뢰기를, "일전에 오랑캐가 재차 사람을 보내어 화친을 청했으나 응하지 않았는데, 지금 만약 아무런 까닭 없이 먼저 사신(使臣)을 보낸다면 저들은 필시 비가 온 뒤에 사졸(士卒)들이 얼고 굶주려서 형세가 군색하여 사신을 보낸 것이라고 여길 터이니 약함을 보여서는 안 됩니다."라고 하였다. 여러 신하들이 모두 사신을 보내는 것이 옳다고 했으나, 김신국(金藎國)만의 말이 나와 같았다.

주상이 대신(大臣)을 불러 물었지만 비국(備局) 또한 사신 보내기를 청하자, 주상이 말하기를, "우리나라는 매번 화친을 맺는 일로 저들에게 속아왔는데, 이번에도 사신을 보낸다면 생각건대 또한 욕을 당할 것이나 여러 사람들의 의논이 이와 같으니 우선 억지로 따르도록 하겠다. 세시(歲時: 설)가 임박했으니, 쇠고기와 술을 보내고 또한 작은 은합(銀榼)에 과일을 가득 담아서 보내어 지난날 형제의 정을 잊지 않고 있다는 뜻을 보이도록 하라. 그리고 이야기를 나눌 때에 그들의 기색을 살피도록 하라." 하였다.

---

74) 沍寒(호한): 몹시 심한 추위.

二十五日。

極寒。廟堂, 欲送使胡中, 臣亦入侍, 啓曰: “日者, 胡再送人, 請和而不應, 今若無故先送使臣, 則彼必謂雨後士卒凍餒, 勢窘而送使云爾, 不可示弱也.” 諸臣皆以送使爲是, 獨金藎國之言, 與我同矣。上招問大臣, 備局亦請送使, 上曰: “我國, 每以和見欺於彼, 今番送使, 想亦見辱, 而群議如此, 姑爲勉從。歲時臨迫, 送牛酒, 且於小銀榼, 盛以果實, 以示不忘舊情之意。仍爲說話, 以察氣色可也.”

12월 26일。

김신국(金藎國)·이경직(李景稷)이 쇠고기와 술, 과일을 가득 담은 은합(銀榼)을 가지고 오랑캐 진중(陣中)에 가니, 오랑캐가 말하기를, “우리 군중(軍中)에서는 날마다 소를 잡아 술을 마시고 보배도 산처럼 쌓였거늘, 이것을 어디에다 쓰겠는가? 그대들 나라의 임금과 신하가 산성의 돌틈에서 지내느라 굶주린 지가 이미 오래이니 이것들을 자연스레 쓸 수 있을 것이다.”라고 하였다. 마침내 받지 않고 되돌려 보냈으니, 이는 바로 임금이 모욕당하면 신하가 죽어야 할 날인 셈이다.

二十六日。

金藎國·李景稷, 持牛酒·銀榼, 往虜中, 則虜言: “軍中, 日擊牛飮酒, 寶具[75]山積, 何用此爲? 汝國君臣, 入處石竇, 飢餓已久, 自可用之.” 遂不受還送, 此正主辱臣死之日也。

75) 寶具(보구): 寶貝의 오기.

12월 27일。

성안에서는 날마다 구원군이 오기를 바랐으나 적막하기만 할 뿐 아무런 소리도 그림자도 없자, 밤이 되면 사람들이 모두 성에 올라가 사방을 바라보았다.

강원 감사(江原監司) 조정호(趙廷虎)가 본도(本道: 강원도)의 군사가 미처 다 모이지 않아 진(陣)을 양근(楊根)으로 퇴각시켜 나중에 도착할 군사들을 기다렸는데, 먼저 영장(營將) 권정길(權井吉)로 하여금 군사들을 거느리고 검단산(劍丹山: 黔丹山의 오기) 위에 올라 횃불을 들어 호응하도록 하였다.

원주 목사(原州牧使) 이중길(李重吉)이 상소를 올려서 나라를 위하여 한번 죽으러 한밤중이라도 국난에 달려가겠다는 뜻을 극진히 아뢰자, 주상이 즉시 품계를 더하도록 명하였고 성안에서는 서로 기뻐하였다. 며칠 후에 적에게 패배하여 전군(全軍)이 무너져 흩어지자, 이중길의 상소는 소용없는 호언장담이었고 일이 모두 사실무근이 되고 말았다. 출성(出城)한 후에 그를 잡아들였고 더했던 품계를 삭탈하였다.

二十七日。

城中, 日望援軍之來, 而寂然無聲影, 夜則人皆登城四望。江原監司趙廷虎[76], 以本道軍兵, 未盡會集, 退陣楊根[77], 以待後到之軍,

76) 趙廷虎(조정호, 1572~1647): 본관은 배천(白川), 자는 仁甫, 호는 南溪. 1590년 사마시에 합격하고, 1612년 식년문과에 급제, 승문원정자에 제수되었다가, 얼마 뒤 居山道察訪으로 나가 郵政事務에 큰 공적을 세웠다. 1623년 인조반정이 일어나자 사헌부지평으로 발탁되고, 이어 성균관직강·홍문관교리·사헌부장령 등을 거쳐 사간으로 승진되었다. 이때 元宗을 太廟에 合祭하려고 하자, 여러 언관들과 함께 강력하게 반대하다가 仁祖의 노여움을 사 削黜당하고 향리에 은거하였다. 이듬해 다시 서용되어 병조참의가 되었다가 강원도 관찰사로 병자호란을 맞이했을 때 왕이 남한산성으로

先使營將權井吉[78]，領兵來到劍丹山[79]上，擧烽相應。原州牧使李重吉[80]，上疏請陳[81]，爲國一死，星夜赴難之意，上卽命加資，城中相慶。數日後，爲賊所敗，一軍潰散，李重吉〈之疏〉，徒爲壯語，事皆無實。出城後，拿致削資。

12월 28일。

이보다 앞서, 술사(術士: 길흉을 점치는 자) 몇 사람이 급히 성안으로 들어왔는데, 모두 말하기를, "오늘은 화친하는 것도 싸우는 것도 다 길하다."라고 하였다. 체상(體相: 체찰사 김류)이 자못 그 말을 믿고 한편으로는 화친을 청하고 한편으로는 접전하려고 하자, 내가 찬획사(贊畫使) 박황(朴潢)에게 이르기를, "싸우려면 싸우고 화친하려면 화친할 것이지, 같은 날에 화친도 싸움도 어떻게 같이 할 수 있단 말인가? 이는 진실로 즐거운 노래와 슬픈 곡소리를 하겠다는 것이니 병행할 수가

피란하자 군사를 이끌고 급히 산성으로 출동, 요새를 점거하고 포를 쏘아 원군이 온 것을 성중에 알렸다. 그가 직접 군사를 독려하고 많은 적을 사살했으므로 적병은 감히 그가 포진하고 있는 동쪽으로는 진출할 수가 없었다.

77) 楊根(양근): 경기도 양평군 양평읍 양근리 지역.

78) 權井吉(권정길, 생몰년 미상): 무관으로 1592년 임진왜란 때 尙州判官이었고, 1627년 정묘호란 때 연평부원군 李貴의 군관으로 전쟁터에 자원하여 포상을 받았다. 1636년 병자호란 때 原州營將으로 강원도의 勤王兵을 지휘하여 남한산성을 향하다가 부근 黔丹山에서 청나라 군대와 격전 끝에 패퇴하였다. 그 뒤 淮陽府使, 춘천 부사, 仁同府使 등을 지냈다. 《靑城雜記》 권4 〈醒言·春川防禦使權井吉〉에 소개되어 있다.

79) 劍丹山(검단산): 黔丹山의 오기. 경기도 성남시와 광주시의 경계를 이루는 산. 남한산성과 연결되는 산줄기를 이룬다.

80) 李重吉(이중길, 1578~?): 본관은 全州, 자는 吉甫. 아버지는 李惟誠이다. 1603년 식년시에 급제, 1613년 增廣試에 급제하였다.

81) 請陳(청진): 極陳의 오기.

없다."라고 하였다.

이때 체상이 친히 장수와 군사들을 이끌고 서성(西城)에 가서 싸움을 독려하였으나, 성 아래에는 골짜기가 겹겹이 굽이졌는지라 오랑캐의 기병이 곳곳에 군사를 숨기고 있었다. 적의 기병들이 대포소리를 듣고 거짓으로 물러나는 체 하면서 군사와 소·말을 약간 남겨놓았지만 모두 우리나라에서 약탈한 노약자와 파리한 가축들이었다. 이는 바로 우리 군사들을 유인하려는 계략인데도 성위에서 지켜보던 군사와 백성들이 일제히 떼를 지어 소리지르기를, "군사를 내려보내어 들판에서 싸우게 하면 적들이 남겨놓은 군사와 가축들을 죄다 빼앗아 올 수가 있고, 겁에 질려 달아나는 적군 또한 공격할 수 있다."라고 하였다. 그러자 체상이 잘 헤아려 생각해 보지도 않고 내려가 공격하도록 독촉하였으나, 산위에 있던 우리 군사들은 적들의 불측한 계략을 소상하게 알고 있어서 서로 버티면서 내려가려 하지 않았다.

체찰부(體察府)의 병방 군관(兵房軍官) 류호(柳瑚)가 체상에게 잘 보이려고 알랑거리는 뜻으로 말하기를, "만약 퇴각하는 적의 장수를 베고자 보내려는데 머뭇거리고 있는 자를 죽이면 어찌 감히 나아가지 않겠습니까?"라고 하자, 즉시 류호에게 칼을 주어 보냈다. 류호가 사람을 만나기만 하면 마구 찍어 죽이니, 온 군사들이 내려가도 반드시 죽을 것이고 내려가지 않아도 또한 죽을 줄 알고서야 비로소 내려갔는데, 별장(別將) 신성립(申城立: 申誠立의 오기)은 심지어 사람들과 영영 작별하는 말을 나누고 있었다.

아군이 단번에 자기들의 진영에 남겨둔 소와 말을 거두는데도 오랑캐가 처음에는 보지 못한 듯이 하였다가, 몰수하려는 아군들이 산에서 내려간 뒤에야 오랑캐들의 복병이 사방에서 나타나고 퇴각병들이 다시 모여서 순식간에 아군들을 모조리 죽였다. 애초에 사람들이 더러 말하기를, "만약 송책(松柵: 소나무 木柵)을 불태우면 진군하는데 장애가 없을 것입니다."라고 하자, 체상이 즉시 불태우도록 하였다. 이른바 송책이란 것은 적군이 성을 포위한 뒤에 원근의 소나무을 베어다가 취하여 성밖 80리에 걸쳐 목책을 늘어세우고 새끼줄로 묶어서 쇠붙이를 매달아 놓은 것인데, 사람들이 혹 넘으려는 자가 있으면 쟁그랑하고 소리가 나서 문득 알게 되는 것으로 안팎이 완전히 통하지 못한 것은 그 목책이 있기 때문이었다. 그런데 북면(北面)의 송책은 이미 불태워졌으니, 적군이 진격해왔지만 아군이 다시 저지하지 못한 것 또한 그 송책이 없었기 때문이었다.

대체로 접전할 즈음에 만약 화약을 많이 주면 혹여라도 함부로 쓰거나 잃어버릴까 염려하여 달라고 하면 주었기 때문에 화약을 달라는 소리가 시끄럽기 그지없었다. 그러나 양쪽 군사가 서로 접전을 벌이면 어느 겨를에 화약을 달라고 하겠는가? 다만 화약총을 서로 두들길 따름이었다. 화약과 탄환이 이미 없어서 적을 막을 수가 없는데다 산비탈이 몹시 가팔라 형세상 갑자기 올라가기 어려웠으니, 이에 전멸되고 말았다.

체상은 아군이 패하여 전멸되는 것을 보고서야 비로소 한 초관(哨官)에게 깃발을 휘둘러 군사들을 퇴각시키도록 명하였으나, 성위와 성아래가 막혀 있어서 서로 볼 수가 없었다. 하물며 여럿이 함께 죽임을 당하는 찰라에 어떻게 성위에서 휘두르는 깃발을 볼 수 있었겠는가? 류호가 체상에게 말하기를, "아군이 머뭇거리고 퇴각하지 못한 것은 실로 초관에게서 말미암은 것이니, 이 사람을 베지 않고서는 군사들의 마음을 시원하게 할 수가 없습니다."라고 하자, 체상이 즉시 그를 베어 죽이도록 하니 사람들이 모두 원통하게 여겼다.

역사(力士: 힘센 사람)인 출신(出身) 조양출(趙陽出)이 죽을 힘을 다해 무수하게 적을 쏘아 죽였으나, 자신도 화살 9대를 맞았지만 살아 돌아왔다.

체상이 스스로 싸우고 스스로 패하여 허물을 돌릴 곳이 없자, 북성장(北城將) 원두표(元斗杓)가 구원하지 않은 탓이라며 핑계하면서 극형(極刑)에 처하려고 하였다. 이에, 좌상 홍서봉이 말하기를, "수장(首將)이 군율을 어기고서 그 죄를 부장(副將)에게 돌리는 것은 매우 온당치 못한 일이이외다."라고 하며 억울함을 호소하여 극력 구하니, 체상은 하는 수 없이 대궐에 엎드려 처벌을 기다리고, 원두표의 중군(中軍)은 곤장 80대를 맞아 거의 죽다가 살아났다.

건장한 정예 군졸(軍卒) 및 날래고 용감한 무사(武士)들이 다 체찰부(體察府)에 모였으니 오늘 전사자가 300여 명에서 내려가지 않았을 터였지만, 체상이 사실대로 보고하기를 싫어하자, 류호(柳湖: 柳瑚의 오기)가 겨우 40명이라고 아뢰니 인심이 더욱 복종하지 않았다. 별장(別將) 신성립(申誠立)·지여해(池如海)·이원길(李元吉) 등도 이 전투에서 모두 죽자, 이로부터 사기가 떨어지고 다시는 나가 싸울 마음이 없었으며, 묘당(廟堂: 의정부)에서도 또한 오로지 적과 화친할 생각만 하였다.

유도대장(留都大將) 심기원(沈器遠)이 장계(狀啓)를 올려 말하기를, "호조 참의(戶曹參議) 남선(南銑)에게 어영 별장(御營別將) 이정길(李井吉)과 포병(炮兵) 370여 명을 거느리고 야음을 틈타 아오개(阿五介: 아현동 고개) 경기 감사(京畿監司) 서경우(徐景雨)의 집 근처에 주둔해 있던 적 4,5백 명을 공격하도록 했는데, 공격하여 죽인 것이 자못 많습니다." 라고 하였다. 장계가 들어오자마자 즉시 심기원은 제도도원수(諸道都元帥)로 삼았고, 이정길은 품계를 높여 주었다. 체찰부의 군대가 적에게 대패한 끝에 이 승전보를 듣자 인심이 조금 안정되었다.

묘당(廟堂)에서 의논할 때, 처음에는 김자점(金自點)을 파면하고 심기원(沈器遠)으로 그를 대신하게 하려 하였으나, 어떤 사람이 말하기를, "군사를 거느린 대장을 적이 아직 평정되기도 전에 경솔하게 교체하면 그 후에 간섭을 받아 마음대로 하지 못하는 일이 많을 것입니다." 라고 하였으므로, 심기원을 제도도원수로 삼았고 또한 김자점도 파면하지 않았다. 뒤에 들으니, 심기원이 이른바 적을 격파했다고 한 장계는 실제 내용과 서로 부합하지 않았다.

심기원이 남선(南銑)과 함께 호조(戶曹)의 물건을 삼각산(三角山)에 운반해 두었다가 모두 적에게 빼앗기고 적의 추격이 또 급하니, 심기원은 걸어서 광릉(光陵: 세조의 능)으로 갔다가 이어 양근(楊根)의 미원(彌原: 迷原의 오기) 등 깊숙한 곳으로 들어가 적의 칼날을 피하였는데, 각 도의 군사들이 원수가 있는 곳을 알고서 모두 그를 따라 들어가서 끝내 근왕(勤王)하지 않았다.

애초 남한산성에 들어오고 난 후로 남선(南銑) 및 예조 정랑(禮曹正郎) 전극항(全克恒), 직장(直長) 최문한(崔文漢), 호조 좌랑(戶曹佐郎) 임선백(任善伯)이 모두 분사(分司: 행궁 이외의 임시 관아)의 일을 보겠다며 자청하여 경성으로 갔는데, 대개 남한산성 나가는 것을 다행으로 여겼기 때문이었다. 이때에 이르러 남선과 임선백은 달아나 숨어서 살 수가 있었고, 최문한은 적에게 죽었다.

각 도의 감사(監司)와 병사(兵使)가 어느 누구 한 사람도 성안으로 들어와 구원하는 자가 없었다. 그런데 충청 감사(忠淸監司) 정세규(鄭世規)가 눈물을 뿌리며 죽기를 무릅쓰고 본도(本道: 충청도)의 군사들을 거느리고서 적의 선봉과 충돌하며 남한산성과 서로 바라볼 수 있는 광주(廣州)의 검단산성(黔丹山城)에 와 진(陣)을 쳤으나 끝내 적에게 패했고, 만번 죽을 지경을 겪은 끝에 겨우 살아나 아무런 성과는 없었으나 그의 충의는 숭상할 만하였다.

신(臣: 나만갑)이 매번 입시할 때마다 주상에게 아뢰기를, "오늘 전하의 신하 중에는 단지 정세규(鄭世規) 한 사람만 있을 뿐이고, 조정호(趙廷虎) 또한 그 다음입니다. 이 밖에는 원수(元帥) 이하가 군부(君父)의 위급함을 앉아서 보기만 하고 임금을 위하여 조금도 애쓰려는 뜻이 없으니, 모두 마땅히 군율(軍律)에 따라 죄를 받아야 할 것입니다. 우리나라의 일들이 평정된 뒤에는 사람들이 모두 억울함을 호소하여 구하려 할 터이라 법(法)대로 죄주기가 어려울 것이니, 성안에 있을 때 미리 사형에 해당하는 죄를 정해 두었다가 성에서 나간 뒤에는 죄다 베소서. 이와 같이 하지 않으면 군법(軍法)을 세울 수가 없게 됩니다. 성안에 가득한 사람들이 주먹을 불끈 쥐지 않는 자가 없는데, 성상(聖上) 또한 어찌 분노하는 마음이 없겠습니까?"라고 하니, 주상이 아무런 답을 하지 않았다.

二十八日。

先是, 術士數人, 遽入城中, 皆言: "今日, 和戰俱吉." 體相頗信其言, 欲一邊請和, 一邊接戰, 我謂贊畫使朴潢[82], 曰: "欲戰則戰, 欲和

82) 朴潢(박황, 1597~1648): 본관은 潘南, 자는 德雨, 호는 儒軒·儒翁. 생부는 朴東說, 양부는 朴東彦이다. 洪瑞鳳의 사위이다. 1621년 정시 문과에 급제하고 1623년

則和, 一日之內, 和戰何可同也? 此誠歌哭之, 不可竝也." 於是, 體相親率將士, 往西城督戰, 而城下谿谷互回, 虜騎處處藏兵。賊騎, 聞炮聲陽退, 而少留屯兵與牛馬, 皆是擄掠我國之老弱·羸畜也。此乃誘引之謀, 而城上士庶之觀光者, 齊聲群唱: "下兵野戰, 則留陣之人畜, 可盡取, 奔惻之兵, 亦可攻." 體相不爲料度, 督令下擊, 而我軍之在山上者, 詳知賊謀之叵測[83], 相持不肯下。體府兵房軍官柳瑚, 媚悅[84]體相之意, 曰: "若送斬退將, 殺其逗留[85]者, 何敢不進乎?" 卽使柳瑚賜劍而送。〈柳瑚〉逢人輒亂斫, 一軍知其必死而不下亦死, 始乃下, 別將申城立[86], 至有與人水決之語矣。我軍, 一取其留陣之牛馬, 虜初若無睹, 及其沒軍下山, 然後虜兵之藏兵者四出, 退去者還集, 俄頃之間, 盡戮我軍。初人或言: "若焚松柵, 則進兵無所礙." 體相卽命焚之。所謂松柵者, 虜兵圍城之後, 伐取遠近松木, 列柵於城外八十里, 張以繩索, 懸以金鐵之物, 人或有踰越者, 錚然有聲, 便能覺之, 中外之截然不通者, 以其有柵也。北面之松柵旣焚, 虜兵之進擊, 我軍更無欄阻者, 亦以其無柵也。凡於接戰之際, 若多給火藥, 則恐或耗失, 隨告隨給, 故請藥之聲, 不勝其紛。然及其兩軍相接,

---

인조반정 이후 1624년 검열에 등용되어 대사간·이조참의를 지냈다. 1637년 병자호란 이후 청나라에서 斥和臣 17명을 보낼 것을 강요했으나 2명만 보내면 족하다고 주장하여 실행하게 하고, 볼모로 가는 昭顯世子를 호종하여 瀋陽까지 다녀왔고, 1638년 대사헌에 병조판서를 역임하였다. 1644년 沈器遠의 역모사건에 연루되어 김해에 유배되었으나 곧 풀려나서 전주부윤을 지냈다.

83) 叵測(파측): 미루어 헤아릴 수 없음.

84) 媚悅(미열): 남의 환심을 사거나 잘 보이려고 알랑거림.

85) 逗留(두류): 머뭇거리고 있음.

86) 申城立(신성립): 申誠立의 오기.

何暇請藥? 只以藥銃, 相搏而已, 旣無藥丸, 不能禦賊, 山坂峻急, 勢難猝上, 乃至於盡死。體相見我軍之敗衂, 始命一哨官, 麾旗退軍, 而城上城下, 隔閡不相見。況駢首[87)]就戮之際, 何能見城上之麾旗乎? 柳瑚又言於體相, 曰: "我軍之趁不得退, 實由哨官, 不斬此人, 無以快群情[88)]." 卽命斬之, 人皆冤之。力士出身[89)]趙陽出, 死力射殺無數, 身被九矢而生還。體相, 自戰自敗, 無所歸咎, 托言北城將元斗杓, 不爲相救, 將置於極罪。左相洪瑞鳳曰: "首將失律, 歸罪副將, 事甚未妥." 極爲申救, 體相不獲已伏闕待罪, 杖元斗杓之中軍八十棍, 幾死得生。精兵健卒, 驍勇武士, 咸衆[90)]體府, 今日之死, 不下三百餘人, 而體相惡其實報, 柳湖[91)]堇以四十人啓之, 人心尤不服。別將申誠立·池如海[92)]·李元吉[93)]等, 皆死於此戰, 自此士氣沮喪, 更無出戰之意, 廟堂亦專以乞和爲心。留都大將沈器遠, 狀啓言: "與戶曹參議南銑[94)], 領御營別將李井吉, 炮兵三百七十餘人, 夜斫阿五介京

87) 駢首(변수): 머리를 나란히 한다는 뜻으로 여럿이 함께.

88) 群情(군정): 軍情의 오기.

89) 出身(출신): 조선시대에 과거의 무과에 급제하고 아직 벼슬에 나서지 못한 사람.

90) 咸衆(함중): 咸聚의 오기.

91) 柳湖(류호): 柳瑚의 오기.

92) 池如海(지여해, 1592~1636): 본관은 忠州. 1618년 증광시에 급제하였다.

93) 李元吉(이원길, 1580~1636): 본관은 全州. 무과 급제 후 초계군수, 함종현령, 봉산군수 등을 지냈다. 1636년 봉산군수 재임 시에 병자호란이 일어나자 元帥府의 別將으로 특임되어 인조를 남한산성으로 호종하였다. 같은 해 12월 29일 都體察使 金瑬의 지휘 아래 남한산성에서 북문수문장으로 청나라 군대와 싸우다가 별장 申誠立, 池汝海 등과 전사하였다.

94) 南銑(남선, 1582~1654): 본관은 宜寧, 자는 澤之, 호는 晦谷·大夢. 1606년 사마시에 합격하였고, 1623년 인조반정 후 태릉참봉이 되었다가 主簿·호조좌랑·황주판관·사복시판관(司僕寺判官)을 거쳐 고산현감을 지내고, 1629년 별시문과에 병과로 급제하여

畿監司徐景雨[95]家近處屯兵四百五[96], 擊殺頗多." 狀啓入來, 卽以沈器遠爲諸道都元帥, 李井吉加資。體府兵大敗之餘, 及聞此報, 人心稍定。廟堂之議, 初欲罷金自點, 以沈器遠代之, 或言: "領軍大將, 賊未及平, 經先遞易, 則事後多掣肘[97]."云, 故以沈器遠爲諸道都元帥, 而亦不罷金也。追後聞之, 則沈之所謂破賊云者, 名實不相符矣。沈與南銑, 輸置戶曹物件於三角山[98], 盡爲賊所奪, 賊追又急, 沈器遠步往光陵[99], 仍入楊根彌原[100]深處, 以避賊鋒, 諸道軍兵, 聞元

사헌부지평을 거쳐 이듬해 안악 군수가 되었다. 1633년 해주목사로 승진, 이듬해 황해도관찰사가 되고, 1636년 병자호란 때는 호조참의로서 남한산성에서 왕을 호위했다. 평안도관찰사로 나갔다가 모함을 받아 벼슬에서 물러났다. 1638년 다시 온성부사에 기용되고 뒤이어 함경도병마절도사가 되었다가, 1641년 예조참의·동부승지를 거쳐 이듬해 전라도·강원도의 관찰사를 역임하고, 1645년 병조참의가 되어 동지사로 청나라에 다녀왔다. 이듬해 대사간·좌부승지, 1648년 도승지, 1649년 경기도관찰사·대사헌, 이듬해 경기도관찰사, 1652년 형조·예조의 판서를 거쳐 1654년 世子侍講院右賓客·의정부우참찬과 이조·형조의 판서를 지냈다.

95) 徐景雨(서경우, 1573~1645): 본관은 達城, 자는 施伯, 호는 晩沙. 判中樞府事 徐渻의 아들. 1601년 식년시에 입격하고 1603년 문과에 급제, 승정원가주서가 되어 1605년 주서로 임명되었다. 1606년 성균관 전적, 사헌부 감찰, 공조좌랑, 병조좌랑을 지냈다. 1612년 정주목사, 1625년 예조참의, 동부승지, 좌부승지, 우승지를 지냈다. 1626년 호조참의, 대사간이 되었다. 1634년 좌승지, 1635년 형조참판, 이조참판, 1636년 대사헌, 경기감사, 1637년 대사간과 성균관 대사성을 지내고 좌승지, 1638년 도승지가 되었다. 1639년 안변부사, 1643년 형조판서, 1644년 우의정을 지냈다.

96) 屯兵四百五(둔병사백오): 屯賊四五百의 오기.

97) 掣肘(철주): 남의 팔꿈치를 옆에서 끈다는 뜻으로, 남의 일에 참견하여 못하게 방해함을 비유적으로 이르는 말.

98) 三角山(삼각산): 서울특별시의 북부와 경기도 고양시 사이에 있는 산. 북한산의 핵심을 이루고 있는 산봉우리로서 백운대, 인수봉, 만경대로 구성되어 있다.

99) 光陵(광릉): 조선 제7대 왕 세조와 정희왕후 윤씨의 능. 경기도 남양주시 진접읍 부평리에 있다.

100) 彌原(미원): 迷原의 오기. 경기도 가평군 설악면에 있는 마을. 조선시대에는 경기도 양평군 미원현이었다.

帥所在, 率皆從入於彼, 終不勤王。初入城之後, 南銑及禮曹正郎全克恒[101], 直長崔文漢, 戶曹佐郎任善伯[102], 皆以分司[103], 自請往京, 蓋以出城爲幸也。至是, 南銑·任善伯, 奔竄得生, 崔死於賊。諸道監司·兵使, 無一人入援。忠淸監司鄭世規[104], 灑泣忘死, 率本道兵, 衝突賊鋒, 來陣於廣州[105]險□山城[106], 相望之地, 終爲所敗, 萬死僅生, 卒無所成, 而其忠義, 可尙也。臣每侍白上, 曰: "今日, 殿下之臣, 只有鄭世規一人而已, 趙廷虎亦其次也。此外元帥以下, 坐視君父

---

101) 全克恒(전극항, 1590~1636): 본관은 沃川, 자는 德古·德久, 호는 蚪川. 1612년 진사시에 합격하고, 1624년 정시문과에 급제, 待敎를 거쳐 예문관검열을 역임하였다. 1636년 병자호란 때에는 예조정랑으로 인조를 따라 남한산성에 호종하던 중 인조의 명에 따라 다시 한양으로 되돌아가 성을 지키다 전사하였다.

102) 任善伯(임선백, 1596~1656): 본관은 豐川, 자는 慶餘. 1623년 진사가 되고, 1632년 알성문과에 급제하였다. 1636년 병자호란 때에는 호조좌랑으로 강화도의 사수를 주장하였다. 1637년 자인현감을 지냈고 승문원 판교를 거쳐 1644년 장령이 되었다. 姜嬪의 옥사가 일어났을 때에는 강빈을 두둔하다가 체차의 명을 받기도 하였다. 그 뒤 경상도암행어사를 지냈으며, 효종 때에는 영흥부사가 되었다.

103) 分司(분사): 나라에 특별한 일이 발생했을 때 도성 이외의 다른 지방에 임시로 설치하는 관아.

104) 鄭世規(정세규, 1583~1661): 본관은 東萊, 자는 君則, 호는 東里. 1613년 사마시에 합격하여 생원이 되고, 門蔭으로 의금부도사를 거쳐 화순현령·안산군수를 역임하였다. 1636년에 朝臣들의 추천을 받아 4품의 散秩에서 충청도관찰사로 특진되고, 그 해 겨울 병자호란으로 왕이 남한산성에서 포위되자 근왕병을 이끌고 포위된 남한산성을 향하여 진격하다가 용인·險川에서 적의 기습으로 대패하였다. 이때의 충성심으로 패군의 죄까지 면죄 받고 전라감사·개성유수를 거쳐 공조판서에 임명되었다. 이후 형조판서·전주부윤·대사헌·호조판서·함경감사·지의금부사·우참찬 등을 번갈아 역임하고 이조판서에 이르렀다. 조선시대에 문음출신으로 육경에 오른 가장 대표적 인물이다.

105) 廣州(광주): 경기도의 중앙부에 있는 고을. 동쪽은 여주시·이천시, 서쪽은 성남시, 남쪽은 용인시, 북쪽은 하남시와 접하며 한강을 사이에 두고 남양주시·양평군과 마주한다.

106) 險□山城(험□산성): 黔丹山城의 오기.

之危急, 無意勤王, 皆當坐軍律。我國之事事定之後, 則人皆伸救, 難以法罪之, 在城之日, 預定死律, 出城後, 盡皆斬之。不如此, 無以立軍法也。滿城之人, 無不扼腕, 聖上亦豈無憤怒心哉?" 上不答。

12월 29일。

별다른 일이 없었다.

二十九日。

別無事。

12월 30일。

거센 바람이 불고 해조차 매우 캄캄하였다. 이날 적이 광진(廣津: 광나루)·마포(麻浦)·헌릉(獻陵: 태종의 능)의 세 갈래 길로 행군하였는데, 해가 뜰 무렵에 시작하여 해질 때에 그쳤다. 거센 바람이 크게 불더니 적이 행군을 그치자 바람 또한 잠잠해졌다. 비록 적병이 많은지 적은지 알 수 없었으나, 근근이 큰 눈이 내리고 날씨가 추워 풀리지 않았는데 적의 대군이 산에 가득하고 들판을 뒤덮어서 땅 위에 단 한 점이라도 하얀 곳이 없었으니 그 수가 엄청나게 많음을 알 수 있었다.

적이 오는 것이 날마다 불어났으나 구원병은 오지 않으니, 우리의 기세는 날로 위축되어 군사들은 싸우려는 뜻이 없었다. 행궁(行宮) 근처에 남작(南鵲: 길조 까치)이 집을 짓자 사람들이 모두 바라보고 길조라 점치니, 성안에서 믿는 바는 단지 이것뿐이라 그때의 위급한 상황을 상상해 볼 수 있으리라.

문관(文官) 이광춘(李光春)이 대가(大駕)를 따라 성에 들어온 후에 상소를 올려 극력 아뢰기를, "늙은 어머니가 천안(天安)에 있으니, 바라건대 호서(湖西)로 가서 곡식을 모으겠습니다."라고 하여, 계자(啓字) 도장을 찍어 비국(備局)에 내려보냈지만 적의 포위가 더욱 엄밀해진 것으로 말미암아 나갈 수가 없었다. 그런데 이때에 이르러 그가 비국에 와서 이전에 올린 상소문을 도로 돌려주기를 청하여 그 까닭을 물으니, 그 자리에서 답하기를, "상소문 가운데 적(賊)이란 글자가 있어서 그것 때문에 두려워 돌려달라는 것입니다."라고 하였다. 사람들이 모두 배꼽이 빠지도록 웃었다.

三十日。

大風, 日色甚慘。是日, 賊自廣津·麻浦·獻陵[107], 三路行兵, 日出乃始, 日沒而止。風勢大作, 賊止風亦心[108]。雖未知賊兵多少, 而纔有大雪, 日寒未消, 大軍滿山蔽野, 地上無一點白處, 其多可知也。賊來日衆, 援兵不至, 我勢日縮, 士無鬪志。行宮近處, 南鵲[109]結巢, 人皆瞻望, 占以爲吉, 城中所恃者, 只此而已, 可想其時危迫之狀矣。文官李光春, 隨駕入城之後, 上疏極言: "老母在天安[110], 願往湖西募粟." 踏啓字[111], 下備局, 因賊圍甚密, 未得出去。至是, 來于備局, 請推前疏, 詢其由, 則答曰: "疏中有賊字, 以此爲懼而推之."云。人無不捧腹[112]。

---

107) 獻陵(헌릉): 조선 태종과 그 비인 元敬王后 閔氏(驪興)의 능.

108) 心(심): 息.

109) 南鵲(남작): 집의 남쪽에 있는 나무 위에 집을 짓고 사는 길조 까치.

110) 天安(천안): 충청남도 북동부에 있는 고을. 동쪽은 충청북도 진천군과 청주시, 서쪽은 아산시, 남쪽은 세종특별자치시·공주시, 북쪽은 경기도 안성시·평택시와 접한다.

111) 踏啓字(답계자): 啓字印을 찍음.

정축년(1637)

1월 1일。

일식(日食)이 있었다.

광주 목사 허휘(許徽)가 쌀떡 한 그릇을 만들어 주상(主上)에게 바치자, 몇 가래씩 나누어 백관(百官)에게 보내니 이를 마주하고 눈물을 흘렸다.

아침에 선전관 위산보(魏山寶)로 하여금 오랑캐에게 말을 전하도록 한 뒤에 김신국(金藎國)·이경직(李景稷)이 뒤이어 적진에 가자, 오랑캐가 말하기를, "어제 칸(汗)이 이곳으로 나와서 바야흐로 산성의 형세를 순시하였으니, 이후의 일은 우리가 알 수 없다. 응당 칸이 진영(陣營)에 돌아오기를 기다린 뒤에야 회보(回報)할 것이니, 사개(使价: 使者)가 오고 싶지 않으면 그만이고, 오려면 내일 다시 오라." 하였다. 비국(備局)에서는 다시 오라는 말에 자못 다행스러워 하는 눈치였다.

위산보는 처음 적진 속에 가자마자 적에게 상투를 잡혀 끌려가니, 다른 오랑캐가 제지하였다. 급기야 돌아와서 보고할 때는 너무 겁을 먹어 마치 실성한 듯하였으니, 이는 실로 형편없는 사람이었다. 그런데도 묘당(廟堂)에서는 반드시 이와 같은 사람을 뽑아서 매번 적진에 보내니, 적임자를 얻지 못했다고 할 만하였다.

오후에 적들은 동성(東城) 밖에서 두 개의 양산과 두 개의 큰 깃발을 펴고 대포를 쏘았다. 이는 분명히 칸(汗)이었다.

丁丑正月初一日。

---

112) 捧腹(봉복): 배를 끌어안고 몹시 웃음.

日食。廣州牧使許徽[113], 造米餠一器進御[114], 分送數條於百官, 對此可涕。朝, 使宣傳官魏山寶[115]傳言於胡人, 然後金藎國·李景稷, 繼往陣上[116], 胡言: "昨日汗出來, 方巡視山城形勢, 此後之事, 非我等所知。當待汗還陣, 然後回報, 使价不欲來則已, 欲來則明日更來." 備局氣色頗幸更來之言矣。魏山寶, 初至陣中, 被賊曳髮以去, 爲它胡所止。及其回報, 惶㤼若喪性, 此實無形之人。而廟堂必擇如此之人, 每送賊陣, 可謂未得其人矣。午後, 自東城外, 張兩諒傘[117]·兩大旗, 放大炮。此必是汗也。

1월 2일。

홍서봉(洪瑞鳳)·김신국(金藎國)·이경직(李景稷)이 오랑캐의 진중(陣中)에 가자, 오랑캐가 누런 종이에 쓴 것을 조유(詔諭: 조서를 내려 훈유함)라 일컬으니 흉악하고 참혹스럽기가 이 지경에 이르러 차마 들을 수도 없고 차마 볼 수도 없어 차라리 홀연히 죽어서 아무 것도 알고 싶지가

---

113) 許徽(허휘, 1568~1652): 본관은 陽川, 자는 徽之, 호는 退菴. 1636년 廣州牧使가 되어서는 호란이 있을 것을 예측하고 남한南漢의 城堡를 증축하고 군량미를 확보하는 일에 힘을 기울였다. 그해 겨울에 그가 예측한 대로 청나라 군사가 급히 쳐들어와서 왕과 신하들이 남한산성에서 포위당하게 되었다. 그러나 그의 선견지명 덕으로 40일 가량 지나도 비축된 군량미가 남은 것이 알려져 왕으로부터 칭찬을 듣고 광주부윤에 승진되었다.

114) 進御(진어): 임금에게 책이나 물품 따위를 올리는 일.

115) 魏山寶(위산보, 1593~1656): 보관은 長興, 자는 子美, 호는 望美堂. 1620년 정시 무과에 급제하였다. 1636년 병자호란 때 선전관으로 술과 고기를 가지고 오랑캐 진영으로 가서 그 형세를 엿보고 돌아왔다. 그 뒤 판관, 문화현령 등을 지냈다.

116) 陣上(진상): 陣上의 오기.

117) 諒傘(양산): 涼傘. 볕을 가리는 물건.

않았다. 오랑캐는 누런 종이를 꺼내어 상 위에 놓아두고, 좌의정(左議政: 홍서봉) 이하가 먼저 4번 절하는 예식을 행한 뒤에 그 서찰을 받들어 돌아가게 하였다. 그 서찰에 이르기를, "대청국 관온인성 황제(大淸國寬溫仁聖皇帝)는 조선국왕에게 조유(詔諭: 조서를 내려 훈유함)한다. 우리나라 군대가 지난해 동쪽으로 올량합(兀良哈: 두만강 일대의 몽골계 부족)을 정벌할 때, 그대 나라가 군대를 일으켜 기다리고 있다가 도중에서 맞받아쳤고, 나중에 또 명나라 조정에 협조하여 참기 힘든 고통을 우리나라에 끼쳤지만, 되레 이웃 나라와의 우호 관계를 생각하여 끝내 이를 마음에 두지 않았다. 그런데도 요동(遼東)의 땅을 얻게 되었을 때 그대가 다시 우리 백성을 불러들여서 명나라 조정에 바쳤으므로 짐(朕)이 이에 대노하였으니, 정묘년(1627)에 군사를 일으켜 그대를 정벌한 것은 이로 말미암은 것이었다. 일찍이 강함을 믿고 약한 자를 능멸하여 아무런 까닭도 없이 군사를 일으켰던 적이 있었는가? 그런데 근래에 와서는 무슨 까닭으로 도리어 그대의 변방을 지키는 신하들을 꾀었으니, '마지못하여 임시방편으로 기미책(羈縻策)인 화친(和親)을 허락하였으나, 지금에는 정의(正義)로 결단할 것이리라. 그러니 경(卿)들은 각기 여러 고을들을 깨우치고 타일러서 충의(忠義)의 선비는 각기 책략을 바치고 용감한 사람은 자원하여 정벌에 따르도록 하라.' 등의 말이 있었다. 지금 짐(朕)이 친히 대군을 거느리고 정벌하러 왔는데, 그대는 어찌 지모(智謀)를 가진 자가 책략을 바치고 용감한 자가 정벌에 따르도록 하여 몸소 일전(一戰)을 불사하지도 못한단 말인가? 짐(朕)이 이미 강대함을 내세워 터럭만큼 침범하지도 않았었거늘, 그대는 약소국 주제에 도리어 우리의 변경을 소란스럽게 하고는 국경에서 인삼을 캐지 못하게 한 것은 무슨 까닭인가? 짐(朕)의 도망간 백성이 있으면 그대는 번번이 잡아다가 명나라 조정에 바쳤고, 급기야 명나라 조정의 공유덕(孔有德)·경중명(耿仲明) 두 장수가 와서 귀순할 적에 짐(朕)의 군대가 그들을 맞이하러 그곳에 갔거늘 그대의 군사들이 포를 쏘면서 이를 가로막고 싸운 것은 무슨 까닭인가? 이는 무분별하게 싸움을 일으키도록 하는 단서인데, 또한 그대의 나라에서 일으킨 것이다. 짐(朕)의 아우와 조카들이 어찌 그대만 못하단 말인가? 또 외번(外藩)의 제왕(諸王)이 그대에게 글을 보냈을 때도 무슨 까닭으로 종래에 서로 글을 통한 전례가 없다고 하였는가? 정묘년(1627)에 정벌하러 왔을 때 그대는 섬 가운데로 숨어들어 오로지 화친하는 일을 이루려고 오고가며 글을 통한 것이 제왕(諸王)이 아니고 누구란 말인가? 짐(朕)의 아우와 조카들이 어찌 그대만 못하단 말인가? 또 외번(外藩)의 제왕(諸王)이 그대에게 글을 보냈을 때 그대가 끝내 거절하고 받아들이지 않았다. 저들은 바로 대원(大元: 원나라) 황제의 후손이거늘 어찌 그대만 못하단 말인가? 대원(大元) 당시에 그대의 조선은 조공(朝貢)을 끊이지 않고 바쳤는데, 지금에 와서는 어찌하여 하루아침에 스스로를 이렇게까지 높인단 말인가? 그들이 보내온 서신을 받아들이지 않은 것은 그대의 어리석고 교만함이 이때에 이르러 극에 달한 것이다. 그대의 조선이 요(遼)·금(金)·원(元) 세 나라에 해마다 조공을 바치고 대대로 신하라 칭했으니, 예로부터 북면(北面)하여 사람을 섬기지 않고서도 스스로 편해졌던 적이 있었던가? 짐(朕)은 이미 그대 나라를 아우로서 대우하였거늘, 그대는 더욱 배반하고 거역하여 스스로 원수가 되어 생민을 도탄에 빠뜨려 성곽도 버리고 궁전도 버린 채 처자식이 흩어져도 서로 돌아보지 않고서 겨우 단신으로 도망쳐 산성(山城)에 들어가 있으니, 설사 목숨을 연장하여 천년을 산들 무슨 이로움이 있겠는가? 정묘년의 욕됨을 씻으려고 눈앞의 안락을 깨트리고서 스스로 화를 초래하여 후세에 웃음거리로 남게 되었다. 이 욕됨을 또 장차 무엇으로 씻으려는가? 이미 정묘년의 욕됨을 씻으려고 했으면, 어찌하여 목을 움츠리고는 나오지도 않고 부인네가 안방에 들어앉아 있는 것을 기꺼이 본받으려고만 한단 말인가? 그대가 비록 이 성안에 몸을 숨기고서 구차스럽게 살려고 생각하나, 짐(朕)이 어찌 기꺼이 그대를 내버려두겠는가? 짐의 내외 제왕(內外諸王) 및 문무 제신(文武諸臣)이 황제의 칭호를 권하여 올린 것을 그대가 듣고서는 이것이 어찌 우리나라 군신(君臣)들이 차마 들을 수 있는 것이냐고 운위하였으니, 무슨 까닭인가? 무릇 황제 칭호를 정하고 정하지 않는 것은 그대에게 달려 있지 않다. 하늘이 도와주면 필부(匹夫)도 천자(天子)가 될 수 있고 하늘이 재앙을 내리면 천자도 독부(獨夫)가 될 수 있는 것이거늘, 그대가 뱉어낸 이따위 말이야말로 또한 방자하고 망녕된 것이다. 게다가 맹약(盟約)을 어기면서 성벽을 수축하고, 우리 사신을 대접하는 예도 갑자기 이전만 못한 데다 또한 그대의 나라에 간 우리 사신을 그대의 재신(宰臣)을 만나 보도록 하고 꾀를 부려 사로잡으려 했던 것은 무슨 까닭인가? 명나라를 아버지처럼 섬기면서 우리를 해치려고 도모했던 것은 무슨 까닭인가? 이상은 단지 그 죄목이 큰 것만 책망했을 뿐이다. 그 나머지 자잘한 혐의까지 계속 책망해야 한다면 낱낱이 들어 말하기가 어렵다. 지금 짐(朕)이 대군을 이끌고 와서 그대의 팔도(八道)를 초멸하려는데, 그대가 아버지처럼 섬기는 명나라가 장차 어떻게 그대를 구하려는지를 시험삼아 보려 한다. 어찌 자식이 거꾸로 매달린 것처럼 위급한데 아비로서 구하지 않을 자가 있겠는가? 그렇지 않으면, 이는 스스로 제 백성을 물불 속으로 몰아넣은 것이니, 억조(億兆)의 사람들이 어찌 그대에게 한을 품지 않을 수 있겠는가? 그대가 만약 할 말이 있다면 분명하게 고해도 괜찮도다. 숭덕(崇德) 2년 정월 2일."이라고 하였다.

初二日。

洪瑞鳳·金藎國·李景稷, 往胡中, 胡以黃紙所書, 詔諭[118]爲名, 凶慘至此, 不忍聞, 不忍見, 寧欲溘然而無知也。胡人出置黃紙于床上, 左右以下, 先行四拜禮, 然後奉書以來。其書曰: "大淸國寬溫仁聖皇帝, 詔諭朝鮮國王。我兵先年, 東征兀良哈[119]時, 爾國起兵邀擊, 後又協助明朝, 荼毒[120]我國, 然猶念隣好, 竟不介意。及得遼地, 爾復招納吾民, 而獻之明朝, 朕赫斯怒[121], 丁卯興師伐爾者, 以此。曾不恃强凌弱, 無故而興師者也[122]? 邇來何故, 反誘爾邊臣, 有'不得已推許[123]羈縻, 今以正義斷決。卿其曉諭列邑, 使忠義之士, 各效策略, 勇敢之人, 自願從征.'等語。今朕親統大兵來此[124], 爾何不令智謀者效策, 勇敢者從征, 而身當一戰哉? 朕〈旣〉不恃强大, 毫不相犯, 爾以弱少之國, 反擾我邊境, 採蔘國境者, 何故? 朕有逃民,

---

118) 詔諭(조유): 조칙을 내려 효유함.

119) 兀良哈(올량합): 우량카이. 몽골계 부족. 옛날 몽골 동부와 조선의 두만강 유역에 살던 야인여진 왈카부를 일컬음. 홍타이지는 1635년 8월 경에 몽골을 복속시키는데 성공하였고, 1636년 2월 인조의 황후인 인열왕후의 장례식에 참석한 사절단에 용골대와 마부대뿐만 아니라 앞서 복속한 몽골 왕공 인사도 포함시켰었다.

120) 荼毒(다독): 참기 힘든 심한 고통.

121) 朕赫斯怒(짐혁사노): 《詩經》〈大雅·皇矣〉의 "王赫斯怒"에서 나온 말. 황제가 크게 한번 성내어 오랑캐에게 위엄을 보여준다는 말이다.

122) 也(야): 乎의 오기.

123) 推許(추허): 權許의 오기.

124) 來此(내차): 來征

爾輒納〈而獻〉之明朝, 及明朝之孔[125]·耿[126]二將來歸, 朕兵至彼應接, 爾兵放炮截戰者, 何故? 是弄兵[127]之端, 又啓於爾國也。朕之弟侄, 何不如爾? 又外藩諸王, 致書於爾, 何故, 云從無通書之例? 丁卯來征之時, 爾遁島中, 耑使求成, 往來致書者, 非諸王其誰耶? 朕之弟侄, 何不如爾, 又外藩諸王致書於爾, 爾〈竟〉拒而不納。彼乃大元皇帝之後, 何不如爾? 大元時, 爾朝鮮納貢不施[128], 今何一朝自高如是也? 其不納來書者, 爾之昏暗[129]驕傲, 至此極矣。爾朝鮮, 與遼·金·元三朝, 年年奉貢, 世世稱臣, 自古以來, 曾有〈不〉北面事人, 而得其自便者乎? 朕旣以弟待爾國, 爾愈作背逆, 自成仇敵, 陷生民於塗炭, 抛城郭, 棄宮殿, 致令妻子分離, 不能相顧, 僅以一身, 遁入山城, 縱命延千年, 有何益哉? 欲湔丁卯之辱, 壞目前之安樂, 自招其秋, 以致遺笑於後世也。此之辱, 又將何以湔之乎? 旣欲湔丁卯之辱, 爲何縮頸不出, 甘效婦人之處閨闈也? 爾雖潛身此城, 意

125) 孔(공): 孔有德(?~1652). 중국 청나라 초기의 무장. 명나라 毛文龍의 부하였으나, 모문룡 사후, 山東省에서 난을 일으켜 청나라에 귀순하여 도원수가 되었고, 1636년에 王爵을 받았다. 1644년 睿親王을 따라 入關하여 李自成의 농민군을 진압하였다. 그 후에도 명나라의 잔당을 토벌하는 데 공을 세워 定南王으로 책봉되었다. 1649년부터 廣西를 정벌하여 桂林을 차지하였으나, 1652년 孫可望의 습격을 받아 전사하였다.

126) 耿(경): 耿仲明(?~1649). 중국 청나라 초기의 무장. 명나라 장수였으나 1633년 청나라 太宗에게 항복하였으며, 總兵官으로 임명되어 遼陽에 주둔하고 그 군대를 天佑兵이라 하였다. 1636년 懷順王에 봉해지고, 1642년 그 군대를 正黃旗漢軍에 소속시켰다. 그 사이 명나라 및 조선과의 전쟁에 종군하였고, 1644년 청나라가 중국에 진출한 뒤에는 각지의 전투에서 공을 세워 1649년 靖南王으로 봉해졌다. 그러나 남방을 평정하던 중 부하가 지은 죄에 책임을 지고 자살하였다.

127) 弄兵(농병): 무분별하게 싸움을 일으키는 것.

128) 不施(불시): 不絶.

129) 昏暗(혼암): 어리석고 못나서 일에 어두움.

欲偸生, 朕豈肯縱爾乎? 朕之內外諸王及文武諸臣, 勸進以帝號, 爾聞之, 乃云是豈我國君臣所忍聞者, 何故? 夫帝號之定否, 不在爾也。天佑之則匹夫可爲天子, 天禍之則天子其爲獨夫, 乃爾之出此言也, 亦甚肆妄矣。且背盟脩築城垣, 待使臣之禮頓衰, 又令去使, 見爾宰臣, 欲設計擒縶者, 何故? 父事明朝, 圖謀害我者, 何故? 此特數其罪大者耳。其餘小嫌, 更難枚擧矣。今朕提大兵而來, 以剿爾之八道, 試觀爾父事之明朝, 將何以救爾乎? 豈有子急倒懸, 父不之救者? 不然, 是自陷其民於水火之中, 億兆之衆, 寧不歆恨於爾哉? 爾若有辭, 不妨明告。崇德[130]二年正月二日."

1월 3일。

근래에 날씨가 몹시 추웠는데 오늘부터 약간 누그러졌다. 교서관(校書館) 고직(庫直: 창고지기)의 아내가 오랑캐 진중에서 도망쳐 돌아와 말하기를, "몽골 사람들이 섣달 그믐날 및 정월 초하루날에 경성(京城)을 분탕질하였는데, 사람들을 사로잡고 노략질한 데다 도성 안의 인가(人家)마저 많이 불탔습니다."라고 하니, 듣기에도 참혹하였다.

홍서봉(洪瑞鳳)·김신국(金藎國)·이경직(李景稷)이 조선의 국서(國書: 조선국 답서)를 가지고 가서 오랑캐 진중에 전했는데, 그 국서에 이르기를, "조선 국왕(朝鮮國王)은 삼가 대청국 관온인성 황제(大淸國寬溫仁聖皇帝)에게 글월을 올립니다. 소방(小邦)이 대국(大國)에 죄를 얻어 스스로 병화(兵禍)를 초래하여 몸이 외로운 성에 깃들여 있어 위급한 상황

---

130) 崇德(숭덕): 청나라 제2대 황제인 태종 홍타이지가 사용한 두 번째 연호(1636~1643).

이 조석에 임박하였으니, 전사(專使: 特使)로 하여금 글월을 올려 충정(忠情)을 진달하려고 생각했으나 전쟁으로 인하여 막히고 끊겨서 스스로 통할 길이 없었습니다. 어제서야 듣건대 황제께서 친히 궁벽하고 누추한 곳까지 오셨다기에 반신반의하면서도 기쁨과 두려움이 교차하였는데, 이제 대국이 이전의 맹약을 잊지 않고 가르침과 책망을 분명하게 내려 주어 스스로 죄를 알게 하였는지라, 지금이야말로 소방의 심사(心事)를 펼 수 있는 때이니 매우 다행스럽습니다. 소방이 정묘년(1627)에 우호의 맹약을 맺은 이래 10여 년간 우호관계를 돈독히 하고 예절을 공손히 지킨 것은 대국이 아는 바일 뿐만 아니라 실로 황천(皇天)도 살펴 아는 바이었으나, 오직 사리에 어둡고 잘못 안 것이 심한 데다 일을 제대로 살피지 아니한 것이 많았습니다. 이를테면 변방 백성들의 인삼 채취 및 공유덕(孔有德)과 경중명(耿仲明) 당시의 일은 비록 소방의 본정(本情)이 아니었을지라도 의심이 쌓여서 서로 격조(隔阻)해질 수밖에 없었으나, 대국이 번번이 너그럽게 용서해 주시어 소방은 진실로 이미 오랫동안 대국의 넓은 도량 속에 있었습니다. 심지어 지난해 봄에 일어난 일도 소방이 참으로 그 책임을 회피할 수 없는 것 또한 소방의 신민(臣民)들이 식견이 얕고 좁아 명분과 의리만을 고집한 데서 말미암은 데다, 끝내 대국의 사신이 발끈 화를 내고 곧바로 떠나가도록 하였습니다. 그리고 대국의 사신을 수행한 사람들이 모두 대병(大兵)이 장차 이를 것이라며 위협하니, 소방의 군신(君臣)이 지나치게 염려하여 변방에 있는 신하에게 신칙(申飭)하는 것을 면하지 못하게 되자 사신(詞臣: 文詞 담당 신하)이 글을 지었는데, 말이 많이 사리에 어그러져 온당하지 않아 뜻하지 않게 대국의 노여움을 촉발하였습니다. 그것들은 신하들로부터 나온 일이라며 감히 핑계대면서 내 알고 있는 바가 아니라고 말할 수 있겠습니까? 심지어 대국의 사신을 사로잡아 가두라는 말은 실로 나의 마음에 없었던 일이니, 어찌 대국이 너그럽게 용서했어도 오히려 이것에 의심이 없을 수 없었음을 생각이나 했겠습니까? 황명(皇明)은 바로 우리와 부자(父子) 관계에 있는 나라이지만, 그간 대국의 병마(兵馬)가 산해관(山海關)에 들어갔을 때 소방이 화살 하나라도 대국을 향해 겨눈 적이 없었으니 형제로서 맺은 우호 관계의 맹약을 소중하게 여기지 않은 적이 없었는데, 대국의 사신을 해치라고 꾀하는 말을 어떻게 할 수 있었겠습니까? 그러나 또한 소방의 성의와 믿음이 미덥지 못한 데서 생겨 대국의 의심을 받아 그런 것이니 오히려 누구를 탓하겠습니까? 게다가 마장(馬將: 마부대)이 직접 호의(好意)로 왔다고 말했기 때문에 소방이 그 말을 믿고 의심하지 않았는데, 어찌 끝내 이 지경에 이를 줄 생각이나 했겠습니까? 무릇 지난날의 일은 소방이 이미 죄를 알고 있습니다. 죄가 있으면 벌했다가도 죄를 알게 되면 용서하는 것이니, 이것이야말로 대국이 천심(天心)을 체득하여 만물을 포용하는 것이라 합니다. 만일 정묘년(1627)에 하늘을 두고 맹서한 약조를 생각하여 소방 백성들의 목숨을 불쌍히 여기고 소방으로 하여금 마음을 고쳐 스스로 새롭게 한다면, 소방이 나쁜 마음을 씻고 따르며 섬기는 것이 오늘부터 시작될 것입니다. 만약 대국이 기꺼이 용서해 주지 않고서 기필코 그 병력을 다하고자 한다면, 소방은 어떻게 해 볼 도리도 없이 형세가 막바지에 이르러 죽기로써 스스로 기약할 따름입니다. 감히 충심(衷心)을 진달하며 지도하여 가르쳐주기를 공손히 기다립니다."라고 하였으나, 받지 않았기 때문에 다시 지어야 했다.

初三日。

近日, 日氣極寒, 自今日稍暖。校書館庫直之妻, 自胡中逃還, 言: "蒙古, 晦日及元日, 焚蕩京中, 擄掠人民, 洛中人家, 多爲燒火." 聞之慘然。洪瑞鳳·金藎國·李景稷, 持國書, 傳于虜中, 其書[131]曰: "朝鮮國王, 謹上書于大淸國寬仁聖[132]皇帝。小邦獲戾[133]大國, 自速兵禍, 栖身孤城, 危迫朝夕, 思欲專使[134]奉書, 導達[135]忠悃[136], 而兵戈[137]阻絕, 無路自通。昨聞皇帝, 臨曁僻陋, 疑信相半, 喜愼[138]交至, 玆蒙大國, 不忘舊盟, 明賜誨責, 俾自知罪, 此正小邦心事, 得伸之秋也, 何幸何幸! 小邦, 自從丁卯結好以來, 十餘年間, 情好之篤, 禮節之恭, 不但大國所知, 實是皇天所鑑, 而惟是昏謬之甚, 事多不察。如邊民採蔘及孔耿時事, 雖非小邦本情, 未免積成疑阻, 而蒙大國輒加寬恕, 小邦固已久在洪度中矣。至於上年春間之事, 小邦誠有不得辭其責者, 亦緣小邦臣民, 識見淺隘, 膠守[139]名義, 終致使臣, 發怒經去[140]。而跟行之人, 皆以大兵將至恐之, 小邦君臣, 不免過慮, 申飭邊臣, 而詞臣撰文, 語多乖剌[141], 不覺觸犯大

131) 이 국서는《仁祖實錄》1637년 1월 3일 3번째 기사임.
132) 寬仁聖(관인성): 寬溫仁聖의 오기.
133) 獲戾(획려): 得罪. 죄를 얻음.
134) 專使(전사): 特使. 어떤 임무를 띠고 외부에 파견되는 사신.
135) 導達(도달): 윗사람이 모르는 사정을 아랫사람이 때때로 넌지시 알려줌.
136) 忠悃(충곤): 진심에서 우러나와 참되고 정성스러움.
137) 兵戈(병과): 싸움에 쓰는 槍이라는 뜻으로 무기류를 두루 일컫는 말. 전쟁을 말하기도 한다.
138) 喜愼(희신): 喜懼의 오기.
139) 膠守(교수): 아교로 붙여 움직일 수 없게 하듯이, 융통성이 없이 고집을 피우는 것.
140) 經去(경거): 徑去의 오기.

國之怒。其敢曰事出群臣，非我所知乎？至於擒縶使臣之語，實我所無之事，豈料大國明恕，猶不能無疑於此也。皇明，是我父子之國，前後大國兵馬之入關也，小邦未嘗以一簇相向[142]，無非以兄弟盟好爲重也。謀害之言，奚爲而至哉？然亦出於小邦誠信未孚，見疑大國而然也，尙誰尤哉？且馬將自言，以好意而來，故小邦信之不疑，豈料終至於此哉？夫往日之事，小邦已知罪矣。有罪而伐〈之〉，知罪而恕之，〈此〉大國所以體天心，容萬物者也。如蒙念丁卯誓天之約，恤小邦生靈之命，令小邦改圖自新，則小邦之洗心從事，自今日始矣。若大國不肯加恕，必欲窮其〈兵〉力，小邦理窮勢拯[143]，以死自期而已。敢陳肝膈[144]，恭竢指敎.” 不受，故復撰。

1월 4일。

기평군(杞平君) 유백증(兪伯曾)이 상소로 해창군(海昌君) 윤방(尹昉)과 체찰사 김류(金瑬)의 나라 그르친 죄를 극력 아뢰고, 아울러 참형(斬刑)에 처하기를 청하였다. 주상은 다만 파직토록 명하고 이목(李楘)으로 유백증을 대신하여 협수사를 삼았다.

初四日。

杞平君兪伯曾[145]，上疏極陳，海昌君尹昉·體相金瑬，誤國之罪，

---

141) 乖剌(괴자): 乖戾. 사리에 어그러져 온당하지 않음.

142) 相向(상향): 서로 마주함.

143) 勢拯(세증): 勢極의 오기.

144) 肝膈(간격): 衷心. 마음속에서 우러나는 참된 마음.

145) 兪伯曾(유백증, 1587~1646): 본관은 杞溪, 자는 子先, 호는 翠軒. 1623년 인조반정 때 공을 세워 靖社功臣 3등으로 杞平君에 봉해졌다. 1627년에 정묘호란이 일어나

竝請斬之。上特命罷職, 以李楘[146]代伯曾爲協守使。

1월 5일。

남병사(南兵使) 서우신(徐祐申: 徐佑申의 오기)의 아병(牙兵)이 장계(狀啓)를 가지고 와서 말하기를, "병사(兵使: 서우신)가 순찰사(巡察使) 민성휘(閔聖徽)와 함께 마병(馬兵)·보병(步兵) 1만 3천 명을 거느리고 이미 광릉(光陵: 세조의 능)에 신임 원수 심기원(沈器遠)이 있는 곳에 도착하였으니, 며칠 안에 진군하여 적과 싸울 것입니다. 북병사(北兵使: 李沆) 또한 마병 4천 명을 거느리고 조만간 원수가 있는 곳으로 도착할 것입니다."라고 하였다.

그리고 전라 병사(全羅兵使) 김준룡(金俊龍)의 군관(軍官)이 장계를 가지고 와서 말하기를, "병사(兵使: 김준룡)는 군사 만여 명을 거느리고 광교산(光交山: 光敎山의 오기)에 와서 머물러 있고, 감사(監司: 전라감사) 이시방(李時昉)은 군사를 거느리고 직산(稷山)에 도착해 있습니다."라

자 왕을 강화도로 찾아가 司䆃寺正에 임명된 뒤 後金과의 화의의 잘못을 상소하였다. 1636년에는 이조참판이 되었고, 이해 겨울 병자호란이 일어나자 부총관으로 왕을 남한산성에 호종, 화의를 주장한 윤방·김류 등을 처형할 것을 주장하다 다시 파직되었다. 1637년 화의가 성립된 뒤 대사성으로 등용되고, 이어 同知經筵事가 되어 다시 윤방·김류 등 전후의 무사안일한 행실과 반성이 전혀 없음과 金慶徵·李敏求의 江都 방어 실패의 죄를 탄핵하였다.

146) 李楘(이목, 1572~1646): 본관은 全州. 자는 文伯, 호는 松郊. 1603년 생원시에 합격, 1612년 식년 문과에 급제하여 사재감 직장, 병조좌랑 등을 역임하다 파직되었다가 1623년 인조반정과 함께 출사하여 교리 등을 지냈다. 1624년 이괄의 난이 일어나 공주로 왕을 호종하였고, 반정공신 李貴를 패전의 죄로 탄핵하기도 하였다. 1627년 정묘호란 때 왕을 강화도로 호종하였으며, 1636년 刑曹參判이 되고 이해 병자호란 때 협수사로 남한산성을 수비하면서 청나라와의 화의에 적극 반대했다.

고 하였다.

광주(廣州) 아병(牙兵)이 성에서 뛰어내려 달아나다가 순라병(巡邏兵)에게 붙잡혀 군중(軍中)에 효시되었다.

初五日。

南兵使徐祐申[147)]牙兵[148)], 持狀啓來, 言: "兵使, 與巡察使閔聖徽[149)], 領馬步兵一萬三千, 已到光陵新元帥沈器遠處, 數日內, 將爲進戰。北兵使[150)], 亦領四千馬兵, 朝夕到元帥處." 而全羅兵使金俊龍[151)]軍官, 持狀啓來, 言: "兵使領萬餘兵, 來住光交山[152)], 監司李

---

147) 徐祐申(서우신): 徐佑申(생몰년 미상)의 오기인 듯. 본관은 利川. 咸鏡南道兵馬節度使로 있다가 병자호란이 일어나 남한산성으로 피신한 仁祖를 구원하기 위해 군사를 움직였다. 咸鏡道監司 閔聖徽와 함께 楊根(경기도 楊平 일대) 薇原에 진을 치고 적에 대항하였다. 그러나 청의 집중공격으로 남한산성이 1637년 1월 30일에 함락되면서 결국 구원에 성공하지 못하였다.

148) 牙兵(아병): 임진왜란 때 왜군에 대항하기 위하여 지방관 밑에 둔 군사. 그 이후로 감사 이외의 兵使 산하에도 두었다.

149) 閔聖徽(민성휘, 1582~1647): 본관은 驪興, 초명은 閔聖徵, 자는 士尙, 호는 拙堂·用拙. 1606년 생원이 되고, 1609년 증광 문과에 급제해 승문원에 보임되었다. 강원도사, 영변판관과 금산·여주의 목사를 거쳐 1623년 인종반정을 계기로 동부승지, 우승지가 되었다. 1625년 전라도관찰사를 지내고 형조참판을 지내던 중 1627년 명나라 崇禎帝의 즉위를 축하하는 등극사행의 부사로 다녀왔다. 1630년 평안도 감사였고, 1636년 함경도감사를 지낼 때 병자호란이 일어나자 병사 徐祐申과 함께 보병과 기병 1만3000명을 영솔하고 맹활약을 하였다. 난중에 병으로 감사의 자리에서 잠시 물러났다가, 1637년 다시 평안도감사로 복직하였다. 그때 양서관향사를 겸하였다. 1640년 척화파로 瀋陽에 잡혀갔다가 1642년에 귀환하였다.

150) 北兵使(북병사): 李沆(생몰년 미상)을 가리킴. 구체적인 인적 정보는 확인할 수 없다.

151) 金俊龍(김준룡, 1586~1642): 본관은 原州, 자는 秀夫. 1608년 무과에 급제, 선전관을 거쳐 1617년 안동부사, 1628년 황해병사를 지냈으며, 북병사를 역임하고 1636년 전라 병사가 되었는데, 그해 병자호란이 일어나자 용인의 光敎山에 이르러 청나라 군대와 싸워 이겼으나 손실이 커서 남하하고 말았다.

時昉[153], 領兵已到稷山[154]."云, 廣州牙兵, 墜城逃走, 爲全羅兵[155]所捉, 梟示軍中。

1월 6일。

산속의 아지랑이와 안개가 짙어 낮인데도 어두웠다.

평안 병사(平安兵使) 류림(柳琳)과 부원수(副元帥) 신경원(申景瑗)이 장계를 올려 말하기를, "오랑캐 군대 5천여 기병이 또 창성(昌城)을 통해서 나왔는데, 창성과 삭주(朔州) 두 고을 부사(府使)의 생사는 알 수가 없으나 영변(寧邊)으로 와서 부원수가 있는 곳을 포위하였습니다."라고 하였다.

그리고 함경 감사(咸鏡監司) 민성휘(閔聖徽)의 장계에 의하면, "김화(金化)에 남병사(南兵使) 서우신(徐祐申: 徐佑申)이 며칠 안으로 도착할 것이니, 군사들을 거느리고 전진할 것입니다."라고 하였는데, 바로 5일에 성첩(成貼: 관인을 찍음)한 것이었다.

강원 감사(江原監司) 조정호(趙廷虎)의 장계에 의하면, "검단(劍丹: 黔丹의 오기)에서 군사가 적을 만나 절로 무너졌는데, 남은 군사들을 수습하

---

152) 光交山(광교산): 光敎山의 오기. 경기도 수원시 장안구와 용인시 수지구에 걸쳐 있는 산.

153) 李時昉(이시방, 1594~1660): 본관은 延安, 자는 系明, 호는 西峰. 아버지는 연평부원군 李貴이며, 영의정 李時白의 아우이다. 1624년 이괄의 난을 토벌하였고, 1625년 서산군수가 되었으며 공조참판이 되었다. 1627년 정묘호란 때 강화도 순검사, 1628년 광주목사, 1632년 한성부 우윤이 되었다. 1636년 나주목사를 지낸 후 전라도관찰사로 승진되었으나, 병자호란이 일어나자 즉시 군사를 동원하여 위급한 남한산성을 지원하지 않았다는 죄로 定山(지금의 충청남도 청양군)에 유배되었다가 풀려났다.

154) 稷山(직산): 충청남도 천안시 서북구에 있는 고을.

155) 全羅兵(전라병): 巡邏兵의 오기.

고 가평(加平)을 경유하여 장차 민성휘와 합세해 진군하겠습니다."라고 하였다.

初六日。

嵐霧晝昏。平安兵使柳琳[156]及副元帥申景瑗[157]，狀啓言："奴兵五千餘騎，又自昌城[158]出來，昌朔兩州府使，不知死生，來圍寧邊[159]副元師所在處." 而咸鏡監司閔聖徽，狀啓："金化[160]，南兵使徐祐申，不

---

156) 柳琳(류림, 1581~1643): 본관은 晉州, 자는 汝溫. 아버지는 현감 柳淮이다. 1603년 무과에 급제했으나 체격이 왜소하여, 1609년에야 李恒福의 인정을 받아 훈련도감 哨官에 임명되었다. 1611년 6품관에 승진되어 利城縣監이 되고, 뒤이어 理山郡守로 승진하였다. 1618년 충청도 수군절도사를 거쳐, 이듬해 황해도 병마절도사가 되어 해주성을 쌓는 등 군비를 충실히 하였다. 장흥부사·남양부사를 거쳐 1626년 廣州牧使로 남한산성을 쌓는 등 공이 컸다. 1630년 전라도 수군절도사로 재임 중에는 수군을 이끌고 평안도 椵島에서 일어난 劉興治 등이 일으킨 난을 평정하였다. 영변부사를 거쳐, 1634년 평안도 병마절도사에 임명되어 국방을 강화하고 청나라의 무리한 요구를 거절하였다. 1636년 병자호란 때에 평안도 병마절도사로서 성을 굳게 수비하고 남하하는 청군을 추격, 김화에서 크게 무찌르는 공을 세웠다. 화의가 성립된 뒤 다시 평안도 병마절도사로 부임하여, 청나라의 요청으로 淸將 馬夫達과 함께 가도를 공격하여 명나라 군대를 대파하였다. 그 공으로 청나라의 심양에 초청되었으나, 이에 응하지 않아 죄를 받아 白馬城에 안치되었다. 1638년 풀려나와, 1639년 삼도 수군통제사가 되었다. 1641년 청나라가 명나라를 칠 때, 그들의 요청에 따라 군대를 이끌고 출정하였으나 병을 핑계로 전투를 부장에 일임하였다. 이때 총포를 공포로 쏘게 한 것이 탄로가 나 부장들은 주살되었으나, 그는 병으로 인하여 책임을 면하였다.

157) 申景瑗(신경원, 1581~1641): 본관은 平山, 자는 叔獻. 1605년 무과에 급제하여 선전관에 등용되었다. 그 뒤 온성판관을 거쳐 부사로 승진하였다. 1619년 영유현령을 거쳐 1624년 이괄의 난을 진압하는데 공을 세웠으며, 1625년 남병사가 되었다. 1636년 병자호란 때 부원수로 맹산 鐵瓮城을 지키고 있다가 적의 복병에게 생포되자 수십일 동안 단식으로 항거하였다. 이듬해 강화가 성립되자 패전의 죄로 멀리 귀양갔다. 1638년에 곧 석방되자, 몇몇 조신들이 석방시키지 말 것을 종용하였으나 왕의 비호로 무사하였다. 이듬해 총융사 겸 포도대장이 되었다.

158) 昌城(창성): 평안북도 서북에 있는 고을. 동쪽은 벽동군·초산군·운산군, 서쪽은 삭주군, 남쪽은 태천군, 북쪽은 압록강을 건너 만주와 접한다.

159) 寧邊(영변): 평안북도 영변군과 안주군의 일부 지역에 있는 지명.

日將到, 令軍前進.”云, 乃初五日成貼也。江原監司趙廷虎, 狀啓: “劍丹軍, 遇賊自潰, 收拾餘軍, 由加平[161], 將與閔聖徽, 合勢進兵.”云云。

1월 7일。

원수(元帥) 김자점(金自點)의 장계에 의하면, “지난달 20일에 동산(洞山: 洞仙의 오기)에서 적병의 후미를 격파하고 원수가 거느린 군사 3천 명과 황해 병사(黃海兵使) 이석달(李碩達)이 거느린 군사 2천 명을 가려 뽑아 떠났는데, 이석달과 함께 진군하여 신계(新溪)에 와서 머무르며

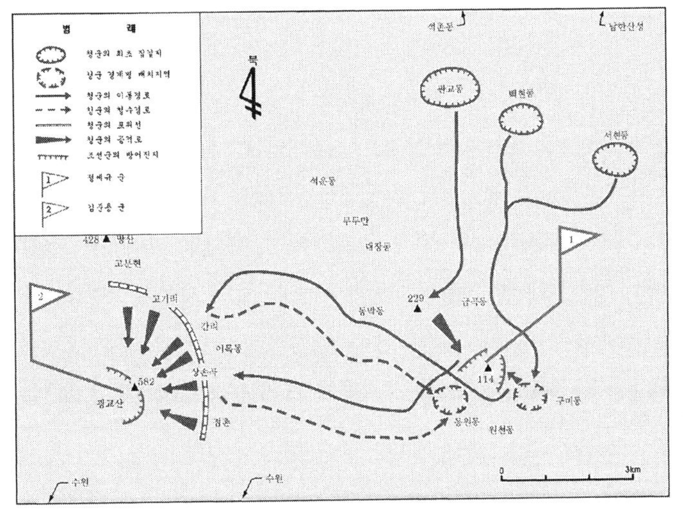

광교산 전투(출처: 나무위키)

160) 金化(김화): 강원도 북부에 있는 고을. 동쪽은 양구군, 서쪽은 철원군·평강군, 북쪽은 회양군, 서남단의 극소부는 경기도 포천시과 접한다.

161) 加平(가평): 경기도 동북부에 있는 고을. 동쪽은 강원도 춘천시·홍천군, 서쪽은 경기도 남양주시·포천시, 남쪽은 경기도 양평군, 북쪽은 강원도 화천군과 접한다.

먼저 곡산군수(谷山郡守) 이위국(李緯國)에게 군사 500명을 거느리도록 하니 이미 광릉(光陵)에 도달했습니다."라고 하였는데, 바로 2일에 성첩(成貼: 관인을 찍음)한 것이었다.

전라 감사(全羅監司) 이시방(李時昉)의 장계에 의하면, "양지(陽智)로 진군했는데, 먼저 2천 명의 군사를 보내어 광교산(光交山: 光敎山의 오기)에 참전케 하였으며, 병사(兵使: 김준룡)에게 상금을 걸고서 군사 200명을 모집하고 장수 3명을 정하여 중간 지대로 나아가 기회를 보아 적을 소탕하도록 하였으며, 통제사(統制使) 윤숙(尹璛)에게 공문을 보내 휘하의 군사 300명을 거느리고 며칠 안에 도착하도록 하였으며, 신(臣: 이시방)은 고군(孤軍: 구원병이 없어서 고립된 군사)로 전진하기가 어려운 까닭에 경상 감사(慶尙監司) 심연(沈演)에게 연락하여 장차 군대를 합쳐서 전진하겠습니다."라고 하였다.

전라 병사(全羅兵使) 김준룡(金俊龍)의 장계에 의하면, "지금 험준한 곳에는 적진(賊陣)이 곳곳에 주둔하고 있어 형세를 관망하며 전진하겠습니다."라고 했는데, 장계를 가지고 오던 자가 사흘을 연달아 낮에는 숨고 밤에만 걸어서 비로소 성안으로 들어왔다. 들어올 때 만난 한 금군(禁軍)이 말하기를, "병사(兵使)가 오랑캐 병사와 3일 동안 잇따라 싸워 적을 많이 죽이고 사로잡았다."라고 하였다.

장령(掌令) 이후원(李厚源)이 여러 사람이 모여 있는 곳에 와서 말하기를, "설을 쇤 후에 양사(兩司: 사헌부와 사간원)에서 논의하려 했는데, 비국(備局)의 9명이 세자를 적에게 보내도록 청한 것 및 좌상(左相: 홍서봉)이 오랑캐의 진중 앞으로 가서 흉서(凶書)를 받아 온 이래 최명길(崔鳴吉)이 처음부터 끝까지 화친을 주장하여 나라를 그르친 일 등 모두 죽을죄로 논하여 아뢰려고 하였으나 양사(兩司)의 장관(將官) 및 여러 관리들 가운데 더러 사태가 진정되기를 기다린 후에 논한 것을 아뢰자는 뜻이 있었기 때문에 잠시 중지되었소이다."라고 하였다. 이런 이들이 끝내 주상(主上)에게 성을 나가도록 도모한 것은 장차 공론을 면할 수 없게 될 줄 스스로 알았기 때문이다.

初七日。

元帥金自點, 狀啓: "去月二十日, 破洞山[162]賊兵之後, 抄發元帥軍三千·黃海兵使軍二千, 與兵使李碩達[163], 進兵來住新溪[164], 先令谷山郡守李緯國[165], 領軍五百, 已到光陵."云, 乃初二日成貼也。全羅監司李時昉, 狀啓: "進軍陽智[166], 先送二千兵, 添於光交山, 兵

162) 洞山(동산): 황해도 黃州와 鳳山의 경계에 있는 洞仙嶺의 오기. 도원수 金自點의 別將으로서 正方山城을 수비하고 있던 李浣은 적은 수의 군사로 청의 대군을 대적하기에는 역부족임을 깨닫고, 길목이 좁아 매복 작전을 가하기 좋은 지형을 골라 정방산성 부근의 洞仙에 조총으로 무장한 군사를 매복시켰다. 이윽고 청군 수백 명이 동선령에 다다르자 조선군은 일제히 조총을 발사하여 청군을 공격하였고, 동선령에 들어온 청군은 전멸하고 말았다. 이후 이완은 군사들을 이끌고 정방산성으로 복귀하였으며, 성을 겹겹이 둘러싸고 공격하는 청군에 맞서 죽음을 각오하고 저항하였으나, 중과부적으로 소수의 군사를 이끌고 후퇴하였다.

163) 李碩達(이석달, 1603~1639): 본관은 全州, 자는 君敏. 1624년 主簿로 재직 중일 때 별시 문과에 급제하였다. 1625년 충청도사, 1627년 용강현령, 1630년 陳繼盛 부총병의 접반사, 1635년 인척인 都元帥 金自點의 추천으로 황해병사를 지냈으며, 1637년 황해감사를 지냈다.

164) 新溪(신계): 황해도 중동부에 있는 고을. 동쪽은 강원도 이천군, 서쪽은 서흥군, 남쪽은 평산군·금천군, 북쪽은 수안군·곡산군과 접한다.

165) 李緯國(이위국, 1597~1673): 본관은 全州, 자는 台彦, 호는 雲浦. 1618년 경안찰방을 지내다가 1623년 인조반정으로 아산현감, 군자감판관을 처쳐 1626년 용인현감, 1628년 형조정랑·재령군수 등을 역임하였다. 1634년 곡산군수로 나갔고, 1643년 안산군수를 거쳐 호조좌랑·대구부사·신천군수·원주목사 등을 역임하였다.

166) 陽智(양지): 경기도 용인시 양지면 양지리.

使處懸賞, 募兵二百, 定將三人, 進于中路, 相機勦賊, 移文統制使尹璛[167], 領手兵[168]三百, 數日來到, 臣則難以孤軍前進, 故通于慶尙監司沈演[169], 將爲合軍前進."云云。全羅兵使金俊龍, 狀啓: "今方據險賊陣, 處處屯結, 觀勢前進."云, 而持狀啓者, 連三日晝伏夜行, 始得入來。來時, 遇一禁軍言: "兵使, 與虜兵, 三日連戰, 多有斬獲." 云。掌令李厚源[170], 來言衆會處, 曰: "歲後, 兩司欲議, 以備局九人之請送世子者, 及左相, 前往虜中, 奉凶書以來, 鳴吉終始主和誤國, 皆欲以死罪論啓[171], 而兩司長官及諸官中, 或有欲待事定後, 論啓之意, 故姑停."云。若輩終以出城爲謀者, 自知其將不免於公議也。

---

167) 尹璛(윤숙, 1581~?): 본관은 海平, 자는 元玉. 1605년 무과에 합격하고 1608년 重試文科에 합격한 후 副元帥를 거쳐 嘉善大夫에 책록되었고 兵曹參判에 이르렀다.

168) 手兵(수병): 자기에게 직접 딸린 병졸.

169) 沈演(심연, 1587~1646): 본관은 靑松, 자는 潤甫, 호는 圭峰. 1612년 진사시에 합격하였다. 1624년 이괄의 난 때 왕을 공주로 호종하였고, 1626년 헌릉참봉을 지냈다. 1627년 정묘호란 때는 왕을 호종하여 造紙署別提·의금부도사를 지냈다. 그해 식면 문과에 급제하여 사섬시직장에 임명되었다. 그뒤 지평·교리 등을 거쳐 1633년 광산현감, 1635년 경상도관찰사가 되었고 1636년 병자호란이 일어나자 휘하 군대를 이끌고 雙嶺에서 싸웠으나 대패하였다. 패전의 책임으로 臨陂에 유배당하였다. 그뒤 제주목사, 한성부판윤, 승지, 대사간 등을 거쳐 황해도·평안도의 순찰사, 평안도·경기도의 관찰사를 역임하였다.

170) 李厚源(이후원, 1598~1660): 본관은 全州, 자는 士深, 호는 迂齋·南港居士. 군수 李郁의 아들. 병자호란이 일어나 남한산성에 왕을 호종하여 김상헌 등과 함께 척화를 주장하였다. 이 무렵 이후원은 대장 申景禛의 비겁한 죄를 탄핵하고, 남한산성에서는 督戰御使를 겸임하였다. 병자호란 당시 남한산성이 청군에 포위되어 金瑬 등이 왕을 강화도로 모시려 하자, 왕이 남한산성을 몰래 떠나 강화도로 옮기는 것은 위태로운 계책임을 주장하였고, 남한산성을 적극 고수할 것을 주장하여 이를 관철시켰다. 이때 崔鳴吉 등이 主和論을 펴자, 죽기를 각오하여 싸울 것을 주장했다. 和議 후 세자를 청나라에 인질로 보내는 문제에 반대하였다. 1637년 품계가 통정대부에 오르고 승지에 제수되었으며, 호조참의가 된 후 외직을 자청하여 광주목사로 나가 선정을 베풀었다.

171) 論啓(논계): 대간에서 신하가 임금에게 신하들의 잘못을 논박하여 보고함.

1월 8일。

아침부터 눈이 오면서 먹구름이 감돌았다.

初八日。

朝雪雲暗。

1월 9일。

오늘 이후로부터 성의 안팎은 더욱 서로 통하지 못하고, 장계 또한 단절되었다.

初九日。

自此之後，內外益不相通，狀啓亦斷。

1월 10일。

햇무리가 지고, 고리 모양의 두 테두리가 있었다.

주상(主上)이 예조 판서(禮曹判書) 김상헌(金尙憲)을 보내 온조왕(溫祚王)에게 제사지내도록 하였다.

어떤 한 사람이 스스로 침술(針術)에 절묘하다고 하였으나 실제로는 혈맥(血脈)도 알지 못하여 이제까지 사람을 죽인 일이 심히 많았거늘, 체상(體相)에게 청하여 말하기를, "성을 나가서 밤에 적을 베겠습니다." 라고 하자, 체상이 말하기를, "몇 사람이나 함께 나가서 싸우려느냐?" 하니, 그 김(金)이 말하기를, "데려갈 자는 단지 한 사람뿐입니다."라고 하는지라, 체상이 말하기를, "왜 그리 적느냐?"라고 하니, 그 김이 말하기를, "제 생각으로는 한 사람도 많습니다."라고 하였는데, 대개 속이려는 꾀가 있었던 것이다.

다음날 아침에 다른 사람이 김 아무개가 벤 오랑캐의 머리를 전하려고 왔는데, 체상(體相)이 나가 공무를 보다가 그것을 받았고 이어 주상에게 아뢰니, 주상은 상으로 면주(綿紬) 3필을 하사하였다. 그리고 체상이 군문(軍門)에 매달도록 명을 내려 그 바친 머리를 자세히 보니, 피한 방울도 묻지 않았고 언 살이 하얀 눈처럼 깨끗하자 사람들이 자못 괴이하게 여겼다. 얼마 뒤에 원주 장관(原州將官) 한 사람이 그 매달린 머리를 풀어 품에 안고 엎드려 기면서 통곡하며 말하기를, "돌아가신 형님이여 돌아가신 형님이여, 어찌하여 두 번이나 죽는 지경에 이른단 말입니까?"라고 하였다. 지난번 체상이 전투를 독려했을 때 관동 장관(關東將官)으로 적의 칼날에 죽은 자였다. 주위에서 보던 자들은 눈물을 훔치지 않는 사람이 없었다. 체상이 김언림(金彦霖)을 총융 부장(摠戎副將) 원두표(元斗杓)에게 보내 군사들 앞에서 목을 베도록 하였다.

初十日。

日暈兩珥。上遣禮曹判書金尙憲, 祭于溫祚[172]。有一人, 自謂妙於針術者, 實未知穴脈[173], 從前殺人甚多, 請於體相, 曰: "出城夜斫." 體相曰: "當與幾人, 出戰." 金曰: "欲率去者一人也." 體相曰: "何其少也?" 金曰: "吾意亦以一人爲多."云, 蓋有詐計也。翼朝[174], 人傳金某斬虜頭而來, 體相出坐[175]受, 仍爲啓達之, 上賞賜綿紬三匹。體相命懸於軍門, 而觀其所獻之頭, 無一點血, 凍肉如雪, 人頗

172) 溫祚(온조): 고구려의 시조인 朱蒙의 아들이자 백제를 세운 임금.

173) 穴脈(혈맥): 血脈의 오기.

174) 翼朝(익조): 翌朝의 오기.

175) 出坐(출좌): 관사에 나와 근무함.

怪之。俄而, 原州將官一人, 奪其頭, 抱諸懷中, 匍匐而哭, 曰: “亡兄亡兄, 何至再死也?” 蓋頃日體相, 督戰之時, 關東將官, 死於賊鋒者也。左右觀者, 無不掩泣。體相送彦霖于椶戎[176]副將元斗杓, 〈斬于〉軍前。

1월 11일。

해가 뜰 때에 고리 모양의 테두리가 있었고 흰 기운이 동쪽에서 서쪽에 이르기까지 하늘에 뻗쳐 있었다.

예조 판서(禮曹判書) 김상헌(金尙憲)이 건의하기를, “사람이 궁하면 근본으로 돌아가게 마련이니, 이런 위급한 때를 당하여 마땅히 숭은전(崇恩殿)의 영정(影幀)에 친히 제사를 지내야 합니다.”라고 하니, 주상(主上)이 그의 말을 따랐는데, 곧 원종(元宗: 인조의 아버지)의 영정이다. 이날 영정을 봉안한 곳인 개원사(開元寺)에서 제사하기 위하여 나섰다. 동틀 무렵에 행궁(行宮)을 나서서 제사를 거행하였는데, 백관(百官)들도 참배하고는 이른 아침에 행궁으로 되돌아 왔다. 남한산성으로 들어온 이후로부터 성안에는 까막까치가 없었는데 이날 까막까치가 많이 성안으로 날아 들어오니, 사람들이 길한 징조라고 말하였다.

내가 장유(張維)에게 말하기를, “화친을 맺자는 말은 어쩔 수 없을 때에 하는 것인데도 그저 애걸하기만 하면 저들이 마음에 들어할 리가 만무하니, 마땅히 이해(利害) 관계로써 말한다면 혹여 저들이 듣고서 마음을 움직일 수 있을 것입니다.”라고 하였다. 장유도 내 의견을 참으

176) 椶戎(총융): 摠戎의 오기.

로 옳게 여겨 하나같이 내 말대로 초안(草案)을 잡아서 부제학(副提學) 이경석(李景奭)에게 입대(入對)하고 그 연유를 자세히 아뢰도록 하였다. 주상이 영상(領相: 김류)와 함께 그 초안을 취하여 보았으나, 최명길(崔鳴吉)이 지은 글이 전적으로 애걸하는 것을 주된 취지인 것으로 말미암아 그 글을 채택하도록 청한 까닭에 장유의 글은 채택되지 못하였다.

적이 세 갈래로 나뉘어 군사를 증가하고 강변 곳곳에 진(陣)을 쳤는데, 이는 대개 우리의 구원병이 혹여라도 올까 염려했기 때문이었다. 그렇지만 성안의 인심은 더욱 두려워하였다.

이날 밤에 달무리가 졌다.

十一日。

日出時有珥, 白氣自東至西亘天。禮曹判書金尙憲, 建言[177]: "人窮則反本, 當此危急之日, 當親祭於崇恩殿[178]影幀." 上從其言, 卽元宗[179]影幀也。是日, 出祭于影幀奉安之所, 卽開元寺[180]也。黎明, 出宮行祭, 百官陪祭[181], 朝前還宮。自入城後, 城中無烏鵲, 是

---

177) 建言(건언): 윗사람이나 관청에 대하여 의견을 진술함.

178) 崇恩殿(숭은전): 남별전의 다른 이름. 현재 서울특별시 중부경찰서 자리라고 한다. 仁祖가 생부 定遠君을 元宗으로 추숭하여 그 영정을 南別殿에 모셨는데, 이미 世祖의 영정이 모셔져 있었다.

179) 元宗(원종, 1580~1619): 조선 중기에 추존된 왕. 본관은 全州, 이름은 琈. 仁祖의 아버지이다. 선조의 아들로 어머니는 仁嬪金氏이다. 좌찬성 具思孟의 딸을 맞아 인조 및 綾原大君·綾昌大君을 낳았다. 1587년 定遠君에 봉해지고, 1604년 임진왜란 중 왕을 扈從하였던 공으로 扈聖功臣 2등에 봉하여졌다. 인조반정을 계기로 大院君에 추존되었다가, 다시 많은 논란 끝에 1627년 왕으로 추존되었고, 그의 부인은 仁獻王后로 추존되었다.

180) 開元寺(개원사): 경기도 광주시 남한산성면 산성리 남한산성 동문 안에 있었던 절. 1636년 崇恩殿에 봉안하였던 元宗의 영정을 이곳으로 옮겨 봉안하였다가 병자호란이 끝난 다음해에 다시 숭은전으로 옮겼다.

日烏鵲, 多入城內, 人以爲吉兆云。我言於張維, 曰: "講和之言, 出於不得已, 而一向哀乞, 則萬無得情之理, 當以利害爲言, 則或可動聽矣." 張維大然之, 一從我言構草, 使副學李景奭[182]入對, 細陳其由, 上與領相, 取許[183]其書, 而崔鳴吉撰書, 專以哀乞爲主意, 請用其文, 故不用張維之文。賊分三路添兵, 江邊處處設陣, 此蓋慮援兵之或來也。人心益懼。是夜月暈。

1월 12일。

좌상(左相) 홍서봉(洪瑞鳳)·최명길(崔鳴吉) 및 윤휘(尹暉)·허한(許僩)을 오랑캐 진영에 보냈으나 국서(國書)를 전하지 못했는데, 내일 다시

---

181) 陪祭(배제): 임금이 제사를 지낼 때 대신이 모시고 배례하는 일.

182) 李景奭(이경석, 1595~1671): 본관은 全州, 자는 尙輔, 호는 白軒. 1613년 진사가 되고 1617년 증광별시에 급제했으나, 이듬해 仁穆大妃의 폐비 상소에 가담하지 않아 削籍되고 말았다. 1623년 인조반정 이후 謁聖文科에 급제, 승문원부정자를 시작으로 선비의 청직으로 일컫는 검열·봉교로 승진했고 동시에 春秋館史官도 겸임하였다. 이듬해 李适의 난으로 인조가 공주로 몽진하자 승문원주서로 왕을 호종해 조정의 신임을 두텁게 하였다. 1627년 정묘호란이 발발하자 체찰사 張晩의 從事官이 되어 강원도 군사 모집과 군량미 조달에 힘썼다. 이때에 쓴 〈檄江原道士夫父老書〉는 특히 명문으로 칭송되었다. 정묘호란 후 다시 이조정랑 등을 거쳐 승지에 올라 인조를 측근에서 보필하였다. 1629년 자청해 양주목사로 나갔다. 그 뒤 승지를 거쳐 1632년에는 대사간에 제수되었다. 1636년 병자호란 때 대사헌·부제학에 연달아 제수되어 인조를 호종해 남한산성에 들어갔다. 이듬해 인조가 항복하고 산성을 나온 뒤에는 도승지에 발탁되어 예문관제학을 겸임하며 〈三田渡碑文〉을 지어 올렸다. 1638년 홍문관·예문관 양관의 대제학이 되었고, 얼마 뒤 이조참판을 거쳐 이조판서에 발탁되어 조정 인사를 주관하였다. 1641년 청나라에 볼모로 가 있던 昭顯世子의 貳師가 되어 심양으로 가, 현지에서 어려운 對淸外交를 풀어나갔다. 1645년 영의정에 올라 국정을 총괄하였다. 그러나 1646년에 효종의 북벌 계획이 李彦標 등의 밀고로 청나라에 알려져 査問事件이 일어나게 되었다. 청나라 황제의 명으로 白馬山城에 위리안치되었다.

183) 取許(취허): 取覽의 오기인 듯.

서문(西門)으로 오라 말하고서 또한 새로운 장수가 또 도착하였다며 자못 바쁜 기색이 있었다. 우리나라의 동서 두 진영에서 전해오는 말에 의하면, "많은 수의 적병이 나타났다."라고 하였는데, 용호(龍胡: 용골대)가 새로운 장수가 나왔다고 한 말이 이를 가리키는 듯하였다.

또 듣건대 적의 수천 기병들이 이필현(利筆峴: 梨峴인 듯)으로 향했다고 하는데, 혹 우리 군사들이 와서 가까운 곳에 있을까 염려스러웠다.

이배재고개(梨峴, 출처: 한국일보)

허한(許僩)은 언변이 있어서 책사(策士)에 가까웠는데, 그의 생질(甥姪) 이조(李稠)가 때마침 체상(體相)의 종사관으로 있어 허한을 체찰부에 천거하였기 때문에 오랑캐를 대해야 할 때마다 보내었던 것이다.

十二日。

遣左相洪瑞鳳·崔鳴吉及尹暉·許倜[184]於虜營, 未得傳國書, 以明日更來西門爲言, 且言新將又到之, 而頗有匆匆之色。我國東西兩營, 傳言: "賊兵多數出來."云, 龍胡所言〈新〉將出來之說, 似指此也。又聞賊騎數千, 向利筆峴[185], 恐或我軍來, 在近地也。許倜有口辨, 近於策士, 厥外甥李稠[186], 時爲體相從事, 薦於體府, 故每於待虜之際, 送去矣。

1월 13일。

서남풍이 거세게 불었다.

주상이 밖으로 나가 남성(南城)을 순찰하였고, 또 홍서봉(洪瑞鳳)·최명길(崔鳴吉) 및 윤휘(尹暉)·허한(許倜)에게 오랑캐 진영에 가도록 하였다. 용골대(龍骨大)와 마부대(馬夫大) 두 오랑캐 장수가 국서(國書)

---

184) 許倜(허한, 1574~1642): 본관은 陽川, 자는 毅甫. 1612년 증광시에 합격하고, 1615년 蔭仕로 벼슬길에 나섰다. 1618년 형조좌랑을 거쳐 고산현감, 예천군수, 보은현감, 예천군수, 부호군 등을 지냈다.

185) 利筆峴(이필현): 梨峴을 가리키는 듯. 경기도 광주시 북부 목현동에서 성남시 상대원동으로 넘어가는 길에 있는 고개. 더러는 梨保峙라고도 하는데, 남한산성을 방어하는 데 있어서 아주 이로운 保障地라는 뜻을 가지고 있다 한다. 이 고개에서 능선을 따라 약 2㎞만 올라가면 남한산성의 南將臺에 다다르기 때문이다. 남한산성에서 군사훈련을 할 때면 이곳에도 군사들이 배치되었었다고 한다. 즉 적이 남한산성을 침투하는 것을 사전에 방비하기 위하여 이 고개에 척후병과 복병을 두었다고 한다. 한편, 筆峴은 붓끝이 뾰족한 모양을 염두에 둔다면, 험준한 고개라는 뜻으로 태재고개(泰峴)가 아닌가 한다.

186) 李稠(이조, 1599~1664): 본관은 德水, 자는 百兼. 1632년 개령현감, 평산현감, 1637년 의금부 도사를 지냈다. 1638년 양재찰방, 금성현령, 1644년 전생서 주부, 횡성현감 등을 역임하였다. 곡산군수, 여산부사, 신천군수 등도 지냈다.

를 받고는 까닭 없이 맹약을 어긴 것을 책망하자, 최명길이 가슴을 치면서 머리를 조아리며 말하기를, "이는 우리 성스러운 주상의 뜻이 아니고 신하의 죄이니, 칼로 찔러 창자를 꺼내어 우리 임금이 그렇지 않음을 밝히겠다."라고 하니, 그 자리서 수삼일 안으로 칸(汗)의 명을 기다려 회보(回報)하겠다고 약속하였다.

그 국서에 이르기를, "지난번 소방(小邦)의 재신(宰臣)이 군문(軍門)에 글월을 올려 아뢰어 청한 바가 있었는데, 사자(使者)가 되돌아 와서 말하기를, '황제로부터 장차 따로 내리는 명이 있을 것이다.'라고 하여 소방의 군신(君臣)은 목을 빼고 발돋움하여 날마다 덕음(德音: 칸의 말)을 기다렸으나, 이미 열흘이 지났어도 이렇다 할 분명한 말씀이 없습니다. 형세가 궁하고 사정이 급박하여 다시 번거롭게 하지 않을 수 없으니, 황제께서는 살피소서. 소방은 앞서 대국의 은혜를 입어 외람되게도 형제의 우호 관계를 맺고 천지에 분명하게 고하였습니다. 강토의 구역이야 비록 구분이 있을지라도 우정과 의리는 서로 격의가 없었으니 스스로 자손 만대의 한없는 복이라고 여겼는데, 맹세의 피가 채 마르기도 전에 의혹으로 인한 분쟁의 발단이 마음 속에서 생겨나 그만 위태롭고 급박한 화란을 당함으로써 거듭 천하의 웃음거리가 될 줄 어찌 헤아렸겠습니까? 그러나 그 연유를 따져보건대, 모두 천성이 유약한 데다 분수에 넘치는 은혜를 입은 신하들이 어리석고 못나서 사리에 어두워 잘 살피지 못한 탓으로 오늘날의 일이 있게 하였으니, 스스로를 책망할 뿐 다시 무슨 말을 하겠습니까? 다만 생각건대 형이 아우에게 잘못이나 허물이 있음을 보고 노하여 책망하는 것은 진실로 마땅하나, 책망이 너무나 엄하여 도리어 형제의 의리에 어그러짐이 있게 되면 어찌 하늘이 괴이하게 여기지 않겠습니까? 소방은 바다 한쪽 구석에 치우쳐 있는데다 오직 시서(詩書)만을 일삼고 병혁(兵革: 전쟁)은 익히지 않았으니, 약한 나라가 강한 나라에 복종하고 작은 나라가 큰 나라를 섬기는 것이야말로 당연한 이치인데 어찌 감히 대국과 서로 겨루겠습니까? 다만 황명(皇明: 명나라)은 두터운 은혜를 대대로 받아 군신(君臣)의 명분이 본래부터 정해졌습니다. 일찍이 임진년 병란 때 소방이 조석간으로 망하게 될 지경에 처한 적이 있었는데, 신종 황제(神宗皇帝)가 천하의 군사를 동원하여 우리의 살아 있는 백성들을 물구덩이 불구덩이 같은 화란 속에서 건져내고 구제해주었습니다. 그래서 소방의 백성들이 지금까지도 마음속 깊이 새겨 차라리 대국에 죄를 얻을지언정 차마 황명을 저버릴 수 없다고 하는 것이니, 이는 다름이 아니라 그 받은 은혜가 두터워서 사람의 마음을 깊이 감동시켰기 때문입니다. 은혜를 남에게 베푸는 방도가 한 가지만 아니니, 진실로 그 살아 있는 백성들의 목숨을 구하거나 그 종묘사직의 위급한 상황을 구제할 수 있는 것이라면, 군사를 동원하여 환란을 구제하는 것과 군사를 회군하여 목숨을 보존토록 도모하는 것이 그 일이야 비록 다르지만 그 은혜는 하나입니다. 지난해 소방이 일처리가 사리에 어둡고 그르쳐서 대국으로부터 간곡한 가르침을 여러 차례 받았음에도, 여전히 스스로 깨닫지 못하고 대국의 군사를 오도록 하여 우리의 군신부자(君臣父子)가 오랫동안 고립된 성에서 처하여 그 군색하기가 또한 심합니다. 진실로 이때에 대국이 생각을 돌이켜 허물을 용서하고 우리가 스스로 새로워질 수 있도록 허락하여 종묘사직을 보존하고 대국을 오래도록 받들 수 있도록 해준다면, 소방의 부자군신(父子君臣)은 마음속 깊이 새기고서 감사히 우러러 받들어 자손 대대로 영원히 잊지 않을 것이고, 천하도 이를 듣고 또한 대국의 위엄과 신망에 탄복하지 않을 자가 없을 것입니다. 이는 대국이 한 가지 거조(擧措)를 취하고도 큰 은혜를 동토(東土: 조선)에 베푸는 것이자, 더없는 영예를 사방의 나라에 베푸는 것입니다. 그렇지 않고 오직 하루아침의 순간적인 분노를 관철하고자 병력으로 힘써 추궁하여 형제간의 은의(恩義)를 손상시키고 스스로 새로워질 수 있는 길을 막아버려 제국(諸國: 제후국)의 소망을 끊어버린다면, 그것은 대국으로서도 장구한 계책이 되지 못할까 두려운데 고명한 황제께서 어찌 이에 대해 깊이 염려하지 않으십니까? 가을날의 찬 서리처럼 준엄하게 죽이고서 봄의 생동하는 기운으로 새롭게 살리는 것이 천지자연의 상도(常道)이고, 약한 나라를 가긍히 여기고 망해가는 나라를 구휼하는 것이 패왕(霸王)의 사업입니다. 지금 황제께서 비로소 영명하고 용맹스런 계략으로 제국(諸國)을 어루만져 안정시키고 새로 대호(大號: 帝號, 황제 칭호)를 세우며 관온인성(寬溫仁聖) 네 글자를 맨 앞에 게시하였습니다. 대체로 장차 천지자연의 상도를 체득하여 패왕의 사업을 넓히려는 것이니, 소방처럼 지난날의 잘못을 고치고 스스로 비호 받기를 바라는 나라는 의당 관계를 끊고 내치는 속에 있지 않아야 할 듯합니다. 이에 존엄을 무릅쓰고 구구한 정을 펴서 집사(執事)에게 명을 청하는 바입니다."라고 하였다.

그때 적의 병마(兵馬)가 수없이 서문(西門)과 북문(北門) 밖에 집결하여 주둔했는데, 필시 지난번 증강한 병력 및 포로가 된 우리나라 사람이 날로 많아졌기 때문인 것 같다.

十三日。

西南風大起。上出巡南城, 又遣洪瑞鳳·崔鳴吉及尹許, 往虜營。龍馬兩胡, 受國書, 責以無故渝盟, 崔鳴吉推胸叩頭曰, “此非聖主之意, 乃臣下之罪也, 欲刺劍出腸, 以明君父之不然.”云, 則約於數三日內, 待汗出令, 回報云矣。其書曰: “屬者[187], 小邦宰臣, 奉書軍門, 有所稟請, 廻稱[188]: ‘皇帝將有後命.’ 小邦君臣, 延頸企踵[189], 日俟德音, 已浹旬日, 迄無皀白[190]。勢窮情迫, 未免再瀆, 惟皇帝垂察焉。小邦前蒙大國之惠, 猥托兄弟, 昭告天地。彊域雖分, 而情義無間, 自以謂子孫萬世無彊之福, 豈料盟血未乾, 疑釁中結, 〈坐踏危迫之禍, 重爲天下所笑哉? 然究厥所由, 皆緣天性柔弱, 被誤君臣[191], 昏迷不察, 致有今日, 自責而已,〉 更有何說? 但念兄之於弟, 見有罪過, 怒而責之, 固其宜也, 然責之太發, 反有乖於兄弟之義, 則豈不爲上天之所怪乎? 小邦, 僻在海隅, 惟事詩書, 不習兵革, 以弱服强, 以小事大, 乃理之常, 豈敢與大國相較者哉? 徒以世受皇明厚恩, 名分素定。曾在壬辰亂, 小邦朝夕且亡, 神宗皇帝, 動天下之兵, 拯濟生民於水火之中。小邦之人, 至今銘鏤[192]心骨, 寧獲罪於大國, 不忍負皇明, 此無它, 其受恩厚, 而感人心深也。恩之加人, 非一道, 苟有能活其生靈之命, 救其宗社之急者, 則發兵而救難與

187) 屬者(속자): 요즈음. 근자에. 지난번.

188) 廻稱(회칭): 回稱의 오기.

189) 企踵(기종): 발을 돋움.

190) 皀白(조백): 흑백 또는 시비를 말하다는 뜻으로, 여기서는 ‘좋다거나 싫다거나 하는 분명한 말’의 의미로 쓰임.

191) 君臣(군신): 群臣의 오기.

192) 銘鏤(명루): 잊지 않도록 마음 속에 깊이 새겨 둠.

回兵而圖存, 其事雖殊, 其恩則一也。上年小邦, 處事昏謬, 蒙大國勤教屢矣, 而猶不自悟, 以致大國之兵, 君臣父子, 久處孤城, 其窘亦甚矣。誠於此時, 蒙大國飜然[193]捨過, 許其自新, 俾得保守宗社, 長奉大國, 則小邦父子君臣, 銘鏤感戴[194], 至于子孫永世不忘, 而天下聞之, 亦無不服大國之威信。是大國一擧, 而結大恩於東土, 施廣譽於四國也。不然, 而惟快一朝之怨, 務窮兵力, 傷兄弟之恩, 閉自新之路, 以絶諸國之望, 其在大國, 恐未爲長算, 以皇帝之高明, 何不慮及於此乎? 秋殺而春生[195], 天地之道, 矜弱而恤亡, 霸王之業也。今皇帝方以英武之略, 撫定諸國, 而新建大號, 首揭寬溫仁聖四字。蓋將以體天地之道, 而恢霸王之業, 則如小邦之願改前愆, 自托庇者, 宜若不在棄絶之中。玆以不避尊嚴, 更布區區, 以請命於下執事." 其時, 賊之兵馬, 無數結屯於西北門外, 必是曩日之添兵, 及我國之被擄者, 日多故也。

1월 14일。

김신국(金藎國)과 군량을 마련해야 했는데, 무릇 하루에 먹는 양식을 군졸은 3합(合)으로 줄이고 백관은 5합으로 줄인 뒤에도 겨우 다음 달 20일까지 지탱할 수 있었다. 군사들이 먹을 군량을 현재 비축하지 못하고 있는데, 적이 만약 오랫동안 포위한다면 어떻게 해야할지 알지 못하였다.

---

193) 飜然(번연): 불현듯이. 갑자기 바꾸어.

194) 感戴(감대): 감사히 여기는 마음으로 공경하여 받듦.

195) 秋殺而春生(추곡이춘생): 가을에는 생명체를 죽게하고 봄에는 생명체를 살게하는 자연계의 진리.

나는 김신국과 함께 행궁에 들어가 주상에게 이러한 뜻을 아뢰었다.

적이 지난번에 강릉(康陵: 명종의 능)과 태릉(泰陵: 중종의 능)을 불지르고 또 헌릉(獻陵: 태종의 능)도 불질러 연기와 불길이 곳곳에서 하늘을 덮으니, 참혹하여 차마 볼 수가 없었다.

十四日。

與金藎國, 磨鍊糧餉, 凡一日所食, 軍卒減三合, 百官減五合, 然後僅支開月[196]二十日。軍無見糧[197], 賊若久圍, 則不知所爲, 我與金藎國, 入陳此意於上前。賊頃焚康泰陵[198], 又焚獻陵, 煙火處處漲天, 慘不忍見。

1월 15일。

근래에 장계(狀啓)가 끊겨서 통하지 않다가 오늘에서야 비로소 보니, 새로운 도원수(新都元帥) 심기원(沈器遠)·함경 감사(咸鏡監司) 민성휘(閔聖徽)·남병사(南兵使) 서우신(徐祐申: 徐佑申의 오기)·강원 감사(江原監司) 조정호(趙廷虎)·원수가 임명한 찬획사(贊畫使) 남선(南銑) 등이 10일과 11일에 성첩(成貼: 관인을 찍음)한 것이었다. 장계는 양근(楊根)의 미원(彌原: 迷原의 오기) 가까이에 가서 우선 군사들을 쉬게 하고 장차 용진(龍津)으로 진군하겠다고 운운한 것인데, 함경 감사의 군관(軍官)이 장계를 가지고 성안으로 들어왔다.

---

196) 開月(개월): 다음 달.

197) 見糧(현량): 현재 비축 중인 軍糧.

198) 康泰陵(강태릉): 康陵과 泰陵. 강릉은 明宗과 그 비인 仁順王后 青松沈氏의 능이고, 태릉은 中宗 그 繼妃인 文定王后 坡平尹氏의 능이다.

十五日。

近日狀啓, 絶然不通, 今日始見, 新都元帥沈器遠·咸鏡監司閔聖徽·南兵使徐祐申·江原監司趙廷虎, 元帥自辟[199]贊畫使南銑等, 初十日及十一日, 成貼。狀啓, 則近住楊根彌原, 姑爲休兵, 將爲進陣龍津[200]云云, 咸鏡監司軍官, 持狀啓入來。

1월 16일。

바람이 불고 눈이 내렸다.

홍서봉(洪瑞鳳)·최명길(崔鳴吉)·윤휘(尹暉)가 오랑캐의 진중에 가서 지난번 보낸 국서(國書)에 대해 지금까지 아무런 회답이 없는 연유를 물으니, 용골대(龍骨大)와 마부대(馬夫大) 두 오랑캐 장수가 공갈과 협박을 마구 쏟아내며 말하기를, "공유덕(孔有德)과 경중명(耿仲明) 두 장수가 당병(唐兵: 명나라 군사) 7만 명을 거느리고 홍이포(紅夷砲) 20병(柄)을 싣고 와서 장차 강도(江都: 강화도)를 공격할 것이다."라고 하였다. 게다가 흰 깃발에 초항(招降)이란 두 글자를 써서 망월봉(望月峯) 아래에 세웠는데, 바람에 꺾이고 말았다.

十六日。

風雪。洪瑞鳳·崔鳴吉·尹暉, 往虜陣, 問前所送國書, 迄今不報之由, 則龍馬兩胡, 多發恐嚇之言, 曰: "孔耿兩將, 領唐兵七萬, 載

199) 自辟(자벽): 일부 특정 관직에 대해 해당 관아에서 독자적으로 추천하여 임용한 제도. 각 관청의 長이 자기 마음에 맞는 관원을 단수로 추천하여 임명했던 것을 이르는 말이다.

200) 龍津(용진): 용진나루. 경기도 양근군 서쪽 44리 한강에 있는 나루.

運紅夷炮二十柄而來, 又將犯江都."云。而且以白旗, 書招降二字, 立於望月峯[201]下, 爲風所折。

1월 17일。

용골대와 마부대 두 오랑캐 장수가 우리 사신을 찾자, 홍서봉(洪瑞鳳)·최명길(崔鳴吉)·윤휘(尹暉)가 나가서 답서(答書)를 받아 왔다. 답서의 내용이 불측하였으니, 성을 나와 항복하라는 한 구절이었다. 그 답서에 이르기를, "대청국 관온인성 황제(大淸國寬溫仁聖皇帝)는 조선 국왕에게 조유(詔諭: 조서를 내려 훈유함)한다. 보내온 국서에 운위하기를, '책망이 너무나 엄하여 도리어 형제의 의리에 어그러짐이 있게 되면 어찌 하늘이 괴이하게 여기지 않겠습니까?'라고 했는데, 짐(朕)이 정묘년(1627)의 맹약을 중히 여기고 일찍이 그대의 나라가 맹약을 배반한 일로 말미암아 수차례 타일러 깨우친 적이 있었으나, 그대는 하늘을 두려워하지도 않고 살아 있는 백성들이 도탄에 빠지는 것을 돌보지도 않고서 맹약을 먼저 저버렸으니, 그대의 변방에 있는 신하들에게 내린 교서(敎書)를 짐의 사신(使臣) 영아아대(英俄兒代: 용골대) 등이 얻고서야 비로소 그대의 나라가 전쟁을 하려는 뜻이 있음을 실제로 알았다. 짐이 그대의 춘신사(春信使)와 추신사(秋信使) 두 신사(信使) 및 여러 상인들을 대할 때마다 이르기를, '너희 나라는 이와 같이 무도(無道)하여서 이제 장차 정벌하러 갈 것이니, 너희 나라로 돌아가서 이를 너희 왕 이하부터 백성에 이르기까지 말하라.'라고 하였으니, 대개 분명히

---

201) 望月峯(망월봉): 경기도 광주시 남한산성의 동쪽에 있는 산.

타일러서 보낸 것이지 속임수로 군사를 일으킨 것이 아니다. 또 그대가 맹약을 저버리고 분쟁의 빌미를 만든 사실을 갖추어 써서 하늘에 고한 뒤에 군사를 일으켰는데, 짐이 만약 그대와의 맹약을 저버렸기 때문이라면 스스로 하늘의 견책이라며 두려워했을 것이다. 그대가 실지로 맹약을 저버렸기 때문에 하늘이 재앙을 내리는 것인데, 그대는 어찌 되레 전연 상관없는 사람처럼 오히려 천(天: 하늘)이란 한 글자를 어거지로 유리하도록 끌어 붙인단 말이냐? 또 운위하기를, '소방은 바다 한쪽 구석에 치우쳐 있는데다 오직 시서(詩書)만을 일삼고 병혁(兵革: 전쟁)은 익히지 않았다.'라고 하였으나, 지난번 기미년(1619)에 그대가 아무런 까닭도 없이 우리를 공격하여 짐은 그대의 나라가 반드시 전쟁을 잘 안다고 여겼으며, 지금 또 분쟁의 빌미를 만드니 그대의 군사를 반드시 정예하게 다시 단련한 줄 알았다. 그런데도 누가 아직 익히지 않았다고 여기겠는가? 그러나 그대는 전쟁을 좋아하는 자이니 만약 뜻한 바를 오히려 포기하지 못하겠다면 이제부터 다시 더 훈련해야 할 것이다. 또 운위하기를, '임진년 병란 때 조석간으로 망하게 되었을 때 신종(神宗) 황제(皇帝)가 천하의 군사를 동원하여 살아 있는 백성들을 물구덩이 불구덩이 같은 화란 속에서 건져내고 구제해주었다.'라고 하였지만, 천하에는 나라가 또한 많다고 하거늘 그대의 환난을 구한 것은 명나라 한 나라에만 그쳤으니 천하 모든 나라의 군사가 어찌 죄다 이르렀다고 할 수 있겠느냐? 명나라와 그대 나라는 허탄하고 망녕된 말에 거리낌이 없으면서 끝내 그치지 못하더니, 지금 고집스럽게 산성을 지키면서 운명이 조석에 달려 있는데도 오히려 부끄러운 줄 알지 못하고 이런 빈말만 한들 무슨 이로움이 있겠는가? 또 운위하기를,

'오직 하루아침의 순간적인 분노를 관철하고자 병력으로 힘써 추궁하여 형제간의 은의(恩義)를 손상시키고 스스로 새로워질 수 있는 길을 막아버려 제국(諸國: 제후국)의 소망을 끊어버린다면, 그것은 대국으로서도 장구한 계책이 되지 못할까 두려운데 고명한 황제께서 어찌 이에 대해 깊이 염려하지 않으십니까?'라고 하였지만, 그대가 우리와 맺은 형제의 우호 관계를 끊고자 무력 사용을 계획하였으니, 군사도 조련하고 성곽도 수선한 데다 도로도 닦고 수레도 만들어 군기를 미리 비축해 두었었다. 오직 짐이 서정(西征)할 날만을 기다렸다가 그 틈을 타고 몰래 도발해서 우리나라에 해독을 끼치려고만 하였을 뿐인데, 언제 우리나라에 은혜를 베푼 적이 있었단 말이냐? 무릇 이와 같이 한 것을 그대는 스스로 사람들의 신망을 버리지 않는 것이라 말하고 스스로 고명한 것이라 말하면서 스스로 장구한 계책이라 말했거늘, 짐 또한 진실하다고 여겨야 한단 말인가? 그것이 장구한 계책이겠는가? 또 운위하기를, '황제께서 비로소 영명하고 용맹스런 계략으로 제국(諸國)을 어루만져 안정시키고 새로 대호(大號: 帝號, 황제 칭호)를 세우며 관온인성(寬溫仁聖) 네 글자를 맨 앞에 게시하였으니. 대체로 장차 천지자연의 상도(常道)를 체득하여 패왕의 사업을 넓히려는 것입니다.'라고 하였는데, 짐의 내외 제왕(諸王) 및 대신(大臣)이 실로 다 이 존호(尊號)를 나에게 올린 것이나, 짐은 패왕의 사업을 넓히려고 까닭도 없이 군사를 일으켜서 그대의 나라를 멸하려 도모하고 그대의 백성들을 해치려 도모한 것이 아니다. 군사를 일으킨 까닭은 바로 사리의 옳고 그름을 사실대로 밝히려는 것이다. 게다가 천지자연의 상도는 착한 사람에게 복을 주고 사악한 사람에게 화를 내려 지극히 공정하고 사사로움이 없는 것인데, 짐이 천지자연의 상도를 체득하였으니 마음을 기울여 귀순하는 자는 우대할 것이고 소문만 듣고도 항복하기를 청하는 자는 안전하게 해줄 것이지만, 명을 거스르는 자는 천명을 받들어 토벌(討伐)할 것이고 악의 무리를 지어 예봉에 맞서는 자는 주벌(誅罰)할 것이며, 완악한 백성으로 순종하지 않는 자는 사로잡을 것이고 고집이 세어 굴하지 않는 자는 타일러서 주의하도록 할 것이며, 교활하게 속이는 자는 말이 막히도록 할 것이다. 지금 그대가 짐과 대적하고자 하여 내가 우선 군사를 일으켜 이곳에 이르렀으나, 만약 그대의 나라가 모두 우리의 판도(版圖)에 들어온다면 짐이 어찌 길러 안전하게 보호하며 적자(赤子: 백성) 같이 사랑하지 않겠느냐? 더구나 그대가 하는 말과 하는 행동이 매우 서로 같지 않았으니, 안팎으로 그간 왕래한 공문서를 우리 군사들이 얻어 온 것에 의하면 때때로 우리 군사를 노적(奴賊)으로 부르고 있었다. 이는 그대의 군신(君臣)이 평소 우리 군사를 도적(盜賊)으로 칭했기 때문에 입을 열다가 저도 모르게 이런 말을 하기에 이른 것이다. 단지 몸을 숨기고 남몰래 훔치는 것을 도적(盜賊)이라 일컫는 것으로 들었는데, 우리가 과연 도적이라면 그대는 어찌하여 사로잡지 않고 그대로 두고서 문책하지 않았느냐? 그대가 뛰어난 언변으로 꾸짖은 말은, 속담에 이른바 양(羊)의 몸에 호랑이 가죽을 걸친다는 것이니 참으로 그대를 두고서 이른 말이다. 우리나라 속담에 운위하기를, '무릇 사람은 행동이 민첩한 것을 귀하게 여기고 말이 공손한 것을 귀하게 여긴다.'라고 하였기 때문에 우리나라에서는 매번 행동이 미치지 못하거나 말이 부끄럽지 않아야 한다고 경계하거늘, 그대의 나라 같은 경우는 속임수로 교활하게 남을 속이고 간사한 수작의 빈말로 속이면서도 태연스레 부끄러운 줄 모르고 이와 같이 망녕된 말을 거리낌없이 한단 말인가? 지금 그대는 항복하려고 하느냐? 마땅히 속히 성을 나와 귀순하라. 싸우려고 하느냐? 또한 마땅히 속히 성을 나와 한바탕 싸우자. 양쪽 군사가 접전하면 하늘이 스스로 어떤 처분을 내릴 것이다."라고 하였다.

十七日。

龍馬兩胡, 要我使, 洪瑞鳳·崔鳴吉·尹暉, 出去, 受答書而來。書辭不測, 蓋出城一款也。其書曰: "大淸國寬溫仁聖皇帝, 詔諭朝鮮國王。來書云: '責之太嚴, 反有乖於兄弟之義, 豈不爲上天之所怪乎?' 朕以丁卯盟誓爲重, 曾以爾國敗盟之事, 屢加申諭, 爾不畏上天, 不恤生民之塗炭, 先背盟好, 與爾邊臣之書, 爲朕使臣英俄兒代等所得, 始實知爾國有構兵[202]之意。朕輒對爾春秋二信使及衆商人, 云: '爾國如此無狀, 今將往征, 歸語爾王以下至於庶人.' 蓋明諭以遣之, 非以詭譎興師者也。且備書爾敗盟啓釁之事, 告之於天, 然後擧兵, 朕若以爾負盟[203], 自畏天譴也。爾實負盟, 故降之災殃, 爾何反似漠不相關之人, 猶以天之一字, 强相附會哉? 又云: '小邦, 僻在海隅, 惟事詩書, 不習兵革.' 曩者己未之歲, 爾無故侵我, 朕以爲爾國, 必請兵事[204], 今又啓釁, 爾兵必更精鍊矣, 孰以爲未習耶? 然爾固好兵者, 倘志猶未已, 今而後更加操鍊可矣。又云: '壬辰之亂, 朝夕且亡, 神宗皇帝, 動天下之兵, 拯濟生靈於水火之中.' 云天下之

202) 構兵(구병): 전쟁함. 交接함.
203) 爾負盟(이부맹): 負爾盟의 오기.
204) 請兵事(청병사): 諳兵事의 오기.

國亦多矣, 救爾亂者, 止明朝一國, 天下諸國之兵, 豈盡至耶? 明朝與爾國, 誕妄無忌, 終不能已, 今旣固守山城, 命在朝夕, 猶不知恥, 出此空言, 何益哉? 又云: '惟快一朝之忿, 務窮兵力, 傷兄弟之恩, 閉自新之路, 以絶諸國之望, 其在大國, 恐未爲長算, 以皇帝之高明, 何慮不及此?' 然爾欲乖兄弟之好, 謀動干戈, 鍊兵繕城, 修路造船[205], 預備軍器。惟俟朕西征之日, 乘間竊發, 欲荼毒我國耳, 豈有施惠於我國者哉? 凡若此者, 爾自以謂不施衆望也, 自以謂高明也, 自以謂長算也, 朕亦以〈爲〉誠哉? 其爲長算也? 又云: '皇帝方以英武之略, 撫定諸國, 而新建大號, 首揭寬溫仁聖四字, 蓋將以體天地之道, 而恢伯王之業.' 朕之內外諸王大臣, 固皆以此尊號上我矣, 然朕非不恢伯王之業, 無故興兵, 圖滅爾國, 圖害爾民也。興兵之故, 正欲伸理[206]曲直耳。且天地之道, 福善禍淫, 至公無私, 朕體天之道, 傾心歸命者優之, 望風請降者安全之, 逆命者奉天討之, 黨惡攖鋒者誅之, 頑民不順者俘之, 務令倔强者知警, 狡詐者辭窮[207]。今爾與朕爲敵, 我故興兵至此, 若爾國盡入版圖[208], 朕豈有不生養安全, 字之若赤子[209]者哉? 且爾所言與所行, 甚不相同, 內外前後往來文移[210], 爲我兵所得者, 往往呼我兵爲奴賊。此蓋爾之君臣, 素

---

205) 造船(조선): 造車의 오기.

206) 伸理(신리): 원통하고 억울한 일을 펴서 다스림. 사실대로 밝힘.

207) 辭窮(사궁): 말이 궁함.

208) 版圖(판도): 어떤 세력이 미치는 영역. 한 나라의 영토.

209) 赤子(적자): 임금이 백성을 갓난아이로 여기어 사랑한다는 뜻으로, 백성을 일컫는 말.

210) 文移(문이): 관아 사이에 공문을 보냄.

稱我兵爲賊, 故啓口之間, 不覺至此也。但聞潛身竊取之謂賊, 我果爲賊, 爾何不擒捕之, 而置之不問耶? 爾之以口舌[211]詈言, 諺所謂羊質虎皮[212]者, 誠爾之謂也。我國俗有云: '凡人行貴敏而言貴遜.' 故我國每以行之不逮, 言之不怍爲戒, 若爾國, 欺罔狡詐, 奸僞虛誑[213], 恬不知愧[214], 如此其妄談無忌憚者哉? 今爾欲降耶? 宜亟出城歸命。欲戰耶? 亦宜亟出一戰。兩兵相接, 上天自有處分矣."

1월 18일。

또 홍서봉(洪瑞鳳)·최명길(崔鳴吉)·윤휘(尹暉)가 국서(國書)를 가지고 오랑캐 진영에 가도록 했는데, 용골대는 마부대가 다른 곳에 나가 있다는 핑계로 국서를 받지 않고 말하기를, "내일이나 모레 양일 중에는 서로의 결전을 감당해야 할 것이다."라고 하였다.

적이 또 와서 성곽을 지키고 있는 우리 군졸들에게 나와 항복하라고 꾀었다.

국서에 이르기를, "조선국왕 아무개가 대청국 관온인성 황제(大淸國寬溫仁聖皇帝)에게 절하며 글월을 올립니다. 삼가 명지(明旨: 황제의 뜻)을 받들건대 거듭 타일러 깨우쳐 주었습니다. 그 준절하게 책망한 것은 바로 지극히 가르쳐 준 것으로서 가을서릿발처럼 엄하면서도 봄처럼

---

211) 口舌(구설): 뛰어난 언변.

212) 羊質虎皮(양질호피): 양의 몸에 호랑이 가죽을 걸친다는 뜻으로, 겉모습은 화려하지만 내실이 빈약함을 일컫는 말.

213) 虛誑(허광): 헛된 말로 남을 속임.

214) 恬不知愧(염부지괴): 편안하여 부끄러워하지 않는다는 뜻으로, 부정한 행위를 하고도 조금도 부끄러워하지 않음을 일컫는 말.

살려주는 뜻을 띠고 있었으니, 삼가 읽으면서 황송하고 감격스러워 몸 둘 곳이 없었습니다. 삼가 생각건대 대국이 위엄과 은덕으로 멀리 더 어루만져 주니 여러 번국(藩國)이 사례해야 마땅한 데다 천명과 인심까지 함께 귀의하여 크나큰 명이 바야흐로 새로우나, 소방은 10년 동안 형제의 나라로써 대청(大淸)의 국운이 일어나는 초기에 죄를 많이 얻었는지라 마음을 돌이켜 생각하고 후회해도 아무 소용없는 것이 되고 말았습니다. 지금 원하는 것은 단지 마음을 고치고 생각을 바꾸어 구습(舊習)을 씻어내고 온 나라가 명을 받들어 다른 여러 번국(藩國)과 견주고자 할 뿐이었습니다. 진실로 곡진한 은혜를 입고서 목숨을 보전하여 스스로 새로워질 수 있도록 허락한다면, 문서(文書)와 예절(禮節)은 당연히 행해야 할 의식(儀式: 예법과 법식)이 있으리니 강구하여 시행하는 것이 오늘에 달려 있다고 하겠습니다. 심지어 성을 나오라는 명은 실로 인자하게 감싸주려는 뜻에서 나온 것이지만, 생각해보건대 겹겹으로 포위한 것이 아직 풀리지 않았고 황제의 노여움이 한창 극에 달하였으니 이곳에 있어도 죽을 것이고 성을 나가도 또한 죽을 것입니다. 그래서 용기(龍旗: 황제의 깃발)를 바라보며 갈림길에서 죽음을 스스로 결정하자니 그 심정이 괴롭습니다. 옛날 사람이 성 위에서 천자에게 절했던 것은 예절을 폐할 수도 없었겠지만 군사의 위엄 또한 두려웠기 때문이었을 것입니다. 그러나 소방의 진정한 소원은 이미 아뢴 바와 같은데, 말이 궁하나 경계한 것으로 마음을 기울여 귀순하는 것입니다. 황제는 바야흐로 천지의 만물을 살리려는 마음이라면, 소방이 어찌 온전히 살려주고 관대하게 길러주는 대상에 마땅히 끼이지 못할 수가 있겠습니까? 삼가 황제의 덕이 하늘과 같아 반드시 불쌍하게 여겨 용서하리라 생각하고 감히 실정을 토로하여 공손히 은혜로운 말씀을 기다립니다." 라고 하였다.

이 글은 이조 판서(吏曹判書) 최명길(崔鳴吉)이 지은 것이다. 예조 판서(禮曹判書) 김상헌(金尙憲)이 비국(備局)에 들어가 이 국서를 보고는 손으로 찢어버리고 목이 메이도록 통곡하여 그 울음소리가 임금의 처소에까지 들렸을 정도였는데, 최명길에게 일러 말하기를, "그대의 돌아가신 아버지는 자못 명성이 사우(士友)들 사이에 있었거늘, 대감은 어찌 차마 이와 같은 일을 한단 말인가?"라고 하니, 최명길이 빙그레 웃으면서 말하기를, "대감께서 찢었으니 우리는 마땅히 주워야 합니다." 하고 곧 주워서 이어 붙였다. 병조 판서(兵曹判書) 이성구(李聖求)가 노하여 말하기를, "대감께서 지금까지 화친을 배척하여 나랏일을 이 지경에 이르도록 하였으니, 대감은 오랑캐 진중에 가야 합니다."라고 하자, 김상헌이 말하기를, "내가 죽고 싶어도 죽지 못하고 있네. 만약 오랑캐 진중에 보내어 그 죽을 곳을 얻게 해준다면, 이는 대감이 주는 것이네."라고 하였다. 그대로 임시 거처로 나가서 사람을 만나기만 하면 반드시 울어 눈물이 줄줄 흘렀다. 오늘부터 비로소 음식을 물리치고 스스로 반드시 죽기를 기약하였다.

十八日。

又遣洪瑞鳳·崔鳴吉·尹暉, 持國書, 往虜陣, 龍胡托以馬胡出他, 不受而言曰: "明日明明日, 兩日當相戰."云。賊又來誘, 守堞軍卒, 使之出降。國書[215]曰: "朝鮮國王某, 拜上書于大淸國寬溫仁聖皇

---

215) 《仁祖實錄》 1637년 1월 18일 1번째 기사임.

帝。伏承明旨[216]，勤賜申諭。其所以責之切者，乃所以敎之至，秋霜凜例之中，帶得春生之意，伏讀惶感，措身無地。伏惟大國威德遠加，諸藩合辭，天人所歸，景命[217]方新，而小邦以十年兄弟之國，顧多獲戾〈於〉興運之初，反求諸心，有噬臍靡及[218]之悔。今之所願，只在改心易慮，一洗舊習，擧國承命，得比諸藩而已。誠蒙曲全[219]，許以自新，則文書禮節，自有應行儀式，講而行之其在今日。至於出城之命，實出於仁覆之意，然念重圍未解，帝怒方盛，在此亦死，出城亦死。是以瞻望龍旗，分死自決，情可蹙矣。古人有城上拜天子者，禮不可廢，而兵威亦可怕也。然小邦情願，旣如所陳，則是辭窮矣，是可警也，是傾心歸命也。皇帝，方以天地生物爲心，則小邦，豈不留[220]獲預於全活優養之中也哉? 伏惟帝德如天，必垂矜恕，敢吐情實，恭竢恩旨.” 此吏曹判書崔鳴吉所製也。禮判金尙憲，入備局，見此書，手自盡裂，失聲痛哭，聲澈大內[221]，謂鳴吉，曰:“先大夫，頗有名於士友間，台監何忍爲此等事耶?” 鳴吉微哂曰:“台監裂之，吾輩當拾之.” 遂乃收拾補綴。兵判李聖求，怒而言曰:“台監從前斥和，使國事至此，台監可往虜中矣.” 金尙憲曰:“吾欲自決而不得。若送虜中，得其死所，則是台監之賜也.” 仍出寓舍，逢人必哭泣

---

216) 明旨(며지): 제왕의 뜻을 아름답게 일컫는 말.

217) 景命(경명): 크나큰 명령.

218) 噬臍靡及(서제미급): 噬臍莫及. 배꼽을 물려고 하여도 입이 닿지 않는다는 뜻으로, 일이 그릇된 뒤에는 후회하여도 아무 소용이 없음을 비유적으로 이르는 말.

219) 曲全(곡전): 자기의 뜻을 굽혀 가며 성사시킴. 일이 되게끔 양보함.

220) 不留(불유): 不當의 오기.

221) 澈大內(철대내): 徹大內의 오기.

涕漣。自今日始却食，自期必死。

1월 19일。

좌상(左相: 홍서봉)에게 병이 있어 대신 우상(右相: 李弘冑) 및 최명길(崔鳴吉)·윤휘(尹暉)를 오랑캐 진영에 보내어 어제 지은 국서(國書)를 전하게 하였지만, 단지 출성(出城: 항복)하는 한 가지 조항을 가지고 극력 다투게 되자 오랑캐가 처음에는 받지 않다가 끝내는 받아 갔다.

우상(右相) 이하가 오랑캐의 답서로 말미암아 다시 성을 나갔지만 빈 손으로 돌아왔다. 참찬(參贊) 한여직(韓汝稷: 韓汝溭의 오기)이 최명길에게 일러 말하기를, "오랑캐의 답서를 재차 나가서도 받아오지 못한 것은 무슨 까닭입니까"라고 하자, 최명길이 말하기를, "그 까닭을 알지 못하겠습니다."라고 하니, 한여직이 말하기를, "그 글자[厥字]를 쓰지 않았으니 나는 이미 그들이 답하지 않을 줄 알았습니다. 한 글자의 핵심 글자[眞骨子]를 써서 보냅시다. 김상헌(金尙憲)이 이미 임시 처소로 나갔으니 이때를 틈타 급히 써서 보내는 것이 낫겠습니다."라고 하였다. 이른바 궐자란 국서 안에 당연히 썼어야 할 신(臣)이란 글자를 가리키는 것이다. 최명길 등은 한여직의 말을 옳게 여기고 날이 비록 캄캄하게 어둡지만 신(臣)이란 글자를 써서 보내려고 하자, 어떤 사람이 말하기를, "야간 통행금지를 범하면서까지 나가는 것은 온당하지 않은 듯하니 내일 아침까지 잠시 기다리는 것도 또한 늦지 않습니다."라고 하며 제지하였다.

이날 아침에 사신이 나가니, 용골대 오랑캐 장수가 말하기를, "이미 대병(大兵)을 각 도로 보내어, 부원수(副元帥: 신경원)가 지금 이미 사로

잡혔고 강도(江都: 강화도) 또한 함락되었으니 대세가 어떤지 가히 알 수 있을 것이다."라고 하자, 어떤 사람이 말하기를, "이렇게 몹시 추운 겨울에 어떻게 육지처럼 얼어붙은 강물에서 배를 운행할 수 있겠는가? 강도가 함락되었다는 말은 필시 공갈로 위협하는 것이다."라고 하였다.

이천 부사(利川府使) 조명욱(曹明勖)이 병으로 죽었고, 이 밖에 조정의 관원들이 남한산성에 들어왔다가 죽은 자 또한 몇 사람이 되었다.

장끼가 남쪽에서 행궁 아래로 날아들어 와 잡았다. 지난번에도 성안에 또한 노루가 있어 사로잡아 주상에게 바쳤다.

十九日。

左相有病, 代送〈右相及〉崔鳴吉·尹暈于虜陣, 傳給昨日國書, 而但以出城一款力爭, 虜初不受, 終乃受去。右相以下, 以虜答再出空還。參贊韓汝稷, 謂崔鳴吉, 曰: "答書, 再往不受, 何故?" 鳴吉曰: "莫知其由也." 汝稷曰: "厥字不書, 吾已知其不答也。書送一字眞骨子也, 金尙憲已出其寓, 莫若乘此時急急書送也." 所謂厥字, 指國書中, 當書臣字也。鳴吉等, 以汝稷之言爲可, 日雖昏愚[222], 將欲書臣字以去, 或言: "犯夜[223]出去, 似爲未妥, 姑待明朝, 亦未晚."云, 故止之。是日朝, 使臣之出, 龍胡曰: "已送大兵於諸道, 副元帥今已見執, 江都亦陷, 大勢可知."云云。或云: "當此嚴冬, 何可陸地行舟? 江都見陷之說, 必是恐嚇矣." 利川府使曹明勖病歿, 此外朝官, 入城死者, 亦數人。有雄雉自南飛入闕下, 擒之。往者, 城中亦有獐, 被獲進御供。

---

222) 昏愚(혼우): 昏黑의 오기.

223) 犯夜(범야): 야간 통행금지 시간을 위배하는 일.

1월 20일。

눈이 내리고 바람이 거세게 불었다.

우상(右相: 이홍주) 및 최명길(崔鳴吉)·윤휘(尹暉)가 해 뜰 무렵에 오랑캐 진영으로 가서 칸(汗: 홍타이지)의 답서를 받아 왔다. 그 답서에 이르기를, "대청국 관온인성 황제(大淸國寬溫仁聖皇帝)는 조선국왕에게 조유(詔諭: 조서를 내려 훈유함)한다. 그대가 하늘의 명을 어기고 맹약을 어겼기 때문에, 짐(朕)이 이에 크게 노하여 군사를 거느리고 정벌하러 왔으니 용서하지 않으려는 뜻이 있었다. 그러나 지금 그대가 고립된 성을 고단하게 지키며, 짐이 직접 준절하게 책망한 조서(詔書)를 보고서 바야흐로 죄를 알고 뉘우쳐 누누이 글을 올려 사면되기를 바라니, 짐이 넓은 도량을 베풀어 그대가 스스로 지난 잘못을 뉘우치고 새로워지기를 허락하는 것은 힘으로 공격하여 취할 수 없거나 형편상 포위할 수가 없어서가 아니라 불러서 오게 하기 위한 것이다. 이 성은 공격하기만 하면 얻을 수 있고, 그렇게 하지 않더라도 그대가 가지고 있는 마초(馬草)와 군량(軍糧)을 말에게 먹이고 군사에게 먹이는 것으로 인하여 그대 스스로 곤궁해지도록 하면 또한 얻을 수 있다. 이처럼 몹시 작고 보잘것없는 성을 취할 수가 없다면 장차 어떻게 유연(幽燕: 유주와 연주)을 함락시킬 수 있겠는가? 그대에게 성을 나와 짐을 대면하라고 명하는 것은, 첫째는 그대가 성심으로 기쁘게 복종하는지를 보려는 것이고, 둘째는 그대에게 은혜를 베풀어 다시 나라를 다스리게 해줌으로써 군사를 돌이킨 뒤로 천하에 인애와 신의를 보이려는 것이다. 만일 계책으로서 그대를 꾀어낸다면, 짐은 바야흐로 하늘의 돌보심을 받들어 사방을 어루만져 평정하고 그대의 지난날의 잘못을 용서함으로써 정히 남조(南朝)의 본보기를 삼으려는 것이다. 만약에 간사하게 속이는 계책으로 그대를 취한다고 하더라도 이 크디큰 천하를 어떻게 죄다 간사하게 속여서 취할 수 있겠는가. 이렇게 하면 귀순하러 오는 길을 스스로 끊는 것이니, 이는 진실로 지혜로운 자나 어리석은 자나 할 것 없이 다 아는 일이다. 그대가 만약 날짜를 미루고 나오지 않는다면, 지방이 유린되어 마초와 군량이 탕진될 것이고, 살아 있는 백성들은 도탄에 빠져 재해와 고통이 날로 더할 것이니, 한 시각이라도 늦출 수 없는 일이다. 맹약을 저버리도록 앞장서서 모의한 그대의 신하들을 짐은 당초에 모조리 죽이고 그만두려 생각했으나, 이제 그대가 과연 성에서 나와 나를 따르며 순종하려 한다면, 앞장서서 모의한 신하 두세 명을 결박해서 보내어라. 짐은 마땅히 그들을 효수(梟首)함으로써 뒷사람들에게 경계할 것이다. 짐이 서쪽으로 명나라를 치려는 큰 계획을 그르치게 하고, 그대의 살아 있는 백성들을 물구덩이 불구덩이의 위험 속에 빠트린 자가 그들이 아니고 누구란 말이냐? 만약 앞장서서 모의한 자를 미리 보내지 않는다 하더라도 그대가 이미 항복한 뒤에는 수색하기 시작하는 것은 짐이 하지 않겠다. 그대가 만약 나오지 않으면 아무리 빌고 청하더라도 짐은 들어주지 않을 것이다. 특별히 타일러 가르친다."라고 하였다.

지난밤에 오랑캐 사람이 와서 말하였는데, 국서의 답서를 독촉하면서 만일 미처 다 작성되지 않았으면 비록 말로 대답해도 좋다고 하였다. 그러므로 답서 안에 신(臣)이라 칭하고 폐하(陛下)라 칭하였는데, 우상(右相: 이홍주)이 병나서 대신에 이덕형(李德泂)에게 우상이라는 거짓 직함을 주어 서문(西門)으로 나갔지만 오랑캐가 이미 자기의 진영에 돌아갔기 때문에 빈손으로 돌아왔다.

그러나 최명길이 뒤에 처져 있다가 호역(胡譯: 오랑캐 통역)으로 하여금 비밀리에 용골대(龍骨大)와 마부대(馬夫大)에게 뇌물을 주겠다는 것 및 신하로 칭하겠다는 것, 칙서를 받들겠다는 것, 은혜를 사례하겠다는 것 등의 일을 호인(胡人)에게 말하도록 하였다.

二十日。

大雪大風。右相及崔尹, 平明出虜陣, 受汗書以來, 其書[224]曰: “大淸國寬溫仁聖皇帝, 詔諭朝鮮國王。爾違天背盟, 故朕赫斯恕[225], 統兵來征, 志在不赦。今爾困守孤城, 見朕手詔切責, 方知悔罪, 屢屢上書求免, 朕開宏圖[226], 許以[227]自新者, 非力不能攻取, 勢不能環圍, 招之使來也。此城, 攻固可得, 加然[228], 因爾芻糧, 食兵秣馬, 令爾自窮困, 亦可得。似此蕞爾[229]小城, 旣不能取, 將〈何〉以下幽燕[230]哉? 命爾出城面朕者, 一則見爾誠心悅服, 二則樹恩於爾, 復以主國, 旋師後示仁信於天下耳。若以計誘爾, 則朕方承天恩[231], 撫定四方, 正欲赦爾前愆, 以爲南朝標榜。若以詭計取爾, 天下之大, 能盡譎詐取之乎? 是自絶來歸路矣, 斯固無智愚之所共識也。爾若

224) 《仁祖實錄》 1637년 1월 20일 3번째 기사임.
225) 斯恕(사서): 斯怒의 오기.
226) 宏圖(굉도): 宏度의 오기. 넓은 도량.
227) 許以(허이): 許爾의 오기.
228) 加然(가연): 不然의 오기.
229) 蕞爾(촬이): 아주 작음.
230) 幽燕(유연): 幽州와 燕州. 중국 河北省의 북부와 遼寧省의 남부에 있던 곳으로, 漢族과 북방 민족과의 싸움이 많았다.
231) 天恩(천은): 天眷의 오기.

猶豫[232)]不出, 則地方蹂躪, 芻糧罄盡, 生靈塗炭, 災苦日增, 不容時刻緩者也。爾首謀敗盟之臣, 朕初意欲盡戮之而後已, 今爾果能出城歸命, 可先縛送首謀二三臣。朕當梟示, 以警後人。誤朕西征之大計, 陷爾生靈於水火者, 〈非〉此人誰歟? 若不預送首謀, 於爾旣降之後, 始行索取, 朕不爲也。爾若不出, 縱得祈請, 朕不聽矣, 特諭." 去夜虜人來言, 崔[233)]答國書, 如未及成, 雖〈以〉言語答之可也。故答書中, 稱臣稱陛下, 右相病, 代李德泂[234)]假銜, 出西門, 虜已還陣, 故空還。而崔鳴吉落後, 使胡譯李信儉密言, 行賂於龍馬, 及稱臣·奉勅·謝恩等件事於胡人。

1월 21일。

해 뜰 무렵에 우상(右相: 이홍주) 이하가 어제 국서(國書)를 전하고 돌아왔다. 저녁 때 답서를 받을 일로 다시 오랑캐 진영에 갔으나 출성(出城: 항복) 및 척화신(斥和臣)을 잡아 보내는 일을 허락하지 않았기 때문에, 적이 노하여 국서를 돌려보내고 회답하지 않았다.

그 국서에 이르기를, "조선국왕 신(臣) 성(姓) 휘(諱)는 삼가 대청국

---

232) 猶豫(유예): 일을 결행하는 데 날짜나 시간을 미룸.

233) 崔(최): 催의 오기.

234) 李德泂(이덕형): 李德泂(1566~1645). 본관은 韓山, 자는 遠伯, 호는 竹泉. 1590년 진사가 되고, 1596년 문과에 급제, 예문관검열이 되었다. 선조를 섬겨 應敎에 이르렀고, 광해군 때 도승지까지 지냈다. 1623년 인조반정 때 인목대비에게 반정을 보고하고 綾陽君(仁祖)에게 御寶를 내리게 하였으며, 1624년 한성부판윤이 되어 李适의 난을 진압한 뒤 奏聞使가 되어 명나라에 다녀왔다. 1627년 정묘호란 때에는 왕을 강화도로 호종하고, 1636년 병자호란 때에는 남한산성에 호종하였다. 그 뒤로 예조판서, 판의금부사, 우찬성 등을 지냈다.

관온인성 황제폐하(大淸國寬溫仁聖皇帝陛下)께 글을 올립니다. 신(臣: 인조)이 하늘에 죄를 얻어 고립된 성에 처하여 어찌할 바를 모르며 곧 망하리라는 것을 스스로 알고 이전의 잘못을 곰곰이 생각하니 스스로 속죄할 길이 없습니다. 비록 절박한 사사로운 정을 누차에 걸쳐서 적어 올린 글을 통해 스스로 새로워지는 길을 구했지만, 크게 노여워하는 하늘에서 실제로 감히 구할 수 있기를 꼭 바랄 수가 없었습니다. 이번에 은혜로운 유지(諭旨: 깨우치는 말씀)를 받들건대 이전의 잘못을 다 용서하여 가을서릿발 같은 엄한 위엄을 늦추고 따뜻한 봄날 같은 은혜로운 혜택을 펴신지라 장차 동방 수천 리의 살아 있는 백성들을 물구덩이 불구덩이 위험 속에서 벗어날 수 있게 해주었으니, 어찌 단지 한 성에만 있는 사람들의 목숨이 온전하여 다행스러울 뿐이겠습니까? 군신부자(君臣父子)가 감격하여 눈물을 흘리니, 어떻게 보답해야 할지를 모르겠습니다. 앞서 출성(出城: 항복)하라는 명을 받고는 실로 의심스럽고 두려운 생각이 많았습니다만, 마침 하늘이 노여움을 아직 거두기 전이라서 감히 마음에 품고 있는 생각을 모두 아뢰지 못했습니다. 그런데 이제 속마음을 열어 보이면서 간곡하게 타이르며 이끌어 주시니, 참으로 옛사람이 이른바 '자신의 진정한 속마음을 끌어내어 남의 뱃속에 넣는다.'라고 한 것이었습니다. 신(臣)은 대국(大國: 청나라)을 받들어 섬긴 이래로 10여 년 동안 폐하의 신의를 마음으로 따른 것이 오래입니다. 일상적인 말과 행동도 서로 부합하지 않는 것이 없었는데, 하물며 황제의 조칙(詔勅)에서 명(命)한 것이 사계절의 어김없는 운행처럼 미덥게 한 것임에야 말해 무엇하겠습니까? 따라서 신(臣)은 출성하라는 이 명을 감히 염려하지는 않습니다. 다만 신(臣)에게 애를 태워 매우 답답

한 사사로운 정이 있어 폐하에게 펴고자 합니다. 동쪽에 있는 우리나라의 풍속이 박절하여 예절이 자질구레하고 번잡하니, 그 임금의 거동에 조금이라도 법도와 벗어나 다른 것이 보이면 놀란 눈으로 서로 보며 괴이한 일이라고 여깁니다. 만일 풍속에 따라서 다스리지 않으면 끝내는 나라가 존립할 수 없습니다. 정묘년(1627) 이후로 조정의 신하들 사이에 과연 서로 다른 의견이 있어서 진정시키려 힘썼으나, 감히 갑자기 꾸짖어 책망하지 못한 것은 대체로 이 점을 염려했기 때문입니다. 심지어 오늘날 온 성안의 백관(百官)과 사서인(士庶人)들이 눈으로 사세가 위태롭고 급박한 것을 보고서 귀명(歸命: 귀순)하자는 논의가 한결같이 같았지만, 유독 출성(出城: 항복)이라는 한 조목에 대해서는 모두가 '고려조(高麗朝) 이래로 없었던 일이다.'라고 하면서 죽기를 각오하고 스스로 결단하여 기필코 출성하려 하지 않았습니다. 따라서 만약 대국의 독촉이 그치지 않으면 훗날에 얻는 것은 쌓인 시체와 텅 빈 성에 불과할 따름입니다. 지금 성안에 있는 사람들이 모두 머지않아 곧 죽으리라는 것을 알면서도 말하는 것이 오히려 이와 같은데, 하물며 다른 곳에 있는 사람들이야 말해 무엇하겠습니까? 예로부터 나라를 망하게 한 화근은 오로지 적병에게만 달려 있는 것이 아니었습니다. 설령 폐하의 은혜를 입은 신세가 되어 다시 나라를 주관하게 되더라도 오늘날의 인심을 보건대 필시 기꺼이 임금으로 떠받들려고 하지 않을 것이니, 이것이 신(臣)이 크게 두려워하는 까닭입니다. 폐하가 귀명(歸命: 귀순)하도록 허락한 까닭은 대체로 소방(小邦)의 종묘사직을 온전하게 보호하려는 것이었지만, 이 일로 인하여 또한 관료와 대신들에게 용납되지 못하여 끝내 멸망하는 지경에 이르게 되면 필시 폐하가 애처롭게 여긴

본심이 아닐 것입니다. 게다가 폐하가 벽력 같은 막강한 군사로 천리 먼 곳에 깊이 들어와서 두 달이 채 못되어 그 나라를 신하로 만들고 그 백성들을 어루만졌으니, 이야말로 천하의 드문 뛰어난 공으로서 전대(前代)에 없었던 일입니다. 어찌 반드시 신이 출성(出城)하기를 기다린 뒤에라야만 바야흐로 이 성을 이겼다고 말할 것이겠습니까? 폐하의 위풍당당함에는 손상되지 않고 소방의 존망과 관계있는 것이 바로 이 출성에 달려 있습니다. 하물며 대국은 이곳에서 성을 공격하려는 것이 아니라 죄 있는 것을 꾸짖으려는 것입니다. 지금 이미 신하로서 복종하였으니, 성을 쌓다는 것이 무슨 필요가 있겠습니까? 삼가 생각건대 폐하는 타고난 예지(叡智)로 만물을 밝게 살피니, 그것은 소방의 진정과 실상을 남김없이 환히 살피는데에 반드시 있어야 할 것입니다. 척화(斥和)한 여러 신하들의 일은 소방에 으레 있는 여러 관직의 대간(臺諫)이 주로 쟁론한 것입니다. 지난날 이미 해 놓은 일은 진실로 지극히 고루하고 허망하였는데, 소방의 살아 있는 백성들을 도탄에 빠뜨려 이 지경에 이르도록 한 것은 이 무리들의 죄가 아닌 것이 없습니다. 그래서 지난해 가을 무렵에 이미 근거 없는 주장으로 일을 그르친 자를 적발하여 모두 벼슬을 빼앗고 내쫓았었습니다. 그러니 지금 황제의 명을 받들고 어찌 감히 지키지 않고 어기겠습니까? 다만 생각해 보니 이 무리들의 본심은 식견이 편협하여 천명(天命)이 어디에 있는지 알지 못하고 끝내 관례(慣例)만을 고집하여 지키려다가 그랬던 것에 불과합니다. 이제 폐하가 바야흐로 군신간의 대의로써 넌지시 한 세상을 감화시키려 한다면, 이와 같은 무리들도 마땅히 긍휼히 여겨 용서하는 속에 넣어야 할 듯합니다. 삼가 생각건대 폐하는 하늘 같은 크나큰 도량으로 이미 국군(國君: 제후국 군주로서 인조)의 죄를 사면하였으니, 이 무리들은 서캐와 이 같은 하찮은 신하로 곧장 소방의 법제와 형벌에 맡겨주면 관대한 덕이 더욱 드러날 것이기 때문에 어리석은 견해를 아울러 아뢰어 폐하의 재결(裁決)과 처분을 기다립니다. 신(臣)은 이미 폐하가 위엄을 거두고 펼친 신망을 입어서 저도 모르게 성심으로 친숙하게 따르며 그 소회를 다 피력하려니 이토록 잇달아 끊이지 않았습니다. 번거롭게 한 죄는 죽음을 피할 수가 없겠지만, 삼가 죽음을 무릅쓰고 아룁니다."라고 하였다.

이 국서 또한 최명길(崔鳴吉)이 지은 것이다. 주상(主上)이 최명길 및 대제학(大提學) 이식(李植)으로 하여금 오랑캐에게 답하는 글을 짓도록 하였다. 비록 최명길의 글이 채택되었지만, 아첨하고 굴복하여 항복을 청하는 뜻은 조금도 다를 것이 없었으나, 이식은 다만 자기의 글이 채택되지 않았다는 이유로 번번이 최명길을 공격하여 스스로 높은 체하니, 사람들이 모두 인정하지 않았다.

이조 참판(吏曹參判) 정온(鄭蘊)은 원수(元帥) 김자점(金自點)이 즉시 들어와 구원하지 않은 일로 아뢴 적이 있는 차자(箚子: 간략한 상소문)에 이르기를, "삼가 아뢰나이다. 그저께 청대(請對: 알현)를 했던 것은 한 가지 꾀나 한 가지 계책이라도 있어서 가히 여러 의론들이 조정에 가득한 날에 도움이 될 만한 것이 있어서가 아니라 단지 용안(龍顔)을 우러러뵙고 싶어서 잠깐 하찮은 견해를 아뢰었을 뿐입니다. 주상은 옥 같은 얼굴이 수척하면서도 응대하기에 고달픈데, 숨이 가쁘고 말솜씨마저 부족하여 마음속에 품은 바를 미처 다 아뢰지 못한 채 심란한 모습으로 섬돌을 내려와서 눈물을 머금고 궁문을 나섰습니다. 바로 지금 하늘이 순종한 자를 도와주고 성상(聖上)의 노여움이 대단하자, 제장(諸將)들이 죽겠다는 마음을 가지고 사졸(士卒)들은 살겠다는 생각이 없는 데다, 모집에 응하는 군사가 날로 더욱 많아지고 적을 죽였다는 보고가 날로 더욱 불어나서 파죽지세를 손꼽아 기다릴 수 있으리니, 이는 바로 위태로운 상황을 되돌려서 안정시켜 옛 강토를 잃어버리지 않을 수 있는 시기입니다. 어제 호차(胡差: 오랑캐 使者)가 왔다 간 것은 본뜻이 아니라 우리를 놀린 것입니다. 만약 그 달콤한 말을 믿고서 다시 그들의 계략에 빠진다면, 지난날 죽겠다는 마음을 가졌던 자가 장차 반드시 살려 할 것이고, 살겠다는 생각이 없던 자가 마음이 변하여 죽으려 하지 않을 것이니, 종묘사직이 망하고 망하지 않고는 차치하고라도 전하의 옥체에 미친 환난으로 또다시 단지(斷指)하여 오라는 말이 있게 될 것입니다. 또한 신(臣: 정온)이 크게 괴이하게 여기는 것은 원수(元帥: 김자점)에 관한 일입니다. 노적(虜賊)에게 군부(君父: 임금)를 버려둔 것으로 인하여 위기일발의 고립된 성 안에서 궁지에 몰려 있는데도 버젓이 물러나 있으면서 아직까지 난리에 달려갔다는 소리가 없으니, 고금천하에 어찌 이와 같은 사명(司命: 군사를 거느린 장수)이 있겠습니까? 삼가 바라건대 전하는 분발할 뜻을 굳게 정하여 간사한 말에 흔들리지 말고 속히 금오랑(金吾郞)을 보내 원수(元帥)의 머리를 베어서 군중(軍中)에 매달게 하십시오. 그런 뒤에는 적의 수레 하나라도 되돌아가지 못하게 하는 공을 머지않아 이룰 수 있을 것입니다. 재결(裁決)하여 주소서."라고 하였다.

또 국서에 신하라고 일컬은 일로 상소문을 올려 말하기를, "삼가 아뢰나이다. 신이 항간에 떠들썩하게 퍼진 말을 가만히 듣자니, 어제

사신이 적에게 갔을 때 신하라 일컬으며 애걸한 자가 있었다고 하는데, 이런 말이 참으로 사실입니까? 만일 정말로 있었다면 필시 최명길(崔鳴吉)의 말일 것인데, 최명길이 어전에 아뢰고 재결(裁決)을 받아 간 것인지, 아니면 또한 사사로이 제멋대로 억측하여 이와 같은 말을 한 것인지 알지 못하겠습니다. 신(臣: 정온)은 이 말을 듣고 저도 모르게 심장과 간담이 모두 철렁 내려앉아서 흐느껴 우는 소리조차 내지 못했습니다. 그동안의 국서는 모두 최명길의 손에서 나왔는데, 그 말이 극히 비굴하고 아첨하였으니 곧 항서(降書)였습니다. 그러나 신(臣)이란 글자를 쓰지 않았는지라 군신간의 명분이 아직 정해지지 않았습니다. 그런데 이제 만약 신(臣)이라 일컫는다면 임금과 신하의 구분이 이미 정해진 것입니다. 임금과 신하의 구분이 이미 정해지면 장차 그 명대로만 따라야 할 것인데, 저들이 만약 출성(出城: 항복)하라고 명하면 전하는 장차 출성하시겠습니까? 북쪽으로 가라고 명하면 전하는 장차 북쪽으로 가겠습니까? 옷을 바꾸어 입고 술을 따르라고 명하면 전하는 장차 옷을 바꾸어 입고 술을 따르시겠습니까? 따르지 않으면 저들은 필시 군신간의 의리를 내세워 죄를 널리 알리고 징벌할 터인데, 그렇게 되면 나라는 이미 망한 것입니다. 이러한 처지에 이르면 전하는 어떻게 처리하시겠습니까? 최명길의 생각은 신(臣)이라고 한번만 일컫기만 하면 산성의 포위가 풀리고 군부(君父)가 온전할 수 있다고 여긴 것입니다. 그렇지만 설혹 이와 같더라도 오히려 궁녀이나 내시, 소인(小人)의 충성이 되는데, 하물며 전혀 이럴 이치가 없음에야 말할 나위가 있겠습니까? 예로부터 지금까지 천하의 국가들이 어찌 길이 존속되기만 하고 망하지 않는 나라가 있었겠습니까? 그렇다고 남에게 무릎을 꿇고서 살기보다는 차라리 정도(正道)를 지켜면서 사직을 위해 죽는 것이 낫지 않겠습니까? 더구나 부자(父子)와 군신(君臣)이 성을 등지고 일전(一戰)을 벌인다면 성을 보전하지 못할 이치가 없음에야 말할 나위가 있겠습니까? 아, 우리나라와 중조(中朝: 명나라)의 관계는 고려조(高麗朝)와 금(金)나라·원(元)나라의 관계와 같지 않으니, 부자간의 은혜를 잊을 수가 있겠으며, 군신간의 대의를 저버릴 수가 있겠습니까? 하늘에는 두 개의 해가 없는데 최명길은 그 해를 두 개로 하려 하고, 백성에게는 두 임금이 없는데 최명길은 그 임금을 둘로 하려 하니, 이런 짓을 차마 할 수 있을진대 무슨 짓을 차마 하지 못하겠습니까? 신(臣)이 몸은 늙고 힘은 약해서 비록 수판(手板: 笏)으로 내리칠 수는 없지만, 한자리에 서로 마주하여 앉고 싶지 않습니다. 삼가 바라건대 전하는 최명길의 말을 통렬히 내치고 나라를 판 죄를 바로잡도록 하소서. 만약 그렇게 하지 않겠다면 속히 신(臣)의 관직을 파하고 내쳐서 망녕된 말을 다시는 하지 못하게 하소서."라고 하였다.

二十一日。

平明, 右相以下, 傳昨日國書而還。夕時, 以受答事, 再往胡陣, 而以出城及執送斥和臣, 不許之, 故賊發怒, 還國書而不答。其書[235]曰: "朝鮮國王臣姓諱, 謹上書于大淸國寬溫仁聖皇帝陛下。臣獲戾于天, 坐困[236]孤城, 自分[237]朝夕就亡, 細思往前罪戾[238], 無以自

235) 《仁祖實錄》 1637년 1월 21일 1번째 기사임.

236) 坐困(좌곤): 궁지에 처하여 어찌할 바를 모름.

237) 自分(자분): 스스로 추량함. 자기를 ~라 여김.

238) 罪戾(죄려): 죄를 저질러서 몹시 어그러지는 일.

贖。雖迫私情, 屢上書疏[239], 以自求新[240], 而實不敢取必於赫怒之天。茲奉恩旨, 書釋[241]前愆, 弛秋霜之嚴威, 布陽春之惠澤, 將使東方數千里生靈, 得脫於水火之中, 豈但一城幸全性命而已? 君臣父子, 感激流涕, 不知所報。前承出城之命, 實多疑畏之端, 而遽[242]當天怒未收之日, 不敢盡陳所懷。今蒙開示悃愊[243], 引論[244]丁寧, 其[245]古人所謂推赤心置人腹中[246]者也。臣自承事大國以來, 十有餘年, 心服陛下信義久矣。尋常言行, 無不相符, 況於絲綸[247]之命, 〈信〉如四時者乎? 臣不敢以此爲慮也。獨臣〈有〉悶迫私情, 爲陛下布之。東國風俗迫隘, 禮節細苛[248], 見其君上動止, 稍異常度者, 則駭目相視, 以爲怪事。若不因俗而治, 終無以立國。自丁卯以後, 朝臣間果有異同之論, 而務爲鎭定, 不敢遽爲呵責[249]者, 蓋慮此也。至於今日, 萬姓[250]百官士庶, 目見事勢危迫, 歸命之議, 同然一辭, 而獨於

---

239) 書疏(서소): 안보, 소식, 용무 따위를 적어 보내는 글.

240) 自求新: 求自新

241) 書釋(서석): 盡釋의 오기.

242) 遽(거): 適의 오기.

243) 悃愊(곤핍): 진실하여 꾸밈이 없음.

244) 引論(인론): 引諭의 오기.

245) 其(기): 眞의 오기.

246) 推赤心置人腹中(추적심치인복중): 자기의 진심을 꺼내어 상대의 뱃속에 넣는다는 뜻으로, 거짓이나 정략이 아닌 진심으로 상대방을 대한다는 의미.

247) 絲綸(사륜): 임금의 詔勅. 《禮記》〈緇衣〉의 "왕의 말씀이 실 같아도 나오면 인끈같이 굵게 되고, 왕의 말씀이 인끈 같아도 나오면 동아줄처럼 굵어진다.(王言如絲, 其出如綸, 王言如綸, 其出如綍.)"에서 나오는 말이다.

248) 細苛(세가): 자질구레하고 번거로움.

249) 呵責(가책): 꾸짖어 책망함.

250) 萬姓(만성): 滿城의 오기.

出城一款, 皆以爲: '自麗朝以來, 所未有之事.' 以死自決, 必不欲出城。若大國督之不已, 則他日所得, 不過積屍·空城而已。今者城中之人, 皆知朝夕且死, 而所言尙如此, 況其他者乎? 自古亡國之禍, 不專在於敵兵。雖使蒙陛下恩德[251], 復得主國, 而以今日人情觀之, 則必不肯戴以爲君, 此臣之所以爲大懼也。陛下之所以許令歸命者, 蓋欲以保全小邦宗社, 而因此事, 亦不爲國人[252]所容, 終至滅亡, 則必非陛下憐恤[253]之本心也。且陛下以雷霆之師, 深入千里之境, 未及兩月, 正[254]其國而撫其民, 此天下之奇功, 而前代之所未有也。豈必待〈臣〉出〈城〉然後, 方可謂之克此城乎? 無損陛下之威武, 而有關小邦之存亡者, 在此〈矣〉。況大國於此, 非以攻城, 所以討有罪也。今旣臣服, 何用城爲? 伏惟陛下, 睿知[255]出天, 明照萬物, 其於小邦之眞情·實狀, 必有洞燭無餘矣。斥和諸臣事, 小邦例有臺諫諸官職, 主諍論。向日所爲, 誠極謬妄, 使小邦生靈塗炭至此, 無非此輩之罪。故上年秋間, 已摘其浮論[256]誤事, 竝加斥黜矣。今承皇帝命, 曷敢違越? 但念此輩本情, 不過識見偏暗, 不知天命所在, 竟欲謬守故常[257]而然也。今陛下方以君臣大義, 諷動一世, 則若此輩者, 似宜在乾恕[258]中矣。伏惟陛下, 大度如天, 旣赦國君之罪, 則此

251) 恩德(은덕): 은혜를 입은 신세.
252) 國人(국인): 관료와 대신들.
253) 憐恤(연휼): 불쌍히 여겨 도와줌.
254) 正(정): 臣의 오기.
255) 睿知(예지): 睿智의 오기.
256) 浮論(부론): 실속 없는 논의. 근거 없는 주장.
257) 故常(고상): 관례. 상례.
258) 乾恕(건서): 矜恕의 오기.

則蠛蠓小臣, 直付之小邦政刑之中, 益見寬大之德, 故竝陳愚見, 以竢陛下裁處。臣旣蒙陛下霽布威信[259], 不覺誠心親付, 畢其所懷, 縷縷[260]至此。煩瀆[261]之罪, 誅無所逃, 謹昧死[262]以聞." 此又崔鳴吉所製。上使崔鳴吉及大提學李植, 製答虜書。雖用鳴吉之文, 詔屈請降之意, 少無異同, 而植只以文不用, 故每攻鳴吉, 自以爲高, 人皆不服。吏曹參判鄭蘊, 曾以元帥金自點, 不卽入援, 陳箚[263]曰: "伏以再昨請對, 非有一謀一策, 可以有補於群議盈庭之日, 只欲仰望天顔, 暫陳淺見而已。玉容瘦瘁, 倦於酬應, 氣促[264]言短, 未盡所懷, 惘然[265]下階, 含淚出門矣。目今[266]天心助順, 聖怒赫然, 諸將有死之心, 士卒無生之氣, 應募之軍日益衆, 殺賊之報日益多, 破竹之勢, 指日可待, 此正轉危爲安, 不失舊物[267]之秋也。昨日, 胡差之來往, 非本情也, 乃覘我也。若信其甘言, 復墜其術中, 則向之有死之心者, 將必欲生, 無生之氣者, 變而無死, 宗社將亡[268], 姑置勿論, 而殿下及膚之患, 又復有以來斷指之說矣。抑臣之所大怪者, 元帥之事也。以虜賊遺君父, 使之窮蹙[269]於一髮孤城之中, 晏然退在,

259) 霽布威信(제포위신): 霽威布信.
260) 縷縷(누누): 잇달아 끊이지 않음. 끊임없음.
261) 煩瀆(번독): 너저분하게 많고 더러움.
262) 昧死(매사): 죽기를 무릅쓰고 말함.
263) 鄭蘊의 연보에 의하면, 1636년 12월 26일에 올린 차자.
264) 氣促(기촉): 숨이 가빠 헐떡거리는 증세.
265) 惘然(망연): 실의에 빠져 뭔가 잊어버린 듯 정신이 멍한 모양.
266) 目今(목금): 바로 지금.
267) 舊物(구물): 옛 영토.
268) 將亡(장망): 存亡의 오기.
269) 窮蹙(궁축): 곤궁하여 어찌할 도리가 없음.

迄無赴難之聲, 古今天下, 安有此等司命[270]也? 伏願殿下, 堅定發憤之志, 勿爲邪說所撓奪, 亟遣金吾郎, 取元帥頭, 竿之軍中。然後隻論[271]不返之功, 不日可辦矣。取進止." 又以國書稱臣, 上疏[272]曰: "伏以臣竊聞外間喧傳之說, 昨日使臣之行, 有以稱臣陳乞者云, 此語誠然乎哉? 若果有之, 必鳴吉之言, 未知鳴吉稟白[273]定奪[274]而往耶? 抑亦私自臆決〈而〉有如此言耶? 臣聞之, 不覺心膽俱墜, 嗚咽不能成聲也。前後國書, 皆出於鳴吉之手, 辭極卑諂, 乃降書也。然不書臣字, 名分猶未定也。今若稱臣, 則君臣之分已定矣。君臣之分已定, 則將惟其命是從, 彼若命之出城, 則殿下其將出城乎? 命之北去, 則殿下其將北去乎? 〈命之〉易衣行酒, 則殿下其將易衣行酒乎? 不從, 則彼必以君臣之義, 聲罪致討[275], 然則國已亡矣。到此地頭[276], 殿下其何以處之乎? 鳴吉之意, 以爲一稱臣, 則城圍可解也, 君父可全也。設或如是, 猶爲婦寺小人之忠[277]也, 況萬萬無此理乎? 自古及今, 天下國家安有長存而不亡者乎? 與其屈膝而生, 曷若守正而死社稷乎? 況父子君臣, 背城一戰, 則不無完城之理〈耶〉? 嗚呼! 〈我〉國之於中朝, 非如麗季之於金元也, 父子之恩, 其可忘乎? 君臣之義, 其可背乎? 天無二日, 鳴吉欲二其日, 民無二王, 而鳴吉

---

270) 司命(사명): 군대의 지휘를 맡음. 곧 사람의 생명을 맡은 막중한 임무를 가리킨다.
271) 隻論(척론): 隻輪의 오기.
272) 上疏(상소): 鄭蘊의 연보에 의하면, 1637년 1월 20일에 올린 차자.
273) 稟白(품백): 稟旨.
274) 定奪(정탈): 임금이 어떠한 사안에 대해 재결함.
275) 聲罪致討(성죄치토): 죄를 널리 알리고 징벌함을 이르는 말.
276) 地頭(지두): 地步. 장소, 위치, 처지, 측면, 차원, 영역, 지경 등을 의미한다.
277) 婦寺小人之忠(부시소인지충): 순종만 하는 나약한 충성심을 일컫는 표현.

欲二其王, 是可忍也, 孰不可忍也? 臣身疲力弱, 雖不能以手板擊之, 而不欲相容於同席之間。伏願殿下, 痛斥鳴吉之言, 以正賣國之罪, 若未也, 亟命罷斥臣職, 使妄言不得更作."

1월 22일。

비국(備局: 비변사)에서 인대(引對: 신하를 불러들여 만남)할 때 홍익한(洪翼漢)을 척화신(斥和臣)의 우두머리로 삼았는데, 동궁(東宮: 소현세자)이 명하기를, "친히 출성(出城)하려 하니 마부와 말을 준비하시오." 라고 했으나, 마음대로 자유로이 할 수가 없어서 그만두었다.

이조 참판(吏曹參判) 정온(鄭蘊)이 화친을 배척한 일로 자수하며 차자(箚子)를 올려 말하기를, "삼가 아뢰나이다. 신(臣: 정온)이 구구하게 차자를 올린 뜻은 실로 최명길이 적에게 신(臣)이라 일컬은 말을 미리 막으려고 했던 것이나, 하룻밤 사이에 갑작스럽게 그 계획이 실행되고 말았습니다. 신(臣)이 미처 들어서 알지 못해 죽음을 무릅쓰고 간쟁하지 못하였으니, 신(臣)의 죄가 크다 하겠습니다. 군주의 욕됨이 이미 극에 달했으면 신하는 죽어야 하는 것이 마땅한데도 오히려 머뭇거리며 꾹 참고 자결하지 못하고 있는 것은 그래도 다행스럽게 전하가 확고하게 출성(出城)할 뜻이 없기 때문이니, 신(臣)이 어찌 감히 경솔하게 죽을 수 있겠습니까? 다만 듣건대 저 오랑캐가 화친을 배척했던 신하를 보내라고 매우 다그친다고 하는데, 신(臣)이 이 비록 앞장서서 적의 사신을 참수하고 적의 서찰을 불태우자고 한 사람은 아니나, 지금까지 적과 싸우자고 주장한 일은 신(臣)에게도 실제로 있습니다. 신(臣)이 죽어서 터럭만큼이라도 나라를 보존하려는 계획에 보탬이 된다면, 신

(臣)이 어찌 감히 몸을 아껴서 군부(君父)를 위하여 죽지 않겠습니까? 삼가 바라건대 전하는 묘당(廟堂: 의정부)에 명하여 신(臣)이 오랑캐들의 요구에 응할 수 있도록 의논하게 하소서. 재결(裁決)하여 주소서."라고 하였다.

二十二日。

備局引對時, 以洪翼漢爲斥和之首, 東宮下令[278]: "欲自出城, 命齊夫馬." 而不得自由而止。吏曹參判鄭蘊, 以斥和自首, 陳箚[279]曰: "伏以臣區區陳箚之意, 實欲預防鳴吉稱臣之語, 而一夜之間, 遽行其計。臣未及聞知, 不能以死爭之, 臣罪大矣。主辱已極, 臣死當矣, 而猶且遲回[280]隱忍[281], 不能自決者, 猶幸殿下, 確然無出城之意, 臣何敢輕死哉? 第聞彼虜求斥和之臣甚急云, 臣雖非首請斬使焚書之人, 而終始主戰, 則臣實有之。臣死而有一毫補益於存亡之計, 則臣何敢愛身, 而不爲君父死哉? 伏願殿下命廟堂, 議以臣應虜人之求。取進止."

1월 23일。

주상(主上)의 몸이 편치 않았는데, 내국(內局: 내의원)에서 가지고 온 약재(藥材)가 단지 정기산(正氣散) 10첩(貼)을 지을 만한 거리일 뿐이라 우선 정기산 2첩을 조제하여 올리니 곧바로 회복하였다.

---

278) 下令(하령): 조선시대에 왕세자나 왕세손이 내리던 명령.
279) 《仁祖實錄》 1637년 1월 22일 7번째 기사.
280) 遲回(지회): 머뭇거림. 지체함.
281) 隱忍(은인): 마음속에 감추어 밖으로 드러내지 않고 참음. 꾹 참음.

근래에 오랑캐는 척화신(斥和臣)을 보내지 않았다는 이유로 머뭇거리며 빨리 화친을 허락하지 않았다.

체찰부(體察府)의 중군(中軍)인 전 통제사(前統制使) 신경인(申景禋)·남양군(南陽君) 홍진도(洪振道)가 밤새도록 구굉(具宏)·신경진(申景禛)의 진중(陣中)에 왕래하면서 몰래 일을 의논한 것이었다. 수원(水原)·죽산(竹山) 고을 등의 장관(將官) 및 훈련 초관(訓鍊哨官) 수백여 명이 궁궐 앞으로 와서 척화신을 내어줄 것을 청하였는데, 이보다 먼저 체찰부에 이르러 칼을 어루만지며 큰소리치면서 나아가니, 체상(體相: 김류)이 자못 두려워하는 기색으로 옳고 그른 것을 물어서 가리지도 않은 채 다만 말하기를, "마땅히 너희들의 청을 따를 것이니, 속히 물러가라." 하였다. 수원 부사(水原府使) 구인후(具仁垕)는 지금 구굉(具宏)의 진중에 있고, 죽산 부사(竹山府使)는 곧 구인기(具仁基)로 그 고을의 군졸들 또한 구굉에게 속해 있었는데, 신경진(申景禛)은 현재 훈련대장이었다. 이날 이러한 거사는 모두 군졸들의 뜻이 아니었다.

우상(右相: 이홍주) 이하가 국서(國書)를 가지고 오랑캐 진영으로 갔으니, 척화신 홍익한(洪翼漢)을 결박지어 보내는 일이었다. 그 국서에 이르기를, "조선국왕 신(臣) 성(姓) 휘(諱)는 삼가 대청국 관온인성 황제폐하(大淸國寬溫仁聖皇帝陛下)께 글을 올립니다. 신(臣: 인조)이 온 정성을 다한 한 통의 국서로 외람되이 아뢰었으나, 성의가 천박하여 받아들여지지 않으니 부끄럽고 송구합니다. 만약 용납 받을 수 없다면 생각하건대 임금과 신하 사이의 명분도 아무렇게나 확립할 수 없지만, 종묘사직을 위한 계책도 그만둘 수 없으니 비록 엄한 견책을 받더라도 피할 수가 없습니다. 삼가 폐하는 살펴주기 바라나이다. 소방(小邦)은 바다

밖의 약소국으로 중국 본토와 아주 멀리 동떨어져 있어서 오직 강하고 큰 나라에만 그 신하로서 복종하였으니, 고려조(高麗朝) 때의 요(遼)·금(金)이 바로 그러한 경우입니다. 지금 폐하는 하늘의 돌보심을 입어 홍운(洪運: 국운)이 크게 열려서 소방과 땅이 서로 접하여 복종하며 섬겨 온 지 이미 오래입니다. 진실로 가장 먼저 귀순하여 제국(諸國)의 앞장을 섰어야 마땅했으나, 지금에 이르기까지 주저했던 까닭은 대대로 명나라를 섬겨 와서 본래 명분이 정해져 있었기 때문입니다. 그러니 그 신하로서 갑자기 절의를 변하지 않으려 했던 것 또한 인정과 예의에서 당연히 나온 것이었지만, 생각건대 사리에 어둡고 우둔한 데다 무도(無道)하여 일을 많이 망령되게 저질렀습니다. 지난해 봄 이후로 대국은 소방을 대해 따뜻한 마음과 뜻이 변함 없었으나, 소방은 대국에게 잘못을 저지른 것으로 각종 사례가 한둘이 아니어서 대병(大兵)이 몰려왔으니 실로 자초한 것입니다. 군신(君臣) 상하가 두려움에 떨며 날을 보내면서 그저 죽기만을 기다리고 있었는데, 뜻밖에도 하늘 같은 성덕(聖德: 황제의 덕)이 굽어살펴 불쌍히 여기고 소방의 종묘사직을 보전할 수 있는 방법을 생각해주었습니다. 이달 17일 황제의 교지(敎旨)에 이르기를, '만약 그대의 나라가 모두 우리의 판도(版圖)에 들어온다면 짐(朕)이 어찌 길러 안전하게 보호하며 적자(赤子: 백성) 같이 사랑하지 않겠느냐?'라고 하고, 20일 황제의 교지에 이르기를, '짐이 넓은 도량을 베풀어 그대가 스스로 지난 잘못을 뉘우치고 새로워지기를 허락한다.'라고 하여서 은혜로운 말들이 한번 펼쳐지자 만물이 모두 봄을 만난 듯했으니, 참으로 이른바 죽은 자를 살아나게 하고 뼈에 살을 붙여준 것이라고 할 만한 것입니다. 그래서 동방에 있는 소방의 사람들이 자자손손 다 장차 폐하의 공덕을 할 것인데, 하물며 나라를 다시 이루도록 배풀어준 은혜[再造之恩]를 신(臣)이 직접 입었음에야 말할 나위가 있겠습니까? 이제 신(臣)이 신(臣)이라고 일컬은 표문(表文)을 받들어 올리면서 번방(藩邦)이 되어 대대로 대조(大朝)를 섬기고 싶어하는 것 또한 인정상 천리상에서 나온 것으로 멈출 수가 없습니다. 이는 신(臣)이 이른바 임금과 신하 사이의 명분을 아무렇게나 확립할 수 없는 것입니다. 신(臣)이 이미 몸을 폐하에게 맡겼으니 폐하의 명령에 진실로 마땅히 분주하게 받드느라 겨를이 없어야 하나, 아직 감히 출성(出城: 항복)하지 못하는 이유는 신(臣)의 사정과 형세가 참으로 앞서 아뢴 바와 같으니, 단지 이 한 조목 때문에 신(臣)에게 죽는 길만이 있을 뿐입니다. 《전(傳: 書傳)》에 이르기를, '사람들이 하고자 하는 바를 하늘은 반드시 따라 준다.'라고 하였는데, 폐하는 신(臣)의 하늘이니 어찌 곡진히 굽어 살펴 주지 않는 것입니까? 게다가 폐하는 이미 죄도 용서하고 칭신(稱臣)도 허락하여 신이 이미 신하의 예로 폐하를 섬겼으니, 출성(出城)을 하느냐 여부는 다만 극히 그 사소한 예의범절일 뿐입니다. 어찌 큰 것은 허락하고 작은 것은 허락하지 않을 수 있습니까? 그러므로 신(臣)이 바라는 것은 천병(天兵: 청나라 군대)이 퇴군하는 날을 기다렸다가 친히 성안에서 황제의 은혜에 사례하고 단(壇)을 설치해 망배(望拜)하며 황제의 승여(乘輿)를 전송하는 것이니, 곧 대신(大臣)을 차출해 사은사(謝恩使)에 충원하여 소방이 성심으로 감격하고 기뻐하는 정을 표하고자 합니다. 이후로 사대(事大)의 예는 다 상식(常式: 통상의 법식)에 따라 영원히 대대로 끊이지 않을 것인데, 신(臣)이 정성과 신의로 폐하를 섬기고 폐하 또한 예(禮: 예법)와 의(義: 도리)로 소방을 대하여 군신 사이에 각기 그 도리를 다함으로써 소방의 살아 있는 백성들에게 복덕을 끼쳐 후세에 칭송을 받는다면, 오늘날 소방이 겪은 병화(兵禍)는 실로 자손들에게 한없이 아름다운 경사가 될 것입니다. 화친을 배척한 신하들의 일은 이전에 올린 글에서 이미 간략히 아뢰었지만, 대저 이 무리들이 감히 도리에 맞지 않는 망령된 말을 하여 두 나라의 대계(大計)를 무너뜨렸으니, 이는 폐하가 미워하는 바일 뿐 아니라 실로 소방의 군신(君臣)들도 함께 분하게 여기는 바입니다. 부월 앞에서 죽는들 어찌 조금이라도 스스로 돌아보고 애석해 하는 마음이 있겠습니까? 다만 지난해 초봄에 맨 먼저 주창한 대간(臺諫) 홍익한(洪翼漢)은 천병(天兵: 청나라 군대)이 우리 국경에 이르렀을 때 평양 서윤(平壤庶尹)으로 내몰아서 그로 하여금 군사의 예봉을 감당하게 하였는데, 만일 천병 앞에 사로잡히지 않았다면 반드시 폐하가 본토(本土)로 회군하는 길목에 있으리니 결박지어 보내기 어렵지 않을 것입니다. 그 밖에 파면되어 지방에 가 있는 자는 길이 막히어 그 거처를 찾기가 쉽지 아니한데, 이는 이치의 형세가 그러하기 때문입니다. 폐하의 큰 도량으로 너그러이 보아 넘기시고서 포용하여 용서하리라 생각합니다만, 반드시 기어코 끝까지 찾아낸다면 회군하는 날에 그 사람들을 조사하도록 청하여 처분을 기다리겠습니다. 삼가 죽음을 무릅쓰고 아룁니다."라고 하였다.

김상헌(金尙憲)은 척화(斥和)한 일로 상소하고 궐하에서 명을 기다리니, 주상(主上)은 "경(卿)이 처분을 청하는 것은 지나친 듯하오. 안심하고 물러가 있소."라고 답하였다. 김상헌이 18일 국서를 찢은 이후부터 음식을 물리치고 한 모금의 미음도 입에 넘기지 않은 지 6일이나 되어 목숨이 경각에 달려 있었는데, 척화신(斥和臣)을 오랑캐 진영에 보내라는 조치를 듣고서야 오늘부터 비로소 일어나서 음식을 먹으며 말하기를, "내가 만약 먹지 않아 먼저 죽으면, 사람들이 반드시 오랑캐 진중에 가는 것을 피하고자 그랬다고 할 것이다."라고 하였다. 전 대사간(前大司諫) 윤황(尹煌) 또한 궁궐에 나아가 주상의 처분을 청했는데, 그의 아들 윤문거(尹文擧)가 상소하여 아버지를 대신하여 오랑캐 진영에 가기를 청하자, 주상이 답하기를, "내가 그렇게 할 생각이 없으니 조금도 두려워 말라." 하였다. 교리(校理) 윤집(尹集)·수찬(修撰) 오달제(吳達濟)가 연명(聯名)으로 상소하여 척화신이라며 자수하였지만, 주상이 답하지 않았다. 대체로 체상(體相: 김류) 및 이성구(李聖求)·최명길(崔鳴吉)의 뜻은 장차 척화신을 조사하여 바로잡으려고 한 조치였다.

밤 삼경(三更: 밤 12시 전후)에 적이 서성(西城)으로 이시백(李時白)이 지키고 있는 곳에다가 몰래 구름사다리를 설치하여 성을 넘어 들어오려는 즈음, 성에서 겨우 1자 정도 떨어진 곳에 있던 수어사(守禦使: 이시백)의 군관(軍官: 송의영)이 먼저 알아차리고 군사들이 놀랄까 염려하여 성을 지키다가 잠든 자들을 걷어차면서 "순찰하는 선전관(宣傳官)이 온다."라고 하였다. 대개 순찰하는 규정으로 초경(初更)에는 독전어사(督戰御使)가 순찰하고, 이경(二更)에는 체찰부(體察府) 군관(軍官)이 순찰하고, 삼경(三更)에는 선전관이 순찰하고, 사경(四更)·오경(五更)에는 수문장(守門將) 군관이 순찰하기 때문이었다. 잠자던 군졸들이 모두 일어난 뒤에야 남몰래 적이 성을 넘어온 상황을 말했는데, 이 때문에 군졸들이 놀라 흩어지지 않았다. 갑작스레 화살을 쏠 겨를이 없자, 먼저 큰 돌로 내리치고, 다음으로 쇄마철(碎磨鐵)을 던지고, 이어서 화포를 쏘니, 적은 크게 꺾여 스스로 퇴각하였다. 밤이 칠흑같이 어두워서 처음에는 적을 얼마나 죽였는지 알지 못했지만, 다음날 아침에 보니 적이 시체를 끌고 내려갔는데 얼음과 눈 위에 유혈이 낭자하여 죄다 붉어 있어서 죽은 자가 많았음을 알 수 있었다.

수어사(守禦使) 이시백(李時白)은 애초부터 군졸이 모두 갑옷을 입은 자가 없었기 때문에 생사를 마땅히 그들과 함께하겠다며 끝내 갑옷을 입지도 투구를 쓰지도 않았다. 이때 이르러 주상이 여러 차례 내관(內官)을 보내어 갑옷과 투구를 쓰도록 권하였으나 끝내 명을 받들지 않고 있다가 화살 두 대를 맞으니, 상하 모두가 자못 염려하였지만 마침내 나았다. 대개 이시백이 거느린 군졸들은 바로 경기도 초군(哨軍)들로서 훈련을 받지 못한 자들이었는데, 함께 거처하면서 고락을 한결같이 사졸들과 같이하여 마침내 그들의 힘을 얻은 것이었다.

적이 국서(國書)가 오고갈 때마다 반드시 서성(西城)으로 온 것은 대체로 산성이 위태롭고 험하지 않는 곳이 없었으나 서성이 진군하기에 편하여 그 형세를 익혀 알고자 한 계획이었다.

오경(五更: 새벽 4시 전후)에 또 적이 동쪽 망월성(望月城)을 침범하자 신경진(申景禛)이 쳐서 물리쳤는데, 적을 죽인 것이 서성의 전투보다 더욱 많았다. 전투가 위급하고 긴박해지자, 몇 사람이 굴을 파서 목숨을 보전할 곳으로 삼았다. 그 후로도 그 굴이 그대로 남아 있으니, 사람들이 간혹 헐뜯어 이르기를, "윤혈(尹穴)·정혈(鄭穴)·최혈(崔穴)이다." 라고 하였다.

二十三日。

上候未寧，而內局齎來藥材，只正氣散十貼所入而已，姑以正氣散二貼，旋卽乃瘳。近以虜以斤和臣不送之故，趁不許和。體府中軍, 前統制使申景禋[282]·南陽君洪振道[283], 達夜往來於具宏·申景禛陣中, 有所密議。〈水〉原[284]·竹山邑等, 將官及訓鍊哨官, 數百餘人, 詣闕下, 請出給斥和臣, 先指[285]體府, 撫劍高聲而進, 體相頗有懼色, 不問曲直, 只言: "當從爾等之請, 速退."云。蓋水原府使具仁垕, 方在具宏陣中, 竹山府使, 卽具仁基[286]也, 其邑束伍, 亦屬於宏, 而申景禛, 方爲訓鍊大將。此日此擧, 皆非軍卒之意也。右相以下, 持國書, 往虜陣, 蓋爲斥和臣洪翼漢縛送事也。書曰: "朝鮮國王臣姓諱, 謹上書干大淸國寬溫仁聖皇帝陛下。臣罄竭衷悃, 冒陳一書, 誠意淺薄, 未蒙頷可, 慚惶悸恐。若無所容, 仍念君臣之名, 非可以苟立, 宗社之計, 不容於已, 雖蒙嚴譴, 有不可避。伏惟陛下, 垂察焉。小邦以海外弱國, 與中土絶遠, 唯强且大者, 是臣是服, 麗朝之於遼金是也。今陛下受天眷佑, 丕開洪運, 而小邦壤地相接, 服事已久。固宜首先歸順, 爲諸國倡, 而所以遲回至今者, 世事明朝, 名分

---

282) 申景禋(신경인, 1590~1643): 본관은 平山, 자는 子精. 아버지는 都巡邊使 申砬이며, 형은 영의정 申景禛이다. 정묘호란이 발발하자 왕명을 받고 1만여 명의 전라도 관군을 이끌고 구원 차 북상하였으나, 도중에 시일을 천연함으로써 결국 강화도의 行在에 이르기 전에 화의가 성립되었으므로 문책당하여 파직되었다. 병자호란 때는 體府의 中軍으로 산성방어에 힘썼다.

283) 洪振道(홍진도, 1584~1649): 본관은 南陽, 자는 子由, 호는 聽檜. 아버지는 동지돈녕부사 洪憙이며, 어머니는 具思孟의 딸이다. 아버지 홍희가 인조의 외조부인 具思孟의 사위여서, 인조와 이종사촌 형제이다. 1636년 병자호란이 일어나자 왕을 남한산성으로 호종하였고, 和議를 주장하였으며, 이듬해 자헌대부에 올랐다.

284) 水原(수원): 경기도 중남부에 있는 고을. 동쪽은 용인시 수지구와 기흥구, 서쪽은 안산시와 화성시 매송면, 남쪽은 화성시 태안읍, 북쪽은 의왕시에 접한다.

285) 先指(선지): 先詣의 오기.

286) 具仁基(구인기, 1576~1643): 본관은 綾城, 자는 伯鞏, 호는 竹隱. 정산 현감, 인제현감을 비롯하여 공조정랑, 사복시첨정, 주부 등을 역임하였다.

素定。其不欲遽變臣節, 亦出於情禮之當然, 而惟是昏謬無狀, 事多妄作。自上年春後, 大國之所以待小邦者, 情意靡替, 而小邦之所以獲過大國者, 種種非一, 大兵之加, 實所自取。君臣上下, 惴惴度日, 只待死亡, 不圖聖德如天, 俯賜矜愍, 思所以保全宗社。本月十七日皇帝[287], 有曰: '若爾國盡入版圖, 朕豈有不生養安全, 字之若赤子乎?' 二十日皇旨, 有曰: '朕開弘道, 許以自新.' 恩言一布, 萬物皆春, 眞所謂生死而肉骨也。東方之人, 子子孫孫, 皆將頌陛下之功德, 況於臣之躬被再造之賜者乎? 今臣之所以稱臣奉表, 願爲藩邦, 世事大朝者, 亦出於人情·天理之不容已。此臣所謂君臣之名, 非可以苟立也。臣旣委躬陛下, 則其於陛下之命, 固當奔走奉承之不暇, 而至於未敢出城之由, 則臣之情勢, 誠有前所陳, 只此一款, 臣有死而已。傳曰: '人之所欲, 天必從之[288].' 陛下則臣之天也, 豈有不曲賜[289]採量者乎? 且陛下旣已貸罪·許臣, 臣旣以臣禮事陛下, 則出城與否, 特其小節耳。寧有許其大而不許其小者乎? 故臣之所望, 欲待天兵退舍[290]之日, 親拜恩於城中, 而詣壞[291]望拜[292], 以送乘輿, 卽差大臣, 充謝恩使, 以表小邦誠心感悅之情。自玆以往, 事大之禮, 悉昭[293]常式, 永世不絶, 臣方以誠信事陛下, 陛下亦以禮義待

---

287) 皇帝(황제): 皇旨의 오기.

288) 人之所欲, 天必從之(인지소욕, 천필종지): 《書傳》〈泰誓〉의 "하늘은 백성들을 불쌍하게 여기는바, 백성들이 하고자 하는 바를 하늘은 반드시 따라 준다.(天矜子民, 民之所欲, 天必從之.)"에서 나오는 말.

289) 曲賜(곡사): 임금이 물질적이나 정신적으로 철저히 보살피어 줌. 애써 봐 줌.

290) 退舍(퇴사): 물러나서 머무름. 기숙사나 官舍, 兵舍 따위에서 나가다.

291) 詣壞(예람): 設壇의 오기.

292) 望拜(망배): 멀리서 그 대상이 있는 쪽을 향하여 절함.

小邦, 君臣之間, 各盡其道, 貽福於生靈, 見稱於後世, 則今日小邦之被兵, 實爲子孫無彊之休慶矣。斥和諸臣事, 前書亦已略陳, 大抵此輩, 敢爲謬妄[294]之言, 壞誤兩國之大計, 此非但陛下之所惡, 實小邦君臣之所共憤也。鈇鉞之誅[295], 有何一分顧籍[296]? 但上年春初, 首倡臺諫洪翼漢, 當天兵到京[297]時, 斥拜平壤庶尹, 令渠自當兵鋒, 若不爲兵前俘獲, 則必在本土班師[298]之路, 不難縛致。其它被斥在外者, 道路不通, 未易尋其去處, 此則理勢然也。以陛下之大度仁恕, 想能包容而闊略[299]之, 必欲窮究, 請於師還之日, 查得其人, 以待處分。謹昧死以聞." 金尙憲, 上疏以斥和, 待命於闕下, 上以卿之請命[300]似過, 安心退去爲答。金尙憲, 自十八日裂書之後, 却食不入勺糜於口者六日, 命在頃刻, 聞有斥和臣送虜之擧, 自今日始起飮食, 曰: "我若不食先死, 則人必謂欲避虜陣之行矣." 前大司諫尹煌, 亦詣闕請命, 其子尹文擧[301], 上疏請代父往虜陣, 上答曰: "予無

---

293) 悉昭(실소): 悉照의 오기.

294) 謬妄(유망): 터무니없음. 이치나 도리에 맞지 아니하여 종잡을 수 없다는 뜻이다.

295) 鈇鉞之誅(부월지주): 《晉書》〈郭麐傳〉의 "이기지 못한다면 스스로 부월의 앞에 엎드려 죽을 것이며, 이긴다면 좌승은 무모한 것이 된다.(若其不捷, 自伏鈇鉞之誅, 如其克也, 左丞爲無謀矣.)"에서 나오는 말.

296) 顧籍(고적): 자기 몸을 살펴 소중하게 여김.

297) 到京(도경): 到境의 오기.

298) 班師(반사): 回軍. 군사를 거느리고 돌아옴.

299) 闊略(활략): 죄를 용서하고 놓아 줌.

300) 請命(청명): 下命을 청함. 지시해 줄 것을 요구함.

301) 尹文擧(윤문거, 1606~1672): 본관은 坡平, 자는 汝望, 호는 石湖. 아버지는 대사간 尹煌이다. 金集의 문인. 1630년 생원이 되고, 1633년 식년문과에 급제하여 檢閱·부교리 등을 지냈다. 1636년 병자호란 때 사간원정언으로 斥和議를 陳啓했고, 그해 12월 청나라가 침입하자 아버지를 따라 인조를 남한산성으로 扈駕하였다.

此意, 千萬勿懼." 校理尹集·修撰吳達濟, 聯名上疏, 以斥和自首, 不答。蓋體相及李聖求·崔鳴吉之意, 將有査正[302]斥和臣之擧也。夜三更, 賊自西城李時白所守之處, 潛設雲梯, 踰入之際, 去城纔一尺許, 守禦使軍官[303], 先覺之, 恐驚衆, 蹴守堞就睡者, "宣傳巡邏者, 至矣." 蓋其巡邏之規, 初更督戰御使巡之, 二更體府軍官巡之, 三更宣傳官巡之, 四更·五更守門將軍官巡之故也。睡卒皆起然後, 潛言賊踰之狀, 以此軍卒, 不爲驚散。倉卒未及發矢, 先以大石下擊, 次用碎磨鐵, 繼之以火炮, 賊大挫自却。夜黑, 初不知所殺多募, 翌朝見之, 則賊曳屍而下, 氷雪之上, 血流盡赤, 可知被殺者多矣。守禦使李時白, 初以軍卒皆無被甲者, 死生當與共之, 終不被甲胄。至是, 屢送內官, 勸着甲胄, 終不承命, 身被兩矢, 上下傾慮, 竟得瘳。蓋時白所領者, 乃京畿哨軍, 不敎者也, 居處甘苦, 一與士卒同, 竟得其力。賊每於國書往來之際, 必來西城者, 蓋山城無不危險, 而西城便於進兵, 欲習知其形之計也。五更, 又犯東邊望月城[304], 申景禛擊却之, 所殺尤多於西城之戰。及其危迫, 數三人, 鑿穴以爲圖生之地。厥後, 其穴尙存, 人或誣稱之, 曰: "尹穴·鄭穴·崔穴."云。

1월 24일。

해 뜰 무렵에는 적이 또 남성(南城)으로 구굉(具宏)이 지키고 있는

302) 査正(사정): 그릇된 것을 조사하여 바로잡음.

303) 守禦使軍官(수어사군관): 宋義榮(생몰년 미상)을 가리킴. 본관은 延安으로 사태가 평정되고 곧 兎山 현감으로 제수됨.

304) 望月城(망월성): 남한산성 동쪽 망월봉에 있던 성.

곳을 쳐들어 왔다가 저물녘에는 또 곡성(曲城)을 쳐들어 왔는데, 구굉이 다 공격하여 물리쳐 대승을 거두었고, 곡성에서 아군을 몰래 내어 일제히 화포를 쏘아 많은 적을 죽이고 또 패배시켰다.

적장이 칠팔 명을 거느리고 며칠 전에 망월봉(望月峯)에 올라가 대포를 설치하려고 할 즈음, 신경진(申景禛)이 훈국(訓局: 훈련도감)의 화포 쏘는 연습생에게 천자포(天字砲)를 설치하여 쏘도록 해서 오랑캐의 장수 및 졸개 몇 명을 맞추니 나머지 적들이 철수해 갔었다. 오늘 적이 또 대포를 설치하여 종일토록 그치지 않고 매양 행궁(行宮)을 향해 쏘아 댔다. 그 포환(砲丸)을 보니 크기가 사발만 하였는데, 사창(私倉: 司倉의 오기)의 기왓집 위에 떨어졌다. 기왓집의 가운데에는 누(樓)가 있었고 그 아래에는 구들이 있었지만, 이러한 세 겹을 뚫고 땅속으로 1자 남짓이나 들어가 박혔다. 또한 남성(南城) 건너편에도 설치했는데, 그 포환이 성을 지나서 북성(北城) 밖 10리 정도 되는 곳에 있는 오랑캐 진영에 떨어지니 적이 죽은 자가 생긴 듯 즉시 철수해 갔다.

망월봉(望月峯)의 적이 대포를 쏠 때 화약에 불이 붙어 적이 쓰러져 죽었다. 남성 밖으로 아군이 출전했을 때도 또한 불이 났으나 한 사람도 죽은 자가 없었으니 천행이었다. 다만 군관(軍官) 이익성(李星益)이 화약에 부상을 입었다가 끝내 병으로 죽었다.

저녁이 된 뒤에 적이 서문(西門)에 와서 우리를 부르니, 우상(右相: 이홍주) 이하가 국서(國書)를 가지고 나갔다. 어제 오랑캐가 국서를 받지 않았으므로 지금 또 가지고 간 것인데, 삼사(三司)에서 극력 간쟁하여 홍익한(洪翼漢) 이외에 또 조사해 보낸다는 말은 불가하다고 하자, 주상이 윤허하여 국서를 고쳐 지어서 보냈다.

二十四日。

平明, 賊又犯南城具宏所守處, 向夕, 又犯曲城[305], 具宏皆擊却大捷, 潛出我軍於曲城, 齊發火炮, 所殺多賊, 又敗北。賊率七八人, 數日前, 上望月峯, 將設大炮之際, 申景禛, 令訓局習放者, 設放天字炮, 中其胡將及卒數人, 餘賊撤去。自今日, 賊又設大炮, 終日不絶, 每向行宮而放之。見其丸, 大如沙椀, 落於私倉[306]瓦家上, 家中有樓樓, 下有堗, 貫穿三重, 入地底尺許。且設於南城越邊, 丸過城, 落於北城外十里許胡陣, 賊或有死者, 卽撤去之。望月峯賊放炮時, 失火於火藥, 賊斃死。南城外, 我軍之出戰, 時亦火發, 而無一人死者, 天幸也。但軍官李星益, 爲火藥所傷, 竟病死。夕後, 賊自西門呼我, 使右相以下, 持國書出去。蓋昨日胡不受, 故今又持去, 三司力爭, 洪翼漢之外, 不可又爲查送之語, 上許之, 改撰作以送。

1월 25일。

적이 또 서문(西門)에 와서 우리를 부르니, 상신(相臣: 우의정 이홍주)에게 병이 생겨서 대신 이덕형(李德泂)을 보내고 이성구(李聖求)·최명길(崔鳴吉)에게 오랑캐 진영에 가도록 하니, 적은 우리가 어제 전했던 국서(國書)를 되돌려 보면서 말하기를, "칸(汗)이 내일 돌아갈 것인데, 만약 출성(出城: 항복)하지 않으면 화친하는 일은 이루기가 어려울 것이니 이후로 모름지기 다시 올 것 없소." 하고, 또 말하기를, "각 도에서 온 구원병은 이미 다 격파했소."라고 하였다.

---

305) 曲城(곡성): 성문을 쌓을 때 성문 밖으로 둘러 가려서 곡선으로 쌓은 성벽.
306) 私倉(사창): 司倉의 오기.

종일토록 대포를 쏘아대니 우리나라 사람들이 맞아 죽은 자는 사복서리(司僕書吏) 및 신경진의 군관 윤 아무개였다. 밤 삼경(三更: 밤 12시 전후)에 적이 또 망월성(望月城)을 공격하였는데, 우리 군사들이 대비하고 있었기 때문에 적은 물러나 갔다. 그러나 동성(東城)은 대포에 의해 손상을 입었고 성첩은 죄다 부숴졌는데, 군량을 넣어두었던 빈 섬 사오백 장을 거두어 들여서 흙으로 채운 것을 쌓아 성을 만들고 물을 부어 얼렸더니, 대포가 비록 떨어져 포환이 땅속으로 들어갔지만 별로 피해가 없었다. 군관이 포환에 맞아 죽는 것을 눈 앞에서 보고도 성이 무너지면 다시 수축하며 전혀 두려워하는 기색이 없었으니, 신경진은 가히 장수의 풍모를 지녔다고 할 만하였다.

二十五日。

賊又自西門呼我, 使相臣有病, 代送李德泂, 及李聖求·崔鳴吉, 往虜陣, 則賊還送昨日所傳國書而言之, 曰: "汗明日將回去, 若不出城, 和事難成, 此後不須更來也." 且言: "諸道援兵, 已盡擊破."云。終日放大炮, 我國人之中死者, 司僕書吏及申景禛軍官尹也。夜三更, 賊又犯望月城, 我軍有備, 故賊退去。東城, 爲大炮所傷, 城堞盡毁, 收得管餉空石[307]四五百, 實之以土, 積而成城, 灌水爲氷, 大炮雖觸, 丸入土中, 別無所害。軍官中丸, 死於眼前, 城毁更備, 了無危懼之色, 申景禛可謂有將帥風矣。

---

307) 石(석): 섬. 곡식 따위를 담기 위하여 짚으로 엮어 만든 그릇.

1월 26일。

신경진(申景禛)·구굉(具宏) 진영의 장관(將官)들이 또 궁궐에 와서 척화신(斥和臣)을 붙잡아 내보낼 것을 청하였는데, 대체로 김상헌(金尙憲)·정온(鄭蘊)·윤황(尹煌) 등의 사람을 가리켰다. 그들이 곧바로 정원(政院)에 들이닥쳐 소란스럽게 떠들썩하기를 그치지 않자, 승지(承旨) 이행원(李行遠)이 선뜻 나서서 말하기를, "비록 위급한 때를 당하였다 하더라도 너희들이 온 이곳은 대내(大內)가 멀지 않은 곳이거늘, 어찌 감히 이런 짓을 한단 말이냐?"라고 하니, 군인들이 눈을 부릅뜨고 성을 내며 그의 앞으로 나아가 말하기를, "이 승지(李承旨)는 재주와 꾀가 있는 사람인 듯하다. 우리들이 만약 오랑캐의 진영으로 모시고 가면 그들을 공격할 수 있을 것이니, 속히 내보내라, 속히 내보내라." 하였다. 동료가 승지에게 권하여 피하도록 하자, 그제서야 진정되었다.

군인들이 이때부터 장차 난동을 부릴 모습을 보이자, 사람들이 마음속으로 불안하여 술렁이고 두려워하였으니, 그 풍경은 놀랄 만하였다. 사람들이 말하기를, "다 함께 같은 성을 지키는 군사들인데도 단지 신경진과 구굉 두 장수 휘하의 군사들만 대궐에 온 것 외에는, 다른 장관(將官)들은 와서 척화신을 내보내라고 청하지 않으니 그 까닭을 알 만하였다."라고 하였다. 곧 또 북성(北城) 총융사(摠戎使: 구굉) 휘하의 장관들을 꾀어 또한 와서 청하게 했으나, 총융부사(摠戎副使) 원두병(元斗柄: 元斗杓의 오기)은 실로 그것을 알지 못했고, 수어사(守禦使) 이시백(李時白)의 휘하는 한 사람도 온 자가 없었다.

이날 저녁에 홍서봉(洪瑞鳳)·최명길(崔鳴吉)·김신국(金藎國)이 오랑캐 진영에 갔는데, 용골대(龍骨大)와 마부대(馬夫大) 두 장수가 강도(江

都: 강화도)에서 장릉(長陵: 인열왕후)의 수릉관(守陵官: 洪霙)과 종실(宗室) 진원군(珍原君: 李世完) 및 내관(內官: 환관) 나업(羅業)을 붙잡았다면서 내어 보여주었고, 22일에 군사들이 강도로 건너가 내성(內城)을 에워싸고 대군(大君) 형제(兄弟: 봉림대군과 인평대군) 및 숙의(淑儀: 인조의 후궁 나씨)·빈궁(嬪宮: 소현세자의 빈 강씨) 일행을 사로잡아 통진(通津)에 이미 도착해 있었으며, 대군의 수서(手書) 및 전 영상(前領相) 윤방(尹昉)의 장계(狀啓)를 가지고 와 전해 주었다.

밤에 대신들이 입대(入對)하여서 출성(出城: 항복)하는 것을 의논하여 정하였다.

二十六日。

申景禛·具宏, 陣下將官, 又來闕下, 請出斥和臣, 蓋指金尙憲·鄭蘊·尹煌等人也。直入政院, 喧呼不止, 承旨李行遠[308], 挺身出言曰: "雖當危急之日, 汝等來此, 大內不遠之地, 何敢乃爾?" 軍人, 張目盛怒以前曰: "李承旨, 似是才略之人。吾等若陪往虜陣, 則可以擊之, 速出速出." 同官使勸避, 然後乃止。軍人自此, 將有作亂之狀, 人心洶懼, 景色可駭。〈人言〉: "同是一城, 守堞之卒, 而只是申具兩將管下, 詣闕之外, 其它將官, 不爲來請, 可知所以."云。則又卽敎誘北城摠戎將官, 亦使來請, 而摠戎副使元斗柄[309], 〈實不知之〉,

308) 李行遠(이행원, 1592~1648): 본관은 全義, 자는 士致, 호는 西華. 1636년 병자호란이 일어나자 공은 급히 서둘러서 御駕를 호종하였는데, 임금께서 內官을 돌아보며 공에게 말을 내어주라고 명하였다. 城의 포위망이 급박해지자 亂兵들이 곧장 行宮에 들이닥치어 전일에 斥和를 주장한 신하를 끌어내어 오랑캐에게 내주도록 청하였는데, 공이 검을 빼들고서 그들을 물러가라고 꾸짖어 말하기를, "아무리 위급한 시기를 당했을지라도 너희들이 어찌 감히 이럴 수가 있느냐?"고 하였다. 이때 市南 兪棨가 옆에 있다가 그것을 목격하고서 공의 의리와 용기에 감복하고는 몹시 탄복하였다고 한다.

及守禦使李時白之管下，則無一人來者。是夕，洪瑞鳳·崔鳴吉·金藎國，出虜營，則龍馬兩將，出示江都所獲長陵守陵[310)]·宗室珍原君[311)]及內〈官〉羅業而云[312)] 二十二日，兵渡江都，掩圍內城，與[313)]大君兄弟及淑儀[314)]·嬪宮[315)]一行，已到通津[316)]，持大君手書及前領相尹昉等狀啓，傳之。夜大臣入對[317)]，以出城定議。

1월 27일。

안개가 짙게 끼었다.

이홍주(李弘胄)·최명길(崔鳴吉)·김신국(金藎國)이 국서를 가지고 오

---

309) 元斗柄(원두병): 元斗杓의 오기.

310) 長陵守陵(장릉수릉): 長陵守陵官 洪寶(1585~1643)를 가리킴. 본관은 豊山, 자는 汝時, 호는 月峰. 1609년 진사시에 합격, 禁火司別坐·한성부 參軍을 지낸 후 1615년 부친상으로 사직하였다가 광해군의 亂政에 실망, 벼슬을 단념하고 洒川에 낙향하였다. 1623년 알성문과에 장원, 典籍·수찬·장령을 역임, 1627년 原州牧使가 되었다. 그해 李仁居가 난을 일으키자 그를 원주에서 체포, 난을 진압하여 昭武功臣으로 豊寧君에 봉해졌다. 1632년 奏請使로 명나라에 다녀오고, 1635년 仁烈王后의 守陵官에 임명되었는데 1636년 병자호란 때 수릉관으로서 강화도에 있었기 때문에 병화를 피할 수 있었다. 1638년 陳奏使로 청나라에 다녀왔으며, 그 후 형조판서를 거쳐 左參贊에 이르렀다. 원문의 長陵은 仁祖의 元妃 인열왕후를 가리킨다.

311) 珍原君(진원군): 李世完(1603~1655)의 봉호. 자는 子固, 成宗의 4대손 靈川君 李侹의 아들. 병자호란 때 왕실의 신위를 가지고 먼저 강화도로 들어갔다.

312) 而云(이운): 云以의 오기.

313) 與(여): 擄의 오기.

314) 淑儀(숙의): 조선시대 종2품 내명부의 품계. 仁祖의 후궁 羅氏를 가리키는데, 생몰년 미상이며 자식이 없었다.

315) 嬪宮(빈궁): 소현세자의 嬪. 姜碩期의 딸인 愍懷嬪 姜氏. 보통 姜嬪이라고 부른다.

316) 通津(통진): 경기도 김포군 월곶면 곤하리에 있는 옛 읍. 한강 입구를 지키는 제1의 요새처로서 군사와 정치의 요충지였다.

317) 入對(입대): 궁중에 들어가 임금을 뵙고 자문에 응하는 일.

랑캐 진영에 갔는데, 주상(主上)이 이미 출성(出城: 항복)하는 것을 허락하였던 것이다.

그 국서(國書)에 이르기를, "조선국왕(朝鮮國王)은 대청국 관온인성황제 폐하(大淸國寬溫仁聖皇帝陛下)에게 글월을 올립니다. 신(臣)이 이달 20일에 성지(聖旨: 황제 교지)를 받들건대 그 요점만을 인용하자면, '지금 그대가 산성(山城)을 고단하게 지키며 짐이 직접 준절하게 책망한 조서(詔書)를 보고서야 바야흐로 죄를 알고 뉘우치니, 짐이 넓은 도량을 베풀어 그대가 스스로 지난 잘못을 뉘우치고 새로워지기를 허락하는 것이다. 그리고 그대에게 성을 나와 짐을 대면하라고 한 것은 첫째 그대가 성심으로 기쁘게 복종하는지를 보려는 것이고, 둘째 그대에게 은혜를 베풀어 다시 나라를 다스리게 해줌으로써 군사를 돌이킨 뒤로 천하의 이목에 인애와 신의를 보이려는 것이다. 짐은 바야흐로 하늘의 돌보심을 받들어 사방을 어루만져 평정하고 그대의 지난날의 잘못을 용서함으로써 남조(南朝)의 본보기를 삼으려는 것이다. 만약 간사하게 속이는 계책으로 그대를 취한다 하더라도 이 크디큰 천하를 어떻게 죄다 간사하게 속여서 취할 수 있겠는가? 이렇게 하면 귀순하러 오는 길을 스스로 끊는 것이다.'라고 하였습니다. 신(臣)은 성지(聖旨)를 받든 이후로 하늘과 땅을 다 덮을 수 있는 크나큰 덕에 우러러 감격하여 귀순하려는 마음이 더욱 가슴속에 간절하였습니다. 그리고 신(臣)이 자신을 돌이켜보건대 죄가 산더미처럼 쌓였으니, 폐하의 은애와 신의가 분명하게 드러난 황제의 조칙(詔勅)가 내려졌을 때 황천(皇天)도 내려다 보고 있음을 알지 못하고 오히려 두려운 마음을 품은 채 여러 날 머뭇거리느라 앉아서 태만히 행동한 죄에 대한 처벌을 쌓은 것입니다. 이제 듣건대 폐하가 며칠 내로 어가(御駕)를 돌릴 것이라고 하는데, 만일 조속히 직접 달려가서 용광(龍光: 龍顔)을 우러러 뵙지 않는다면 조그마한 정성도 펼 수 없거니와 나중에 후회한들 무슨 소용이겠습니까? 다만 생각건대 신(臣)이 바야흐로 장차 300년 동안 지켜온 종묘사직과 수천 리의 살아 있는 백성들을 폐하에게 우러러 의탁하게 되었으니 인정과 도리상 참으로 가련합니다. 만약 혹시라도 일에 차질이 생긴다면 차라리 칼을 들어 자결하는 것이 더 나을 것입니다. 삼가 바라건대 성스러운 인자함으로 신(臣)의 진심에서 우러나오는 정성을 굽어살피어 조지(詔旨: 명령서)를 분명하게 내려서, 신이 안심하고 귀순할 수 있는 길을 열어 주소서. 삼가 죽음을 무릅쓰고 아룁니다."라고 하였다.

신(臣: 나만갑)과 이조 참의(吏曹參議) 이경여(李敬輿)가 행궁에 들어가 죽음으로써 산성을 지켜야 한다는 뜻을 아뢰니, 주상이 벌컥 성을 내며 지엄한 분부를 내렸다.

어떤 사람이 예조 판서(禮曹判書) 김상헌(金尙憲)이 목을 매어 거의 죽게 되었다고 알려주었다. 내가 급히 그의 임시 처소로 달려가니, 거의 숨이 끊어질 지경에 이르러 얼굴이 죽은 사람 같아서 손으로 직접 풀어주었다. 얼마 후에 또 바지를 묶는 가죽으로 목매려는 것을 곧장 다시 구하고 밖으로 나갔다가 예조 판서의 조카 김광현(金光炫) 및 그의 아들 정랑(正郎) 김광찬(金光燦: 김상헌의 양아들)을 보았는데, 방 밖에 나가서 옷을 갈아입고 가슴을 치며 운명하기를 기다리는 것 같은 모양으로 있었다. 내가 두 사람에게 일러 말하기를, "부형(父兄)의 죽음이 비록 강상(綱常)을 바로 세우려는 데서 나온 것이지만, 자네들은 어찌하여 부형이 자결하도록 내버려 두었단 말인가?"라고 하자, 눈물을 흘리면서 대답하기를, “부형의 일은 영공(令公)도 아시는 바인데, 이미 또 한번 죽기를 스스로 작정하셨으니 비록 우리가 구하고자 한들 어찌 구할 수 있겠습니까?” 하였다. 내가 말하기를, “부형의 뜻이 비록 이와 같더라도 자네들이 만약 그 방 안에서 목을 맬 수 있는 물건들을 모조리 치워버리고 좌우에 있으며 부축하였다면, 대감이 어떻게 마음대로 할 수 있었겠는가?”라고 하였다.

곧이어 이경여 또한 도착하였는데, 내가 이경여에게 일러 말하기를, “나는 사무가 한창 급하여 여기 그대로 머물러 있을 수 없으니, 여기에 있으면서 보살펴 주시오.”라고 하니, 이경여 또한 방에 있으면서 힘써 보살피고 김광현과 김광찬 또한 부축하자 자결할 수가 없었다. 다음날 이후로 또 척화신을 오랑캐 진영으로 보내려는 의론이 있었기 때문에 결국 죽지 못하였다. 그 뒤에 간혹 김상헌이 거짓 죽으려는 체했다고 말하는 사람이 있지만 반드시 당초의 곡절이 이와 같았음을 알지 못하였던 것이다.

이조 참판(吏曹參判) 정온(鄭蘊)이 반드시 죽을 것을 스스로 달게 여겼는데, 동향 사람으로부터 일찍이 지어 달라고 부탁받은 명(銘)을 그날로 짓고서 그의 얼자(孼子: 서얼 아들)로 하여금 그 동향 사람에게 전하도록 하였다. 또 시(詩) 몇 수를 지어 옷의 띠에 매어 놓았는데, 그 시는 이러하다.

세상살이 어찌 이리 험난한고	生世何險巇
한 달을 포위망 속에 있으니,	三旬月暈中
내 한 몸은 아까울 것 없다만	一身無足惜

나라의 운명 다함은 어찌할꼬. 千乘奈云窮

성 밖에는 근왕의 군사 끊기고 外絶覲王士
조정에는 나라 판 간흉 많으니, 朝多賣國凶
늙은 신하가 무슨 일을 하랴만 老臣何所事
허리춤에 찬 칼이 희디희구나. 腰下佩霜鋒

또 지었으니, 이러하다.

포성소리 사방에서 벼락치듯 하니 炮聲四發如雷震
고립된 성 무너져 사기가 흉흉하네. 衝破孤城士氣洶
오직 늙은 신하만 담소하며 듣다가 惟有老臣談笑聽
띠집에다 견주어서 조용하다고 하네. 擬將茅屋號從容

또 찬(贊)을 지었으니, 이러하다.

임금의 욕됨이 이미 극에 달했거늘 主辱已極
신하의 죽음이 어찌 이리 더디던가. 臣死何遲
이익을 버리고 의리를 취하려면 捨魚取熊
지금이야말로 바로 그 때일러라. 此正其時

대가를 모시고 항복하는 것이 陪輦出城
신하는 실로 부끄럽게 여기도다. 臣實恥之
하나의 칼날로 인을 얻을 것이니 一釰得仁

죽음을 집으로 돌아가듯 여긴다네. 視死如歸

곧바로 차고 있던 칼로 배를 찔러 흐르는 피가 의복과 이불에 가득했으나 죽지 않았는데, 내가 달려가서 보니 정온이 웃으면서 나에게 일러 말하기를, "옛글을 읽고 그 뜻을 알지 못하였더니, 오늘 내가 죽지 않은 것을 비록 일러 거짓 죽으려 한 것이라고 해도 괜찮다. 옛말에 이르기를, '칼에 엎어져 죽는다.'라고 하였는데, 엎어지면 오장(五臟)을 범하고 누우면 오장을 범하지 못하기 때문이거늘, 지금 이후에서야 비로소 옛 사람의 칼에 엎어진다는 뜻을 알겠다."라고 하면서 조금도 슬퍼하는 기색이 없었다. 이를테면 김상헌(金尙憲)과 정온(鄭蘊)은 가히 열장부(烈丈夫)라 할 만하니, 능히 밝은 해와 더불어 빛을 다툰다.

산성(山城)에서 사는 서흔남(徐欣男)이라는 자가 이달 12일 유지(諭旨: 임금의 명령서)를 가지고 각 도로 나갔다 오늘 새벽에 성으로 들어와서 말하기를, "전라 병사(全羅兵使) 김준룡(金俊龍)이 광주(廣州) 광교산(光交山: 光教山의 오기)에 진(陣)을 치고 누차에 걸쳐 접전하여 적을 자못 많이 죽이거나 사로잡으니 적의 이름있는 장수 또한 죽었으나 군량이 떨어져 군사가 무너졌습니다."라고 하였다.

그가 또 수원(水原)의 쌍부(雙阜)에 다녀와서는, 적의 약탈을 이미 당했고 전 재상(前宰相) 정창연(鄭昌衍)이 이달 6일에 이미 죽어 초빈(草殯: 풀로 덮은 가매장)하였으며, 적의 큰 진영이 바야흐로 천안(天安)에 주둔하고 있지만 그 이하 지역으로 병화(兵禍)를 겪지 않았으나 전라 감사(全羅監司: 이시방)는 퇴각하여 공주(公州)에 머무르면서 흩어졌던 군졸들을 수습하고, 충청 감사(忠清監司: 정세규)는 구사일생으로 목숨을 건져 이미 본영(本營: 충청도 병영)으로 되돌아갔다고 하였다.

그가 이어 청주(淸州)로 갔다가 상주(尙州)에 가자 적의 기병이 그곳에는 닿지 않았으나, 또 원주(原州)에 가자 강원 감사(江原監司) 조정호(趙廷虎)는 퇴각하여 춘천(春川)에 머무르고, 통제사(統制使) 윤숙(尹璛)은 원주의 지경에까지 와 있는데 별다른 적의 습격이 없었고, 자여찰방(自如察訪) 심총(沈摠)이 거느린 항왜(降倭) 및 우리나라 포수(砲手) 약간 명은 적의 기병 수천 명을 만나 모조리 격파하였으며, 오랑캐는 바야흐로 이천(利川)·여주(呂州: 驪州) 등지에 진(陣)을 치니 두 원수(元帥)가 때마침 양근(楊根)의 미원(彌原: 迷原의 오기)에 머무르다가 적에게 가로막혀 나오지 못한다고 하였다.

서흔남이 근래에 또 오랑캐 진영으로 들어갔는데, 거짓으로 마치 병들어 불구자인 척하여 성안에 들어갈 수 없었던 것처럼 하고 바지와 해어진 윗옷을 벗고서 기어다니다가 와서는, 구슬 달린 면류관을 쓴 자가 누런 옷을 걸치고 누런 장막을 둘러친 철판(鐵板) 위에 앉고서 숯불을 피워 데우고 있었으니 틀림없이 칸(汗: 홍타이지)이었고, 자기의 행색을 가련하게 여겨 음식을 하사했지만 서흔남이 손으로 떠먹지 못하고 입으로만 음식을 먹었던 자리에다 오줌을 싸고 똥을 누자 적들이 모두 의심하지 않았다면서, 조금 뒤에 무릎으로 기어 앞으로 나아가 적이 있는 곳으로부터 조금 멀어지고서야 일어나 냅다 내달려 목책을 넘어 성안으로 들어왔다고 하였다. 칸(汗)이 그를 자객인가 의심한 것인지 다음날 진(陣)을 삼전포(三田浦)로 옮겼다.

서흔남은 본디 무뢰배로서 무당 노릇을 하기도 하고 대장장이 노릇을 하기도 했는데, 지금에는 도리어 이와 같은 일을 하는 사람이 되었으니 멸시할 수가 없다. 이 일로 인하여 상으로 통정대부의 품계가 내려졌다.

적이 나무로 길고 큰 사람 모양을 만들어 흡사 장군석(將軍石) 같았는데, 수레 위에 싣고 장막으로 가린 뒤 그 나무로 만든 사람의 배 부분을 텅 비게 하여 사람이 그 속을 드나들도록 하였으니 성을 넘어올 수 있었다. 이와 같은 것 2개를 성 옆에 갖다 놓고서 성을 넘겠다는 뜻을 보이는 한편, 송책(松柵) 밖에다 참호(塹壕)를 파서 성의 안팎을 통하기 어렵도록 만드는 형세를 보였다. 비록 사개(使价: 使者)가 오가면서 출성(出城: 항복)할 뜻을 시원하게 보였으나, 적은 성을 함락시킬 기구를 갖추지 않은 것이 없었고, 종일토록 대포를 쏘는 것 또한 그치지 않았다.

二十七日。

大霧。李弘胄·崔鳴吉·金藎國, 持國書, 往虜陣, 蓋自上已許出城也。其書[318]曰: "朝鮮國王, 上書于大淸國寬溫仁聖皇帝陛下。臣於本月二十日, 欽奉[319]聖旨, 節該[320], '今爾固守山城, 見朕手詔切責, 方知悔罪, 朕開宏度, 許爾自新。而爾出城面朕, 一則見爾誠心悅服, 一[321]則樹恩於爾, 復爾主國, 旋師後示仁信於天下耳目。朕方承天眷, 撫定四方, 正欲赦爾前愆, 以爲南朝標榜。若以詭計取爾, 天下之大, 能盡譎詐取之乎? 是自絶來歸之路矣.' 臣自承聖旨, 仰感天地容覆之大德, 歸附之心, 益切于中。而循省臣身, 罪積丘山, 不知陛下之恩信, 明著絲綸之降, 皇天是臨, 猶懷惶怖, 累日徘

318) 《仁祖實錄》 1637년 1월 27일 2번째 기사.
319) 欽奉(흠봉): 황제의 명령을 받듦.
320) 節該(절해): 요점만 따서 적은 것.
321) 一(일): 二의 오기.

佪, 坐積逋慢之誅。今聞陛下, 旋駕有日, 若不早自趨詣, 仰覲龍光, 則微誠莫伸, 追懷何及? 第唯[322]臣方將以三百年宗社, 數千里生靈, 仰托於陛下, 情理誠爲可矜。若或事有參差[323], 不如引劍自裁之爲愈。伏願聖慈[324], 俯監血忱[325], 明降詔旨[326], 以開臣安心歸命之路。謹昧死以聞." 臣與吏曹參議李敬輿[327], 入陳死守之義, 上勃然至下嚴旨。或傳禮判金尙憲, 自縊將死。我馳往所寓處, 則將至命絶, 面無人色, 手自解之。俄頃, 又自以束袴之皮結項, 旋又救之, 出見禮判之姪參判金光炫[328]及其子前正郎光燦[329], 則出在房外易

---

322) 第唯(제유): 第惟의 오기.

323) 參差(참치): 參差不齊. 길고 짧고 들쭉날쭉하여 가지런하지 아니함.

324) 聖慈(성자): 임금이나 왕비의 인자함을 강조할 때 쓰는 말.

325) 血忱(혈침): 참된 마음에서 우러나오는 정성.

326) 詔旨(조지): 임금의 명령서.

327) 李敬輿(이경여, 1585~1657): 본관은 全州, 자는 直夫, 호는 白江·鳳巖. 목사 李綏祿의 아들이다. 1601년 사마시를 거쳐 1609년 증광 문과에 급제해 1611년 검열이 되었다. 1624년 이괄의 난이 일어나자 왕을 공주에 호종하였고, 체찰사 李元翼의 종사관이 되었다. 1630년 부제학, 청주목사, 좌승지, 전라도 관찰사를 역임하였다. 1636년 병자호란 때는 강화를 극력 반대하며 도성사수를 진언하고 왕을 남한산성으로 호종했다. 척화파로서 두 차례의 억류와 유배 및 강등을 당하는 등 갖은 풍상을 겪으면서도 북벌계획에 앞장섰다. 1637년 경상도 관찰사가 되고, 그 뒤 이조참판으로 대사성을 겸임했고, 이어 형조판서에 승진하였다.

328) 金光炫(김광현, 1584~1647): 본관은 安東, 자는 晦汝, 호는 水北. 아버지는 金尙容, 숙부는 金尙憲이다. 1612년 생원과 진사 양과에 합격하고, 1625년 정시 문과에 급제하여 승문원 정자·검열·정언 등을 역임했다. 1627년 정묘호란 때 호조판서 沈悅의 종사관을 지냈고, 그 뒤 대사헌·대사간·예조참의 등을 거쳐 1634년 부제학이 되었다. 1646년 소현세자 빈 강씨의 옥이 일어나 강씨가 사사되자, 강빈의 오빠 姜文明의 사위였던 까닭에 순천부사로 좌천되었다.

329) 光燦(광찬): 金光燦(1597~1668). 본관은 安東, 자는 思晦. 생부는 金尙寬이며, 숙부 金尙憲의 양자로 들어갔다. 1627년 생원시에 합격하였다. 蔭敍로 洗馬가 되었으며, 1636년 병자호란 때 아버지를 따라 남한산성으로 인조를 호종하였다. 아들 金壽興

服, 摽擗如待命終者然。我謂兩人, 曰: "父兄之死, 雖至於扶植綱常, 公輩何至任其所裁乎?" 垂泣而答曰: "父兄之事, 令公所知, 旣又一死自判, 雖欲救之, 何可得也?" 我曰: "父兄之志, 雖如此, 公等若盡其房內絶繫之物, 左右扶持, 則大監何得自由?" 俄而, 李敬輿亦到, 我謂敬輿, 曰: "我則事務方急, 不得留此, 令須在此救之." 敬輿亦在房力救, 光炫光燦, 亦扶持, 使不得自決。翌日以後, 又有欲送虜陣之議, 故竟不死。厥後, 或有以佯死爲言者, 必不知當初曲折如此矣。吏曹參判鄭蘊, 自分必死, 同鄕人曾有請銘者, 卽日構製, 使其孼子傳給其人。又製詩數百[330], 及衣帶中贊[331], 其詩曰: "生世何險巇, 三旬月暈中, 一身無足惜, 千乘柰之窮。外絶勤王帥[332], 朝多賣國凶, 老臣何所事, 腰下佩霜鋒." 又曰: "炮聲四發如雷震, 衝破孤城士氣洶, 惟有老臣談笑聽, 擬將茅屋號從容." 又贊曰: "主辱已極, 臣死何遲, 捨魚取熊, 此正其時。陪輦出城, 臣實恥之, 一劍得仁, 視死如歸." 卽以佩刀刺腹中, 流血滿衣衾, 而不死, 我往見之, 則笑謂我, 曰: "〈讀古書, 不解其意, 今日我之不死, 雖謂之詐死, 可矣。古語曰: '伏劍而死.' 伏則犯五臟, 臥則五臟不犯, 今而後, 始知伏劍之義." 略無戚戚之容。如金尙憲·鄭蘊, 可謂烈丈夫, 能與白日爭光矣。山城居徐欣男[333]者, 今月十二日, 持諭旨, 出去諸道, 今曉

과 金壽恒이 출세하여 공조참의에 특별히 제수되었다. 뒤에 청풍군수, 파주목사를 거쳐 동지중추부사에 올랐다.

330) 數百(수백): 數首의 오기.

331) 衣帶中贊(의대중찬): 宋나라의 충신 文天祥이 죽음에 임해 衣帶(허리띠) 속에 써넣은 讚辭.

332) 帥(수): 士의 오기.

入來言: "全羅兵使金俊龍, 陣廣州光交山, 屢次接戰, 殺獲頗多, 賊之名將亦斃, 而糧絶軍潰." 渠又往水原雙阜[334], 則已經搶掠, 前相鄭昌衍[335], 今月初六日, 已卒草殯[336], 賊之大陣, 方住天安[337], 其下未及被兵, 金羅監司[338], 退住公州[339], 收拾散卒, 忠淸監司, 萬死得生, 已還本營。渠仍往淸州[340], 到尙州[341]則賊騎未及到, 又到原

---

333) 徐欣男(서흔남, ?~1667): 천민 출신으로 병자호란 때 임금의 뜻을 전하는 전령으로 활약했던 인물. 남한산성 서문 밖 널무니에서 태어났다. 천민으로 기와 잇기와 대장장이, 장사꾼 등으로 생계를 꾸리다가 병자호란 때 남한산성이 청나라 군대에 포위당해 성 안팎의 소식이 끊기자 전령을 자처하였다. 한지에 쓴 왕의 諭旨를 노끈으로 꼬아 옷으로 얽어매고 거지와 병자 행세를 하며 적진을 빠져나가 경상도·전라도·충청도·강원도에 전하고, 적의 동태를 알려 전공을 세웠다. 그 공으로 천민 신분을 벗고 정2품 당상관인 訓鍊主簿와 嘉義大夫 同知中樞府事를 역임하였다.

334) 雙阜(쌍부): 경기도 화성시 장안면과 우정읍에 있던 지역.

335) 鄭昌衍(정창연, 1552~1636): 본관은 東萊, 자는 景眞, 호는 水竹. 鄭光弼의 손자, 鄭惟吉의 아들이다. 1579년 식년문과에 급제하여 讀書堂에 들어갔고, 이조좌랑을 거쳐 동부승지 등의 관직을 두루 역임하였다. 1614년 우의정이 되고 이어 좌의정이 되어 耆社에 들고 几杖을 받았다. 이때 강화부사 鄭沆이 광해군의 뜻을 받들어 永昌大君을 죽이니, 부사직 鄭蘊이 상소하여 "항을 죽이고 영창을 대군의 예로써 장사지내야 한다."고 하였다. 이에 광해군이 크게 노하여 정온이 화를 당하자 그는 李元翼과 더불어 상소하여 정온을 구하여주었다. 이어 폐모론이 일어나자 벼슬을 사퇴하고 두문불출하였다. 1623년 인조반정이 일어나 무사하였을 뿐 아니라 다시 좌의정이 되었다. 한편, 광해군 비 柳氏는 그의 생질녀로, 옥사가 일어날 때에는 혹 광해군이 그에게 묻기도 하여 옥사에 억울하게 걸린 많은 사람들을 구하여주었다.

336) 草殯(초빈): 장사를 지내기 전에 시체를 방 안에 둘 수 없는 경우에, 관을 바깥에 놓고 이엉 같은 것으로 덮어서 눈비를 가리는 것.

337) 天安(천안): 충청남도 동북단에 있는 고을. 동쪽은 충청북도 진천군·청주시, 서쪽은 아산시, 남쪽은 세종특별자치시·공주시, 북쪽은 경기도 안성시·평택시와 접한다.

338) 金羅監司(김라감사): 全羅監司의 오기.

339) 公州(공주): 충청남도 동부 중앙에 있는 고을. 동쪽은 세종특별자치시·대전광역시, 서쪽은 예산군·청양군, 남쪽은 계룡시·논산시·부여군, 북쪽은 아산시·천안시와 접한다.

340) 淸州(청주): 충청북도 중서부에 있는 고을. 동쪽은 괴산군·보은군, 서쪽은 세종특

州[342]則江原監司趙廷虎, 退住春川, 統制使尹璛, 來到原州之境, 別無抄擊, 自如[343]察訪沈揔, 率降倭及我國炮手若干人, 遇騎數千人, 盡爲擊破, 虜陣方屯於利川[344]·呂州[345]等地, 兩元帥, 時住楊根彌原, 爲賊所遮, 不得出來云。欣男, 頃又入虜陣, 佯若病廢[346]之人, 不得入城者然, 脫裙弊衣, 匍匐而行, 則有一冠珠冕者, 被黃衣, 張黃幕, 坐鐵片上, 以炭煖其下, 此必是汗也, 憐其行乞, 賜以食, 不用手以口就食, 放溲矢於坐, 賊皆不疑, 俄而, 膝行而前, 稍遠賊所, 起而疾走, 踰柵入城。汗疑其刺客, 翌日, 移陣於三田浦[347]。男, 素以無賴, 或爲巫覡, 或以吹鐵爲業, 今乃如此人, 不可蔑視也。以此賞職通政。賊造木人長大, 略似將軍石, 載於車上, 擁遮以帳, 虛其木人之腹, 使人通行其中, 可得踰城。如此者二, 置諸城傍, 以示踰城之意, 一邊鑿塹於松冊之外, 且示內外難通之勢。雖使价往來, 快示出城之意, 而陷城之具, 無不備擧, 終日大炮, 亦不止。

별자치시·충남 천안시, 남쪽은 대전광역시, 북쪽은 진천군·증평군과 접한다.

341) 尙州(상주): 경상북도 서북부에 있는 고을. 동쪽은 예천군·의성군, 서쪽은 충청북도 옥천군·보은군·영동군, 남쪽은 구미시·김천시, 북쪽은 문경시와 접한다.

342) 原州(원주): 강원도 남서부에 있는 고을. 동쪽은 영월군과 횡성군, 서쪽은 경기도 양평군·여주시, 남쪽은 충청북도 충주시·제천시, 북쪽은 횡성군과 접한다.

343) 自如(자여): 自如驛. 경상남도 창원시 동읍 송정리에 있었던 역참.

344) 利川(이천): 경기도 남동부에 있는 고을. 동쪽은 여주시, 서쪽은 용인시, 서남쪽은 충청북도 음성군, 북쪽은 광주시와 접한다.

345) 呂州(여주): 驪州를 가리킴. 경기도 남동단에 있는 고을이다. 동쪽은 강원 원주시·충북 충주시, 서쪽은 경기도 이천시·광주시, 남쪽은 충북 음성군, 북쪽은 경기도 양평군과 접한다.

346) 病廢(병폐): 병으로 불구가 됨.

347) 三田浦(삼전포): 三田渡. 조선시대에 한양과 남한산성을 이어 주던 나루. 서울특별시 송파구 삼전동에 있던 한강 상류의 나루이다.

1월 28일。

김류(金瑬: 영의정)·홍서봉(洪瑞鳳: 좌의정)·이홍주(李弘胄: 우의정)가 입시하였는데, 김류가 예조 판서(禮曹判書) 김상헌(金尙憲), 이조 참판(吏曹參判) 정온(鄭蘊), 전 대사간(前大司諫) 윤황(尹煌) 부자(父子), 오달제(吳達濟)·윤집(尹集)·김수익(金壽益: 金壽翼의 오기)·김익희(金益熙)·정뇌경(鄭雷卿)·이행우(李行遇)·홍전(洪瑑) 등 11명을 오랑캐 진영으로 내보내기를 청하였다. 오랑캐가 척화신으로서 홍익한 이외에 재차 보내는 사람이 없으면 강화(講和)할 수 없다고 하였으므로 형세가 장차 더 보내야 했으나, 김류가 어떤 사람을 취하고 버리기가 곤란하여 뒤섞어서 청하였던 것이다. 김류는 무릇 출성(出城: 항복)에 관한 뜻이 최명길(崔鳴吉)과 하나같이 같은 마음이었고, 김상헌의 요즘 말한 것이 김류를 거슬린 바가 많았기 때문에 이와 같이 말하였던 것이다. 주상(主上)이 그 가부를 좌의정과 우의정에게 물으니, 두 사람 또한 영상(領相: 김류)과 같은 뜻으로 말을 하자 주상 또한 그들을 보내도록 허락하였다.

입대(入對)가 끝나자, 김류는 곧장 체부(體府)로 갔고 좌의정과 우의정은 정원(政院)에 있으면서 직무를 보았다. 내가 두 재상(宰相)을 보고 말하기를, “그렇다면 대감들은 스스로 자랑으로 여기는 것이 무엇이며, 사람들의 기대하는 것이 또한 무엇이겠습니까? 만고 천하에 어찌 이런 일이 있겠습니까? 하물며 좌상(左相: 홍서봉)이 김상헌과 평생 주고받은 정분은 비록 형제의 환심(歡心)일지라도 미치지 못할 정도였습니다. 그런데 지금 영상(領相: 김류)의 청(請)에 대해 하나같이 똑같지 않은 것이 없이 되레 옳다고 하니, 비록 사사로운 정리로 말하더라도 어찌 차마 이런 일을 한단 말입니까?”라고 하자, 우상(右相: 이홍주)은 단지 하늘만 쳐다보며 길게 탄식하였고, 좌상은 두려워하는 얼굴색으로 김류에게 말을 전하게 하며 말하기를, "우리가 청한 11명은 너무 많으니 다시 청대(請對)하여 몇 사람만 보내는 것이 마땅하겠소."라고 하니, 김류가 즉시 회답하여 말하기를, "지금 대감의 말을 듣건대 반드시 누구는 마땅히 보내서는 안 되는지 아는 것 같으니, 만일 보내야 할 사람을 가리켜 준다면 마땅히 대감의 말대로 보내겠소이다."라고 하였다.

내가 부제학(副提學) 이경석(李景奭)에게 일러 말하기를, "내가 청대하여 극단적으로 말하고 싶지만 직책이 간관(諫官)이 아니라서 말이 중하지 않을 것 같으나, 공(公)은 옥당(玉堂: 홍문관)의 우두머리이거늘 어찌 감히 잠자코 있소?"라고 하자, 이경석이 말하기를, "대간(大諫: 대사간) 박황(朴潢)이 만일 들어오면 나는 그와 함께 극력 간쟁(諫爭)하겠네." 하였다. 나는 이러한 뜻을 대간에게 알리자, 그가 곧바로 들어와서 말하기를, "먼저 상신(相臣: 재상)에게 간쟁한 연후에 만일 청(請)을 들어주지 않는다면 입대(入對)해도 늦지 않을 것이오."라고 하고는, 이윽고 김류를 찾아가 만나고서 말하기를, "오늘 오랑캐 진영에 내보낼 사람이 비록 몇 명만으로도 책임을 면할 수 있을진대, 모름지기 10여 명에 이를 정도로 많아야 하는 것은 아닙니다. 오달제(吳達濟)·윤집(尹集)이 당초에 상소하여 힘써 화친의 배척을 주장하였으나, 이는 사사로운 일로 저지른 죄가 아닙니다. 이제 두 사람을 보내는 것은 또한 심히 차마 할 수 없는 일이나, 만일 끝내 면할 수 없는 노릇이라면 어찌 단지 두 사람만 보낼 뿐이겠습니까?"라고 하니, 김류가 말하기를, "당초 묘당(廟堂: 의정부)에서 보낼 만한 사람을 적확하게 지목한 것이 만일 영공(令公)의 말과 같다면, 나 또한 어찌 많은 사람을 보내도록 청하겠는가? 이제 영공의 말대로 마땅히 단지 이 두 사람만 보내겠네."라고 하였다. 박황이 말하기를, "만일 이 사람들을 보내놓고서 오달제와 윤집의 자제가 지닐 정으로 말한다면 끝끝내 반드시 나를 원망할 것이나, 조정의 정사(政事)로 말한다면 많이 보내기보다는 차라리 적게 보내는 것이 더 낫습니다."라고 하였다. 마침내 단지 오달제와 윤집만을 보낸 것은 박황의 말을 따른 것이다.

윤문거(尹文擧)는 애당초 화친을 배척하는 논의에 간여하지 않았지만, 그의 아버지를 대신해서 가기를 청했기 때문에 또한 오랑캐 진영으로 내보내는 사람들 속에 들어 있었으니 사람들이 더욱 원통하게 여겼는데, 박황의 말로 인하여 면할 수 있었다.

홍서봉·최명길·김신국이 오랑캐 진영으로 나가서 출성(出城: 항복)하는 절차를 의논하여 정하였는데, 적이 말하기를, "이 일은 예로부터 규례(規例)가 있으니, 제일등(第一等) 절목(節目)은 참혹하여 사용할 수가 없고 제이등(第二等) 절목으로 행하는 것이 좋겠소."라고 하였다. 이른바 제일등이란 것은 함벽여츤(銜璧輿櫬: 구슬을 입에 물고 棺을 등에다 지는 것)을 가리켰다. 다만 종신(從臣)과 여대(輿臺: 하인배)를 합하여 500명만 거느리되 위의(威儀: 웅장하고 장엄한 차림) 갖추는 것과 군졸들 거느리는 것을 하지 말고서 그믐날 출성(出城: 항복)하라고 하였다. 그리고 별달리 어떤 옷을 입으라는 말이 없었는데도, 최명길이 이유와 근거도 없이 마음대로 짐작하고 와서 말하기를, "저들이 제이등(第二等)으로 행하는 것을 좋겠다고 했으니, 붉은 곤룡포를 입어서는 안 될 것이라서 푸른 옷으로 바꿔 입는 것이 마땅합니다."라고 하였다. 그래서 주상과 세자가 입을 푸른 옷을 밤새도록 지어서 바쳤다. 또 말하기를, "적에게 대포 쏘는 것을 중지하도록 청했습니다."라고 했는데, 오늘 저녁에서야 비로소 중지했지만 그간 포환에 맞아 죽은 것이 사람 6명과 말 1필이었다.

그날 밤에 용골대(龍骨大)와 마부대(馬夫大)가 칸(汗)의 서찰을 가지고 와서 전하였다. 그 서찰에 이르기를, "관온인성 황제(寬溫仁聖皇帝)는 조선 국왕에게 조유(詔諭: 조서를 내려 훈유함)한다. 보내온 주문(奏文)에 의하면, 20일에 내린 조서(詔書)의 내용을 구체적으로 인용하여 기술하고서, 게다가 종묘사직과 그대의 살아 있는 백성들을 염려한 계책으로 분명하게 조서를 내려 안심하고 귀순할 수 있는 길을 열어달라고 한 것은 짐(朕)이 식언(食言)할까 의심하는 것인가? 그러나 짐(朕)은 본래 성심을 다해 남을 대하니, 지난번의 말뿐만 아니라 후일의 유신(維新)까지도 아울러 반드시 실천할 것인데, 지금 지난날의 죄를 모두 용서하고 규례(規例)를 상세히 정하게 되면 임금과 신하로서 대대로 지킬 신의(信義)가 될 것이다. 그대가 만약 잘못을 뉘우치고 스스로 마음을 새롭게 해 은덕을 잊지 않아 몸을 맡겨 귀순하는 것으로서 자손을 위한 장구한 계책으로 삼는다면, 명조(明朝: 명나라 조정)에서 준 고명(誥命: 황제의 인준서)과 책인(冊印: 책봉과 인장)을 짐(朕)에게 바쳐 죄를 청한 뒤 명나라와 상호 왕래를 끊고 명나라의 연호를 표시하지 않아야 할 터, 일체의 공문서에 우리의 정삭(正朔: 연호)을 받들도록 하라. 그리고 그대는 맏아들 및 또 다른 아들 한 명을 볼모로 삼고, 모든 대신(大臣)들 가운데 아들이 있으면 아들을, 아들이 없으면 동생을 볼모로 할 것이다. 만일 그대에게 뜻밖의 유고(有故)가 생기면, 짐(朕)은 볼모로 삼은 그대의 아들을 세워 왕위를 계승하게 할 것이다. 그리고 짐(朕)이 만약 명조(明朝)를 정벌하고자 조서(詔書)를 내리거나 사신(使臣)을 보내어 그대의 보병(步兵)·기병(騎兵)·수군(水軍)을 징발하면, 수만 명이 되더라도 정한 기한과 회합 장소에 착오가 생겨서는 안 될 것이다. 짐(朕)이 이제 군사를 돌이켜 가도(椵島)를 공격하여 취할 것이니, 그대는 배 50척을 징발하고 수군을 내보낼 것이며 창포(槍砲: 창과 대포)·궁전(弓箭: 활과 화살)을 모두 의당 직접 준비하도록 하라. 우리 대군이 장차 돌아갈 때에는 마땅히 호군(犒軍)하는 예를 바쳐야 한다. 성절(聖節: 황제의 생일)·정조(正朝: 새해)·동지(冬至)·중궁 천추(中宮千秋: 황후의 생일)·태자 천추(太子千秋: 태자의 생일) 및 경사(慶事: 경사스러운 일)·조사(弔事: 불행한 일) 등의 일에도 다 같이 모름지기 예물을 바쳐야 하는데, 대신(大臣) 및 내관(內官)에게 명하여 표(表)를 받들고 오게 하라. 그 표전(表箋: 표문과 전문)의 정식(程式: 법식)을 바치거나 짐(朕)이 조칙(詔勅)을 내리는 일이 간혹 있어서 사신을 보내어 유시(諭示)를 전하여 그대가 우리 사신을 서로 만나야 하거나, 혹은 그대의 배신(陪臣)이 우리 사신을 알현하여 환영하고 환송하고 접대하는 예는 명조(明朝)에게 했던 구례(舊例)에 위배됨이 없게 하라. 군중에 포로로 잡혀 있는 사람들이 압록강(鴨綠江)을 건너고서도 만일 도망쳐 온 자가 있으면 붙잡아 본주인에게 보내라. 만일 속(續)바치고 돌아오려는 자가 있으면, 본주인의 편의에 따라 들어줄 것이다. 대개 우리 병사들이 이미 죽음을 무릅쓰고 포로로 잡은 사람이니, 그대는 차마 결박을 지어 보내지 못하겠다고 핑계대어서는 안 된다. 신하들과 혼인을 맺어서 화평하고 사이가 좋도록 단단히 하라. 새 성을 쌓거나 옛성을 수리하는 것은 허락하지 않는다. 그대의 나라에 있는 올량합(兀良哈: 두만강 일대의 몽골계 부족) 사람들은 모두 응당 쇄환(刷還)해야 한다. 일본과의 무역은 그대가 예전대로 하도록 들어줄 것이니, 다만 일본의 사자(使者)들을 인도하여 조회하러 오게 하면 짐(朕) 또한 장차 사자를 저들에게 보낼 것이다. 그 동편의 올랑합으로 저들에게 도피하여 살고 있는 자들과는 다시 무역해서는 안 되며, 만약 그들을 보거든 즉시 응당 붙잡아서 보내야 한다. 그대는 이미 죽었어야 할 몸을 짐(朕)이 다시 살려 주어서 그대의 거의 망해가던 종묘사직을 보전하게 하고 그대의 이미 잃었던 처자식을 온전하게 해주었으니, 그대는 마땅히 나라를 다시 이루도록 배풀어준 은혜[再造之恩]를 생각하여 뒷날에도 자자손손 신의를 어기지 말도록 하면 나라를 길이 안정시키는 것이다. 짐(朕)은 그대의 나라가 교활하게 반복하여 속였기 때문에 이렇게 조서(詔書)를 내려 유시(諭示)한다. 매년 세공(歲貢)으로 바칠 물목(物目: 물품의 세목)은 황금 1만 냥, 백금 1천 냥, 수우각궁면(水牛角弓面) 2백 부(部), 단목(丹木) 2백 근(斤), 환도(環刀) 20자루, 호피(虎皮) 1백 장, 녹피(鹿皮) 1백 장, 다(茶) 1천 포(包), 수달피(水獺皮) 4백 장, 청서피(靑黍皮) 2백 장, 호초(胡椒) 10말, 좋은 요도(腰刀) 26자루, 좋고 큰 종이 1천 권, 좋고 작은 종이 1천 권, 오조용문석(五爪龍文席) 4벌, 각종 화석(花席) 40벌, 백저포(白苧布) 2백 필, 여러 가지 빛깔의 세주(細紬) 2천 필, 마포(麻布) 4백 필, 여러 가지 빛깔의 세면포(細棉布) 1만 필, 포(布) 1천 필, 쌀 1만 포(包)이니, 기묘년(1639) 가을부터 공물을 바치도록 하라." 하였다.

회은군(懷恩君)의 딸이 처음에는 칸(汗: 홍타이지)의 여섯째 황후였지만 뒤에는 칸의 총신(寵臣) 피패 박씨(皮牌博氏)에게 주었는데, 오랑캐의 풍속으로 만일 총애하는 신하를 대우한다면 으레 애첩을 주었기 때문이다. 경진년(1640) 가을에 회은군이 상사(上使)가 되고 안응형(安應亨)이 부사(副使)가 되고 윤득열(尹得悅)이 서장관(書狀官)이 되었을 때, 회은군이 그의 딸을 통해 세공미(歲貢米)를 9천 포로 감하였기 때문에 일행의 각자에게 품계를 올려 주고, 회은군에게는 따로 노비와 전답을 하사하였다.

이날 저녁에 윤집(尹集)·오달제(吳達濟)가 장차 오랑캐 진영으로 나가려 할 때, 얼굴빛이 조금도 평소와 다름이 없어서 사람들의 마음을 조금이나마 흡족하게 하였다. 주상(主上)이 불러들여 보고 통곡하며 술을 따라 주면서 말하기를, "너희들의 부모와 처자는 내가 마땅히 종신토록 돌볼 것이니, 그것은 염려하지 말라." 하였지만, 몇 년 동안 쌀을 내려준 뒤에는 다시 아무런 은전(恩典)이 없었다. 오달제와 윤집 또한 눈물을 흘리며 절하고 사례한 뒤 물러나왔다. 남한산성에 들어오던 날 오달제는 그의 형 오달승(吳達升)과 함께 탈 말이 없어 걸어서 들어왔는데, 이때에 오달승이 울면서 비국(備局)에 말하기를, "아우가 당초에는 탈 말이 없어서 걸었을지라도 오랑캐 진영으로 보낼 때는 남의 말을 얻어 태워서 보내기를 바라나이다."라고 하자, 이를 들은 사람은 눈물을 흘리지 않는 자가 없었다. 이윽고 날이 저물어 떠나지 못하였다.

二十八日。

金瑬·洪瑞鳳·李弘胄入侍, 金瑬請以禮曹判書金尙憲, 吏曹參判鄭蘊, 前大司諫尹煌父子, 吳達濟·尹集·金壽益[348]·金益熙[349]·鄭雷

348) 金壽益(김수익): 金壽翼(1600~1673)의 오기. 본관은 安東, 자는 星老, 호는 靑岳. 1624년 사마시에 합격하고 1630년 별시에 급제, 성균관전적을 거쳐 知製敎와 三司의

卿[350)]·李行遇[351)]·洪瑑[352)]等十一人, 出送虜陣。蓋虜以斥和臣, 洪翼漢之外, 更無所送, 不許講和, 勢將加送, 而金瑬難於取舍, 混而爲請。金瑬, 凡出城之意, 一與崔鳴吉同心, 而金尙憲近日語言, 多所

직을 역임하였다. 1636년 병자호란 때 인조를 남한산성으로 호종하였다. 화의가 성립된 후 척화론자로서 고향에 돌아가 있다가 1640년에 괴산군수가 되었다. 1645년에 應教를 거쳐 의주부윤을 지냈다. 1648년에 병조참의에 임명되고, 이듬해 제주목사로 부임하였으나 탐관오리로 탄핵을 받아 영남에 유배되었다가, 李景奭과 李時白의 변호로 1658년 방환되었다. 1666년 여주목사에 임명되어 잠시 부임하였다.

349) 金益熙(김익희, 1610~1656): 본관은 光山, 자는 仲文, 호는 滄洲. 金長生의 손자이고, 참판 金槃의 아들이다. 1633년 증광문과에 급제, 副正字에 등용되고 檢閱을 거쳐 다시 승문원에 전임되었다. 1636년 병자호란 때 斥和論者로서 화의를 반대하고, 인조를 따라 남한산성에 가서 督戰御使가 되었다. 이듬해 校理·執義로 임명되고, 효종 때 승지·대사성·대사헌에 올랐다. 1656년 형조판서를 거쳐 대제학이 되었다.

350) 鄭雷卿(정뇌경, 1608~1639): 본관은 溫陽, 자는 震伯, 호는 雲溪. 宋浚吉과 南九萬의 이종사촌 형이다. 1630년 별시 문과에 장원으로 급제해 성균관전적이 되고, 그 뒤 공조·예조·병조의 좌랑을 거쳐 부수찬·수찬 및 지평·정언 등의 언관을 역임하였다. 1636년 병자호란으로 왕이 남한산성에 피난갈 때 교리로 扈從하였다. 그 이듬해 봄에 인조가 청나라 태종에게 항복한 뒤, 昭顯世子가 볼모로 청나라 瀋陽에 잡혀가게 되자 자청하여 수행하였으며, 1639년에 필선으로 승진하여 심양에서 세자를 보위하였다. 청나라 관헌에 잡혀 처형당하였다.

351) 李行遇(이행우, 1606~1651): 본관은 全義, 자는 士會, 호는 水南. 1633년 증광문과에 급제, 예문관검열·대교를 거쳐 1635년 정언, 1636년 이조 좌랑에 제수되었다. 병자호란이 일어나자 督戰御史 종사관으로 활약한 공으로 准職에 제수되었고, 1638년 수찬에 올랐다. 그 뒤에 三司의 직을 두루 수행하였고, 1643년 동부승지·우부승지, 1644년 좌부승지·이조참의, 대사간·부제학·지평 등을 역임하였다.

352) 洪瑑(홍전, 1606~1665): 본관은 南陽, 자는 伯潤, 호는 竹巖. 1629년 별시문과에 급제, 설서로 재직중 1636년 병자호란이 일어나자 척화를 주장하다 김상헌·오달제 등과 함께 적진에 끌려갔다. 1638년 활쏘기·말타기 등 武才가 뛰어나다 하여 廣州府尹에 특별히 기용되었으며, 1642년 강계부사를 거쳐 의주부윤이 되었다. 1645년 경상도방어사, 이듬해 우부승지에 이어 우승지가 되고, 1647년 황해도관찰사가 되었다. 청주목사로 다시 기용되어 1651년 제주목사, 1653년 길주목사가 되었다. 1661년 進賀兼謝恩副使로 청나라에 다녀와 이듬해 한성좌윤이 되었다. 1664년 충주목사가 되고 이어서 한성우윤을 역임하였다.

觸忤於壅, 故所言如此矣。上問可否於左右相, 則亦以領相之意爲言, 上亦許送。罷對, 金瑬直往府, 左右相留在政院聽事。我見兩相, 言: "則大監之自許[353], 如何? 人之屬望[354], 亦如何? 萬古天下, 安有是事否? 況左相之於金尙憲, 平生情義, 雖兄弟之歡, 不如也。今於領相之請, 一無非是, 反以爲然, 雖以私情言之, 何忍爲此?" 右相只仰天長歎, 左相卽惕然[355], 送言於領相, 曰: "吾等所請, 十一人太多, 更爲請對, 略送若干人爲當." 金瑬卽回答曰: "今聞台監之言, 必知某也當不送, 若指示可送之人, 則當送台監之言矣." 我謂副提學李景奭, 曰: "我欲請對極言, 而職非諫官, 言似不重, 公爲玉堂之長, 安敢哩哩[356]?" 景奭曰: "大諫朴潢, 若入來, 則吾欲與之力爭." 我委通此意於大諫, 則卽爲入來曰: "先爭於相臣, 然後如不得請, 則入對未晩也." 因往見金瑬, 曰: "今日出送虜陣, 雖數人, 可以塞責[357], 不須多至於十餘人。吳達濟·尹集, 當初上疏, 力主斥和, 此非私罪。今送兩人, 亦甚不忍, 而如其終不得免, 豈若只送此兩人乎?" 金瑬曰: "當初廟堂, 的指可送人, 如令言, 則吾亦何至多請? 今以令言, 當只送此兩人." 朴潢曰: "若送此人而使吳尹子弟之情言之, 終必怨我, 以朝廷之事言之, 則如其[358]多送, 不若小送之爲愈也." 終乃只送吳尹者, 從朴潢之言也。尹文擧, 初不干於斥和之議, 而以其爲父, 代往爲請,

353) 自許(자허): 스스로 자랑으로 여김.
354) 屬望(촉망): 장차 훌륭하게 될 것이라고 바라고 기대함.
355) 惕然(척연): 근심하고 두려워하는 모양.
356) 哩哩(이리): 嘿嘿의 오기. 잠자코 있음.
357) 塞責(색책): 책임을 면하기 위하여 겉으로만 둘러대어 꾸밈.
358) 如其(여기): 與其의 오기.

故亦置出送之中, 人尤以爲寃, 因〈朴〉言得免。洪瑞鳳·崔鳴吉·金藎國, 出虜陣, 講定出城之節目, 則賊曰: "此事, 從古自有規例, 而第一等節目, 則慘不用之, 第二節等[359]目, 行之爲可."云。所謂第一等者, 盖指啣璧輿櫬[360]也。只使軍卒[361]從臣與輿臺[362]合五百人, 去其威儀及軍卒, 晦日出城云。而別無着某衣之言, 崔鳴吉以臆度來言: "渠以第二等爲然, 不可仍着紅袞, 改着青衣爲當."云, 故上與世子, 所着青衣, 達夜縫進。且言: "於賊, 請止大砲." 自今夕始止, 前後中死者, 六人一馬。其夜龍馬, 持汗書來傳。其書曰: "寬溫仁聖皇帝, 詔諭朝鮮國王。來奏, 具述二十日之詔旨, 且慮計宗社·生靈, 明降詔旨, 開安心歸命之路者, 疑朕食言耶? 然朕素推誠[363], 不特前必踐言[364]併其以後日之維新, 今盡釋前罪, 詳定規例, 以爲君臣世守之信義也。爾若悔過自新, 不忘恩德, 委身歸命, 以爲子孫長久之計, 則將明朝所與之語命[365]冊印[366], 獻納請罪, 絶其交往, 去其年號, 一應[367]文移, 奉我正朔[368]。爾以長子及再一子爲質, 諸大臣有子者以

---

359) 節等(절등): 等節의 오기.

360) 啣璧輿櫬(함벽여츤): 銜璧輿櫬의 오기. 옛날 항복할 때의 예. 손을 묶였으므로 옥을 입에 물고 빈 棺을 등에 진다는 뜻이다.

361) 軍卒(군졸): 率의 오기.

362) 輿臺(여대): 지위가 낮은 사람.

363) 推誠(추성): 지극정성으로 남을 대함. 제 참뜻을 남에게 미치게 함.

364) 前必踐言(전필천언): 前言必踐의 오기.

365) 語命(어명): 誥命의 오기. 중국 황제가 제후국의 국왕을 인준하는 문서.

366) 冊印(책인): 冊書와 印章. 책서는 책봉 내용을 기록한 문서이고, 인장은 대개 금으로 만든 金寶였다.

367) 一應(일응): 모든.

368) 正朔(정삭): 冊曆. 年號. 중국에서 제왕이 새로 나라를 세우면서 歲首를 고쳐 新曆을 천하에 반포하여 실시하였다.

子, 無子者以弟爲質。萬一爾有不虞[369], 則朕立質子嗣位。朕若征明朝, 降詔·遣使, 調爾步騎·舟師, 或數萬, 刻期會處, 不得有誤。朕〈今〉回兵, 攻取椵島, 爾可發船五十〈隻〉, 進水兵, 槍炮·弓箭, 俱宜自備。大兵將回, 宜獻犒軍之禮。其聖節·正朝·冬至·中宮千秋·太子千秋及慶弔等事, 俱須獻禮, 命大臣及內官, 奉表以來。其所進表箋·程式及朕降詔勅, 或有事, 遣使傳諭, 爾之使臣相見, 或爾陪臣謁見及迎送·饋使之禮, 毋違明朝舊例。軍中俘係, 自過鴨綠江, 若有逃者, 執送本主。若有贖還[370], 聽從本主之便。盖我兵已死戰俘獲之人, 爾後毋得以不忍縛送爲難[371]也。與諸臣, 締結婚媾, 以固和好。新舊城垣, 不許繕築。爾國所有兀良哈人, 俱當刷還。日本貿易, 聽爾如舊, 〈但當〉導其使者赴朝, 朕亦將遣使至彼也。其東邊兀良哈避居於彼者, 不得復與貿易, 若見之, 便當執送。爾以旣死之身, 朕復生之, 全爾垂亡宗社, 完爾已失之妻孥, 爾當念國家之再造, 異日子子孫孫, 毋違信義, 邦家永奠[372]矣。朕因爾國狡詐反覆, 故玆詔示。每年歲貢物目, 黃金一百兩, 白金一千兩, 水牛角弓面二百部, 丹木二百斤, 環刀二十把, 虎皮一百張, 鹿皮一百張, 茶一千包, 水獺皮四百張, 靑黍皮二百張, 胡椒十斗, 好腰刀二十六把, 好大紙一千卷, 好小紙一千卷, 五爪龍文席四領, 各樣花席四十領, 白苧布二百匹, 各色細紬二千匹, 麻布四百匹, 各色細布一萬匹, 布一千匹, 米一

---

369) 不虞(불우): 뜻밖의 일.

370) 贖還(속환): 돈이나 물건 따위로 대갚음을 하고 어떤 것을 도로 찾아옴.

371) 爲難(위난): 爲辭의 오기.

372) 永奠(영전): 영구하게 기초를 안정시킴.

萬包, 自己卯秋始貢." 懷恩君[373]之女, 初爲汗第六皇后, 後給寵臣皮牌慱氏, 盖胡俗, 若其寵待之臣, 則例以所愛給之故也。庚辰秋, 懷恩君爲上使, 安應亨[374]爲副使, 尹得悅爲書狀, 懷恩因其女, 圖減米九十[375]包, 故一行各加資, 懷恩君則別賜奴婢田畓。是日夕, 尹集·吳達濟, 將出虜陣, 氣色略無異於平昔, 差强人意[376]。上引見痛泣, 賜酒與別, 曰: "爾等父母妻子, 予當終身顧恤, 此則勿以爲念."云, 數年給米之後, 更無恩典。吳尹亦涕泣, 拜謝而出。當入城之日, 吳達濟與其兄達升[377], 無馬步入, 及今吳達升, 泣言於備局, 曰: "舍弟, 當初無馬而徒步, 送虜陣, 願得人馬而送." 聞者莫不垂涕。因日暮, 不得出。

1월 29일。

국서(國書)에 이르기를, "조선국왕 신(臣) 성(姓) 휘(諱)는 삼가 대청

373) 懷恩君(회은군): 李德仁(?~1644). 成宗의 현손. 오위도총부 도총관에 이어 부총관을 역임하였다. 1637년 謝恩副使로 중국 瀋陽에 가서 宗室 포로들의 본국 송환을 교섭하였고, 1640년 다시 사은사로 심양에 다녀왔다. 1644년 沈器遠 등이 모반을 꾀할 때 왕으로 추대되었다 하여 賜死되었다.

374) 安應亨(안응형, 1578~1655): 본관은 廣州, 자는 叔嘉, 호는 靜齋. 1601년 생원시에 합격하고, 1606년 식년문과에 급제하였다. 그 해 12월 병조좌랑, 1607년 성균관전적을 지냈으며, 1609년 《선조실록》 편찬에 참여하였다. 1640년 사은사의 부사로 북경을 다녀왔으며, 1645년 개성유수 재직시 사간원의 탄핵을 받기도 하였다. 그 뒤 참판과 감사를 역임하였고, 7도의 관찰사를 역임하였다.

375) 九十(구십): 九千의 오기인 듯.

376) 差强人意(차강인의): 사람의 의지를 조금 진작시킨다는 뜻으로, 좋다고 하기에는 부족하지만 대체적으로는 마음에 들게 하는 것을 비유적으로 하는 말.

377) 達升(달승): 吳達升(1591~1638). 본관은 海州, 자는 士玄. 1624년 증광시에 급제하였다.

국 관온인성 황제폐하(大淸國寬溫仁聖皇帝陛下)께 글을 올립니다. 소방(小邦)에 일찍이 일종의 근거없는 논의가 자못 국사를 무너뜨려 그르쳤던 적이 있어서 지난해 가을 이후로 신(臣: 인조)이 그 중에서 더욱 심한 자 약간 명을 적발하여 모두 파면하여 쫓아내었고, 맨 먼저 주창한 대간(臺諫) 1명은 천병(天兵: 청나라 군대)이 우리 국경에 이르렀을 때 평양 서윤(平壤庶尹)으로 임명하여 그날로 떠나가도록 독촉하였으나 혹은 천병에게 사로잡혔는지 혹은 샛길로 부임했는지 도무지 알 수가 없습니다. 지금 성안에 있는 자는 비록 혹 줏대 없이 남의 의견에 따라 움직인 죄는 있다 하더라도 앞서 파면한 자에 견주면 그 가볍고 무거움이 매우 심하게 차이가 있습니다. 그러나 신(臣)이 이전에 보내신 조서(詔書)의 내용을 보니 실로 소방을 은혜로이 사랑하는 극진한 마음에서 나온 것이었는데, 만약 처음부터 끝까지 잡아보내는 것을 머뭇거리며 어렵게만 여긴다면 폐하가 본국(本國: 조선)의 사정을 살피지 못하고 신(臣)이 그들을 용인해 숨겨주는 것으로 의심하여 성심으로 귀순하려는 신(臣)의 생각을 장차 밝힐 수 없게 될까 두려웠습니다. 그래서 두 사람을 색출하여 군문(軍門)에 보내면서 처분을 기다립니다. 삼가 죽음을 무릅쓰고 아룁니다."라고 하였다.

오달제와 윤집 두 사람이 아침에 오랑캐 진영으로 출발하는데, 조정에서 따로 그들을 데려갈 사람을 분부하지 않았다. 그러나 최명길이 무인(武人) 이영달(李英達)과 함께 제멋대로 데려가면서 오달제와 윤집에 이르기를, "자네들이 만일 내 말대로만 대하면 필경 무사할 것이네." 라고 하였는데, 대체로 오랑캐에게 아첨하며 죄를 인정하라는 말이었다. 오달제와 윤집은 "예예" 하면서 갔는데, 오랑캐 진영과 멀지 않은 곳에 이르자 최명길은 각기 두 사람의 띠를 풀고 도리어 두 사람을 결박지어 직접 바쳤다. 칸(汗)이 최명길 등에게 각각 초구(貂裘: 담비 가죽옷)와 술을 하사하였으니, 귀순(歸順)하도록 한 것에 칭찬하고 장려한 뜻이었다.

오달제와 윤집을 뜰 아래에 잡아다 심문하여 말하기를, "너희는 어찌하여 양국의 맹약(盟約)을 깨려고 하느냐?"라고 하자, 오달제가 말하기를, "우리나라가 대명(大明)에 대해 신하로서 섬긴 지 300년이나 되었다. 대명(大明)만 있는 줄 알았지 청국(淸國)이 있는 것은 알지 못하였으니, 외람되이 황제라 칭하며 사신을 보내는데 대간(臺諫)이 된 몸으로서 어찌 배척하지 않겠는가? 이 밖에는 더 할 말이 없으니 속히 죽여주기를 바랄 뿐이다."라고 하였으며, 윤집이 대답한 것도 비록 오달제의 대답과 같지는 않았을지라도 조용히 곧은 말을 하면서 조금도 아첨하며 굽히는 말이 없었다. 우열을 가릴 수 없는 듯했는데도 혹은 오달제가 낫고 윤집이 못하다고 하니 탄식할 노릇이었다.

최명길이 돌아와 탄식하고 한숨지으며 말하기를, "오달제와 윤집이 만일 하나같이 내가 이르는 대로만 하면 끝내 필시 해를 입지 않을 것이므로 떠나갈 때 다방면으로 타일렀지만, 칸(汗) 앞에 이르러서 대답한 것이 내가 일러준 것과 상반되었으니 필시 겁이 나서 그랬던 같소."라고 하자, 사람들이 냉소를 머금지 않는 자가 없었다.

이조 참판(吏曹參判) 정온(鄭蘊)이 상소를 올려 말하기를, "삼가 아룁니다. 신(臣)이 자결(自決)하려던 것은 바로 전하가 겪고 있는 오늘의 일을 차마 볼 수 없어서였지만 한 가닥 실낱같은 살아남은 목숨이 3일이 지났어도 아직 붙어 있으니, 신(臣)은 실로 괴이하게 여깁니다. 최명길(崔鳴吉)이 이미 전하로 하여금 신(臣)이라 칭하고 성을 나가서 항복하게 하였으니, 군신(君臣)의 분의(分義)가 이미 정해졌습니다. 신하는 임금에 대해 그저 순순히 따르는 것만이 공손함이 아니니, 쟁론(爭論)할 만한 것은 간쟁(諫爭)해야 합니다. 저들이 만약 황조(皇朝)의 인장(印章)을 들이라고 요구하면 전하는 마땅히 간쟁하여 말하기를, '조종조(祖宗朝)에서 이 인장을 받아 사용한 것이 지금까지 거의 300년이다. 이 인장은 마땅히 명(明)나라 조정에 도로 돌려주어야 하는 것이지, 청국(淸國)에 바칠 수는 없다.'라고 하고, 저들이 만약 천조(天朝: 명나라)를 공격할 군사를 보조하도록 요구하면 전하는 마땅히 간쟁하여 말하기를, 명나라와는 실로 부자(父子)의 은혜가 있는 것을 청국 또한 알 것이다. 자식을 시켜 그 부모를 공격하게 함은 윤기(倫紀)에 관계 있으니, 공격하는 자만이 죄가 있는 것이 아니고 공격하도록 교사한 자 또한 옳지 않다.'라고 하면, 저들이 흉악하고 교활할지라도 또한 필시 양해할 것입니다. 삼가 바라건대 전하는 이 몇 가지로써 간쟁하여 천하 후세에 죄를 얻지 않도록 하면 다시 없는 다행이겠습니다. 신의 목숨이 거의 죽을 지경에 이르러 대가(大駕)를 호위하지도 못하고 또 길가에 나아가 곡(哭)을 하며 배웅하지도 못하니 신하로서의 죄가 큽니다. 신의 본직(本職) 및 겸직(兼職)을 모두 바꾸도록 명하여 신이 눈을 감을 수 있게 하소서."라고 하였다.

그날 신경진(申景禛)·구굉(具宏) 두 대장 및 최명길(崔鳴吉)·이시백(李時白)이 한 자리에 같이 모였는데, 나 또한 그 자리에 참석하여 최명길에게 일러 말하기를, "지금 출성(出城: 항복)하는 절목(節目: 절차의 세목)을 상세히 정해 놓지 않으면 훗날 받아들여 따르기 어려운 청이 있을지라도 결코 서로 다투기가 어려울 것이니, 오늘 그 절목을 정하지 아니할 수 없습니다."라고 하자, 최명길이 말하기를, "지금 잠시만 잠자코 있다가 출성(出聖)한 뒤에 사실을 진술하여 옳고 그름을 가려도 늦지 않을 것이다."라고 하였다. 내가 웃으며 말하기를, "오늘도 오히려 다투지 못하는데 어느 날에나 다시 사실을 진술하여 옳고 그름을 가릴 수 있단 말입니까? 저들이 바야흐로 황조(皇朝: 명나라)의 인장(印章)과 고명(誥命: 책봉 인준서)을 바치라고 독촉하는데, 300년 동안 열성조(列聖朝)가 전하여 준 보배를 차마 어찌 저 오랑캐에게 바친단 말입니까? 게다가 가도(椵島)를 공격하려고 대명(大明)을 범하라면 그것도 따를 수 있단 말입니까? 지금 저 오랑캐에게 말하기를, '우리나라가 천조(天朝: 명나라)에게 의리로는 군신간이고 정으로는 부자간이니, 천조에서 내린 고명(誥命)과 인장(印章)을 결코 바칠 수가 없고 부모의 나라를 또한 공격할 수 없는 것인데, 만약 이러한 일에 있어서 모두 어렵게 여기지 않는다면 그대의 나라도 마땅히 싫어하는 것일 터이다. 나중에 만약 그대의 나라와 등져서 오늘날 천조에 행한 것처럼 하도록 한다면, 이를 받아들여 따를 수 없고 또한 마땅히 지금처럼 할 것이다.'라고 하면, 저들이 비록 개돼지라 할지라도 어찌 동요하지 않을 리가 있겠습니까? 더구나 황금은 본래 우리나라에서 나는 것이 아니니 도저히 준비하기가 어렵다고 해도, 이 또한 다툴 수 있을 것입니다."라고 하였다. 최명길은 마땅히 듣고 따르려 하지 않았는데, 아마도 화친하려는 일이 말썽이 생겨 이루어지지 않을까 두려워해서였을 것이다. 신경진이 나에게 일러 말하기를, "영공(令公)은 평소 주상(主上) 앞에서도 굽히지 않고 말을 했었으니, 오늘 칸(汗) 앞에서도 말할 사람으로 영공 만한 사람이 없는데 지금 어찌하여 저들에게 말을 하지 않는단 말이오?"라고 하였다. 내가 말하기를, "나를 못난 사람이 아니라고 해서 만약 오랑캐 진영으로 보낸다면 목숨을 바쳐 간쟁할 것인데, 대감은 어찌 나를 보내지 않습니까?"라고 하니, 신경진은 아무런 말을 하지 않고 있었다. 아마도 내가 종전에 여러 번 신경진의 잘못을 주상 앞에서 아뢰었기 때문일 것이다.

김류(金瑬)가 주상(主上)에게 아뢰기를, "세자(世子)가 장차 북으로 가야 하는데, 지금 삼공(三公: 영의정·좌의정·우의정의 통칭)이 모두 늙고 병든 사람들이라서 모시고 쫓아가기가 어려울 듯하니, 청컨대 근력이 한창 강한 사람을 다시 재상(宰相)으로 삼으소서."라고 하니, 주상이 윤허하였다. 우상(右相: 이홍주)의 자리가 비어서 병조 판서(兵曹判書) 이성구(李聖求)를 대신하게 하였다. 이성구가 곧 우상이 된 이후에 김류가 또 말하기를, "세자를 따라가는데 반드시 상신(相臣)일 필요는 없습니다. 정2품 가운데서 또한 임명하여 보내어도 괜찮습니다. 이성구는 본래 재주와 지략이 많으니 우선 여기에 머물러 있게 하여 함께 나랏일을 의논하소서."라고 하니, 주상이 또 윤허하였다. 즉시 춘성군(春城君) 남이웅(南以雄)을 대신 보냈다.

대체로 이성구를 체찰부사(體察副使)로 삼으니 모든 크고 작은 일에 마음을 같이하지 않는 것이 없었다. 지난번 유백증(兪伯曾)이 상소로 김류를 베도록 청했지만, 김류는 3일이 지나도록 오히려 그 말을 전해 들어 알지 못하였었다. 대개 몹시 혼란하고 어수선한 즈음인데다 조보(朝報)도 없어서 상하의 사람들이 모두 김류와 막혀서 통하지 않아 말해 주는 사람이 없었지만, 유독 이성구만이 말해 주었기 때문에 시종일관

이처럼 발탁한 것이었다.

또 주상(主上)이 비록 출성(出城: 항복)하는데 성을 지키는 군졸 중에 한 사람도 대가(大駕)를 호종하려는 자가 없었지만 체상(體相: 김류)은 그대로 버려둔 채로 가기도 어려운 듯하였는데, 주상이 만약 출성하면 혹여라도 저 오랑캐들이 산성을 반드시 쟁취해야 할 곳으로 삼을 염려가 있어 성의 안위(安危)를 알 수가 없었고, 게다가 강도(江都: 강화도)가 이미 함락되어 가족들이 살았기를 또한 바랄 수가 없었다. 그러나 이때 출성하기에 급했던 까닭으로 또 청하여 이홍주(李弘胄)를 임시 체찰사를 삼아서 우선 성안의 장수와 군사를 거느리도록 하였는데, 장수와 군사들이 불안해 하는 마음이 없었으니 지난날 고통스러웠던 것을 알 만하였다.

출성할 때 행차를 호종할 500명의 군사는 모두 체부(體府)에서 구체적으로 정했는데, 하인배도 김류에게 청하고 부탁하여 나갈 수 있어서 그 수의 태반은 이속(吏屬) 및 삼의사(三醫司)이었지만, 삼사(三司)의 장관(長官) 또한 모시고 따를 수가 없었다.

이홍주 또한 주상의 명으로 2월 2일까지 머물러야 했으나 이미 성을 나가 통솔하는 사람이 없으니, 성을 지키는 군졸들이 제멋대로 뿔뿔이 흩어졌지만 도처에 있던 적들은 아직 물러가기 전이라서 우리나라 사람들이 죽거나 약탈 당한 자의 수를 알 수 없었다. 온갖 고난과 수없이 죽을 고비를 넘긴 끝에 겨우 실낱 같은 목숨을 보존하였다가 끝내 이 지경에 이르니 가련하였다.

二十九日。

國書曰: “朝鮮國王臣姓諱, 謹上書于寬溫仁聖皇帝陛下。小邦曾有一種浮議[378], 頗能壞誤國事, 上年秋後, 臣摘其尤甚者若干人, 竝爲斥黜, 而首倡臺諫一人, 當天兵到境之時, 差平壤庶尹, 督令卽日前途, 或爲兵前所獲, 或從間道越任[379], 俱不得知之。今在城中者, 雖或雷同和附[380]之罪, 比前被斥者, 則輕重相懸。然伏見前詔旨, 實出恩愛小邦之至意, 若終始持難[381], 則恐陛下未察本國事情, 疑臣有所容隱, 臣之誠心向順之意, 將無以自白。故査得二人, 送詣軍門, 以俟處分。謹昧死以聞." 吳尹兩人, 朝出虜陣, 朝廷別無分付領去之人。而崔鳴吉, 與武人李英達, 私自領去, 謂吳尹, 曰: "君輩, 若從吾言而對之, 則畢竟無事."云, 蓋諂諛伏罪之言也。吳尹唯唯而去, 及到虜陣不遠之地, 崔鳴吉, 各解其帶, 反縛兩人, 親自獻之。汗各賜鳴吉等, 貂裘及酒, 嘉奬順歸之意。執吳尹, 問於庭下, 曰: "汝何使敗兩國之盟乎?" 吳達濟曰: "我國之於大明, 臣事三百年, 知有大明而不知有淸國, 僭號遣使, 身爲臺諫, 安不斥乎? 此外更無所言, 願得速死." 尹集所對, 則雖不如吳對, 從容直說, 少無諂屈之辭。似無優劣, 而或長吳而短尹, 可歎。崔鳴吉, 還來嗟歎曰: "吳尹, 若一如我所指, 終必無害, 故出去之時, 多般敎誘, 而及至汗前, 所答相反, 必畏㥘而然也."云, 人無不冷笑。吏曹參判鄭蘊, 上疏[382]: "伏以臣之自決, 正不忍見殿下今日之事, 而一縷殘命, 三日猶存, 臣實

---

378) 浮議(부의): 근거가 없어 믿기 어려운 의논.

379) 越任(월임): 赴任의 오기.

380) 雷同和附(뇌동화부): 附和雷同. 줏대 없이 남의 의견에 따라 움직임. 자기 주관 없이 다른 사람들의 의견이나 행동을 무비판적으로 따르는 상황을 말한다.

381) 持難(지난): 일을 얼른 처리하지 않고 어물어물 미루기만 함.

382) 《仁祖實錄》 1637년 1월 30일 1번째 기사.

愧之。鳴吉既使殿下稱臣出降，君臣之分已定矣。臣之於君，不徒承順爲恭，可爭則爭之可也。彼若求納皇朝之印，則殿下當爭之曰：'自祖宗受用此印，今將三百年矣。此印當還納於明朝，不可納於淸國.'云，彼若求助攻天朝軍，則殿下當爭之曰：'明朝父母之恩，淸國亦知之矣。教子攻父，有關於倫紀。非但攻之者有罪，教之者亦不〈可〉.'云，則彼之兇狡，亦不[383]諒矣。伏願殿下，以此二者爭之，不爲得罪於天下後世，不勝幸甚。臣命在垂死，既不能護駕，又不能哭辭於路左，臣罪大矣。本職及兼帶，竝命遞改，使臣得以瞑目.”其日，申具兩大將及崔鳴吉·李時白，同會一處，我亦參坐，謂崔鳴吉，曰：“今者，出城節目，不爲詳定，則後日雖有難從之請，決難相爭，今日不可不定其節目也.” 鳴吉曰：“今姑哩哩[384]得出城，然後陳卞[385]未爲晚.”我笑曰：“今日尙未得爭，何日更爲陳卞乎？彼方督納皇朝印誥，三百年列聖相傳之寶，其忍納諸彼賊乎？且欲攻椵島，犯大明，其亦可從乎？今言於彼賊，曰：'我朝之於天朝，義君臣而情父子也，其所賜之印誥，決不可納之，父母之邦，又不可攻之，若於此等事，皆不以爲難，則亦爾國之所當惡也。後若有教背尒國，如今日之於天朝，則其不可從，亦當如此.'云，則彼雖犬羊，豈無動之理乎？且黃金，本非我國所産，決難備，此亦可爭也.”崔鳴吉，不宜聽從，蓋恐和事之生梗[386]不成也。申景禛謂我，曰：“令公，素能抗言[387]於

---

383) 亦不(역불): 亦必의 오기.

384) 哩哩(이리): 嘿嘿의 오기.

385) 陳卞(진변): 사실을 진술하여 옳고 그름을 가림.

386) 生梗(생경): 두 상대 사이에 말썽이 생겨 틈이 벌어짐.

387) 抗言(항언): 뜻을 잡고 말을 막는다는 뜻. 자신의 의견을 고집하여 굽히지 않음을

上前, 今日言於汗前, 無如令公, 今何不不言於彼耶?" 我曰: "不以我無似[388], 若從[389]虜陣, 可以死爭, 台監何不送我耶?" 申默然。蓋我從前, 屢以申之所失, 陳於上前故也。金瑬言於上, 曰: "世子將北行, 目今三公, 皆是老病之人, 似難從行, 請以筋力方强者, 更爲卜相." 上允之。右相卽爲作闕[390], 以兵判李聖求代之。聖求旣爲右相之後, 金瑬又曰: "世子從行, 不必相臣也。正二品中, 亦可差送。李聖求, 素多才智, 姑令留此, 共議國事." 上又允之。卽以春城君南以雄[391], 代送。蓋聖求爲體副使, 凡大小事, 無不同心。頃者, 兪伯曾之上疏, 請斬金瑬也, 三日猶不聞知。蓋搶攘[392]之際, 旣無朝報, 上下人, 皆與金瑬否隔[393], 人無言者, 獨聖求言之, 故終始拔擢如此也。且上雖出城, 守堞軍卒, 無一人扈駕, 體相似難棄去, 而上若出城, 賊[394]或慮其彼賊, 以山城爲必爭之地, 城之危安, 未可知, 且江

이르는 말.

388) 無似(무사): 스스로 낮추어 못난 사람.

389) 從(종): 送의 오기.

390) 作闕(작궐): 빈 자리를 만듦. 결원을 냄.

391) 南以雄(남이웅, 1575~1648): 본관은 宜寧, 자는 敵萬, 호는 市北. 주부 南瑋의 아들. 1606년 진사시에 합격하고 1613년 증광 문과에 급제하여 예조좌랑·병조좌랑·정언·수찬·응교 등을 지냈다. 1623년 인조반정 이후 五衛將·황해도 관향사·안악군수·의주부윤 등을 역임했다. 1624년 李适의 난이 일어나자 黃州守城大將으로 도원수 張晩을 도와 공을 세워 振武功臣 3등에 春城君으로 봉해졌다. 1635년 강화도유수를 지냈다. 1636년 병자호란으로 남한산성까지 왕을 호종했고, 그 공으로 좌찬성에 올랐다. 이듬해 소현세자가 볼모로 瀋陽에 잡혀갈 때 우빈객으로 세자를 극진히 호위했으며, 돌아온 뒤 춘성부원군에 봉해졌다.

392) 搶攘(창양): 몹시 혼란하고 수선스러움.

393) 否隔(비격): 막혀서 통하지 않음.

394) 賊(적): 則의 오기.

都旣陷, 一家存沒, 亦不可期。以此急於出城, 又請以李弘胄, 爲假體察使, 姑領城中將士, 將士無不安心, 可知前日之爲苦矣。出城時, 扈行五百人之數, 皆自體府定出[395], 下輩請囑[396]於金瑬而得出, 厥數太半吏輩及三醫司[397], 而三司長官[398], 亦不得陪從。李弘胄, 亦以上命, 留二月初二日, 旣出城, 無統領之人, 守堞之卒, 任意渙散[399], 到處賊陣未罷, 我國人爲殺掠者, 不知其幾。間關[400]萬死之餘, 僅存縷命, 竟至於此, 可憐。

1월 30일。

햇빛이 광채가 없었다.

주상(主上)과 세자가 남색 융복(藍色戎服)을 입고서 서문(西門)을 통해 나섰다. 칸(汗)은 삼전도(三田渡)에 진(陣)을 쳤는데 포구 남쪽에 단(壇)을 설치해 9층 계단을 만들고 누런 장막을 펴 놓은 뒤 누런 일산(日傘)을 세워서 군대의 위엄을 성대히 차렸다. 군진(軍陣)이 정돈되어 엄숙하고 투구와 깃발이 햇빛에 번쩍였는데, 휘하의 정예병 수만 명이 키도 크고 몸집도 건장하면서 조금도 차이가 없는데다 5겹 비단의 수놓은 갑옷을 입고 언제나 좌우에 있었다.

---

395) 定出(정출): 구체적으로 정함.

396) 請囑(청촉): 어떤 일을 청하여 들어주기를 부탁함.

397) 三醫司(삼의사): 조선시대의 의료기관 3곳을 통틀어 이르던 말. 典醫監·惠民署·濟生院을 지칭하는 말이었다.

398) 三司長官(삼사장관): 사헌부의 대사헌·사간원의 대사간·홍문관의 부제학을 일컬음.

399) 渙散(환산): 群衆이나 團體가 해산하여 흩어짐.

400) 間關(간관): 길이 울퉁불퉁하여 걷기 곤란한 상태.

주상이 3번 절하고 9번 머리를 조아리는 삼배구고두(三拜九叩頭: 3번 절하고 9번 엎드려 머리를 손등에 부딪치며 하는 규례)의 예를 오랑캐의 군대 앞에서 행하고 이어서 계단을 올라가니, 서쪽을 향하여 제왕(諸王)의 위에 앉도록 하였다. 칸(汗)은 단(壇)의 상층에서 남쪽을 향하여 앉고서 술과 음식을 차려놓고 군악을 울렸다. 파하기 전 주상에게 초구(貂裘: 담비 갖옷) 2벌을, 다음으로 대신(大臣)·육경(六卿)·승지(承旨)에게 각기 1벌씩을 내리니, 주상이 그 중 1벌을 입고 뜰에서 사례하였고 대신 이하 또한 차례로 뜰에서 사례하였다.

그때 빈궁(嬪宮: 소현세자의 강빈)·대신(大臣)과 숙의(淑儀: 인조의 후궁 나씨)·두 대군의 부인(夫人: 봉림대군의 豐安府夫人 덕수 장씨와 인평대군의 福川府夫人 동복 오씨)이 이미 강도(江都: 강화도)에서 오랑캐의 진중(陣中)에 잡혀 와 있었다. 저녁 때 주상을 경성(京城)으로 돌아가게 했는데, 또한 숙의에게 모시고 돌아가도록 하면서 인평대군 및 그 부인 또한 입성하게 하였지만, 동궁과 빈궁 및 봉림대군과 부인은 장차 심양(瀋陽)으로 가야 했기 때문에 그대로 진중(陣中)에 남아서 들판에 장막을 치고 묵었다.

춘성군(春城君) 남이웅(南以雄)은 재신(宰臣)으로 삼고, 대간(大諫) 박황(朴潢)·참의(參議) 김남중(金南重)은 품계를 올려 빈객(賓客)으로 삼고, 시강원 보덕(侍講院輔德) 이명웅(李命雄)·필선(弼善) 이시해(李時楷)·사서(司書) 이진(李袗)은 세자를 모시고 머물러 있다가 장차 북으로 가게 하였는데, 문학(文學) 정뇌경(鄭雷卿)은 자청해서 갔다. 박로(朴簵)가 이때 석방되어 조정으로 돌아왔으므로 다시 부빈객(副賓客)을 삼아서 세자를 모시고 가게 했는데, 그가 오랑캐들에게 환심을 사고 있었기 때문이다. 김남중은 이 때문에 다시 교체되었다. 부원수(副元帥) 신경원(申景瑗)은 싸우다가 패하여 사로잡혀서 박로와 함께 남한산성 아래에 있다가 이날 또한 풀려서 돌아왔는데, 오랑캐들이 탈취했던 부원수의 인신(印信)을 아울러 돌려주었다.

주상이 출성(出城: 항복)할 때 온 성안의 사람들이 곡(哭)하며 보내니, 그 소리가 천지를 진동하였다.

三十日。

日色無光。上與世子, 服藍戎服, 由西門出。汗會陣於三田渡, 設壇於浦南, 爲九層階, 張黃幕, 立黃傘, 盛陣[401]兵威。戎陣整肅, 冑旄照日, 手下精兵數萬, 身長壯健, 略無異同, 被五重錦繡甲, 常在左右。上行三拜九叩頭之禮於軍前, 仍入階, 西向坐諸王之右。汗則南面坐於壇之上層, 設酒饌, 動軍藥。臨罷, 贈上以貂裘兩襲, 次給大臣·六卿·承旨各一襲, 上服其一襲, 行謝於庭, 大臣以下, 亦以次庭謝。其時, 嬪宮·大臣與淑儀及兩大君夫人, 已自江都, 來在陣中。夕時, 使上還京, 亦許淑儀陪還, 麟平大君及夫人, 亦令入城, 而東宮·嬪宮·鳳林與夫人, 則將入藩陽, 故仍留陣中, 宿於野次帳幕。春城君南以雄爲宰臣, 大諫朴潢·參議金南重[402], 陛秩爲賓客,

---

401) 盛陣(성진): 盛陳의 오기.

402) 金南重(김남중, 1596~1663): 본관은 慶州, 자는 自珍, 호는 野塘. 1618년 증광문과에 급제해 假注書가 되고, 1623년 검열이 되었다. 1625년 병조 좌랑이 되었으나, 변경의 오랑캐 침입을 잘못 보고해 파직당했다. 1628년 부수찬이 되었는데, 1632년 집의가 되었다. 1636년 병자호란이 일어나자 예조참의로서 남한산성으로 인조를 호종하였다. 이듬해 대사간이 되자 강화도 함락에 대한 守將의 책임을 물어 처형할 것과 척화신을 문책하지 말 것을 주장하였다. 그해에 경기도 관찰사가 되었고, 1641년 대사간을 거쳐 1644년 다시 경기도 관찰사가 되었다. 이듬해 대사헌이 된 뒤 1649년까지

侍講院輔德李命雄[403]·弼善李時楷[404]·司書李袗[405]，陪留將北行，文學鄭雷卿，則自請而行。朴魯[406]，至是，見釋還朝，改爲副賓陪往，以其有權[407]於虜中也，金南重則以此還遞。副元帥申景瑗，軍敗見執，與朴魯在南漢下，是日亦許還，幷給其見奪副元帥印信。上

대사성·대사간·대사헌을 번갈아 지냈다. 1650년 이조참판이 되고, 1656년 사은부사로 청나라에 다녀왔다. 1658년 공조판서에 오른 뒤 형조판서를 지냈다.

403) 李命雄(이명웅, 1590~1642): 본관은 全州, 자는 斑而, 호는 松沙. 1626년 蔭補로 벼슬길에 나가 東宮洗馬가 되고, 侍直으로 옮겼다. 이해 9월 정시 문과에 을과로 급제하고, 정언을 거쳐 고성현령으로 나갔다가 수찬·지제교·經筵檢討官 등을 역임하였다. 1631년에는 평안도순찰사로 나갔고, 1632년 인조의 私親인 元宗의 追崇을 반대해 삭직되었다가 다시 수찬으로 기용되어 獻納·이조정랑·무장현감 등을 역임하였다. 1636년 지평으로 對淸强硬策을 진언하고, 그 해 겨울에 호란이 일어나자 사간으로 남한산성에 호종하여, 성 밑 마을의 양곡을 실어 들여 戰守策을 확립하고 主和人들을 베어 군심을 격려하도록 啓請하였다. 화의가 성립된 뒤에는 자청해 세자를 따라 청나라로 가서 보좌, 주선한 공이 컸다. 돌아와서 대사간·부제학·경상도관찰사·예조참의를 지내고, 홍주목사로 나가 임지에서 죽었다.

404) 李時楷(이시해, 1600~1657): 본관은 全州, 자는 子範, 호는 南谷·松崖. 1630년 생원이 되고, 그해 별시문과에 급제, 정언이 되었다. 1634년 관작을 빼앗기고 북변에 귀양갔다가 이듬해 석방되어 지평에 이어 교리를 지냈다. 1636년 문학이 되어 청나라 심양에 볼모로 가는 소현세자를 호종하고, 1638년 보덕에 오르고 응교·집의·동부승지·우승지를 지냈다. 1647년 전라도관찰사를 지냈으며, 1650년 좌승지가 되었다. 1652년 대사간에 임명되었으나 元斗杓와 친밀하다는 혐의를 받고 파면되었다가, 다시 등용되어 1653년 도승지에 이어 판결사를 지냈다. 1657년 이조참판이 되고, 사은부사로 청나라에 다녀왔다.

405) 李袗(이진, 1600~1668): 본관은 延安, 자는 子晦, 호는 孤山. 1635년 증광시에 급제하였다. 1637년 정언을 거쳐 지평에 올랐다. 이후 부교리·수찬을 지내고, 세자시강원 문학이 되어 1643년 8월 청나라 태종의 갑작스러운 죽음에 告哀使로 심양에 다녀왔다. 1650년 충원현감, 1660년 동부승지, 병조참의, 병조참지를 거쳐 다음해 예조참으로 진위 겸 진향사의 일원으로 연경에 다녀왔다. 1663년 대사간을 거쳐 병조참의, 호조참의를 거쳤다.

406) 朴魯(박노): 朴簹의 오기.(이하 동일)

407) 有權(유권): 有懽의 오기.

出城時，滿城哭送，聲動天地。

2월 1일。

날씨가 음산하였다.

표신(標信: 신표)을 받들어서 선전관(宣傳官)이 왔는데, 군사들은 해산하여 내일 모두 성에서 내려오라고 했다.

二月初一日。

陰。標信[408]宣傳官來到，使之罷兵，明日皆下城。

2월 2일。

성안의 상하 사람들이 모두 아침 일찍 잠자리에서 새벽밥을 먹고 성에서 내려왔는데, 적병이 곳곳에 널리 가득하여 비록 평일에 오가던 곳일지라도 헷갈려서 동서를 분간할 수가 없었다.

우리나라 사람의 과반수나 포로가 되어 두려워서 얼굴을 드러내 놓고 감히 아무런 소리도 내지 못하였으니 남몰래 훌쩍이거나 몰래 흐느끼며 사람들에게 눈물을 흘렸다. 어떤 자는 머리를 들어 합장을 하고 길가로 나와 엎드려 마치 호소할 것이 있는 듯한 모습을 하였는데, 적이 그것을 보기만 하면 반드시 철편(鐵鞭)으로 채찍질을 하니 참혹하여 차마 볼 수가 없었다. 어떤 이는 얼굴에 분 바르고 매우 화려한 꾸밈새로 의기양양하게 말을 달리는 사람이 있었으니, 이는 관서(關西)의 관기(官妓)로 적에게 사로잡힌 여자였다. 한편 적병들 속에서 거만

408) 標信(표신): 궁중에 급변을 전할 때나 궁궐 문을 드나들 때에 지니던 신표.

하게 벌떡 누워서 담뱃대를 비스듬히 빨며 조금도 근심하고 두려워하는 기색이 없는 자가 있었으니, 이 무슨 심보인지 알지 못하겠으나 또한 통분스러웠다. 사대부가의 처첩과 처자들은 얼굴을 드러내어 사람들이 차마 보지 못하도록 의상으로 머리를 덮어쓴 것이 어디서나 다 그러하였다.

삼전포(三田浦: 三田渡)에 주둔해 있는 적의 대진영(大陣營)에 도착했는데, 세자의 학가(鶴駕: 왕세자의 수레)가 그 안에 바야흐로 머물러 있었으나 적진의 단속이 매우 심해서 들어가 뵈올 길이 없으니 신하 된 자의 정리상 망극함을 말로 하기가 어려웠다.

여울물이 한창 깊었으니, 어떤 자가 그 여울을 통해 건너려는데 여울물이 말안장에까지 가득찼고, 어떤 자는 배로 건너려는데 북적북적 서로 앞다투어 건너려고 하는 것이 아침부터 저녁까지 계속되었다.

적이 수레에 대포와 딸린 기구들을 실어나르는데, 길고 큰 것이 2칸의 대들보 만하였으나 수레가 매우 날렵하게 만들어져 소 1마리로 끌며 큰길에 줄을 이었다. 산성 아래에서 마포(麻浦)의 서쪽까지와 한강(漢江)이하 현석동(玄石洞: 마포구 소재)의 동쪽까지 적병들이 들판에 가득하였으니, 남쪽 지방으로 내려가는 병사들이 미처 돌아가지 못하였다.

그리고 칸(汗)이 출발하여 떠나려 하자, 주상이 동교(東郊)까지 나가서 전송하였다. 칸은 전곶(箭串)의 마장(馬場)을 거쳐 가로질러 양주(楊州)로 향하고 익담령(益潭嶺)을 넘어서 서쪽 길로 갔으며, 나머지 군사들은 날마다 얼마씩 나누어 철수해 갔는데 13일에야 끝났으니 그 병사가 얼마나 많았는지 알 수 있었다.

몽골 병사들은 강원도를 거쳐서 이윽고 북도(北道)로 갔다. 당초에는 모두 노약자들과 처자식들을 거느리고 왔으니 우리나라를 무시했다고 할 만하였다.

전곶(箭串)에서 도성에 이르기까지 적진은 없으나 우리나라 사람으로 죽은 자가 길에 가득하니, 마음을 상하고 눈을 쓰리게 하는 것이 이와 같았다.

도성에 들어가니 여염집들이 남은 것이라고는 없었는데, 향동(鄕洞: 향교동, 돈의동 일대) 입구의 좌우에서 필사(筆肆: 붓가게)·행랑(行廊) 및 소광통교(小廣通橋)·대광통교(大廣通橋)의 좌우에 이르기까지 인가가 다 불타 없어졌다.

백관(百官) 이하 모두 궁궐 안에 들어가니, 정원(政院: 왕명의 출납을 맡아보던 관아)이 차비문(差備門) 밖에 있었는데 모든 관원들이 함께 정원에 있어서 분별할 수가 없었다.

각사(各司)의 서리(書吏)들이 모두 부모와 처자들을 찾아서 살았는지 죽었는지를 확인하러 밖으로 나갔는데, 다만 정원의 이속(吏屬) 고인계(高仁繼)란 자 및 호조(戶曹)의 이속 1명과 병조(兵曹)의 이속 2명만 있을 뿐이었다.

출성(出城)할 즈음에 적에게 약탈 당한 자가 있었으니, 전 찬의(前參議) 이상급(李尙伋)은 남한산성에 있을 때부터 병에 걸려 뒤떨어져 혼자 가다가, 적에 의해 옷이 죄다 벗겨져 그날 밤에 얼어 죽었다.

二日。

城中上下人，皆蓐食[409]下城，賊兵處處彌漫[410]，雖平日往來之

---

409) 蓐食(욕식): 새벽밥. 아침 일찍 잠자리 위에서 식사하는 일.

410) 彌漫(시만): 彌滿의 오기.

處, 迷不知東西矣。我國之人, 被擄者過半, 不敢公然出聲, 潛啼暗泣, 垂淚向人。或擧頭合掌, 出伏道左, 如有所訴之狀, 賊若見之, 必以鐵鞭箠之, 慘不忍見。或者塗粉凝粧[411], 揚揚馳馬者, 此則乃關西官妓之被執者云矣。或有偃臥[412]於賊兵之中, 擴吸[413]煙竹[414], 略無戚戚[415]之容者, 不知此何人心, 亦可憤也。士大夫妻妾及處子, 不忍露面見人, 或以衣蒙頭者, 在在皆然。到三田浦大陣, 世子方駐駕其中, 而賊陣深密, 無由入拜, 臣子之情, 罔極難言。灘水方深, 或由灘以渡, 水沒馬按, 或以舟濟人, 奔踏競渡, 自朝至暮矣。賊以車載大炮所藏之具, 長大如二間大樑, 而車制甚捷, 駕以一牛, 相接大路。山城以下麻浦以西, 漢江以下玄石[416]以東, 賊兵滿野, 南方下去之兵, 未及回還。而汗乃發行, 上出東郊[417], 送之。汗由箭串[418]馬場, 橫向楊州, 踰益潭嶺, 仍往西路, 餘兵排日撤去, 至十三日乃止, 可知其兵盛也。蒙古, 由江原道, 因入北道而去。當初, 皆率其老弱妻子而來, 可謂無我國矣。自箭串至都城, 無賊陣, 我國人死者, 相藉籍[419]於道路, 傷心慘目, 有如是矣。入城都, 則閭閻蕩

---

411) 凝粧(응장): 매우 화려하게 꾸밈.
412) 偃臥(언와): 거만하게 벌떡 누워 있음.
413) 擴吸(광흡): 橫吸의 오기.
414) 煙竹(연죽): 담뱃대.
415) 戚戚(척척): 근심하고 두려워하는 모양.
416) 玄石(현석): 玄石洞. 서울특별시 마포구에 있는 동네이다.
417) 東郊(동교): 서울특별시 광진구 자양동·성수동에 걸쳐 있던 마을. 살곶이벌이라 부르던 뚝섬 일대를 말한다.
418) 箭串(전곶): 살곶이. 서울특별시 성동구 사근동에 있다. 임금의 행차를 알리는 纛旗를 세운 곳이라는 뜻에서 마을 이름이 유래하였다. 이곳에는 마장이 있었다.
419) 相籍(상적): 相藉의 오기.

殘, 自鄕洞[420]口左右, 至筆肆·行廊及大小廣通橋左右, 人家皆燒盡。百官上下, 入闕中, 政院在於差備門[421]外, 大小之官, 同在政院, 無復卞別。各司書吏, 皆以尋問父母妻子, 死生而出去, 只有政院一吏高仁繼者, 戶曹一吏·兵曹二吏而已。出城之際, 或有被賊劫掠者, 前參議李尙伋[422], 自在山城, 有病落後獨行, 賊赤脫衣服, 是夜凍死。

2월 3일。

용골대(龍骨大)와 마부대(馬夫大) 두 오랑캐가 정역(鄭譯: 鄭命壽)을 데리고 대궐에 오자, 영상(領相: 김류)과 좌상(左相: 홍서봉)이 나아가 맞이하였다. 김류(金瑬)가 두 오랑캐에게 말하기를, "이제 우리 두 나라는 이미 부자(父子)의 나라가 되었으니 무슨 말인들 따르지 않겠소? 이후로 가도(椵島)를 공격하고 남조(南朝: 명나라)를 공격할 때면 오직 명대로 따를 것이오."라고 하였다. 홍서봉(洪瑞鳳)이 말하기를, "황금은 우리나라에서 나는 것이 아니니 칸(汗)에게 아뢰어서 감면해 준다면, 이는 온 나라의 바람이다."라고 하니, 정명수가 말하기를, "본국(本國: 조선)에서 애당초 조목을 의논할 때 결정짓지 못한 일을 내가 어찌 감히 용골대 장군에게 말하며, 용골대 장군 또한 어찌 감히 칸(汗)에게

420) 鄕洞(향동): 鄕校洞. 또는 校洞이라고 한다. 서울특별시 종로구 종로3가 돈의동 일대였다.

421) 差備門(차비문): 궁궐 便殿 앞의 문. 편전은 임금이 평상시에 거처하는 곳이다.

422) 李尙伋(이상급, 1572~1637): 본관은 碧珍, 자는 思彦, 호는 習齋. 李尙吉의 동생이다. 1605년 진사가 되고, 이듬해 증광문과에 급제하였다. 형조좌랑 때 서장관으로 명나라에 다녀왔고, 평안도사, 풍기군수, 대간, 단천군수, 연안군수, 병조참지를 지냈다.

아뢸 수 있겠습니까? 대감은 어찌하여 체면을 생각지 않습니까?"라고 하자, 홍서봉은 옳다고 할 따름이었다.

김류는 첩녀(妾女: 서녀)가 적에게 사로잡혀 있었다. 주상(主上)이 지난번 용골대를 접대했었을 때, 김류가 주상에게 나아가 용골대에게 청하도록 아뢰자, 주상이 그의 말대로 용골대에게 청했으나 용골대는 아무런 대답을 하지 않았었다. 접대가 파한 뒤, 김류가 용골대 등에게 말하기를, "만약 속(贖)바쳐야 돌아오게 해준다면 마땅히 천금을 주겠소."라고 했었는데, 포로로 사로잡힌 사람의 값이 오르게 된 것은 실로 김류의 이 말 한마디에 말미암은 것이었다.

이때에 이르러 김류가 또 용골대에게 말하기를, "딸아이의 속환하는 일은 주상이 지난번 이미 청한 것이니, 대인(大人)이 모름지기 주선해 주기를 바라오."라고 하였지만, 용골대는 또 아무런 대답을 하지 않았다. 용골대가 떠나가려 했을 때에 두 재상이 뜰로 내려갔는데, 김류가 갑자기 정명수를 껴안으며 귀에 대고 말하기를, "지금 판사(判事)와는 일마다 한집안과 같으니, 판사가 청하는 바를 내가 어찌 따르지 않겠소? 내가 청하는 바를 판사 또한 어찌 차마 거절하겠소? 딸아이의 속환하는 일에 판사가 모름지기 온 힘을 기울여 애써 주시오."라고 하자, 정명수 또한 아무런 말이 없었다. 김류가 그대로 끌어안고 있자, 정명수는 괴롭게 여겨 옷을 뿌리치고 가버렸다. 대체로 오랑캐의 풍속에 허리를 껴안는 것은 친한 것으로 여기기 때문이었다.

세자가 저녁 때 대궐에 갔다. 호종 오랑캐 대여섯 명이 세자의 행차를 모시고 들어왔는데, 얼마 되지 않아 오랑캐들이 빨리 떠나자고 독촉하는 것이 매우 심하였다. 정명수가 말을 타고 대궐 안을 드나드는 것이 마치 도로를 드나드는 것과 같았는데, 정명수가 더욱 심하게 빨리 떠나자고 독촉하였다. 세자가 잠시 왔다가 곧바로 돌아가니, 신하 된 자의 비통함이 더욱 어떠하겠는가?

三日。

龍馬兩胡, 率鄭譯, 來闕下, 領左相出待。金瑬謂龍馬, 曰: “今則吾兩國, 已爲父子之國, 何言不從? 此後, 攻椵島, 擊南朝, 惟命是從.”云。洪瑞鳳曰: “黃金, 非國所産, 轉奏[423]汗前, 使之減除, 此擧國之望也.” 命壽曰: “本國初不定奪於條目, 講定之日, 我何敢言於龍將, 龍將亦何敢言於汗前乎? 台監何不念體面乎?” 洪稱是而已。金瑬, 妾女被擄。自上曾待龍胡之際, 達於上前, 使請龍胡, 上從其言, 請之龍胡, 不答。罪待[424]之後, 金瑬言於龍胡等, 曰: “若爲贖還, 當給千金.”云, 被擄之價重, 實由瑬之一言。及是, 又言於龍胡, “女子贖還事, 自上曾已請之, 大人願須周旋.” 龍胡又不答。龍胡出去時, 兩相下庭, 金瑬遽抱鄭命壽, 屬耳而言, 曰: “今與判, 事事同一家, 判事所請, 吾豈不從? 吾之所請, 判事亦何忍枑之? 女子贖還事, 判事須十分宣力.” 命壽亦無言。金瑬抱之, 命壽苦之, 拂衣而去。蓋胡俗以相抱爲親故也。世子, 夕到闕下。從胡五六日[425], 陪行入來, 未久胡輩, 促行甚急。命壽以跨馬, 出入闕中, 如道路然, 命壽尤促。世子暫來卽還, 臣子悲痛, 尤如何?

423) 轉奏(전주): 다른 사람을 거쳐서 上奏함.

424) 罪待(죄대): 罷待의 오기.

425) 日(일): 필요없는 글자.

2월 5일。

나는 병조 참지(兵曹參知)로서 병조의 제반 업무를 보는 자리에 참석했는데, 판서(判書)는 신경진(申景禛)이었고 참판(參判)은 정기광(鄭基廣)이었다. 판서가 일찍이 노하여 문관(文官)들을 질책하며 말하기를, "쥐새끼 같은 무리들이 나랏일을 이 지경에 이르도록 하였다."라고 하였는데, 정기광이 판서의 말을 찬성하고 떠받들어 자못 기세가 대단하였다.

좌랑(佐郎) 남노성(南老星)이 그의 처자식이 포로로 붙잡혀 있어서 삼전포(三田浦)의 적진을 찾아 나섰다가 그날 저녁에 제때 미처 들어오지 못한 까닭에 정기광이 남노성을 끌고 잡아왔다. 대개 정기광은 오랫동안 사류(士類)들에게 배척을 받아왔었기 때문에, 이때에 이르러 무장(武將)에게 붙어서 이와 같이 거칠어 사리에 어긋났다.

구굉(具宏)이 도성으로 돌아온 이래 팔뚝을 걷어 붙이고서 큰소리로 말하기를, "윤황(尹煌)이 늘 말하기를, '오랑캐가 만일 들어오면 나의 여덟 아들을 이끌고 나가서 또한 쳐서 물리치겠다.'라고 하더니만 여덟 아들들이 어디에 있는가? 척화(斥和)를 주창하여 이러한 극도의 지경에 이르도록 하였으니, 만일 윤황의 목을 베지 않으면 어떻게 나라를 다스린단 말인가?"라고 하였다.

모든 무인(武人)들이 이로 인하여 기세가 살아나서 문사(文士)를 마치 하인과 같이 보니, 사람들이 모두 아침저녁을 보전하지 못할 것처럼 두려워서 떨었다. 대개 그들은 스스로 이르길 성을 지킨 것은 무장의 손에서 나온 것이라고 하며, 오늘날 성에서 내려온 것은 마치 중흥(中興)이라도 이룬 것에 견주면서 이와 같이 교만하고 횡포스러운 것이었다.

五日。

我以兵曹參知，參於兵曹政席[426)]，判書申景禛，參判鄭基廣[427)]也。判書嘗怒，叱文官輩，曰：“如鼠子之類，使國事至此.”云，則基廣贊楊[428)]其言，頗用氣勢。佐郎南老星[429)]，以其妻子被擄，出訪三田浦賊陣，其夕趁未入來之，故基廣持曳[430)]老星。蓋基廣久爲士類所擯，及其時托武將，麤戾如此也。具宏，自還都以來，攘臂大言，曰：“尹煌喜言[431)]，‘擄若入來，率吾八子，亦可擊却.’云，而八子安在？主倡斥和，使至此極，若不斬尹煌，何以爲國乎？” 大小武人，仍此生氣，視文士如奴隷，人皆凜凜[432)]，莫保朝夕。蓋自謂守堞之功，出於武將之手，今日下城，比若中興，然驕橫如是矣。

---

426) 政席(정석): 인사행정과 관련한 제반업무를 보는 자리.

427) 鄭基廣(정기광, 1579~1645): 본관은 草溪, 자는 子居, 호는 追齊·土谷. 1608년 별시 문과에 급제하여 1611년 주서가 되고 1613년 예조좌랑·병조좌랑을 거쳐 1618년 평안도 도사를 역임하였고, 나주목사를 거쳐 1627년 동래부사로 부임하였다. 1629년 좌부승지, 이듬해 참찬관을 역임하고 1631년 형조참의, 1636년 우승지를 지냈다.

428) 贊楊(찬양): 贊揚의 오기.

429) 南老星(남노성, 1603~1667): 본관은 宜寧, 자는 明瑞, 호는 雲谷. 외조부는 金尙容, 이모부는 張維이다. 효종의 왕비인 仁宣王后는 장유의 딸로 남노성과 이종사촌이다. 1624년 증광시에서 입격하고, 1631년 별시 문과에서 급제하여, 가주서가 되었다. 1634년 예문관 검열 이후 승정원 주서, 시강원 겸설서, 예문관 봉교, 사간언 정언, 병조좌랑 등을 역임하였다. 1636년 병자호란 때 남한산성에 호종하였다. 삼사의 관직을 두루 거치면서 주로 윤방이나 김류 등 병자호란 관련자들의 처벌을 요청하였다. 1642년 안동부사, 1647년 동부승지, 1650년 대사간 이후 호조참의, 이조참의, 예조참의를 두루 거쳤다. 1657년 함경도 관찰사, 1659년 예조참판, 1663년 병조참판 이후 호조참판, 공조참판 등을 지냈다.

430) 持曳(지예): 扶曳의 오기. 잡아 끌거나 당김.

431) 喜言(희언): 常言의 오기.

432) 凜凜(늠름): 懍懍의 오기. 위태로워서 두려워함.

2월 6일。

아침밥을 일찍 먹은 뒤, 대가를 받들어 서강(西江)의 성산(城山)에 있는 구왕자(九王子: 睿親王 多爾袞)의 거주지로 갔다. 세자 또한 그 근처에 있었는지라 주상(主上)이 먼저 세자의 장막을 찾았고, 그런 다음에 구왕자를 찾아가서 만났는데 곧 칸(汗)의 아홉 번째 동생이었다. 구왕자가 중로(中路)에 나와 주상을 맞이하여 말 위에서 서로 읍(揖)하고 수레를 나란히 하고 가서 그의 막사에 이르러 좌우로 나누어 서로 마주 대해 앉았고, 시신(侍臣)들은 그 뒤에 벌여 앉았다.

구왕자가 계절인사를 한 뒤, 음식을 차리고 술을 돌리면서 군악(軍樂)을 연주하였다. 구왕자가 먹다가 남긴 것을 그의 장관(將官)에게 내리자, 주상 또한 구왕이 하는 대로 좌우에게 나누어 주었다. 그리고 시신(侍臣)들에게도 또한 음식이 차려지니 굶주리고 목이 마른지라 사람들은 모두 달게 먹었으나, 먹지 않은 사람은 다만 동양위(東陽尉) 신익성(申翊聖)·한림(翰林) 이지항(李之恒)일 뿐이었다.

주상이 궁궐로 돌아왔을 때 세자가 남겨져 뒤떨어지게 되었는데, 나는 말굴레와 고삐를 붙잡고서 울며 하직하니, 세자가 눈물을 머금고 신(臣: 나만갑)에게 일러 말하기를, "그대는 반드시 어머니를 찾으러 가야 하겠지만 8일에 나는 응당 서쪽으로 떠나야 할 것이니, 그대는 모름지기 나를 서교(西郊)에서 전송해 주오."라고 하였다. 이 분부를 듣자마자 저도 모르게 통곡하였다.

서강(西江)을 오가면서 적진을 보니 우리나라 사람으로 이미 살해당한 자도 있고, 화살을 맞았으나 아직 죽지 않은 자도 있었는데, 어떤 자는 주상(主上)이 지나가는 것을 보고서 뒤쫓아 왔다가 점점 뒤처져

도로 붙잡힌 자도 있고, 어떤 자는 주상을 향해 합장하여 축원하는 자도 있어 눈길 닿는 곳마다 슬프고 참담하였는데, 어디서나 다 그러하였다.

六日。

早食後, 陪駕往西江[433)]城山[434)], 九王子[435)]所在處。世子亦在其近處, 上先指[436)]世子帳幕, 然後往見九王子, 乃汗之九弟也。九王子, 中路來迎上, 馬上相楫[437)], 竝輿而行, 到其幕, 分左右, 相對而坐, 侍臣列坐於後。九王寒暄後, 設饌行酒, 動以軍樂。九王以食餘, 賜其將官, 上亦依九王所爲, 分給左右。而侍臣, 亦設饌, 飢渴之餘, 人皆甘食, 不食者, 只三人, 東陽尉申翊聖[438)]·翰林李之恒[439)]

---

433) 西江(서강): 서울특별시 마포에 있는 지명.

434) 城山(성산): 서울특별시 마포구에 있는 동네.

435) 九王子(구왕자): 누르하치의 14째 아들이자 청태종의 이복동생인 睿親王 多爾袞. 1636년 병자호란 때 강화도를 함락시킨 장본인이다. 청년 시절부터 이복형 홍타이지를 따라 여러 전쟁에서 전공을 세웠으며, 그 공으로 친왕에 책봉되었고, 팔기군 중 정백기와 양백기를 관장하였다. 1643년 홍타이지가 급사하자, 조카이자 홍타이지의 장자 숙친왕 호오거와 황위를 놓고 경쟁을 벌였으나, 결국 홍타이지의 9남이던 어린 조카 순치제를 대신 옥좌에 올리고 자신은 섭정왕이 되어 죽을 때까지 사실상의 황제로써 실권을 행사하였다.

436) 指(지): 詣의 오기.

437) 相楫(상즙): 相揖의 오기.

438) 申翊聖(신익성, 1588~1644): 본관은 平山, 자는 君奭, 호는 樂全堂·東淮居士. 宣祖의 사위이고, 斥和五臣의 한 사람이다. 12세에 선조의 딸 貞淑翁主와 결혼하여 東陽尉에 봉해졌다. 1606년 五衛都摠府副摠管이 되었다. 광해군 때는 廢母論에 반대하여 벼슬이 박탈되었다. 1623년 인조반정 후 재등용 되고, 1624년 李适의 난 때는 3宮을 호위했고, 1627년 정묘호란에는 세자를 호위하여 전주로 피란하였으며, 1636년 병자호란 때 왕을 호종하고 남한산성에 있으면서 끝까지 척화를 주장하였다. 主和派 대신들이 세자를 청나라에 볼모로 보내자고 하자, 칼을 뽑아 대신들을 위협하기까지 하였다. 호종의 공으로 재상과 같은 예우를 받고, 1638년에는 오위도총부도총관을

而已。上還宮時，世子落後，我執霸[440]的泣辭，世子含淚謂臣，曰："爾必有尋母之行，而初八日，予當西行，汝須送予於西郊." 及聞此教，不覺痛哭。西江往來，見其賊陣，則我國，或有已被殺者，或逢箭未及死者，或見上過行，追到漸後，而被執者，或向上前，合掌祈祝者，觸目悲慘，在在皆然。

2월 8일。

주상(主上)이 장차 세자(世子)가 떠나는 길을 전송하려고 새벽에 창릉(昌陵) 건너편 길가로 나갔는데, 어떤 자가 잘못 전하여 구왕자(九王子)가 창릉 아랫길로 온다고 하는 바람에 주상이 갈팡질팡 대가(大駕)를 움직여 거의 10리쯤이나 갔을 때, 또 어떤 자가 말하기를, "홍제원(弘濟院)으로 옵니다."라고 하여 되돌아 급히 달리다가 도중에서 구왕자를 만나 잠시 말을 멈추고 선 채로 이야기를 나누고서 작별한 뒤에 세자의 막차(幕次)로 돌아왔다. 주상은 빈궁(嬪宮: 강빈) 및 대군부인(大君夫人: 봉림대군 부인으로 張維의 딸 仁同張氏)과 막차 안에서 이야기를 나누었는데, 세자가 막차 밖에 있자 신료들이 나아가 절하고 울며 작별하였다.

세자가 신(臣: 나만갑)에게 일러 말하기를, "그대의 90세 병든 늙은 어머니는 지금 어디에 있는가?"라고 하니, 대답하기를, "어디에 계시는

제수했으나 사퇴하였다. 1642년 崔鳴吉·金尙憲·李敬輿 등과 함께 瀋陽에 붙잡혀가 억류당했으나 조금도 굴하지 않았다. 昭顯世子의 주선으로 풀려나왔다.

439) 李之恒(이지항, 1605~1654): 본관은 全州, 자는 月如. 1633년 식년 문과에 급제하여, 1636년 검열과 대교를 지냈다. 1638년 지제교, 1643년 교리와 수찬, 1644년 교리와 동부승지를 거쳐 1648년 우부승지를 지내고 1649년 대사간과 대사성을 지냈다.

440) 執霸(집패): 執羈의 오기. 羈的은 羈靮이다.

지, 죽으셨는지 살으셨는지 아직 알지 못합니다."라고 하였다. 세자가 말하기를, "부모를 버리고 군부(君父)를 좇아 산성에 있을 때 그 노고가 다른 사람들보다 배나 더하였으니, 내가 늘 염려하였소."라고 하였다. 신(臣: 나만갑)이 감격하여 통곡하자, 세자가 울지 못하게 만류하면서 말하기를, "하늘이 행하는 것이니, 말한들 어떻게 하겠소."라고 하였다.

의주(義州) 역관(譯官) 한보룡(韓甫龍)이란 자가 마침 오랑캐의 역관으로 이곳에 왔다가 사대부들에게 일러 말하기를, "저는 비록 몸은 오랑캐 땅에 갇혀 있지만, 본국(本國: 조선)을 위하는데 어찌 무성의하겠습니까?"라고 하면서 저들의 실정을 하나하나 상세히 말하였는데, 내가 묻기를, "이번에 온 병마(兵馬)가 얼마쯤 되는가?"라고 하니, 한보룡이 말하기를, "군사의 수를 20만이라고는 하나 그 실은 14만입니다." 하였다. 내가 다시 묻기를, "적병이 우리나라에서 죽은 자가 몇 명쯤 되는가?"라고 하니, 한보룡이 말하기를, "몇 만에 불과합니다." 하였다. 나는 또다시 묻기를, "적장 중에 죽은 자가 있느냐?"라고 하니, 한보룡이 말하기를, "칸(汗)의 매부입니다. 벼슬의 등급은 우리나라의 방어사(防禦使)와 같은 자로 광교산(光交山: 光敎山의 오기)의 전투에서 죽었습니다." 하였다. 나는 또 말하기를, "그때는 심양(瀋陽)에 군사가 없었는가?"라고 물으니, 한보룡이 말하기를, "저들이 어찌 나라를 비워놓고 오겠습니까? 또한 6,7만이 있었습니다." 하였다. 다른 오랑캐 역관이 오자, 그 후로 한보룡은 아무런 말을 하지 않았다.

얼마 지나지 않아서 세자가 대군(大君: 봉림대군과 인평대군)들과 길을 떠나니 빈궁의 시비 6명과 대군 부인들의 시비 4명이 행차를 따랐는데, 백관(百官) 이하 모두가 울부짖으며 애통해 하였고, 주상 또한 자주자주 눈물을 훔쳤다. 이 날의 광경은 참으로 고금에 드문 일이었다.

적은 해가 돋아 밝아올 무렵부터 대로(大路)에 세 행렬을 지어서 행군하였다. 우리나라 사람 수백 명이 앞서 가고 오랑캐 한두 명이 뒤따라 갔는데, 종일토록 그치지 아니하였다. 훗날 심양(瀋陽)의 인시(人市: 인력시장)가 60만 명이었으나 몽골에게 포로로 잡힌 자들은 이 수에 포함되지 않았으니, 포로의 수가 얼마나 많았는지 알 만하였다.

주상이 그 참상을 차마 볼 수가 없어서 궁궐로 올 때는 대로(大路)를 거치지 않고 동쪽으로 서산(西山: 인왕산)과 송천(松川)의 길을 거쳐 산줄기를 따라가 가서 신문(新門: 서대문인 돈의문)으로 환궁하였다.

이때 필동(筆洞)의 저자거리에서 한 노파가 손바닥을 치면서 대성통곡하며 말하기를, "여러 해 동안 강도(江都: 강화도)를 수축하여 선비와 서민들의 의지할 수 있는 곳으로 삼았는데, 어찌하여 오늘날 이 지경에 이르렀던 말이오? 검찰사(檢察使: 김경징) 이하가 나라의 막중한 임무를 받고도 날마다 술 마시는 것으로 일삼아 끝내는 살아 있던 백성들을 죄다 죽게 만들었으니, 누구의 허물이란 말이오? 나의 네 아들과 남편이 모두 적의 칼날에 죽었고 단지 내 한 몸만 남았소이다. 하늘이여, 하늘이여, 어찌 이러한 통분스런 일이 있단 말입니까?"라고 하였다. 좌우에서 보고 듣는 사람이 비통해 하지 않음이 없었다.

이날 저녁에 나는 늙은 어머님을 찾아보기 위해 상소를 올려 말미를 얻었다.

이때부터 이후의 일은 비록 직접 보지는 못했지만, 귀로 자세히 들은 일로 이를테면 팔도(八道) 감사(監司)와 병사(兵使)에 관한 일 및 강도(江都: 강화도)가 패한 전말, 후일 노적(奴賊)과 교섭한 일 등을 털끝만큼도 빠뜨린 것 없이 조사하여 다음에 아울러 갖추어 기록한다.

八日。

上將送世子之行, 曉出昌陵越邊路左, 或者誤傳, 九王由昌陵下路而來, 上顚倒動駕, 幾至十里, 或者又言: "由弘濟院而來." 還爲馳到, 逢於路中, 暫時駐馬, 立語辭別後, 回到世子幕次[441]。上與嬪宮及大君夫人, 語幕中, 世子在幕外, 臣僚進拜泣辭。世子謂〈臣〉曰: "汝有九王[442]老病親, 今在何處?" 對曰: "所往及死生, 時未聞知矣." 世子曰: "棄其親, 從君父而在山城時, 勞苦倍於他人, 予喜[443]念之." 臣感激痛[444], 世子止之曰: "天之所爲, 謂之奈何?" 義州譯官韓甫龍者, 適以胡譯來此, 謂士大夫, 曰: "我雖身陷胡地, 爲本國, 豈無誠意乎?" 彼中情狀, 一一詳言, 我問: "今番兵馬幾許?" 甫龍曰: "軍號二十萬, 而其實十四萬也." 我曰: "賊兵之死於我國者, 幾何?" 甫龍曰: "不過數萬." 我曰: "賊將有死者乎?" 甫龍曰: "汗妹夫。職秩如我國防禦使者, 死於光交之戰矣." 我由[445]: "其時瀋陽, 無兵乎?" 甫龍曰: "彼豈空國而來乎? 亦有六七萬矣." 他胡譯來到, 厥後甫龍不言。俄而, 世子與一大君發行, 嬪宮侍婢六人, 大君夫人侍婢四人從行, 百官上下, 一時號慟, 上亦頻頻拭淚。此日景色, 誠今古之所罕有也。賊自平明, 行軍大路作三行。我國人數百先行, 一二胡跟去, 終日不止。後日, 瀋陽人市六十萬, 而被擄於蒙古者, 不在此數,

441) 幕次(막차): 幕을 쳐서 임시로 만들어 駐輦하던 곳.
442) 九王(구왕): 九十의 오기.
443) 喜(희): 常의 오기인 듯.
444) 痛(통): 痛哭의 오기.
445) 由(유): 曰의 오기.

其多可知也。上不忍見慘狀, 來時不由大路, 東由西山[446]松川路, 依山而行, 從新門[447]還宮。時筆市[448]路上, 有一老嫗, 拍掌大聲哭, 曰: "積年修築江都, 以爲士民依歸之所, 何使今日至於此乎? 檢察使以下, 受國重任, 日以杯酒爲事, 竟使民生盡死, 誰之咎也? 我之四子與夫, 俱死賊鋒, 只餘身此[449], 天乎? 天乎? 安有此痛乎?" 左右見聞, 莫不悲之。是夕, 〈我〉以尋問老母, 陳疏受由[450]。

自是以後之事, 雖未目見, 以耳聞所詳者, 如八道監兵使及江都見敗首末, 與後日有涉於奴賊之事, 不遺毫末, 竝爲備錄於左。

---

446) 西山(서산): 仁王山을 가리킴. 서울특별시 종로구와 서대문구 홍제동 경계에 있는 산이다.

447) 新門(신문): 도성의 西門인 敦義門을 통속적으로 이르는 말.

448) 筆市(필시): 筆洞의 저자거리. 필동은 서울특별시 중구에 있는 동네.

449) 身此(신차): 此身의 오기.

450) 受由(수유): 말미를 받음.

칸(汗: 홍타이지)에게 올린 표문

01. 조선 국왕의 표문

조선국왕 신(臣) 성(姓) 휘(諱)는 삼가 대청국 관온인성 황제폐하(大淸國寬溫仁聖皇帝陛下)께 글을 올립니다. 죄를 주려고 나왔다가 은혜를 베풀어 물러나니 천지의 생성보다 더할 뿐 아니라, 경광(耿光: 황제 홍타이지)을 엄숙히 바라보니 지극한 은혜가 더욱 성하게 보태어져 묵은 허물을 참회하였고, 새로운 명에 얼이 빠진 채로 복응(服膺)하였습니다. 이 은혜를 보답하려고 하자 하해(河海)도 오히려 얕을 지경이니, 은혜에 깊이 스며든 나머지 머리에서 발끝까지 혼신을 다해 기약합니다. 공물(貢物)을 바치려는 정성은 진실로 마음속에서 나와야 하는 것이니 성상(聖上)을 받드는 의식에 제 몸의 살과 터럭인들 어찌 아까워하겠습니까만, 나라가 쇠약해진 이래로 백성이 흩어지고 재정이 고갈되었으니 비축해 두었던 것도 이미 바닥을 보여 국가나 민간이나 축적된 것이 없습니다. 그런데 조서(詔書)를 내려 토산물을 조공(朝貢)하라 하니, 간혹 지방에서 나지 않아 힘써도 미치지 못하는 바가 있습니다.

삼가 생각건대 좀처럼 만나기 어려운 천재일우(千載一遇)의 기회에 먼저 이전에 없던 은전(恩典)을 입었고 군신(君臣)의 명분도 이미 정했으니, 은의(恩義: 은혜와 의리)가 모두 높아져서 윗사람이 어루만지면 아랫사람은 본받는 그 도리를 마땅히 다할 것입니다. 해와 달처럼 밝은 빛은 널리 비추는 것이 끝없으니 환히 아래를 비추는 데에 초췌한 형편과 전복된 상태의 소방(小邦)을 벗어나지 않게 해준다면, 반드시 우리의 역량을 헤아려 품신하고 재가를 받는 법도와 격식을 영구히 만들어 성상을 받드는 예(禮)를 저버리 말게 하여서 사대(事大)의 정성을 다할 것입니다.

어리석음을 긍휼히 여기고 나약함을 가엾게 여기어 이미 마음을 고쳐 스스로 새로워질 수 있도록 궁핍한 처지를 불쌍히 여겨 위로하는 큰 덕을 의당 베풀어 주십시오. 삼가 바라건대 성상은 사사로울지라도 소방의 위태롭고 절박한 실정을 살피고 대조(大朝: 청나라)가 받는 것을 적게 하는 도량을 넓힌다면 한편으로는 끊어지려 하는 백성의 목숨을 잇도록 하고 다른 한편으로는 두루 똑같이 사랑하는 교화를 넓히는 것이니, 이보다 더한 다행함이 없겠습니다.

奉表文

一[1]。朝鮮國王表文

朝鮮國王姓諱, 僅[2]上書于寬溫仁聖皇帝陛下。以罪而進, 以恩而退, 天地生成, 不啻過之, 肅瞻耿光[3], 沾沃至渥, 懺悔宿愆, 悅[4]服新命。欲報之德, 河海猶淺, 淪浹之餘, 頂踵是期。貢誠輸忱, 寔出于

1) 이 숫자는 역주자가 임의로 붙인 것임. 〈太宗文皇帝實錄〉 권34, 1637년 2월 2일. 2번째 기사이다. 그리고 표문과 관련된 이미지는 한국학중앙연구원의 한국학자료센터(kostma)가와 동북아역사재단의 동북아역스넷이 제공하는 DB의 이미지임을 밝혀 둔다.

2) 僅(근): 謹의 오기.

3) 耿光(경광): 임금의 위의.

4) 悅(열): 悅의 오기.

中, 享上之意[5], 膚髮何惜, 而積弱以來, 民散財竭, 所在懸罄[6], 公私赤立[7], 而詔諭土貢, 或非地產, 力有所不逮。竊念千一之會, 首蒙曠典, 名分已定, 恩義俱隆, 上撫下效, 宜盡其道。日月之明, 旁燭無疆, 其於小邦, 羸瘁之形, 顚躋之狀, 莫遁於照臨之下, 必須量力而稟定, 永爲品式, 毋負奉上之禮, 以盡事大之誠。矜愚怜孱, 旣許自新, 愍窮恤瘠, 宜垂大德。伏願聖慈, 察小邦危迫之私, 恢大朝薄來之慶[8], 一以綿將絶之民〈命〉, 一以宥同仁[9]之〈弘〉化[10], 不勝幸甚。

---

5) 享上之意(향상지의): 享上之儀의 오기.
6) 懸罄(현경): 달아 놓은 종. 텅 비어서 아무것도 없다는 뜻이다.
7) 赤立(적립): 텅 비어서 아무것도 없는 모양.
8) 慶(경): 度의 오기.
9) 同仁(동인): 一視同仁. 모든 사람을 평등하게 여겨 똑같이 사랑한다는 뜻.
10) 弘化(홍화): 敎化를 널리 펴는 것.

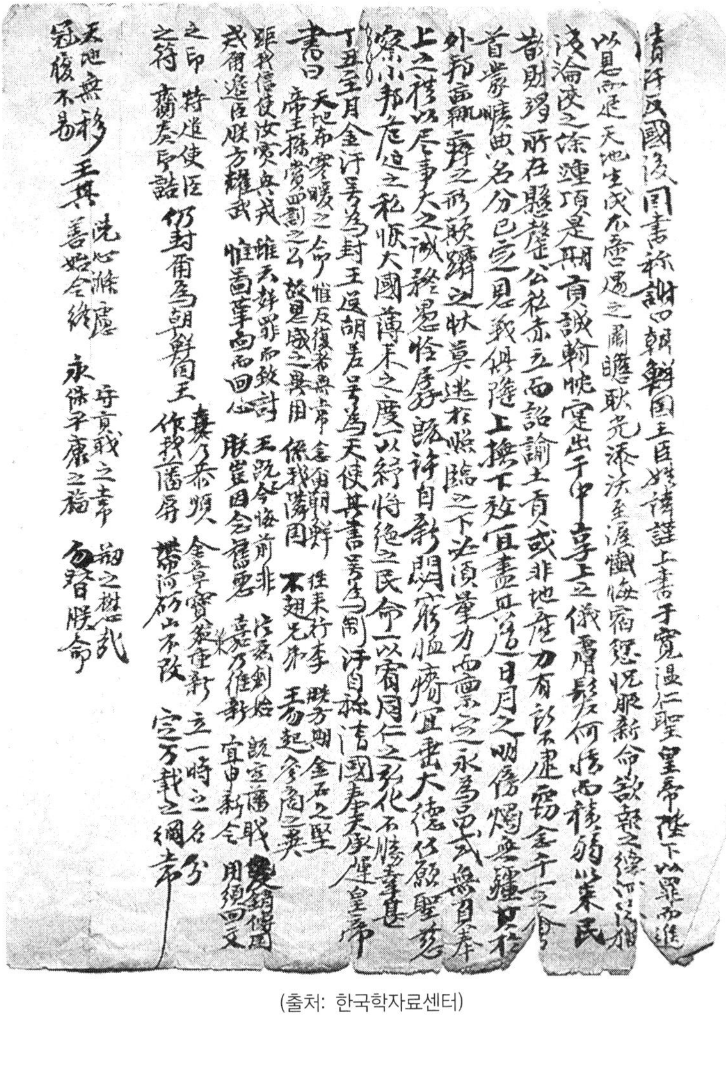

(출처: 한국학자료센터)

02. 회군한 것에 감사한다는 조선의 전문(箋文)

조선국왕 신(臣) 성(姓) 휘(諱)는 삼가 아룁니다. 황제가 은혜로이 소방을 가엾게 여기어서 흔쾌히 지난날의 허물을 용서하와 육사(六師: 황제의 군대)를 돌리어 나라를 다시 살려주니, 신(臣: 인조)은 일국의 신민과 더불어 감격해 마지않아 삼가 표문(表文)을 올려 감사의 뜻을 표합니다. 신(臣) 휘(諱)는 대단히 황송하여 머리를 조아립니다. 삼가 아룁니다. 산더미 같은 허물은 구벌(九伐)의 위엄을 펼치는데서 무거웠지만, 하늘과 땅처럼 인자함이 지극하여 재조(再造)의 은택(恩澤)을 베풀어 주어서 놀란 가슴 겨우 진정하고 감격의 눈물을 흘립니다.

삼가 생각건대 신(臣)은 외람되이 변변하지 못한 재주로 이 좁은 땅을 지키며 대방(大邦: 청나라)의 높은 은의(恩義)를 사모하여 비록 요행히 보호막 속에 의탁하게 되었으면서도, 선조(先祖)들의 관례를 답습하여 감히 거취에 가볍게 할 수가 없었습니다. 마침내 옥백(玉帛)의 예물이 뒤따라 이르렀으나 마침내 번거롭게 멀리서 부월(斧鉞)을 들고 출정해 오니, 고립된 성에서 조석(朝夕)을 보장할 수 없는 위태로움을 만나 온 경내가 도탄에 빠질 재앙에 직면했습니다. 저로 인하여 생긴 재앙으로 오직 쓰러져 죽을 날만을 생각하게 되었지만 어떻게 해서라도 살리려는 심정으로 단지 어루만져 줄 수 있는 방략을 회복하려 하는데, 우레 소리가 나며 큰 비가 쏟아지듯 베풀어 준 매우 넓고 두터운 은혜를 이미 받았으면서도 다시 용봉(龍鳳) 문양의 문장을 받아 보았습니다. 바람이 불었으나 햇살이 비쳐 이른바 정벌은 있을망정 전쟁은 없다고 했으니 바다가 시냇물을 포용하여 받아들이듯 이제야 두 나라가 한 집안임을 알았습니다. 마른 나무에 봄이 돌아오고, 식은 재에 따뜻한 기운이 불어옵니다.

이에 대개 엎드려 생각건대, 관인온성 폐하(寬仁溫聖陛下)는 신묘한 무위(武威)로 복종시키고 형살(刑殺)을 쓰지 않는 것을 성상(聖上)의 도량으로 능히 용납하고 큰 천명을 받아 높은 자리에 있으면서 보조(寶祚: 천자의 자리)를 처음으로 열었는데, 여러 인재를 움직여서 황량하고 외지고 아득히 먼 곳까지도 다 손님이 되도록 하였으니, 이에 전복되고 말 처지에도 또한 보살펴 길러준 은덕을 입었습니다. 신(臣: 인조)이 감히 잊지 않도록 마음에 깊이 새기어 허물을 반성하고 마음을 씻어 개과천선할 것입니다. 별들이 북극성을 향해 에워싸듯 성상의 위의(威儀)를 우러르며 항상 경계할 것이며, 땅에서는 동국(東國)의 사직을 보전하고 직공(職貢: 田稅와 貢物)을 바치면서 변치 않을 것입니다. 신(臣: 인조)은 못내 하늘을 바라보고 성상을 우러르는 간절한 심정으로 삼가 표문을 올려 감사함을 아룁니다. 정축년(1637) 4월 19일.

二[11]。謝旋師箋

朝鮮國王臣姓諱言。欽蒙皇恩矜憨小邦, 快釋前愆, 六師[12]言旋, 再造彊域, 臣與一國臣民, 不勝感激, 謹奉表稱謝者。臣諱誠惶誠恐[13], 稽首稽首。伏以丘山釁重自于九伐之威[14], 天地仁深獲荷再

11) 〈太宗文皇帝實錄〉 권35, 1637년 5월 18일. 1번째 기사임. 張存武·葉泉宏이 편한 《清入關前與朝鮮往來國書彙編》(國史館, 2000)의 220~221면.

12) 六師(육사): 중국의 황제가 거느린 군대.

13) 誠惶誠恐(성황성공): 대단히 황송함. 신하가 천자에게 올리는 글에 쓰이는 말이다.

14) 九伐之威(구벌지위): 고대에 9가지 종류의 죄악에 대해 토벌하는 위엄. 《周禮》〈夏官司馬·大司馬之職〉에 "구벌의 법으로 邦國을 바로잡는다."라고 하고, 구체적인 실례를 들었는데 다음과 같다. "제후 중에 강한 자가 약한 자를 능멸하거나 큰 나라가 작은 나라를 침범하면 그 토지를 삭감하고, 賢良을 멋대로 죽이고 백성을 해치면

造之澤, 驚魂纔定, 感淚隨零。伏念臣猥以薄材[15]守此偏壤, 慕大邦之高厚[16], 雖幸托於帲幪[17], 襲先祖之故常[18], 未敢輕於去就。終至[19]玉帛之後至, 遂煩征鉞[20]之遙臨, 孤城見朝暮之危, 闔境[21]陷塗炭之厄。孽由已作, 惟思涓滅[22]之期, 愛欲其生, 特恢綏懷之略, 旣沾雷雨之渥[23], 復覩龍鳳之章。風揮日舒, 所期[24]有征無戰, 海涵[25]川納, 方知兩國一家。枯木懷春[26], 寒灰噓煖[27]。玆蓋伏遇寬仁溫聖陛下, 神武不殺[28], 聖度能容, 膺景命而居尊, 寶祚肇〈啓〉, 馭群英而闢遠, 豈服[29]咸賓, 爰俾傾覆[30]之蹤, 亦被陶坏[31]之德。臣敢不

征伐하고, 폭정을 행하고 이웃 나라를 속이면 그 임금을 폐지하고, 안으로 폭정을 하고 밖으로 다른 나라를 능멸하면 교체하고, 田野가 荒蕪하고 백성이 흩어지면 그 토지를 삭감하고, 險固함을 믿고 천자의 명령에 복종하지 않으면 쳐들어가고, 까닭 없이 친족을 죽이면 잡아서 그 죄를 다스리고, 신하가 그 임금을 추방하거나 시해하면 죽이고, 천자의 명령을 어기고 政法을 따르지 않으면 이웃 나라와 교통을 하지 못하게 하고, 內外의 인륜을 悖亂시키면 誅殺한다."

15) 薄材(박재): 薄才의 오기.
16) 高厚(고후): 高義의 오기.
17) 帲幪(병몽): 비바람을 가리고 덮어주는 장막. 비호받다는 뜻이다.
18) 故常(고상): 관례. 상례. 습관.
19) 終至(종지): 終致의 오기.
20) 征鉞(정월): 旌鉞의 오기. 旌旗와 斧鉞을 통틀어 가리키는 말.
21) 闔境(합경): 구역 안의 전체.
22) 涓滅(운멸): 殞滅의 오기.
23) 雷雨之渥(뇌우지악): 우레 소리가 나며 큰 비가 쏟아진다는 뜻으로 임금이 베푸는 큰 은혜를 비유하여 이르는 말.
24) 所期(소기): 所謂의 오기.
25) 海涵(해함): 바다가 온갖 물줄기를 다 받아들임. 넓고 큰 임금의 덕을 표현하는 말이다.
26) 懷春(회춘): 回春의 오기.
27) 噓煖(허난): 噓暖.
28) 神武不殺(신무불살): 천하를 위엄으로 복종시키고 刑殺은 쓰지 않는다는 뜻.

銘肝[32]省咎，洗心圖新。星拱北辰，仰宸儀而恒惕，土全東社，修職貢[33]而罔諭[34]。臣無任[35]〈望天〉仰聖激切屛營之至，謹奉表稱謝以聞。丁丑四月十九日。

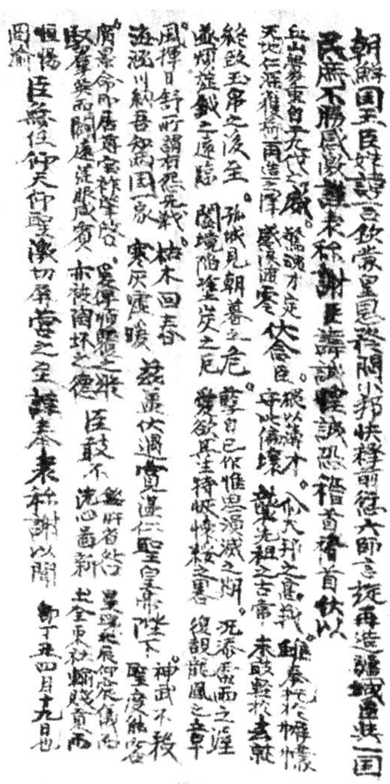

(출처: 한국학자료센터)

29) 豈服(기복): 荒服의 오기. 천자의 감화가 미치지 않는 먼 나라.

30) 傾覆(경복): 뒤집어엎어져 망하게 함.

31) 陶坏(도배): 陶坯. 길러줌. 양육함.

32) 銘肝(명간): 마음에 새기어 둠.

33) 職貢(직공): 제후국에서 上國에 바치는 貢賦.

34) 罔諭(망유): 罔渝의 오기.

35) 無任(무임): 못내. 매우. 대단히.

03. 방물을 보낸다는 조선의 표문

조선국왕 신(臣) 성(姓) 휘(諱)는 삼가 아룁니다. 신정(神旌: 신명한 깃발 곧 황제)이 빨리 돌아가서 바야흐로 허물을 씻어주는 은택을 입었으니, 바치는 토산물이 비록 하찮을망정 공물(貢物)을 바치는 정성을 감히 다한 것입니다.

삼가 갖춘 것이 이러합니다. 황세저포(黃細苧布) 30필, 백세저포(白細苧布) 20필, 황색과 백색의 면주 100필, 백포(白布) 100필, 백목면(白木綿) 1천 필, 용문염석(龍文簾席) 2장, 황문석(黃文席: 黃花席의 오기) 10장, 표피(豹皮) 10장, 달피(獺皮) 30장, 백면지(白綿紙) 1천 권, 점육장후유지(粘六張厚油紙) 3부, 점사장후유지(粘四張厚油紙) 3부, 황모필 100자루, 유매묵(油煤墨) 50장, 건시자(乾柿子) 30첩, 황률(黃栗) 15말, 건복어(乾鰒魚) 10첩, 건팔대어(乾八帶魚) 10미, 잡표문화석(雜豹文化席: 雜彩花席의 오기) 15장.

위의 물건 등은 제조한 것이 정밀하지 못하고 명색이 많지 않아도 진정한 본심을 아쉬운 대로 드러낸 것이기는 하나, 어찌 제향 의식에 꼭 맞을 수가 있겠습니까? 신(臣)은 못내 지극히 황공하고 간절한 심정으로 삼가 보내온 사신을 따라 받들어 올리게 한 것으로서 아룁니다.

三[36]。方物表

朝鮮國王臣諱姓[37]右伏以神旌遄回，方賀[38]滌瑕之澤，壤奠[39]雖

---

36) 1637년 5월 18일의 貢物表單임. 張存武·葉泉宏이 편한《淸入關前與朝鮮往來國書彙編》(國史館, 2000)의 221~222면.

37) 諱姓(휘성): 姓諱의 오기.

38) 賀(하): 荷의 오기.

39) 壤奠(양전): 토산물을 바침.

微, 敢效執琛[40]之誠。謹備: 黃細苧布三十匹·白細苧布二十匹·兩色綿紬一百匹·白布一百匹·白木綿一千匹·龍文簾席二張·黃文席[41]一十張·豹被一十張·獺被三十張·白綿紙一千卷·粘六張厚油紙三部·粘四張厚油紙三部·黃毛筆一百枝·油煤墨五十張·乾柿子三十貼·黃栗十五斗·乾鰒魚十貼·乾八帶魚一十尾·雜豹文化席十五張。右物件等, 製造非精, 〈名般不腆[42]〉, 雖[43]自表其衷悃, 豈足稱於享儀? 臣無任兢惶激切之至, 謹隨來使奉進以聞,

04. 중궁 전하에게 바치는 예물 단자

조선국왕 신(臣) 성(姓) 휘(諱)는 삼가 중궁 전하(中宮殿下)에게 진헌(進獻)하는 예물을 갖추었으니 이러합니다.

홍세저포(紅細苧布) 20필, 백세저포(白細苧布) 20필, 백포(白布) 30필, 만화석(萬花席: 滿花席의 오기) 10장, 잡유화석(雜乳花席: 雜彩花席의 오기) 10장.

위의 물건 등은 삼가 받들어 올리는 것으로서 아뢥니다.

四[44]。中宮貢物單

朝鮮國王臣姓諱, 謹備中宮殿追[45]獻禮物: 紅細苧布二十匹·白

---

40) 執琛(집탐): 공물을 바침. 琛貢은 조공 물품을 뜻한다.

41) 黃文席: 黃花席의 오기.

42) 不腆(부전): 넉넉하지 않음.

43) 雖(수): 聊의 오기.

44) 1637년 5월 18일의 中宮貢物單임. 張存武·葉泉宏이 편한《清入關前與朝鮮往來國書彙編》(國史館, 2000)의 222면.

細苧〈布〉二十匹 · 白布三十匹 · 萬花席[46]十張 · 雜乳花席[47]十張。右物件等, 謹奉進以聞。

05. 태자에게 올리는 전문

삼가 아룁니다. 지극히 커서 밖이 없다고 하더니 인자함을 타고난 데다 밝은 덕을 이어 내려다보는데, 특별히 수운(需雲)의 큰 은택(恩澤)을 입고서 마음속 깊이 감격스러움을 품었고 온몸으로 영예를 알게 되었습니다. 삼가 생각건대 신(臣: 인조)은 제잠(鯷岑: 동방)의 궁벽진 곳에서 살아 우물 안 개구리의 비루한 식견으로 선조(先祖)들의 법도만을 따른 지가 오래되었습니다만, 잘못된 식견의 고집으로 왕사(王師)가 깨끗이 정벌하기에 이르렀으니 어느 곳으로 달아나 목숨을 건질 수 있었겠습니까? 다행히도 봄날과 같은 따뜻한 보살핌을 입어 동방의 사직을 회복하고 돈독하게 되었습니다.

지금 황태자 전하가 온화한 자질로 칭송이 자자한 데다 덕행에 효경(孝敬)까지 갖추고서 신속하게 집행하고 소탕하여 먼 곳을 귀복(歸服)하려는 기도(企圖)를 능히 도우며, 가을날의 찬 서리처럼 준엄하게 죽이면서도 봄의 생동하는 기운으로 작은 것을 모두 사랑하는 은혜를 품었는데, 마침내 소방이 전복된 끝에도 또한 교화의 말석에 참여케 하였습니다. 신(臣)은 감히 앞을 징계하고 뒤를 삼가서 개과천선하였지만,

---

45) 追(충): 下進의 오기.

46) 萬花席: 滿花席의 오기.

47) 雜乳花席: 雜彩花席의 오기

땅이 외지고 머나멀어서 비록 동궁(東宮)의 반열에 참석하지 못하더라도 깊은 수심 건너 작은 바다의 용루(龍樓: 태자궁)에 이 마음 길이 의탁합니다.

五[48]。上大子[49]箋

伏以至大無外, 旣荷穹昊之仁, 繼明[50]有臨, 特紓[51]重雲[52]之澤, 心肝含感, 項踵[53]知榮。伏念臣鯷岑[54]僻居, 蛙井陋識, 襲先祖之塗轍[55]久矣, 執迷致王師之濯征[56], 安所逃命? 幸被青陽之的[57], 得復東社之封。伏遇〈皇太子殿下〉, 譽洽溫文[58], 德備孝敬, 雷行雷掃, 克贊服遠之圖, 秋殺春生, 咸懷字小之惠, 遂令顚覆之餘, 亦預陶鎔[59]之末。臣敢不懲前毖後, 改舊遷新, 地編[60]要豈[61], 雖阻班於東

48) 1637년 5월 18일의 上太子箋임. 張存武·葉泉宏이 편한《清入關前與朝鮮往來國書彙編》(國史館, 2000)의 222~223면.

49) 大子: 太子.

50) 繼明(계명): 덕이 높은 천자의 사업을 이음.

51) 紓(서): 紓의 오기.

52) 重雲(중운): 需雲의 오기인 듯.《周易》〈需卦·象〉의 "구름이 하늘에 오르는 것이 수이니, 군자가 이것을 인하여 음식을 먹으며 향연을 즐긴다.(雲上於天, 需, 君子, 以飮食宴樂.)"에서 나온 말. 임금의 은택으로 군신 간에 宴樂하는 것을 이르는 말이다.

53) 項踵(항종): 頂踵의 오기.

54) 鯷岑(제잠): 동방의 별칭.

55) 塗轍(도철): 수레바퀴 자국에 따라 행하는 길. 도리나 법도를 비유하는 말이다.

56) 濯征(탁정): 깨끗이 토벌함.

57) 的(적): 煦의 오기.

58) 溫文(온문): 마음이 온화하고 거동이 예절에 맞음.

59) 陶鎔(도용): 가마에서 도자기를 굽고 용광로에서 쇠를 녹이는 것처럼 훌륭한 품성을 갖추도록 잘 가르쳐서 기름.

60) 地編(지편): 地偏의 오기.

61) 要豈(요기): 要荒의 오기. 要服과 荒服의 합칭어. 서울에서 멀리 떨어진 변두리 지역을 가리킨다.

禁[62], 波深少海[63], 長寄心於龍樓[64]。

06. 황태자의 물단

삼가 아룁니다. 우리 백성들을 소중히 여긴 것이지 모두 죽이려고 한 것이 아니어서 인도해 준 은택을 입고 토산물을 가져다 바치는데도 고사(故事)가 있어서 이에 제향을 드리는 정성을 다했습니다.

삼가 갖춘 것이 이러합니다. 백저세포(白苧細布: 白細苧布) 30필, 백포(白布) 50필, 백목면(白木綿) 500필, 만화석(萬花席: 滿花席의 오기) 10장, 잡유하석(雜乳荷席: 雜彩花席의 오기) 10장, 황모필(黃毛筆) 40자루, 유매묵(油煤墨) 40덩이.

위의 물건 등은 병화(兵火)로 타고 남은 물품으로 황량한 곳에서 변변찮게 나는 산물이니, 비록 공물(貢物)로 적합하지 않을지라도 아쉬운 대로 토산물을 바치는 것입니다.

六[65]。皇太子物單

右伏以重我〈民〉, 無盡列[66], 旣荷贊導之澤, 執壤奠有〈故〉事, 斯陳用享之誠。謹備: 白苧細布三十匹·白布五十匹·白木綿五百匹·

---

62) 東禁(동금): 銅禁. 동궁.

63) 少海(소해): 세자를 가리키는 말로도 쓰임. 천자는 大海에 비유한다.

64) 龍樓(용루): 태자궁이나 세장궁을 달리 이르는 말.

65) 1637년 5월 18일의 皇太子 物單임. 張存武·葉泉宏이 편한《清入關前與朝鮮往來國書彙編》(國史館, 2000)의 223면.

66) 無盡列(무진열): 無盡劉의 오기.《書經》〈盤庚〉의 "우리 백성들을 소중히 여긴 것이지 모두 죽이려고 한 것이 아니다.(重我民, 無盡劉.)에서 나온다.

萬花席[67]十張·雜乳荷席[68]十張·黃毛筆四十枝·油煤墨四十錠。右件物等, 兵燼餘賫, 豈陬[69]薄産, 雖不合於庭實[70], 聊自效於土宜[71]。

07. 명나라 공격을 돕는 것은 의리상 차마할 수 없음을 진술한 주본

조선국왕 신(臣) 성(姓) 휘(諱)는 삼가 외람되이 진심을 아뢰어 잘 헤아려 살펴주기를 바라는 일로 상주(上奏)합니다. 신(臣)은 죄과가 깊고 중하여 스스로 천위(天威: 천자의 위엄)를 저축하였지만, 다행히 성상(聖上)의 도량으로 포용하여 곡진하게 용서해준 덕분에 이전의 허물을 속히 벗어나니 스스로 새로워져서 죽음이 드리워진 목숨을 보존하고 끊어질 뻔한 종사(宗社)를 잇게 되었습니다. 이는 참으로 패왕(霸王)도 행하지 않았던 것이고, 이전의 역사에서도 들어보기 어려웠던 것입니다. 신(臣)이 일국의 신민과 더불어 성은(聖恩)에 감격하여 잊지 않도록 마음과 뼛속에 새겨서 오직 생각하는 것은 뇌를 부수고 간을 도려내어서라도 보답하기를 도모하는 것입니다.

이는 오늘날 신(臣)의 직분일 것이나, 간혹 마음에 불안함이 있다면 성의를 보여 곧바로 고해야지 덮어 숨기는 것이 없어야 합니다. 이 또한 신하 된 자의 참된 마음이고 군주를 섬기는 상도(常道)일진대, 하늘과 땅이 그렇게 크고 넓어도 해와 달이 빛나는 듯이 말없이 숨겨야

---

67) 萬花席(만화석): 滿花席의 오기.
68) 雜乳荷席(잡유화석): 雜彩花席의 오기.
69) 豈陬(기추): 荒陬의 오기. 황량한 구석.
70) 庭實(장실): 조정에 바치는 貢物.
71) 土宜(토의): 토산물.

할 것이 있을 수 있더라도 드리고 싶은 말을 다하지 않을 수 있겠습니까?

신(臣)이 올해 1월 28일에 조서(詔書)를 받드니 신(臣)을 깨우치는 가르침이 지극히 갖추어져 있었는데, 그 가운데 한 조목(條目)으로 명조(明朝: 명나라)를 정벌하게 되면 사신을 보내어 그대의 보병과 기병 및 수군 수만 명을 징발할 것이니 기한을 정하고 회합 장소로 나와 짐(朕)에게 어긋남이 없도록 하라고 한 것이 있었습니다. 폐하를 우러러 보니 소방(小邦)을 친하게 여기고 믿어 장래에 책임을 다하도록 기대하는 두터운 마음이 있었으나, 사리에 비추어 보건대 참으로 차마 할 수 없는 것이 신(臣)의 마음에는 있습니다. 신(臣)의 시조(始祖)인 강헌대왕(康獻大王: 태조 이성계)이 신하로서 명조(明朝) 고황제(高皇帝)를 섬긴 뒤 지금까지 자손 대대로 끊이지 않아 200여 년에 이르렀고 만력(萬曆) 연간에 재조지은(再造之恩)을 입었으니, 더욱 소방(小邦)이 감히 잊을 수 없음은 대조(大朝: 청나라)가 익히 아는 바입니다.

지금 폐하는 새로이 황제라는 큰 칭호를 받고 제업(帝業)이 날로 융승하니, 천명(天命)이 있는 곳에 그 누가 감히 거역하겠습니까? 더구나 해외에 있는 번방(藩邦: 속국)은 상황이 내복(內服: 천자의 직할지)과 다르니, 일찌감치 흥하는 운수에 의탁하고 앉아서 편안함을 누릴 줄 몰라 그러는 것이 아닙니다. 또 머뭇거리며 결단하지 못하고 앉은 채로 천병(天兵)이 곧장 이르도록 기다렸던 것을 힘이 약하여 기세가 꺾이고서야 그친 것은 어찌 난리를 좋아하고 재난을 즐겨서 그러는 것이겠습니까? 이렇게 한 뒤라야 신(臣)의 마음에 여한이 없을 것이며, 천지의 귀신 또한 반드시 가엾게 여기어 용서할 것이기 때문입니다.

지금 이미 대조(大朝: 청나라)에게 은혜를 받았으니 성심으로 귀순한다면 진실로 마땅히 명(命)대로 따라야만 하는 것이지, 다른 것에 대해서는 감히 논할 바가 아닙니다. 그러나 생각건대 옛날에는 옛 군주를 위한 복상(服喪)의 예도 있었거늘, 대개 신(臣)이 일찍이 신하로서 섬기던 처지로 은혜와 의리가 오히려 무거운데 어찌 하루아침에 문득 길동무가 되기를 용납할 수 있겠습니까? 어떤 부인이 있었는데 그 지아비가 가난하고 힘이 없자 그 짝을 비호하지 못하고 버린 뒤에 다른 사람에게 시집간다면 사세가 혹 그렇게 되도록 한 것이고, 만약 부인이 무기를 쥐고 있는데 원수가 전 남편을 해치는 지경에 이른다면 이후에 남편된 자가 처음에는 비록 당혹할지라도 끝내는 반드시 의심을 품을 것이라 생각하는데, 나중에 우리를 대할 때도 또한 반드시 이와 같이 할 뿐이라고 한다면 이 또한 친하기를 구했으나 도리어 멀어지는 것입니다.

신하의 도리도 아내의 도리와 같으니, 신(臣: 인조)이 삼가 이 한 가지 일로 인하여 도리어 대조(大朝: 청나라)의 의심을 사서 끝내 하늘과 땅 사이에 다시 설 수 없게 될까 두렵습니다. 옛날에 연(燕)나라 신하 악의(樂毅)가 소왕(昭王)을 섬기며 충성을 다하여 공을 세웠으나, 소왕이 죽자 왕위를 계승한 왕(王: 惠王)에 의해 의심을 받아 살길 찾아 조(趙)나라로 도망갔습니다. 조나라 왕은 그를 자신의 장수로 삼아 함께 연나라를 정벌하려고 도모하자, 악의가 울며 사양하여 말하기를, "신은 예전에 소왕을 섬겼다가 오히려 지금은 대왕을 섬기고 있지만, 설사 지금 죄를 얻어 타국에 있을지라도 종신토록 감히 조나라의 노예가 되기를 꾀하지 않을 것인데, 하물며 그 자손임에야 말해 무엇하겠습니까?"라고 하니, 조나라 왕은 그를 의롭게 여기고 허락하여 지금까지도 천고만고(千古萬古)의 미담이 되었습니다.

무릇 연나라는 곧 조나라의 원수이고 적인데, 악의는 조나라 장수가 되어서 연나라 정벌하는 것을 사양했으니 의당 악의에게 대로해야 하는데도 도리어 의롭게 여기고 가상하게 여겨 허락한 것은 악의가 반드시 연나라를 섬기는 마음으로 조나를 섬길 것이기 때문이었습니다. 지금 신(臣: 인조)의 어짐이 비록 악의에는 미치지 못하나, 폐하의 덕이 높아 오랜 옛날의 의로운 임금보다 뛰어나니, 신(臣)이 어찌 감히 마음속으로 품은 생각을 다 말하지 않아서 스스로를 대조(大朝: 청나라)에서 소외시킬 수가 있겠습니까?

소방(小邦)이 병화(兵禍)를 새로이 겪어 백성들이 거의 다 죽고, 기근과 전염병까지 겹쳐서 살아남은 노약자들이 차례차례 골짜기를 메웠으니, 비록 병마(兵馬)를 징발해 모아서 대국(大國)을 우러러 형세를 도울 길이 없습니다. 그러나 신(臣)이 감히 이러한 이유로 거절할 수 없는 것은 의리상 온당하지 않고 마음으로 차마 할 수 없어서이지, 일의 쉽고 어려움은 따질 겨를이 없습니다.

혹시라도 폐하는 간곡한 심정을 굽어 살피고 곡진히 가련하게 여겨서 이미 신(臣)의 혈육피골(血肉皮骨)을 보전하게 한 것에 다시 신(臣)의 성정심술(性情心術)을 보전하여 예의상 죄인이 되지 않게 한다면, 장차 대조(大朝: 청나라)의 의롭고 어진 명성이 우주에 가득차서 넘치는 것을 보고 끝없이 전해 간다면 단지 소방(小邦) 군신(君臣)들의 사적인 다행일 뿐만이 아닐 것입니다.

신(臣)은 참으로 못내 하늘을 우러르며 지극한 간절함으로 속마음을 다 피력하였으니, 삼가 재량하여 처리해 주기를 기다립니다. 감히 충정을 아뢰는 일과 관계되어 사리(事理)를 살펴 주기를 바라며 이렇게

삼가 주문(奏文)을 갖추어 아룁니다. 【이 주본(奏本)은 바쳐지지 않고 되돌아왔다.】

七[72]。陳助攻明朝義所不忍奏

朝鮮國王姓諱, 謹奏, 冒陳衷悃, 冀蒙恕察事。臣罪戾深重, 自觸天威, 幸賴聖度包含[73], 曲加矜宥, 快釋前愆, 許以自新, 存其垂死之性命, 續其旣絶之宗社。此誠覇王之所未行, 前史之所罕聞。臣與一國臣民, 感戴恩造, 銘鏤心骨, 惟思刳肝破腦[74], 以圖報效者。是臣今日之職分, 而或有不安於心, 則披誠直告, 無所隱蔽者。是亦人臣實心, 事君之常道, 天地之大, 日月之明, 其可有所掩嘿默, 不盡所欲言乎? 臣於本年正月二十八日, 欽奉詔旨, 誨諭備至, 其中一款, 有若征明朝, 遣使調爾步騎·舟師或數萬, 或刻期會處, 不得有誤。欽此[75]。仰有以見陛下, 親信小邦, 責效將來之盛意, 而求諸事理, 誠有所不忍於臣心者焉。臣之始祖康獻大王[76], 臣事明朝高皇帝[77], 至有子孫世世不替於今, 二百餘年, 而萬曆[78]再造之恩, 尤是

72) 〈太宗文皇帝實錄〉 권35, 1637년 11월 6일. 2번째 기사임. 奏請許世子歸省임. 張存武·葉泉宏이 편한《淸入關前與朝鮮往來國書彙編》(國史館, 2000)의 242면에는 1637년 11월 7일 기사로 되어 있다.

73) 包含(포함): 包荒의 오기. 감싸줌. 관용함.

74) 刳肝破腦(고간파치): 破腦刳肝의 오기.

75) 欽此(흠차): 황제가 내린 유지의 인용이 끝났음을 나타내는 표지.

76) 康獻大王(강헌대왕): 조선 태조 李成桂. 고려말 홍건적·왜구 등의 침략을 격퇴하는 과정에서 큰 세력으로 성장했다. 위화도회군을 계기로 개경에 돌아와 최영을 제거하고 우왕을 폐한 뒤 창왕을 옹립해 정치·군사적 실권을 장악했다. 신진사대부들의 적극적인 호응에 힘입어 신흥 정치세력의 대표로서 기반을 닦아 공양왕을 내쫓고 새 왕조의 태조로 즉위했다. 국호를 조선으로 바꾸고 한양으로 천도하여 새 시대를 열었으나 왕위계승권을 둘러싼 왕자들의 싸움에 실망하여 왕위를 넘기고 상왕으로 물러났다.

77) 高皇帝(고황제): 명나라 태조 朱元璋. 홍건적에서 두각을 나타내어 각지 군웅들을

小邦之所不敢忘, 此大朝之所熟悉也。今陛下新膺大號, 帝業日隆, 天命所在, 人誰敢違? 況海外屬藩, 事異內服[79], 非不知早托興運, 可以坐享安使而然。且遲回不決, 坐致天兵直待, 力弱勢窮而後已, 此豈好亂樂禍而然哉? 如是然後, 可以無憾於臣心, 天地鬼神, 亦必矜恕故也。今旣受恩大朝, 誠心向順, 則固當惟命是從, 其他非所敢論也。然念古者, 有爲舊君服喪之禮, 蓋臣曾所臣事之地, 恩義猶重, 豈容一朝便同路人? 有婦人焉, 其夫貧弱, 不能庇其伉儷而棄之, 則改適他人, 事勢或然, 若至於操刀兵[80]而仇害舊夫, 則其爲後夫者, 始雖爲悅, 終必生疑, 以爲後之待我, 亦必如此云爾, 則是亦求親而反疏矣。臣道與妻道一般, 臣竊恐因此一事, 反致大朝之疑, 而終無以復立於天壤之間矣。昔者, 燕臣樂毅[81], 事辭[82]昭王, 盡忠立功, 及昭王沒, 而爲嗣王所疑, 逃死降趙。趙王以爲將, 與之謀伐燕, 毅泣辭曰: "臣疇昔之事昭王, 猶今日之事大王, 設今得罪在他國, 終身不敢謀趙之奴隷, 況其子孫乎?" 趙王義而許之, 至今爲千萬古美談。夫燕乃趙之讐敵也, 毅爲趙將而辭伐燕, 則宜若有怒於毅, 而反義而嘉許者, 蓋毅必以事燕之心, 事趙故也。今臣之賢, 雖

굴복시키고 명나라를 세웠다. 동시에 북벌군을 일으켜 원나라를 몽골로 몰아내고 중국의 통일을 완성, 漢族 왕조를 회복시킴과 아울러 중앙집권적 독재체제의 확립을 꾀하였다.

78) 萬曆(만력): 명나라 제13대 황제인 萬曆帝 神宗의 연호(1573~1620).

79) 內服(내복): 천자가 직할하는 사방 천리의 지역.

80) 刀兵(도병): 무기.

81) 樂毅(악의): 중국 전국시대에 활약한 燕나라의 무장. 趙·楚·韓·魏·燕의 군사를 이끌고 당시 강대국이던 齊를 토벌했다. 연의 昭王이 죽고 惠王이 즉위하자 제나라 田單의 이간책으로 조나라로 달아났다 燕·趙 두 나라의 客卿이 되었다.

82) 事辭(사사): 事의 오기.

不及樂毅, 而陛下之德高, 出古昔誼辟[83], 則臣何敢不盡所懷以自疏外於大朝乎? 小邦新經兵禍, 人民死亡殆盡, 重以飢饉癘疫, 所餘老弱, 次第塡壑, 雖調聚兵馬, 仰助大國之勢末由。而臣不敢以此爲辭者, 義有未安, 心卽不忍, 事力難易, 有不暇論。倘蒙陛下, 俯諒危衷, 曲垂怜恕, 旣全臣之血肉皮骨, 復全臣之性情心術, 俾不爲禮義之罪人, 則將見大朝義聲仁聞, 洋溢[84]於宇宙, 流傳無窮, 不特爲小邦君臣之私幸也而已。臣誠不任[85]瞻天懇迫之至, 委披[86]肝膈, 恭俟裁處。緣係冒陳衷悃, 冀蒙〈恕察〉事理, 爲此謹具奏聞。【此奏本不呈還來.】

08. 청의 예부에 특별히 포로를 속환하는 일로 차관을 심양으로 보내도록 청하는 조선의 자문(咨文)

조선국왕은 이전의 유지(諭旨)에 의거하여 특별히 차인(差人)을 보내 포로 속환(贖還)하는 일을 아뢰니다. 의정부(議政府)의 장계(狀啓)에 의하면, "신(臣)들은 삼가 도성과 지방의 선비와 양민들 가운데 그 부모와 처자식들을 잃은 자들이 곳곳에서 호소하여 모두 속환하기를 원할까봐 두렵습니다. 지금 육사(六師: 황제의 군대)가 막 돌아가 그것을 사례하는 사신이 떠날 때, 속환하는 일 한 가지만은 참으로 늦출 수 없는 일입니

83) 誼辟(의벽): 의로운 임금.
84) 洋溢(양일): 가득차서 넘침.
85) 不任(불임): 無任의 오기.
86) 委披(위파): 悉披의 오기.

다. 사신 일행의 원역(員役)을 제외하고 돌아오기를 원하는 사람들을 속환하는 길을 넓혀 대동할 수 있도록 허용하지 않을 수 없을 듯합니다. 그러나 다만 생각건대 사신이 가서 오로지 사은(謝恩)하는 것은 사리상 체면상 중대한 것인데, 만약 예외적인 인원의 수를 대동하도록 허락한다면 방문(訪問)하거나 교역(交易)할 즈음에 소요를 일으킬 듯하여 도리어 온당하지 못합니다. 사은사(謝恩使)의 일행보다 먼저 이와 관련된 사항을 빠짐없이 갖춘 자문(咨文)을 해부(該部)에 보내어 황상(皇上)에게 전주(轉奏)해서 여기에 상응한 성지(聖旨)를 밝게 내리도록 내용을 갖추어 아룁니다."라고 하였습니다.

이 장계(狀啓)에 의거하여 곰곰이 생각해 보건대, 당직(當職: 仁祖)이 사대(事大)를 형편없이 행하여 왕사(王師: 청나라 군사)가 멀리 수고로이 오게 해서 나라 안의 남녀들로 하여금 포로로 잡혀가도록 하였으니, 이는 실로 소방(小邦)이 스스로 만든 재앙이었습니다. 하지만 다행히도 황상(皇上)의 크나큰 도량으로 너그러이 보아 넘기고 흔쾌히 기왕의 허물을 용서하여 나라를 다시 세워 300년의 종사(宗社)를 보전하게 되었습니다.

또한 성상이 백성들의 사정을 돌보아 주었으니 그들을 보호하여 기르고 안전하게 할 방도를 생각해야 했는데, 올해 1월 28일에 받든 선유(宣諭)하는 성지(聖旨)의 요점만을 인용하자면, '만약 속(贖)을 바치고 돌아가고자 하면 본주인의 편의에 따라 들어줄 것이다.'라고 하였으니, 두루 똑같이 사랑하는 참마음을 더욱 볼 수 있었습니다. 당직(當職: 인조)이 이미 성상의 뜻을 받들어 중외(中外)에 깨달아 알아듣도록 타이르자, 소방(小邦)의 백성들이 감히 감사하여 눈물을 흘리지 않은 사람이 없었으니, 하늘처럼 비호해 주는 은택(恩澤)을 우러러 받들면서 발을 싸맨 채로 분주하게 미리 가서 속환하기를 다투어 원할 것입니다. 두 나라가 이미 한집안이 되었으니 사개(使价: 사신)가 왕래하는데 본디 꺼릴 것이 없지만, 예사(例使: 정례 사행)의 정원 외에 별도로 관원을 보내어 속환(贖還)되기를 원하는 사람들을 대동하여 거느리도록 하되 스스로 양곡을 준비해서 순번을 매기지 말고 차례차례 미리 가서 속환하는 것이 진실로 편리하고 이롭겠습니다.

또 생각건대 소방(小邦)이 병화(兵禍)를 새로이 겪어 국가나 민간이나 축적된 것이 없었으니, 간신히 살아남은 잔약한 백성들이 가까스로 많은 돈을 마련해서 험한 길을 거쳐 간 것은 오로지 속환하기 위해서였습니다. 그런데 만약 원래의 고가(高價)를 간사한 꾀를 써서 제멋대로 올리려고 먼 곳으로 팔아넘긴다면, 포로가 된 자들은 고국과 점점 더 멀어져서 골짜기에 쓰러져 나뒹굴고, 속(贖)바치기를 원했던 사람은 가지고 갔던 돈은 쓸모가 없어 돌아오며 길에서 울부짖고 있습니다.

사정이 불쌍하고 측은한 것을 미루어 헤아려서 부탁하니, 삼가 바라건대 귀부(貴部: 禮部)가 이러한 뜻을 갖추어 황상(皇上)에게 전주(轉奏)하여 만일 별차(別差: 특정 임무를 위해 파견한 임시 관원)를 보내어 방문해서 속환(贖還)을 물을 수 있도록 허락하고 이어서 각 군영(軍營)에 칙서(勅書)를 내려 먼 곳으로 팔아넘기지 못하게 하여 양쪽이 공평하게 교역할 수 있도록 해 주기를 청합니다. 그러면 동쪽 땅의 생령(生靈)들만 영원히 성상이 덮어주는 은혜를 입는 것이 아니라, 천하가 인(仁)으로 돌아가는 효험을 이로 말미암아 이룰 것입니다.

당직(當職: 인조)은 새로이 성은(聖恩)을 입고서 다시 한 지역의 주인이 되었으나, 땅은 있고 백성이 없어서 나라가 나라답지 못하면 이는 실로 귀부(貴部: 禮部)가 마음을 기울여야 할 곳입니다. 이 때문에 자문을 보내니 합당하게 시행해 주소서. 삼가 청하건대 살펴서 이자(移咨)한 대로 해주시기 바랍니다.【예부에 보내는 자문의 사은사는 좌의정 이성구, 회인군 이덕인, 서장관 사성(司成) 채유후이다. 정축년(1637) 4월 초.】

八[87]。朝鮮咨禮部別差官赴瀋贖俘事

朝鮮國王, 依前旨, 委送別差, 贖還俘口[88]事。議政府狀啓, "臣等竊恐京外士民, 失其父母妻子者, 處處號訴, 皆願贖還。目今六師初旋, 謝使將發, 贖還一事, 誠不可緩。除使臣一行員役[89]外, 許帶願往之人, 以廣贖還之路, 似不可已。而第念使臣之行, 專委謝恩, 事體重大, 若許事[90]例外人數, 則訪問·交易之際, 似涉紛擾[91], 反爲未安。先於謝恩使之行, 備將前因, 移咨該部, 轉奏[92]皇上, 明降相應等因俱啓[93]." 據此參詳, 當職[94]事大無狀[95], 遠勞王師, 使彊內士女, 未免俘係, 此實小邦自作之孼[96]。而幸賴大度包容, 快釋旣往之

---

87) 張存武·葉泉宏이 편한《淸入關前與朝鮮往來國書彙編》(國史館, 2000)의 219~220면에는 1637년 4월 25일 기사로 되어 있다.

88) 俘口(부구): 포로.

89) 員役(원역): 관아에 딸린 吏胥의 일종.

90) 許事(허사): 許帶의 오기.

91) 紛擾(분요): 어수선하고 소란스러움.

92) 轉奏(전주): 다른 사람을 대신하여 임금에게 아뢰어 전달함.

93) 俱啓(구계): 具啓의 오기.

94) 當職(당직): 話者가 자신을 일컫는 말.

95) 無狀(무상): 형편없음. 아무렇게나 함부로 굴어 버릇이 없음.

96) 自作之孼(자작지얼): 《書經》〈太甲中〉의 "하늘이 만든 재앙은 피할 수 있지만, 스스로 만든 재앙은 피할 수 없다.(天作孼, 猶可違, 自作孼, 不可逭.)"에서 나오는 말.

慾, 再造彊場, 俾保三百年之宗社。又軫念[97]蒼生, 思所以保養安全之方, 本年正月二十八日, 欽奉宣諭聖旨, 節該, '若欲贖還, 聽從本主之便.' 欽此。益見皇上一視同仁之誠意也。當職已將聖旨事意, 曉諭中外, 則小邦之民, 無不敢謝流涕, 仰戴天覆之澤, 爭願褁足奔走, 前生[98]贖買。而兩國旣爲一家, 使价[99]〈往來〉, 原無嫌忌, 合於例使[100]之外, 別差一官, 帶領願贖之人, 自備糧料, 勿定番數, 次第前往贖還, 允爲便益。且念小邦, 新經兵火, 公私赤立, 孑遺殘氓, 僅辦價直[101], 經涉險阻, 專爲贖還。而若刁蹬[102]索高, 轉賣深處, 則俘係者, 去國逾遠, 顚仆於溝壑, 願贖者, 齎價空還, 號泣道路。想見情事, 委屬矜惻, 煩乞貴部備將此意轉奏皇上, 如蒙許送別差[103]尋問贖還, 乃勅各營, 不許轉賣深處, 務要兩平交易。則不惟東土生靈, 永被覆幬怜[104]之恩, 而天下歸仁之效, 將由此而致之矣。當職新蒙聖恩, 復主一方, 有土無民, 國不爲國, 則此實貴部動心處也。爲此合行移咨。伏請照驗, 須至咨者。【右咨禮部謝恩使, 左議政李聖求, 懷仁君李德仁, 書狀官司成蔡裕後[105], 丁丑四月之初.】

---

97) 軫念(진념): 존귀한 사람이 아랫사람의 사정을 돌보아 생각함. 주로 임금이 백성을 생각한다는 뜻으로 쓰였다.

98) 前生(전생): 前往의 오기.

99) 使价(사개): 仕臣.

100) 例使(예사): 年例로 보내는 使者.

101) 價直(가치): 萬鎰之金.

102) 刁蹬(조등): 독수리가 토끼를 쫓아서 그의 힘이 지치기를 기다려 잡음. 간사한 꾀를 써서 저자의 물건의 시세를 오르게 함의 비유하는 말로 쓰인다.

103) 別差(별차): 나라에서 특정한 임무를 위하여 특별히 파견하던 임시 관원.

104) 覆怜(복령): 覆幬의 오기.

105) 蔡裕後(채유후, 1599~1660): 본관은 平康, 자는 伯昌, 호는 湖洲. 1623년 改試

文科에 장원 급제하여 홍문관에 보임되었다. 1636년 병자호란 때 執義로서 인조를 호종하였다. 金瑬 등의 강화천도 주장을 반대하고 주화론에 동조했다가 구금되었고, 1638년 석방되었다. 대사간, 동부승지 등을 거쳐 1657년 대제학으로서 선조수정실록 편찬의 책임을 졌으며, 곧이어 예조판서, 우참찬이 되었다. 이조판서에 오르고 대제학을 8년 동안 겸하였다.

각처 장수의 일

01. 충청 감사 정세규

충청 감사(忠淸監司) 정세규(鄭世規)는 본도(本道: 충청도) 병사(兵使)도 맡았는데, 형세는 이미 어찌할 수가 없게 되었음에도 날랜 군사들을 뽑아서 밤낮으로 진군하여 처음에는 곧장 헌릉(獻陵: 태종의 능)에 이르려고 했지만 적병에게 막혀 험천(險川)에 진(陣)을 쳤다. 적이 높은 산봉우리에서 내리 공격해 오자 패배하였는데, 도망쳐 산 자가 많지 않았다. 이산 현감(尼山縣監) 김홍익(金弘翼)·남포 현감(藍浦縣監) 이경징(李慶徵)·금정 찰방(金井察訪) 이상재(李尙載)가 모두 적의 칼날에 죽었고, 정세규는 절벽 아래로 떨어졌지만 군졸의 도움에 힘입어 탈출할 수 있었다.

記各處諸將事[1)]

一。忠淸監司鄭世規

忠淸監司鄭世規，知本道兵使，已無可爲，選其輕銳，星夜進兵，初欲直到於獻陵，爲賊所遏，陣於險川[2)]。賊自高峯，壓擊敗僇，逃生者不多。尼山縣監金弘翼[3)]·藍浦縣監李慶徵[4)]·金井察訪　李尙

---

1) 《연려실기술》과 이본의 소제목들을 참고하여 역주자가 임의로 붙인 것임.

2) 險川(험천): 경기도 성남시 분당구 대장동에서 발원하여 낙생저수지, 분당구 금곡동 동막골과 머내를 지나 탄천으로 유입되는 내.

載[5]，俱死戰鋒[6]，鄭世規落於絶壑，賴下卒推挽，得脫。

02. 충청 병사 이의배

병사(兵使) 이의배(李義培)는 원래 늙은 겁쟁이로서 오랫동안 죽산산성(竹山山城)에 머물러 있으면서도 제때에 진군할 뜻이 없었으나, 표신선전관(標信宣傳官)을 통해 조정의 논의가 심히 엄준함을 듣고 가장 늦게 경상 좌우병사(左右兵使)가 주둔하고 있는 곳에 도착했으나 동시에 패전하였다. 혹은 도망쳐 살았다고 하기도 하고 혹은 바위 틈 사이에서 스스로 목을 매었다고 하였는데, 나중에 그의 시체를 얻었으나 관을 쪼개자는 의논까지 있었다.

二。忠清兵使李義培

---

3) 金弘翼(김홍익, 1581~1636): 본관은 慶州, 자는 翼之, 호는 默齋. 1614년 사마시에 합격하고, 1628년 의금부도사, 1630년 掌樂院直長, 1631년 감찰, 1632년 공조좌랑을 거쳐 連山縣監이 되었다. 1636년 병자호란 때 관찰사 鄭世規가 군병을 모집하자 80여 세의 어버이가 계셨으나, 軍器差使員으로 2,400여 명을 인솔하고 수원산성에 이르러 감찰사와 논의하고, 남한산성으로 가던 중 險川에 이르러 적병과 분전하다가 순절하였다.

4) 李慶徵(이경징, 1600~1636): 본관은 慶州, 자는 君善. 李慶善의 초명이다. 碧梧 李時發의 다섯째 아들이다. 1624년 사마시에 합격하였고, 음직으로 교서관 정자를 지냈다. 1633년 식년시 급제하여 司果, 校理, 예조 좌랑, 성균관 전적을 역임한 후, 1636년 남포현감이 되었다. 병자호란 때 충청감사 정세규가 이끄는 근왕병의 참모관으로 경기도 광주 검천에 이르러 청군의 급습에 전사하였다.

5) 李尙載(이상재, 1607~1636): 본관은 富平, 자는 文擧. 1630년 진사가 되고, 1633년 식년문과에 급제하여 승문원에 등용되어 저작에 올랐다. 1636년 金井道察訪이 되어 그해 겨울 병자호란이 일어나자 충청도관찰사 정세규의 종사관으로 출정하여, 용인에서 적의 협공을 받아 전사하였다.

6) 戰鋒(전봉): 賊鋒의 오기.

兵使李義培[7], 本以老劫之人, 久駐竹山山城[8], 趁不進兵, 因標信宣傳官, 聞朝廷論議甚峻, 最晩到慶尙左右兵使留陣處, 同時見賊。或云逃生, 或云自縊巖穴間, 後得其屍, 而至有部棺之議。

03. 남병사 서우신

남병사(南兵使) 서우신(徐祐申: 徐佑申)이 구원하러 올 때, 큰길을 따라 곧장 남한산성으로 나아가고자 하였으나 함경 감사(咸鏡監司) 민성징(閔聖徵: 閔聖徽의 초명)은 원수(元帥: 심기원)가 있는 곳으로 나아가려고 하니, 서우신이 말하기를, "험한 길로 행군하여 군졸도 지치고 말도 지치면 힘을 내기가 어려우니 곧장 남한산성을 향해 가는 것보다 더 나은 것이 없습니다."라고 하였다. 감사가 그의 말을 따르지 않자, 서우신이 문서로 원수에게 보고하며 서로 다투기에 이르렀다.

미원(彌原: 迷原의 오기)에 이르러 또 신임 원수 심기원(沈器遠)에게

---

7) 李義培(이의배, 1576~1637): 본관은 韓山, 자는 宜伯. 李适의 난 후 전라좌수사로 승진되었다. 인동부사로 전임되고, 1630년 韓川君으로 훈봉되었으며, 公淸兵馬節度使·김해부사를 역임한 뒤 전라병사로 승진, 오위도총부부총관, 황해·평안·함경도 등의 병사를 역임하고, 1635년에 공청병마절도사로 다시 부임하여 그곳에서 병자호란을 맞았다. 남한산성 행재소에 달려가기 위하여 창졸간에 임지 부근의 束伍兵 수천 명을 겨우 모아 출전을 서둘렀다. 廣州부근 죽산에 당도하여 다음날 남한산성으로 향발하다가 전봉장 李次衡·李根永이 적의 습격을 받아 전사하고 중과부적이 되자, 영남근왕병의 합류를 기다렸다가 다시 진격하였다. 경상좌절도사 許完과 우절도사 閔栐의 군과 함께 광주 쌍령에 鼎足으로 진을 치니, 적이 먼저 좌군을 공격, 치열한 접전 끝에 아군이 많은 사상자를 내고 무너지자 裨將의 피신권유를 물리친 채 살아남은 노비 丑生과 전사하였다.

8) 竹山山城(죽산산성): 경기도 안성시 죽산에 설치했던 산성.

속히 진군하기를 청하였으나, 또한 허락되지 않고 도리어 장형(杖刑)을 받았다. 주상이 출성(出城: 항복)한 후에 그의 죄를 논하여 죽이지 않고 감형하여 강계(江界)로 귀양 보냈다. 그 뒤로 김시양(金時讓)의 상소로 인하여 다시 잡혀와서 장차 군율(軍律)을 쓰려 하는데, 죽음을 무릅쓰고 원수(元帥)와 서로 다투었던 보고 문서에 힘입어 남한(南漢)으로 귀양 갔다.

김시양이 서우신의 목을 베어 안변(安邊)에서 패하여 죽은 군사들의 목숨을 보상해 주도록 청한 것이다. 서우신이 전쟁을 그치고 본도(本道: 함경도)로 돌아갈 때 몽골의 대병(大兵)이 영서(嶺西)에서 곧장 함경남북도로 향하니, 비록 이미 강화(講和)가 이루어졌다고 하지만 노략질하는 것이 침입해 왔을 때와 다름이 없자, 서우신이 철령(鐵嶺) 위에서 몽골의 대병을 만나 쳐죽인 수가 매우 많았다. 몽골군이 거짓으로 패한 척하며 달아나 먼저 가서 안변을 차지하고 군사들을 시내와 골짜기 사이에 매복시켜 놓았다. 함경남도의 장령(將領)들은 그 작은 승리를 한 기세를 틈타 자못 태만하고 교만한 생각을 지니는 바람에 활 시위도 풀고 화살도 통에 집어넣고서 다시 서로 싸울 생각을 아니하며 매복해 있는 줄 까마득히 모르고 전진하다가, 기다리고 있던 몽골군의 공격을 받아 거느리고 가던 군사가 거의 전멸을 당하였다. 덕원 부사(德源府使) 배명진(裵命振: 裵命純의 오기)·남우후(南虞候) 한진영(韓震英)·홍원 현감(洪原縣監) 송침(宋沈)이 모두 죽었으니, 대장의 무모함이 심했던 것이다. 김시양의 상소는 대개 이 일을 가리킨다.

三。南兵使徐祐申

南兵使徐祐申之來援也, 欲從大路, 直進進[9]南漢, 監司閔聖徵[10],

欲進元帥所在處, 祐申曰: "險路行兵, 卒困馬疲, 則難以得力, 莫如直向南漢之爲愈." 監司不從其言, 祐申至於文報相爭。及到彌原, 又請新元帥沈器遠, 速爲進兵, 而亦不許, 至於被杖罰。出城後, 論罪減死, 謫江界[11]。厥後, 因金時讓[12]上疏, 更爲拿致, 將用軍律, 賴以死帥處相爭文書, 配於南漢。金時讓, 請斬祐申, 以償安邊[13]敗死之軍兵者[14]。祐申罷兵[15], 歸本道之時, 蒙古大兵, 自嶺西直向南北道, 雖已講和, 搶椋無異入寇時, 祐申遇於鐵嶺[16]上, 擊殺甚多。蒙古, 陽敗而走, 先據安邊, 藏兵溪壑之間。南道將領, 乘其小捷, 頗有怠驕之意, 弭弓韜箭, 不復以相戰爲意, 瞢然前進, 爲蒙古迎擊,

---

9) 直進進(직진진): 直進의 오기.

10) 閔聖徵(민성징): 閔聖徽(1582~1647)의 초명. 본관은 驪興, 자는 士尙, 호는 拙堂·用拙. 함경도감사를 지낼 때 병자호란이 일어나자 병사 徐祐申과 함께 보병과 기병 1만 3000명을 영솔하고 맹활약을 하였다. 난중에 병으로 감사의 자리에서 잠시 물러났다가, 1637년 다시 평안도감사로 복직하였다. 그때 양서관향사를 겸하였다. 1640년 척화파로 瀋陽에 잡혀갔다가 1642년에 귀환하였다.

11) 江界(강계): 평안북도 북동부에 있는 고을. 동쪽은 낭림산맥을 경계로 함경남도의 장진군, 서쪽은 위원군과 초산군, 남쪽은 희천군, 북쪽은 자성군과 후창군, 그리고 압록강을 사이에 두고 중국의 만주 지방과 접한다.

12) 金時讓(김시양, 1581~1643): 본관은 安東, 초명은 金時言, 자는 子中, 호는 荷潭. 1605년 정시 문과에 급제, 승문원정자가 되었다. 1609년 예조좌랑, 1610년 동지사의 서장관으로 명나라에 다녀왔다. 1623년 인조반정 뒤에 예조정랑, 병조정랑, 수찬 등을 역임, 1624년 李适의 난 때는 도체찰사 李元翼의 종사관이 되었다. 1626년 경상도관찰사, 1627년 평안도관찰사가 되었고 이어 병조판서가 되었다. 1634년 지중추부사에 서용되어 한성판윤을 거쳐 호조판서, 도원수를 지냈다.

13) 安邊(안변): 함경남도 남부에 있는 고을. 동쪽은 강원도 통천군, 서쪽은 강원도 이천군, 남쪽은 강원도 평강군·회양군, 북쪽은 문천군·원산시·동해와 접한다.

14) 兵者(병자): 命者의 오기.

15) 罷兵(파병): 전쟁을 중지함. 전쟁을 끝냄.

16) 鐵嶺(철령): 강원도 淮陽郡과 함경남도 高山郡의 경계에 있는 큰 재.

所領軍兵, 幾盡見殺。德源府使裵命振[17]·南虞候韓震英[18]·洪原縣監宋沈[19], 俱死, 大將之無謀甚矣。時讓之疏, 蓋指此也。

04. 함경 감사 민성징

민성징(閔聖徵: 閔聖徽)이 미원(迷原)으로 들어갔는데, 원수(元帥: 심기원)에게 나아가 싸울 생각이 없음을 알고 번번이 나아가 싸우기를 원수에게 청했으나 원수가 허락하지 않자, 그때마다 허락하지 않는다는 글월을 받아두었기 때문에 결국에는 그것으로 인하여 죄를 면할 수 있었다. 곧바로 본영(本營)에 돌아갔는데, 몽골군이 난동을 부린다는 소리를 듣고는 혼자서 말을 타고 가서 적장을 만나 약속한 맹세를 지키지 않는 잘못을 책망하니, 대접을 극히 후하게 하였다. 함흥(咸興) 이후는 적들이 다시는 난동을 부리지 않았으니, 이것은 민성징의 힘이었다.

四。咸鏡監司閔聖徵

閔聖徵之入迷原也, 知元帥無意進戰, 每以進戰, 請於元帥, 而元

---

17) 裵命振(배명진): 裵命純(1597~1637)의 오기. 본관은 星山, 자는 遂初. 1624년 무과에 급제하고 1627년 정묘호란 때 선전관으로서 후금과 싸워 공을 세웠다. 都摠府經歷·감찰·軍器寺僉正·보성군수·함경북도병마우후·덕원도호부사를 지냈다. 병자호란이 일어나 1637년 營將으로서 철수하는 청나라 군사와 철령에서 싸워 승리하였으나, 퇴각하는 청나라군을 추격하다가 복병의 기습으로 전사하였다.

18) 韓震英(한진영, 생몰년 미상): 본관은 淸州, 자는 挺之. 1622년 금부도사에 올라 1623년 인조반정에 참가하고, 1624년 이괄의 난이 일어나자 인조를 공주로 호종하였다.

19) 宋沈(송침, 1590~1637): 본관은 礪山. 아버지는 宋大立이다. 1614년 무과에 급제, 1635년 함경도 홍원현감과 함흥진관병마절제도위를 겸하면서 1637년 병자호란 때 함경도 안변의 남산역 전투에서 전사하였다.

帥不許, 則輒受不許之文字, 故竟以此, 得免罪罰。卽還本營, 聞蒙兵作亂, 單騎往, 見賊將, 責其不守約誓之失, 館接[20]極厚。咸興[21]以後, 賊更不作亂, 此閔聖徵之力也。

05. 전라 병사 김준룡

전라 병사(全羅兵使) 김준룡(金俊龍)의 용병술(用兵術)은 정예병을 뽑아서 네모난 진(陣)을 만들어 사면이 모두 밖을 향하게 하고 양식을 그 네모난 진 가운데에 두는 것인데, 적을 만나면 장차 싸울 계책으로 삼았다. 그가 광교산(光交山: 光教山의 오기)에 와 웅거하니 남한산성과는 한 식정(息程: 30리)쯤 거리에 있었는데, 적이 날마다 공격해 왔지만 죽이거나 상처 입힌 것이 헤아릴 수 없었고 적의 이름난 장수도 또한 죽었다고 하였다. 그러나 화살이 다 되고 양식이 바닥나서 진(陣)을 수원(水原)으로 물렸는데, 양식을 구하는 대로 다시 진격하려고 했지만 군졸들이 무너져 흩어지는 바람에 끝내 성공하지 못하였으니, 이에 연루되어 파직되었다.

五。全羅兵使金俊龍

全羅兵使金俊龍之行兵也, 選其輕銳, 作爲方陣, 而四面皆外向, 糧食置之陣中, 以爲遇賊, 將戰之計。及其來據光交山, 在南漢一息程, 賊逐日來戰, 殺傷無數, 賊中名將, 亦死云。而矢盡糧渴, 退陣

20) 館接(관접): 館待. 館舍에서 외국 사람을 접대하는 일.
21) 咸興(함흥): 함경남도 함흥만 연안에 있는 고을. 함주군에 둘러싸여 있으며, 남쪽은 흥남시와 접한다.

水原，欲得糧更進，軍卒潰散，終不成功，坐此罷職。

06. 평안 감사 홍명구

평안 감사(平安監司) 홍명구(洪命耉)는 병사(兵使) 류림(柳琳)에게 군사를 거느리고 함께 앞으로 진군하도록 하였으나, 류림이 진군하기에 적당치 않다며 응하지 않아 홍명구가 군율(軍律)을 쓰려고 하자, 류림이 하는 수 없이 명을 따랐다. 그러나 두 장수는 이때부터 서로 화합하지 못하여 일마다 서로 어긋났다.

김화(金化)에 이르니 적들이 많이 들이닥쳤는데, 류림은 높은 산봉우리에 진(陣)을 쳤고 홍명구는 산봉우리의 아래에 진을 쳤는데 홍명구는 류림과 진을 합치려고 하였으나, 류림이 따르지 않았다. 적이 먼저 감사(監司: 홍명구)의 진중을 공격했지만, 류림과 이원일(李元一: 李一元의 오기)이 앉아서 보기만 할 뿐이고 구원하지 않았다. 홍명구는 스스로 반드시 죽을 수밖에 없을 줄 알고서 듬직하게 움직이지 않고 끝까지 적을 쏘다가 죽었다.

류림과 이일원은 모두 이름난 무장(武將)인데다 또 어영(御營)의 포수가 많아 끝까지 힘껏 싸워 적을 매우 많이 죽이자, 적은 힘이 다해 퇴각하였다. 병자년의 변란에서 적의 패전으로는 이 전투와 김준룡(金俊龍)의 광교산(光教山) 전투만한 것이 없었고, 류림의 승리가 가장 뛰어나다고 적 또한 저희들끼리 일컬었다.

六。平安監司洪命耉

平安監司洪命耉，使兵使柳琳領兵，同時前進，則柳琳不宜，命耉

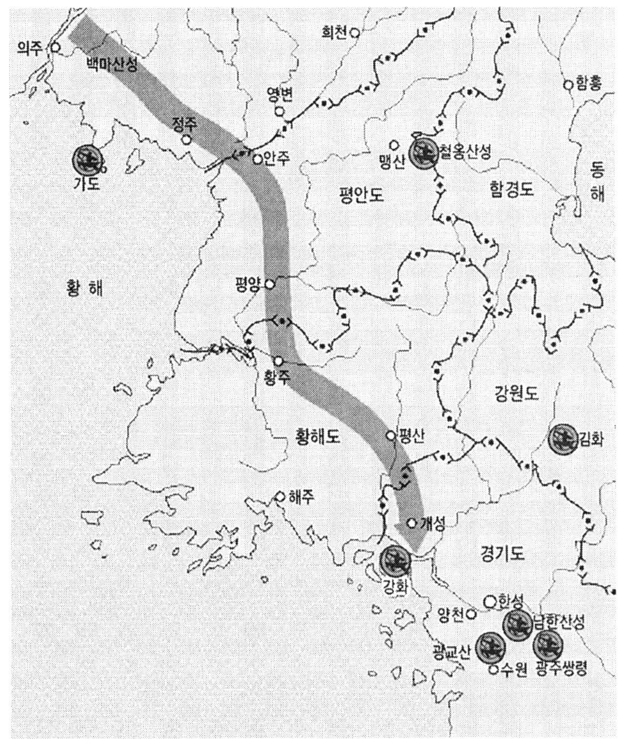

철옹산성 전투

欲用軍律, 琳不得已從命。而兩將, 自此不協, 事事相違。到金化, 賊多至, 柳陣於高峯, 洪陣於峯下, 洪欲爲合陣, 柳不從。賊先犯監司陣中, 柳琳·李元一[22], 坐視不救。洪自知必死, 凝然[23]不動, 終爲射賊而死。柳與一元, 俱是名武, 且多御營炮手, 終爲力戰, 所殺甚

---

22) 李元一(이원일): 李一元(1575~?)의 오기. 본관은 咸平, 자는 會伯. 1605년 증광시 무과에 급제하였다. 順天 군수, 남한산성 수어사, 영변 부사 등을 역임하였다.

23) 凝然(응연): 태도나 행동거지가 단정하고 듬직하게.

多，賊力盡乃却。

丙子之變，賊之敗衄，無如此戰及金俊龍光交之戰，而柳琳之棲[24)]，賊亦稱於自中矣。

07. 부원수 신경원

신경원(申景瑗)이 부원수(副元帥)로서 철옹성(鐵甕城)을 지키고 있었는데, 적이 나타나는 것을 보고 수백 명의 기병을 내보냈지만 조금도 아군이 죽거나 잡히지 않으니 그 작은 이익을 탐내어 즉시 물러나 돌아오지 않다가 적의 대군이 졸지에 들이닥치자, 아군은 이미 적의 뒤에 있게 되니 성으로 들어갈 수가 없어서 혹은 적에게 피살되기도 하고 혹은 스스로 달아나 숨기도 하였다. 적이 철옹성을 포위한 지 수일이 되었어도 성이 험준하여 함락시키지 못하자 거짓으로 포위를 풀고 갔다.

신경원은 곽산 군수(郭山郡守) 정빈(鄭賓)에게 앞으로 나아가 정탐하도록 했지만, 정빈은 이전에 적의 화살을 맞았던 고통으로 여염집에 누워 있다가 돌아와서 적이 없다고 거짓으로 보고하였다. 신경원은 그의 말을 믿어 의심하지 않은 채 진영(陣營)에 있는 짐바리를 실어 나르고자 군사를 이끌고 갔다. 적은 군사들을 향산(香山: 묘향산)의 골짜기 어귀에 매복시켜 놓고, 포로로 사로잡은 우리나라 피난민들로부터 신경원의 군사들이 지나갈 날짜까지 상세히 알았는데, 신경원이 지나가자 군사들을 동원해 크게 싸워서 군졸들을 죄다 흩어버렸다.

---

24) 棲(서): 捷의 오기.

신경원을 사로잡았는데 늘 명달왕(明達王)의 군중(軍中)에 두었으니, 이 명달왕은 십왕(十王) 가운데 한 사람이었다. 호왕(胡王)은 여러 달을 신경원과 함께 지내면서 정과 의리가 더할 수 없이 친하여 출성(出城: 항복)한 후에 그가 주살(誅殺)될까 염려해 주상에게 가벼운 벌을 조금만 시행하도록 간청하였다.

처음에는 남한산성에 귀양 보냈다가 곧바로 석방하자, 대간(臺諫)들이 불가하다고 고집하였으나 주상이 케케묵은 논의라며 끝내 따르지 않았고, 얼마 되지 않아 총융대장(摠戎大將)에 제수하였다.

七。副元帥申景瑗

申景瑗, 以副元帥, 守鐵甕城[25], 見賊現形, 出數百騎, 少無殺獲我軍, 貪其小利, 不卽退還, 賊大陣猝至, 我軍已在賊後, 不得入城, 或爲賊所殺, 或自奔竄。賊圍鐵甕城數日, 〈城〉險未陷, 陽爲解去。景瑗, 使郭山郡守〈鄭〉賓[26], 進前偵探, 而賓曾被賊箭瘡痛, 臥於閭家, 還到, 瞞告以無賊。景瑗, 信之不疑, 搬運其營中卜馱[27], 領兵而行。賊破藏[28]兵於香山[29]洞口, 虜我國避亂人, 詳知景瑗行兵之期, 及其過去, 從兵[30]大戰, 軍卒盡散。生擒景瑗, 常置明達王軍中, 此十王中之一也。胡王, 累月同處, 情義極親, 出城之後, 恐其被誅, 懇請上前略施輕典。初配南漢, 旋卽放釋, 臺諫執不可, 上謂之酸

25) 鐵甕城(철옹성): 평안남도 맹산군과 함경남도 영흥군 경계에 있는 철옹산의 산성.
26) 鄭賓(정빈, 생몰년 미상): 함종현령, 용강현령, 곽산군수를 지냈다.
27) 卜馱(복태): 짐바리.
28) 破藏(파장): 藏의 오기.
29) 香山(향산): 평안남도 덕천군과 평안북도 영변군 경계에 있는 묘향산의 이칭.
30) 從兵(종병): 縱兵의 오기.

論，終不從，旋拜摠戎大將。

08. 강원 감사 조정호

강원 감사(江原監司) 조정호(趙廷虎)는 변란이 일어났다는 소식을 듣자마자 군사들을 거느리고 구원하러 들어간 것이 제도(諸道)의 번신(藩臣)보다 먼저였다. 비록 군사들이 흩어지는 바람에 세운 공은 없을지라도, 끝내 병사들을 진입시키지 않은 자들과 견주어 동일시할 수 없다.

그리고 무인(武人) 임몽득(任夢得)도 원주(原州)에서 뒤이어 행재소(行在所: 남한산성)로 들어왔다. 주상이 본도(本道: 강원도)의 사정을 물으니 몽득이 스스로 그 자신을 자랑하려고 감사(監司: 조정호)를 무고하여 영중(營中)에 평일처럼 태연히 있었다고 하면서 그가 큰소리로 책망한 뒤에야 비로소 진군시켰다고 하였다. 또한 원주 목사(原州牧使) 이중길(李重吉)은 전최(殿最: 관찰사의 고을 수령에 대한 평가 보고)에서 중간 점수인 것을 마음속으로 앙심을 품었는데, 조정호가 잡혀와 옥에 갇혀 다방면으로 억울한 사정을 하소연할 때 이중길이 조정호를 터무니 없는 사실로 날조해 모함하였다. 때문에 주상은 특명으로 조정호의 벼슬을 빼앗고 귀양을 보냈는데, 이듬해에 풀려났다. 임몽득은 후에 이로써 만호(萬戶)에 제수되기에 이르렀다.

八。江原監司趙廷虎

江原監司趙廷虎，聞變之初，領軍入援，先於諸道藩臣[31]。雖軍散

---

31) 藩臣(번신): 觀察使·兵使·水使를 아울러 가리키는 말.

無功, 比諸終不進兵者, 不可同日語[32]。而武人任夢得[33], 欲自原州, 〈追入〉行在。上問本道事情, 則夢得欲自衛[34]其身, 誣告監司, 在營中晏然[35]如平日, 渠大言責之, 然後始爲進兵云。且原州牧使李重吉, 殿最[36]居中, 心銜之, 及拿獄, 原情多般, 搆誣[37]廷虎。故上特寬, 經年蒙釋。夢得後以此, 至拜萬戶。

09. 원수 김자점

원수(元帥) 김자점(金自點)은 동선령(洞仙嶺)으로 출병하여 자못 적을 죽이거나 사로잡았지만, 칸(汗: 홍타이지)이 거느린 대군이 온 뒤로는 감히 다시 적을 무찌를 생각을 하지 못했다. 감사(監司: 황해 감사) 이배원(李培元)에게 본도(本道: 황해도)를 지키도록 한 다음, 병사(兵使) 이석달(李碩達)과 함께 해서병(海西兵: 黃海軍) 5천 명 및 어영 포수(御營砲手) 수천 명을 이끌고 구원하러 토산(兎山)에 도착했는데, 척후병도 없이 일찌감치 출발하여 해뜰 무렵이 되었을 때 적군 5,6천 명이 졸지에 들이닥쳐서 해서병이 거의 다 피살되었다.

원수(元帥: 김자점)는 혼자 말을 타고서 달아나 고을의 주산(主山)에

---

32) 同日語(동일어): 함께 논함. 동일시함.
33) 任夢得(임몽득, 1607~?): 본관은 晉州. 1637년 무과에 급제하였다.
34) 自衛(자위): 自衛의 오기.
35) 晏然(안연): 마음이 편안하고 침착한 모양.
36) 殿最(전최): 관찰사가 각 고을 수령의 실적을 조사하여 중앙에 보고하던 일. 성적을 考査할 때 上을 最, 下를 殿이라 하였다.
37) 搆誣(구무): 남을 해치기 위하여 터무니없는 사실을 그럴듯하게 거짓으로 꾸미어 만듦.

오르고, 종사관 정태화(鄭太和)는 허둥지둥 관아로 들어가고, 강음 현감(江陰縣監) 변사기(邊士紀)는 여염집으로 들어가서 손이 묶인 듯 꼼짝못하고 잡히기만을 기다릴 즈음, 어영 포수들이 일시에 포를 쏘아대자 적이 여러 차례 공격해 왔지만 그때마다 패퇴시켰다. 적은 본래 5천여 명이었으나 살아남은 자가 수천 명에 지나지 않았는데, 해질 무렵이 되어서야 퇴진하였다. 이튿날 또다시 서로 대치하였으나 적이 끝내 다시 싸우지 못하고 퇴각하였는데, 이는 장령(將領)들의 공로가 아니라 바로 어영군(御營軍)의 힘이었다. 조정에서는 정태화·변사기를 담략(膽略)이 있다고 하여 근년에 크게 등용하였으니, 모두 이 전투 때문이었다.

재령 군수(載寧郡守) 택선(澤善: 崔擇善의 오기)이 적에게 사로잡혀서 피살되자, 원수(元帥: 김자점)가 단지 어영군만 거느리고 미원(彌原: 迷原의 오기)에 도착하여 신임 원수 심기원(沈器遠)과 제도(諸道)의 감사(監司)·병사(兵使)와 함께 가만히 앉아서 20여 일을 기다리다가 남한산성에서의 출성(出城: 항복) 소식을 듣고서야 비로소 전진하였다.

심기원은 나주(羅州)로 귀양을 보냈다가 곧바로 남한산성으로 옮겼고 오래지 않아 석방하였으며, 김자점은 진도(珍島)에 안치되었다가 곧바로 경감하여 중도(中道: 中道付處)로 옮기고 기묘년(1639) 가을에 석방하여 고향으로 돌아가게 하였다. 그런데 양사(兩司: 사헌부와 사간원)가 논란하며 고집한 것이 여러 달이었으나, 따르지 않았다. 나중에 둘 다 병조 판서에 제수되었다.

九。元帥金自點

元帥金自點, 出兵洞仙, 頗有殺獲, 汗領大兵來之後, 不敢更生勦賊之意。使監司李培元[38]守本道，與兵使李碩達，率海西兵五千及御營砲手數千，入援行到兎山[39]，無斥候早發，日出時，賊五六千猝至，海西兵幾盡見殺。元帥單騎上本邑主山，從事官鄭太和[40]蒼黃

---

38) 李培元(이배원, 1575~1653): 본관은 咸平, 자는 養伯, 호는 歸休堂. 1601년 진사시에 합격, 1613년 증광문과에 급제하여 승문원에 소속되었다가 평안도평사가 되었다. 1623년 인조반정 이후 정언이 되어 훈신의 비위사실을 탄핵하고 이어 곡산군수·광산현감 역임하였다. 1632년 原州牧使를 거쳐 1635년 忠淸道討捕使로 있다가 1636년 황해도 감사에 특진되었다.

39) 兎山(토산): 황해도 금천 지역의 옛 지명. 조선시대에 이 지역은 임진강의 지류인 東大川 유역의 용암지대로 산지에 둘러싸여 있는 곳이었다. 1636년 병자호란 때 아군이 큰 피해를 겪은 지역이다. 당시 동쪽으로 石峴을 넘어 平山·신계, 서쪽으로는 삭녕과 연결되는 도로가 발달하였다.

40) 鄭太和(정태화, 1602~1693): 본관은 東萊, 자는 囿春, 호는 陽坡. 영의정 鄭光弼의 5세손, 鄭惟吉의 증손. 할아버지는 鄭昌衍이고, 아버지는 형조판서 鄭廣成이다. 좌의정 鄭致和와 예조참판 鄭萬和의 형이다. 1628년 별시 문과에 급제, 승문원 정자가 되었다. 1631년 정언을 거쳐 이듬해 이조좌랑이 되고, 이어 홍문관·사간원·사헌부·세자시 강원 등의 당하관직을 두루 역임하고 1635년 사간이 되었다. 그해 後金의 침략 위협에 대처해서, 북방변경의 경비를 강화하기 위한 元帥府가 창설되자 원수의 從事官이 되었다. 이듬해 병자호란 때 도원수 金自點이 兎山에서 패하여 도망하자, 황해도의 여러 곳에서 패잔병을 수습하고 항전, 많은 적을 사살했다. 이 공으로 비변사가 천거한 儒將 4명 중 한 사람으로 뽑히고, 집의로 승진되었다. 1637년 볼모로 잡혀가는 소현세자·봉림대군을 따라 瀋陽으로 갔다가, 그해 말 귀국하여 1638년 충청도 관찰사에 오르고 동부승지·우부승지를 지낸 뒤 한성부 우윤·대사간·평안도 관찰사 경상도 관찰사·도승지를 거쳐 1645년 호조판서·대사헌이 되었다. 이해 심양에서 돌아온 소현세자가 귀국 4개월 만에 죽고 후계문제가 대두하자 적장자 상속의 宗法을 무시할 수 없다 하여 봉림대군의 세자책봉을 반대하고 소현세자의 아들로서 적통을 계승해야 한다고 주장했다. 그러나 봉림대군이 세자로 책봉되고 소형세자빈 姜氏와 두 아들이 죽자, 현실에 순응하여 이후 요직을 두루 담담했다. 1649년 우의정에 오른 후, 효종이 즉위하자 謝恩使로 청나라에 다녀왔다. 그후 좌의정으로 승진되었으나, 모친상을 당하여 나아가지 않고 향리에 머무르다가, 1651년 영의정이 되어 다시 조정에 나아갔다. 이후 20여 년간 영의정을 5차례나 지냈다. 1659년 효종이 죽은 후 제1차 禮訟이 일어나자 송시열 등 西人이 제기했던 朞年說를 지지, 이를 시행시켰다. 왕위계승·북벌론·예송문제 등을 둘러싸고 각 정파간의 대립이 격렬하던 정국에서 서인의

入衙中, 江陰縣監邊士紀入閭家, 束手待縛之際, 御營砲手, 一時放炮, 賊累進累敗。賊本五千餘名, 而生存者不過數十[41], 日晡[42]後退陣。翌日又相持, 賊終不更戰而退, 此則非將領之功, 乃是御營軍之力也。朝廷, 以鄭太和·邊士紀, 有經略[43], 近年大用, 皆由於此戰。載寧郡守澤善[44], 見執被殺, 元帥, 只率御營軍, 得到彌原, 與新元帥沈器遠, 諸道監司·兵使, 坐待二十餘日, 聞南漢山城[45], 始爲前進。沈竄羅州, 旋移南漢, 未久放釋, 金安置珍島, 旋移中道[46], 己卯秋, 放歸田里[47]。兩司論執累月, 不從。後俱拜兵判。

10. 전라 감사 이시방

전라 감사(全羅監司) 이시방(李時昉)은 약간의 휘하 군사를 모두 병사(兵使: 김준룡)에게 보냈고, 또한 별장(別將) 몇 명을 정해 나머지 군사를 더 주고서 전진하도록 하여 적의 유격병을 소탕하거나 밤에 습격하도록 하였다. 중군(中軍) 영암 군수(靈巖郡守) 엄황(嚴愰)에게 양성(陽城)

입장을 견지하면서도 원만한 대인관계와 능란한 임기응변으로 위기를 모면하고 평탄하게 영달한 인물로 평가받는다.

41) 數十(수십): 數千의 오기.

42) 日晡(일포): 늦은 오후. 해질 무렵.

43) 經略(경략): 나라를 다스리고 경영함. 문맥상 膽略이 더 적합한 듯하다.

44) 澤善(택선): 崔擇善(1584~1637)의 오기. 본관은 全州, 자는 執中. 1612년 무과에 급제하였다. 1629년 초계군수를 지냈다.

45) 山城(산성): 出城의 오기.

46) 中道(중도): 中道付處. 벼슬아치에게 어느 곳을 지정하여 머물러 있게 하던 형벌.

47) 放歸田里(방귀전리): 고향으로 돌아가 나오지 못하게 하는 형벌. 중도부처보다 더 가벼운 형벌이다.

에 주둔하도록 하여 선봉대로 삼고는, 스스로 말하기를, "승군(僧軍)이 오기를 기다려 경상 감사(慶尙監司) 심연(沈演)과 힘을 합쳐 나아가 싸우고자 한다."라고 하였다. 하지만 광교산(光交山: 光敎山의 오기)에 있던 김준룡(金俊龍)의 군사가 무너졌다는 소식을 듣고는 그 흩어진 군사를 수습하러 간다고 핑계대며 후퇴하여 공주(公州)로 돌아갔다.

감사(監司: 이시방)가 후퇴하고서부터 군관 이하가 차례로 철수하여 돌아갔다. 이시방은 정산(定山)으로 유배되었다가 1년 만에 석방되어 특별히 제주 목사(濟州牧使)에 제수되었다.

十。全羅監司李時昉

全羅監司李時昉, 若干手下兵, 盡送兵使處, 且定別將數人, 添給餘兵, 使之前進, 或勦遊兵, 或爲夜斫。使中軍靈巖郡守嚴愰[48], 駐陽城[49], 以爲先營, 自謂: "待僧軍之來, 欲與慶尙監司沈演, 同力進戰." 聞光交山金俊龍之軍自潰, 托以收拾散兵, 退歸公州。自監司之退, 軍官以下, 次第撤歸。時昉謫定山[50], 一年而放, 特拜濟州牧使。

11. 통제사 윤숙

통제사(統制使) 윤숙(尹璛)은 이시방(李時昉)이 보낸 관문(關文)으로

48) 嚴愰(엄황, 1580~1653): 본관은 寧越, 자는 明甫. 1603년 무과에 급제한 후 남해현령·안동판관·함안군수·곤양군수·경상좌도수군절도사·경상우도수군절도사·평산부사·의주부윤·파주목사·전라도수군절도사·수안군수·영암군수·평해군수·충청도수군절도사·영흥부사를 지냈다.

49) 陽城(양성): 경기도 안성 지방의 옛 지명.

50) 定山(정산): 충청남도 청양군 지역.

인하여 본진(本鎭)을 버리고 우후(虞候) 황한(黃漢: 黃瀷의 오기)에게 수군을 거느려 보내고 자신은 수하 군사 수백 명을 이끌고 원주(原州) 근처에 도착했는데 산골짜기 사이에서 적을 잘 피하여 끝내 한 명의 적군도 만나지 않았다. 나중에 영해(寧海)로 귀양 가서 병으로 죽었다.

수군과 육군의 장수는 제 스스로 관할하는 곳이 따로 있으니, 만약 본진(本鎭)에 있다가 삼도의 수군을 거느리고 기한을 정하여 강도(江都: 강화도)로 올라갔더라면 어찌 패배하기에 이르렀겠는가?

十一。統制使尹璛

統制使尹璛, 以李時昉之移關, 棄其本鎭, 使虞候黃漢[51], 領送舟師, 自率手下兵數百名, 來到原州近境, 山谷之間, 善避賊陣, 終不遇一賊。後謫寧海[52]病死。水陸之將, 自有所管, 若使在於本鎭, 領三道舟師, 刻期上去江都, 豈至於敗哉?

12. 경상 감사 심연

경상 감사(慶尙監司) 심연(沈演)은 본도(本道: 경상도)를 호령함에 특별히 볼 만한 것이 없었다. 그런 그가 남한산성과 거리가 먼 곳인 충주(忠州)의 목계(木溪)에 와 있으면서 끝내 전진하지 않다가 1월 2일에서

---

51) 黃漢(황한): 黃瀷(1596~?)의 오기. 黃瀗으로 개명. 무과 급제자로 남한산성에서 근무하다 1644 3월 남한수어사 심기원의 역모를 고변한 공으로 그해 6월 寧國功臣에 책록되고 檜興君에 봉해졌다. 경상좌병사·어영대장을 거쳐 병조참의·도총부부총관 등을 역임하였다. 1651년 12월에 일어난 金自點의 옥사에 연루되었으나 무죄임이 드러나 풀려났고 이후 평안병사, 통제사 등을 역임하였다. 1654년 贓汚罪를 범하였으니, 공신으로서 사형에서 한 등이 감해져 수년 동안 유배생활을 하였다.

52) 寧海(영해): 경상북도 영덕군 영해면 지역.

야 비로소 여주(驪州)의 영릉(英陵)으로 나아갔는데, 쌍령(雙嶺)에서 아군이 패했다는 소식을 듣고 허둥지둥 고개를 넘어 창의 대장(倡義大將) 전식(全湜)과 조령(鳥嶺)에서 회합하였다. 전식이 거느린 바는 선비와 노복(奴僕) 등 몇 백 명에 지나지 않았는데, 또한 참모 군관(參謀軍官)에게 그의 군사를 나누어 주어 거느리도록 하고서 전식은 단지 선비 예닐곱 명과만 조령과 죽령 사이를 남몰래 다니고 있었다. 감사(監司: 경상감사 심연)와 서로 회합할 즈음, 어떤 사람이 적이 온다고 잘못 전하여 감사 이하가 각자 말을 채찍질하며 달아났다가 나중에 헛소문인 줄 깨닫고 모두 부끄러워하는 기색이 있었다.

심연은 뒤에 임피(臨陂)로 귀양갔다가 오래지 않아 제주 목사(濟州牧使)에 제수되고, 그 뒤에 품계가 올라 높은 직위에 등용되었다. 전식도 발탁되어 이조 참판(吏曹參判)에 제수되었다.

十二。慶尙監司沈演

慶尙監司沈演, 號令本道, 別無可觀。來在忠州[53]木溪[54], 去山城相遠之地, 終不前進, 正月初二日, 始進呂州英陵[55], 聞雙嶺[56]軍敗, 顚倒踰嶺, 與倡義大將全湜[57], 會于鳥嶺[58]。湜, 所率不過士子奴僕

53) 忠州(충주): 충청북도 북부에 있는 고을. 동쪽은 제천시, 서쪽은 음성군, 남쪽은 괴산군, 북쪽은 강원도 원주시·경기도 여주시와 접한다.

54) 木溪(목계): 남한강 상류 지역인 충주에 있는 지명. 나루터가 있고 큰 장이 서던 곳이다.

55) 英陵(영릉): 조선 제4대 왕 세종과 昭憲王后 심씨의 능.

56) 雙嶺(쌍령): 경기도 광주시 쌍령동에 있는 고개 이름.

57) 全湜(전식, 1563~1642): 본관은 沃川, 자는 淨遠, 호는 沙西. 1589년 사마시에 합격하고, 1592년 임진왜란 때 의병을 모아 왜적을 토벌했으며, 1603년 식년 문과에 급제해 전적·예조좌랑 등을 거쳤다. 1623년 인조반정으로 예조정랑 등을 거쳤으며, 1636년 병자호란이 일어나자 의병을 일으켜 적을 방어했고 부제학에 임명되었다.

數百餘人, 而亦使參謀軍官, 分領其軍, 湜只與士大夫六七人, 潛行於鳥竹兩嶺間。及與監司, 相會之際, 有人訛傳賊至, 監司以下, 各自鞭馬而走, 後覺其虛傳, 皆有慙色。演後謫臨陂[59], 未久特拜濟州牧使, 其後升秩顯用[60]。湜擢拜吏曹參判。

13. 경상 좌병사 허완, 경상 우병사 민영

좌병사(左兵使: 경상 좌병사) 허완(許完)과 우병사(右兵使: 경상 우병사) 민영(閔栐)이 거느린 군사는 합하면 4만여 명이었다. 그러나 허완은 나이가 많은 데다 겁을 먹어 사람을 대할 때면 눈물을 흘리니, 사람들은 그가 반드시 패할 것을 알았다. 양군(兩軍)이 광주(廣州)의 쌍령(雙嶺)으로 진군하여 민영의 군대는 오른쪽 산등성이에 진(陣)을 치고, 허완의 군대는 왼쪽 산등성이에 진을 쳤는데, 포수와 정예병을 바깥쪽에 배치하지 않고 모두 안쪽에만 굳게 배치하였다.

1월 2일 적이 먼저 좌병사와 맞붙어 싸우다가 목책(木柵) 안으로 쳐들어 오자 군졸들이 싸우지도 않아 저절로 무너졌다. 좌병사의 군대가 이미 패한 뒤에 적이 그 다음으로 민영과 싸워서 한동안 서로 버티었는데, 약간의 살상자야 있었지만 화약에 실수로 화승(火繩)을 떨어뜨리자 군중(軍中)이 크게 동요하고 말았다. 적이 이때를 틈타 거칠게 쳐들어

1638년 대사간, 대사헌을 거쳐 예조참판과 대사성이 되었다.

58) 鳥嶺(조령): 경상북도 문경시 문경읍과 충청북도 괴산군 연풍면 사이에 있는 고개.

59) 臨陂(임피): 전라북도 군산의 동부에 위치한 고을.

60) 顯用(현용): 높은 직위에 등용함.

오니 좌병사와 우병사의 양군이 일시에 대패하였고, 두 병사(兵使)도 함께 진중(陣中)에서 죽었다.

그런데 두 병사가 전사한 뒤, 심연(沈演: 경상 감사)이 허완은 도망쳐 달아났다고 치계(馳啓)하였다. 증직(贈職)하고 치제(致祭)하는 은전(恩典)이 민영에게는 내려졌으나 허완에게는 내려지지 않았는데, 허완의 아들이 상소하여 억울함을 호소한 뒤에야 증직과 치제가 내려졌다.

十三。慶尙左兵使許完右兵使閔栐

左兵使許完[61)]·右兵使閔栐[62)], 所率合四萬餘兵。而許完年老恐㥘, 對人垂涙, 人知其必敗。〈兩軍〉進于廣州雙嶺, 閔陣於右岡, 許陣於左岡, 炮殺[63)]精兵, 不置外面, 皆爲中堅。正月初二日, 賊先與左兵使合戰, 入於木柵中, 軍卒不戰自潰。左軍旣敗之後, 次與閔戰, 相特[64)]移時, 稍有殺傷, 失火於火藥, 軍中大擾。賊乘時衝突, 左右兩軍, 一時大敗, 兩兵使, 俱死陣中。戰死之後, 沈演以許逃走馳啓。贈職賜祭之典, 及於閔而不及許, 厥子上疏, 訟冤然後, 贈祭。

---

61) 許完(허완, 1569~1637): 본관은 陽川, 자는 子固. 1593년 무과에 급제하였다. 柳成龍의 천거로 남평현감이 된 뒤 도총부도사 등을 거쳐 단천군수가 되었다. 1627년 정묘호란 때 중군이 되어 왕을 호종하여 진주목사를 거쳐 회령도호부사를 지냈다. 1636년 병자호란 때 영남좌도절도사로 있던 그는 보병 1만여 명을 이끌고 북진해 남한산성에 피난한 왕을 구하려 하였다. 그러나 廣州의 雙嶺에서 적을 만나 싸우다가 이듬해 전사하였다.

62) 閔栐(민영, 1587~1637): 본관은 驪興, 자는 正甫. 무과에 합격한 뒤, 비변사 낭청을 거쳐 1629년 이산부사에 제수되었다. 1636년 병자호란이 일어났을 때 과감히 척화론을 주장하였다. 이에 그는 군사를 이끌고 상경하다가 경기도 광주의 쌍령전투에서 적군과 싸우다가 전사하였다.

63) 炮殺(포살): 炮手의 오기.

64) 相特(상특): 相持의 오기.

14. 전 서윤 도경유

처음에 심연(沈演: 경상 감사)이 전 서윤(前庶尹) 도경유(都慶兪)를 종사관(從事官)으로 삼아서 군대의 일을 하나같이 도경유에게 맡겼다. 좌병사(左兵使: 허완)와 우병사(右兵使: 민영)가 인근 고을의 군사를 거느리고 먼저 고개 아래까지 나아갔으나, 먼 고을의 군사가 태반이나 도착하지 않았을 뿐만 아니라 양식 또한 후방에 있어서 두 병사(兵使)는 기다리고만 있을 뿐이지 출발하지 않았다.

도경유는 먼저 우병사(右兵使) 병방 군관(兵房軍官) 박충겸(朴忠謙)의 목을 베어 하루라도 급하게 진군하기를 독려하자, 두 병사는 하는 수 없이 진군하였다. 그러나 몹시 추운 때를 맞아 의복을 죄다 버리고 심지어 입고 있던 홑옷조차도 옷단을 짧게 자르고 이틀길을 하루에 갔는데, 얼거나 굶주리지 않을 수 없어서 군사들의 마음이 크게 허물어져 쌍령에서의 패배는 모두 도경유 때문이라고 하였다. 적이 물러간 뒤에 도경유는 남쪽으로 돌아가는 도중에 총탄을 맞고 죽었다.

도경유의 집에서 관아에 고발하여 박충겸의 두 아들이 한 소행이라고 하자, 두 아들은 2년 동안 옥에 갇혔다가 마침내 의옥(疑獄)으로 석방되었다.

十四。前庶尹都慶兪

初演, 以前庶尹都慶兪[65], 爲從事官, 軍中之事, 一委慶兪。左右

---

65) 都慶兪(도경유, 1596~1636): 본관은 星州, 자는 來甫, 호는 洛陰. 鄭逑·徐思遠의 문인이다. 1624년 사마시에 합격하고 1627년 정묘호란 때 호남으로 세자를 호종하였으며, 난이 끝난 뒤 금부도사·평양서윤 등을 역임하였다. 1636년 병자호란이 일어나자 경상도관찰사 沈演의 從事官이 되어 雙嶺 전투에서 쌓아놓은 화약의 폭발사고로 패전하였다. 그 죄로 유배 가던 도중에 죽었다.

兵使, 雖領近邑兵, 先進嶺下, 而遠邑之軍, 太半未到, 糧亦在後, 兩兵使, 有所待未發。慶兪斬右兵使兵房軍官朴忠謙, 督進日急, 兩兵使不得已進兵。而當極寒之時, 盡矣[66]衣服, 所着單衣, 剪以爲短, 倂日而行, 無不凍餒, 軍情大潰, 雙嶺之敗, 皆由於慶兪。賊退後, 慶兪南還中路, 中丸而死。慶兪家告官, 謂忠謙兩子之所爲, 逮獄[67]兩年, 竟以疑獄[68]蒙放。

15. 전라 의병대장 정홍명

전라 의병대장(全羅義兵大將) 전 참의(前參議) 정홍명(鄭弘溟)이 공주(公州)에까지 왔다가 적이 돌아갔다는 소문을 듣게 되자, 근왕병을 해산하고 돌아갔다.

十五。全羅義兵大將鄭弘溟

全羅義兵大將, 前參議鄭弘溟, 來到公州, 聞賊〈歸〉, 罷勤王而還。

---

66) 盡矣(진의): 盡棄의 오기.

67) 逮獄(체옥): 수감함. 투옥함.

68) 疑獄(의옥): 사정이 복잡하여 진상이 확실하지 않은 재판 사건.

강화도 함락 진상 기록

도성을 떠나 파천해야 했을 때 김경징(金慶徵)은 강도(江都: 강화도)로 들어가게 되자, 그의 어머니와 아내를 각각 옥교(屋轎: 덮개가 있는 가마)에 태우고 계집종은 전모(氈帽)를 씌웠으며, 집에서 싣고 나온 짐바리가 50여 개나 되었으니 경기도의 인부와 말을 거의 다 동원하였다. 한 계집종이 탄 말이 발을 헛디뎌 땅에 떨어지는 일이 생기자, 잘 따르며 보호하지 못한다면서 경기도의 배행(陪行) 고을 아전을 길가에서 매질했다. 김경징은 부사(副使) 이민구(李敏求), 종사관(從事官) 홍명일(洪命一)과 함께 먼저 강화도로 들어갔다.

원임대신(原任大臣) 윤방(尹昉)·김상용(金尙容), 예조 참판(禮曹參判) 여이징(呂爾徵), 정랑(正郎) 최시우(崔時遇), 사직 령(社稷令) 민계(閔枅), 참봉(參奉) 지봉수(池鳳遂)·류정(柳頲), 종묘 령(宗廟令) 민광훈(閔光勳), 직장(直長) 이의준(李義遵), 봉사(奉事) 여이홍(呂爾弘) 등이 종묘사직의 신주(神主)를 받들었다. 승지(承旨) 한흥일(韓興一)이 빈궁(嬪宮: 강빈)과 원손(元孫)을 받들었고, 숙의(淑儀: 인조의 후궁 나씨) 및 양대군(兩大君: 봉림대군·인평대군)과 그 부인이며, 모든 궁인(宮人)·부마(駙馬)·공주(公主)·옹주(翁主)가 뒤따랐다.

지사(知事) 정광적(鄭光績), 사재(四宰) 박동선(朴東善), 전 판서(前判書) 이상길(李尙吉)·강석기(姜碩期), 동지(同知) 정효성(鄭孝誠), 도정(都

正) 심현(沈誢)은 늙고 병든 재상(宰相)으로서 승전(承傳: 임금의 뜻)을 받들어 들어갔다. 무재(武宰) 지사(知事) 변흡(邊潝), 전 참의(前參議) 홍명형(洪命亨)·심지원(沈之源), 전 정(前正: 전 정언) 이시직(李時稷), 봉상정(奉常正) 조희진(趙希進), 장령(掌令) 정백형(鄭百亨), 필선(弼善) 윤전(尹烇), 전 교리(前校理) 윤명은(尹鳴殷), 수찬(修撰) 이일상(李一相), 공조 좌랑(工曹佐郎) 이행진(李行進)·박종부(朴宗阜), 직강(直講) 변복일(邊復一), 도사(都事) 기만헌(奇晩獻), 호조 좌랑(戶曹佐郎) 임선백(任善伯), 승문 정자(承文正字) 정태제(鄭泰齊)·임박(林㙡), 학유(學諭) 윤양(尹瀁: 鄭瀁의 오기), 전 현감 심동구(沈東龜), 첨정 이사규(李士圭), 사복주부(司僕主簿) 송시영(宋時榮), 별좌(別坐) 권순장(權順長), 봉상 주부(奉常主簿) 고진민(高進民) 등은 미처 제때에 호종하지 못했거나 분사(分司)로 도성에 남아있던 자들인데, 뒤늦게야 강화도로 따라 들어갔다.

예조 판서(禮曹判書) 조익(趙翼)은 달리 명을 받들 수가 없어 뒤떨어져 있다가 남양(南陽)에서 처음으로 의병을 일으켜 강화도로 이동시켜 들어갔다. 전 대사성(前大司成) 이명한(李明漢), 참의(參議) 이소한(李昭漢)은 마침 상중(喪中)에 있었지만, 물러나 피해 있는 것이 분수를 지키는 도리에 편치 아니하여 역시 강화도로 들어갔다.

그때 빈궁이 갑곶(甲串) 나루에 도착했으나 배가 없어 건너지 못해 이틀 밤낮을 해변에 머무르니 상하 일행들이 모두 추위에 떨며 굶주렸다. 그러나 사람들을 건너가게 할 권한은 검찰사에게 있는데다 배들은 죄다 맞은편에 있어서 서로 통할 수가 없었다. 빈궁이 옥교(屋轎) 안에 있다가 몸소 나와 큰소리로 말씀하시기를, "경징아, 김경징아! 네가 어찌 차마 이런 짓을 한단 말이냐?" 하자, 유수(留守) 장신(張紳)이 듣고서 김경징에게 말하니, 그제야 어렵사리 빈궁 이하는 건너갈 수 있었다. 그런데 그 밖의 피난 온 사족(士族)들은 그 수가 몇 천인지 몇 만인지 알 수 없었고 나루터에 온통 가득히 건너게 해줄 것을 울부짖었으나 미처 건너기도 전에, 오랑캐가 갑자기 들이닥쳐 순식간에 거의 죄다 짓밟아 버리자, 창에 찔려 죽거나 바닷물에 몸을 던져 죽었다.

김경징은 배로 김포(金浦)와 통진(通津)에 있는 나라 곡식을 실어 왔는데, 이름만 섬 안의 사대부들을 구제한다 하고 김경징의 친구 외에는 어느 한 사람도 얻어먹은 사람이 없었다. 대개 당시 곡식은 귀하고 보물은 오히려 천했으니 제 이익만 도모한 것이었다. 더군다나 해주(海州)와 결성(結城)의 창고 곡식도 운반해 오려고 했지만, 강화도가 함락되어 미처 그 계획을 이루지 못했다.

김경징은 스스로 강화도를 금성탕지(金城湯池: 난공불락의 견고한 성)로 여겨 오랑캐가 날아서 건너지 못할 곳이라 생각하여 아침저녁으로 잔치를 벌여 날마다 술잔 기울이는 것을 일로 삼았다. 남한산성이 포위된 지 이미 달포가 지났고 소식이 끊겼는데도 임금의 안위를 염려하지 않으면서, 대신이 간혹 무슨 말을 하면 김경징은 말하기를, "피난 온 대신이 어찌 감히 지휘한단 말이오?" 하고, 대군이 간혹 말하는 것이 있으면 김경징은 말하기를, "이렇게 위태로워 어찌될지 모르는 때에 대군이 어찌 감히 간여하는 말을 하오?" 하였다. 때문에 대군과 대신 이하는 감히 입을 떼지 못했다.

별좌(別坐) 권순장(權順長), 생원(生員) 김익겸(金益兼)이 김경징·이민구·장신 등에게 글을 올려 말하기를, "원수를 갚으려고 어려움을 참고 견딘다는 와신상담(臥薪嘗膽)을 해야 하는 것이 지금 해야 할 일이지, 술 마시기를 할 때가 아니다." 하니, 김경징 등은 더욱 노여워하였다. 김경징은 진실로 책망할 것도 못되지만, 그 나머지 사람들도 모두 강화도의 험한 요새만 믿고 방비에는 마음이 없어서 초군(哨軍)들을 놓아 보내어 죄다 자기 집으로 돌아가게 하였다. 섬의 밖은 전혀 정탐을 하지 않으니, 식자(識者)들은 한심하게 여기지 않은 이가 없었다.

혹자가 전하는 말에 충청 감사(忠情監司) 정세규(鄭世規)가 오랑캐 진영에서 죽었다고 하자, 대신들이 이민구로 대신하게 하였다. 이민구는 강화도야 아주 안전한 곳으로 여겼지만 호서는 반드시 죽을 곳으로 생각하여 허둥지둥 온갖 방법으로 피하려고만 했다. 분사(分司)가 빨리 떠나라고 독촉하자, '바다 바람이 몹시 차서 추위를 막는 술이 없을 수 없다.' 하고는 소주를 빚는다면서 이 핑계로 헛되이 날을 보냈다. 그리고 또 그의 처자식을 태우고 가려 하자, 김상용과 윤방 두 재상이 말하기를, "그대들은 단지 여러 고을에 폐만 끼칠 뿐이다."고 하면서 마침내 그만두게 하였다.

이보다 앞서, 경기 감사(京畿監司: 李溟)가 포위된 성안에 있었으므로 경기도 각 고을의 일을 분부할 곳이 없었다. 묘당(廟堂)이 이민구로서 경기 감사를 삼도록 청하니, 주상께서 말하기를, "나는 이 사람에게 나이 어린 동궁을 부탁하려 하니, 다시 다른 사람을 추천하여라." 하였다. 대신들이 말하기를, "비록 이 경기감사 직을 제수할지라도 훗날 부탁하는 것은 안 될 것이 없사옵니다." 하니, 주상이 허락하였다. 그러나 오랑캐의 포위가 매우 다급해져 그 교지(敎旨)는 끝내 내보내지 못했다.

삼도(三道)의 수군 가운데 어느 한 사람도 국난을 구하러 오는 이가 없었는데, 오직 충청 수사(忠淸水使) 강진흔(姜晉昕)만 밤중에 들어와 구원하니, 검찰사는 강진흔이 거느린 배들을 연미정(燕尾亭)과 여러 곳에 나누어 배치하게 하고, 경기도의 배는 모두 광진(廣津)에 두었다.

정축년(1637) 정월 21일 통진(通津: 김포에 있는 마을) 가수(假守: 임시 수령) 김정(金頲)이 서면으로 검찰사에게 보고하기를, "오랑캐가 방금 동거(童車: 짐을 싣는 수레)에 작은 배를 싣고 강화도로 향한다."고 하자, 김경징은 말하기를, "강의 얼음은 아직도 단단하거늘, 어찌 능히 배를 운행할 수 있단 말이냐?" 하고는, 군사들의 마음을 교란하려는 것으로 여기고 보고한 자의 목을 막 베려는 찰나에, 갑곶(甲串: 강화도에 있는 마을) 파수장(把守將)의 보고도 또한 김정의 보고와 같았다. 김경징은 비로소 놀라 어쩔 줄 모르며 해숭위(海嵩尉) 윤신지(尹新之)로 대청포(大青浦)를 지키게 하고, 전창군(全昌君) 류정량(柳廷亮)으로 불원(佛院)을 지키게 하고, 유성증(兪省曾)으로 장령(長零)을 지키게 하고, 이경(李坰)으로 가리산(加里山)을 지키게 하는 한편, 김경징은 진해루(鎭海樓)로 나가서 진을 치고 스스로 갑곶(甲串)을 지키려는데 군사가 채 수백 명이 되지 않았다. 사태가 이미 위급한데도 군기(軍器)와 화약(火藥)을 나누어 줄 즈음에 줄 때마다 기록하고 하였다. 다급한 때에 처리하는 것이 이 같아서야 어떻게 능히 큰일을 할 수 있었으랴.

일대군(一大君: 봉림대군)이 처음으로 김경징과 함께 진(陣)을 친 곳에 나가 보니, 군사의 수효가 심히 적은 것을 보고 도로 성안에 들어와서 다시 군사를 수습하여 방어할 계책을 세우려고 하였으나, 사람들이 모두 도망치고 흩어져서 하는 수 없이 비로소 성을 지키기로 하였다.

유수(留守) 장신(張紳)은 주사대장(舟師大將)으로서 갑자기 광진(廣津)의 전선(戰船)을 출발시켜 갑곶으로 향해 거슬러 올라가게 했는데,

때마침 하현(下弦: 음력 매달 22~23일에 나타나는 달의 형태)이라 조수가 매우 적어서 밤새도록 배를 저었으나 22일 새벽녘에야 겨우 갑곶에서 5리쯤 되는 곳에 이르렀다. 강진흔(姜晉昕)은 배 7척을 거느리고 갑곶에 머물러 있다가 오랑캐와 힘껏 싸워 적선을 침몰시킨 것이 몇 척이나 되었다. 강진흔의 배도 또한 오랑캐의 대포에 맞은 곳이 수십 군데였고, 군졸들도 죽은 자가 수십 명이나 되었다. 강진흔은 몸에 화살 몇 발을 맞았으나 적의 화살과 그 밖의 무기를 빼앗은 것이 또한 많았다. 강진흔이 거느리고 있는 배가 매우 적었는데, 장신은 오랑캐의 기세가 매우 치성함을 보고서 전진하여 가까이할 생각이 없었다. 강진흔은 북을 치고 깃발을 흔들면서 장신의 수군에게 나아가 싸우라고 독려하였지만, 장신은 끝내 전진하지 않았다. 강진흔은 배 위에서 소리치기를, "네가 나라의 두터운 은혜를 받고서 어찌 차마 이와 같이 할 수 있단 말이냐? 내가 장차 너의 목을 벨 것이다." 하였으나, 장신은 끝내 움직이지 않고 곧 강물을 따라 내려갔다. 이때 정포 만호(井浦萬戶) 정연(鄭埏)과 덕포 첨사(德浦僉使) 조종선(趙宗善)이 선봉이었는데, 오랑캐가 처음으로 건너오자 정연이 적선 1척을 함몰시키고 장차 전진하려는 즈음에, 장신이 징을 쳐서 퇴군시키니 정연은 이에 물러나 돌아왔다.

오랑캐가 처음에는 복병(伏兵)을 두었는지 의심하여 배를 출발시키지 않았는데, 오랑캐의 배 1척이 전선(戰船) 사이를 뚫고 지나가서 먼저 해안에 닿아 뭍에 상륙한 자가 7명이었으나 관군은 쏠 만한 화살조차 없었다. 그들은 다만 손에 칼 한 자루씩만 쥐고 말도 없이 걸어서 기슭을 따라 북쪽으로 가다가 언덕에 올라 두루 둘러보니 사방 어디에도 복병이 있는 곳은 없고, 높은 곳에도 진(陣)을 쳐서 방비하지 않고 있음을 알고는 흰 깃발로써 맞은편 강가에 있던 오랑캐를 부르자, 그제야 오랑캐의 배들이 바다를 뒤덮으며 건너왔다. 강화도 중군(中軍) 황선신(黃善身)이 초군(哨軍) 100여 명을 거느리고 진해루(鎭海樓) 아래서 힘껏 싸웠는데, 자신이 오랑캐를 사살한 것이 3명이었고 군사들이 사살한 것이 또한 6명이었다. 그러나 황선신은 힘을 다하다가 죽었고, 군사들은 모두 달아나 흩어졌다. 이때 강화도의 초군은 모두 장신의 배 안에 있었는데, 주장(主將)인 장신이 물러나 가버렸기 때문에 어느 한 사람도 뭍에 내려온 자가 없었다. 김경징은 어찌할 수가 없음을 알고 오랑캐는 내버려둔 채로 포구로 달아났는데, 말을 버리고 물로 들어가 전선에 올라탔다. 때마침 김경징과 장신의 늙은 어머니들이 모두 성안에 있었는데, 둘 다 배를 타고 달아나버렸으니, 두 집의 늙은 어머니들은 결국 성안에서 죽었다.

상신(相臣: 대신)이 약간 명으로 하여금 성을 지키게 하면서 만약 먼저 성을 나가는 자가 있으면 마땅히 군령(軍令)을 시행하겠다고 하였다. 빈궁은 내관(內官) 김인(金仁)·서후행(徐後行)·임우민(林友閔)·권준(權俊)·유호선(兪好善) 등 5명으로 하여금 원손을 받들어 해변으로 나가게 하였다. 송국택(宋國澤)·민광훈(閔光勳)·여이홍(呂爾弘)·민계(閔枅)·류정(柳頲)·이의준(李義遵)과 부장(部將) 민우상(閔又祥) 등이 의논하기를, "원손이 이미 나가거늘, 우리들이 성을 지켜서 무엇 하겠는가?" 하고는 모두 뒤따라 성을 나갔다. 김인이 원손을 안고 가는데 말이 느려서 오랑캐가 바싹 다가오자, 송국택은 자신이 타고 있던 말로 바꾸어 주었다. 바닷가에 이르니 마침 배 1척이 해안에 매어 있어서 마치 서로 기다리고 있었던 것 같았다. 배를 타고 바다로 나와 며칠 지나서 교동(喬桐)에 이르렀으니, 이것은 실로 하늘의 뜻일러라.

그런데 오랑캐의 공유덕(孔有德)과 경중명(耿仲明) 두 장수가 모든 섬들을 수색하려 한다는 말이 들리는지라, 교동에서 주문도(注文島)로 옮기고 이어 당진(唐津)으로 향하였다. 그때 주문도 사람들이 나루터에 많이 모여들어 묻기를, "이 배가 교동에서 오는 배가 아닙니까?" 하였다. 뱃사람들이 그 묻는 이유를 따지자, 섬사람들은 말하기를, "지난 밤, 섬 안에 있던 여러 사람의 꿈에 배가 오색구름에 옹위되어 교동에서 이 섬으로 오고 있었기 때문에 묻는 것입니다."고 하니, 뱃사람들은 모두 놀라고 기이하게 여겼다. 지사(知事) 박동량(朴東亮: 朴東善의 오기)과 참의(參議) 심지원(沈之源)도 그 배에 있어서 직접 듣고 말하였다. 송국택은 가자(加資)가 되고 그 나머지는 벼슬이 올라갔는데, 대신들이 논죄하는 글을 올리기를, "저들은 모두 종묘사직의 관원으로서 종묘사직의 신주를 버렸다." 하니, 송국택을 제외하고는 모두 나중에 삭탈(削奪)되었다.

오랑캐가 사방을 포위하자, 전 좌의정 김상용은 일이 이미 틀린 것을 알고 입었던 옷을 벗어 하인에게 주며 말하기를, "네가 만약 온전히 살거든 이 옷을 아이들에게 전하여 훗날 허장(虛葬)할 거리로 삼도록 하여라." 하고, 곧 남문으로 가서 화약 상자에 걸터앉더니 곁에 있던 다른 사람들에게 모두 손을 내저어 멀리 가게 하였으나, 김익겸과 권순장도 아울러 죽었다.

윤방(尹昉)은 종묘 제조(宗廟提調)로서 종묘사직의 신주가 봉안되어 있는 곳에 있었는데, 오랑캐가 들이닥치자 윤방이 소리치기를, "네놈들은 나를 죽여라." 했으나, 오랑캐는 전혀 응하지 아니하고 신주들을 시궁창에 던져버렸다. 윤방은 신주들을 거두어서 섬거적으로 싸고 복마(卜馬: 짐을 싣는 말)에 실으며 말하기를, "바다를 건널 때에는 나는 의당 바닷물에 빠져 죽어야 한다." 하니, 오랑캐들이 협박하여 육지에 내리게 하는지라, 신주를 오랑캐에게 빼앗길까봐 염려하여 사내종들의 홑바지 속에 나누어 싣고 계집종으로 하여금 그 위에 올라타게 하였다. 사태가 안정된 뒤에 삼사(三司)가 모두 발의하고 죄를 다스릴 것을 주장하니, 다시 파면 당하고 한 곳에 중도부처(中途付處)되었다가 얼마 되지 않아 죽었다.

도정(都正) 심현(沈誢)은 그의 아내와 함께 죽으려 할 때에 상소문을 지어 품속에 넣고서 나란히 자결하였다. 그 상소문에 이르기를, "신(臣) 아무개는 동쪽을 향해 백 번 절하고 남한산성에 계신 주상전하께 글을 올립니다. 신(臣)이 아내 송씨와 함께 같은 날에 자결하여 나라의 은혜를 보답코자 하옵니다."라고 하였다.

주부(主簿) 송시영(宋時榮)은 처음에 이시직(李時稷)과 함께 같은 집에서 지냈다. 송시영이 먼저 자결하자, 이시직은 목을 매고는 종으로 하여금 잡아당기게 하니, 종이 차마 명을 따르지 못하자 자신이 지은 찬문(贊文)과 망건을 종에게 부쳐서 그 아들에게 남겼다. 찬문에 이르기를, "장강(長江)의 요해처가 무너지자 오랑캐 군대 나는 듯 건너오니, 술 취한 장수는 겁먹어 나라를 배반하고 욕되게 살려하네. 파수하는 일 와해되어 온 성안이 도륙되고, 하물며 저 남한산성도 머지않아 또 함락되리로다. 의리상 구차하게 살 수는 없어 기꺼운 마음으로 자결하리니, 목숨을 버려 인(仁)을 이루는데 세상 부끄러울 것이 없도다. 오호라, 내 아들아! 부디 생명을 상하지 말고, 고향에 돌아가 유해를 장사지내고 늙은 어머니를 잘 봉양하여라. 고향에 몸을 움츠리고 숨어서 나오지 말고, 구구하게 남기는 소원은 네가 잘 계승하는데 달려있다."라고 하였다.

사대부로서 자결한 사람은 이상길(李尙吉), 정효성(鄭孝誠), 홍명형(洪命亨), 윤전(尹烇), 정백형(鄭百亨) 등인데, 나중에 모두 정표(旌表)되었다. 그 가운데 한두 사람은 오랑캐에게 살해당한 것이라고도 하나 직접 본 자가 없으니, 어찌 한갓 떠도는 말로서 그 좋은 것을 없어지게 할 것이랴.

죽은 재신(宰臣) 민인백(閔仁伯)의 아들 민성(閔垶)은 먼저 그의 아내와 자식을 죽인 다음에 자결했고, 그의 한 아들은 다른 곳에 멀리 있어서 살 수 있었다. 이사규(李士圭)는 오랑캐의 칼날에 죽었다. 이와 같은 사람들은 이루 다 기록할 수가 없다.

자신의 부인이 자결한 사람은 김류(金瑬), 이성구(李聖求), 김경징(金慶徵), 정백창(鄭百昌), 여이징(呂爾徵), 김반(金槃), 이소한(李昭漢), 한흥일(韓興一), 홍명일(洪命一), 이일상(李一相), 이상규(李尙圭), 정선흥(鄭善興) 등의 아내, 서평부원군(西平府院君) 한준겸(韓俊謙)의 첩 모자, 연릉부원군(延陵府院君) 이호민(李好閔)과 정효성(鄭孝誠)의 첩들이다. 그 밖의 부인들도 절개를 지켜 죽은 사람들이 매우 많았으나 죄다 알 수가 없으니 애석한 일이다. 김진표(金震標)는 그의 아내를 독촉하여 자결하게 했고, 김류의 부인과 김경징의 아내는 그 며느리가 죽는 것을 보고 뒤따라 자결하였다.

신급제(新及弟: 과거에 새로 급제한 사람) 이가상(李嘉相)은 문장이 일찍부터 드러났고 집안에서의 행실이 남보다 뛰어났다. 그의 어머니[나주

박씨]가 고질병을 앓은 지 6,7년 동안 잠시도 곁을 떠나지 않았고 약과 음식 수발을 종들에게 맡기지 않으니, 그 행동을 아는 사람은 탄복하지 않는 이가 없었다. 이때 이르러 오랑캐가 쳐들어온 것을 알고는 겨우 그의 어머니를 숨기고 자신은 바로 오랑캐에게 사로잡혔다. 오랑캐가 물러간 후에 그의 아내가 대신 그의 어머니를 업고 달아났다. 그러나 이가상은 그의 아내가 그의 어머니를 업고 도망갔으리라고는 생각하지 못하고, 그의 어머니는 스스로 보전하지 못하였으므로 자기가 당초에 오랑캐에게 사로잡혔던 곳에서 반드시 죽었으리라고 생각하여, 오랑캐의 칼날을 무릅쓰고 다시금 돌아오면서도 오랑캐의 진영을 왕래하며 그의 어머니 시신을 찾아 헤맸는데, 문득 잡혔다가 문득 도망치기를 여섯 차례나 하였다. 어느 날 섬 안의 궁벽한 절로 도망쳐 들어갔다가 또다시 오랑캐의 진영으로 가려고 하였는데, 그 절에 피난해 와 있던 친구가 옷을 잡아당기면서 만류하니, 대답하기를 "나도 이곳에 있으면 살고 오랑캐 진영으로 돌아가면 반드시 죽는다는 것을 알지만, 병드신 어머니가 전혀 살아계실 리가 없으니 차마 나 혼자만 살 수 없다." 하였다. 이윽고 글을 써서 승려에게 주면서 그의 아버지와 형에게 전하여 반드시 죽은 뜻을 알려 달라 하고, 굳이 오랑캐 속으로 들어갔다가 끝내 살해당하기에 이르러 효도를 위해 목숨을 바쳤으니, 이 역시 절개에 죽은 것이므로 아울러 여기에 기록한다.

권순장(權順長)이 스스로 불타 죽은 후에 그의 아내는 곧 이구원(李久源)의 딸로 먼저 세 딸을 죽인 후에 스스로 목을 매어 죽었고, 권순장의 누이동생은 12세의 처자로 또한 목을 매어 죽었으니, 이는 다 부인이 결단한 것이었다.

이경(李坰)과 윤신지(尹新之)는 모두 방어사의 처소에 있었고 그들의 아버지는 성안에 있었는데, 오랑캐가 가득히 길을 메우자 그들은 모두 배를 타고 화를 피해버렸다. 이로 말미암아 전란이 진정된 뒤에 둘 다 무겁게 탄핵되었다. 유성증(兪省曾) 등은 오랑캐를 방어하지 아니하고 또한 먼저 달아나 버렸다.

강화도를 함락시킨 자는 구왕자(九王子)였다. 그가 회군할 때 성안에서 사로잡힌 사람들은 도로 석방해주고, 성 밖에서 사로잡힌 사람들은 거의 다 잡아갔다. 한흥일(韓興一)과 여이징(呂爾徵)은 입고 있던 옷을 벗고 새 옷으로 갈아입으면서 말하기를, "처음으로 타국 사람을 보는데 몸가짐을 단정하게 하지 않을 수 없다." 하더니, 스스로 먼저 들어가 절하고 오랑캐에게 말하기를, "임금의 장인 강석기(姜碩期)도 이곳에 있습니다." 하였다. 대개 강석기를 불러들여 자기네의 행적들을 흐리게 하려고 한 것이지만, 강석기가 병으로 걷지 못한다고 핑계하고 오래 되어도 나아가지 않으니까 오랑캐는 마침내 버려두고 갔다. 강석기는 처음으로 자결하려 했고 빈궁도 따라 죽으려 했지만, 두 대군이 만류하는 바람에 그 뜻을 이루지 못했다.

사방에 선비 집안의 부인으로 사로잡힌 사람들은 한둘이 아니었다. 그러나 이민구의 아내와 두 며느리 일은 사람들이 모두 침 뱉고 욕을 하였으니, 말을 하면 추한 것이다. 이민구는 그의 아내가 가산(嘉山)에서 죽은 것을 가지고 절개를 위해 죽은 것으로 여기며 묘지명(墓誌銘)을 지어 훌륭함을 칭찬하면서 동양위(東陽尉) 신익성(申翊聖)에게 글씨를 청하니 사람들은 모두 비웃었다.

속환(贖還)된 아내와 첩들은 사대부들이 예전처럼 함께 살지 않음이 없었다. 그러나 신풍부원군(新豊府院君) 장유(張維)는 홀로 생각하기를 '절개를 잃은 여자와 부부가 되어 조상의 제사를 받들게 할 수는 없다.' 고 여겨, 그의 며느리가 속환된 후에 상소를 하여 그의 아들로 하여금 다시 장가들 수 있기를 청하였다. 그렇지만 영의정 최명길(崔鳴吉)이 회계(回啓)하는 대답에 이르기를, "그와 같이 하면 원한을 품은 여자들이 필시 많아질 것이니 염려하지 않을 수 없다." 하면서, 이윽고 방계(防啓: 임금에게 알리지 못하게 함)하였다. 장유가 죽은 뒤에 이르러 그의 부인이 다시 상언(上言)하니, 주상께서 명하시기를, "단지 이 사람만 허락하되 전례(典例: 전거가 되는 선례)로 삼지는 말라." 하였다.

강화도의 장수들이 군율을 어긴 죄를 논하는데 이르러 장신·김경징·이민구 등에 대하여 대간(臺諫)이 당초 죄를 조사하여 다스리도록 아뢰기를, "장신은 사사(賜死)하되 결안(決案: 판결문)을 만들지 마소서." 하니, 주상께서 스스로 목숨을 끊도록 명하였다. 그의 집은 서소문(西小門) 밖에 있었는데 그 집에서 스스로 목매어 죽었던 데다 금부도사(禁府都事)가 또한 직접 보지 않았다. 이로 말미암아 도사는 파면을 당했고, 사람들의 말이 파다하였으니 장신은 달아나 살아 있을 것으로 의심하였던 것이다. 심지어 승지 홍헌(洪憲)이 주상께 아뢰면서 관(棺)을 쪼개어 꺼내보기를 청하였으나, 주상께서 윤허하지 않았다. 김경징은 대간이 처음에 법대로 처단하기를 논계하여 강계(江界)로 귀양 보냈다가, 다시 전 판서 김시양(金時讓)과 참판 유백증(兪伯曾) 등의 상소 때문에 대론(臺論)이 다시 일어나 잡아들여야 한다고 들끓어 사사하였고, 이민구는 영변(寧邊)에 위리안치(圍籬安置)하였다.

또 강진흔(姜晉昕)은 전쟁을 잘하지 못했기 때문에 오랑캐로 하여금 바다를 건너게 한 것으로 처음에는 먼 곳으로 귀양 보내졌다. 그런데 대간이 다시금 잡아들여 효시하기를 청하니, 충청 수영(忠淸水營)의 군관(軍官)과 하졸(下卒)들이 대궐 밖에 찾아와서 목 놓아 슬피 울며 여러 차례 비국(備局)에 상서(上書)하여 그의 지극한 원통함을 씻으려 했지만 끝내 죽음을 면치 못했다. 당초 김경징과 금부(禁府)에 같이 있으면서 사사하라는 명이 내려졌음을 들었을 때, 김경징은 목 놓아 슬피 울며 품위를 잃고 말았으나, 강진흔은 웃으면서 김경징에게 말하기를, "슬피 운들 죽는 것을 면할 수 있겠소?" 하였다. 마시고 먹는 것이 태연하더니 그의 보검(寶劍)을 참수인(斬首人: 목 베는 사람)에게 주며 말하기를, "이것은 예리한 칼이다. 이 칼로 속히 내 목을 베고는 네가 가지고 가라." 하였다. 배에서 힘을 다해 싸운 이로 강진흔 같은 사람이 없었지만 끝내 죽기에 이르렀고, 죽음에 임하여서도 태연하기가 또 이와 같았으니, 이는 참으로 기개 넘치는 선비들이 지켜나가야 할 것으로 사람들은 모두 애석하게 여겼다. 수영(水營)의 군졸들은 노소 없이 모두 추모하며 눈물을 떨구는 것이 마치 자신의 친척을 잃은 것 같이 슬퍼했다고 한다.

記江都事

當去邠之時, 金慶徵將入江都也, 厥母及妻, 各乘屋轎[1], 婢子着剪帽[2], 與其卜馱, 幷五十此, 幾盡京畿夫馬。有婢子所騎之馬足蹶見落, 謂其不善護行, 杖京畿邑陪吏於路左。與副使李敏求·從事官洪命一[3], 先入江都。

---

1) 屋轎(옥교): 나무로 집처럼 꾸미고, 출입하는 문과 창을 달아 만든 가마.

2) 剪帽(전모): 氈帽의 오기. 조선시대에, 여자들이 나들이할 때 쓰던 모자의 하나.

原任大臣尹昉·金尚容[4], 禮曹參判呂爾徵[5], 正郎崔時遇[6], 社稷令閔枅[7], 參奉池鳳遂[8]·柳頲[9], 宗廟令閔光勳[10], 直長李義遵[11], 奉

---

3) 洪命一(홍명일, 1603~1651): 본관은 南陽, 자는 萬初, 호는 葆翁. 1630년 진사가 되고, 1633년 증광문과에 급제한 뒤 한림대교·이조정랑 등을 지내소 수찬에 올랐다. 1636년 중시 문과에 급제하였으며, 병자호란이 일어나자 강화도를 지키기 위하여 검찰사 김경징의 副將 이민구의 종사관이 되어 싸웠다.

4) 金尚容(김상용, 1561~1637): 본관은 安東, 자는 景擇, 호는 仙源·楓溪·溪翁. 좌의정 金尚憲의 형이고, 좌의정 鄭惟吉의 외손이다. 1582년 진사가 되고, 1590년 증광문과에 급제하여 檢閱에 등용되었으며, 相臣 鄭徹·판서 金瓚의 종사관으로 있었다. 兵曹佐郎·應教 등을 역임하고, 원수 權慄의 종사관으로 호남지방을 왕래하였으며, 1598년 승지가 되고, 그해 겨울 聖節使가 되어 명나라에 다녀왔다. 대사성을 거쳐 定州·尙州의 牧使를 역임하고, 광해군 때 도승지에 올랐으며, 1623년 인조반정 후 집권당인 西人의 한 사람으로 敦寧府判事를 거쳐 예조·이조의 판서를 역임하고, 1627년 정묘호란 때는 留都大將으로 있었다. 1632년 우의정에 임명되자 거듭 사양하여 허락받았다. 1636년 병자호란 때 廟社主를 받들고 빈궁과 원손을 수행하여 강화도에 피난하였다가 성이 함락되자 성의 南門樓에 있던 화약에 불을 지르고 순절하였다.

5) 呂爾徵(여이징, 1588~1656): 본관은 咸陽, 자는 子久, 호는 東江. 1610년 생원이 되고 1616년 경안도찰방에 임명되었으나, 폐모론이 일어나자 관직을 버리고 楊江에 은거하였다. 1624년 식년문과에 급제하고 1626년 문과중시에 각각 급제하여 승문원에 들어가 전적을 거쳐 병조·예조참판을 역임하였다. 1636년 병자호란 때에는 종묘의 위패를 모시고 강화도에 들어갔으며, 청나라와의 화의가 성립된 뒤 이조참판을 거쳐 경기도관찰사·한성부좌윤·예조참판을 지내고, 1641년 함경도관찰사를 역임했다. 여이징의 처는 西平君 韓浚謙(1557~1627)의 딸 淸州韓氏이다.

6) 崔時遇(최시우, 1597~?): 본관은 慶州, 자는 亨叔. 1630년 식년시 문과에 급제하였다.

7) 閔枅(민계, 생몰미상): 본관은 驪興. 아버지는 閔汝任(1559~1627)이고, 아들은 閔光爀(1597~1671)이다. 署令을 지냈다.

8) 池鳳遂(지봉수, 1596~?): 본관은 忠州, 자는 顯羽, 호는 醒翁. 1624년 식년시에 급제하여 진사가 되었다. 1636년 병자호란 때 寢郎으로서 강화도로 들어가 김경징을 꾸짖기도 하였다.

9) 柳頲(류정, 1609~1687): 본관은 全州, 자는 公直, 호는 五無堂. 1638년 정시문과에 급제하였으며, 1640년 성균관학유로 벼슬을 시작하여 형조·예조·이조의 좌랑 및 춘추관·세자시강원의 여러 직책을 두루 역임하였다. 또 外任으로 나가 부안·순천·안악·무안 등지의 지방관으로 재임하였다.

事呂爾弘[12]，奉宗社。承旨韓興一[13]，奉嬪宮·元孫，淑儀及兩大君與夫人，諸宮·駙馬·公主·翁主隨行。

知事鄭光績[14]，四宰朴東善[15]，前判書李尙吉[16]·姜碩期[17]，同知

10) 閔光勳(민광훈, 1595~1659): 본관은 驪興, 자는 仲集. 1616년 진사에 합격, 1628년 알성 문과에 급제한 뒤, 정언과 지평 등을 거쳐 1635년 홍문관에 등용되고, 1644년 교리, 이듬해 사간, 1649년 안변부사를 거쳐 사간원 정언이 되었다. 1653년 강원도 관찰사로 나갔다. 1656년 병조와 공조의 참의를 지냈다.

11) 李義遵(이의준, 1574~1653): 본관은 眞城, 자는 宜仲, 호는 寒厓. 1612년 생원이 되었다.

12) 呂爾弘(여이홍, 1597~1654): 본관은 咸陽. 과천현감을 지냈다.

13) 韓興一(한흥일, 1587~1651): 본관은 淸州, 자는 振甫, 호는 柳市. 아버지는 韓百謙이다. 병자호란이 일어나자 신주와 빈궁들을 강화도로 호위하였고, 좌부승지·전부부윤을 역임하였다. 1637년 鳳林大君(뒤의 효종)이 청나라에 볼모로 잡혀갈 때 배종하였으며, 귀국 후에는 우승지를 거쳐, 1643년 강원도관찰사로 나갔다.

14) 鄭光績(정광적, 1550~1637): 본관은 河東, 자는 景勛, 호는 南坡·西澗. 1602년 대사성을 제수 받았으며, 1609년 첨지중추부사에 발탁되고, 이어 대사헌·전주부윤·담양부윤을 지내고 향리로 돌아갔다. 인조반정 후 부름을 받아 대사간이 되었고, 이어 우참찬·공조판서·좌참찬을 지냈으며, 1629년 正憲大夫에서 崇政大夫로 승임되었다. 1631년 예조판서, 1636년 판중추부사가 되었다.

15) 朴東善(박동선, 1562~1640): 본관은 潘南, 자는 子粹, 호는 西浦. 1589년 진사가 되고, 이듬해 증광 별시에 급제해 승문원에 들어갔다. 병조정랑, 남포 현감을 거쳐 예조와 병조의 좌랑 등을 지내고 수안군수에 이어 인천·부평·남양 등의 부사르 지냈다. 1623년 인조반정으로 대사간이 되었고 1624년 병조참의로 이괄의 난 때 인조를 공주로 호종하였고, 난이 평정된 뒤 대사헌이 되었다. 1627년 정묘호란 때 인조를 강화도로 호종하였으며, 1636년 병자호란 때는 왕손을 호종하고 강화·교동·호서 등지로 피난했다가 난이 끝난 뒤 좌참찬이 되었다.

16) 李尙吉(이상길, 1556~1637): 본관은 星州, 자는 士祐, 호는 東川. 1579년 진사가 되고, 1585년 식년 문과에 급제하였다. 1588년 감찰·호조좌랑, 1590년 병조좌랑, 사간원정언, 지제교 등을 역임하였다. 1599년 광주목사로 치적이 많아서 通政에 오르고 1602년 鄭仁弘·崔永慶을 追論하다가 6년간 豊川에 귀양갔다. 淮陽府使·安州牧使·戶曹參議를 거쳐 1617년 명나라에 갔을 때 부하를 잘 단속하여 재물을 탐내지 못하게 했으며 1618년 廢母論 일어나자 남원에 돌아가 은거했다. 1623년 인조반정 후 다시 불려 승지·병조 참의·공조 판서에 이르러 耆社에 들고 平難扈聖靖社振武原

鄭孝誠[18]，都正沈誢[19]，以老病宰臣，奉承傳[20]入去。武宰知事邊潝[21]，前參議洪命亨[22]·沈之源[23]，前正李時稷[24]，奉常正趙希進[25]，

從의 공신이 되고, 1636년 병자호란이 일어나자 廟社를 따라 강화에 갔다가 1637년 청병이 강화로 육박해 오자 목매어 자살하였다.

17) 姜碩期(강석기, 1580~1643): 본관 衿川, 자는 復而, 호는 月塘·三塘. 김장생에게 성리학을 공부하였다. 1612년 사마시를 거쳐, 1616년 증광문과에 급제하고, 承文院正字로 등용되었다. 그러나 광해군의 문란한 정치와 李爾瞻의 廢母論 등에 불만을 품고 벼슬을 버리고 낙향하였다. 1623년 인조반정 후 다시 관직에 나가 藝文館博士 등을 역임하였다. 1627년 동부승지 때 딸이 世子嬪이 되었다. 1636년 병자호란이 일어나 소현세자와 세자빈 강씨가 볼모로 잡혀 청나라에 끌려갔다. 1640년 우의정에 올라 世子傅를 겸하다가, 1643년 中樞府領事가 되었다. 죽은 후 세자빈이 사사될 때에 관작이 추탈되었으나 숙종 때 복관되었다.

18) 鄭孝誠(정효성, 1560~1637): 본관은 晉州, 자는 述初, 호는 休休子. 유복자로 편모슬하에서 자라났으나, 나면서부터 효성이 지극하여 꿈에 아버지가 나타나 이름을 지어주었다고 한다. 1630년 공청감사를 거쳐 1636년 병자호란 때 강화도를 지키고자 분투하다가 순사하였다.

19) 沈誢(심현, 1568~1637): 본관은 青松, 자는 士和. 목사 沈友正의 아들이다. 厚陵參奉을 거쳐 흡곡 현령, 함흥 판관, 철원부사, 회양부사 등을 지내고 돈녕부도정에 이르렀다. 1636년 병자호란이 일어나자 宗社를 따라 강화에 피난하였다. 가묘의 위패를 땅에 묻고, 국난의 비운을 통탄하는 遺疏를 쓰고 부인 송씨와 함께 鎭江에서 순절하였다.

20) 承傳(승전): 임금의 뜻을 전함.

21) 邊潝(변흡, 1568~1644): 본관은 原州. 1624년 李适의 난 때에는 황해도병마절도사로서 兩西巡邊使를 겸하여 난의 평정에 크게 공헌하였으므로 振武功臣 2등으로 책록되어 原興君에 봉해졌다. 1629년 강화도의 수비를 강화할 목적으로 喬桐縣을 喬桐府로 승격시키고 경기도 水營을 교동부로 옮기게 할 때 경기도수군절도사 겸 교동부사에 임명되었다. 뒤에 삼도수군통제사와 오위도총관을 역임하였다.

22) 洪命亨(홍명형, 1581~1637): 본관은 南陽, 자는 季通, 호는 無適堂. 진사 洪永弼의 아들이며, 관찰사 洪命元의 동생이다. 1609년 진사시에 합격하고, 1612년 식년문과에 장원급제하여 전적이 되었으며, 호조낭관·북청판관·공조정랑을 거쳐 1618년 종성판관이 되었으나 부임하지 않았다. 광해군의 난정에 벼슬에 뜻이 없었으나 1619년 고부군수가 되었다가, 인조반정 후 정언이 되어 李适의 난 때 인조를 호종하여 공주로 피난하였다. 1633년 형조참의에 오르고, 다음해 성절사로 명나라에 갔을 때 사사로이 부총병 程龍을 만났다 하여 귀국 후 파면되었다가 1636년 다시 승문원부제조가 되었

掌令鄭百亨[26), 弼善尹烇[27), 前校理尹鳴殷[28), 修撰李一相, 工曹佐

다. 이해에 병자호란이 일어나자 강화도로 피난하여 나라의 형세를 한탄하다가 金尙容과 함께 분신자살하였다.

23) 沈之源(심지원, 1593~1662): 본관은 靑松, 자는 源之, 호는 晩沙. 1620년에 정시문과에 병과로 급제하였다. 1623년의 인조반정 이듬해 검열에 등용된 뒤 정언·부교리·교리·헌납 등 淸要職을 두루 역임하고, 1630년 咸鏡道按察御史로 파견되었고, 함경도에서 돌아온 뒤에도 응교·집의·교리·부수찬 등 청요직을 두루 거쳤다. 1636년 병자호란 때에는 노모 때문에 뒤늦게 왕이 있는 남한산성으로 달려갔으나 길이 막혀 들어가지 못하였다. 趙翼·尹啓 등과 의병을 모집하려 하였으나 윤계가 죽음으로써 실패하였다. 이에 강화도로 들어가 적에 항거하려 하였으나 강화마저 함락되자 죽을 기회도 잃게 되었다. 이것이 죄가 되어 대간의 탄핵을 받아 한때 벼슬길이 막혔다. 1643년 그의 억울함이 용서되어 홍주목사로 기용되었으며, 1648년에는 이조참의가 되었다. 1652년 형조판서에 올랐고, 1653년에는 이조판서로서 국왕의 언행이 몹시 급함을 때때로 경계하였으며, 11월에는 正朝使로서 청나라에 다녀왔다. 1654년 우의정에 승서되고 이듬해에는 좌의정으로 옮겼으며, 1657년에는 冬至兼謝恩使로 청나라에 다녀와서 이듬해에 영의정에 올랐다.

24) 李時稷(이시직, 1572~1637): 본관은 延安, 자는 聖兪, 호는 竹窓. 1606년 사마시에 합격하고 1624년 增廣文科에 급제하였다. 李适의 난 당시에는 왕을 호위하였으며 이후 병조좌랑, 사헌부장령, 봉상시정(奉常寺正) 등 여러 관직을 두루 역임하였다. 병자호란이 일어나자 奉常寺正으로 江都에 들어갔다가 이듬해 정월 오랑캐가 강도에 침입하여 남문이 함락되자 太僕寺主簿 宋時榮과 더불어 죽기를 결의하고, 송시영이 먼저 자결하자 묘 둘을 파서 하나는 비워 놓고 시영을 매장하면서 종에게 자기를 거기에 매장케 하고 옷을 벗어 종에게 맡겨 염을 하도록 부탁한 다음 활 끈으로 목을 매어 죽었다.

25) 趙希進(조희진, 1579~1644): 본관은 林川, 자는 與叔, 호는 丹圃. 1606년 사마시에 합격하고, 1616년 별시문과에 병과로 급제하였다. 성균관박사·전적, 공조좌랑 등을 거쳐 서산 군수로 나갔다가 다시 돌아와 성균관직강·공조정랑, 봉상시·장악원의 첨정, 사옹원·사도시·군자감·장악원의 정을 역임하였다. 1644년 9월 청송부사로 재임 중에 66세를 일기로 관아에서 죽었다.

26) 鄭百亨(정백형, 1590~1637): 본관은 晉州, 자는 德後. 아버지는 공청도관찰사 鄭孝成이며, 어머니는 南陽洪氏로 信川郡守 洪義弼의 딸이다. 경기감사 鄭百昌의 아우이다. 1623년 博士弟子에 뽑혀 連源道察訪이 되고, 이듬해 증광문과에 급제하여 승문원저작·예문관검열을 거쳐 대교·봉교를 지냈다. 1627년 정묘호란 때 임금을 따라 강화도에까지 갔던 공로로 사헌부감찰이 되었다. 정언·지평·통진현감·시강원필

郎李行進[29)]·朴宗阜[30)], 直講邊復一[31)], 都事奇晩獻[32)], 戶曹佐郎任

선을 지냈으나, 1632년 元宗 추존 논의가 일어나자 이를 반대하다 면직되었다. 1634년 예조정랑·장령을 지내고, 1636년 병자호란 때 강화도에 들어갔다가 이듬해 성이 함락되자 아버지 정효성과 함께 자결하였다.

27) 尹烇(윤전, 1575~1636): 본관은 坡平, 초명은 燦, 자는 晦叔, 호는 後村. 1610년 식년 문과에 을과로 급제해 승문원에 들어갔으며, 이후 저작이 되었다. 1615년 호조좌랑에 이르렀다. 1623년 인조반정으로 경기도도사가 되었고, 이듬해 李适의 난이 일어나자 곧 인조가 있는 공주로 가서 공조정랑이 되었으며, 환도 후 1626년 지평이 되었다. 1627년 정묘호란이 일어나자 임금을 侍從하지 못했다는 사간원의 탄핵을 받았으나, 號召使 金長生의 종사관으로 활약하였다. 강화로 들어가 분병조·정랑·공조정랑·사예·禮賓寺正을 역임하고, 익산군수를 지냈다. 1633년 宗廟署令·직강·장령 등을 지내고, 1636년 병자호란 때 필선으로 嬪宮을 陪從해 강화에 들어갔다. 그러다가 성이 함락되자 식음을 폐하고, 宋時榮·李時稷 등과 함께 자결하기로 결의, 두 번이나 목을 매었으나 구출되자 다시 佩刀로 自刃하려다가 미처 절명하기 전에 적병을 크게 꾸짖고 피살되었다.

28) 尹鳴殷(윤명은, 1601~1646): 본관은 坡平, 자는 而遠, 호는 思亭. 1624년 사마시에 합격하여 진사가 되고, 1628년 별시문과에 병과로 급제, 검열을 역임하고, 정언·지평·병조좌랑·교리가 되었다. 1636년 병자호란이 일어나자 남양에 나아가 趙翼과 함께 의병을 모집하여 강화에 건너갔는데 강화가 함락되었다. 난이 끝난 뒤 서천군수·청주목사를 역임하고 집의·동부승지를 지냈으며, 1645년 전라도관찰사가 되었다가 사직하고 藍浦에 돌아와 어머니를 모시며 농사를 짓고 낚시질을 하며 지내다가 죽었다.

29) 李行進(이행진, 1597~1665): 본관은 全義, 자는 士謙, 호는 止菴. 광해군 때에는 벼슬길을 단념하였다가 1624년 생원시에 입격하여 洗馬에 임명되었고, 1635년 증광문과에 병과로, 1646년 문과중시에 을과로 급제하였다. 1650년에는 文臣庭試에 급제하여 弼善·輔德 및 3司와 의정부의 관원을 거쳐 승지·대사간이 되었다. 1653년 接伴從使에 뽑혔고 1654년 한성부우윤에 임명되었다. 이듬해 冬至兼謝恩副使로 청나라에 다녀온 뒤 여러 曹의 참판과 도승지·대사헌을 역임하였고, 1659년 현종이 즉위하자 開城留守·경기관찰사를 거쳐 동지중추부사에 이르렀다

30) 朴宗阜(박종부, 1600~1643): 본관은 咸陽, 자는 子厚. 1633년 생원시에 장원하였고, 이어 증광문과에 갑과로 급제하여 宗簿寺直長, 세자시강원의 說書·司書를 지내고 1635년 司諫院正言을 지내고, 이듬해 知製敎를 겸하였다. 이해 병자호란이 일어나자 남한산성으로의 길이 차단되어 강화도로 들어갔다. 1638년 弘文館副修撰과 검토관을 거친 뒤 전라도도사로 나아가 선정을 베풀고 1640년 홍문관의 수찬·校理, 1641년

善伯, 承文正字鄭泰齊[33]·林㙉, 學諭尹瀁[34], 前縣監沈東龜[35], 僉正李士圭[36], 司僕主簿宋時榮[37], 別坐權順長[38], 奉常主簿高進

이후에는 사간원의 정언·獻納, 이조좌랑 등을 역임하였다. 당시 조정의 논의가 뜻에 맞지 않자 자청하여 전라도 김제군수로 나아갔다가 병으로 사직하였다.

31) 邊復一(변복일, 1598~?): 본관은 原州, 자는 受初. 1621년 별시에 급제하고 1623년 改試에 급제하였다. 아버지는 邊潝이다.

32) 奇晩獻(기만헌, 1593~?): 본관은 幸州, 자는 時可. 1628년 별시문과에 병과로 급제하였다. 1637년 정언·지평이 되었고, 1646년 昭顯世子嬪 강씨의 처형문제로 인조와 사림의 견해가 대립되었을 때 직책을 회피하려다 파직되었다. 그 뒤로 사림의 미움을 받아 淸顯職에 나아가지 못하고 벼슬은 부사에 이르렀다.

33) 鄭泰齊(정태제, 1612~1670): 본관은 東萊, 자는 東望, 호는 菊堂·三堂. 1635년 알성문과에 병과로 급제하여 검열이 되었고, 1639년 정언·지평·헌납을 거쳐 이듬해 이조좌랑을 지냈다. 1642년 이조정랑이 되고, 이어서 응교·집의, 1644년 사간·동부승지를 역임하고, 이듬해 正朝使로 청나라 燕京에 갔을 때 順治帝에게 간청하여 鳳林大君의 귀환을 허락받았다. 돌아와서 밀양부사가 되었으나, 이듬해 公淸監司 林墰과 柳濯의 모반사건에 연루, 유배되었다. 그 뒤 죄가 풀려 다시 三司의 벼슬을 거쳐 이조참의·승지를 지냈으며, 1659년 동래부사로 나갔다. 女壻 姜碩期 때문에 병술옥사에 걸려 멀리 귀양을 갔다가 다시 관직에 오르지 못하고 58세로 죽었다.

34) 尹瀁(윤양): 鄭瀁(1600~1668)의 오기. 본관은 延日, 자는 晏叔, 호는 孚翼子·抱翁. 송강 정철의 손자이다. 1618년 진사시에 합격하였고, 1636년 병자호란이 일어나자 강화로 피신하였으나 성이 함락되자 자살하려다가 미수에 그쳤다. 난 후 수년간 은거생활을 하다가 동몽교관에 제수된 뒤 의금부도사·廣興倉主簿·수운판관을 역임하였다. 1650년 용안현감으로 나가 治蹟을 올렸으며, 이 후 비안현감·종부시주부·진천현감·금구현령·한성부서윤 등을 역임하였다. 또 간성군수·시강원진선을 거쳐 1668년 장령에 이르렀으며, 이 해에 죽었다.

35) 沈東龜(심동구, 1594~1660): 본관은 靑松, 자는 文徵, 호는 晴峰. 판서 沈諿의 아들이다. 沈說의 조카이다. 1615년 진사가 되고, 1624년 증광문과에 급제하였다. 인조 초 집의로 재직할 때 小北 南以恭이 淸西의 영수인 金尙憲을 탄핵하려 하자 남이공의 부당함을 상소하고 사직, 4년간 고향에 은거하였다. 1641년 교리로 등용되어 종부시정·응교·집의·사인 등을 역임하였다. 언관재임 때에는 直臣으로 이름을 떨쳤고, 병자호란 때에는 절의를 지켰다. 서장관으로 瀋陽에 다녀와서 1644년 사간에 올랐다가 沈器遠의 모역옥사에 친척으로 연루, 장흥에 유배되었다.

36) 李士圭(이사규, 생몰년 미상): 본관은 忠州, 자는 夢瑞, 호는 塊隱.

37) 宋時榮(송시영, 1588~1637): 본관은 恩津, 자는 公先·茂先, 호는 野隱. 1628년

民[39], 或未及扈從, 或分司在洛者, 從後隨入。

禮曹判書趙翼[40], 別無承命而落後, 自南陽[41]初爲義兵, 轉入江都。前大司成李明漢[42], 參議李昭漢[43], 方在草土[44], 以退避爲未安

김장생의 천거로 司宰監參奉이 된 뒤 直長 등을 거쳐 尙衣院主簿에 올랐다. 1636년 병자호란 때 廟社를 따라 江華로 갔다가 1637년 성이 포위당하자 李時稷 등과 함께 자결했다.

38) 權順長(권순장, 1607~1637): 본관은 安東, 자는 孝元. 1636년 병자호란이 일어나자 어머니를 모시고 강화로 피란갔다. 이때 檢察使 金慶徵과 유수 張紳 등이 성을 지킬 대책을 세우지 못하자, 동지들과 단합하여 의병을 일으키고 殉死할 것을 맹세하였다. 이듬해 정월 성이 함락되자 상신 金尙容 등과 함께 화약고에 불을 질러 분사하였다. 이튿날 그의 처와 누이동생이 그 소식을 듣고 목매어 자결하였으며, 아우 權順悅과 權順慶은 적과 싸우다 전사하였다.

39) 高進民(고진민, 1570~?): 본관은 濟州, 자는 士新. 1601년 진사시에 합격하고, 1621년 정시에 급제하였다.

40) 趙翼(조익, 1579~1655): 본관은 豊壤, 자는 飛卿, 호는 浦渚·存齋. 1636년 예조판서로 있을 때 병자호란을 당하자 종묘를 강화도로 옮기고 뒤이어 인조를 호종하려다가, 아들 趙進陽에게 강화로 모시게 했던 80세의 아버지가 도중에 실종되어 아버지를 찾느라고 남한산성으로 인조를 호종할 기회를 놓치고 말았다. 그리하여 호란이 끝난 뒤 그 죄가 거론되어 관직을 삭탈당하고 유배되었지만, 그 까닭이 효성을 다하고자 한 데 있었고, 또 아버지를 무사히 강화로 도피시킨 뒤 尹棨·沈之源 등과 함께 경기 지역의 패잔병들을 모아 남한산성을 포위하고 있는 적을 공격하며 입성하고자 노력한 사실이 참작되어 그 해 12월에 석방되었다.

41) 南陽(남양): 경기도 화성군과 부천군에 폐합된 고을.

42) 李明漢(이명한, 1595~1645): 본관은 延安, 자는 天章, 호는 白洲. 아버지는 李廷龜이다. 대사간·부제학을 지내고, 한성부우윤을 거쳐 대사헌 ·도승지·대제학· 이조판서 등을 역임했다. 1616년 증광문과에 급제하여 승문원권지정자·전적 ·공조좌랑을 지냈으나, 仁穆大妃의 廢母論이 일어났을 때 참여하지 않아 파직되었다. 1624년 李适의 난 때에는 왕을 공주로 扈從하고 李植과 함께 팔도에 보내는 敎書를 지었다. 병자호란 때의 斥和派라 하여 1643년 李敬輿·申翊聖 등과 함께 瀋陽에 잡혀가 억류되었다가 이듬해에 世子貳師로 昭顯世子와 함께 돌아왔다.

43) 李昭漢(이소한, 1598~1645): 본관은 延安, 자는 道章, 호는 玄洲. 아버지는 李廷龜이고, 李明漢의 동생이다. 1612년 진사시에 합격하고, 1621년 정시 문과에 급제해 승문원에 나가 벼슬하였다. 1623년 인조반정과 함께 승문원주서를 거쳐 홍문관정자에

於分〈義〉, 亦爲入去。

其時, 嬪宮到甲串津頭, 無舡不得渡, 兩晝夜留岸上, 上下皆凍餒。而濟人之權, 在於檢察使, 舡隻皆在越邊, 不得相通。嬪宮在屋轎內, 身出玉聲大呼曰: “慶徵慶徵! 汝何忍爲留[45]?” 此守[46]張紳聞之, 言於慶徵, 艱濟嬪宮以下。而其他士民避亂者, 不知其幾千萬, 遍滿津頭, 求濟而未渡, 賊奄及, 一瞥之間, 蹴踏殆盡, 或被槍椋, 或投海水。

慶徵, 船運金浦·通津國穀, 名爲賑救島中士大夫, 而慶徵親舊之外, 無一人得食者。當時, 穀貴寶賤, 圖爲自己之利。且將移運海州·結城[47]倉穀, 江都被陷, 未及遂計。

自以江都爲金湯[48], 賊不能飛渡, 朝夕宴安, 日以杯酒爲事。山城被圍, 〈已經〉累月, 聲聞不通, 而不以君父爲念, 大臣或有所言, 則慶徵曰: “避亂大臣, 何敢指揮?” 大君或有所議, 則慶徵曰: “當此危疑之際, 大君何敢與焉[49]?”云。故大君·大臣以下, 莫敢開口。

승진되었다. 1624년 李适의 난이 일어나자 공주로 인조를 호종했다. 1626년 수찬으로서 중시 문과에 급제했다. 그 뒤 다시 등용되어 충원현감·진주목사·예조참의 등의 내외 관직을 역임하였다. 1643년 왕세자가 청나라 瀋陽에 볼모로 갈 때 세자우부빈객 동지중추부사로 호종해 보좌했으며, 이듬해 귀국해 형조참판으로 비변사당상을 겸임하였다. 이소한의 처는 驪州李氏 李尙毅의 딸이다.

44) 草土(초토): 거적자리와 흙 베개라는 뜻으로, 상중에 있음을 이르는 말. 이명한과 이소한의 아버지 李廷龜가 1635년 4월에 죽어 이때 상중이었음을 일컫는다.

45) 爲留(위유): 爲此의 오기.

46) 此守(차수): 留守의 오기.

47) 結城(결성): 충남 홍성 지역의 옛 지명.

48) 金湯(금탕): 金城湯池. 쇠로 만든 성과, 그 둘레에 파 놓은 뜨거운 물로 가득 찬 못이라는 뜻으로, 방어 시설이 잘되어 있는 성을 이르는 말.

49) 與焉(여언): 與言의 오기.

別坐權順長, 生員金益兼[50], 上書於慶徵·敏求·張紳等曰: "薪膽[51]卽事, 杯酒非時." 慶徵等怒之。慶徵固不足責, 其餘諸人等, 皆恃江都之險, 無意防備, 放送哨官, 盡還其家。一島之外, 不爲偵探, 識者莫不寒心。

或傳, 忠淸監司鄭世規, 死於賊陣, 大臣以李敏求代之。敏求以江都爲萬全之地, 〈以〉湖西爲必死之所, 遑遑汲汲, 百般謀避。分司促其行, 謂'海氣寒凜, 不可無禦寒之具[52].' 煮取燒酒, 托此曠日。而且欲率去妻子, 金尹兩相[53]議曰: "若爾徒弊列邑." 遂止之。

先時, 京圻監司[54], 在圍城中, 畿邑之事, 無所分付。廟堂, 請以敏求爲畿伯, 上曰: "予以此人, 欲托六尺[55], 更擬[56]他人." 大臣曰: "雖

50) 金益兼(김익겸, 1614~1637): 본관은 光山, 자는 汝南. 金長生의 손자이고, 참판 金槃의 아들이다. 병자호란이 일어나자 강화로 가서 섬을 사수하며 항전을 계속하였다. 그러나 전황이 불리해지고 고전을 하는 중에 江華留都大將인 金尙容이 남문에 화약궤를 가져다 놓고 그 위에 걸터앉아 自焚하려고 하였다. 이에 영의정을 지냈던 尹昉이 이 사실을 알고 달려와서 애써 만류하였으나, 김상용·권순장과 함께 끝내 자분하고 말았다.

51) 薪膽(신담): 臥薪嘗膽. 불편한 섶에 몸을 눕히고 쓸개를 맛본다는 뜻으로, 원수를 갚거나 마음먹은 일을 이루기 위하여 온갖 어려움과 괴로움을 참고 견딤을 비유적으로 이르는 말.

52) 具(구): 酒의 오기.

53) 金尹兩相(김윤양상): 金尙容과 尹昉을 가리킴.

54) 京圻監司(경기감사): 李溟(1570~1648)을 가리킴. 본관은 全州, 자는 子淵, 호는 龜村. 孝寧大君의 7대손이다. 1623년 인조반정 후 전라도관찰사에 특진되었으며, 이듬해 李适의 난 때 인조의 공주 몽진을 도왔다. 1627년 정묘호란 때에는 경기도관찰사로서 전란수습에 공을 세웠고, 그 뒤 평안도관찰사로 나가 국경방비를 강화하였다. 관찰사를 거쳐 호조·병조·형조의 참판을 지냈으며, 병자호란 뒤에는 다시 호조·형조의 판서를 역임하면서 전란 후 고갈된 재정을 잘 수습하였다.

55) 托六尺(탁육척): 托六尺之孤. 《논어》〈泰伯篇〉의 "아직 다 성장하지 않은 아들을 돌보아달라고 부탁할 수 있고, 백 리쯤 되는 넓이의 땅을 다스리도록 붙여줄 수도

拜此職, 他日之托, 未爲不可."云, 則上許之。賊圍甚密, 敎旨終不得出。

三道舟師, 無一人赴難, 惟忠淸水使姜晉昕[57], 星夜入援, 而撿察使, 使以所領船隻, 分置於燕尾亭[58]及諸處, 本島舡隻則皆置廣津。

丁丑正月二十一日, 通津[59]假守[60]金頲, 牒報〈于〉撿察使曰: "賊方以童車[61]載小舡, 向江都." 云云, 慶徵曰: "江氷尙堅, 何能運舡?" 謂之亂軍情, 方欲斬之, 甲串[62]把守〈將〉所報, 亦如〈金頲所報〉。慶徵始爲驚動, 以海嵩尉尹新之[63]守大靑浦[64], 全昌君柳廷亮[65]守佛

있고, 큰 지조를 필요로 하는 곳에 이르러 그 뜻을 빼앗을 수 없다면, 군자라고 이를 수 있는 훌륭한 사람일까? 훌륭한 사람이다.(可以托六尺之孤, 可以寄百里之命, 臨大節而不可奪也。君子人與? 君子人也.)"에서 나온 말.

56) 擬(의): 擬望. 후보자를 추천하는 일.

57) 姜晉昕(강진흔, 1592~1637): 본관은 晉州, 자는 子果. 1617년 무과급제, 병자호란 때 충청수사로서 강화도 수비, 전쟁 후 김경징과 함께 수비책임을 물어 처형되었다. 羅萬甲이 지은《병자록》에서는 강화도를 지킨 장수 중에서 가장 용감히 싸운 장수로 기록되었다.

58) 燕尾亭(연미정): 강화군 강화읍 월곶리에 있는 정자. 한강과 임진강이 합류하는 지점으로서 물길의 하나는 서해로, 또 하나는 甲串의 앞을 지나 인천쪽으로 흐르는데, 그 모양이 제비꼬리와 같다 하여 정자 이름을 연미정이라 지었다고 전한다.

59) 通津(통진): 경기도 김포군 월곶면 곤하리에 있는 옛 邑. 한강 입구를 지키는 제1의 要害處로 군사·정치의 요충으로 발달했으나, 1914년 김포군에 병합된 뒤로는 그 중요성이 감소되었다.

60) 假守(가수): 임시 수령.

61) 童車(동거): 짐을 싣는 수레.

62) 甲串(갑곶): 인천광역시 강화군 강화읍에 있는 마을.

63) 尹新之(윤신지, 1582~1657): 본관은 海平, 자는 仲又, 호는 燕超齋. 선조와 仁嬪 金氏와의 소생인 貞惠翁主와 결혼하여 海崇尉에 책봉되었다. 인조 때에는 君德을 極論하는 데 서슴지 않았으나 인조는 이것을 잘 받아들였으며, 陵廟의 대사가 있을 때마다 그에게 감독하게 하여 마침내 정1품에 올라 位가 재상과 같았다. 1636년 병자호란 때에는 왕명을 받아 老病宰臣들과 함께 강화에 갔다. 그때 廟社를 지키고 있던

院, 兪省曾[66]守長零, 李坰[67]守加里山, 慶徵出鎭[68]鎭海樓下, 自守甲串, 軍卒不滿數百。事已危急, 而軍器火藥, 分給之際, 隨給隨錄。蒼黃擧措如此, 何能有爲乎?

一大君[69], 初與慶徵, 出見陣處, 見其兵數零星[70], 還入城中, 更欲收拾軍器, 以爲防守之計, 人皆走散, 不得已始爲守城。

留守張紳, 以舟師大將, 猝發廣津戰舡, 泝向甲串, 而時當下弦, 潮水甚少, 達夜刺船, 二十二日曉頭, 僅至甲串下, 相距五里許。姜

아버지 尹昉이 그를 召募大將으로 竹津에 있게 하였다. 甲津이 적군에게 점령되고 府城에 적이 육박해 오자 군사를 지휘하여 성을 나와 죽기를 결심하고 홀로 말을 달려 질주하다가 적병을 만나자 몸을 절벽에 던져 자살하려 하였으나 구조되었다.

64) 大靑浦(대청포): 강화도에 있는 포구.

65) 柳廷亮(류정량, 1591~1663): 본관은 全州, 자는 子龍, 호는 素閒堂. 선조와 仁嬪金氏와의 소생인 貞徽翁主와 결혼하여 全昌尉에 책봉되었다. 1612년 할아버지 柳永慶의 사건으로 일가가 멸족될 때 전라도 고부에 유배되었다. 1619년 장차 역모가 있으리라는 소문이 호남지방에 유포되자 경상도 機張으로 이배되었다. 1623년 인조반정으로 즉시 풀려나와 작위가 회복되어 崇德大夫에 승품되고, 여러 차례 승진하여 成祿大夫에 이르러 世勳을 물려받고 君에 봉하여졌다.

66) 兪省曾(유성증, 1576~1649): 본관은 杞溪, 자는 子修, 호는 愚谷·拗谷. 1627년 정묘호란 때 사헌부지평으로서 인조를 강화로 호위하고 척화를 주장하였다. 1636년 병자호란 때에는 강화에서 把守大將을 지냈다. 승지에 임명되었으나 사퇴했다. 나중에 강원도관찰사·예조참의 등을 지냈다.

67) 李坰(이경, 1580~1670): 본관은 碧珍, 자는 東野, 호는 聱叟. 공조판서 李尙吉의 아들이다. 병자호란이 일어나 강화천도가 이루어질 때 아버지 이상길이 적군이 상륙하였다는 소문을 듣고 그를 불러 召募使가 되어 직분을 다할 것을 부탁하고 江都에 입성하여 자결하였는데 그는 포구를 지키던 그의 임무를 저버리고 아버지의 시신을 가지고 고향으로 돌아갔다. 이로 인해 그가 비록 의병에 종사하였다고 하나 自處의 도가 어긋났다고 하여 파직 당하였다.

68) 出鎭(출진): 出陣의 오기.

69) 一大君(일대군): 鳳林大君을 가리킴.

70) 零星(영성): 零丁.

晉昕率七船, 住〈於〉甲串, 與賊力戰, 賊舡被陷者數隻。晉昕船, 亦被大炮者數十穴, 軍兵死者數十人。晉昕身被數矢, 而所奪賊矢及他戰具之物亦多。晉昕所領之船甚少, 張紳則見賊勢甚急, 無意前近[71]。晉昕擊鼓揮旗, 催督張紳, 紳終不進。晉昕呼於船上曰: "汝受國厚恩, 何忍如此? 吾將斬汝." 紳不搖動[72], 仍[73]順流而下。時井浦萬戶鄭埏[74], 德浦僉使趙宗善[75], 爲前鋒, 賊之初渡, 鄭埏陷賊船一隻, 將爲進戰之際, 張紳擊錚退軍, 鄭埏輩, 仍爲退還。

賊初疑其有伏, 不爲發舡, 及賊舡一隻, 衝過戰舡之間, 先爲着岸, 下陸者七人, 而無箭可射。只守[76]一劒, 無馬步行, 繞岸而北, 上岸周望, 四無藏兵處, 知其無備結陣〈於〉高處, 以白旗招越邊之軍[77], 然後賊舡蔽海而渡。本邑[78]中軍黃善身[79], 率哨軍百餘, 力戰於鎭海樓下, 身自射殺者三, 軍人射殺者六。善身力盡而死之, 軍皆遁散。此

---

71) 前近(전근): 前進의 오기.

72) 紳不搖動(신불요동): 紳終不動의 오기.

73) 仍(잉): 乃의 오기.

74) 鄭埏(정연, 생몰미상): 본관은 延日. 아버지는 鄭賢得이다.《만가보》에는 무과에 급제했고, 병자호란 때 軍功이 있었다고 되어 있다.

75) 趙宗善(조종선, 1594~?): 본관은 漢陽, 자는 德潤. 아버지는 趙景瑜이다. 1624년 증광시에 합격하였다.

76) 只守(지수): 只手持의 오기.

77) 軍(군): 賊의 오기.

78) 本邑(본읍): 本島의 오기.

79) 黃善身(황선신, 1570~1637): 본관은 平海, 자는 士修. 1597년 무과에 급제하여 훈련원 정에 이르렀다. 1636년 병자호란이 일어난 이듬해 1월 청나라 군사가 강화도를 공격하자, 강화부중군의 직책으로 강화유수 張紳, 충청수사 姜晉昕, 將官 具元一 등과 함께 강화도의 燕尾亭에 주둔하여 적을 방어하였으나 중과부적으로 甲串津에서 전사하였다.

時, 江都哨兵, 皆在張紳舡中, 以主將退去, 故無一人下陸者。慶徵自知其無可奈何, 矣[80]走浦口, 舍馬入水, 得上戰舡。時慶徵·張紳之老母, 俱在城中, 而皆自乘舡而走, 兩家老母, 竟死城中。

相臣, 令若干人守城, 若有先出者, 當行軍令。嬪宮命〈內官〉金仁·徐後行·林友閔·權俊·兪好善等五人, 奉元孫, 出往海邊。宋國澤[81]·閔光勳·呂爾弘·閔枅·柳頲·李義遵, 部將閔又詳等, 相議曰: "元孫已出, 吾等守城何爲?" 皆出城隨去。金仁抱元孫而行, 馬駘賊迫, 宋國澤換給所騎馬。及至海上, 適有艤舡者, 〈有〉若待候然。乘舡浮海, 數日到喬桐[82], 此實天也。

聞孔耿[83]將, 欲搜索諸島, 自喬桐移注文島[84], 仍向唐津。其時, 住〈文島人, 大會津頭, 問: "此船來自喬桐否?" 船人詰其所問, 島人曰: "今夜, 島〉中諸人之夢, 有舡擁五雲, 自喬桐到本島, 故問之." 云, 人皆驚異。朴知事東亮[85], 沈參議之源, 亦在其舡, 親聞而言之。國澤以此加資, 而其餘則陞敍[86], 大臣啓辭[87]: "以彼此[88]皆宗

---

80) 矣(의): 棄의 오기.

81) 宋國澤(송국택, 1597~1659): 본관은 恩津, 자는 澤之, 호는 四友堂. 1619년 사마시에 합격하여 생원이 되고, 1624년 식년문과에 급제하여 승문원부정자로 등용되었다. 1627년 정묘호란 때에 號召使 김장생의 막료로 있다가 천거로 예문관검열이 되고, 이어 사간원정언·함길도도사를 지내고, 사헌부지평이 되었다. 인조의 생부 定遠君을 元宗으로 추존하는 데 반대하다가 輸城道察訪으로 좌천되었다. 文川郡守 등을 거쳐, 다시 사헌부장령·宗廟署令을 지냈다. 1636년 병자호란 때 강화도가 함락되자, 원손을 탈출시켜 그 공으로 통정대부에 올랐다. 그 뒤 병조참지를 거쳐, 형조참의·공조참의·승지·예조참의 등을 지냈다.

82) 喬桐(교동): 인천 강화도 서북쪽에 있는 섬 지역.

83) 孔耿(공경): 孔有德과 耿仲明. 두 사람은 명나라 장수로 오랑캐에 투항한 자들이다.

84) 注文島(주문도): 인천광역시 강화군 서도면에 있는 섬.

85) 東亮(동량): 東善의 오기.

廟社稷之官, 棄其廟社主." 國澤之外, 皆追奪之。

賊兵四圍, 前左議政金尙容, 已知事去, 脫所着衣, 付諸下人曰: "汝若全生, 以此衣傳諸兒, 以爲他日虛葬之具." 因往南門, 踞火藥櫃, 他人之在傍者, 皆命麾去, 金益兼·權順長並死之。

尹昉, 以廟社提調, 方在於廟主奉安之處, 及賊至, 昉呼曰: "汝殺我." 賊不應, 投廟主於汚溝。昉收拾廟主, 裹以空石[89], 載諸卜馬[90] 〈曰〉: "渡海時, 我當投死." 賊迫脅下陸, 慮其廟主之見奪於賊, 分載奴僕衣袴, 使婢子乘其上。事定後, 三司俱發, 論以按律[91], 再被罷黜, 一爲付處[92], 放還未幾而終[93]。

都正沈誢, 與其妻將死, 製疏納諸懷中, 而幷自決。其疏曰: "臣某, 東向百拜, 上書于南漢山城主上殿下。臣與妻宋姓, 同日自決, 以報國恩."

主簿宋時榮, 初與李時稷同舍。時榮先自決, 時稷結項, 使奴引之, 奴不忍從命, 以所製贊文及綱巾, 付諸家奴, 使遺其子。其贊曰: "長江失險, 北軍飛渡, 醉將恇㤼, 背國偸生。把守瓦解, 萬姓魚肉, 況彼南漢, 朝暮且陷。義不苟生, 甘心自決, 殺身成仁, 俯仰無怍。嗟爾吾兒, 愼勿傷生, 歸葬遺骸, 善養老母。縮伏鄕廬[94], 隱而不起,

---

86) 陞敍(승서): 벼슬이 올라감.
87) 啓辭(계사): 論罪에 관하여 임금에게 올리는 글.
88) 彼此(피차): 彼의 오기.
89) 空石(공섬): 짚으로 만든 빈 자루. '石'은 '섬'으로 읽는다.
90) 卜馬(복마): 짐을 싣는 말.
91) 按律(안율): 죄를 조사하여 다스림.
92) 付處(부처): 中途付處. 벼슬아치에게 어느 곳을 지정하여 머물러 있게 하던 형벌.
93) 終(종): 死.

區區遺願, 在爾善述.」

士大夫自決者, 金尙容·鄭孝誠·洪命亨·尹烇·鄭百亨, 後皆旌表。其中一二人, 或稱爲賊所殺云, 而無目覩者, 豈可以流言, 沒其善哉?

故宰相閔仁伯[95]之子垶[96], 先殺其妻子, 然後自決, 一子, 遠在他地, 賴以得生。李士圭, 死於賊鋒。如此輩者, 不能盡記。

婦人之自決者, 金瑬·李聖求·金慶徵·鄭百昌[97]·呂爾徵·金槃[98]·李昭漢·韓興一·洪命一·李一相·李尙圭·鄭善興[99]之妻, 西平府院君韓浚謙[100]之妾母子, 延陵府院君李好閔[101]妾女, 卽鄭孝誠之妾

---

94) 鄕廬(향려): 고향집.

95) 閔仁伯(민인백, 1552~1626): 본관은 驪興, 자는 伯春, 호는 苔泉. 1573년 진사가 되고, 1584년 별시문과에 장원하여 성균관전적을 지냈다. 鄭汝立이 난을 일으켰을 때 군사를 동원하여 정여립의 아들 玉男을 잡아들였다. 이 공으로 예조참의에 승진되고 平難功臣 2등에 책록 되었다. 장례원판결사·충주목사 등을 지내고, 1592년 임진왜란 때 황주목사로서 임진강을 지키다가 大駕를 따라 행재소에 이르렀다. 天將問安官·청주목사 등을 거쳐, 1598년 驪陽君에 봉하여졌다. 1604년 奏請副使로서 또 명나라에 다녀와서 안변부사·한성부좌윤 등을 역임하고, 1621년 지중추부사가 되었다.

96) 垶(성): 閔垶(1586~1637). 본관은 驪興, 자는 載萬, 호는 龍巖. 1636년에 병자호란이 일어나자 강화에 출전하여 적의 침공에 맞서 요새를 지키다가 1637년에 전 가족 13명과 함께 순절하였다.

97) 鄭百昌(정백창, 1588~1637): 본관은 晉州, 자는 德餘, 호는 玄谷·谷口·大灘子·天容. 1606년 생원·진사가 되고, 1611년 별시 문과에 급제해, 이듬해 주서를 거쳐 검열·봉교·대교 등을 역임하였고, 1623년 인조반정으로 부수찬에 등용되어 헌납·교리·수찬을 거쳐, 1625년 보덕·사간·사인 등을 역임하였다. 國舅인 그의 장인 韓浚謙의 덕택이라는 비난 때문에 관직에 취임하지 않다가 1627년 동부승지, 다음해 예조참의·대사간을 지낸 뒤 1631년 이조참판이 되었다. 정백창의 처는 西平君 韓浚謙의 딸이다.

98) 金槃(김반, 1580~1640): 본관은 光山, 자는 士逸, 호는 虛州. 金長生의 아들이고, 金集의 아우이다. 병자호란으로 남한산성에 호종하여 왕에게 장병을 독려하도록 건의하였다. 화의가 이루어지자 호종한 공으로 嘉善大夫에 올랐다.

99) 鄭善興(정선흥, 생몰미상): 鄭孝誠의 손자요, 鄭百昌의 조카이고, 鄭百亨의 아들.

也。其〈他〉婦人之死節者甚多，未能盡知，可惜。金震標，迫其妻，使之自盡，金塗〈夫人〉及慶徵妻，見其婦死，繼以自決。

新及弟[102]李嘉相[103]，文章早著，家行[104]冠人。厥慈親[105]宿疾六七年，暫不離側，藥餌飮食，不任婢僕，知其行者，莫不歎服。及是，賊兵之至，僅得藏其母，而身則被擄。賊退後，其妻[106]〈代〉負其母而走。不料其妻之負逃，意其母不能自保，必死於當初被擄之所，冒白刃逸歸[107]，往來賊陣，尋其母屍，旋執旋逸，如是者六。一日，遁入於島中僻寺，又將向賊陣，士友之避亂〈於〉寺中者，牽衣力止之，答曰："我亦知其在此則生，歸則必死，病母，萬無生理，不忍獨活." 仍裁書付贈[108]，使傳其父兄，以通必死之意，强入賊中，終至被害，

---

100) 韓浚謙(한준겸, 1557~1627): 본관은 淸州, 자는 益之, 호는 柳川. 仁祖의 장인으로서 領敦寧府事·西平府院君이 되고, 1624년 李适의 난에 왕을 공주에 모시고, 1627년 정묘호란 때 세자를 全州에 모시고 적이 물러간 뒤에 서울에 돌아와 사망했다.

101) 李好閔(이호민, 1553~1634): 본관은 延安, 자는 孝彦, 호는 五峯·南郭·睡窩. 임진왜란 때 명나라 이여송에게 지원을 청해 평양전투를 승리로 이끌었다. 부원군에 진봉되었다. 적서 구별 없이 장남을 등극시켜야 한다고 주장, 광해군이 즉위하자 告訃請諡承襲使로 명나라에 다녀왔다. 인조반정 후에 오래된 신하로 우대를 받았다.

102) 新及弟(신급제): 과거에 새로 급제한 사람.

103) 李嘉相(이가상, 1615~1637): 본관은 延安, 자는 會卿, 호는 氷軒. 영의정 李廷龜의 손자이며, 이조판서 李明漢의 아들이다. 1636년 문과에 급제했으나 병자호란이 일어나 어머니를 모시고 강화에 피란, 이듬해 강화가 함락되자 탈출, 또 피란 중 적에게 쫓겨 어머니만 숨기고 자신은 체포되었다. 아내 羅氏가 어머니를 모시고 섬으로 피신, 그 후 풀려나온 그는 어머니의 행방을 찾아 적진을 헤매다가 적에게 살해되었다. 이 소식을 듣고 아내도 상심 끝에 사망했다. 아내 羅氏가 羅萬甲의 딸이다. 그러므로 이 글의 저자 나만갑의 사위이다.

104) 家行(가행): 한 집안에서 대대로 이어 오는 행실과 품행.

105) 慈親(자친): 李嘉相의 어머니 羅州朴氏. 錦溪君 朴東亮의 딸이다.

106) 其妻(기처): 李嘉相의 아내 안정나씨. 이 글의 저자 羅萬甲의 딸이다.

107) 逸歸(일귀): 還歸의 오기.

死於孝, 是亦死節, 幷錄於此。

權順長自焚後, 厥妻卽李久源[109]之女也, 先縊三女而後自縊死, 順長之妹, 十二歲女子, 亦自縊死, 此皆婦人之能繼者[110]也。

李坰及尹新之, 皆在防禦之處, 厥父在於城中, 賊滿路塞, 皆自乘船以避。〈以此〉, 亂定後, 俱被重劾。兪省曾等, 不爲防守, 亦先逃去。

陷江都者, 九王子[111]也。及其回軍, 城中被擄者放還, 城外被擄者, 率皆獲去。韓興一·呂爾徵, 脫其所着, 更被新衣曰: "初見他國之人, 不可不整其儀表." 先自入拜, 言于賊, 曰: "國舅[112]姜碩期, 亦在此."云。蓋欲招入, 以混其迹, 姜托病跛辟, 久而不前, 賊竟舍去。姜初欲自決, 嬪宮亦欲從死, 爲兩大君所挽, 不果其意。

遠近士族婦人之被擄者非一。而李敏求妻及其兩婦之事, 人皆唾罵, 言之醜也。敏求以其妻死於嘉山[113], 謂之節死, 作諸銘[114], 盛稱其美, 求字[115]於東陽尉申翊聖, 人皆笑之。

妻妾之贖還[116]者, 〈士大夫〉無不依舊同居。獨新豐府院君張維,

108) 贈(증): 僧의 오기.

109) 李久源(이구원, 1579~1675): 본관은 全州, 자는 源之, 호는 月潭. 1615년 진사시에 합격하고, 1623년 改試文科에 병과로 급제하였다. 이듬해 議政府司錄에 등용되고, 그 뒤 전적·병조좌랑·이조정랑 및 성균관과 공조의 여러 벼슬을 거쳐 한성부우윤이 되었다.

110) 繼者(계자): 斷者의 오기.

111) 九王子(구왕자): 睿親王 多爾袞. 누루하치의 14자이다.

112) 國舅(국구): 임금의 장인.

113) 嘉山(가산): 평안북도 博川 지역의 옛 지명.

114) 諸銘(제명): 誌銘의 오기.

115) 求字(구자): 글 지어주기를 청함.

以爲‘失節之女, 不可爲配, 以奉先祀.’ 厥婦贖還之後, 陳疏請令〈其〉子改娶。領議政崔鳴吉, 回啓[117]啓辭曰: “如此則怨女必多, 不可不慮.” 乃爲防啓[118]。及張維死後, 厥夫人更爲上言[119], 上命: “只許此人, 勿以爲例.”

及論江都諸將失律之罪, 張紳·金慶徵·李敏求等, 臺論初以按律爲啓: “張紳賜死, 而不爲決案[120].” 上命之自盡。厥家在西小門外, 自縊〈於〉其家, 禁府都事亦不親見。以此, 都事見罷, 人言藉藉, 疑其逃生。至於承旨洪憲[121], 啓於榻前[122], 請部棺〈出見〉, 上不許。金慶徵則〈臺諫〉初以按律[123]論啓, 而謫江界[124], 〈更以前〉判書金時讓[125]及參判兪伯曾[126]疏, 更發臺論, 又爭拿來賜死, 敏求圍置

---

116) 贖還(속환): 돈이나 물건 따위로 대갚음을 하고 어떤 것을 도로 찾아옴.

117) 回啓(회계): 임금의 물음에 대하여 신하들이 심의하여 대답하던 일.

118) 防啓(방계): 남의 의견을 막고 자신의 의견만 임금에게 아룀.

119) 上言(상언): 신하가 사사로운 일로 임금에게 글을 올리던 일. 조선시대 임금에게 억울한 일 등에 관해 上言하거나 擊鼓할 수 있도록 허용된 네 가지의 일로 嫡妾分別·刑戮及身·良賤分別·父子分別에 관한 사건이 있었다. 만일 이러한 사건에 관련된 일이 아닌 경우에는 充軍을 하거나 刑推하여 定配함으로써 그 남용을 막았다.

120) 決案(결안): 조선시대의 판결문.

121) 洪憲(홍헌, 1585~1672): 본관은 南陽, 자는 正伯, 호는 沙村·默好·銀溪. 蔭補로 洗馬가 되고, 1616년 謁聖文科에 급제, 승문원권지가 되었다. 1618년 주서, 이듬해 봉교를 지내고 1623년 正言·좌승지·우승지 등 여러 관직을 거쳐, 1637년 승지가 된 이래 1647년까지 좌승지·우승지 등 인조의 侍臣으로 재직하였다.

122) 榻前(탑전): 왕의 자리 앞. 여기서는 주상을 일컫는다.

123) 按律(안율): 법대로 처단함.

124) 江界(강계): 평안북도에 있는 지명.

125) 金時讓(김시양, 1581~1643): 본관은 安東, 초명은 時言, 자는 子仲, 호는 荷潭. 1623년 인조반정으로 풀려나 예조정랑·병조정랑·수찬·교리를 역임, 이듬해 李适의 난 때는 都體察使 李元翼의 종사관으로 활약하였다. 1634년 지중추부사에 敍用되고 한성판윤을 거쳐 호조판서 겸 동지춘추·世子左副賓客이 되었다가 9월에 재차 도원수

〈寧〉邊。

且以姜晉昕不能善戰，使賊渡海，〈初〉配遠地。臺諫更請拿來梟示，忠淸水營軍官及下卒，詣闕號哭，累度上書於備局，伸其〈至〉寃，竟不免於死。初與慶徵，同在禁府，聞賜死命下，慶徵號哭失儀，晉昕笑謂慶徵，曰："雖哭而免乎?" 飮食自若[127]，以其寶釖給斬頭人，曰："此是利釖。以此速斬我，而汝持去." 船上力戰，無如晉昕，而終至於死，臨死從容又如此，此誠壯死[128]之有所守者，人皆惜之。水營軍卒，無少長，皆追思垂淚，如悲親戚云。

에 임명되었다. 이듬해에 강화유수로 나왔다가 병으로 사직하였고, 1636년 청백리에 뽑혀 崇祿階에 올랐으며, 判中樞府事가 되었으나 눈병으로 사직하고 향리인 충주로 내려왔다.

126) 兪伯曾(유백증, 1587~1646): 본관은 杞溪, 자는 子先, 호는 翠軒. 1623년 인조반정 때 공을 세워 靖社功臣 3등으로 杞平君에 봉해졌다. 1627년에 정묘호란이 일어나자 왕을 강화도로 찾아가 司饔寺正에 임명된 뒤 後金과의 화의의 잘못을 상소하였다. 1636년에는 이조참판이 되었고, 이해 겨울 병자호란이 일어나자 부총관으로 왕을 남한산성에 호종, 화의를 주장한 윤방·김류 등을 처형할 것을 주장하다 다시 파직되었다. 1637년 화의가 성립된 뒤 대사성으로 등용되고, 이어 同知經筵事가 되어 다시 윤방·김류 등 전후의 무사안일한 행실과 반성이 전혀 없음과 金慶徵·李敏求의 江都 방어 실패의 죄를 탄핵하였다.

127) 自若(자약): 큰일을 당해서도 놀라지 아니하고 보통 때처럼 침착함.

128) 壯死(장사): 壯士의 오기.

척화신의 사적

윤황(尹煌)·유황(兪榥)·이일상(李一相)은 척화를 주장하였기 때문에 윤황과 유황은 중도부처(中道付處)되었고, 이일상은 멀리 유배되었다.

설서(說書) 유계(兪棨)는 일찍이 남한산성에 있으면서 김류(金瑬)의 목을 베도록 청하니 그의 말이 매우 곧을대로 곧았고, 조경(趙絅)은 일찍이 홍서봉(洪瑞鳳)을 논죄하였는데, 삼공(三公)이 함께 의논하여 죄를 결정하였으니 유계는 중도부처되었고, 조경은 문외출송(門外黜送: 벼슬과 품계를 빼앗고 도성 밖으로 추방하는 형벌)되었다. 그 후에 대간(臺諫)의 계청(啓請)으로 인하여 조경은 석방되었다.

홍익한(洪翼漢)은 마침 평양 서윤(平壤庶尹)이었다. 적이 군사를 거두어 돌아갈 때, 우리나라에서 정한 차사원(差使員: 특수임무 수행하는 임시 관원)인 증산 현령(甑山縣令) 변대중(邊大中)이 홍익한을 오랑캐 진영으로 압송하도록 하였다. 변대중이 밧줄로 그를 꽁꽁 동여매어 곤혹스럽게 하고 음식도 먹지 못하게 하자, 홍익한이 결박을 풀어주도록 애걸하였지만 변대중은 들어주지 않았으니, 이날이 2월 12일이었다.

18일 용만(龍灣)에 도착하였고, 20일 통원보(通源堡: 通遠堡의 오기)에 도착하였다. 호인(胡人)들이 멀리 온 까닭을 물으며 음식을 내어 후하게 대접하였으니, 이들이 비록 개돼지 같은 사람일지라도 외려 우리나라의 변대중보다는 훨씬 나았다. 25일 심양(瀋陽)에 도착하자, 칸(汗:

홍타이지)이 예부(禮部)에 명하여 객관(客館)에 연향(宴享)을 베풀도록 하였으니 해칠 뜻이 조금도 없는 듯하였다.

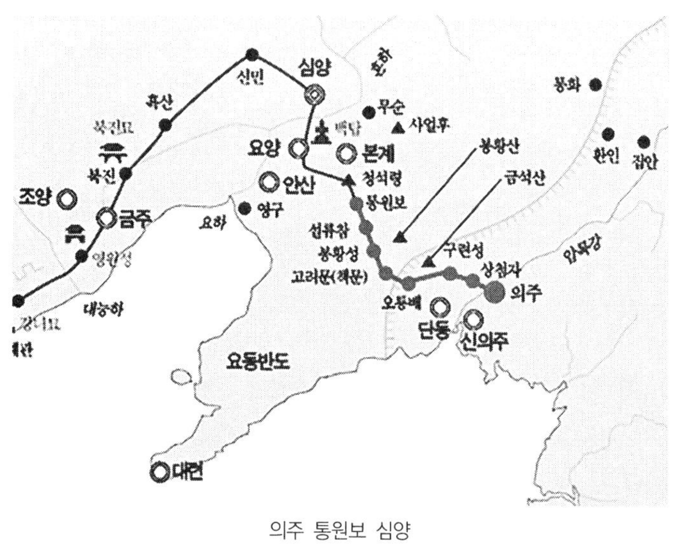

의주 통원보 심양

3월 답청일(踏靑日: 3월 3일)에 지은 시가 있으니, 이러하다.

양지바른 언덕에 여린 풀이 새싹 움트니 陽坡細草柝新胎
조롱 속 외로운 새의 마음 더욱 애닯구나. 孤鳥樊籠意轉哀
이국의 답청 풍속이야 마음 밖 일이니 荊俗踏靑心外事
금성에서의 취흥이 꿈속에는 돌아오려나. 錦城浮白夢中廻

밤바람 돌을 뒤척이니 음산이 진동하고 風翻夜石陰山動
봄물에 눈이 녹아드니 월굴이 열리려나. 雪入春澌月窟開

기갈 속에 실낱같은 목숨 겨우 이으려니 飢渴堇能聊縷命
하루가 백 년 같아 눈물이 뺨 적시누나. 百年今日淚沾腮

7일에 문초가 있었다. 이때 홍익한은 조금도 굽히지 않고 자신의 뜻을 문자로 써서 보였으니, 그 글은 이러하다.

"적에게 포로가 된 조선국 신하 홍익한은 화친하는 일을 배척한 뜻을 뚜렷하게 진술할 수 있으나 다만 언어가 서로 알아듣지 못하는지라 감히 글로 써서 말하겠다. 무릇 온 세상의 안에서 모두 형제가 될 수 있지만, 천하에 두 아비를 둔 자식은 없다. 조선은 본디 예절과 의리를 숭상하고, 간신(諫臣)은 오직 바른말 하는 것을 기풍으로 삼는다. 그래서 지난 봄에 마침 언관의 소임을 받고 있었는데 금국(金國)이 장차 맹약을 저버리고 황제라 칭하려 한다는 것을 듣고서 마음속으로 생각하니, 만약 정말 맹약을 저버린다면 형제의 도리를 거스르는 것이요, 만약 정말 황제를 칭한다면 천자가 둘인 셈이었다. 한 집안에서 어찌 패륜을 저지른 형제가 같이 있을 수 있으며, 하늘과 땅 사이에서 어찌 천자가 둘일 수 있겠는가? 하물며 금국이 조선과 처음에는 교린(交隣)의 맹약을 맺고서 먼저 배반했지만, 대명(大明)이 조선과는 예전부터 소국을 돌보아주는 은혜가 있어서 더욱 깊은 관계를 맺어 왔다. 깊은 관계를 맺어 온 큰 은혜를 잊고서 너희들이 먼저 저버린 헛된 맹약을 섬긴다는 것은 이치에 매우 가깝지 않고 사세에 매우 마땅하지 않았으므로 앞장서서 이 척화의 논의를 세운 것이다. 대명(大明)에 대하여 예절과 의리를 지키고자 하는 것은 신하의 직분일 뿐이니, 어찌 다른 뜻이 있었겠는가? 다만 신하 된 자의 직분상으로 분수에 합당한 의리는 마땅히 충효를 다하는 것뿐이나 위로 임금과 어버이가 있는데도 모두 보호해 안전하게 하지 못하였으니, 지금 왕세자와 대군은 모두 포로가 되었고 늙은 어머니는 살았는지 죽었는지조차도 또한 알지 못한다. 한 장의 상소문으로서 맹랑하게 한 진술로 인하여 나라의 패망을 초래하였으니, 충효의 도리로 헤아려 보건대 땅을 쓸어버린 듯 하나도 남은 것이 없었다. 스스로 그 죄를 따져보니 죽어도 용서받을 수 없으니, 비록 만 번 죽임을 당할지라도 진실로 달갑게 받겠다. 나의 피를 한 번 북[鼓]에 묻혀 혼이라도 하늘 높이 날아가 고국에서 노닌다면 시원하고 시원하겠다. 이 밖에는 다시 할 말이 없으니, 오직 속히 죽기만 바랄 뿐이다."라고 하였다.

칸(汗)이 이 글을 보고 크게 노하여 홍익한을 따라갔던 노복들을 따로 가두어 서로 통하지 못하도록 하였다가 곧바로 그 노복들은 우리나라로 내어보냈다. 그 뒤의 사정은 까마득히 듣지 못하였으나, 어떤 사람이 10일에 살해되었다고 한다.

3월 3일 이전의 일은 모두 홍익한의 일기 가운데서 나온 것이다. 그의 아내와 두 아들은 모두 적의 칼날에 죽었고, 늙은 어머니와 딸 1명은 살아 남았다.

오달제(吳達濟)가 집에 부친 시 네 수가 있으니, 어머니를 생각한 시는 이러하다.

난리 속에 남북으로 부평초처럼 흩어졌어도	風塵南北各浮萍
이번 걸음이 헤어지는 것이라 뉘 일렀는가,	誰謂相分有此行
이별하던 날 두 아들이 어머니께 절했으나	別日兩兒同拜母

앞으로는 한 아들만 홀로 가르침 받으리라. 來時一子獨趨庭

훌륭한 가르침 저버리고 옷자락 끊었으나 絶裾已負三遷教
실밥에 눈물 짓는 아들 마음 공연히 슬퍼, 泣線空戀寸草情
국경관문의 길이 멀고 저녁 해 저물었으니 關塞道脩西影暮
이승에서 어떤 길로 다시 문안드리오리까. 此生何路更歸寧

임금을 생각한 시는 이러하다.

외로운 신하 의리 바르니 부끄런 마음 없고 孤臣義正心無怍
성군의 은혜 깊으니 죽기가 또한 가벼운데, 聖主恩深死亦輕
무엇보다 이승에서 그지없는 애통한 마음은 最是此生無限痛
동구에서 기다리는 정을 헛되이 저버림이라. 北堂虛負倚閭情

형을 생각한 시는 이러하다.

남한산성 출성 당시에 죽었어야 할 이 몸 南漢當時就死身
초나라 포로처럼 돌아가지 못하는 신하나, 楚囚猶作未歸臣
서쪽 오며 형 생각에 얼마나 눈물 뿌렸던가 西來幾灑思兄淚
동쪽 멀리 바라보니 아우 그리는 형 가련타. 東望遙憐憶弟人

넋은 나는 기러기 좇는 서러운 외그림자나 魂逐征鴻悲隻影
꿈에 못가의 봄풀 시들어서 놀라 깨어나니, 夢驚池草惜殘春
생각느니 색동옷 입고 뜰에서 재롱떨 날에 想當彩服趨庭日
차마 무슨 말로 늙으신 어머니 위로할까나. 忍把何辭慰老親

아내에게 준 시는 이러하다.

부부의 은정 태산같이 무거워도 琴瑟恩情重
만난지 두 해가 채 되지 않아서, 相逢未二朞
지금 만 리 밖에 떨어져 있으니 今成萬里別
백년가약 헛되이 저버리게 되네. 虛負百年期

땅 넓어 편지조차 부치기 어렵고 地濶書難寄
산이 길어 꿈에서도 또한 더디네, 山長夢亦遲
내가 살아갈지 헤아릴 수가 없으니 吾生未可卜
모름지기 뱃속의 어린 것 잘 돌보오. 須護腹中兒

애달픈 말과 괴로운 마음이 여기에 실려 있으니, 들은 자가 슬퍼하지 않음이 없었다. 혹은 윤집(尹集)과 함께 살해되었다고도 하였고, 혹은 깊은 곳에 갇혔다고 하였다. 몇 해가 이미 지난 뒤에도 아무런 소식이 없으니, 생각건대 이미 살해된 것 같다.

윤집(尹集)의 형인 윤계(尹棨) 또한 인재였다. 병자년(1636)에 외직으로 나가기를 청하여 남양 부사(南陽府使)가 되었는데, 향화신(向化人: 오랑캐로 귀화한 사람)이 적을 이끌어 남양부로 들어와서 사로잡혔으나 굽히지 않고 적을 꾸짖다가 죽었다.

斥和臣事跡

尹煌·兪榥[1]·李一相, 俱以斥和, 尹兪中道付處, 李遠竄。說書兪

---

1) 兪榥(유황, 1599~1655): 본관은 杞溪, 자는 典叔, 호는 鳳洲. 아버지는 兪省曾이다. 1624년 사사시에 합격하고, 1633년 상운찰방으로 증광 문과에 급제하여 승문원에

棨[2]，曾在南漢，請斬金瑬，言甚直截，趙絅[3]曾論洪瑞鳳，三公同議定罪，兪棨付處，趙門黜〈送〉。其後，因臺官之啓，趙則蒙釋。

洪翼漢，時爲平壤庶尹。賊之回軍之時，我國定差使員[4]，甑山縣令邊大中[5]，押送擄營。大中，束縛困辱，使不得飮食，翼漢哀乞解縛，不聽，此二月十二日也。十八日到龍灣[6]，二十日到通源堡[7]。胡人來問遠來之由，出食厚饋，此雖犬羊，猶勝於我國之大中也。二十五日到瀋陽，汗令禮部設宴享于館，所似無害之意。三月踏靑日[8]，

배속되었다. 1636년 정언으로 재직 중 후금에서 청으로 국호를 고친 청 태조의 건국 축하에 참석했던 羅德憲 등이 돌아오자, 이들을 참하여 대의를 밝힐 것과 청의 國書를 받지 말 것, 팔도에 사신을 보내어 전쟁에 대비할 것 등 反淸主戰論을 주장하였다. 1636년 병자호란이 일어나자 비빈과 봉림대군을 강화에 호종했고, 곧 湖西巡檢使가 되어 전라도 지역에서 군사 모집과 군량 조달을 위해 활약하였다.

2) 兪棨(유계, 1607~1664): 본관은 杞溪, 자는 武仲, 호는 市南. 참봉 兪養曾의 아들. 병자호란 때 시강원설서로서 척화를 주장하다가 화의가 성립되자 척화죄로 임천에 유배되었다. 1639년에 풀려났으나 벼슬을 단념하고 금산의 麻霞山에 書室을 짓고 은거하여 학문에 전념하였다.

3) 趙絅(조경, 1586~1669): 본관은 漢陽, 자는 日章, 호는 龍洲·柱峯. 1612년 사마시에 합격, 1624년 형조좌랑·목천현감을 지냈다. 1626년 정시문과에 급제하여 정언·교리·헌납 등을 거쳐 1627년 정묘호란이 일어나 인조를 강화도로 호종하며 척화론을 주장했으며, 이조좌랑·이조정랑을 거쳐 1636년 병자호란 때 사간으로 척화를 주장했다. 형조참의·대사간·대제학, 이조·형조의 판서 등을 지냈다.

4) 差使員(차사원): 조선시대 각종 특수임무의 수행을 위하여 차출, 임명되는 관원.

5) 邊大中(변대중, 생몰년 미상): 1627년 副司直, 1632년 慶尙左道兵馬虞候(慶尙左道兵馬虞候를 지냈다. 1637년 2월 12일 밤에 平安道都事 田闢이 勅旨를 받고 당시 甑山縣令이었던 변대중을 시켜 평양 豆里島에서 洪翼漢을 체포하여 청나라 진영으로 압송하게 하였다. 1648년 영암군수·충익위장·南虞候로 삼았다.

6) 龍灣(용만): 평안북도 의주의 옛 이름.

7) 通源堡(통원보): 通遠堡의 오기. 중국 요동 지역의 군사 요충지인 동팔참의 하나로 조선 사행단의 행로 중 하나.

8) 踏靑日(답청일): 3월 3일을 일컫는 중국 세시풍속. 이날에 모든 남녀가 산과 들에 나가서 푸른 새싹을 밟는 풍속이다.

有詩: “陽坡細草柝新胎, 孤鳥樊籠意轉哀。荊俗踏靑心外事, 錦城浮白[9]夢中廻。風翻夜石陰山[10]動, 雪入春澌[11]月窟[12]開。飢渴堇能聊縷命, 百年今日淚沾腮.” 初七日招問。時翼漢不屈, 以文字書示, 其書曰: “朝鮮國累臣[13]洪翼漢, 斥和事意, 歷歷可陳, 而但語音, 不相慣曉, 敢以文墨[14]搆白[15]。夫四海之內, 皆可爲兄弟, 而天下無兩父之子。朝鮮素以禮義相尙, 諫臣惟以直截爲風。故上年春, 適授言責[16]之任, 聞金國將渝盟稱帝, 心以爲, 若果渝盟, 則是悖兄弟也, 若果稱帝, 則是二天子也。門庭之內, 豈有悖兄弟哉? 覆載之間, 豈有二天子哉? 況金國之於朝鮮, 初有交隣之約而先背之, 大明之於朝鮮, 舊有字小之恩而深結之。忘深結之大恩, 事先背之空約, 於理甚不近, 於事甚不當, 故首建此意。欲守禮義者, 是臣職耳, 豈有他哉? 但臣子職分義, 當盡忠孝而已, 上有君親, 俱不得扶護而安全之, 今王世子·大君皆爲俘, 老母存沒, 亦不得知之。良由一疏之浪陳, 以致國家之禍敗, 揆諸忠孝之道, 掃地盡矣。自究乃罪, 可殺罔赦, 雖萬被誅戮, 實所甘心。血一釁鼓[17], 魂飛去天, 歸遊舊國, 快哉

9) 浮白(부백): 벌주를 마심. 큰 잔에 술을 가득 채워 벌컥 들이킴.

10) 陰山(음산): 중국 북방의 산. 崑崙山의 북쪽 지맥으로서 예로부터 中原의 병풍이라고 불려졌던 곳이기도 하다.

11) 春澌(춘시): 석얼음. 봄에 해빙할 때 물살에 떠다니는 유빙.

12) 月窟(월굴): 서쪽 끝의 땅. 달이 떠오르는 곳.

13) 累臣(누신): 감옥에 갇힌 신하. 적의 포로가 된 신하.

14) 文墨(문묵): 시문을 짓거나 書畫를 그리는 일.

15) 搆白(구백): 控白의 오기. 원통하거나 억울한 사정을 자세히 말함.

16) 言責(언책): 임금을 간하는 직책. 즉 言官.

17) 血一釁鼓(혈일흔고): 옛날에 군중에서 북을 새로 만들 때에는 적병을 잡아 죽여 그 피로 북의 틈을 칠하였다 한다고 한 데서 나온 말. 여기서는 자기가 죽어서 그

快哉! 此外更無所言, 惟願速死速死." 汗見此書, 大怒別囚其隨行奴僕, 使不得相通, 仍卽出其奴於我國。厥後事情, 邈然不聞知, 而或言初十日被害云。三月初三日, 以前之事, 皆出於翼漢日記中。厥妻及兩子, 俱死於賊鋒, 老母一女得存。

吳達濟, 有寄家四詩, 其思親詩曰: "風塵[18]南北各浮萍, 誰謂相分有此行, 別日兩兒同拜母, 來時一子獨趨庭[19], 絶裾[20]已負三遷敎[21], 泣綿[22]空戀寸草情[23], 關塞道脩西影暮, 此生何路更歸寧[24]." 其思君詩曰: "孤臣義正心無怍, 聖主恩深死亦輕, 最是此生無限痛, 北堂[25]虛負倚閭情[26]." 其思兄詩曰: "南漢當時就死身, 楚囚[27]猶作

피로 북에 바른다는 뜻으로 쓰였다.

18) 風塵(풍진): 세상의 어지러운 일을 비유적으로 이르는 말. 전쟁을 일컫는다.

19) 趨庭(추정): 마당을 종종걸음으로 지나간다는 말. 아들이 아버지의 가르침을 받는다는 말로 비유한다.

20) 絶裾(절거): 晉나라 때 溫嶠가 國事를 위하여 집을 떠나려 하는데 그의 어머니 崔氏가 옷자락을 붙잡고 말리자, 온교가 옷자락을 끊고 가 버렸던 고사.

21) 三遷敎(삼천교): 孟子의 어머니가 자식을 위해 3번 이사했다는 말. 어머니가 자식을 훌륭하게 가르치기 위해 노력하는 것을 비유하는 것이다. 인간의 성장에서 환경이 중요하는 것을 가리킨다.

22) 泣綿(읍면): 泣線의 오기. 唐나라 孟郊의 "자모의 수중에 실밥은 유자의 신상에 옷이로다.(慈母手中線, 遊子身上衣.)"에서 온 말. 즉 옷을 보고 어머니를 생각하여 운다는 뜻이다.

23) 寸草情(촌초정): 唐나라 孟郊의 "한 치나 되는 풀의 정을 가지고 삼춘의 은혜를 누가 갚으리.(誰將寸草心, 報得三春暉.)"에서 온 말. 寸草는 아들에 비한 것이고 三春은 어머니에 비한 것이다.

24) 歸寧(귀녕): 시집간 딸이 시부모로부터 말미를 얻어 친정에 가서 어버이를 뵙는 일.

25) 北堂(북당): 부인이 거처하는 곳. 흔히 어머니의 처소를 지칭한다.

26) 倚閭情(의려정): 자녀가 돌아오기를 초초하게 기다리는 마음.

27) 楚囚(초수): 춘추시대에 楚나라 鍾儀가 晉나라에 포로가 되어 갇혀 있었던 데서 유래한 말. 타국에 잡혀간 것을 비유한 말이다.

未歸臣, 西來歲[28]灑思兄淚, 東望遙憐憶弟人, 魂逐征鴻悲隻影, 夢驚池草[29]惜殘春, 想當彩服[30]趨庭日, 忍把何辭慰老親.” 其贈內詩曰: “琴瑟恩情重, 相逢未二朞, 今成萬里別, 虛負百年期, 地闊書難寄, 山長夢亦遲, 吾生未可卜, 須護腹中兒.” 哀辭苦意, 備載於此, 聞者莫不悲之。或云與尹集, 同時撕殺, 或云幽於深處。已經累年, 尙無消息, 想已見殺矣。

尹集之兄, 棨[31]亦人才也。丙子乞郡, 爲南陽府使, 向化[32]引賊入府, 見執不屈, 罵賊而死。

---

28) 歲(세): 幾의 오기.

29) 池草(지초): 池草夢. 형이 사랑하는 아우를 그리워하는 것을 뜻함. 南朝시대 송나라 시인 謝靈運이 從弟 謝惠連을 꿈속에서 본 뒤에 지은 〈登池上樓詩〉의 “池塘生春草”에서 나왔다.

30) 彩服(채복): 옛날 老萊子가 70세에 이르도록 양친이 살아 있어 효도로 봉양할 때 어린 아이처럼 색동옷을 입고 그 앞에서 재롱을 피웠다고 한 데서 유래한 말.

31) 棨(계): 尹棨(1583~1636). 본관은 南原, 자는 信伯, 호는 薪谷. 어려서 어버이를 여의고, 아우 尹集·尹柔와 함께 외가에서 자랐다. 1624년 사마시에 합격하고, 1627년 정묘호란 때 상소하여 척화를 주장하였다. 같은 해 정시문과에 급제하고 승문원권지부정자를 거쳐 전적·홍문관교리를 지냈다. 1629년 이조좌랑이 되었고, 1636년에 남양부사가 되었다. 그해 겨울 병자호란이 일어나자 勤王兵을 모집하여 남한산성으로 들어가려다 청병에게 잡혀 굴하지 않고 대항하다가 몸에 난도질을 당하여 죽었다.

32) 向化(향화): 완전한 귀화.

난리 뒤에 생긴 일

○병자년 겨울에 폐주(廢主: 광해군)는 강도(江都: 강화도)에서 옮겨져 교동(喬桐)에 위리안치(圍籬安置)되었다. 정축년(1637) 남한산성 출성한 후에 신경진(申景禛)·구굉(具宏)·신경원(申景瑗)·신경인(申景禋)·홍진도(洪振道) 등이 연명으로 경기 수사(京畿水使) 신경진(申景珍)에게 서찰을 보내어 잘 처리하라고 하였는데, 이는 광해군을 몰래 없애라는 뜻이었지만 신경진이 따르지 않았다. 2월에 교동에서 또 제주도(濟州島)로 옮겼다. 그때 한 무부(武夫)가 별장(別將)이 되기를 원하여, 자기의 공을 세울 터전으로 삼으려 했지만 뜻대로 되지 못했다. 대개 이는 신경진(申景禛) 등이 미련을 버리지 못한 뜻이었다. 신사년(1641) 7월 2일에 광해군은 제주에서 죽었다.

○오랑캐 군대가 되돌아갈 때에 공유덕(孔有德)과 경중명(耿仲明) 두 사람을 머물러 있게 하고 우리나라와 합세하여 가도(椵島)를 침략하게 하였다. 공유덕과 경중명 등은 애초에 명나라 장수로서 배를 부리는데 익숙하였는데, 일찍이 반란을 일으켜 산동성(山東省)에 웅거해 있다가 천조(天朝: 명나라)의 습격을 받고는 바다를 건너 오랑캐에게 투항한 자들이 바로 이른바 공유덕과 경중명이다.

우리나라는 류림(柳琳)을 주장(主將)으로 삼고 임경업(林慶業)을 부장(副將)으로 삼아서 공유덕과 경중명을 수행하여 함께 가도를 치게 하였다. 가도는 바다 한 가운데에 있어서 배를 정박하기가 몹시 어려울 뿐만 아니라 섬 둘레에는 화포(火砲)가 두루 설치되어 있었다. 때문에 오랑캐들이 여러 날을 감히 범하지 못하고 우리나라 두 장수에게 계책을 물었으나 '알지 못한다.' 하면서 사양했다. 오랑캐들이 위협하기도 하고 달래기도 하니, 임경업이 말하기를, "섬의 한 면이 산으로 막혀 있고 산 아래는 바닷물과 서로 통하는데, 섬의 사람들이 이곳에는 방비하지 않았을 것이다. 만약 밤을 틈타 배를 거느리고 산을 넘어 몰래 건너서 들어가면 섬을 함락시킬 수 있을 것이다."라고 하였다. 오랑캐가 그 계책을 대단히 좋은 것으로 여기고 하나같이 임경업의 말대로 하였는데, 끝내 그 계책으로써 섬을 함락시켰다. 임경업은 거짓 핑계하고 전진하지 않아 오랑캐 군사들을 많이 죽였는데, 섬을 함락시킨 계책은 전적으로 임경업으로부터 나왔다. 섬에 들어가서는 우리나라 군사들이 한인(漢人: 명나라 사람)을 죽이고 약탈한 것이 오랑캐보다도 심하니, 섬의 사람들이 겨우 5, 6척의 배를 바다에 띄우고 도망쳐 살았다.

도독(都督) 심세괴(沈世魁)가 부하 병사 수백 명을 이끌고 산으로 올라가니, 오랑캐가 달래어 말하기를, "네가 만약 와서 항복한다면 부귀를 보전할 수 있을 것이다."라고 하자, 심세괴가 사람을 시켜 대답하기를, "나는 대명(大明: 명나라)의 신하이다. 죽으면 죽었지 어찌 개나 양 같은 하찮은 무리에게 항복하겠느냐?"라고 하였다. 오랑캐들이 오로지 포위하여 공격하는 데만 힘을 쏟았는데도, 모두 칼날에 함몰되었을망정 한 사람도 항복한 자가 없었다. 심세괴는 본래 상업하던 천한 사람으로서 끝내 큰 절개를 세웠으니 참으로 천하의 열사(烈士)이다. 당초 오랑캐가 가도를 공격할 때에 조정에서도 또한 미리 먼저 몰래 알리려는 뜻이 있었으나, 오랑캐의 위세를 두려워하여 그 뜻은 이루어지지 못해서 이 지경에 이르렀다. 칸(汗)으로부터 이하의 사람들이 4월 안에 차례차례 강을 건넜다. 임경업은 가도를 공격하는데 공이 많다 하여 오랑캐의 상을 받고 오랑캐의 관직을 받기에 이르렀다.

○변란 당초에 전라(全羅)의 우수사(右水使) 성하종(成夏宗), 좌수사(左水使) 안몽윤(安夢尹), 통영(統營) 우후(虞侯: 수군절도사를 보좌하는 무관) 황익(黃瀷)이 수군을 거느려 즉시 올라오지 않고 이르는 곳곳마다 지체하였다. 강화도와의 거리가 하룻길 되는 곳에서 오랑캐가 이미 강화도를 함락시켰음을 듣고도 국난에 달려가지 않다가, 외양(外洋: 인접되지 않은 넓은 바다)에서 교동(喬桐)으로 갔지만, 임금이 남한산성에서 나와 항복한 후에는 죄다 본진으로 되돌아갔다. 그 후에 성하종은 벼슬을 옮겨서 제주 목사에 제수하고, 안몽윤은 정방성(正方城)에 유배되었다가 얼마 되지 않아 풀려났고, 황익은 관직이 삭탈되었다가 곧 서용(敍用)되었다.

○기평군(杞平君) 유백증(兪伯曾)이 올린 상소문은 대략 이러하였다. "윤방(尹昉)·김류(金瑬)가 나라를 그르친 것은 신(臣:유백증)이 정월에 상소하여 그 대강을 간략히 아뢰었거니와, 정월 이후에 윤방과 김류의 죄를 신(臣)이 조목조목 아뢰겠습니다. 지난해 가을과 여름 이전에 김류는 화친을 배척하는 논의가 매우 준열하여 심지어 '청국(淸國)이라 마땅히 쓰지 않아야 하고 신사(信使)도 보내지 않아야 한다.'라고 하다가, 전하가 특별히 '적이 만약 깊이 들어오게 되면 체찰사는 그 죄를 면하기가 어려울 것이다.'라고 하교(下教)하니, 이후로부터 화친하자는 의논에 따라 맞장구쳤습니다.

윤집(尹集) 등을 포박하여 보낸 것과 윤황(尹煌) 등을 논죄한 것은 김류가 실로 주장한 것이며, 남한산성이 포위되자 자신이 장상(將相)이 되어서 끝내 군부를 출성(出城: 항복)하게 하였으면서도 일찍이 한번도 자신의 잘못에 대해 책임을 진 적이 없으며, 원수(元帥) 이하의 죄를 처단한 것도 태연하게 담당하였습니다.

당초 청나라 사람이 동궁을 보내기를 청하자 김류가 즉시 내보내기를 권하며 자신이 수행하겠다고 원하였다가, 동궁의 수레가 북쪽으로 향하게 되자 늙고 병들었다고 핑계를 대었으니, 신하된 분수에 합당한 의리가 과연 어디에 있는 것입니까?

흉한 사람들이 성첩(城堞)을 지키고 있는 병졸을 속여서 대궐 아래 무리져 모이도록 유인하여 화친을 배척하는 신하들을 내놓도록 청하게 하였는데, 군사들의 마음이 한번 동요되자 다투어 김류의 배를 칼로 찌르려고 하니, 김류가 스스로 모면하기 어려움을 알고 이홍주(李弘胄)로 하여금 그 무리를 대신 거느리게 하였습니다. 전하는 김류가 임금에게 충성을 하였다고 여깁니까? 제 몸을 위하여 도모한 일이라고 여깁니까?

동궁의 행차가 북으로 떠나자 신하의 마음이 찢어지려는데, 김류가 감히 볼모로 가는 아들 김경징(金慶徵)에 대해 벼슬이 높고 어머니의 상을 당하였다고 하면서 그 이름 아래에 적어 놓자, 구굉(具宏)이 큰 소리로 말하기를, '동궁의 벼슬과 지위가 김경징에게 미치지 못하는 것인가? 중전의 초기(初朞)가 겨우 지났는데 김경징만 홀로 어머니의 상중에 있다는 것인가?' 하니, 김류가 즉시 그 일을 중지시켰습니다.

지난해 용호(龍胡: 龍骨大)가 왔을 때에 비국(備局)에서 화친을 끊자는 계책을 진달하였는데, 정원(政院)에서 그것을 등사하여 유지(有旨)

를 받았다고 하고서 파발로 전하였다가 청나라 사람들에게 발각되었던 것이니, 만일 화친을 배척한 사람을 보낸다면 그때 묘당에 있던 대신들이 가야 옳은 것이지 젊은 사람들이 무슨 죄가 있겠습니까? 조경(趙絅)·유계(兪棨)는 다 대신에게 죄를 얻은 사람들인데, 대신들이 그들의 죄를 정한다는 것은 듣지 못한 것입니다. 그 밖에도 평소 뇌물을 한없이 받고서 사정(私情)에 이끌려 법(法)을 무시하였으니, 임금도 잊고 나라도 저버리는 것은 단지 그가 하고도 남을 일입니다.

지난번 공로를 표창하는 날에 김류에게 말을 상으로 주었다고 하니, '적이 만약 깊이 들어오게 되면 체찰사는 그 죄를 면하기가 어려울 것이다.'라고 전일에 한 하교(下教)를 전하께서 잊은 것이 아닙니까? 12월 29일의 전투는 하나같이 김류의 지휘에 의해서 이루어진 것으로 장사(壯士)가 많이 죽고 사기가 크게 꺾였는데도, 그 죄를 신경연(申景煙: 申景禋의 오기)·황이(黃紃: 黃緝의 오기)에게 돌려서 곤장을 치기까지 하였으니, 이것이 어찌 진(晉)나라 환온(桓溫)이 방두(枋頭)에서 진(秦)에게 패하고서 그 책임을 표진(表眞: 袁眞의 오기)에게 돌린 것과 무엇이 다르겠습니까?

윤방(尹昉)은 오랫동안 재상의 자리에 있었으면서도 월(越)나라 사람이 진(秦)나라의 땅이 걸고 메마른 것을 상관하지 않듯이 전혀 무관심하게 예사로 보아 넘기고만 있었으니 그 죄는 목을 베어도 용서받지 못할 것인데, 변란이 일어나던 초기에 이미 종묘사직의 신주를 맡았으니 그 책임이 중하지 않습니까? 김경징(金慶徵)이 검찰사(檢察使)가 된 것은 김류(金瑬)가 스스로 천거한 것에서 나왔으니, 이는 자기 한집안을 피란시킬 계획이었습니다. 당초 강도(江都: 강화도)로 들어가게 되자 먼저 자기의 가솔과 짐바리를 건너가게 하고, 종묘사직의 신주와 빈궁은 나루터에서 3일 동안이나 머무르게 하여 건너지 못하였습니다. 내관(內官) 김인(金仁)이 그 분통을 참지 못하고 목놓아 통곡하였습니다. 이 사람은 전하의 죄인일 뿐만 아니라 김인의 죄인이기도 합니다. 또 영기(令旗)를 가지고 자기와 절친한 사람만 먼저 건너게 하는 바람에, 선비와 백성들이 강변에 가득 몰려 있다가 전부 사로잡히고 말았습니다. 이와 같은 일이 한두 번이 아니니 참으로 통탄스러울 일입니다. 대신(大臣)으로 있던 자가 만약 이러한 죄목으로 김경징을 효수(梟首)했다면, 장신(張紳)이 어떻게 달아났겠고, 강도(江都)가 어떻게 함락되었을 것이며, 김상용(金尚容)이 어찌 자결하기에 이르렀겠습니까? 계책이 여기에 미치지 못하고 미친 아이가 하는 대로 맡겨두고 그 사이에서 있으나마나 하였으니, 윤방이 어찌 중죄를 면할 수 있겠습니까?

오호라! 소문만 듣고도 달아나 무너진 일이야 어느 시대인들 없었겠습니까만, 종묘사직과 빈궁을 안중에도 두지 않은 것을 김경징같이 한 자가 있겠습니까? 제 어미를 헌신짝처럼 버리기를 또한 김경징같이 한 자가 있겠습니까? 양사(兩司)가 김류의 뜻을 받들어 그 중죄를 덮어 버리고 적당히 미봉책으로 책임을 면하려는 태도는 신(臣: 유백증)이 차마 바로 볼 수 없습니다. 김경징이 이민구를 자기보다 낫다고 여겨 일거수일투족(一擧手一投足)을 이민구에게 묻지 않은 것이 없었는지라, 강도(江都) 사람들이 이민구를 김경징의 유모(乳母)라고 불렀으니 이민구의 죄도 김경징과 무엇이 다르겠습니까?

나루터의 수비가 장차 무너지려 했을 때 급히 종묘사직의 신주를 받들고 빈궁과 대군에게 청하여 뒷문으로 달려 나갔더라면 배를 탈

수 있었을 것인데, 윤방(尹昉)이 머리를 움츠리고 쥐처럼 도망가서 민가에 숨어 있다가 내관(內官)에게 들켰습니다. 종묘사직의 신주를 더럽히고 잃었을 뿐만 아니라 끝내는 적진에 절하였으니, 이것은 전하가 남한산성에 있을 때의 일입니다. 윤방의 죄가 이와 같은데, 다만 종묘사직의 신주(神主)를 잃은 것으로 겨우 파직(罷職)에만 그쳤으니, 공론(公論: 공정한 의론)은 어느 때에나 볼 수 있겠습니까?

장신(張紳)이 죄를 결정할 때에도 불복하였으니, 본죄(本罪)에 한 등급을 더해야 할 것인데도 그로 하여금 자진(自盡)하게만 하였습니다. 예로부터 자진하게 하는 군율(軍律)이 어디에 있습니까? 기실, 죽이지 않은 것과 무엇이 다르겠습니까?

지난번 사헌부(司憲府)에 내린 비답(批答)에 이르기를, '막중한 범죄를 사사로운 정에 따라 정계(停啓: 죄인의 이름을 삭제하는 일)하여 죽은 자로 하여금 승복하지 않게 하였다.'라고 하였으니, 전하는 장신만 죽은 것이 억울한 것과 김경징이 죽지 않는 것이 형벌을 잘못 쓴 것임을 이미 아는 것인데, 누구를 꺼려서 반드시 양사(兩司)의 논계(論啓)를 기다리는 것입니까?

합계(合啓)에 대한 비답(批答)에 이르기를, '원훈(元勳)의 외아들에게 차마 형법(刑法)을 시행할 수 없다.'라고 하였으니, 이는 또 김경징에게 죄가 없다고 여긴 것은 아닙니다. 만약 연달아 합계하는 것이 그치지 않으면 기필코 윤허(允許)가 내려질까 두려워하여 즉시 정계(停啓)하라는 편지를 보냈다가 대사간(大司諫) 김남중(金南重)에게 저지당했는데, 다음날 또 정계하라는 편지를 보내어 오직 제 하고 싶은 대로 정계하였으니 김류의 권세가 무겁습니까? 가볍습니까?

원훈(元勳)의 아들을 종묘사직의 신주(神主)와 비교한다면 어느 것이 중하고 어느 것이 가볍겠습니까? 전하는 종묘사직의 신주와 빈궁을 김경징만 못하게 보시는 것이 아닙니까? 아니면 김류의 권세를 두려워해서 능히 법을 시행하지 못하고 양사(兩司)의 손을 빌려 하려는 것입니까? 전하가 더구나 두려워하는데 양사도 홀로 두려워하지 않겠습니까?

심즙(沈諿)은 가왕자(假王子)와 가대신(假大臣)이란 말을 청나라 사람에게 일러바쳐, 이로 인해 상황이 일이 트러져서 나랏일이 끝내 크게 그르치게 되었습니다. 그때 그의 목을 베지 않고 아직까지도 머리를 보전하고 있으니 참으로 통분할 일입니다.

신(臣: 유백증)이 윤방과 김류의 일을 말하다가 죄를 얻은 지가 반년도 못 되었는데, 또 망언을 꺼내니 제 몸에 이롭겠습니까? 나라에 이롭겠습니까? 바라건대 전하는 깊이 생각하소서."라고 하였다.

주상은 궁중에 머물러 두고 내려보내지 않았다.

○남한산성(南漢山城)에 호종한 음관(蔭官) 및 선비들과 성을 지킨 군사들에게 문과와 무과의 과거를 보였다. 문과에는 논하는 제목을 내걸었고, 무과에는 규준을 정하였으니 활과 총을 15번 쏘아서 1번 이상 맞추는 사람을 합격으로 하였다. 문과에는 정지화(鄭知和) 등 10여 명이 합격하고, 무과에는 7천여 명이 합격하였다. 도성과 지방의 공사천(公私賤) 및 도감(都監)의 포수들이 모두 응시하였던 것이다.

조정에서는 이들을 감당하여 처리하기가 곤란하자, 1천 명을 한 국(局)으로 하고 그들을 국출신(局出身)이라 칭하였다. 만약 종전 대로 천한 일을 하면 저희들끼리 벌을 주게 하였기 때문에 생업을 잃어 입고 먹을 수가 없었다. 장안에 도적의 무리들이 횡행하였는데, 온갖 물건들의 값이 뛰어오른 것은 다 이들 때문이었으니, 식자(識者)들이 걱정하였다.

○정축년(1637) 지월(至月: 11월)에 금국(金國)의 칸(汗)이 왕을 봉한다면서 차호(差胡)를 보내며 천사(天使)라 불렀고, 그들이 가지고 온 서신을 칙서(勅書)라 하였고, 칸(汗)은 스스로 청국 봉천승운 황제(淸國奉天承運皇帝)라 칭하였다.

그 칙서에 이르기를, "천지(天地)는 춥고 더운 계절을 배열하고, 제왕(帝王)은 포상하고 징벌하는 공도(公道)를 지닌다. 그러나 배반과 복종은 일정하지 않으므로 은혜와 위엄도 달리 쓴다. 생각건대 그대의 조선은 우리와 이웃한 나라이고, 행이(行李: 사신)를 왕래시키는 형제일 뿐만이 아니다. 그래서 짐(朕)이 바야흐로 금석(金石)같이 굳건하기를 기대했으나 왕은 갑자기 불화를 일으킬 딴 생각을 품었으니, 나의 신사(信使)를 거절하고 그대의 변신(邊臣: 변경의 신하)들을 경계시키면서 그대는 실로 군사를 일으켜 짐(朕)이 바야흐로 무위(武威)를 보인 것이다. 비록 죄상을 널리 알려 토벌한다고 했지만, 오직 왕으로서 그대의 권위를 도모하며 그대의 마음을 돌리게 하려 한 것뿐이다. 왕이 이제 지난 잘못을 이미 뉘우쳤으니, 짐(朕)이 어찌 전일의 죄악을 그대로만 생각하겠는가? 이제부터 처음으로 시작하여 함께 유신(惟新: 혁신)하는 것을 가상하게 여긴다. 이미 번봉(藩封: 諸侯)으로 정했으니, 이에 명나라가 내린 전국(傳國)의 인장(印章: 옥새)을 녹여 없애 버리고 마땅히 새로운 명[新命]을 받들어 펴도록 동문지부(同文之符: 御寶)를 내리니 사용하라. 특별히 사신에게 인(印)과 고(誥)를 받들어 가도록 하고, 이어서 그대를 조선국왕으로 봉하노라. 그대의 공순함을 가상히 여겨 금장(金

章)·보책(寶冊: 謚寶와 謚冊)을 거듭 새롭도록 하니, 나의 번병(藩屛: 제후국)이 되어 황하(黃河)가 띠처럼 가늘어지고 태산(泰山)이 숫돌처럼 닳도록 변하지 말지어다. 한 시대의 명분(名分)을 세워 만년의 강상(綱常: 사람으로서의 도리)을 정하니, 천지(天地: 하늘과 땅)가 바뀌지 않고 관리(冠履: 상하)가 바뀌지 않을 것이다. 왕은 마음과 생각을 깨끗이 씻고 대대로 조공(朝貢)의 도리를 닦되 시작을 잘하여 좋은 결과가 있도록 해서 길이 평강(平康)의 복을 보전하라. 공경하고 힘써서 황제의 명을 저버리지 말라." 하였다.

또 칙유(勅諭)라고 하는 것에 이르기를, "짐(朕)이 생각건대 예(禮)에 있어서 옥백(玉帛)을 폐하지 않고 상을 주어 충성을 권하는 것은 유래가 오래되었다. 그대의 귀명(歸命: 귀순)을 생각하면 마땅히 책봉(冊封)과 하사(下賜)가 있어야 할진대, 지금 특별히 영아아대(英俄兒代: 용골대)·마부달(馬付達: 마부대)·대운(戴雲)을 보내어 그대를 국왕으로 봉하고 인(印: 국새)과 초구(貂裘)·안마(鞍馬)를 아울러 가져가도록 한다. 왕은 공손히 받아 짐(朕)이 우대하여 주는 지극한 정을 알라. 그래서 조선국왕에게 유지(諭旨)를 내리고 주노라. 흑호피(黑狐皮) 1장(張), 현호피(玄狐皮) 1령(領), 자초피(紫貂皮) 100장(張), 준마(駿馬) 1필(匹), 영롱안(玲瓏鞍) 1부(部). 숭덕(崇德) 2년(1637) 10월 26일."라고 하였다. 소위 영아아대(英俄兒代)는 곧 용호(龍胡: 용골대)요, 마부달(馬付達)은 곧 마호(馬胡: 마부달)인데, 골대(骨大)·부대(付大)는 직명(職名)이라고 한다.

○인(印)을 찍은 위에는 전문(篆文) 네 글자가 있고 아래에는 2건의 몽골의 서찰이 있었다. 그 가운데 1건은 인(印)이 없는 것으로서 그 서찰의 내용은 우리나라에 귀순한 자들로서 쇄환해야 할 한인(漢人)을

맡아 그대로 두는 연유를 트집잡아 따져 물으면서 그 한인을 쇄환할 것, 사로잡혔다가 도망쳐 돌아간 역관(譯官) 3명을 쇄환할 것, 청나라 말을 훔친 것을 찾아서 보낼 것, 삼공(三公)과 육경(六卿) 및 사대부(士大夫)의 집에서 저들과 서로 혼인할 것, 미색 시녀(美色侍女)를 들여보낼 것 등이었다.

○용골대(龍骨大) 등이 우리나라의 변경에 도착하자 소란을 일으키고 뇌물을 받는 등 못하는 짓이 없었다. 심지어 방기(房妓)를 억지로 들이게 하자 원접사(遠接使) 이경증(李景曾)이 여러 차례 막고 또 임금에게 아뢰었지만, 용호(龍胡: 용골대) 등이 무수히 욕을 보여 조정에서 하는 수 없이 허락하였다. 이후로부터 각 고을의 기생을 날마다 방에 들여보내니, 마음에 맞는 자는 왕래할 때마다 데리고 다녔다. 도성에 이르러서도 의녀(醫女)와 무녀(巫女)를 들이게 하였다. 그후 무릇 우리나라에 나오는 자는 마침내 이를 규례로 삼고서, 조금이라도 노여운 마음이 생기면 사대부조차 치고 때리니 마치 노예와도 같았다. 병조좌랑(兵曹佐郎) 변호길(邊虎吉)도 곤장을 맞고서 병들어 죽었다. 삼공(三公)·육경(六卿)·사대부(士大夫) 집의 12명이 장차 혼인을 정하려고 심양(瀋陽)에 미리 알리니, 칸(汗)이 이르기를, "먼 길 오려면 폐단이 있을 터이니 그만두라." 하였다. 각도의 기녀 10여 명을 뽑아서 시녀로 채웠는데, 그 뒤에 칸(汗)이 다시 보내지 말도록 하였다.

○출성(出城: 항복)한 뒤로 남한산성의 망월봉(望月峯)을 마주한 봉우리에 곡성(曲城)을 더 쌓아서 남한산성에 붙였는데, 호차(胡差)가 가서 보고는 죄다 헐게 하였다. 더구나 삼전도(三田渡)에 승첩비(勝捷碑)를 세우도록 했는데, 채각(彩閣)을 짓되 여러 층계를 만들고 그 가운데에

높은 비를 세우고는 담장으로 두르게 하니, 공사가 거대하고 교묘했다. 대제학(大提學) 이경석(李景奭)이 그 비문을 짓고서, 참지(參知) 오준(吳竣)이 쓰고, 참판(參判) 여이징(呂爾徵)이 전자(篆字)를 쓰고, 청나라 및 몽골의 번문(番文: 만주어와 몽골어)으로 아울러 한 비석에 썼다.

그 비문에 이르기를, "대청(大淸) 숭덕(崇德) 원년(1636) 12월 황제는 화친을 무너뜨린 것이 우리로부터 시작되었다고 해서 크게 진노해 무력으로 위엄있게 임하여 곧장 동쪽으로 정벌에 나서니, 감히 항거하는 자가 없었다. 그때 우리 임금은 남한산성에 피신해 있으면서 봄얼음을 밟듯 두려워하며 밝은 태양을 기다린 지 거의 50일이나 되었다. 동쪽과 남쪽의 여러 지방에서 온 군사들이 연달아서 무너지고 서쪽과 북쪽 지방에 있던 군사들은 산골짜기에서 두려워 관망만 하며 한 걸음도 나오지 못하였는데, 성안에는 식량 또한 다 떨어져 갔다. 이때를 당하여 대병을 거느리고 성에 육박하니 마치 서릿바람에 가을 낙엽이 말라 비틀어지는 듯했고 화롯불에 기러기털이 사르는 듯했으나, 황제가 죽이지 않는 것으로 진정한 무용(武勇)으로 삼아 오직 덕을 펴는 것을 선무(先務)로 삼으니, 칙서(勅書)를 내려 효유하기를, '짐(朕)에게 귀순해 오면 그대를 살려주겠지만, 그렇지 않으면 도륙할 것이다.' 하였다. 영아아대(英俄兒代)와 마부대(馬夫大)와 같은 대장들이 황제의 명을 받들고 연달아 길에 이어졌다. 이에, 우리 임금은 문무(文武) 여러 신하들을 모아 놓고 이르기를, '내가 대국에 화호(和好)를 의탁한 지 지금 10년이나 되었도다. 내가 사리에 어둡고 분별력이 없었기 때문에 대국의 토벌을 자초하여 백성들이 어육이 되었으니, 그 죄는 나 한 사람에게 있는 것이로다. 황제는 그래도 도륙하지 않고 이와 같이 효유하니, 내

어찌 감히 그 뜻을 공경히 받들어 위로는 우리 종묘사직을 보전하고 아래로는 우리 백성들을 보호하지 않겠는가?'라고 하니, 대신들이 그 뜻에 찬동하여 마침내 수십 기병을 거느리고 군문(軍門) 앞에 나아가 죄를 청하였다. 황제는 이에 예(禮)로써 우대하고 은혜로써 어루만졌으니, 한번 보고도 속마음을 미루어 다시 내린 은혜가 있어서 시종(侍從)하는 신하들에게까지 두루 미쳤다. 예(禮)가 끝나자 곧바로 우리 임금을 도성으로 돌아가게 하고, 즉시 남쪽으로 내려간 대국의 군사들을 불러서 회군하여 서쪽으로 돌아갔다. 난폭한 짓을 못하게 하고 농사짓기를 권하니 원근에 꿩과 새처럼 흩어졌던 자가 모두 제집을 찾아들어, 동토(東土) 수천 리의 산하(山河)가 곧 옛날과 같은 모습이 되었다. 눈과 서리가 내리던 겨울이 변하여 따뜻한 봄이 되고 만물이 시들던 가뭄이 바뀌어 때맞추어 내리는 단비가 되었으며, 나라가 이미 망했다가 다시 보존되고 종사가 이미 끊어졌다가 다시 이어지게 되었으니, 이는 실로 예로부터 보기 드물게 있는 일이다. 한강 상류에 있는 삼전도(三田渡)의 남쪽은 바로 황제가 잠시 머물던 곳으로 단장(壇場)이 남아 있다. 우리 임금이 이에 수부(水部: 工曺의 별칭)로 하여금 단소(壇所)를 증축하여 높고 크게 하고 또 돌을 깎아 비(碑)를 세워 영구히 남게 함으로써 황제의 공덕이 참으로 조화(造化)와 더불어 함께 흐름을 드러내었으니, 어찌 특별히 우리 소방만 대대로 길이 힘입을 뿐이겠는가? 또한 대국의 어진 명성과 위엄 있는 무의(武誼)에 제아무리 먼 곳에서도 복종하지 않을 수 없는 것은 일찍이 여기에서 기초하지 않을 수 없도다. 돌이켜보건대, 천지 같은 위대함을 본뜨고 일월 같은 밝음을 그리려는데 그 만분의 일도 비슷하게 할 수가 없으니, 삼가 그 대략을 실을 뿐이다.

명(銘)한다.

하늘이 서리와 이슬을 내려 숙살하고 생육하는데, 오직 황제가 그것을 본받아 위엄과 은택을 아울러 폈도다. 황제가 동국을 정벌함에 그 군사가 십만이었으니, 진군소리는 뇌성처럼 진동하고 용감하기는 호랑이 비휴와 같았도다. 서쪽 변방 오랑캐와 북쪽 변방 오랑캐, 모두 창을 잡고 앞장서서 달려오니 그 위세 빛나고 빛났도다. 황제는 지극히 인자하고 은혜로운 말을 내리니, 열 줄의 조서가 밝게 드리워 엄숙하고 온화하였으나, 처음에 미욱하여 알지 못하고 스스로 재앙을 불러왔도다. 황제가 밝은 명령 내리니 자는데 깨우듯 하여, 우리 임금이 공손히 복종하고 서로 이끌고 귀부하였으니, 위엄을 단지 두려워함이 아니고 오직 덕에 귀의한 것이로다. 황제가 가상히 여겨 은택이 흡족하고 예우가 융숭하사, 온화한 얼굴로 웃으며 창과 방패를 거두었도다. 무엇을 내려 주었나, 준마와 가벼운 갖옷이로다. 도성 안의 사람들이 노래하고 즐거워하니, 우리 임금의 환도함은 황제의 은덕이고, 황제의 회군함이 우리 백성들을 구함이로다. 우리들이 망하여 흩어짐을 불쌍히 여겨 우리에게 농사짓기를 권하니, 강토가 예전 그대로 되찾았고 취단(翠壇)은 나날이 새로우며, 앙상한 뼈에 다시 살이 오르고 겨우내 시들었던 뿌리에 봄날이 돌아왔도다. 우뚝한 돌비석을 큰 강가에 세우니, 만년토록 우리나라에 황제의 덕이 빛나리로다.

記亂後事[1)]

○丙子冬廢主[2)], 自江都移, 圍籬於喬桐。丁丑出城後, 申景禛·

---

1) 南礏의 『南漢日記』(신해진 역, 보고사, 2012)의 〈기타〉와 동일하다. 곧, 앞서 홍익한의 문서부터 다음 유백증 앞부분까지 같다.

具宏·申景瑗·申景禋·洪振道等, 聯名貽書於京畿水使申景珍[3], 使之善處, 潛害之意也, 景珍不從。二月自喬桐, 又移於濟州也。有武人者, 求爲別將, 以爲立切之地, 而不得焉。蓋景禛等之餘意也。辛巳七月初二日, 卒于濟州。

○賊兵回還, 時留孔有德·耿仲明等兩賊, 與我國合勢, 以犯椵島。有德·仲明, 初以唐將, 習於舟師, 曾叛據山東, 爲天朝所擊, 浮海投賊者, 卽所謂孔耿也。

我國以柳琳爲首將, 林慶業[4]爲副, 隨孔耿同犯椵島。椵島在海

---

2) 廢主(폐주): 광해군은 폐위 후 강화도에 위리안치되었다가 충청도 태안으로 옮겨졌으며, 1624년 이괄의 난 때 다시 강화도로 다시 옮겨졌다가 1636년 병자호란이 발발하자 강화도 옆 교동도에 유배되었으며, 병자호란이 끝나고 1637년 6월 6일 제주도에 들어가 제주 서성 안에 위리안치되었다.

3) 申景珍(신경진, 생몰년 미상): 본관은 平山. 증조부는 己卯名賢인 이조판서 申鏛이다. 1605년 癸卯庭試武科에 급제하였다. 여러 무직을 역임하고 1623년 인조반정이 일어난 뒤 광해군이 일시 교동에 유배되었을 때 강화본영의 水使로 있으면서 광해군을 잘 보호했다. 이 때문에 당시 대신에게 미움을 사서 밀양부사로 체직되기도 했다.

4) 林慶業(임경업, 1594~1646): 본관은 平澤, 자는 英伯, 호는 孤松. 1618년 동생 林嗣業과 함께 무과에 급제하였다. 함경도 甲山에서 근무하였고 1620년 小農堡權管, 1622년 중추부첨지사를 거쳐 1624년 鄭忠信 휘하에서 李适의 난을 진압하며 무관으로 두각을 나타냈다. 1626년 전라도 樂安郡守, 1627년 정묘호란 때 後金이 쳐들어오자 左營將으로 서울로 진군하여 강화에 갔으나 이미 화의가 성립된 후였기에 싸워보지 못하고 낙안으로 되돌아왔다. 1630년 平壤中軍으로서 劍山城과 龍骨城을 수축하였고, 1633년 淸北防禦使 겸 寧邊府使로 白馬山城과 義州城을 수축하는 한편 椵島에 주둔한 명나라 都督 劉興治의 군사를 감시, 그 준동을 막았다. 1633년 평안도 淸川江 북쪽을 방어를 담당하는 청북방어사 겸 영변부사로 白馬山城과 義州城을 수축했으며, 孔有德 등 명나라에 반역하고 후금과 내통한 세력을 토벌하여 명나라로부터 '總兵'이라는 벼슬을 받았다. 1634년 義州府尹이 되었으며, 1636년 당시 도원수였던 金自點이 그의 복직을 간하여 의주부윤으로 복직되었다. 같은 해 병자호란 때 청나라(후금)이 다시 압록강을 쳐들어 왔으나 이번에는 임경업이 지키고 있는 백마산성을 피해 서울로 곧바로 진격하였다. 임경업은 청나라 군대의 진로를 차단하고 일전을 기다렸으나 싸워

中, 非但泊舡甚難, 周設火炮。賊累日不敢犯, 問策於我國兩將, 辭以不知。賊或威或誘, 慶業曰: "島之一面阻山, 山下海水相通, 島人不設備於此。若乘夜擧船, 踰山潛渡以入, 可以陷之." 賊大善其計, 一如林言, 終以此謀陷島。慶業佯托逗留[5], 多殺賊兵, 而陷島之計, 專出於此人。及其入島, 我國之人, 殺掠漢人, 有甚於虜賊, 島人僅以五六舡, 浮海逃生。

都督沈世魁, 率手下兵數百登山, 賊誘之曰: "汝若來降, 富貴可全." 世魁使人答曰: "我爲大明之臣, 死則死, 豈降於犬羊[6]乎? 賊專力圍攻, 皆死鋒刃, 無一人降者。世魁素是買賣賤隷, 終建大節, 誠天下之烈士也。當初賊之攻島也, 朝廷亦可預先潛通, 而畏其賊威, 竟不能焉, 以至於此。自汗以下, 次第四月內[7]渡江。慶業以攻島之功多, 受賊賞, 至受賊爵。

○當其變初, 全羅水使成夏宗[8], 左水使安夢尹[9], 統營虞候黃瀷,

보지 못했다. 결국 南漢山城까지 포위되어 조선은 항복을 선언하였다. 임경업은 압록강에서 철군하는 청나라의 배후를 공격하여 적의 기병 약 300기를 섬멸하고 포로로 끌려가던 양민 100여 명을 구출하였다. 그 후 청나라가 명나라 군대를 치기 위해 병력을 요청하자 水軍將에 임명되어 참전했으나 명나라와 내통하여 피해를 줄이게 했으며 철저한 親明排淸派 武將이었다. 1643년 명나라에 망명하여 청나라와 싸우다 생포되었으며, 1646년 仁祖의 요청으로 조선으로 압송되어 형틀에서 장살되었다.

5) 逗遛(두류): 전장에서 전진해야 하는데 전진하지 않은 것을 말함.

6) 犬羊(견양): 오랑캐 등 外敵을 멸시하여 부르는 칭호.

7) 次第四月內(차제사월내): 四月內次第의 오기.

8) 成夏宗(성하종, 1573~1645): 본관은 昌寧, 자는 而述. 大靜縣監을 지냈으며, 그 뒤 형조좌랑·軍器寺僉正·訓練院副正·갑산부사·咸鏡南道虞候·길주목사 등을 역임하였고, 강계부사로 있으면서는 선정을 베풀어 이름을 떨쳤다. 1636년 청백리에 뽑히고 昌興君에 봉해졌다. 五衛都摠部副摠管이 되었다. 이 해 12월 병자호란이 일어나자 전라우도수군절도사로서 수군을 이끌고 강화도로 갔으나 이미 강화도가 함

領舟師, 趁不上來, 到處遲留。纔到在江都一日程, 聞虜已陷島, 亦不赴難。從外洋[10], 迂往喬桐, 及出城之後, 盡爲退還本鎭。其後, 夏宗陞拜濟牧, 夢尹配於正方[11], 未久蒙放, 瀷只爲罷職, 旋爲敍用。

○杞平君兪伯曾上疏[12], 略曰: "尹昉·金瑬之誤國, 臣之正月疏, 略陳其大略矣, 正月以後, 尹昉·金瑬之罪, 臣請條陳焉。上年秋夏以前, 瑬之斥和論議甚峻, 至曰: '淸國不當書, 信使不可送.' 而殿下特下, '敵若深入, 體察難免其罪'之敎, 自此以後, 附會和議。尹集〈等〉縛送·尹煌等論罪, 瑬實主張, 山城被圍, 身爲將相, 終使君父出城, 而未嘗一番引咎[13], 元帥以下之科罪[14], 偃然[15]擬當[16]。當初, 淸人之請出東宮也, 瑬卽勸出, 願爲隨行, 及夫〈東宮之〉北轅也, 辭以老病, 人臣分義, 果安在哉? 凶人誑誘守堞之卒, 群聚闕下, 請出斥和臣, 軍情一動, 爭欲刺刃瑬腹, 自知難免, 使李弘冑代領其

락된 뒤였다. 이 때문에 고의로 출동을 늦추었다는 죄로 탄핵을 받아 제주목사로 좌천되었다. 그 뒤 함경북도병마절도사가 되어 북방의 방어에 공헌하였다. 1645년 경성 임지에서 죽었다.

9) 安夢尹(안몽윤, 1571~1650): 본관은 順興, 자는 商卿. 蔭補로 軍職에 올랐고 임진왜란에 공을 세웠다. 1599년 部將으로 창덕궁을 호위, 1624년 이괄의 난 때 元帥 張晩의 前部右協將으로 군량보급을 맡았고, 鞍峴 싸움으로 振武功臣 3등, 順陽君에 진봉되었다. 中和·仁同의 府使, 전라좌도 수군절도사·중추부지사·도총관에 올랐다.

10) 外洋(외양): 연안에 인접되지 않은 넓은 바다.

11) 正方(정방): 鳳山의 正方城.

12) 《仁祖實錄》 1637년 6월 21일 1번째 기사.

13) 引咎(인구): 자신의 허물을 드러내어 일에 대한 책임을 지는 것.

14) 科罪(과죄): 죄를 처단함.

15) 偃然(언연): 거드름을 피우고 거만스러움.

16) 擬當(의당): 擔當의 오기.

衆。殿下以瑬, 爲忠於君耶? 爲身謀耶? 〈東宮之行旣北, 臣子之心欲裂〉, 瑬以質子慶徵, 官高遭喪, 懸錄名下, 具宏大言曰: '東宮爵位, 不及慶徵耶? 中殿之初朞纔過, 慶徵獨在母喪耶?' 瑬卽寢其事。上年龍胡之來也, 備局陳絶和之計, 政院謄〈之〉, 〈以〉爲有旨, 傳於撥上, 見露於淸人, 若送斥和人, 則其時廟堂當之〈可也〉, 年少之人奚罪焉? 趙絅·兪棨, 得罪大臣者也, 〈大臣〉自爲定罪, 未嘗聞也。其他平日, 受賂無厭, 循私蔑法, 忘君負國, 特其餘事。頃者, 犒賞之日, 以馬賞瑬云, 前日'賊若深入, 則體察難免'之敎, 殿下無乃忘之耶? 臘月二十九日之戰, 一出於瑬之指揮, 壯士多死, 士氣大挫, 及歸罪於申景煙·黃緝[17], 至於棍打, 此何異桓溫之敗枋頭[18]而罪表眞[19]也? 昉則久在相位, 越視秦瘠[20], 罪不容誅, 而變生之初, 旣受廟社之托, 其責不其重乎? 金慶徵之爲撿察使, 出於瑬之自薦, 蓋爲一家避亂之計也。當入江都也, 先濟其家屬卜駄, 令廟社·嬪宮, 留津頭三日不得濟。內官金仁, 不勝其憤, 失聲痛哭。此人非但殿下之罪人, 乃金仁之罪人也。又以令旗, 先濟其親切之人, 致令士

---

17) 黃緝(황이): 黃緝(1580~1658)의 오기. 본관는 長水, 자는 丕承. 1608년 별시 무과에 급제하였다. 1610년 남포현감, 1620년 미조항첨사, 1628년 의주부윤, 1637년 경상도 좌병사, 1640년 황해병사, 1641년 전라병사, 1647년 북병사 등을 지냈다.

18) 桓溫之敗枋頭(황온지패방두): 晉나라 桓溫이 燕나라를 치려다가 방두에서 크게 패배한 것을 일컬음. 많은 병사를 잃은 데다 당시에 역병까지 퍼져 환온에 대한 백성들의 원성이 자자하였다.

19) 表眞(표진): 袁眞의 오기. 桓溫과 함께 前燕을 공격했던 인물. 전연이 前秦의 구원을 얻으니 晉나라 군사의 보급로가 차단되고 군량이 끊어져 버려 패배하고 돌아와야 했는데, 환온이 죄를 그에게 물어 庶人으로 폐하였다.

20) 越視秦瘠(월시진척): 월나라 사람이 멀리 떨어져 있는 진나라의 땅이 걸고 메마름을 상관하지 않듯이, 남의 일에 전혀 무관심함.

民彌滿於江邊, 沒數被擄。如是者非一, 可勝痛哉! 爲大臣者, 若以此罪, 梟慶徵之首, 則張紳何以逃去, 江都何以陷沒, 金尙容何至於自決乎? 計不出此, 而任他[21]狂童所爲, 不能有無之於其間, 昉焉得免重罪乎? 嗚呼! 望風奔潰, 何代無之? 而不有宗社·嬪宮, 有如慶徵者乎? 棄其母如弊屣, 亦有如慶徵者乎? 兩司承塗旨, 沒其重罪, 草草[22]塞責[23]之態, 臣不忍正視也。慶徵, 以敏求勝己, 一動一靜[24], 無不問於敏求, 江都號敏求爲慶徵之乳母, 敏求之罪, 與慶徵何異哉? 津頭將失守也, 急奉廟社, 請嬪宮·大君, 從後門馳出, 則可以乘船, 而昉乃縮頭鼠竄, 匿於民家, 爲內官所得。非但廟社汚衊散失, 終乃拜于虜陣, 此則殿下在山城之日也。昉之罪如此, 而只以廟主散失, 止於罷職, 公論, 何時得見乎? 張紳, 臨決不服, 可於本罪加一等, 而使之自盡。自古安有自盡之軍律乎? 其實與不殺, 何異哉? 頃於憲府之答, 有曰: '若重[25]罪犯, 循私停啓[26], 使死者不服.' 殿下旣知張紳之獨死爲冤, 而慶徵之不死爲失刑, 則誰憚而必待兩司之論乎? 合啓之答, 有曰: '元勳獨子, 不忍加法.' 此又不以慶徵爲無罪也。若連啓不已, 則恐必蒙允, 卽發停啓之簡, 爲大諫金南重所沮, 翌日又停啓, 卽停惟意所欲, 塗之勢, 重耶? 輕耶? 元勳之子, 比之

---

21) 任他(임타): 타인의 행동에 대하여 간섭하지 아니하고 방임함.

22) 草草(초초): 갖출 것을 다 갖추지 못하여 초라함.

23) 塞責(색책): 책임을 면하기 위하여 겉만 겨우 미봉하는 짓.

24) 一動一靜(일동일정): 때로는 움직이고 때로는 움직이지 않고 조용히 있음. 일거수일투족.

25) 若重(약중): 莫重의 오기.

26) 停啓(정계): 사헌부·사간원에서 죄인의 성명과 罪名 등을 적어서 임금에게 올리는 서류 가운데서 죄인의 이름을 삭제하는 일.

於宗社, 則孰重孰輕? 無乃殿下視宗社嬪宮, 不及慶徵耶? 抑畏塗權勢, 不能行法, 欲假手於兩司耶? 殿下尙且[27]畏之, 兩司獨不畏之乎? 沈諿, 以假王子·假大臣之說, 訴淸人, 因此輾轉, 國事終至於大誤。其時, 不斬其頭, 而尙保首領, 可勝痛哉! 臣言昉塗之事, 被罪曾未半年, 又發妄言, 利於身乎? 利於國乎? 願殿下深思焉." 上留中不下。

○南漢扈從蔭官及士子, 守堞軍士, 設文武科。文士論題, 武之規矩, 弓銃以十五放, 一中以上入格。文科鄭知和[28]等十餘人, 武科七千餘人。京外公私賤, 及都監炮手, 皆與焉。朝廷難以處置, 以一千爲局, 稱以局出身。若依前爲賤業, 則自中有罰, 故失其所業, 無以衣食。洛下賊倘之橫行, 凡百物貨之騰貴[29], 皆由於此, 識者憂之。

○丁丑至月, 金汗號[30]爲封王, 送差胡, 號爲天使, 其書號爲勅, 汗自稱淸國奉天承運皇帝。〈其〉書[31]曰: "天地布寒暖之節, 帝王操賞罰之公。惟叛服者無常, 故恩威之異用。念爾朝鮮, 係我隣國, 往來行李[32], 不啻兄弟。朕方期金石之堅, 王忽起參商[33]之異, 拒我信

---

27) 尙且(상차): 더구나. 게다가.

28) 鄭知和(정지화, 1613~1688): 본관은 東萊, 자는 禮卿, 호는 南谷. 鄭光弼의 5대손, 鄭惟吉의 증손, 鄭昌衍의 손자, 鄭廣敬의 아들이다. 1633년 사마시에 합격하고, 1637년 齊陵參奉으로 있으면서 별시 문과에서 장원급제하였다. 1639년 세자시강원사서가 되어 심양에 가는 세자를 수행하였다. 1640년 귀국한 뒤 홍문관수찬·교리·응교, 이조정랑, 사헌부집의 등을 지냈고, 1649년 원주목사로 나갔다. 1651년 진주사의 서장관으로 청나라를 다녀온 뒤, 병조참의·대사간 등을 거치고 전라도·함경도·평안도의 관찰사를 지내다가 1664년 평조판서에 올랐다.

29) 謄貴(등귀): 騰貴의 오기.

30) 號(호): 불필요한 글자.

31) 《仁祖實錄》 1637년 11월 20일 1번째 기사.

使, 戒爾邊臣, 爾實興戎[34], 朕方耀武。雖云聲罪[35]而致討, 惟圖南面[36]而回心。王今旣悔前非, 朕豈仍念舊惡? 從前[37]創始, 嘉與惟新。旣定藩封[38], 爰銷傳國之印[39], 宜申新命, 用頒同文之符[40]。特遣使臣, 齎捧印誥, 仍封爾爲朝鮮國王。嘉乃恭順, 金章·寶冊重新, 作我藩屛, 帶河礪山[41]不改。立一時之名分, 定萬載之綱常, 〈天地無移[42], 冠履不易。王其洗心滌慮, 世修職貢[43]之常〉, 善始令終[44], 永保平康之福。敬之懋哉, 勿替帝命."

---

32) 行李(행이): 使臣.

33) 參商(삼상): 參星과 商星은 동서로 멀리 떨어져 있으므로, 형제가 화목하지 않는 일을 비유하는 말.

34) 興戎(흥융): 전쟁을 일으킴.

35) 聲罪(성죄): 죄상을 세상에 널리 알림. 적국에 대해 그들의 죄상을 밝혀, 사람들로 하여금 그들을 죄주는 명분을 알게 하기 위한 것이다.

36) 南面(남면): 군주나 임금. 임금이 큰 잔치나 중요한 행사에서 남쪽을 향하도록 앉는 데서 나온 말이다.

37) 前(전): 玆의 오기.

38) 藩封(번봉): 諸侯.

39) 傳國之印(전국지인): 傳國璽. 傳國寶. 왕위계승의 상징으로 인식한 제왕의 인장. 조선시대의 국새는 대부분 명나라와 청나라의 황제들이 책봉과 동시에 사여하였고, 국왕문서용 국새는 국내에서 제작하였다. 태조 이성계가 고려의 국새를 명나라에 반납하고, 새로 내려주기를 여러 차례 요청하였지만 실현되지 않았다. 태종대에 금으로 만든 '朝鮮國王之印'을 받았다. 이 국새는 인조 대까지 주로 명나라와의 외교문서에 사용하였으며, 1636년 병자호란 이후에는 청나라에서 사여한 국새를 사용하였다.

40) 同文之符(동문지부): 同文之寶. 임금이 책을 나누어 줄 때에 쓰던 금 도장.

41) 帶河礪山(대하여산): 功臣을 封해주는 맹세의 말. 황하의 물이 띠와 같이 줄고, 태산이 숫돌같이 작게 되도록 영원히 서로 나라를 보전하여 후손에게까지 미치게 하자는 것이다.

42) 無移(무이): 바꾸지 못함.

43) 職貢(직공): 제후국에서 上國에 바치는 貢賦.

44) 令終(영종): 좋은 결과.

又號勅諭曰: "朕惟, 禮不廢玉帛, 賞以勸忠, 所從來久矣。念爾歸命, 宜有封錫, 今特遣英俄〈兒〉代·馬付達·戴雲, 封爾國王, 賫印, 幷貂裘·鞍馬。王其祗受, 以見朕優賚至意。故諭給朝鮮國王: 黑狐皮一張, 玄狐皮一領, 紫貂皮一百張, 駿馬一匹, 玲瓏鞍一部。崇德二年十月二十六日." 所渭英俄兒代卽龍胡, 〈馬〉付達卽馬胡, 骨大·付大, 乃職名云。

○印上有篆文四字, 下有二件蒙書。一件無印而書中說話, 蓋我國向化刷還漢人, 接置緣由誥問[45], 漢人刷還, 被擄逃還譯官三人刷還, 淸馬盜者推給[46], 三公六卿及士大夫家, 相爲婚姻, 美色侍女, 入送等事也。

○龍骨大等, 到我境, 作拏[47]受賂, 罔有紀極[48]。而至於勒納房妓, 遠接使李景曾[49], 累度防塞[50], 且爲啓稟, 龍胡等, 致辱無數, 朝廷不得已許之。自此以後, 各邑妓生, 逐日入房, 適意[51]者, 往來率行。到京, 以醫女巫女入之。厥後, 凡出我國者, 遂以爲例, 少有怒

45) 誥問(고문): 詰問의 오기.

46) 推給(추급): 찾아서 내어 줌.

47) 作拏(작나): 소란을 일으킴.

48) 罔有紀極(망유기극): 기율이 어그러짐이 몹시 심함.

49) 李景曾(이경증, 1595~1648): 본관은 德水, 자는 汝省, 호는 眉江·松陰. 1623년 인조반정 후 참봉으로 알성문과에 장원급제, 전억에 임명되어 정언, 예조·병조의 좌랑을 거친 뒤, 1627년 정묘호란 때 왕이 강화로 피란가자 어사로서 호남에 내려가 식량 조달에 공을 크게 세웠다. 1636년 병자호란 때는 호종해 공을 세워 환도 이후 도승지, 곧이어 병조판서, 대사간을 거치고, 1638년 병조판서가 되어 원접사로서 용만에 나갔으나 병으로 물러났다가 1644년 이조판서가 되었다.

50) 防塞(방색): 사람이나 동물을 들어오지 못하게 막음.

51) 適意(적의): 마음에 맞음.

意, 擊打士大夫, 有同奴隷。兵曹佐郎邊虎吉被杖, 得病而死。三公·六卿·士大夫家十二人, 定將婚姻, 預報潘中, 汗謂: "遠來有弊, 罷之." 釋[52]各道妓女十餘人, 以充侍女, 厥後, 汗使勿更送。

○出城後, 南漢望月對峯, 加築曲城, 屬於山城, 胡差往見, 使之盡毁。且於三田浦, 使立勝捷碑, 作彩閣, 設層階, 立崇碑其中, 圍以垣墻, 工役酷大且巧。大提學李景奭製其碑文, 參知吳竣[53]書之, 參判呂爾徵篆之, 而淸國及蒙古番文[54], 幷書一碑。其文[55]曰: "大淸崇德元年冬十有二月, 皇帝〈以〉懷和[56]自我始, 赫然怒, 以武臨之, 直擣而東, 莫敢有抗者。時我寡君, 栖于南漢, 凜凜[57]若履春氷, 而侍白日[58]者, 殆盡五旬。東南諸道兵, 相繼而崩潰, 西北師逗撓[59]峽內, 不能進一步, 城中食且盡。當此之時, 以大兵薄城, 如霜風捲秋〈籜〉, 爐火之燎鴻毛, 而皇帝以不殺爲武, 惟布德是先, 降勅諭之, 曰: '來朕全爾, 否屠之.' 有若英·馬諸大將, 承皇命, 相續於道。

---

52) 釋(석): 擇의 오기.

53) 吳竣(오준, 1587~1666): 본관은 同福. 자는 汝完, 호는 竹南. 1618년 증광 문과에 급제한 뒤, 注書를 거쳐 持平·掌令·弼善·修撰 등을 지냈다. 병자호란 뒤인 1639년 한성부판윤으로 奏請副使가 되어 瀋陽에 다녀왔다. 그 뒤 1643년 청나라 세조의 즉위에 즈음해 登極副使로, 1648년에는 冬至兼正朝聖節使로 청나라에 다녀왔다. 1650년 예조판서, 이후 형조판서·대사헌·右賓客 등을 거쳐 1660년 좌참찬이 되고, 이어 판중추부사에 이르렀다. 문장에 능하고 글씨를 잘 써서 왕가의 吉凶冊文과 三田渡碑의 비문을 비롯한 수많은 公私의 비명을 썼다.

54) 番文(번문): 한자 이외의 소수 민족이 쓰는 문자.

55) 《인조실록》 1638년 2월 8일 2번째 기사.

56) 懷和(회화): 壞和의 오기.

57) 凜凜(늠름): 두려워하는 모양.

58) 侍白日(시백일): 待白日의 오기.

59) 逗撓(두요): 두려워 피하고 나아가지 아니함. 적군 앞에서 관망만 하는 태도를 말한다.

於是, 我寡君集文武諸臣, 謂曰: ‘予托和好于大邦, 十年于玆矣。由予昏惑, 自速天討, 萬姓魚肉, 罪在予一人。皇帝猶不能屠殺, 諭之如此, 予曷敢不欽承, 以上全我宗社, 下保我生靈乎?’ 大臣協贊之, 遂從數十騎, 詣軍前請罪。皇帝乃優之以禮, 附之[60]以恩, 一見而推心腹, 復有錫賚之恩, 遍及從臣。禮罷, 卽還我寡君于都城, 立召兵之南下者, 振旅[61]而西。禁暴勸農, 遠近之鳩鳥散者, 咸復厥居, 環東土數千里山何[62], 卽依舊矣。霜雪變爲陽春, 枯旱轉爲時雨, 旣亡而復存, 已絶而還續, 此實古昔以來, 所罕有者也。漢水上流, 三田渡之南, 卽皇帝駐蹕之所也, 壇場在焉。我寡君, 爰命水部, 就壇所, 增而高大之, 又伐石而碑之, 垂之永久, 以彰夫皇帝之功德, 直與造化, 而同流也, 豈特我小邦〈而〉世世永賴? 抑亦大朝仁聲威誼, 無遠而不服者, 未始不基于玆也。顧摹天地之大, 盡[63]日月之明, 不足以紡彿其萬一, 謹載其大略。銘曰: “天降霜露, 載肅載育, 惟帝則之, 幷布威德。皇帝東征, 十萬其師, 殷殷[64]轟轟, 如虎如貔。西潘窮髮[65], 暨夫北落, 執殳前驅, 厥靈赫赫。皇帝孔仁, 誕降恩言, 十行昭回[66], 旣嚴且溫, 始迷不知, 自貽伊慼[67]。帝有明命, 如寐之覺, 我后

60) 附之(부지): 拊之의 오기.
61) 振旅(진려): 군사를 거둠. 적국에 위세를 떨치고 군사를 거두어 돌리어 오는 것이다.
62) 山何(산하): 山河의 오기.
63) 盡(진): 畫의 오기. 摹天畫日에서 나온 말이다.
64) 殷殷(은은) 멀리서 들려오는 대포, 수레, 차 따위의 소리가 요란하고 힘참.
65) 窮髮(궁발): 북극 지방의 초목이 없는 땅. 오랑캐를 뜻하기도 한다.
66) 昭回(소회): 해달별 같은 것이 환히 비추어 도는 것.
67) 自貽伊慼(자이이척): 《春秋左氏傳》 魯宣公 2년의 “我之懷矣, 自詒伊慼.”에서 나온 말.

祗服, 相率而歸, 匪惟感怛[68], 惟德之依。皇帝嘉之, 澤洽禮優, 載色載笑[69], 爰東予戈[70]。何以錫之, 駿馬輕裘。都人士女, 乃歌乃驅[71], 我后言旋, 皇帝之賜, 皇帝班師, 活〈我赤子〉。哀我蕩析[72], 勸我穡事, 金甌[73]依舊, 翠壇惟新, 枯骨再肉, 寒荄復春。有石嵬嵬, 大江之頸, 萬載三韓, 皇帝之休."

68) 感怛(감달): 怛戚의 오기.

69) 載色載笑(재색재소): 《試經》〈魯頌·泮水〉의 "얼굴빛을 온화하게 하고 웃으시니, 노함이 아니라 가르치심이로다.(載色載笑, 匪怒伊敎.)"에서 나온 말.

70) 予戈(여과): 干戈의 오기.

71) 驅(구): 謳의 오기.

72) 蕩析(탕석): 망하여 뿔뿔이 흩어져 없어짐.

73) 金甌(금구): 완전한 강토. 국토.

청음이 무고 당한 일

○모든 벼슬아치들에게 상(賞)을 내리고 품계를 올려 주었는데, 김상헌(金尙憲)은 자품(資品: 품계를 올림)을 사양하며 상소하기를, "신(臣: 김상헌)은 본래 병든 몸으로 더구나 나이도 많고 도리에도 어두운데, 머리털처럼 셀 수 없이 많은 죄를 열거한 말에 마음이 무너졌고 천지가 뒤바뀌며 번복되던 즈음에 본성까지 잃어버려서, 형체는 남아 있지만 마음은 이미 죽어 흙덩이나 나무토막과 같습니다. 다시는 조정에 나아가 벼슬살이할 가망이 없기에 이리저리 떠돌아다니며 아침저녁으로 목숨이 다하기만을 기다리고 있었습니다. 뜻밖에 삼가 듣자니, 남한산성에 호종했던 신하들이 모두 상으로 자급(資級)을 올려 받는데 신(臣)의 이름 또한 그 속에 들어 있다고 합니다. 신(臣)이 처음에는 놀라고 의심하다가 끝내는 부끄럽고 두려웠는데, 열흘이 가고 한 달이 지나도록 더욱 스스로 편안하지 못하기만 합니다. 대가(大駕)가 남한산성에 머물러 있을 때에 집정 대신(執政大臣)들이 출성(出城)하기를 다투어 권하였으나, 감히 죽기를 각오하고 성을 지켜야 한다는 의리로 망녕되이 탑전(榻前)에 아뢰었으니, 신(臣)의 첫번째 죄입니다. 항복하는 글을 차마 볼 수가 없어서 손으로 그 초고(草稿)를 찢고 묘당에서 통곡하였으니, 신(臣)의 두번째 죄입니다. 양궁(兩宮: 인조와 세자)이 친히 오랑캐 진영(陣營)에 나아가는데도 신(臣)은 이미 말 앞에서 머리를 부딪쳐 말

리지도 못했고 또한 따라가지도 못했으니, 신의 세번째 죄입니다. 신(臣)은 이 세 가지 죄를 짓고서도 아직 형장(刑章: 형법)을 면하고 있으니, 어찌 감히 처음부터 끝까지 임금의 말고삐를 잡고 따르던 신하들과 함께 똑같이 특별한 은전을 받을 수 있겠습니까? 삼가 바라건대, 전하는 이미 내린 명을 속히 거두어 권선징악의 도리를 엄히 하소서. 신과 같은 자가 외람되이 그중에 끼이면 반드시 고쳐서 바로잡아야 한다는 공론이 있을 터인데, 멀리 떨어진 시골에서는 보고 듣는 것이 미치지 못하여, 이에 외람되이 이처럼 번거롭게 호소하니, 잘못된 것이 아니겠습니까? 게다가 신(臣)이 삼가 생각건대 추위와 더위가 끝나는 것이 아니라면 갖옷과 갈포옷을 버려서는 안 되며, 적국을 멸망시키지 아니하면 싸우고 지키는 것을 잊어서는 안 됩니다. 삼가 바라건대 전하는 와신상담(臥薪嘗膽)의 뜻을 잘 가다듬고 방어의 요충지를 더 수축하여 나라가 또다시 치욕을 당하는 일을 면케 하소서. 오호라! 일시의 강요된 맹약을 믿지 말며, 지난날의 대덕(大德)을 잊지 말며, 포악한 짐승 같은 자들의 인자함을 지나치게 믿지 말며, 부모의 나라를 아주 단절하지 말아야 하는데, 누가 이런 말로 전하에게 간절하고 간절히 아뢰는 상소를 하겠습니까? 대저 천 리의 강토를 원수에게 부림을 당하는 것은 고금(古今)에 수치스런 일이니, 번번이 선왕조(先王朝)에서 명나라에 아뢴 글의 '만절필동(萬折必東: 만 번 굽이쳐도 반드시 동으로 흐른다.)'이라는 말을 생각할 때마다 저도 모르게 눈물이 옷깃을 적십니다. 삼가 바라건대 전하는 이를 생각하소서. 신(臣)은 미치광이 바보가 되어 미욱스러워 또다시 망발을 하니, 신(臣)의 죄는 만 번 죽어 마땅합니다."
라고 하였다.

○무인년(1638) 7월 29일, 장령(掌令) 류석(柳碩)·박계영(朴啓榮) 등이 아뢰기를, "군신의 의리는 천지간에 도망할 곳이 없으니 사생(死生)과 영욕(榮辱)에 도리상 혼자만 다를 수 없는 것인데, 어찌 운수의 성쇠(盛衰)와 자신의 이해(利害)로서 그 마음을 달리할 수 있겠습니까? 전판서 김상헌은 한때의 이름난 신하로서 성상(聖上)으로부터 지우(知遇)를 입어 조정에 들어온 지 10년 동안 가장 은혜로운 대우를 받았으니 임금이 베푼 은총이 깊어 분수와 의리가 막중하거늘, 나라가 보존되느냐 멸망되느냐 위급한 때에 어찌 차마 전하를 버린단 말입니까? 남한산성에서 항복하던 날에 임금은 예측할 수 없는 위험에 빠졌고 신민(臣民)은 한결같이 그지없는 원통한 심정이었으니, 자신을 우선하고 임금을 뒤로하는 것은 의리상 감히 할 수 없는 것입니다. 김상헌이 이미 정온(鄭蘊)처럼 칼로 제몸을 찌르지도 못하였다면, 처음부터 끝까지 화복(禍福)을 전하와 함께해야 할 것이었으나 몸을 도사려 멀리 달아나서 돌아보지도 염려하지도 않았습니다. 당시의 일이 어느 정도 안정되었는데도 끝내 임금을 찾아와 뵙지 않고 편안한 곳에 누워 쉬면서 왕실을 남의 일처럼 보며 스스로는 일신을 깨끗이 하고 절개를 온전히 하여 더러운 임금을 섬기지 않는 것으로 삼았으니, 이론(異論)을 고취시켜 국가의 잘못을 드러내고 사람들의 뜻을 혼란시켰습니다. 아, 신하의 의리가 이에 이르러서는 죄다 사라져 버리고 말았습니다. 명예를 구하느라 몸을 망치고 붕당을 세워 나라를 그르친 것은 다만 김상헌의 그다지 요긴하지 않은 일에 불과합니다. 임금도 아랑곳없는 그의 무도한 죄를 징계하지 않을 수 없으니, 극변(極邊: 아주 먼 변경)으로 위리안치(圍籬安置)하라 명하소서."라고 하였다. 주상이 답하기를, "김상헌의

논죄가 너무 늦었으니 그대로 두어도 무방할 것이다." 하였다.

대사헌(大司憲) 김영조(金榮祖)가 진주사(陳奏使)로 심양(瀋陽)에 가야 했지만 체직(遞職)을 청하는 상소를 하면서 김상헌을 구하려는 뜻을 간략히 개진하였는데, 예조 판서(禮曹判書) 이현영(李顯英)이 올린 차자(箚子)의 대략은, "김영조의 상소가 임금의 결재를 받아 해부(該部: 예조)에 회부되었는데, 삼가 김상헌의 논죄가 너무 늦었다는 하교(下敎)를 보게 되었습니다. 신(臣: 이현영) 또한 일찍이 법관으로 참여하였는지라 놀라움을 금치 못하겠으니, 먼저 신(臣)의 직책을 삭탈하소서."라고 하였으니, 대체로 그 뜻은 김상헌을 변명하여 구원하려는 것이었다. 주상이 답하기를, "이러한 차자는 없었던 것 같은데, 전례(前例) 또한 이런 규례(規例)가 있었느냐? 물어 아뢰어라." 하였다.

○지평(持平) 이해창(李海昌)은 마침 정고(呈告: 휴가) 중이었다가 즉시 관직에 나아가서 논박하여 아뢰기를, "류석(柳碩)·박계영(朴啓榮) 등을 사판(仕版: 벼슬아치의 명부)에서 삭제하고 영원히 서용하지 마소서."라고 하니, 주상이 답하기를, "이 계사(啓辭: 논죄에 관하여 임금에게 올리는 글)를 도로 내어 주고 조보(朝報)에는 싣지 말라."라고 하며, 이어 전교하기를, "이와 같이 이전에도 없던 괴상망측한 상소를 정원(政院)에서는 어떻게 받아들여 올렸느냐? 여러 승지들의 소행도 또한 심히 괴이하도다." 하였다. 이해창은 이 일로 인하여 멀리 영덕(盈德)으로 유배되었다.

○옥당(玉堂) 부제학(副提學) 이목(李楘)·응교(應教) 홍명일(洪命一)·수찬(修撰) 이행우(李行遇) 등이 올린 차자(箚子)에 대략은, "류석(柳碩)은 파직시키고 박계영(朴啓榮)은 체차하소서."라고 하니, 주상이 답하기를,

“이 사람은 단지 죽으려 한다는 명분만을 취하고 끝내 목숨을 버린 사실이 없으니, 내가 보건대 천진(天眞: 타고난 그대로의 성품)을 지키는데 이르지 못한 것이 분명한 듯하다. 위태로운 임금을 버리고서 편안하고 조용한 곳으로 놀며 돌아다니는 것은 눈물을 흘리면서 대가(大駕)를 따르느라 자신을 돌보지 않고 마음을 다한 자와 또한 같지 않은 듯하다. 그런데 경(卿)들은 지나치게 그를 칭찬하니, 공평하고 바른 도리가 부족해서 그런 것이 아니냐? 헌부(憲府)의 이른바 좋지 못한 점을 드러냈다는 등의 말은 좋건 나쁘건 다 자기 스스로 초래한 것이니, 어찌 기필코 심한 분노를 지나치게 할 것이겠느냐? 류석 등이 설사 죄가 있다 하더라도 대간(臺諫)이 절로 담당하여 논죄할 것인데, 어찌 이처럼 허둥지둥 마치 도둑을 잡듯 한단 말이냐? 지금 이 행동은 참으로 해괴하다고 할 만하니, 내가 몹시 애석하게 여긴다.”라고 하였다.

○좌상(左相) 최명길(崔鳴吉)이 올린 차자(箚子)의 대략은, “김상헌은 문장과 품행이 한때 존중을 받은 데다 남한산성이 포위를 당했을 때에는 앞장서서 난리에 달려와 항복문서를 찢고 통곡하였으니, 그 절개와 의리는 참으로 숭상할 만한 듯합니다. 그런데 하찮은 필부(匹夫)의 도량만한 작은 절개를 위하다가 스스로를 제대로 대처하지도 못하고 이에 종묘사직을 받든 임금을 책망하려고 발끈하여 화를 내며 산성을 나와 돌아보지도 않고 가 버렸으니, 그러한 행적은 근거 없는 짓입니다. 충신이 나라를 떠나 물러갈 때는 그 이름을 깨끗이 하지 않는다 하였거늘, 저 사람은 평소에 자신을 어떻게 보았기에 나라가 위급한 때를 당하여 처신하는 것이 이 지경에 이르렀단 말입니까? 보는 자들이 제대로 살피지도 않고 고상한 품행이라고 하니, 세상의 도의에 대한

걱정이 참으로 또한 적지 않습니다. 비록 그러하지만, 그의 소행을 들추어 보면 단지 강경함과 편협함이 너무 지나친 데서 나왔고, 식견이 부족하여 한때의 이익에 따른 차이로 마침내 얼마간의 낭패만 본 것입니다. 그는 오늘날에 와서 초야로 달아난 한낱 신하에 지나지 않으니, 그대로 내버려 두고 불문에 부치면서 하늘과 땅 같은 넓은 도량을 더욱 보여야 하는데, 어찌 무군무도(無君無道: 임금을 업신여기고 도리에 어긋나서 막됨)의 죄목으로 지나치게 법을 적용하는 지경에까지 이르러 인심이 불평하여 서로의 뜻을 더욱 점점 맞지않게 조장한단 말입니까? 이해창(李海昌)이 장관(將官)에게 묻지도 아니하고 홀로 김상헌의 죄과를 따지고자 탄핵을 낸 일은 매우 근거가 없는 것이며, 체차하라는 명령도 또한 너그럽게 용서하는 데서 나온 것이지만 그 밖의 두 신하도 사리에 있어 혼자 죄를 모면하기 어렵습니다. 신(臣: 최명길)의 어리석은 생각으로는 논의의 같고 다름을 묻지 말고 다 같이 체직시켜서 다시는 말썽이 나서 시끄럽게 될 단서가 일어나지 않도록 해야만 일을 진정시키는 방도에 합당할 것입니다. 신(臣)이 김상헌을 거론하지 않는 것은 모든 사람이 아는 바이지만, 세상의 도의에 대한 걱정으로 이렇게 아뢰지 않을 수 없습니다."라고 하니, 주상이 답하기를, "류석(柳碩) 등 차자(箚子)의 내용이 이와 같으니, 마땅히 차자대로 시행하라." 하였다.

○김영조(金榮祖)가 대사헌에서 체임되고 김반(金槃)이 그 자리를 대신하게 되어 올린 장계(狀啓)의 대략은, "류석(柳碩)·박계영(朴啓榮)이 공론을 돌아보지 않고 사사로운 소견만을 주장하여 그 소행이 좋지 못하여서 민심이 몹시 놀라니, 파직을 명하소서."라고 하니, 주상이 답하기를, "대신(大臣)의 차자(箚子)로 인하여 이미 체차(遞差)하였으

니, 다시 번거롭게 논하지 말고 김상헌의 위리안치(圍籬安置)하는 일은 정계(停啓)하라." 하였으나, 새로 제수된 지평(持平) 박수문(朴守文)이 상소하여 체차되었다.

○8월 6일 장령(掌令)으로 이상형(李尙馨)을, 지평(持平)으로 김중일(金重鎰)을, 장령으로 이계(李烓)를 삼았는데, 이상형이 지방에 나가 있을 때에 이계가 아뢰기를, "김상헌(金尙憲)의 죄를 논하면서, 비록 처음 시작되었을 때는 조금 주도면밀하고 상세하지 못했을지라도 실로 군신의 의리를 밝히려는데 관계된 것임은 나라 안의 사람들이 모두 아는 바로서 한 사람의 사사로운 말이 아니라고 하였습니다. 김상헌을 구하려는 자가 허둥지둥 잇달아 일어나 비방과 탄핵이 그치지 않고 죄인을 두둔하며 논죄한 자들을 몹시 공격합니다. 옥당(玉堂: 李楘)은 자신이 엄지(嚴旨: 엄중한 교지)를 받고도 스스로 책임지려는 생각을 하지 않았고, 헌장(憲長: 대사헌 金槃)은 몸소 탄핵을 행하며 규례(規例)를 살펴볼 겨를도 없이 혼자 중론(重論)을 정지시키지 못할까 두려워하듯 하였으니, 어찌 그리도 어렵게 여기고 꺼리는 바가 없음이 심하단 말입니까? 부제학(副提學) 이목(李楘)·응교(應敎) 홍명일(洪命一)·수찬(修撰) 이행우(李行遇)·대사헌(大司憲) 김반(金槃)을 아울러 체차하도록 명하소서." 라고 하니, 주상이 답하기를, "아뢴대로 하라." 하였다.

○지평(持平) 김중일(金重鎰)이 혐의를 피하고자 아뢴 대강은, "장령(掌令) 이계(李烓)가 혐의 받을 행동을 피하지 않고 다시 말썽을 일으킬 단서를 야기하면서 당론(黨論)을 빙자하여 그의 사당(私黨)을 구제하려는 것이니, 여론이 모두 함께 분개하고 식자들도 한심스럽게 여깁니다. 장령 이계를 체차하소서."라고 하니, 주상이 전교(傳敎)하기를, "한 사

람의 말은 실로 공론이 아니요, 규례를 어긴 일은 가타부타해서도 안 되니, 이 계사(啓辭)를 도로 내주어라. 지금 이후로는 이와 같은 탄핵문은 받아 들이지 말라." 하였다. 김중일은 이로 인하여 특명으로 북청판관(北青判官)에 제수되었다.

○대사간(大司諫) 최혜길(崔惠吉)이 혐의를 피하고자 상소하였으니, "김상헌(金尙憲)은 한때 명망이 높던 사람으로서 죽으려 하였으나 이루지 못하였고, 항복한 뒤에는 끝내 와서 전하를 뵙지 않았으니, 그 정상이야 용서할 만하다 하더라도 사람들의 논란은 면하기가 어렵습니다. 그렇더라도 중죄로 처단하는데 이른다면, 이 또한 과연 공론이라 할 수 있겠습니까? 이해창(李海昌)이 류석(柳碩) 등과는 잘못한 것이 차이가 그다지 크지 않는데, 하나는 체직되고 하나는 멀리 유배되니 그 경중이 너무나도 다릅니다. 김중일(金重鎰)이 이계(李烓)와는 잘못한 것도 본디 차이가 없습니다. 신(臣: 최혜길)의 어리석은 생각으로는 이계·김중일을 아울러 체직시키지 않는다면 규례(規例)를 어기고 서로 모해하는 습성을 징계할 수 없을 것이며, 만약 이해창을 멀리 유배 보내라는 명을 도로 거두지 않는다면 죄는 같은데 벌은 차별을 둔다는 한탄이 끝내 없을 수 없습니다. 그래서 이러한 뜻으로 논박하여 아뢰려고 했으나 동료들의 의논이 일치되지 않으니, 신(臣)이 욕되게 장관(長官) 지위에 있어 말을 해도 신뢰를 받지 못하는 것입니다. 파직하라고 명하소서."라고 하였다.

정언(正言) 정지호(鄭之虎)가 아뢰기를, "이계는 결코 김중일과 같은 벌을 주는 것은 옳지 않은데도 장관(長官: 최혜길)이 끝내 허락하지 아니하고 먼저 와서 혐의를 피하였습니다. 신(臣: 정지호)은 감히 혼자 그 자리에 있을 수 없으니, 파직하여 내치라고 명하소서."라고 하였다.

헌납(獻納) 최계훈(崔繼勳)이 아뢰기를, "지난번 옥당(玉堂)을 체직시키자는 논의가 석상(席上)에서 있었는데, 지금 대사간 최혜길의 간통(簡通: 대각 관원의 서신)을 보니 장령 이계·지평 김중일이 단독으로 탄핵한 것은 현저히 사리와 체모를 잃은 것이라면서 다 같이 파면하기를 청했습니다. 신(臣: 최계훈)은 이미 옥당을 파면하려고 했는데 또 이계를 파면하면 반드시 옥당 탄핵의 근거가 없게 됩니다. 이계가 옥당(玉堂: 김수현)과 헌장(憲長: 대사헌 김반)을 체직시키자고 청한 것은 실로 공론(公論)에서 나온 것으로 혼자 아뢰어도 불가할 것이 없습니다. 김중일이 청현직(淸顯職)을 두루 지냈는데, 누구로 인한 것이겠습니까? 그가 말한 혐의를 피하지 않았다는 것은 실상 자기가 자신을 말한 것입니다. 신(臣)의 소견으로는 동료와 서로 의견이 맞지 않은 것이니, 신(臣)을 체직하소서."라고 하였다.

옥당(玉堂) 부제학(副提學) 김수현(金壽賢)·응교(應教) 정치화(鄭致和)·수찬(修撰) 심제(沈齊)가 올린 차자(箚子)의 대략은, "최혜길은 체차시키고 헌납 최계훈과 정언 정지호는 출사시키소서."라고 하니, 주상이 답하기를, "아뢴대로 하라," 하였다.

○8월 19일 주강(晝講)이 있어 경연관(經筵官) 참판(參判) 이경석(李景奭), 옥당(玉堂) 목성선(睦性善)·심제(沈齊)가 입시했는데, 이경석이 말하기를, "류석의 주장은 감정을 품은 데서 나온 것이니, 이는 공론이 아닙니다."라고 하자, 주상이 말하기를, "감정을 품은 말은 잘못이지만, 오직 그 옳고 그름을 보아야만 마땅할 따름이다. 김상헌(金尙憲)·정온(鄭蘊)이 실행한 바가 마찬가지이거늘, 단지 김상헌만 거론하여 논죄함

은 잘못이다. 그렇지만 김상헌은 자기 임금을 문안하지도 않있고 자기 형을 곡(哭)하지도 않았으니, 과연 인륜(人倫)에 맞다고 할 수 있는가? 김상헌은 대대로 벼슬하던 신하로서 상종한 지 12년이나 되 이런 망극한 변란을 만났거늘, 임금을 버리고서 문안하지도 않고 지금 자신의 몸을 깨끗하게 하고자 먼 곳으로 가 지내는 것은 김상헌이 옳지 못한 선례를 만드는 것이다. 이러한 때에 김상헌을 논죄하는 자가 비록 봉황이 아침 볕에 울었다고 이른 것처럼 직언했다고 해도 괜찮다." 하니, 목성선이 말하기를, "지금의 계책으로는 먼저 기강을 세우는 것만 같은 것이 없으니, 그 시비를 밝히면 저절로 정해질 것입니다."라고 하였다.

○병조 참판(兵曹參判) 이경여(李敬輿)가 고향에서 사직을 청하기 위해 올린 상소의 대략은, "신(臣: 이경여)이 일찍이 남한산성에 있을 때, 김상헌(金尙憲)·정온(鄭蘊)이 거의 죽게 되었다가 다행히 살아나서 죽으려 했지만 이루지 못한 정상을 직접 보고는 마음으로 항상 가련히 여기고 감탄하며 스스로 부끄러움을 품었었는데, 사람들의 의견이 같지 않아 지금 김상헌을 배척하며 공격하는 것이 마치 부끄러움도 없는 소인을 공격하는 것 같으며 심지어 위리안치(圍籬安置)하자는 형률(刑律)을 청할 줄 생각도 못했습니다. 200년 예의의 나라에서 천조(天朝: 명나라)를 위해 의리를 지킨 자는 오직 이 두 사람뿐인데, 또 잇따라 심하게 공격한다면 무엇으로 천하 후세에 변명하겠습니까? 두 신하의 일은 족히 나라의 빛이 될 만한데, 무슨 임금의 허물을 드러낸 것이 있겠습니까? 이런 일로 죄를 삼는다면 신(臣: 이경여)은 실로 납득할 수가 없습니다."라고 하였다.

○10월 9일 장령(掌令) 이도익(李汝翊)·지평(持平) 이도장(李道長)이

아뢰기를, "위태로움을 보고 임금을 저버리는 것은 신하로서 큰 죄입니다. 진실로 이것을 법대로 다스리지 않으면 그 폐해가 흘러서 장차 신하는 신하 노릇을 하지 않고 나라는 나랏꼴이 되지 않는 지경에 이를 것이니 두렵지 않겠습니까? 전 판서 김상헌(金尙憲)은 죽으려 했다가 이루지 못하였다면, 의리상 감히 뒤처질 수가 없는데도 병을 핑계하여 꼼짝 않고 누워서 끝내 대가(大駕)를 호종하지도 않았고, 도리어 길을 돌아 춘천(春川)으로 가 가솔들을 찾아 이끌고 재를 넘어서 편리한 곳을 찾아갔습니다. 호종한 상을 그에게 내린 것은 은전(恩典)이거늘, 그 교지를 봉하여 돌려보냈으니 아마도 자기까지 더럽힐 것처럼 여겼던 것입니다. 하물며 춘궁(春宮: 왕세자 소현세자)이 이역땅으로 가는데, 자신의 직책이 빈객(賓客: 세자빈객)으로 있었으면서 끝내 배송(拜送)하지 않았으니, 송나라 손부(孫傅)가 포로로 가는 태자를 따라가겠다고 자청한 것과 어쩌면 그리도 다르단 말입니까? 김상헌을 중도부처(中道付處)하소서. 신하는 임금을 섬기며 위태로움을 보면 목숨을 바쳐야지, 떠나가는 의리가 없어야 합니다. 전(前) 참판(參判) 정온(鄭蘊)이 칼로 제 몸을 찔렀는데도 죽지 않았으니, 병이 다 나은 뒤에는 의리상 마땅히 와서 전하를 뵈어야 할 것인데, 떠나려고만 하여 고향으로 돌아가서는 조금도 임금을 돌아보고 잊지 못하는 마음이 없었고, 자기의 이름만 깨끗하기를 바라서 분수와 의리의 중함을 생각하지 않았으니, 나라의 신하로서 어찌 감히 이럴 수가 있겠습니까? 파직하고 서용(敍用)하지 마소서."라고 하니, 주상이 말하기를, "그대로 두는 것이 옳으니 굳이 벌을 줄 필요가 없다." 하였다.

대개 아뢰는 말 중에 교지(教旨)를 봉하여 돌려보냈다느니 춘천(春川)

으로 돌아갔다느니 벼슬이 빈객(賓客)으로 있었다느니 한 말들은 모두 무고(誣告)하는 말이다.

○장령(掌令) 서상리(徐祥履)가 아뢰기를, "신(臣: 서상리)이 삼가 본부(本府: 사헌부)에서 김상헌(金尙憲) 등을 논죄한 장계를 보고 놀랄 만큼 의아함을 금치 못했습니다. 이여익(李汝翊) 등이 이미 정지된 논의를 다시 일으켜 한때의 좋은 기회로 삼아 남을 모함해 빠뜨리는 함정으로 만들었으니, 어찌 그리도 심하단 말입니까? 신의 어리석은 소견이 이러하니, 구차하게 한자리에 함께 있을 수가 없습니다. 파직하여 내치라고 명하소서."라고 하였다.

정언(正言) 엄정구(嚴鼎耈)·박수문(朴守文)이 처치하기를, "이도장(李道長)·이여익·서상리는 아울러 체차하도록 명하고, 집의(執義) 권주(權澍: 權濤의 오기)는 출사시키소서."라고 하니, 주상이 답하기를, "아뢴대로 하라." 하였다. 서상리는 이로 인하여 특명으로 종성 판관(鍾城判官)에 제수되었다.

○대사헌(大司憲) 서경우(徐景雨)가 사직을 청하여 체차되었고 김영조(金榮祖)가 대신했다가 또 체차되어 김반(金槃)이 대신하면서 아뢰기를, "구구한 어리석은 의견은 이미 전번에 다 아뢰었으니 이제 어찌 다시 번거롭게 아뢰겠습니까만, 다만 임금에게 고하는 말은 터럭 하나만큼도 근거없이 모함하는 것이 없어야 하는데, 당초 내려보내지도 않은 교지(敎旨)를 심지어 봉한 채 돌려보냈다고 말하여 불경(不敬)이라는 죄를 애매하게 남에게 덮어씌우려 한 이와 같은 짓이 어찌 올바른 자에게서 나왔겠습니까? 심지어 정온(鄭蘊)이 속세에 따르지 않고 홀로 믿는 바를 행한 것에 대해서는 성상도 본래부터 인정한 바입니다. 칼로

찔러 죽으려 했으니 그의 뜻을 알 수 있는데, 누가 순박하고 정직하며 천진한 사람을 일러 명예를 구하려는 생각으로 그러한 계교를 낸 것이라고 하겠습니까? 죄를 주려고 하니 신은 실로 알 수가 없습니다. 결코 진실로 수석(首席: 대사헌)이라는 지위에 그대로 있기 어렵습니다. 신(臣: 김반)을 파직하라고 명하소서."라고 하니, 전교(傳敎)하기를, "김상헌(金尙憲)에게 가자(加資)한 교지를 해조(該曹)는 어찌하여 내려보내지 않았는가? 물어보고 아뢰라." 하자, 병조(兵曹)가 아뢰기를, "모든 교지는 본조(本曹: 병조)에서 따로 내려보내는 규정이 없습니다. 이조 서리(吏曹書吏) 김의신(金義信)이 받아 갔으나, 먼 도(道)에 있었기 때문에 즉시 전하여 보내지 않고 여러 가지 문서 가운데 그대로 두었다고 합니다."라고 하였다.

○집의(執義) 권주(權澍: 權濤의 오기)가 아뢰기를, "신(臣: 권도)은 김상헌(金尙憲)에 대해 마음으로 실로 그르다고 여겼었으나, 가을에 부름을 받고 올라오니 마침 서쪽 변방의 일이 어렵고 걱정되는 때입니다. 그래서 지난 일에 대해 말을 꺼내어 말썽을 일으키고 싶지 않습니다만, 신(臣)이 본부(本府: 사헌부)에 전직되었을 때 이미 동료들이 모인 자리에서 말을 내었지만 미처 전하의 윤허를 받지 못했습니다. 지금 대사헌(大司憲) 김반(金槃)이 인피(引避: 책임지고 일을 피하는 일)하는 것을 보건대, 신(臣)의 소견과 서로 맞지 않으니 어찌 버젓이 처지할 수 있겠습니까? 체직하여 내치라고 명하소서." 하고, 정언(正言) 박수문(朴守文)도 아뢰기를, "신(臣: 박수문)의 어리석은 소견은 장관(將官: 대사헌)과 서로 맞지 않습니다. 파직하여 내치라고 명하소서." 하니, 대사간(大司諫) 최혜길(崔惠吉)이 아뢰기를, "김상헌·정온의 일은 사헌부에서 제기하

고 논하려 하여 또다시 말썽을 일으키니, 이것이 어찌 오늘날 시급한 일입니까? 게다가 두 신하의 본심을 굳이 나누어 구별지어 처벌을 현저히 다르게 하는 것이 옳지 못한 것 같아서 더욱 그렇게 해야만 하는지 알지 못하겠습니다. 대사헌 김반이 구차스럽게 뜻을 같이하지 않은 것은 대체로 오늘의 처지를 진정시키는 방도에서 나온 것입니다. 신(臣: 최혜길)이 이러한 말을 하였더니 동료가 먼저 혐의를 피하니, 신은 그대로 있을 수가 없습니다. 파직하여 내치라고 명하소서."라고 하였다. 옥당(玉堂)에서 처치하기를, "대사헌 김반·집의 권주(權澍: 權濤의 오기)는 출사하게 하고, 대사간 최혜길·정언 박수문은 체차하소서."라고 하니, 주상이 답하기를, "아뢴대로 하라." 하였다.

김반은 사직을 청하는 상소를 하였고, 권주(權澍: 權濤의 오기)는 맡은 자리에 나아갔다.

○10월 21일 헌부(憲府) 집의(執義) 최주(崔澍: 權濤의 오기), 장령(掌令) 박돈복(朴敦復)·홍진(洪瑱), 지평(持平) 이운재(李雲栽)가 아뢰기를, "김상헌(金尙憲)의 죄상은 이전의 계사(啓辭)에서 이미 다 아뢰었으나 성상의 비답(批答)이 그대로 두고 용서한다고 하교(下敎)하니, 신(臣)들의 의혹이 점점 심해져 그 말을 다 아뢰지 않을 수 없습니다. 종묘사직의 대계는 필부의 조그마한 신조와는 자별하니, 신하의 의리는 응당 자신이 섬기는 임금에게 다해야 하는 것입니다. 김상헌이 전하에게 요구하고 기대한 것은 주(周)나라 태왕(太王)·문왕(文王)보다도 월등히 높았는데, 그가 스스로 처신한 것은 길낭(吉朗)·손부(孫傅)보다도 아래에 있었으니, 그의 말이 행동을 돌아보지 않음은 참으로 또한 심합니다.

김상헌이 당시에 행한 일들을 신들이 대략 상상할 수 있습니다. 스스로 평생 속이 좁은 사람으로서 사세를 헤아리지 못하고 자기의 견해만 고집스럽게 지켰으니, 벼슬길에 나와서는 나라와 함께 죽지도 못하고 벼슬길에서 물러나서는 또 자신의 목숨을 버리지도 못하자 한 가닥의 부끄러움과 한스러움을 맛보고 발끈하여 성을 내려갔습니다만, 군주의 위태로움을 돌보지도 않고 형의 시신을 거두지도 않은 지경에 이르러서는 스스로 형제도 잊고 나라를 저버린 죄가 자기 몸에 와 모이는 것을 알지 못한 것입니다.

고개를 넘어간 뒤에도 조용한 곳에서 세상을 피해 숨어 있지 못하고는 호서와 영남 사이를 떠돌아다니면서 큰 절개를 지켰다고 자부하였으니, 이른바 곤궁한 사람이 돌아갈 곳이 없다고 한 것과 어찌 그다지도 서로 다르단 말입니까? 그의 식견이 편벽되고 암매하니 비록 굳이 따질 것도 없을 것이라서 성인의 너그럽게 용서하는 아량으로 내버려두고 용서하는 것도 또한 혹 하나의 방법이겠습니다. 그러나 다만 생각해 보면 인심이 좋지 못하고 도리에 어긋난 의논이 성행하는 중에 김상헌으로 인해 의논이 대립하여 조정이 안정되지 않았거니와, 그를 공격하는 자들은 무도(無道)하다고 지목하는 반면 그를 두둔하는 자들은 절개를 세웠다고 여깁니다. 무도하다는 것도 참으로 너무 지나친 것이기는 합니다만, 세웠다는 것도 무슨 절개인지 실로 알지 못하겠습니다.

대저 정백(鄭伯)은 초장왕(楚莊王) 앞에 웃옷을 벗어 몸을 드러내고 양을 몰아 그 나라를 보전하였지만 자산(子產: 公孫僑)은 그 국정을 맡았고, 송(宋)나라의 고종(高宗)은 육친을 잊고 원수를 섬겼지만 주자(朱子)는 그 조정에 섰으니, 상하 수천 년 동안 신하가 변고에 처하는 그 방식이 한결같지 않았습니다. 그런데 김상헌의 소행과 같은 것은 서책에서 아무리 찾아보아도 대개 그런 경우가 없었고, 오직 진의중(陳宜中)만이 나랏일이 결딴난 뒤에 벼슬을 버리고 점성(占城)으로 도망친 일이 있습니다. 김상헌이 처신함에 있어서 자산(子産)이나 주자(朱子)보다 더 뛰어나려고 힘썼겠지만 겨우 진의중(陳宜中)에 비견될 뿐이니, 신(臣)들은 김상헌이 평소에 글을 읽으며 진의중을 어떠한 인물로 여겼는지 모르겠습니다.

김상헌은 제법 청렴하다는 명망을 스스로 지녀서 한세상 사람들의 의지하는 바가 되었으니, 이번에 논의가 일어나자 무리들이 일어나 떠들면서 한사코 김상헌을 아무런 허물도 없는 곳에 올려놓으려고 했습니다. 당론(黨論)이 사람의 마음보를 망쳐 놓은 것이 이 지경에까지 이르렀으니 참으로 한심스럽습니다. 무릇 천하의 모든 일은 본래 양쪽 다 옳은 것이 없으니, 기필코 김상헌이 옳다고 한다면 오늘날 조정에 있는 사람들은 다 그르다고 해야 할 것입니다. 시비를 따질 때 많은 사람들이 좇아가는 대로 모두 서로 이끌고 가서 제각기 고상(高尙)하다고 여기면, 누가 위태롭고 어려운 때에 전하를 기꺼이 따르려고 하겠습니까? 이것을 신(臣)들이 크게 두려워하는 것입니다. 의논은 정하지 않을 수 없고 시비는 밝히지 않을 수 없으니, 미루어 두지 말고 속히 중도부처(中道付處)를 명하소서."라고 하였는데, 이것은 권주(權澍: 權濤의 오기)가 지은 것이었다. 주상이 답하기를, "파직하라." 하였다.

김상헌은 고인이 된 형 김상용(金尙容)의 궤연(几筵)이 경성(京城)에서 내포(內浦)로 내려왔다는 말을 듣고 길을 떠나 충주(忠州)에 이르렀을 때 그 말이 헛소문임을 알고 그냥 돌아왔는데, 이른바 호서와 영남 사이를 떠돌아다녔다고 한 것은 이를 지칭한 것이다. 여러 신하들이 류석(柳碩)·이계(李烓)가 감정을 품었다고 한 것은 일찍이 을축(乙丑: 1625) 연간에 있어서 목성선(睦性善)·류석(柳碩)이 연명으로 상소하여 인성군(仁城君: 李珙)이 원통하게 죽게 된 것을 사실대로 밝혀 구원하려고 했을 때에 김상헌이 대사간으로 있으면서 거듭 논박하여 목성선과 류석이 이에 연좌되어 10여 년을 벼슬하지 못했고, 일찍이 갑자년(1624) 이괄(李适)의 변란 때에 이계의 조부 이담(李湛)과 부친 공조 좌랑(工曹佐郎) 이진영(李晉英) 및 이계(李烓) 모두가 인조를 호종하지 않아서 김상헌이 또 대사간으로서 탄핵하여 할아버지·아들·손자 3대가 나라를 저버린 사람으로 일컬어졌던 것에 기인한다. 류석과 이계는 지금에 이르러서야 비로소 현달한 벼슬길이 열린 데다, 또 일찍이 권주(權澍: 權濤의 오기)를 부정한 사람이라고 했던 적이 있자, 유감을 품은 자들이 일제히 모여 기어코 모함하고야 말겠다고 기약했기 때문에 논한 바가 이와 같았던 것이다.

○정언(正言) 이도장(李道長)이 아뢰기를, "지난번 헌부(憲府)에 임명되어 김상헌을 논죄한 것은 실로 여론이 시끄러웠기 때문이었지만, 아울러 상으로 내린 가자(加資)를 받지 않았다는 일을 거론하며 늘어놓은 말 가운데 글자를 잘못 써서 거짓 무고하였다며 배척받기에 이르렀습니다. 체직(遞職)하라고 명하소서."라고 하였다.

장령(掌令) 홍진(洪瑱)·박돈복(朴敦復), 지평(持平) 이운재(李雲栽)가 아뢰기를, "신(臣)이 전일에 여러 사람들이 모여 앉아서 김상헌의 죄가 무거운데도 형률이 가볍다는 뜻을 석상에서 언급하였더니, 집의(執義) 권주(權澍: 權濤의 오기) 또한 신의 말을 옳게 여겼습니다. 그러나 이미 전하에게 연이어 아뢰어서 거듭 번거로움을 끼치는 것을 피하기 위하여 이전의 논박한 계사(啓辭)에 의거한 것이었습니만, 오늘 지평(持平) 이경상(李慶相)이 김상헌의 죄와 벌이 서로 맞지 않다고 한 것으로 죄가 되었으니 신(臣)들이 논죄한 일도 중도(中道)에 맞지 않은 실수가 드러난 것입니다. 파직하여 내치라고 명하소서."라고 하였다.

집의(執義) 권주(權澍: 權濤의 오기)가 아뢰기를, "동료들의 논의가 김상헌에 대한 이전의 계사(啓辭)에서 죄가 중한데도 형률이 가볍다고 했습니다. 신(臣: 권도)이 말하기를, '이 계사가 과연 동료들의 논의와 같다면 고쳐 지어서 의논하는 것이 어떻겠는가?'라고 하니, 동료들의 논의도 옳다고 하였습니다. 그런데 고쳐 지은 후에 또 예전의 논의를 고집하고 있습니다. 신의 생각으로는 이 논의가 발생했으니 다만 시비를 밝혀 인심을 안정시키고자 할 뿐 형률의 경중은 따질 필요가 없다고 여겼습니다. 그런데 어제도 모인 자리에서 또 이 말을 내어 동료들이 인피(引避: 책임지고 일을 피하는 일)하니, 어찌 감히 편안하게 있을 수 있겠습니까? 파직하여 내치라고 명하소서."라고 하였다.

지평(持平) 이경상(李慶相)이 아뢰기를, "오늘 서로 회합하여 행하는 상견례를 행한 연후에, 신의 생각으로는 김상헌의 죄는 계사(啓辭)로 논한다면 단지 중도부처만 할 것이 아니라고 여겼습니다. 동료들이 먼저 스스로 인피(引避)하니 신이 어찌 감히 그대로 무릅쓰고 있겠습니까? 신을 파직하여 내치라고 명하소서."라고 하였다.

옥당(玉堂) 응교(應敎) 정치화(鄭致和), 부교리(副校理) 목성선(睦性善)·이계(李烓), 수찬(修撰) 심제(沈齊)가 올린 차자(箚子)의 대략은, "정언(正言) 이도장(李道長), 장령(掌令) 홍진(洪瑱)·박돈복(朴敦復), 집의(執義) 권주(權澍: 權濤의 오기), 지평(持平) 이운재(李雲栽)·이경상(李慶

相)은 모두 출사(出仕)하라고 명하소서."라고 하니, 주상이 답하기를, "아뢴대로 하라." 하였다.

이경상은 체차(遞差)되었고 장령 홍진·박돈복과 지평 이운재는 맡은 자리에 나아갔다.

○10월 26일 전에는 김상헌을 중도부처(中道付處)해야 한다고 한다고 연달아 아뢰더니, 오늘부터는 벌을 더하여 먼 곳으로 유배하고, 정온(鄭蘊)을 파직하고 서용(敍用)하지 말라고 청했으나, 주상이 답하기를, "이미 유시하였으니 번거롭게 하지 말라." 하였다.

○대사헌(大司憲) 김반(金槃)이 체차(遞差)를 청하는 계사(啓辭)를 올려 이행원(李行遠)을 대신하도록 하자, 이행원이 아뢰기를, "근래 김상헌과 정온 등의 일로 인하여 점점 떠들썩해져 공격하는 자는 터무니없는 말로 덮어씌우고 두둔하는 자도 또한 실상(實狀)을 얻지 못하니 신은 매우 애석하게 여깁니다. 이 두 신하는 남한산성에 있을 때부터 죽으려고 했지만 이루지 못했는데, 도성에 돌아온 뒤로는 척화(斥和)를 배척하고 공격하는 의논이 날로 더욱 심해졌습니다. 감히 나아가지 않으려고 한 것이 아닐 뿐만 아니라 또한 세상에 용납되지 못해서였던 것이니 그 정상이 딱하여 성낼 수가 없습니다.

지금 그를 공격하는 자는 애초에 내려보내지도 않은 교지를 봉하여 돌려보냈다[封還]고 하고, 난리 전에 이미 체직한 빈객(賓客)을 아직까지 지니고 있다[猶帶]고 하며, 한번 호서에 가서 그 형의 상(喪)에 곡(哭)한 것을 떠돌아다니며 노닐었다[浮遊]고 합니다. 임금이 도성으로 되돌아온 것은 애산(厓山)에 비유할 수 없고 영남에 피하여 숨어 지내는 것 또한 달아나 들어간 점성(占城)과는 같지 않은데다 심지어는 진의중

(陳宜中)이 도망쳐 간 것에 견주어 그 사용한 말도 분명하지 못하고 푸른 것과 흰 것의 자리도 뒤바뀌었으니, 그것이 능히 공론을 세워서 인심을 따를 수 있도록 하겠습니까? 정온(鄭蘊)의 죄에 이르러서는 제대로 된 적합한 말을 찾지 못하여 처음에는 명예를 구한다[要名]고 하였다가 마침내는 발끈 성을 냈다[悻悻]고 구실을 삼았으니 참으로 괴이한 일입니다.

신(臣: 이행원)과 같은 병들어 변변치 못한 사람이 외람되게 으뜸자리를 차지하고 있으니, 결코 근거없는 의논을 진정시키고 무너진 기강을 진작시키기가 어렵습니다. 체차(遞差)하여 내치라고 명하소서."라고 하였다.

지평(持平) 정태제(鄭泰齊)가 아뢰기를, "요즈음 본부(本府: 사헌부)에서 김상헌·정온 등의 일로 인하여 논의가 한창 무성한데, 그 사이에 의견이 조금이라도 같지 않은 자가 있으면 당장에 배척을 당하니, 신(臣: 정태제)은 참으로 가슴이 아픕니다. 하늘과 땅이 뒤집히는 날을 당하여 맹세한 마음을 바꾸지 않은 자는 다만 김상헌과 정온뿐입니다. 척화론(斥和論)이 이미 나라를 그르쳤다고 한다면, 두 신하가 스스로 죄가 없는 것으로 생각하고도 다시 도성 문을 들어오지 않는 것은 그 정상이 참으로 애처롭습니다. 이러한 것을 살피지 않고 기회 있는 대로 터무니없는 말들을 만들어내서 남을 배척하는 수단으로 삼으니, 참으로 또한 심합니다. 신(臣)의 소견은 여러 동료들과 서로 다릅니다. 파직하여 내치라고 명하소서."라고 하였다.

장령(掌令) 박돈복(朴敦復)·홍진(洪瑱), 지평(持平) 이운재(李雲栽)가 아뢰기를, "근래에 김상헌의 죄를 논하면서 논의가 대립되자, 무리를 지어서 일어나 힘을 다해 비호하는가 하면 공격하고 배척하여 감히 말을 꺼내지도 못하게 하니, 삼가 괴이합니다. 신(臣)들은 그 형률을 상의하여 멀리 유배하는 것으로 논계(論啓)하였습니다. 지금 대사헌 이행원과 지평 정태제가 인피(引避)한 내용을 보니, 김상헌의 죄를 해명하여 구하면서 신(臣)들을 공격하여 배척하는 말이 아닌 것이 없습니다. 만일 다투어 논란한다면 신(臣)도 또한 지쳤으니, 어찌 감히 그대로 직책에 머물러 있겠습니까? 신들을 체직(遞職)하여 내치라고 하소서." 라고 하였다.

정언(正言) 이도장(李道長)이 아뢰기를, "김상헌이 전하를 저버린 것이 많습니다. 전하의 신하 된 자가 남이 전하를 저버리는 것을 보면 법에 의거하여 그 죄를 논하는 것은 실로 공론(公論)에서 나오는 것입니다. 지금 대사헌 이행원과 지평 정태제가 피혐(避嫌)한 내용을 보고는 저도 모르게 놀라 탄식하게 됩니다.

일품(一品)의 관교(官敎: 임명장)가 얼마나 영광스런 글인데, 한 해를 넘기도록 하급 관리의 집에 내버려 두었단 말입니까? 실로 이것은 생각조차 할 수 없는 것이었으며, 봉(封)이란 글자를 잘못 써넣은 것은 신(臣: 이도장)이 이미 써넣은 것이라고 하였습니다. 10년의 주연(冑筵: 왕세자의 書筵)은 특별한 대우를 가장 많이 받은 것인데, 난리가 나기 전에 이미 체차되었다는 것은 금시초문입니다. 그리고 창릉(昌陵)에서 당일 피눈물을 흘리며 절하여 전송한 자가 춘궁(春宮: 동궁)에 딸린 하급 관료뿐만이 아니었을 것이니, 분수에 따른 의리가 더욱 중하다는 말을 김상헌에게 듣게 하였더라면 또한 필시 눈물을 흘리며 자복하였을 것입니다. 심지어 정온이 와서 전하를 뵙지 아니하고 멀리 가서 돌아오지 않는 것은 분수에 따른 의리의 중함을 애틋하게 잊지 못하는 것이 전혀 없는데도 그의 이름을 더럽히지 않은 의리라고 하여 가벼운 벌로 논하는 것 또한 한때의 제몸만 사랑하는 자를 지켜주려는 구실일 것입니다.

뜻밖에도 이에 김상헌과 함께 거론하며 반드시 '두 신하, 두 신하.'라고 합니다. 심지어 억지로 분별하도록 논한 사람의 죄안(罪案: 범죄 사실의 기록)으로 삼았으니, 이것 또한 이해할 수 없습니다. 신(臣)이 경솔하게 두 신하의 일을 논하여 조용하지 못하게 하는 단서를 만들고 말았으니, 어찌 감히 버젓이 처치하겠습니까? 신의 직을 삭직하라고 명하소서."라고 하였다.

정언(正言) 임효달(任孝達)이 아뢰기를, "김상헌은 어려서부터 글을 잘한다는 명성이 있었고 몸가짐이 청렴결백하여 견개지사(狷介之士: 절개 굳은 선비)라고 칭송될 만하였지만, 타고난 성품이 꼬장꼬장하고도 편협해 혼자만의 뜻대로 하기에 과감하여 일생 동안 준론(峻論)을 펼쳐서 자기와 다른 자를 공격하고 배척하였으니, 그 사람됨을 또한 알 만합니다. 전하가 출성(出城: 항복)하던 날을 당하여 끝내 임금을 잊지 못하는 마음조차 없이 멀리 가서 돌아오지 않았으니, 분수에 따른 의리로 생각해 보면 어찌 죄가 없을 수 있겠습니까? 그러나 이미 그 벼슬을 파면하고 공론(公論)이 이미 행해졌으니 또한 그만두는 것도 좋겠습니다. 신(臣: 임효달)의 소견이 이와 같으니, 어찌 감히 많은 관리들을 처치할 수 있겠습니까? 신을 파직하여 내치라고 명하소서."라고 하였다.

대사간(大司諫) 김세렴(金世濂)이 아뢰기를, "김상헌의 일은 애초 나라가 보존되느냐 망하느냐에 관계되는 것이 아닌데도 논란이 한번 터지자 피차가 서로 격돌하면서 임금이 위태로워지는 것과 나라가 망하는 것을 내버려두고 돌아보지도 않으니, 신(臣: 김세렴)이 외람되이 장관(長官: 대사간) 지위에 있으며 감히 시비를 타개하고 터무니없는 논의를 진정시킬 수 있겠습니까? 결단코 그대로 무릅쓰고 있을 수 없습니다. 체직하여 내치라고 명하소서."라고 하였다.

사간(司諫) 홍명일(洪命一)이 아뢰기를, "대사헌 이행원, 지평 정태제, 장령 홍진·박돈복, 지평 이운재, 정언 이도장·임효달, 대사간 김세렴이 모두 인피(引避: 책임지고 일을 피하는 일)하고 물러났습니다. 이제 헌부에서 김상헌과 정온을 논하며, 여러 사람의 말이 같지 않은 속에서 시비를 정해야 하고, 마음과 행동이 일체인 사람에 대해 경중을 판별해야 합니다. 이른바 교지(敎旨)·빈객(賓客)은 무고한 정상이 드러났으니 그것은 견주기에 말할 것도 못되는데, 어찌 조목조목 공격해야만 하겠습니까? 두 신하에게 죄가 있든 없든 의당 차이가 없어야 하는데도 한 사람은 찬율(竄律)로 다스리고 한 사람은 파면(罷免)하였으니, 법대로 처단한 것은 현격히 다릅니다. 임금에게 고하는 말은 바르지 못하면 끝내 임금을 속이고 남을 모함하게 됨을 면치 못할 것입니다. 지금 조용하게 진정시킬 책임은 오로지 수석(首席)에게 달려 있습니다. 만일 그의 두 마음 품는 것만 없앤다면 그 나머지 시끄러운 소리야 어찌 입에 올릴 필요가 있겠습니까? 이행원과 정태제는 직무를 보게 하고, 홍진·박돈복·이운재·임효달·김세렴은 모두 체차하라고 명하소서."라고 하였다.

○11월 1일 인사이동이 있었다. 대사헌(大司憲)에 남이웅(南以雄)을, 대사간(大司諫)에 김반(金槃)을, 장령(掌令)에 이계(李烓)를, 지평(持平)에 신유(申濡)를, 정언(正言)에 정지호(鄭之虎)·황위(黃暐)를 제수하였다.

사간원(司諫院)에서 아뢰기를, "사헌부에서 김상헌의 일을 논죄하며 한때의 공론을 채택하고서 김상헌을 죄주자고 하는 자들을 그르다는 것은 옳지 않습니다. 이행원(李行遠)·정태제(鄭泰齊) 등이 제 당파를 비호하기에 스스로를 속여 김상헌을 마치 한점 잘못도 없는 듯이 여기고, 인피(引避: 책임지고 일을 피하는 일)하는 붓으로 모두 분개하는 말투로 말한 자를 공격하였으니, 아첨하고 남을 모함하는 태도가 이보다 심한 것이 없습니다. 사간(司諫) 홍명일(洪命一)은 분명하게 드러난 시비를 생각하지 않고 그저 자기 술수대로 처치하는 것을 다행으로 여겨 시기를 틈타 사사로운 감정을 멋대로 부려 많은 관원을 다 체차(遞差)시키고 유독 두 사람만을 출사시키기를 청하였으니, 그 기탄 없는 조짐을 자라게 해서는 안 됩니다. 체차하라고 명하소서."라고 하니, 주상이 답하기를, "아뢴대로 하라." 하였다.

홍명일은 이로 인하여 특명으로 고창 현감(高敞縣監)에 제수되었다.

○3일 사헌부에서 아뢰기를, "김상헌을 멀리 유배하소서."라고 하니, 주상이 답하기를, "삭탈 관직하라." 하였다.

○4일 정온(鄭蘊)을 파직하고 서용(敍用)하지 않기로 하여 정계(停啓)하였다.

○5일 인사이동이 있었다. 사간(司諫)에 권주(權澍: 權濤의 오기)를, 집의(執義)에 이계(李烓)를, 부교리(副校理)에 이도장(李道長)을, 장령(掌令)에 임효달(任孝達)을, 수찬(修撰)에 엄정구(嚴鼎耉)를 제수하였다.

○6일 조강(朝講: 아침 經筵) 때 탑전(榻前)에서 아뢰니, 주상이 말하기를, "그들의 죄는 깊이 다스릴 필요가 없는 것이라서 처음에는 파직시키고 그치려 하였는데, 근래에 젊은 관료들이 지나치게 구원하려고

하여 그 행동이 아름답지 못하기 때문에 이미 죄를 더하였다. 오늘 이후부터는 결단코 따르지 않을 것이니 정계(停啓)하는 것이 옳다." 하였다.

○8일 집의(執義) 이계(李烓), 지평(持平) 박수문(朴守文)·신유(申濡)가 아뢰기를, "근래 김상헌의 논죄한 일로 조정은 분위기가 좋지 못합니다. 신(臣)들이 사태를 조용하게 가라앉히는 것이 좋은 줄 모르는 바가 아닙니다만, 대간(臺諫)들이 김상헌의 일을 논의하는 체통상 경중이 오랫동안 일치되지 않아 오직 공론을 따랐다는데, 김상헌의 벌이 삭탈하는데에 그쳐서 여론이 모두 너무나 가볍다고 여겼습니다. 신(臣)들은 청이 받아들여지기를 기대하였는데, 오늘 대사헌 남이웅이 정계(停啓)하면서 서찰을 보냈기 때문에 신(臣)들이 다시 의논하자며 답신을 보내니 남이웅이 다시 서찰을 보내서 형세상 상소하는데 참여하기가 어렵다며 사양하였습니다. 신(臣)들의 소견은 장관(長官: 대사헌)과 서로 다르니, 어찌 버젓이 김상헌의 일을 논하겠습니까? 체직하여 내치라고 명하소서."라고 하였다.

대사헌(大司憲) 남이웅(南以雄)이 사직을 청하는 상소를 하였으나 주상이 윤허하지 않자, 관청에 나아와 아뢰기를, "근래 김상헌의 일에 대한 논의가 횡행하며 터지니 조정이 혼란합니다. 두 신하의 망녕된 생각에 대해서는 성상(聖上)이 이미 처벌을 행하여 공의(公議: 공론) 또한 조금이라도 펼쳤는데, 각자가 한결같이 굳게 고집하면 성상을 번거롭게 할 듯하여 신(臣: 남이웅)이 논의를 그만두라는 서찰을 보냈더니, 동료들이 너무나 갑작스럽게 답신을 보내어 인피(引避)하겠다고 하였습니다. 신(臣)이 어찌 감히 스스로 제 의견만 옳다고 하면서 버젓이 시비를 가리겠습니까? 체직하여 내치라고 명하소서."라고 하였다.

대사간(大司諫) 김반(金槃)이 아뢰기를, "신(臣: 김반)이 이 일로 인하여 죄인을 거리낌없이 두둔한다며 거듭 배척을 당하였으니, 지금 어찌 감히 버젓이 시비를 가리겠습니까? 체직하여 내치라고 명하소서."라고 하였다.

사간원에서 아뢰기를, "집의(執義) 이계(李烓), 지평(持平) 박수문(朴守文)·신유(申濡), 대사헌(大司憲) 남이웅(南以雄), 대사간(大司諫) 김반(金槃)은 모두 인피(引避)하여 물러납니다만, 김상헌의 일이 삭탈관작하는데 그친 것은 정말 너무 가벼운 듯하다고 해서 조정이 조용하지 못합니다. 논의를 중지시키고 싶으나 이전에 이미 탄핵을 받았으니 감히 처치할 수가 없었던 것입니다. 모두가 인피할 혐의가 없으니 아울러 관청에 나오라고 명하소서."라고 하였다.

○13일 인사이동이 있었다. 대사헌(大司憲) 남이웅(南以雄)이 상소하여 체차(遞差)하였으므로 그 대신 김식(金湜: 全湜의 오기)을 제수하였는데 고향에 있었다. 헌납(獻納)에 심제(沈廥)를, 정언(正言)에 홍진(洪瑱)을, 부교리(副校理)에 임담(林墰)을 제수하였다.

○13일 사헌부에서 김상헌을 멀리 유배하는 일을 아뢰었으나 정계(停啓)되었다.

○경진년(1640) 정월 대사간(大司諫) 박황(朴潢)이 상소한 내용의 대략은, "장령(掌令) 류석(柳碩)은 마음가짐과 일처리를 보면 길인(吉人: 착한 사람)과 정사(正士: 올바른 선비)가 되지 못하니 파직하소서."라고 하니, 주상이 윤허하지 않았다.

○류석(柳碩)이 한 상소의 대략은, "신(臣: 류석)은 원래 차분하지 못

하고 어리석어 시론(時論)에 죄를 얻고 사람들에게 미움을 받아온 지 오래였습니다. 행호군(行護軍) 김상헌(金尙憲)은 임금을 잊고 나라를 저버린 죄가 있습니다. 신(臣)은 임금이 있다는 것만 알 뿐이지 권신(權臣)의 존재를 알지 못하여 외람되이 본직(本職)에 있으면서 생각하고 있던 바를 대략 진술하였습니다. 신(臣)이 어찌 이러한 인간을 한번 논하였다가 뜻밖의 화가 닥치게 되리라는 것을 모르겠습니까? 대체로 매우 망령한 신(臣)의 소견을 바꿀 수가 없었기 때문입니다. 오늘날 조정에는 김상헌을 비난하는 자가 없어서 눈을 부릅뜨고 이를 갈며 기필코 신(臣)을 죽이려는데, 다행히도 성상(聖上)이 천지 부모와 같이 분에 넘치는 관용을 베풀어 준 덕택으로 오늘에 이르렀습니다. 그러나 모래를 머금고 해독을 끼치려 그림자를 살피고 있다는 것을 신(臣) 또한 스스로 헤아리고 있었으니, 마음 씀씀이와 일을 행한 것이 비난 받는 것을 어찌 면할 수 있었겠습니까? 전하는 구중궁궐에 깊이 있으니, 어떻게 오늘날의 상황을 알겠습니까? 김상헌이 근거가 굳건한 형세와 불같이 타오르는 위세로 한 세상의 화복을 마음대로 행해 온 지 18년 동안 자신과 같은 편인가 아닌가에 따라 그 사람을 곤궁케 하기도 하고 영달케 하기도 하였습니다. 신(臣)에게도 인간의 정리가 있으니 관직을 잃을까 근심하는 마음이 생긴다면, 어찌 틀림없이 이로울 길을 버리고서 범하지 말아야 할 노여움을 돋구어 전복되는 결과를 자초겠습니까? 신(臣)이 또 삼가 듣건대, 김상헌의 상소에, '예로부터 죽지 않은 사람이 없고 또한 망하지 않은 나라가 없다.'라고 하였습니다. 그런데 자신은 필부의 몸인데도 자결하지 못하고서, 하찮은 필부(匹夫)의 도량만한 작은 절개를 종묘사직을 받드는 임금에게 기대하고 있으니 어찌 그렇게도 생각지 못하는 것이 심하단 말입니까? 신(臣)은 바로 전하의 신하로서 아낄 분은 우리 임금뿐이니, 비록 수만 번 주륙을 당하더라도 의리상 입을 다물고 있기가 어렵지만, 신 또한 슬픕니다. 신(臣)은 행실이 보잘것없고 함부로 굴어 남의 터무니없는 배척을 받았으니, 어찌 뻔뻔스러운 얼굴로 다시 반열에 욕되게 서겠습니까? 속히 체직하여 책임을 면할 수 있게 하여 공적으로나 사적으로나 편안하게 해 주소서."라고 하니, 주상이 답하기를, "상소를 보고 잘 알았다. 대간(臺諫)의 논의가 바르지 못함을 내가 이미 통촉하였으니, 그대는 사직하지 말라. 안심하고 직책을 살피라." 하였다.

○주상이 해가 지나도 편찮았는데, 칸(汗: 홍타이지)이 차호(差胡) 만일개(滿日介: 滿月介의 오기)에게 주상의 병상을 살피고 오도록 한 연후에 원손(元孫) 및 인평대군(麟坪大君)과 부인을 돌려보내기 하였다.

경진년(1640) 3월 15일 세자가 한번 나왔다. 그 후에 일대군(一大君: 봉림대군)을 보내면서 원손과 인평 부인(麟平夫人)을 함께 돌려보냈다.

記請陰被誣事

○百官加賞, 金尙憲, 辭資上疏曰: "臣本病人, 加以年老悖睡[1], 隕心於擢髮數罪之語, 失性於天地飜覆之際, 形存心死, 有同土木。無復有立朝從仕之望, 輾轉流落[2], 朝夕待盡。不意伏聞南漢, 扈從諸臣, 俱受賞加, 而臣名亦在其中。臣始焉驚疑, 終焉慙懼, 涉月經

1) 悖睡(패수): 悖睫의 오기. 《韓非子》〈喩老〉에서 전국시대 楚莊王이 越을 치려고 하자, 杜子가 간하기를, "어리석은 신은 지혜가 눈과 같을까 염려됩니다. 사람의 눈이란 백보 밖은 잘 보면서도 자신의 속눈썹은 스스로 보지 못하는 것입니다.(臣愚患智之如目也. 能見百步之外, 而不能自見其睫.)"에서 활용한 표현인 듯.

2) 流落(유락): 고향을 떠나서 떠돌아다님.

旬, 愈不自安。方駕駐山城也, 大臣執政, 爭勸出城, 而敢以死守之義, 妄陳榻前, 臣罪一也。降書文字, 所不忍見, 手毁其草, 痛哭廟堂, 臣罪二也。兩宮親詣敵營, 臣旣不能碎首馬前, 又不得從行, 臣罪三也。臣負此三罪, 尙逭刑章, 豈敢與諸臣之終始羈靮[3]者, 均蒙恩數[4]也? 伏乞殿下亟收成命[5], 以嚴勸懲之道。如臣濫廁, 必有公論改正之事, 遠伏荒野, 聞見未逮, 猥此煩籲, 無乃謬乎? 且臣伏念寒暑不掇, 則裘褐不可廢, 敵國未滅, 則戰守不可忘。伏願殿下, 克勵[6]薪膽之志, 增修保障之地, 免使國家再辱焉。嗚呼! 毋信一時之要盟[7], 毋忘前日之大德, 毋過恃虎狼[8]之仁, 〈毋〉殄絶父母之邦, 誰能以此爲殿下懇懇陳戒[9]乎? 夫以千里, 爲讐人役, 古今所羞, 每想先王奏文'萬折必東'之語, 不覺沾衣也。伏願殿下念之哉。臣妄感[10]迷辭[11], 又復妄發, 臣罪萬死。

○戊寅七月二十九日, 掌令柳碩[12]·朴啓榮[13]等, 啓[14]曰: "君臣之

---

3) 羈靮(기적): 말의 굴레와 고삐. 수행하다는 뜻으로도 쓰인다. 춘추시대 衛나라 獻公이 외국으로 망명했다가 위나라로 돌아올 때 교외에 이르러 자신의 말고삐를 잡고 온 사람들에게 포상으로 食邑을 나누어 준 데서 나온 말이다.

4) 恩數(은수): 功이 높은 사람에게 임금이 베푸는 특별한 恩典.

5) 成命(성명): 이미 내려진 명령.

6) 克勵(극려): 사사로운 욕심을 버리고 부지런히 힘씀.

7) 要盟(요맹): 힘으로써 강제로 맺은 맹세.

8) 虎狼(호랑): 호랑이와 이리. 욕심이 많고 잔인한 사람의 비유.

9) 陳戒(진계): 신하가 임금에게 이변에 대하여 경계하고 두려워하라는 뜻으로 상소를 올리는 것.

10) 妄感(망감): 狂惑의 오기. 미치광이 바보. 미친 사람처럼 아주 망령됨.

11) 迷辭(미사): 迷亂의 오기. 정신이 혼미하여 어지러움.

12) 柳碩(류석, 1595~1655): 본관은 晋州, 자는 德甫, 호는 皆山. 1613년 진사를 거쳐 1625년 별시문과에 급제하여, 사헌부·사간원을 거쳐 강원감사를 역임하였다.

義, 無所逃於天地之間, 死生·榮辱, 理無獨殊, 豈可以運之汚隆[15)]·身之利害而二其心哉? 前判書金尙憲, 以一時名, 受知於聖朝, 帷幄[16)]十年, 最承恩遇, 眷注[17)]之深, 分義之重, 何忍棄殿下於危急存亡之際乎? 方南漢下城之日, 君父陷不測之危, 臣民同罔極之痛, 先身後君, 義之所不敢出。金尙憲, 旣不如鄭蘊之刺刃, 則始終禍福, 惟殿下與共, 而抽身遠走, 曾不顧念。時事稍定, 竟闕來覲, 偃息便地, 越視王室, 自爲潔身全節, 不事汚君, 鼓舞異論, 彰國之惡, 而眩亂人志。噫! 人臣之義, 至此而掃盡矣。要名敗身, 樹黨誤國, 特尙憲餘事[18)]耳。其無君不道之罪, 不可不懲, 請命極邊圍籬安置." 答曰: "金尙憲論罪太晩, 置之無妨." 大司憲金榮祖[19)], 以陳奏使將, 赴瀋陽, 上疏請遞, 略陳救意, 禮曹判書李顯英[20)], 箚子[21)]大槪, "金榮

13) 朴啓榮(박계영, 1597~1654): 본관은 密陽, 자는 仁甫, 호는 竹村. 1630년 식년 문과에 급제하였다. 사간, 지평, 장령, 집의,철원부사를 지냈다.

14) 《仁祖實錄》 1638년 7월 29일 3번째 기사.

15) 汚隆(오륭): 盛衰. 쇠함과 융성함.

16) 帷幄(유악): 기밀을 의논하는 곳. 여기서는 조정의 의미로 쓰였다.

17) 眷注(권주): 은총을 베풂. 인금이 신하를 보살펴주고 은혜를 베푸는 것을 말한다.

18) 餘事(여사): 그다지 요긴하지 않은 일.

19) 金榮祖(김영조, 1577~1648): 본관은 豊山, 자는 孝仲, 호는 忘窩. 金誠一의 사위이다. 1601년 사마시에 합격, 1612년 증광 문과에 급제해 승문원 정자를 거쳐 1623년 인조반정 후 장령, 대사헌, 대사성, 대사간, 이조참판 등을 역임하고 6차례나 어사로 나갔다.

20) 李顯英(이현영, 1573~1642): 본관은 韓山, 자는 重卿, 호는 蒼谷·雙山. 1595년 별시 문과에 급제 승문원을 거쳐 평안도평사, 지평, 수찬, 교리, 지제교 등을 역임하고 서흥부사, 봉상시정, 필선을 지냈다. 1619년 성절사로 명나라에 다녀왔다. 1623년 인조반정으로 대사간에 등용, 1624년 경기도관찰사, 1625년 예조와 형조의 참판, 및 대사헌, 1626년 이조참판, 1629년 강원도관찰사를 거쳐 1636년 병자호란 때 楊根에서 의병을 일으켰고, 1637년 형조판사, 이조판서, 대사헌 등을 지냈다.

祖上疏[22], 啓下[23]該曹而伏見金尙憲論罪太晩之敎, 臣亦曾參法官, 不覺瞿然[24], 先削臣職." 蓋其義, 則伸救金尙憲也。答曰: "此箚似無, 前規亦有如此規例乎? 問啓."

○持平李海昌[25], 方在呈告[26]中, 卽出仕, 論啓[27]: "請柳碩·朴啓榮等, 削去仕版, 永不敍用." 答曰: "此啓辭[28], 還出給, 勿出朝報." 仍傳曰: "如此亡前怪妄之疏, 政院何以捧入耶? 諸承旨所爲, 亦甚可怪矣." 李海昌, 以此遠竄盈德。

○玉堂副提學李棨·應敎洪命一·修撰李行遇等, 箚子大概, "柳碩罷職, 朴啓榮遞差." 答[29]曰: "此人只取欲死之名, 而終無損軀之實, 以予觀之, 其不及任天眞者, 似遠矣。棄其危亂之君, 翱翔安靜之地, 其與涕泣隨駕, 忘身盡悴者, 亦似不侔矣。而卿等過爲褒美, 無乃公道不足而然耶? 憲府所謂彰惡等語, 皆是滄浪自取[30]之事,

---

21) 《仁祖實錄》 1638년 8월 1일 3번째 기사.

22) 《仁祖實錄》 1638년 8월 1일 4번째 기사.

23) 啓下(계하): 임금의 재가를 받음. 임금은 계문을 보고 啓字印을 찍어 親覽과 決裁를 마쳤음을 표시한 것이다.

24) 瞿然(구연): 깜짝 놀라는 모양.

25) 李海昌(이해창, 1599~1651): 본관은 韓山, 자는 季夏, 호는 松坡. 1624년 사마시에 합격, 1630년 식년문과에 급제하여 검열, 정자, 봉교 정언 등을 역임하고, 1638년 지평으로 있을 때에 인조의 노여움을 산 척화파의 우두머리 김상헌을 구제하다가 영덕에 유배되었다. 1644년 유배가 풀려 부수찬에 복직되어 1649년 이조정랑에 이르렀다.

26) 呈告(정고): 벼슬아치가 휴가를 신청하는 일.

27) 《仁祖實錄》 1638년 8월 1일 1번째 기사.

28) 啓辭(계사): 논죄에 관하여 임금에게 올리는 글.

29) 《仁祖實錄》 1638년 8월 1일 2번째 기사.

30) 滄浪自取(창랑자취): 좋은 말을 듣거나 나쁜 말을 들음이 모두 자기의 잘잘못에 달렸다는 뜻. 자기가 잘못되고 잘되는 것, 칭찬받고 배척받는 것 등은 모두 자기 하기에 달렸으며 제탓이라는 말이다.

何必過爲盛怒哉? 柳碩等, 設有罪過, 臺諫自當論之, 何必如是遑遑有似捕盜哉? 今此擧措, 實爲可駭, 予甚惜之."

○左相崔鳴吉, 箚子[31]大槪, "金尙憲, 文章操行, 見重於一時, 當南漢被圍之日, 挺身赴亂, 裂書痛哭, 其節義誠似可尙。溝瀆之諒[32], 自不能辨, 乃欲責望於奉社稷宗廟之君, 悻悻[33]出城, 不顧而去, 跡涉亡據。忠臣去國, 不潔其名, 彼其平日自視何如, 而臨危處身, 乃至於此? 見者不察, 指謂高致, 世道〈之〉憂, 良亦不淺。雖然, 迹其所爲, 特出於剛偏[34]太過, 識見不足, 一時見得[35]之差, 遂成多少狼狽。其在今日, 不過田間之一逋臣, 置之不問, 益見天地之量, 何至於無君不道之目, 過爲擬律[36], 使人心不平, 益長携貳之漸乎? 李海昌, 不問長官, 獨出論劾, 事甚亡據, 遞差之命, 亦出寬假[37], 其他二臣, 理難獨免。臣之愚意, 勿問論議異同, 竝加遞免, 今[38]不得更生鬧端[39], 方合鎭靜之道。臣之不擧金尙憲, 衆所共知, 爲世道憂, 不

---

31) 《仁祖實錄》 1638년 8월 3일 2번째 기사.

32) 溝瀆之諒(구독지량): 사리를 분변하지 못하고 대의가 小節에 집착하는 행위를 비유하여 이르는 말. 《論語》〈憲問篇〉의 "내 어찌 匹夫匹婦의 신의로 溝瀆에 목매 죽어서 남이 알지 못하는 것 같이 하겠는가?(豈若匹夫匹婦之爲諒也, 自經於溝瀆, 而莫之知也?)"에서 나온 말이다.

33) 悻悻(행행): 성내는 모양.

34) 剛偏(강편): 剛褊의 오기. 강경과 편협.

35) 見得(견득): 見得思義에서 나온 말. 《論語》〈季氏篇〉에서 군자가 가져야 할 마음자세를 아홉 가지로 정리하고 九思라 했으니, 매사에 분명하게 보고 들으며, 표정과 용모는 온화하고 공손하며, 언행은 진실하고 신중하며, 궁금한 것은 반드시 묻고, 분노를 잘 다스리며, 이익을 보면 의로움을 생각한다고 한 것이다.

36) 擬律(의율): 죄의 경중에 따라 법을 적용함.

37) 寬假(관가): 관용함. 사정을 봐줌.

38) 今(금): 令의 오기.

得不如是." 答曰: "柳碵等, 箚辭如此, 當令依箚施行."

○金榮祖遞大憲, 金槃代之, 啓[40]辭大槪, "柳碵·朴啓榮, 不恤公議, 獨主私見。擧措不美, 群情甚駭, 請命罷職." 答曰: "因大臣箚子, 已爲遞差, 更勿煩論, 金尙憲圍籬安置事, 停啓." 新除授持平朴守文[41], 上疏遞差。

○八月初六日, 掌令李尙馨[42]·持平金重鎰[43]·掌令李烓[44], 尙馨在外, 李烓啓[45]曰: "論金尙憲之罪, 雖始發之際, 微欠周詳, 實係明君臣之義, 國人所共知, 非一人之私言也。欲救尙憲者, 汲汲繼起, 評彈互發, 扶植罪人, 搏擊[46]言者。玉堂則身被嚴旨, 不思引咎[47], 憲長則躬行彈劾, 不假[48]顧例, 獨停重論, 如恐不及, 何其亡忌憚之

---

39) 鬧端(요단): 말썽이나 가탈이 나서 시끄럽게 될 단서.

40) 《仁祖實錄》 1638년 8월 5일 1번째 기사.

41) 朴守文(박수문, 1604~1654): 본관은 密陽, 자는 士彬. 1631년 별시 문과에 급제, 사헌부 장령 등을 거쳐 광주목사를 지냈다.

42) 李尙馨(이상형, 1585~1645): 본관은 全州, 자는 德先, 호는 天默齋. 1612년 사마시에 합격, 1625년 별시문과에 급제, 1628년 學錄에 올라 경연관이 되고 시강원 설서 등을 거쳐 예조 좌랑이 되었다. 1630년 사헌부지평, 1631년 옥과현감 등을 지냈다.

43) 金重鎰(김중일, 1602~1667): 본관은 安東, 자는 伯珍. 1624년 사마시에 합격, 1633년 증광문과에 급제, 전적에 되었다. 1635년 정언, 1636년 병자호란이 일어나자 남한산성에서 독전어사가 되었으며, 1637년 지평을 지냈다. 攻西派(인조반정 공신)의 언관 李烓가 淸西派(서인으로서 반정에 참여하지 않은 계열)인 김상헌을 탄핵하자 이를 반대하다가 탄핵을 받고 北靑判官으로 좌천되었다.

44) 李烓(이계, 1603~1642): 본관은 全州, 자는 熙遠, 호는 鳴皐. 1621년 정시문과에 급제, 1637년 지평·정언·장령을 거쳐 1638년 수찬, 1639년 필선 등을 지냈다. 간관으로 있으면서 주화파의 입장으로 척화파 김상헌 등을 공격하는 데에 앞장섰다. 1641년 선천부사를 지냈다.

45) 《仁祖實錄》 1638년 8월 8일 2번째 기사.

46) 搏擊(박격): 아주 힘있게 후려서 냅다 때림.

47) 引咎(인구): 자신의 허물을 드러내어 일에 대한 책임을 지는 것.

甚乎? 請副提學李棨·應教洪命一·修撰李行遇·大司憲金槃, 竝命遞差.” 答曰: “依啓.”

○持平金重鎰, 避嫌大槪[49], “掌令李烓, 不避嫌跡, 更起鬧端, 憑依黨論, 欲濟其私, 輿情共憤, 識者寒心。請掌令李烓遞差.” 傳曰: “一人之言, 實非公論, 違例之事, 可否不可, 此啓辭還出給。今後如此憚文, 勿爲捧入.” 重鎰, 以此特拜北靑判官。

○大司諫崔惠吉[50], 避嫌, “金尙憲, 以一時重望之人, 求死不得, 終不來覲於下城之後, 其情雖恕, 難免人言。至於斷以重律, 則亦果何[51]公論乎? 李海昌之於柳碩等所失, 不甚相遠, 而遞職遠竄, 輕重懸殊。金重鎰之於李烓所失, 本正[52]異同。臣之愚意, 竝不遞李烓·金重鎰之職, 則亡以懲違例傾軋之習, 若不還收李海昌遠竄之命, 則終不能亡罪同罰異之歎。故欲以此論啓, 僚議不一, 臣忝長官, 言不見信。請命罷職.” 正言鄭之虎[53], 啓[54]曰: “李烓決不可與金重鎰

---

48) 不假(불가): 不暇의 오기.

49) 《仁祖實錄》 1638년 8월 10일 2번째 기사.

50) 崔惠吉(최혜길, 1591~1662): 본관은 全州, 자는 子迪, 호는 柳下. 1613년 사마시에 합격, 1625년 별시문과에 급제, 사간원 정언이 되었다. 이조좌랑, 홍문관수찬, 사헌부 지평, 홍문관교리 등을 거쳐 1635년 승지가 되었고, 1638년 병조참의, 대사간, 도승지가 되었다. 이어서 1641년 우부빈객으로 왕세자와 함께 심양에 있다가 용골대의 淸兵과 동행하여 귀국하기도 하였다. 1648년 이조참판, 1650년 경기도관찰사, 이조참판을 거쳐, 1653년 영해부사, 강원도관찰사, 1655년 개성유수를 지냈다.

51) 何(하): 可의 오기.

52) 正(정): 無의 오기.

53) 鄭之虎(정지호, 1605~1678): 본관은 東萊, 자는 子皮, 호는 霧隱. 1635년 진사시에 합격, 1637년 별시문과에 급제, 전적을 거쳐 1638년 정언이 되어 권신 김자점의 전횡을 탄핵하였다. 1643년 개성부경력, 1645년 성균관의 사예, 1650년 호조와 공조의 참의, 1657년 좌승지, 도승지, 대사간 등을 지냈다.

同罰, 而長官終不肯諾, 先爲來避。臣不敢獨冒, 請命罷斥." 獻納崔繼勳[55], 启曰: "頃日齊坐時, 以論遞玉堂事, 發於席上, 今見大司諫崔惠吉簡通[56], 則以掌令李烓·持平金重鎰, 獨爲彈劾, 殊失事體, 竝請遞差。臣旣欲論劾玉堂, 而又遞李烓, 則必涉亡據。李烓之遞玉堂憲長, 實出於公議, 獨啓未爲不可。金重鎰, 歷敭[57]淸顯, 誰所致也? 其所謂不避嫌迹, 實自道也。臣之所見, 與同僚相左, 請遞臣職." 玉堂副提學金壽賢[58]·應教鄭致和[59]·修撰沈齊[60], 箚子[61]大概, "崔惠吉遞差, 獻納崔繼勳·正言鄭之虎出仕." 答曰: "依啓."

○八月十九日, 晝講[62], 經筵官參判李景奭, 玉堂睦性善[63]·沈齊

---

54) 《仁祖實錄》1638년 8월 11일 3번째 기사.

55) 崔繼勳(최계훈, 1601~1657): 본관은 全州, 자는 德會. 1615년 진사시에 합격, 1633년 증광문과에 급제, 1637년 사헌부의 정언과 장령·헌납을 거쳐 1639년 지제교 지냈다.

56) 簡通(간통): 대각의 관원이 자기의 뜻을 글로 써서 서로 통함.

57) 歷敭(역양): 歷揚. 좋은 벼슬을 두루 지냄.

58) 金壽賢(김수현, 1565~1653): 본관은 豊山, 자는 廷叟, 호는 遁谷. 1602년 별시문과에 급제, 정언과 사서 등을 거쳐 헌납, 전적, 예조정랑 등을 지낸 뒤 홍원현감을 역임했다. 1623년 인조반정 이후 우부승지, 호조 참의 등을 거쳐 대사간에 임명되었다. 도승지, 이조참판, 대사간, 사언 등을 번갈아 역임한 뒤, 1644년 예조참판을 지냈다.

59) 鄭致和(정치화, 1609~1677): 본관은 東萊, 자는 聖能, 호는 棋洲. 鄭光弼의 5대손, 鄭惟吉의 증손, 鄭昌衍의 손자, 鄭廣成의 아들이다. 1628년 별시문과에 급제, 문한의 관직을 거쳐 1635년 1642년까지 동래부사를 역임하였다. 1638년 충청도암행어사, 1639년 함경도암행어사, 1641년 황해도암행어사로 도정을 규찰하였으며, 1645년 동부승지, 1647년 평안도관찰사, 1650년 광주부윤, 경기도관찰사, 도승지, 강화부유수 등을 거쳐 1657년 형조판서에 올랐다. 1667년 우의정을 지냈다.

60) 沈齊(심제, 1597~1649): 본관은 豊山, 자는 子美, 호는 沙川. 沈守慶의 손자이다. 1624년 진사가 되고, 1633년 증광시 문과에 급제, 지평을 거쳐 정언을 지냈으며, 1636년 무장현령, 1638년 홍문관 수찬과 헌납, 1639년 부교리, 이조좌랑, 1641년 이조정랑, 1645년 담양도호부사, 1648년 전주부윤을 지냈다.

61) 《仁祖實錄》1638년 8월 12일 1번째 기사.

62) 《仁祖實錄》1638년 8월 19일 1번째 기사. 晝講은 낮에 경연관이 임금을 모시고

入侍, 李景奭曰: "柳碩之論, 出於挾撼, 此非公論." 上曰: "挾撼之言非矣, 惟當觀其是非而已。金尙憲·鄭蘊, 所爲一體, 只擧而論之非也。但尙憲不問其君, 不哭其兄, 果謂得人倫乎? 金尙憲, 以世祿之臣, 相從一紀餘, 遭此罔極之變, 棄君父不問, 目今潔身遠居者, 尙憲之所作俑[64]也。此時, 論尙憲者, 雖謂鳳鳴朝陽[65], 可也." 睦性善曰: "爲今計, 莫若先立紀綱, 明其是非, 自定矣."

○兵曹參判李敬輿, 在鄕辭職, 上疏[66]大槪, "臣曾在南漢, 目見金尙憲·鄭蘊, 垂絶幸生, 求死不得之狀, 尋常[67]憐歎, 自懷慙忸[68], 不圖人之意見不同, 到今攻斥金尙憲, 如攻索性[69]小人, 至請安置之律。二百年禮義之邦, 爲天朝守義者, 惟此二人, 又從而深攻焉, 則其何以有辭於天下後世也? 兩臣之事, 足以爲國之光, 有何彰君之過也? 以此爲罪, 臣實未服也."

○十月初九日[70], 掌令李汝翊[71]·持平李道長[72], 啓曰: "見危負

하는 講論.

63) 睦性善(목성선, 1597~1647): 본관은 泗川, 자는 性之, 호는 瓶山. 1624년 증광문과에 급제, 1625년 검열이 되어 봉교, 정언을 거쳐 1629년 부교리, 교리, 우승지, 동부승지, 좌승지, 전라감사, 대사간 등을 역임하였다. 1647년 전라감사, 경상감사를 지냈다.

64) 作俑(작용): 옳지 못한 일의 선례를 만들거나, 옳지 못한 일을 최초로 꾸밈을 뜻하는 말.

65) 鳳鳴朝陽(봉명조양): 직간하는 것을 이르는 말. 唐나라 李善感이 다른 사람이 하지 못하는 말을 직간하여 '아침 볕(朝陽)에 봉이 울었다.'는 칭찬을 들었는데서 유래하였다.

66) 《仁祖實錄》 1638년 9월 3일 2번째 기사.

67) 尋常(심상): 心常의 오기.

68) 慙忸(참뉵): 매우 부끄러워함.

69) 索性(소성): 부끄러움도 없이, 체면도 없이.

君, 人臣之大罪也。苟不擧法〈以〉治之, 則其流之害, 將至於臣不臣, 而國不國, 可不懼哉? 前判書金尙憲, 求死不得, 則義不敢後, 而托疾彊臥[73], 終不扈駕, 顧乃迂往春川, 尋挈家累[74], 踰嶺擇便。扈從賞加, 乃是恩典, 而封還敎旨, 若將浼焉。況春宮[75]異域之行, 職在賓客, 終闕拜送, 其與孫傅[76]之請從, 一何相左[77]也? 請金尙憲中道付處。人臣之事其君, 見危授命[78], 亡可去之義。前參判鄭蘊, 刺刃不死, 病已之後, 義當來覲, 而邁邁[79]歸鄕, 亡顧戀[80]之意, 要

---

70) 《仁祖實錄》1638년 10월 9일 4번째 기사. 실록의 내용이 단순 축약이 아니라 상당 부분이 변개되어 축소되었다.

71) 李汝翊(이여익, 1591~1650): 본관은 碧珍, 자는 棐卿. 1616년 진사가 되고, 1630년 식년문과에 급제, 1638년 장령이 되었는데, 임금을 생각하는 마음이 없고 자신의 안위만을 생각한다는 죄목으로 김상헌을 탄핵했다가 정언 嚴鼎耉 등으로부터 공론을 무시한 채 자기 마음대로 파직을 청원하였다는 지적을 받아 관직에서 교체되기도 하였다. 이후 예조정랑, 정언, 1644년 사은사 李敬輿의 종사관으로 심양에 다녀와서, 양산군수, 나주목사 등을 지냈다.

72) 李道長(이도장, 1603~1644): 본관은 廣州, 자는 泰始, 호는 洛村. 張顯光의 문인이다. 1630년 식년문과에 급제, 承文院權知正字에 등용되고 沙斤道察訪·注書 등을 역임, 1636년 다시 주서로 복직하고, 병자호란이 일어나자 史官으로서 어가를 따랐으며, 또한 치욕적인 강화 체결 후 청나라에서 斥和主張者의 명단을 요구하자 전후좌우에서 척화자의 명단을 빠짐없이 불렀으나 척화주장자로 이름이 드러난 三學士 이름만 쓰고 붓을 놓으며 "敵의 요구는 사람 수를 정한 바 없는데 우리 스스로 많은 사람을 올려 희생을 늘릴 필요가 없다."고 하여 많은 인명을 구하였다고 한다.

73) 彊臥(강와): 僵臥의 오기. 꼼짝 않고 누워 있음.

74) 家累(가루): 일가에 속하는 모든 사람. 즉 노비·처자를 포함하여 어떤 사람에게 매여 있는 家率을 말한다.

75) 春宮(춘궁): 왕세자가 사는 궁전. 東宮.

76) 孫傅(손부): 宋나라 尙書右丞. 金人이 침입하여 欽宗이 북으로 끌려가게 되자 太子를 보좌하고 있었는데 금인이 또 와서 태자를 데려가자 손부는 자청하여 태자를 따라 북에 가서 그곳에서 죽었다.

77) 相左(상좌): 서로 달라서 어긋남.

78) 見危授命(견위수명): 위태로움을 보고 목숨을 바침.

潔其名, 不念分義之重, 爲人臣子, 安敢如是, 請罷職不敍." 答曰: "置之可矣, 不必施罰." 蓋啓辭中, 封還敎旨, 迂往春川, 職在賓客等語, 皆誣語也."

○掌令徐祥履[81], 啓[82]曰: "臣伏見本府論金尙憲等之啓, 不勝驚訝。李汝翊等, 更發已停之論, 作一時奇貨[83], 以爲擠人之機穽[84], 何其甚耶? 臣之愚見如此, 不可苟同於一席。請命罷斥." 正言嚴鼎耉[85]·朴守文, 處置, "李道長·李汝翊·徐祥履, 竝命遞差, 執義權澍[86]出仕." 答曰: "依啓." 祥履, 如[87]此特拜鏡城判官。

○大司憲徐景雨, 呈辭[88]遞差, 金榮祖代之又遞, 金槃代之, 啓[89]

---

79) 邁邁(매매): 떠나려고만 함.

80) 顧戀(고련): 마음에 맺히어 잊지 못함.

81) 徐祥履(서상리, 1602~1659): 본관은 達城, 자는 汝吉. 1630년 식년문과에 급제, 승문원에 들어갔다가 시강원에 보직되고 1635년 사간원정언이 되었다. 그뒤 사헌부의 지평, 장령, 사간을 거쳐 경성판관에 특배되었고, 홍문관의 교리, 수찬 등 청요직에 올랐다. 1652년 경주목사를 지내고 예조참의, 동부승지, 병조참의를 지냈다.

82) 《仁祖實錄》 1638년 10월 13일 1번째 기사.

83) 奇貨(기화): 어떤 목적을 이루는데 이용할 수 있는 좋은 기회.

84) 機穽(기정): 날짐승을 잡기 위한 함정.

85) 嚴鼎耉(엄정구, 1605~1670): 본관은 寧越, 자는 重叔, 호는 滄浪. 1630년 별시문과에 급제, 승문원의 권지에 보직되고, 정언을 거쳐 1636년 병자호란 때 설서로 남한산성에 왕을 호종하였다. 1637년 지평, 1638년 충청도염문사, 수찬, 평안도도사에 이어 수찬, 의성현령, 지평, 교리, 헌납 등을 역임한 뒤, 1647년 이조좌랑에 올랐다. 1651년 좌승지, 홍문관 교리를 거쳐 승지에 오르고 한성부좌윤에 이르렀다.

86) 權澍(권주): 權濤(1575~1644)의 오기.(이하 동일) 본관은 安東, 자는 靜甫, 호는 東溪. 1601년 진사시에 합격, 1623년 승정원주서, 1625년 홍문관부수찬, 1631년 원종의 追崇을 극력 반대한 일로 남해로 유배되었다. 1640년 사간원대사간에 제수되었다.

87) 如(여): 以의 오기.

88) 呈辭(정사): 조선시대 관원이 사정으로 말미암아 국왕에게 사직 등을 청하는 문서.

89) 《仁祖實錄》 1638년 10월 18일 1번째 기사.

曰: "區區愚見, 已悉於前, 今何更瀆, 第告君之辭, 不容有一毫虛誣[90], 而初不下送之敎旨, 至謂之封還, 不敬之罪, 暗昧[91]加人, 似此擧措, 豈是出於正者乎? 至於鄭蘊之特立獨行[92], 聖上之素所容許。刺刃求死, 其志可見, 孰謂樸直[93]任眞之人, 乃生計較要名之意乎? 欲加之罪, 臣實未曉也。決難苟冒首席, 請命罷斥臣職." 傳[94]曰: "金尙憲加資敎旨, 該曹何以不爲下送耶? 問啓." 兵曹啓曰: "凡敎旨, 本曹別無下送之規。吏曹書吏金義信受去, 以在遠道, 故不卽傳送, 置之文書軸云矣."

○執義權澍, 啓曰: "臣於金尙憲, 心實非之, 而秋間承召上來, 正値西事難虞。不欲提起往事, 以開鬧端, 及臣移忝本府, 已發於僚席, 未得蒙允。今見大司憲金槃引避[95], 乃與臣之所見相左, 何敢偃然處置? 請命遞斥." 正言朴守文, 啓曰: "臣之愚見, 與長官相左。請命罷斥." 大司諫崔惠吉, 啓曰: "金尙憲·鄭蘊之事, 憲府提起陳論, 更惹鬧端, 此豈今日之急務乎? 且兩臣心跡[96], 似不可强爲分別, 而擬律懸殊, 尤未知其可也。大司憲金槃, 不爲苟同, 蓋出於鎭靜今日處置之道。臣以此發言, 同僚先避, 不可仍冒。請命罷斥." 玉堂處置, "大司憲金槃·執義權澍出仕, 大司諫崔惠吉·正言朴守文遞差."

---

90) 虛誣(허무): 근거없이 모함함.

91) 暗昧(암매): 애매함. 진위가 불분명함.

92) 特立獨行(특립독행): 속세에 따르지 않고 홀로 믿는 바를 행함.

93) 樸直(박직): 순박하고 정직함.

94) 《仁祖實錄》 1638년 10월 18일 2번째 기사.

95) 引避(인피): 직무상 거북한 처지에 있어 그 벼슬을 사양하여 물러나거나 또는 은퇴하여 후진에게 길을 열어줌.

96) 心跡(심적): 본심. 속마음.

答曰: "依啓." 金槃呈辭, 權澍就職。

○十月二十一日, 憲府執義崔澍[97], 掌令朴敦復[98]·洪瑱, 持平李雲栽[99], 啓[100]曰: "金尙憲罪狀, 已盡於前啓, 而聖批乃以置而容之爲教, 臣等之惑滋甚, 不得不畢其說焉。宗社之計, 自別於匹夫之諒, 人臣之義, 當盡於所事之君。尙憲之責望於殿下, 則高出於太王[101]·文王[102]之上, 其所以自處, 則乃出於吉朗[103]·孫傳之下, 其言不顧行, 吁亦甚矣。當日之事, 臣等概可想矣。自以平生挾中[104]之人, 不量事勢, 固守已見, 進旣不能以國斃, 退又不能捐其軀, 一味懟恨, 悻悻下城, 以至君危不恤, 兄屍不收, 自不知忘親負頁國[105]之罪, 來萃〈於〉其身。及其踰嶺之後, 不能靜處而〈避匿〉, 浮遊[106]於湖嶺之間, 自頁[107]以辦得大節, 其與所謂窮人亡所歸[108]者, 一何

97) 崔澍(최주): 權濤의 오기.

98) 朴敦復(박돈복, 1584~1647): 본관은 務安, 자는 无悔, 호는 滄洲. 1606년 사마시에 합격, 1624년 증광시 문과에 급제, 성균관학유을 거쳐 1629년 박사로 나가 예조·호조·병조의 좌랑, 전라도사 등을 역임하고 1634년 진주판관으로 나갔다. 1636년 형조정랑, 직강, 장령, 호군 등을 거쳐 1644년 김해부사로 나갔다.

99) 李雲栽(이운재, 1599~?): 본관은 載寧, 자는 倚相. 1629년 별시문과에 급제하고, 예조정랑, 지평, 양양부사 등을 지냈다.

100) 《承政院日記》 10월 25일 20번째 기사.

101) 太王(태왕): 周나라 文王의 할아버지인 古公亶父의 尊號.

102) 文王(문왕): 중국 고대 周王朝의 기초를 닦은 名君.

103) 吉朗(길낭): 晉나라 신하. 벼슬은 御史를 지냈다. 劉曜가 長安을 함락하자, 愍帝가 羊車를 타고 웃옷을 벗고 나가서 항복하니, 御史中丞 吉朗이 탄식하며 "내가 지혜는 계책을 세우지 못하고 용맹은 죽음을 취하지 못하였으니, 어찌 차마 군신이 서로 따라서 북쪽을 향하여 도둑을 섬기겠는가?" 하고 자살한 인물이다.

104) 挾中(협중): 狹中의 오기. 마음이 좁음.

105) 頁國(혈국): 負國의 오기.

106) 浮遊(부유): 떠돌아다님.

相左? 識見偏暗, 雖謂之不足數可也, 以聖人包荒[109]之量, 置而容之, 亦或一道。而獨〈念〉人心不淑, 橫議[110]興行, 以尙憲〈之〉故, 論議角立[111], 朝著[112]不靖, 改[113]之者, 目之以不道, 保之者, 許之以立節, 不道〈則〉誠爲過當, 而實未知所立者, 何節也? 夫以鄭伯之肉袒牽羊[114]而子産[115]受其政, 宋高[116]之忘親事讐, 而朱子[117]立其朝, 上下數千載間, 人臣處變, 不一其道。而如尙憲〈之〉所爲, 求之簡冊, 蓋亡其倫, 〈惟陳〉宜中[118], 當國事旣去之後, 棄位而逃之占城。尙憲之處其身, 務勝子産·朱子, 而乃比於宜中, 臣等不知, 尙

---

107) 自頁(자혈): 自負의 오기.

108) 窮人無所歸(궁인무소귀): 《孟子》〈萬章章句 上〉에 나오는 구절.

109) 包荒(포황): 감싸줌. 관용함.

110) 橫議(횡의): 도리에 어긋난 의논. 빗나가는 의논.

111) 角立(각립): 사슴이 뿔을 맞대고 싸우듯이 서로 대립하여 있는 형세.

112) 朝著(조저): 朝廷.

113) 改(개): 攻의 오기.

114) 鄭伯之肉袒牽羊(정백지육단견양): 《春秋左氏傳》 宣公 12년에 의하면, 춘추시대 鄭나라 군주가 楚나라 莊王에게 항복하였는데, 그때의 광경을 "정나라 군주가 웃옷을 벗고 양을 끌고서 영접하였다.(鄭伯肉袒牽羊以逆.)"라고 한데서 나온 말. 항복하여 귀순하는 모양새이다.

115) 子産(자산): 중국 춘추시대 鄭나라 大夫 公孫僑의 字. 鄭伯의 재상이었다. 40여 년 국정을 맡아서 잘 처리하였다.

116) 宋高(송고): 南宋의 高宗. 宋徽宗의 9남이자 宋欽宗의 이복 동생. 金나라에 의해 수도 개봉이 함락되고 아버지인 휘종과 이복형 흠종이 금나라로 잡혀가자, 장강 남쪽으로 도망쳐 남송을 세우고 황제로 오른 인물이다.

117) 朱子(주자): 중국 남송의 유학자인 朱熹. 주자학을 집대성하였다.

118) 陳宜中(진의중): 南宋 말기의 재상. 陸秀夫 등과 함께 益王을 옹립하였으나 큰 소리만 쳤을 뿐 실제적인 대비책에는 아무것도 조처한 것이 없어 결국 송나라가 元나라에 패망하였다. 남송이 멸망했을 때 식솔을 이끌고 占城으로 가서 그곳에서 군대를 빌려 元나라에 대항하고자 하였으나 꿈을 이루지 못하였다. 또한 점성이 원나라에 점령되자 다시 暹羅(태국)로 달아나 그곳에서 생을 마쳤다.

憲之平日讀書, 以宜中爲何如人也。尙憲稍以淸名自持, 爲一代所依, 此論之發, 衆起而咻之, 必欲置尙憲於亡過之地。黨論之壞人心術, 一至於此, 誠可寒心。大抵, 天下之事, 本無兩是, 必以尙憲爲是, 則今日在朝者爲非。是非之際, 衆人所趨, 皆將相率而去, 自以爲高致, 誰肯從殿下於危難之際哉? 此臣等之所大懼也。議論不可不定, 是非不可不明, 請勿留難[119], 亟命中道付處." 此權濤所製也。答曰: "罷職." 金尙憲, 聞亡兄金尙容几筵[120], 自京中下來內浦[121], 行致忠州, 知其虛傳而空還, 所謂浮遊湖嶺之間者, 指此也。蓋諸臣之謂柳碩·李烓之挾憾[122]云者, 曾在乙丑[123]年間, 睦性善·柳碩, 聯名上疏, 伸救仁城君[124]之冤死, 金尙憲, 時爲大司諫, 重駁之, 睦柳坐此, 廢棄十餘年, 李烓[125], 曾在甲子适變, 烓之祖湛[126], 父工曹佐郞晉英及烓, 皆不扈從, 金尙憲, 〈又〉以大司諫論劾, 至謂父祖孫三世頁國[127]之人。及今, 始通顯路, 又嘗以權濤爲不正之

119) 留難(유난): 난처하여 머물러 둠.

120) 几筵(궤연): 혼백이나 신위를 모신 자리와 그에 딸린 물건들.

121) 內浦(내포): 충청남도 예산 가야산 주변에 있는 10고을을 일컬음. 홍주, 결성, 해미, 서산, 태안, 덕산, 예산, 신창, 면천, 당진 같은 마을이다. 큰 바다가 내포를 만나면 뭍으로 파고들어 '육지 속 바다'가 된다 하여 '內浦'라고 하였다 한다.

122) 挾憾(협감): 원망하는 뜻을 품음.

123) 乙丑(을축): 《仁祖實錄》 1625년 10월 18일 2번째 기사. 목성선과 류석 등이 전 인성군 이공이 죄가 없다는 것 등에 대해 상소한 내용이 나온다.

124) 仁城君(인성군): 宣祖의 일곱째 아들인 李珙(1588~1628). 1628년 柳孝立 등이 대북파의 잔당을 규합하여 모반을 기도할 때에 왕으로 추대되었다 하여 진도에 유배되었다가 자살을 강요받고 죽었다.

125) 李烓(이계): 문맥상 불필요한 글자.

126) 湛(담): 李湛

127) 頁國(정국): 負國의 오기.

人, 群憾齊集, 期於必陷而後已, 故所論如是矣。

○正言李道長, 啓曰: "頃忝憲府, 論金尙憲也。實因國〈言〉之藉藉, 竝擧其不受賞加之事, 措語之間, 下字錯誤, 至被虛誣之斥。請命遞職." 掌令洪瑱·朴敦復, 持平李雲栽, 啓曰: "臣於前日諸坐, 以罪重律輕之意, 言及於席上, 執義臣權澍, 亦以爲然。而業已連啓[128], 引避瀆撓, 因前論啓矣, 今日, 持平李慶相[129], 以金尙憲罪律不相副爲非[130], 臣等論事, 不中之失著矣。請命罷斥." 執義權澍, 啓[131]曰: "僚議[132], 以金尙憲前啓, 罪重律輕爲言。臣曰: '此啓則果如僚議, 改議而搆[133]之, 如何?' 僚議亦以爲然。而改構之後, 又執前論。臣意以爲, 此論之發, 只欲明是非定人心, 律之輕重, 不必計較矣。昨日, 又發於席上, 同僚引避, 何敢晏然? 請命罷斥." 持平李慶相, 啓[134]曰: "今日, 行相會禮[135]然後, 臣以爲, 金尙憲之罪, 以避辭[136]論之, 不但付處而已。則諸僚, 先自引避, 臣何敢仍冒? 請命遞斥臣職." 玉堂應敎鄭致和, 副校理睦性善·李烓, 修撰沈磨, 箚子大槪, "正言李道長, 掌令洪瑱·朴敦復, 執義權澍, 持平李雲栽·李慶相, 竝命出仕." 答曰: "依啓." 李慶相遞差, 掌令洪瑱·朴敦復, 持平

128) 連啓(연계): 끊임없이 임금에게 잇대어 아룀.

129) 李慶相(이경상, 1602~1647): 본관은 慶州, 자는 汝弼, 호는 天然. 1627년 식년시 문과에 급제, 지평, 고성현령 등을 지냈다.

130) 爲非(위비): 爲罪의 오기.

131)《承政院日記》1638년 10월 23일 11번째 기사.

132) 僚議(요의): 동료 벼슬아치들의 의논.

133) 改議而搆之(개의이구지): 改構而議之의 오기.

134)《承政院日記》1638년 10월 23일 12번째 기사.

135) 相會禮(상회례): 관료 사이에 서로 회합하여 행하는 상견례.

136) 避辭(피사): 啓辭의 오기.

李雲栽就職。

○十月二十六日, 前以金尙憲付處連啓, 〈自〉今日加請遠竄, 鄭蘊罷職不敍, 答曰: "已諭, 勿煩."

○大司憲金槃, 呈辭遞差, 李行遠代之, 啓[137]曰: "近來以金尙憲·鄭蘊等事, 輾轉紛挐, 改[138]之者, 加以不近之說, 救之者, 亦不得其實〈狀〉, 臣竊惜之。玆兩臣者, 自在山城, 求死不得, 及至還都, 改[139]斥斥和之議, 日以益峻。非惟不敢進, 亦不得容於世, 其情可戚, 不可怒也。今之改[140]之者, 〈以〉初不下送之敎旨, 謂之封還, 亂前已遞之賓客, 謂之猶帶, 一往湖西哭其兄喪, 則謂之浮遊。回鑾舊都, 不可與崖山[141]比, 屛伏嶺底, 亦不與占城同, 而至擬宜中之遞去, 遣辭[142]儱侗[143], 蒼素易位, 其能立公論, 而服人心乎? 至於鄭蘊之罪, 而不得其說, 初謂之要名, 竟以悻悻爲辭, 吁亦異矣。如臣疲劣, 叨授首席, 決難鎭浮議而振頹綱。請命遞斥." 持平鄭泰齊, 啓[144]曰: "近日, 本府以金尙憲·鄭蘊〈等〉事, 論議方張, 其間意見稍

137) 《仁祖實錄》 1638년 10월 29일 1번째 기사.

138) 改(개): 攻의 오기.

139) 改(개): 攻의 오기.

140) 改(개): 攻의 오기.

141) 崖山(애산): 南宋 端宗이 죽자, 文天祥·張世傑 등이 단종의 아우 衛王 趙昺을 황제로 받들고 옮긴 곳. 남해의 厓山을 근거지로 송조의 부흥을 꾀하였으나, 원나라 장수 張弘範에게 패하자 陸秀夫가 황제를 업고 바다에 빠져 죽어 송나라가 완전히 망하였다.

142) 遣辭(견사): 말을 문장으로 만들어 씀.

143) 儱侗(농동): 흐릿하여 아직 이루어지지 않은 상태.

144) 《承政院日記》 1638년 10월 23일 14번째 기사. 또 《仁祖實錄》 1638년 10월 29일 1번째 기사.

有不同者, 則輒被去斥, 臣實痛焉。當天地翻覆之日, 誓心不易者, 只有金尙憲·鄭蘊也。斥和之論, 旣云誤國, 則兩臣〈之〉不能自以爲無罪而重入都門者, 其情誠可哀也。不此之諒, 乘時搆揑, 擠人手段, 吁亦甚矣。臣之所見, 與諸僚相左。請命罷斥." 掌令朴敦復·洪瑱, 持平李雲栽, 啓[145]曰: "近以金尙憲論罪, 論議角立, 群起而曲護[146]之, 攻斥而使不敢言, 竊以爲怪焉。臣等, 商議其律, 以遠竄論啓矣。今見大司憲李行遠, 持平鄭泰齊, 引避之辭, 則亡非救解金尙憲之罪, 而攻斥臣等之言也。如欲爭卞, 臣亦疲矣, 何敢仍冒? 請斥〈遞〉臣等之職." 正言李道長, 啓[147]曰: "金尙憲之負殿下者多矣。爲殿下之臣者, 見人之負殿下, 則據法而論罪, 實出於公論。今見大司憲李行遠, 持平鄭泰齊之避辭, 不覺瞿然嗟咄也。一品官教[148], 何等榮章, 而終年投置於下吏之家? 實是意慮之所不到, 〈而〉誤下封字, 臣已自作。十年冑筵[149], 最承殊遇, 亂前已遞, 今始初聞。而昌陵當日, 泣血拜送者, 不獨春宮之僚屬, 則分義尤重之說, 雖使尙憲〈聞之〉, 亦必流涕, 而自服矣。至於鄭蘊, 不爲來覲, 長往不返, 殊亡顧戀[150]分義之重, 且非不潔其名之義, 論以薄罰, 亦欲防一時自好者之口實也。不圖, 乃與金尙憲而竝擧, 必曰: '兩臣兩臣.' 至以强爲

145) 《承政院日記》 1638년 10월 23일 15번째 기사.

146) 曲護(곡호): 힘을 다하여 남을 감싸고 보호해 줌.

147) 《仁祖實錄》 1638년 10월 29일 4번째 기사.

148) 官教(관교): 조선시대에 4품 이상 관원의 고신에 대하여 서경을 면제하고 발급한 임명장.

149) 冑筵(주연): 왕세자가 공부하는 書筵의 이칭.

150) 顧戀(고련): 마음에 맺히어 잊지 못함.

分別, 爲論事者之罪案, 此又未曉也。臣率爾[151]論事, 以致不靖之端, 何敢晏然處置? 命削臣職." 正言任孝達[152], 啓[153]曰: "金尙憲, 少有文名, 持身淸苦, 足稱狷介[154]之士, 而賦性剛狹, 果於自用, 一生峻論[155], 改[156]斥異己, 則爲人亦可知矣。當殿下出城之日, 終亡係戀[157], 長往不返, 揆諸分義, 豈得亡罪? 旣罷其職, 公論已行, 則亦可休矣。臣之所見如此, 何敢處置多官乎? 請命罷斥." 大司諫金世濂[158], 啓[159]曰: "金尙憲事, 初非係國家存亡, 論議一潰, 彼此相激, 君危國亡, 置之度外, 臣叨首席, 其敢定是非·鎭浮議哉? 決難仍冒。請命遞斥." 司諫洪命一, 啓[160]曰: "大司憲李行遠, 持平鄭泰齊, 掌令洪瑱·朴敦復, 持平李雲栽, 正言李道長·任孝達, 大司諫金世

---

151) 率爾(솔이): 성질이나 언행이 신중하지 않고 소홀함.

152) 任孝達(임효달, 1584~1646): 본관은 豊川, 자는 述之. 1610년 별시문과에 급제하여 1615년 병조정랑에 올랐고, 오랫 동안 수령을 역임하였다. 1628년 장령, 1638년 정언, 1639년 종성부사, 1642년 승지에 올랐다.

153) 《仁祖實錄》 1638년 10월 29일 5번째 기사.

154) 狷介(견개): 옳다고 여기는 것을 굳게 지키고 절개가 굳어 굴종하지 않음.

155) 峻論(준론): 엄숙하면서도 날카롭고 바른 언론.

156) 改(개): 攻의 오기.

157) 係戀(계련): 사랑에 끌려 잊지 못함.

158) 金世濂(김세렴, 1593~1646): 본관은 善山, 자는 道源, 호는 東溟. 1614년 진사시에 합격, 1616년 증광문과에 급제하여 예조좌랑이 되어 홍문관수찬, 전적을 거쳐 1617년 정언이 되었다. 1623년 인조반정으로 수찬, 헌납, 교리를 거쳐 1634년 현풍현감으로 좌천되기도 하였으나, 1636년 통신부사로 일본에 다녀온 뒤, 사간을 거쳐 황해도관찰사를 지냈다. 1638년 동부승지를 병조참지와 병조·형조·이조 참의, 부제학을 역임하였다.

159) 《承政院日記》 1638년 10월 29일 6번째 기사. 또 《仁祖實錄》 1638년 10월 29일 1번째 기사.

160) 《承政院日記》 1638년 10월 29일 8번째 기사.

濂, 竝引避而退。今者憲府之論金尙憲·鄭蘊也, 定是非於衆口不齊之中, 別輕重於心迹一體之人。所謂敎旨·賓客, 誣狀呈露, 其於批擬之不論, 何可種種攻破哉? 二臣有罪亡罪, 宜亡異同, 而竄律·罷罰, 科斷[161]懸殊。告君之辭, 不直, 終不免罔上陷人之歸。爲今鎭靜之責, 專在首席。若去已其甚[162], 其餘呶呶, 何足掛齒? 請李行遠·鄭泰齊出仕, 洪瑱·朴敦復·李雲栽·任孝達·金世濂, 竝命遞差."

○十一月初一日政[163]。大司憲南以雄, 大司諫金槃, 掌令李烓, 持平申濡[164], 正言鄭之虎·黃暐[165]。院啓[166]: "憲府之論金尙憲, 采一時之公論, 則不可以罪尙憲者爲非也。李行遠·鄭泰齊等, 護黨自誣, 以尙憲〈有若〉亡一點可疵者然, 引避之筆, 都是搏擊言者, 阿好·傾軋之態, 莫此爲甚。司諫洪命一, 不念是非之章章, 徒幸處置之歸其手, 乘時逞私, 盡遞多官, 只獨出兩人, 亡忌憚之漸, 不可長也。請命遞差." 答曰: "依啓." 洪命一, 以此特拜高敞。

○初三日, 府啓, "金尙憲遠竄." 答曰: "削奪官爵."

---

161) 科斷(과단): 법대로 죄를 처단하는 것.

162) 已其甚(이기심): 其貳心의 오기.

163) 《仁祖實錄》 1638년 11월 1일 1번째 기사.

164) 申濡(신유, 1610~1665): 본관은 高靈, 자는 君澤, 호는 竹堂·泥翁. 1630년 진사가 되고 1636년 별시문과에 급제하여, 사간원정언, 사헌부지평, 홍문관부교리, 이조정랑 등을 역임하였다. 1642년 이조좌랑이 되고 1643년 통신사의 종사관으로 일본에 다녀왔다. 1650년 도승지, 1652년 사은부사로 청나라에 다녀왔다. 1661년 형조참판을 지냈다.

165) 黃暐(황위, 1605~1654): 본관은 長水, 자는 子輝, 호는 塘村. 1633년 사마시에 합격, 1636년 병자호란 때 남원에서 창의하였고. 1638년 정시문과에 급제하여 정언이 되었다. 1649년 함경도도사, 평양서윤을 역임하였다.

166) 《承政院日記》 1638년 11월 2일 6번째 기사. 또 《仁祖實錄》 1638년 11월 2일 1번째 기사.

○初四日, 鄭蘊罷職不敍, 停啓。

○初五日政。司諫權濧, 執義李烓, 副校理李道長, 掌令任孝達, 修撰嚴鼎耉。

○初六日, 朝講, 榻前啓[167], 上曰: "其罪, 不必深治, 初欲罷職而止耳, 近來年少之輩, 過爲營救, 擧措不美, 故已加罪。今後則決不可從, 停啓可也."

○初八日, 執義李烓, 持平朴守文·申濡, 啓曰: "近以金尙憲論罪事, 朝著之間, 氣象不佳。臣等非不知鎭靜之爲好, 而臺諫論事之體, 輕重久違, 一徇公議, 尙憲之罰, 止於削奪, 物情皆以爲太輕, 臣等得請爲期, 今日大司憲南以雄, 停啓送簡, 臣等以更議答送, 南以雄, 更爲送簡, 以勢難參啓爲辭。臣等所見, 旣與長官相左, 何敢晏然論事? 請命遞斥." 大司憲南以雄, 陳疏辭職, 上不許, 出仕啓曰: "近以金尙憲事, 論議橫潰, 朝著不端。兩臣之罔意[168], 聖上旣已施行, 公議亦得少伸, 一向堅執, 似涉瀆擾, 臣〈以〉停論發簡, 則同僚以太遽爲答, 卽爲引避。臣何敢自是己見, 晏然是非? 請命遞斥." 大司諫金槃, 啓曰: "臣曾以此事, 重被扶植罪人亡忌憚之斥, 今安敢晏然是非? 請命遞斥." 院啓, "執義李烓, 持平朴守文·申濡, 大司憲南以雄, 大司諫〈金槃〉, 竝引避而退, 止於削奪, 果似太輕, 朝著不靖。欲爲停論, 前旣被參, 不敢處置。俱亡可避之嫌, 請竝命出仕."

○十三日政。大司憲南以雄, 陳疏遞差, 其代金湜[169], 在鄕。獻

---

167) 《仁祖實錄》 1638년 11월 6일 2번째 기사.

168) 罔意(망의): 妄意의 오기. 이치에 어긋나고 허황한 생각.

169) 金湜(김식): 全湜(1563~1642)의 오기.

納沈䃻, 正言洪瑱, 副校理林墰[170]。

○二十三日, 府啓金尙憲遠竄事, 停啓。

○庚辰正月, 大司諫朴潢, 啓辭大槪[171], "掌令柳碩, 用心處事, 似非吉人正士, 請罷." 上不允。

○柳碩, 上疏[172]大槪, "臣本疏愚, 得罪於時, 見嫉於人久矣。行護軍金尙憲, 有忘君負國之罪。臣知有君父而不知權臣, 曾叨本職, 略陳所懷。臣旣[173]不知一論此人, 奇禍立至? 而蓋其狂妄之見, 不可移也。今日朝廷之上, 亡非尙憲之人者, 張目切齒, 必欲殺之, 而幸賴天地父母, 曲加寬貸, 得至今日。而含沙[174]之毒, 伏以伺人[175], 臣〈亦〉自料, 處心行事之誚, 何可免也? 殿下, 深居九重, 何知今日景象? 盤據之勢, 燀爀之焰, 威福一世, 十有八年, 以己異同, 窮達其人。臣有人情, 苟有患失之心, 則何可捨必利之途, 觸難犯之怒, 而自取顚賴[176]也哉? 臣又竊聞, 尙憲之疏曰: '自古無不死之人, 亦無不亡之國.' 身是匹夫, 而猶不能自決, 乃欲以溝瀆之諒, 望於奉宗廟

---

170) 林墰(임담, 1596~1652): 본관은 羅州, 자는 載叔, 호는 淸癯. 1616년 생원이 되고, 1635년 증광문과에 급제하였다. 1636년 병자호란이 일어나자 사헌부지평으로 남한산성에 들어가 총융사의 종사관을 지냈다. 1639년 사은부사로 청나라에 다녀왔고, 1644년 경상도관찰사, 1646년 충청도관찰사를 지냈으며, 형조참판, 대사간 등을 거쳐 이조판서가 되었다.

171) 《仁祖實錄》 1639년 12월 30일 1번째 기사. 원전의 연도와는 서로 맞지 않으나, 날짜로는 하루 사이임. 1640년 1월 9일 1번째 기사에 대사헌 박황의 아뢴 글이 있다.

172) 《仁祖實錄》 1640년 1월 7일 1번째 기사.

173) 旣(기) 豈의 오기.

174) 含沙(함사): 含沙伺影. 물여우가 모래를 물고 사람의 그림자를 쏘려고 노림. 음흉한 수단으로 남을 해치려는 것을 비유하여 이르는 말이다.

175) 伺人(사인): 伺影의 오기.

176) 顚賴(전뢰): 顚頓의 오기. 뒤집히거나 넘어짐.

社稷之人君, 何其不思之甚也? 臣卽殿下之臣, 可愛者吾君, 雖萬被誅戮, 義難緘口, 臣亦戚矣。臣旣〈行已無似亡〉狀, 取人搆捏之斥, 豈敢强顔, 得班玷行? 竝[177]許鐫免, 以便公私〈之地〉." 答曰: "省疏具悉。臺諫之不正, 予已洞燭。爾勿控辭。安心察職."

○上, 經年違豫, 汗使差胡滿日介[178]來審於上臥內[179], 然後使送元孫及麟平大君與夫人。庚辰三月十五日, 世子一番出來。其後, 送一大君, 旋卽俱還送元孫與麟平夫人

177) 竝(병): 亟의 오기.

178) 滿日介(만일개): 滿月介의 오기. 해서여진 하다부 사람 야후[yahū, 雅虎]의 아들로 아버지를 따라 누르하치에게 귀부한 만다르한([滿達爾漢], mandarhan)의 한자 이름.

179) 臥內(와내): 寢殿.

청으로부터 받은 곤욕스런 일

○기묘년(1639) 가을에 적의 사신이 5천의 수군을 징발하여 적이 천조(天朝: 명나라)를 공격하는데 도우라고 하였다. 그래서 임경업(林慶業)을 상장(上將)으로, 이완(李院: 李浣의 오기)을 부장(副將)으로 삼아 제도(諸道)의 수군을 동원하여 12월 10일 출정 기일에 맞추어 달려갔다. 이에 김상헌(金尙憲)이 상소하여 말하기를, "죄를 진 신(臣) 김상헌은 삼가 아룁니다. 신(臣)은 뼈에 사무치는 비방을 받고 거친 외방에 버려짐을 달게 여기고 있었으나, 삼가 천지 부모와 같은 성상(聖上)의 은혜를 입고서 처벌도 면하고 직첩(職牒)까지도 돌려받아 초야에 편안히 누워 일생을 마치기로 기약하였습니다. 늙고 병들어 남은 여생을 스스로 생각건대 아침저녁으로 목숨이 다하기를 기다리며, 성상의 은덕에 만분의 일이나마 보답할 길이 없어 밤낮으로 감격에 겨운 눈물만 흘릴 뿐입니다. 지난번 삼가 듣건대 성상의 몸이 편치 않아 오래도록 회복되지 않았다고 하니 신하 된 자의 마음은 비록 근심과 걱정이 간절하나 본래 의술(醫術)에는 어두워 정성을 다할 길이 없습니다.

근래에 또 듣건대 조정에서 북사(北使)의 말을 따라 장차 5,000명의 군사를 동원하여 심양(瀋陽)을 도와 대명(大明)을 침범한다고 하였습니다. 신(臣)이 이를 듣고 놀랍고 의심스러워 마음이 안정되지 않았으나, 그렇게까지 하지 않을 것으로 여겼습니다. 무릇 신하가 군주에 대해서 또 따라야 할 것이 있고 따를 수 없는 것이 있습니다. 자로(子路)와 염구(冉求)는 비록 계씨(季氏)에게서 신하 노릇을 하였지만, 공자(孔子)는 오히려 그들이 따르지 않는 것이 있음을 칭찬하였습니다. 당초에 국가의 위세가 약해진데다 힘이 고갈되어 눈앞의 위협에서 우선 살길을 강구한 계책이라 하겠으나, 전하가 난리를 다스리고 바른 데로 다시 되돌리려는 원대한 뜻으로 온갖 어려움과 괴로움을 참고 견딘 지 이제 3년이 지나서 머지않아 치욕을 씻고 원수를 갚을 날을 손꼽으며 우러러 바라고 있는데, 어찌 뜻을 날이 가면 갈수록 더욱 미천하게 일마다 굽히고 따라서 종국에는 이르지 못하는 곳이 없단 말입니까?

예로부터 죽지 않는 사람이 없고 또한 망하지 않는 나라도 없으니, 죽고 망하는 것은 참을 수 있어도 역리(逆理)를 따르는 것은 할 수 없는 것입니다. 전하에게 아뢰는 자가 있어서 말하기를, '어떤 사람이 원수를 도와서 부모를 치려 합니다.'라고 하면, 전하는 반드시 유사(有司)에게 명을 내려 죄를 다스리도록 할 것입니다. 그 사람이 아무리 뛰어난 말로 스스로 해명한다고 할지라도 전하는 용서하지 않고 반드시 왕법(王法)을 가할 것이니, 이것이야말로 천하의 통용되는 도리입니다. 오늘날 계책을 세우는 자들이 예의(禮義)는 족히 지킬 것이 못 된다고 하니, 신은 예의에 의거하여 분변할 겨를이 없습니다만 비록 이해득실로 논할지라도 단지 강포한 이웃의 하루아침과 같은 찰나적 난폭함만 두려워하고 천자의 군대를 동원한 징벌을 두려워하지 않는 것은 원대한 계책이 아닙니다.

정축년(1637) 이후로 중국 조정의 사람들이 하루도 우리나라를 잊지 않고 있는 것은 단지 중국에서 우리를 구해 주지 못하여 패배하였고,

우리가 오랑캐에게 항복한 것은 본심이 아니라는 것을 알고 있기 때문입니다. 국경 관문 여러 곳에 주둔해 있는 군사들과 해상에 떠 있는 누선(樓船: 망루가 있는 큰배)의 수졸(水卒)들은 비록 오랑캐를 쓸어내고 강토를 수복하기에 부족할지라도, 우리나라가 병드는 것을 막는데 이르러서는 넉넉합니다. 만약 우리나라가 호랑이에게 물려 죽었으면서도 호랑이 앞에서 그 앞잡이 구실을 한다는 창귀(倀鬼)처럼 하는 것을 듣는다면 죄를 문책하려는 군대가 벼락같이 달려와 배를 띄운 지 하루만에 곧바로 해서(海西) 지방과 경기의 섬에 당도할 것이니, 두려워할 만한 것이 유독 심양(瀋陽)에만 있다고 말할 수는 없습니다.

사람들이 모두 말하기를, '저들의 세력이 바야흐로 강하니 거스르면 반드시 화가 있을 것이다.'라고 합니다만, 신(臣)의 생각으로는 명분과 대의가 지극히 중하니 그것을 범하면 반드시 재앙이 있게 됩니다. 대의를 저버리고 끝내 위험해져 멸망하기를 면하지 못할 바에는 차라리 정도(正道)를 지켜서 하늘의 명을 기다리는 것이 낫지 않겠습니까? 그러나 명을 기다린다고 하는 것이 다만 앉아서 망하기만을 기다린다는 말은 아닙니다. 일이 순조로우면 백성들의 마음이 기뻐하고, 백성들의 마음이 기뻐하면 근본이 공고해질 것이니, 이것으로 나라를 지키고도 하늘의 도움을 받지 못한 적은 아직 없었습니다.

우리 태조(太祖) 강헌대왕(康獻大王)은 의리를 들어 회군(回軍)하여 300년의 공고한 기업(基業)을 세웠고, 선조(宣祖) 소경대왕(昭敬大王)은 지성으로 사대(事大)하여 임진왜랑 때 구원해 주는 은혜를 받았습니다. 지금 만약 의리를 버리고 은혜를 잊고서 차마 이처럼 군사를 동원한다면, 설령 천하 후세의 의논은 돌아보지 않는다 하더라도, 장차 어떻게 저승에서 선왕(先王)을 뵐 것이며 또한 어떻게 신하들에게 국가에 충성을 다하라고 하겠습니까?

삼가 바라건대 전하는 단연코 다시 도모하고 서둘러 큰 계책을 정하되, 강포함에 뜻을 빼앗기지 말고 사특한 의논에 굽히지 않아 태조(太祖)와 선조(宣祖)의 뜻을 잇고 충신(忠臣)과 의사(義士)의 기대에 부응하소서. 신(臣)이 나라의 두터운 은혜를 받아 대부(大夫)의 반열에 오른지 오래됨에, 지금은 비록 폐해져 물러나 있는 중이나 이와 같은 국가의 막대한 일을 당하여 의리상 잠자코 있을 수는 없었습니다. 지난번 유림(柳琳)이 갈 적에는 신(臣)이 먼 외방에 있었고 일도 급박하여 미처 말씀을 올리지 못하여서 뼈에 사무친 여한이 지금까지 잊혀지지 않고 있었기 때문입니다. 이에 감히 기휘(忌諱)를 피하지 않고 어리석은 정성을 진달하고서 공손하게 형벌이 내리기만을 기다립니다. 삼가 바라건대 전하는 굽어 살펴 주소서."라고 하였다.

○경진년(1640) 11월 용골대(龍骨大)·오목도(梧木道)·알사(謁沙) 세 사람이 나와서 두 사람은 만상(灣上)에 머무르고 오목도는 경성에 달려왔는데, 당초의 약조와 같지 않은 것으로 12건의 일을 힐책하였다. 곧 귀화했다가 도망쳐 되돌아간 당인(唐人: 명나라 사람) 및 우리나라 사람을 즉시 쇄환(刷還)하지 않은 것, 삼공(三公)과 육경(六卿)의 볼모를 서자나 먼 친척으로 겨우 채워 보낸 것, 전일에는 군사를 징발하면서 군사기밀을 그르치더니 이번에는 수군이 들어오지도 않고 머뭇거리며 전진하지도 않은 것, 저 땅에서 산삼 캐는 사람과 사냥하는 사람을 엄금하지 않은 것, 한인(漢人: 명나라 사람)의 선박이 우리 국경에 이르는 것을 금하지도 않고 알리지도 않은 것, 강도(江都: 강화도) 및 남한산성

을 저들에게 말하지 않고 마음대로 수축(修築)한 것, 류림(柳琳)을 뽑아 쓰려고 대기하도록 했으나 마음대로 남쪽 지방으로 보낸 것, 임경업(林慶業)이 거느린 군사들이 저희 땅에 가 있는 것, 전마(戰馬) 및 양식을 군전(軍前)에 즉시 보내지 않은 것 등의 일이었다.

온갖 방법을 다해 공갈하고 협박하였다. 영상(領相) 홍서봉(洪瑞鳳)은 일찍이 남한산성에서 약조할 때에 참여하였고, 이조 판서(吏曹判書) 이현영(李顯英)은 사람 쓰는 것을 주관하였고, 도승지(都承旨) 신득연(申得淵)은 지나간 해에 임경업에게 말과 마부를 보낼 때 반대하는 상소를 하였고, 참판(參判) 박황(朴潢)은 전에 심양(瀋陽)에 가 있을 때 미리 안 일이 있었다면서 보내라고 하였다. 그래서 영상(領相) 이하 여러 사람들이 밤낮으로 달려서 만상(灣上)으로 갔다. 이른바 박황이 미리 알았다고 한 것은 정뇌경(鄭雷卿)의 일을 미리 안 것을 가리키는 말이다.

정뇌경은 병자호란 때 시강원(侍講院) 겸관(兼官)으로 자청하여 심양에 가 있었다. 우리나라에서 칸(汗: 홍타이지)에게 홍시(紅柿)·생리(生梨: 생배) 등을 보내자, 정명수(鄭命壽)가 그 문서를 고쳐 그 홍시와 생배를 반으로 줄였다. 정뇌경은 이 일로 인하여 정명수를 제거하고자 사서(司書) 김종일(金宗一)·원리(院吏: 시강원 아전) 강효선(姜孝先)과 비밀리에 의논하고 또한 포로 한인(漢人: 명나라 사람 沈哥)과 서로 같은 마음으로 약속을 하여 일시에 모두 죽이고서 그 사실을 폭로하기로 하였다.

세자(世子: 소현세자)가 가서 칸(汗: 홍타이지)을 만나볼 때 김종일이 모시고 갔는데, 용골대(龍骨大)와 마부대(馬夫大)가 먼저 이 계획을 알고 김종일에게 묻기를, "그대가 정명수를 해치려고 한다는데, 사실이냐?"라고 하자, 김종일이 알지 못한다고 대답하니, 용골대와 마부대가 곧장 관소(館所)로 가서 정뇌경에게 묻자, 정뇌경이 그러한 일이 있다고 하였다. 용골대와 마부대가 대노하여 정뇌경을 딴 곳에 가두고는 한인(漢人)을 먼저 죽이고 이어서 우리나라 조정을 힐책하였다. 주상(主上)이 처음에는 사신을 보내어 잘 변호해 구하려고 하였는데, 상신(相臣) 최명길(崔鳴吉)이 말하기를, "이와 같이 구하려고 하면 그들의 노여움을 더 사서 정뇌경에게 이로운 일이 없을 것이니, 선전관(宣傳官)을 빨리 보내어 정뇌경에게 사약을 내려 자결토록 하는 것만 못합니다. 강효선의 이름은 호인(胡人)들의 입에서 나오지 않았지만, 끝내 일이 발각되면 우리나라에서 먼저 동시에 사약을 내려 자결토록 하는 것보다 더 나은 것이 없습니다. 이와 같이 하면 정뇌경 무리가 혹 만에 하나 살아나는 요행이 있을 수 있습니다."라고 하니, 주상이 그의 말을 따라 선전관을 보내어 4월 8일 정뇌경과 강효선에게 사약을 내려 심양에서 자결토록 하였다.

세자가 친히 용골대와 마부대의 객관(客館)에서 가서 구하려고 하니, 여러 신하들이 힘써 청하기를 오히려 그치지 않았는데, 먼저 강관(講官) 정지화(鄭知和)를 형부(刑部)에 보냈으나 모욕을 당하고 돌아온 뒤에야 하는 수 없이 그만두었다. 두 사람이 죽자, 염빈(斂殯: 시체를 염습하여 관에 넣고 안치함)에 필요한 의복을 모두 안에서 내어주고, 죽은 사람의 영혼을 조문하여 제사지내며 애통해 하는 것이 오로지 정성에 나오니, 원근에서 들은 자는 감격하지 않는 사람이 없었다. 김종일은 이로 인하여 잡혀와서 영덕(盈德)으로 유배되었다.

박로(朴簬)는 이전부터 오랑캐의 진중(陣中)에 사자(使者)로 다녀서 용골대·마부대 및 정명수와 친교를 맺은 지 오래였고, 심양에 도착하여 용골대와 마부대에게 그의 처자식들을 내어 보이자 용골대와 마부대가 말하기를, "이 아이들은 바로 나의 아이들이다."라고 하였으니, 그가 오랑캐들과 아주 친했음을 알 수 있다. 정뇌경과 객관(客館)에 같이 거처하였는데, 정뇌경이 박로의 행실이 추잡하고 비루한 짓을 많이 하는 것을 보고서 몹시 공박한 데다 그와 더불어 한자리에 앉아 말도 하지 않았다. 이때에 이르러 정뇌경이 죽은 것은 모두들 박로가 사주하여 그렇게 된 것이라고 하였다.

○ 영상(領相: 최명길)·이판(吏判: 이성구)은 먼저 만상(灣上)에 갔고, 신득연(申得淵: 이때 도승지)은 송경(松京)에 이르렀다가 되돌아 와서 상소하여 말하기를, "이번에 용호(龍胡: 용골대)가 온 것은 오로지 신(臣: 신득연) 때문이니 가면 반드시 죽게 될 것입니다. 바라건대 조정에서 죽고 싶습니다."라고 하였지만, 주상(主上)이 속히 가도록 명하자, 또다시 상소하여 말하기를, "신(臣)은 본래 자손이 없어서 죽어도 뼈를 거둘 사람이 없습니다. 외생(外甥: 생질) 강문명(姜文明)을 데려갈 수 있도록 해주소서."라고 하니, 비국(備局)에서도 강문명을 보내도록 청하였다. 강문명은 곧 좌상(左相) 강석기(姜碩期)의 아들이니, 그 세력을 끼려고 한 까닭이었다. 신득연은 중도에서 호각 부는 소리를 듣기만 하면 호차(胡差)가 저를 잡으러 온 것이라 생각하여 숲속으로 달려 들어가 엉금엉금 기어갔는데, 반 달 만에 겨우 안주(安州)에 도착하고서도 장계(狀啓)를 올려 말하기를, "밤낮없이 와서 안주에 도착했습니다."라고 하니, 속으로 웃지 않은 사람이 없었다.

용호(龍胡: 용골대)의 무리들이 영상(領相)·이판(吏判)을 불러서 말하기를, "귀국에 김사양(金斜陽)이라는 자가 있어 대청(大淸) 연호를 사용하지 않으며, 남한산성에서 출성(出城: 항복)하던 날에 대가(大駕)를 수행하지도 않고 내려왔으며, 세자가 왕환(往還)할 때도 또한 전송하거나 맞이하지도 않고, 관작(官爵)을 받지 않았는데, 우리에게 거역하는 모든 상소문은 그가 젊은 무리들을 시켜서 짓게 했다고 하는데, 사실이냐?"라고 하였다. 이른바 사양이라고 한 것은 김상헌 가리키는 것으로서 오랑캐 말로 이와 같았던 것이다.

헤아릴 수 없을 정도로 힐책하자, 영상(領相) 이하가 끝내 숨길 수 없음을 알고 답하기를, "늙고 병든 데다 먼 곳에 가 있었기 때문에 관교(官敎: 임명장)를 하급 관리가 즉시 내려보내지 못한 것이니, 이것은 관작(官爵)을 받지 않은 것이 아니다."라고 하였다. 그 나머지의 일에 대해서는 다시 옳고 그름을 가리지 않자, 용호(龍胡: 용골대) 등이 말하기를, "속히 오도록 해서 볼 수 있게 하라." 하였다. 비국(備局)에서 회계(回啓)하기를, "다시 만상(灣上)의 여러 신하들에게 잘 처리하라고 하소서."라고 하자, 주상이 답하기를, "아뢴대로 하라. 더구나 이 사람이 만일 혹여라도 갔다가 죽으면 나라에 화를 끼칠 것이니 유념토록 하라." 하였다.

영부사(領府事) 이성구(李聖求)가 비밀리에 차자(箚子)하기를, "저들이 관작을 받지 않은 것을 말하니, 김상헌을 만일 이상(二相: 贊成) 겸 이사(貳師: 세자이사)로 제수하여 들여보내면 화를 누그러뜨릴 수 있을 것입니다."라고 하였다. 게다가 비국(備局)에서 따로 하급관리를 따로 보내 은량을 가지고 가서 저들에게 뇌물을 쓰도록 하였다. 적이 처음에는 그다지 독촉하지 않았다. 신득연(申得淵)이 만상(灣上)에 이르렀다가 잠시 용호(龍胡: 용골대)의 심한 질책을 받자 정명수를 보고 갖가지로 애걸하며 살길을 알려달라고 하니, 정명수가 말하기를, "만약 도리에 어긋난 척화를 주장한 사람을 말하면 살 수 있을 것이오."라고 하자, 신득연은 곧장 김상헌과 조한영(曺漢英), 함창 사인(咸昌士人) 채이항(蔡以恒) 등 세 사람을 써서 주었다. 이는 그의 외생(外甥: 생질)인 선천 부사(宣川府使) 이계(李烓)가 사주한 것이라고 하였다.

용호(龍胡: 용골대)의 무리가 이 말을 듣고는 세 사람에게 이틀 길을 하루에 오도록 하여 들여보내라고 독촉하였다. 비국(備局)에서는 신득연의 일을 근거가 없는 것이라고 핑계대자, 주상이 전교(傳敎)하기를, "남을 사지에 빠뜨리고 살기를 구하였으니 불의(不義)요, 국가에 근심을 끼쳤으니 불충(不忠)이다. 그런데 비국에서는 분노하지 않고 '근거가 없다.'고만 하니, 오늘날의 조정은 법이 없다고 할 만하다." 하였다.

원접사(遠接使) 이경증(李景曾)이 올린 장계(狀啓)에 의하면, "정축년(1637) 이후로 신(臣: 이경증)이 원접사가 아니면 관반(館伴)으로 있었으므로 저들의 낌새를 모르지 않는데, 지금의 형세는 지난날과 전혀 다릅니다. 김상헌이 스스로 그 화를 면하지 못할 줄 알고 지금까지 오지 않으니, 조정에서 분부를 내리지 않는 것입니까?"라고 운운하였다.

만상(灣上)에 간 여러 신하들이 처음에는 잘 해명하여 김상헌을 구하려 했지만, 용호(龍胡; 용골대)가 신득연(申得淵)의 말을 듣고서는 날마다 재촉하다가 심지어 군사 1천 명을 영남에 보내 직접 잡아가겠다고 하고 또한 포대에 넣어 가겠다고 하면서 영상(領相: 최명길) 이하 등의 사람들에게 말로 공갈하고 협박하니, 도성과 지방이 술렁거렸고, 만상(灣上)의 여러 신하들도 크게 겁을 내어 올린 장계(狀啓)가 하루에 3번이나 계속해서 이르렀고, 사로잡힌 자들도 모두 속히 김상헌을 보내라는 말뿐이었다.

김상헌(金尙憲)이 처음에는 주상(主上)의 명이 있지 않았다면서 먼저 스스로 올라가는 것을 옳지 않다고 하다가 비국(備局)의 관자(關子: 공문서)가 본도(本道: 경상도)에 도착하자 11월 그믐날 안동(安東)에서 곧장 출발했는데, 언어와 행동거지가 한결같이 평소 그대로였다. 원근에 있던 친구들은 울면서 보내지 않은 사람이 없었고 하인과 병졸 또한 모두 눈물을 흘렸으나, 김상헌은 말과 얼굴빛에서 터럭 만큼의 두려운 기색도 없었다.

도성에 이르자, 주상이 중사(中使: 내시)를 보내 초구(貂裘: 담비 갖옷)을 내리고 노자를 후하게 지급한 뒤에 이어 전교(傳敎)하기를, "경(卿)은 선왕조(先王朝)의 옛 신하였고 나와 떠돈 지도 또한 여러 해가 되었으니, 의리로는 비록 임금과 신하일지라도 은정으로는 오히려 아버지와 아들 같소. 그래서 근년에 조정에서 물러갈 때 지극히 서운하였소. 뜻밖에도 화(禍)가 생기어 마침내 이 지경에 이르게 된 것은 참으로 과인(寡人)이 어질지 못한 것에서 유래하였으며, 생각하니 슬프고도 부끄러운 마음이 들어 저도 모르게 눈물이 흘러내리오. 나는 간절히 만나보고 싶었지만 형편이 어려워 그리하지 못하였소. 바라건대 경(卿)이 잘 해명하여 저들의 노여움을 푸오." 하였다.

김상헌은 주상의 은혜에 사례하고 상소하여 말하기를, "삼가 아룁니다. 신(臣: 김상헌)의 말은 조금도 도움이 되지 못한 채 몸은 멀리 가게 되었는데, 도성의 문을 지나면서도 대궐에 발을 들여놓고 하직 인사를 하지 못하니 마음속에 잊히지 아니하여 사모하는 마음만 한갓 더할 뿐입니다. 뜻밖에도 성상이 마음속으로 신(臣)의 하찮은 충정을 곡진히 헤아리고 내사(內使: 내시)를 보내어서 가엾게 여겨 슬퍼하는 말로 위로해 주었습니다. 진귀한 초구(貂裘: 담비 갖옷)에 손을 대자 봄이 돌아온 듯하니, 마치 궁궐의 섬돌 위에 올라가 다시금 용안을 뵙는 것 같아서 비록 죽는 날이라 하더라도 사는 날과 같을 것입니다. 신(臣)은 하늘을 우러르고 대궐을 바라보니, 피눈물을 흘리며 대궐을 향해 달려가는 지극한 심정을 억누를 수가 없습니다. 삼가 죽음을 무릅쓰고 아뢰옵니다."라고 하니, 주상이 답하기를, "경(卿)의 상소를 보니 내 몹시 슬프고 마음이 아프오. 경(卿)은 모름지기 잘 대처하여 나의 지극한 뜻에 부응하오." 하였다.

길을 떠나 평산(平山)에 이르니 호차(胡差) 5명이 와서 본 뒤에 먼저 돌아갔는데 조금도 괴롭히거나 모욕하는 일이 없었으나, 용호(龍胡: 용골대)의 무리들이 환국(還國)해야 할 일이 급해져 매우 다급하게 독촉하여 밤낮으로 이틀길을 하루에 가야 했다. 그래서 평산에서 3일만에 용만(龍灣)에 도착했는데, 정신과 기력은 조금도 고달프고 지치지 않았다. 곧 12월 11일이었다. 용호(龍胡)가 본조(本朝: 우리 조정)의 여러 재신(宰臣)들에게 자리를 베풀었는데, 김상헌을 불러서 이조 판서(吏曹判書) 이현영(李顯英)보다 상석에 앉게 하였다.

김상헌은 포의(布衣: 베옷, 벼슬하지 않은 사람의 옷)를 입고 조관(皂冠: 검은 관)을 쓰고서 다른 사람에게 업혀 들어갔고, 들어가서는 벌떡 누웠거늘 오랑캐들도 또한 진노하지 않았다. 용장(龍將: 용골대)이 묻기를, "우리들은 이미 들은 바가 있으니, 숨김없이 다 말하오."라고 하니, 답하기를, "무슨 말을 해야 할지 모르겠다." 하였다. 용호가 말하기를, "정축년(1637) 국왕이 하성(下城: 항복)하던 날에 홀로 청국(淸國)을 섬겨서는 안 된다면서 호종하지 않았는데, 이는 무슨 뜻이오?"라고 하니, 답하기를, "어찌 내 임금을 따르지 않겠는가? 다만 늙고 병들어서 따라갈 수가 없었을 뿐이다."라고 하였다. 또 말하기를, "정축년(1637) 이후로 제수한 벼슬을 하나도 받지 않고 관교(官敎: 임명장)를 도로 돌려보낸 것은 무엇 때문이오?"라고 하니, 답하기를, "나라에서 내가 늙고 병들었다고 하여 관직을 제수하지 않아 무슨 벼슬에 제수한지도 알지 못하는데, 받지 않았다고 하는 것이냐? 우리나라 대소 관원이 모두 이곳에 있는데 누군들 알지 못하겠느냐? 그와 같은 망녕된 말을 어디에서 들었느냐?"라고 하였다. 또 말하기를, "주사(舟師: 수군)을 징발했을 때 어찌하여 저지하였소?"라고 하니, 답하기를, "나는 나의 뜻을 지켜 나의 임금에게 고했으나 나라에서 나의 말을 쓰지 않았던 것인데, 자질구레한 말이 어찌하여 타국에까지 전해졌단 말인가?"라고 하였다. 또 말하기를, "어찌하여 타국이라 이르는 것이오?"라고 하니, 답하기를, "피차 양국은 각각 경계가 있는데, 어찌 타국이라 이르지 않을 수 있단 말인가?"라고 하였다. 세 오랑캐 장수들은 서로 김상헌을 들고 나가도록 하면서 달리 노한 기색이 없었는데, 오목도(梧木道)가 말하기를, "조선 사람은 말하는 사이에 어물거리며 말하는데, 이 사람의 응답이 매우 시원하니 가장 감당하기 어려운 노인이다."라고 하였다. 김상헌을 시종하는 오랑캐들 또한 큰소리로 김상헌의 강인함을 칭송하였다. 오랑캐는 별도로 부지런하고 성실한 차사(差使)를 정하여 호위하도록 하고 또 가마에 태워서 심양(瀋陽)에 들어가게 하였으며, 들어가는 도중의 모든 임시거처와 음식을 반드시 먼저 마련해 주었다.

조한영(曺漢英)·채이항(蔡以恒)이 뒤따라 와서 신득연(申得淵)과 함께 심양에 들어가도록 하였다.

박황(朴潢)이 당초에는 용골대(龍骨大)와 정명수(鄭命壽)에게 은냥(銀兩)을 많이 썼기 때문에 곧장 본국으로 돌아왔지만, 끝내는 다시 불려가 심양에 구류되었다. 대개 박로(朴簵)가 일찍이 강원 감사(江原監司)가 되었을 때 박황의 논핵(論劾)에 의해 체직되었었다. 심양에 들어가게 되자 박황이 박노를 몹시 심하게 배척하여 원수 사이가 된데다 여러 차례 김상헌의 엄중한 논박까지 입었던 까닭에, 이번 박황과 김상헌의 일은 전적으로 박노의 사주에 의한 것이라고 하였다.

○신사년(1641) 1월 9일 소위 질가왕(質可王)이란 자가 형부(刑部)의 관리들과 함께 형부에 모였는데, 세자 및 세자의 수행 신하들을 와서 모이도록 한 뒤에 김상헌(金尙憲) 및 조한영(曺漢英)·채이항(蔡以恒)·신득연(申得淵) 등 4명을 목에 쇠사슬을 채우고 두 손을 함께 결박한 채 형부의 문밖에 먼저 끌어다 두었다.

먼저 김상헌에게 물으니, 대답한 바는 한결같이 만상(灣上: 의주)에서 문답할 때와 같이 하였는데, 형부에 들어갈 때도 또한 남에게 업혔으며, 들어가서도 곧장 벌떡 누워서 또한 먼젓번처럼 하였지만, 오랑캐들이 꾸짖거나 못하게 하지도 않았다.

신득연이 업혀 들어가기를 또한 김상헌과 같이 하였는데, 오랑캐들이 곤장으로 매질하면서 말하기를, "이 개새끼 같은 놈아, 네가 김 아무개를 흉내내려는 것이냐?"라고 하였다.

다음으로 조한영에게 묻기를, "너는 무슨 일을 상소했느냐?"라고 하니, 답하기를, "국왕은 오래 몸조리하고 있어서 신하를 만나보는 일이 드물고, 침전에서 대신들을 자주 불러 나라 다스리는 도를 강론할 뿐이었습니다. 만약 내가 도리에 어긋나는 논의를 했다면 어찌 정축년(1637) 과거에 급제했겠으며, 수군을 보낼 때에 병랑(兵郎)이 되어 군사를 징발하는데 간여했겠습니까? 다른 뜻이 없었음은 알 수 있을 것입니다." 하였다.

채이항이 말하기를, "시골 사람이니 조정의 일에 참예한 적이 없었고, 다만 부역(賦役)이 지우치게 무거운 것을 상소한 것뿐입니다."라고 하자, 오랑캐가 묻기를, "부역이란 어떤 일들을 가리키는 것이냐?" 하니, 채이항이 말하기를, "전답(田畓)을 측량한 뒤에 전세(田稅)·쇄마(刷馬)의 부역이 전에 비해 번거울 정도로 과중한 것이었습니다."라고 하였다.

다시 신득연에게 묻기를, "조한영과 채이항이 말한 것이 네가 말한 것과 어찌 서로 다르냐?" 하니, 신득연이 말하기를, "이것은 모두 내가 심양(瀋陽)에 있을 때의 일입니다. 용호(龍胡: 용골대)가 엄하게 물을 즈음에 단지 전해 들은 것만을 말했을 뿐이지, 상소의 내용이나 의견은 정말로 알지 못하였습니다."라고 하였다.

형부(刑部)의 관리 3명이 정명수(鄭命壽)에게 말을 전하도록 하여 이르기를, "김 아무개는 병자년 이전부터 도리에 어긋나는 논의를 어지럽게 펴서 나라를 위태롭게 했는데도 아직 뉘우칠 줄 모르고 오히려 이전의 버릇을 그냥 답습하고 있으며, 조한영이 상소하여 신료들을 자주 만나보도록 한 것은 필시 좋지 못한 일을 하도록 말한 것이며, 채이항이 상소하여 요역(徭役)이 번거로울 정도로 과중하다고 말할 것은 틀림없이 〈우리에게 바치는〉 세폐(歲幣: 해마다 바치는 공물)·군량(軍糧)을 가리켜 말한 것이며, 신득연이 마부와 말을 징발하여 보낼 때도 상소하여 방해한 것이다. 조한영과 채이항이 고발되어 있다가 서로 대면하는 지경에 이르자 도리어 우물우물하니, 네 사람은 똑같이 죽어 마땅하다."라고 하였다. 용골대(龍骨大) 등이 세자(世子)의 관소(館所)에 와서 말하기를, "김 아무개 등의 죄 또한 처음에는 사형으로 결정되었으나, 칸(汗: 홍타이지)은 이번에 용호가 조선에 나갔을 때 12가지의 일에 대해 본국(本國: 조선)이 모두 자복하였고 김 아무개 등 또한 즉시 들여보내 왔으므로 조정의 잘못은 다 그냥 내버려둘 것이며, 이 사람들의 죄 또한 마땅히 헤아려 처치할 것이라고 하였습니다." 하고는 다섯 신하를 별관에 가두어 두었다.

집의(執義) 조경(趙絅)이 조정에서 큰소리로 말하기를, "김 아무개의 일은 전적으로 류석(柳碩) 등의 논핵(論劾)에서 말미암은 것으로 멀리 오랑캐에게 전파되어 이 지경에 이른 것이오. 호인(胡人)도 오히려 공경하고 탄복할 줄 아는데, 우리나라 사람들은 〈반드시 공격하여 제거하려고 하니〉 도리어 개돼지만도 못합니다."라고 하였다.

신사년(1641) 12월 김상헌이 병을 얻어 장차 구할 수 없는 위중한 지경에 이르니, 세자가 용호(龍胡: 용골대)에게 말하고 〈용골대가 칸(汗)에게 말하여〉 칸(汗)이 김상헌 이하 4명을 내보내서 만상(灣上)에 가두어 두게 하였다. 그런데 떠나올 때 만약 험한 길을 만나면 영솔해 오던 호장(胡將)이 반드시 말에서 내려 김 아무개가 탄 수레를 부축하여 인도하였으니, 오랑캐도 지극히 존경하였음을 알 수 있었다.

임오년(1642) 1월 3일 다섯 신하가 만상(灣上)에 도착하여 상소하여 이르기를, "삼가 아룁니다. 이역 땅에서 구금되어 있으면서 모진 추위와 무더운 더위에 시달려 몸은 메마르고 숨은 거칠어져 죽기만을 기다렸는데, 천지 부모의 어진 마음의 덕은 원근의 사람을 감동시키고 정성은 상하를 감동시킨 것에 힙입어 정확(鼎鑊)과 도조(刀俎)라는 처형 도구 사이에서 벗어나 젖 먹이는 강보와 같은 편안한 보금자리로 돌아오게 되었습니다. 다시금 살려 준 그 은혜는 백골이 되었다가 다시 살이 돋은 것과 같으니, 이것은 신들의 힘으로는 능히 우러러 갚으려 해도 갚을 길이 없습니다. 옥관(玉關: 옥관문, 국경의 관문) 안으로는 비록 들어왔지만 장안(長安: 도성)은 아직도 멀어서 궁궐의 뜰로 달려가 하찮은 정성을 조금이라도 펼 수가 없으니, 하늘을 우러러보고 해를 바라보며 지극히 감격스러워 눈물이 흘러내리는 것을 감당치 못하겠습니다."라고 하였다.

또 왕세자 저하에게 상서(上書)하여 이르기를, "삼가 아룁니다. 한마디 말로 다시 살릴 수도 있고 한마디 말로 사지(死地)로 보낼 수도 있는 바, 이는 지극히 어진 마음으로 천지와 그 덕을 함께하는 것입니다. 예전에 이런 말을 들었었는데, 몸으로 직접 깨우치게 되었습니다, 뜻하지 않은 재앙을 만나 함께 헤아릴 수 없는 위험에 빠져서 1년 동안 감옥에 갇혀 죽을 날이 멀지 않았는데, 저하가 애처롭게 여겨 근심하고 진념(軫念)해 마지않으니 저들에게 감동을 불러 일으켜서 끝내는 그림자나 메아리처럼 호응하였습니다. 저하가 성상(聖上)의 긍휼히 여기는 마음을 체득하고 황천(皇天)의 자애로이 사랑하는 도를 본받은 것이 지극하고 곡진하였던 것이며, 또 단지 신(臣)들의 구구한 사사로운 정으로만 감격해 떠받들 것이 아니었습니다. 신(臣)들은 또한 감당할 수 없는 일이 있었으니, 몸이 가시나무로 울타리를 둘러 친 곳에 갇혔어도 마음은 세자가 있는 곳에 매어 있으면서 밤낮으로 목을 길게 늘이면

옥 같은 소리가 들리는 듯했는데 어린 자식과 자애로운 어미 사이로도 그 정을 비유하기에 부족했던 것입니다. 하루아침에 은혜를 입어 몸이 가시나무 울타리에서 벗어나 혼자 돌아오게 되었지만, 저들이 허겁지겁 몰아쳐 끝내 공손히 배알하지 못했습니다. 눈 깜짝이는 사이에 객관(客館)과 이미 멀리 떨어져서 한 걸음 뗄 때면 그때마다 눈물을 흘리니 애타는 마음이 찢어지는 듯했습니다. 지금 용만(龍彎)에 도착하여 먹고 숨쉬는 것이 이미 안정되었으니, 지금으로부터 죽는 날까지는 모두가 저하가 내려준 것입니다. 신(臣)들은 북쪽을 바라보며 지극히 감격스러움을 금하지 못하겠습니다. 삼가 죽음을 무릅쓰고 아룁니다."라고 하였다.

주상이 전교(傳敎)하기를, "신득연(申得淵)의 일은 매우 해괴하다. 명을 받든 관리는 비록 부월(鈇鉞: 도끼)이라도 마땅히 피해서는 안 될 것인데 급히 달아나 돌아와서 다른 사람들을 많이 함정에 빠뜨렸다. 아직 벌을 시행하지 않은 것은 그가 한 일이 청국(淸國)과 관계되기 때문이니, 지금 우선 관작(官爵)을 삭탈하라. 병자년 변란 이후로 인륜의 도리를 일으켜 세운 자는 다만 김상헌과 정온 두 사람뿐이다." 하였다.

정온(鄭蘊)은 풍비(風痺: 중풍)를 앓다가 신사년(1641) 6월 21일에 죽었고, 김상헌은 아직도 구금되어 있으므로 본말과 곡절에 대해 번거로움을 꺼리지 않고 여기에 상세히 기록한다.

○지난번에 호차(胡差)가 오자, 영상(領相) 홍서봉(洪瑞鳳)·이판(吏判) 이현영(李顯英) 등이 만상(灣上)에 있으면서 용호(龍胡: 용골대)에게 위협과 협박을 당하여 한 가지 일도 변론하려고 다툰 것이 없었다.

우리나라 백성과 한인(漢人: 포로가 된 명나라 사람)들, 온갖 고생을 겪으며 죽을 뻔했다가 겨우 도망쳐 살아온 자, 향화(向化: 귀화)하여 우리나라 땅에 들어와서 자손들을 낳아 키운 자들까지, 8도의 수령(守令)과 방백(方伯)들은 진위를 가리지도 않고 오로지 많이만 보내는데 힘써서 저들의 진노를 면하였다. 비국(備局)에서 일일이 점검할 즈음 부자간 또는 형제간이 서로 헤어지며 떠나가는 자와 남는 자가 손가락을 잘라 주기도 하여 피가 온 뜰에 낭자하였으니, 고금 천하에 어찌 이와 같이 마음 아프고 슬픈 일이 있을 수 있겠는가? 이런 사실을 들은 자는 콧마루가 찡하지 않는 사람이 없었다.

용호(龍胡)가 그 세 부류의 사람들을 얻은 것이 몇백인지 몇천인지 알 수 없었으나, 욕심이 끝없어서 100명을 더 보내도록 하며 또 문서를 작성하자고 하였다. 이에 영상(領相: 홍서봉)·이판(吏判: 이현영)·원접사(遠接使) 이경증(李景曾) 등이 100명은 많다면서 도리어 찾는대로 보내겠다고 약속하는 문서를 작성하여 수결을 하고 주었다. 그 후로 저들은 번번이 돌려보내라고 독촉하였는데, 훗날 무궁한 폐단이 되었으니 참으로 한탄스러운 일이었다.

○정명수(鄭命壽)는 본래 우리나라 관서(關西) 은산(殷山)의 관노(官奴)였다. 주상의 명을 비국(備局)에서 의논하고 다시 아뢰어 지사(知事)에 임명하고 관교(官敎: 임명장)를 내려보내니, 정명수가 말하기를, "성상(聖上)의 은혜에 감격하여 곧 사은숙배(謝恩肅拜)해야 마땅하나 번거로워 감히 할 수 없으니, 밤이 깊은 뒤에 정결한 곳을 찾아 동쪽을 향해 절하고 사은하겠다."라고 하였다.

○신사년(1641) 봄에 심양(瀋陽)에서 또 포수 1천 기(騎), 말 100필, 마부 500명을 보내라고 했는데, 류림(柳琳)을 장수로 삼아 3월 20일까

지 심양에서 점고를 받으라고 하였다. 그리하여 류림을 통제사(統制使)에서 해임하고 보냈으며, 군량과 기계(器械)들도 우리나라에서 계속해서 들여보냈다. 임경업(林慶業)은 그의 군사들과 해주위(海州衛)에서 철수하여 돌아왔지만, 류림은 심양으로 들어가 호왕(胡王)·호장(胡將)들과 함께 가서 중조(中朝: 명나라)의 조총병(祖摠兵: 祖大壽)이 지키고 있는 금주위(錦州衛)를 공격하여 그 나성(羅城: 외성)을 점령하여 여러 달 동안 에워싸고 있었는데, 송산참(松山站)에서 온 천병(天兵: 명나라 군)들과 투항해 온 자들이 접전하였다.

이때 성주(星州) 출신 포수(砲手) 이사룡(李士龍)은 탄환 40여 발을 넣은 주머니를 차고 있었으나 탄환을 넣지 않은 채 헛방만 쏘다가 발각되어 호장에게 죽임을 당하였다. 이사룡은 비록 군졸이기는 하나 본래 사족(士族)의 얼자(孼子: 서자)이었다. 무릇 일을 행동하는 것이 상놈들과 아주 달랐으니, 그가 길을 떠날 때 집안 사람들에게 일러 말하기를, "만약 중조(中朝: 명나라)와 서로 싸웠다는 날을 듣거든 마땅히 나의 제삿날로 삼으라." 하였으니, 그의 뜻이 이미 정해져 있었던 것이다. 그가 죽었다는 소식을 듣고 사람들이 슬퍼하지 않은 자가 없었는데, 목사 최유연(崔有淵)이 제문을 지어 친히 가서 제사를 지내게 하였다.

○5월 노적(奴賊)이 교대시킨다는 핑계로 또 포수 500명을 보내라고 하면서 대장은 나이가 젊은 무장(武將)을 정하여 보내라 했기 때문에 통제사(統制使) 류정익(柳廷益)을 대장으로 삼아 근도 어영군(近道御營軍)을 떠나보냈는데, 6월에 일일이 점고하여 들여보냈다.

○중조(中朝)에서 왕도사(王都事)라고 일컬어지는 이름난 사람이 배 200척을 가지고 와 용천(龍川)에 정박하고 황제의 칙서(勅書) 및 면복

(冕服: 면류관과 곤룡포)과 인신(印信)을 전하려 했지만, 평안 감사(平安監司) 정태화(鄭太和)와 병사(兵使) 이현달(李顯達)이 강을 따라 진(陣)을 치고 대포를 마구 쏘아대니 왕도사는 바다 속으로 되돌아가 버렸다. 그리고 전 도승지(前都承旨) 심연(沈演)을 양서 도순찰사(兩西都巡察使)로 삼고 임경업(林慶業)을 백의 별장(白衣別將)으로 삼고 이래(李秾)를 종사관으로 삼았는데, 한선(漢船: 명나라 배)을 막으며 상륙하지 못하도록 하였다. 심연은 부임하기에 앞서 임금에게 하직할 때 주상이 불러 보자, 전쟁을 벌이겠다고 청하니 주상이 그때그때 형편에 따라 기미를 보면서 하라고 하였다.

○임오년(1642) 2월 송산참(松山站)에서 왕정신(王廷臣)이 내응하기로 약속하였다. 호인(胡人)들이 외려 그것을 믿지 않고 죄가 있는 자로 하여금 공을 세워 각자 보답하라면서 시험삼아 먼저 성에 오르도록 하자, 왕정신의 무리들이 부축해서 올랐다. 이달 18일 끝내 성이 함락되었는데, 성안에 있던 사람들은 모두 도륙을 당했지만, 단지 왕정신과 절친한 장관(將官) 13명만이 죽음을 당하지 않았다. 잔치를 베풀어 군사들을 호궤(犒饋)하자, 군문(軍門) 홍승주(洪承疇) 또한 항복하였는데, 황조(皇朝: 명나라)의 문사(文士)가 오랑캐에게 항복한 것은 홍승주가 처음이라고 한다. 성안에서 은화(銀貨) 20여 만 냥을 획득하였으며, 군량은 족히 몇년을 버틸 수 있을 정도라고 하였다.

송산참(松山站)에서 항복한 장수 중의 조대평(祖大平: 祖大樂의 오기)은 총병(摠兵) 조대수(祖大壽)의 동생이다. 구왕(九王: 譽親王)·우진왕(右眞王: 質可王)이 금주(錦州)에 있으면서 조대평(祖大平)을 성안으로 보내어 그의 형을 유인하게 하니, 3월 8일 조대수가 그의 휘하 100여 명과 장관(將官) 20여 명을 이끌고 구왕(九王) 등이 모인 곳으로 나와 항복하였다.

제왕(諸王)들이 잔치를 베풀고 우리나라의 대장 이하들을 불러서 보도록 하였는데, 제왕들이 선발한 갑옷을 입은 기병 8천 명이 성에 들어 성가퀴를 지켰고, 한병(漢兵: 명나라군)은 팔고산(八高山)을 나누어 지원한다는 구실로 이주위(伊州衛)로 옮겨 가도록 하였다. 그 처자식들로 하여금 성을 나가게 한 뒤에 남자들은 모조리 죽였는데, 그 중에 한병(漢兵) 및 몽고(蒙古)·청병(淸兵)으로서 일찍이 중조(中朝: 명나라)에 투항한 자는 나오지 않았지만, 오랑캐와 같은 얼굴 생김새라서 오랑캐 또한 죽거나 다친 자가 자못 많았으나 끝내 패하여 죽임을 당하기에 이른 것이다. 우리나라 대장 이하는 각각에게 상으로 은냥(銀兩)이 지급되었다.

금주(錦州) 성안에는 굶주려 죽은 자가 매우 많았고 군병 또한 매우 많았는데, 포위된 지 몇 년이나 되었지만 중조(中朝: 명나라)가 구원할 생각을 하지 않아 이 지경에 이르게 되었다. 천하의 일이 이미 말할 수 없는 지경인데도 조대수는 천하의 이름난 장수로서 겨우 목숨을 부지하여 개돼지가 되었으니, 참으로 통분스러운 일이다.

칸(汗)이 성안으로 들어서자 북을 쳤고 이미 모여 있던 제장(諸將)들의 축하를 받았는데, 세자(世子: 소현세자)도 칸을 뒤따라 참석하게 하였다. 우리나라 군대는 단지 약간명만 머무르고, 그 나머지 전후 군사들은 모두 철수해 돌아왔다. 우리 군사들이 당초 들어갈 때에는 마치 사지(死地)에 끌려가는 듯했지만, 저들의 땅에 이르자 칸(汗: 홍타이지) 및 호왕(胡王) 이하가 후하게 대접하지 않음이 없었는 데다 전투 중에

획득한 물건들을 다 주니, 지금에 이르러 사람들이 모두 감격하여 기뻐하고 저 나라의 위덕(威德)을 성대히 칭송하였는데, 모두 부러워하며 가기를 원하는 뜻이 있었다.

중조(中朝: 명나라)와 화친을 논의하려고 칸(汗)이 이사(二師: 세자시강원 貳師) 이경석(李景奭)을 내보내며 화친해야 하는지 여부를 물었다, 그 서찰에 이르기를, "짐(朕)이 명조(明朝: 명나라)와 전쟁을 한 이래 번번이 살아 있는 백성들이 죽거나 다친 자가 너무나 많은 것을 볼 때면 마음에 실로 차마 못할 일이라서 여러 차례 화친하고자 했지만, 어떻게 명나라 조정의 군신(君臣)들은 망녕되이 스스로 존귀하다고 여겨 그들의 군사와 백성들이 도탄에 빠지는 것을 보고서 터럭만큼도 관심을 갖지 않은 채 끝내 화친하려고 하지 않다가, 제왕(諸王)들이 금주(錦州)를 포위하고 13만의 구원병조차 순식간에 몰살되는 것을 보고서야 비로소 두려워하며 화친하려고 하였다. 이에 금의위관(錦衣衛官) 1명, 직방사관(職方司官) 1명, 총병관(摠兵官) 2명이 군문(軍門) 앞에 이르러 제왕(諸王)이 되기를 청하였는데, 어보(御寶)가 없는 서찰이라서 거절하고 돌려보낸 것이 3차례이었고 후손들이 2차례 어보가 있는 서찰을 가지고 왔다. 그 찾아온 관원과 나의 신하가 접견할 때 그야말로 공손한 말과 공경한 태도로써 스스로 아래에 있으려고 하니, 지난날과 같지 않았다. 제왕(諸王)들이 다 와서 관원들의 사정과 형편을 아뢰었으나, 짐(朕)이 명조(明朝) 황제(皇帝)의 어보(御寶)가 사용된 서찰을 보건대 확실하여 의심할 것이 없다."라고 운운하였다.

"하물며 임신년(1632) 황제가 한아(漢兒: 察哈爾, 차하르)를 정벌했을 때 장가강(張家江: 張家口의 오기)에서 심 순무(沈巡撫: 沈棨)가 6월 28일

맹세한 일을 명조(明朝) 황제 또한 분명하게 알았다. 다만 문신(文臣)들의 근거없는 논의를 견딜 수 없었기 때문에 순무사(巡撫使)의 직임을 파면하였으나, 나중에 와서 복명(復命: 결과 보고)하자 화친하는 일을 모여 의논하다가 또 여러 문신(文臣)들에 의해 저지되어 갑자기 그 일이 중지되었는데, 이 일은 화친을 청한 것으로 결코 헛소리가 아니었다." 라고 운운하였다.

"짐(朕)은 처음에 저들이 화친을 청하는 것에 대해 우리를 속여 유인해서 금주(錦州) 네 성의 환난을 모면하려는 계획을 세운 것에 불과하다고 여겨 또한 깊이 믿지 않았다. 지금 다시 파견한 관리가 이르니, 짐(朕)이 생각건대 네 성은 이미 격파되고 구원병도 이미 끊어진 데다 기근이 거듭 들어서 도둑들이 봉기하고 떠돌이 도적들이 더욱 더 치성하자 다급하게 부득불 화친해야 했기 때문이었을 것이다. 짐(朕)이 생각건대 근래 나의 번복(藩服: 번방의 제후국)이 많지 않은 것도 아니고 강토가 넓지 않은 것도 아닌데, 저들은 이미 화친할 뜻을 청했으니 화친을 이루어 태평한 복을 함께 누리려는 것이다. 제왕(諸王)·패륵(貝勒) 등은 혹시라도 명조(明朝)가 시국의 형편이 이미 쇠하여 마땅히 바로 이 기회를 틈타 북경(北京)을 공략하여 취하려 한다면 어찌 화친하자고 할 수 있겠는가? 다만 생각건대 전쟁이 그치지 않게 되면 죽거나 다치는 자가 반드시 많을 것이니 진실로 차마 못할 바가 있을 것이다. 설령 황제의 사랑을 입어 일통(一統)의 세상을 얻었을지라도 어찌 불로장생하는 이가 있겠는가? 자자손손 대대로 지키던 것이 어찌 끊어지지 않을 리가 있겠는가? 옛날 대금(大金) 또한 일찍이 일통(一統)했지만 지금 어디에 있는가? 짐(朕)의 진심이 이와 같고 제왕(諸王) 등의 소견이 저와 같다면, 진취(進取: 공격하여 취함)와 화호(和好: 사이좋게 지냄) 두 가지 중에서 어느 것이 좋겠는가? 왕과는 정의상(情誼上) 일체인 까닭에 칙서(勅書)를 내려 상의하니 그에 대한 소견을 마땅히 아뢰되 숨기거나 꺼리지 말라." 하였다.

○의주(義州) 품관(品官) 최효일(崔孝逸: 崔孝一)이 논밭과 집 등 가산(家産)을 죄다 팔아 배를 사서 중조(中朝: 명나라)로 들어가 파총(把摠)이 되었다고 한다. 그래서 호인(胡人)이 세작한인(細作漢人)을 최효일의 족속(族屬)들이 있는 관서(關西)로 보내어 마치 중조(中朝)에서 온 자인 듯한 모습으로 남몰래 안부를 전하고 서찰을 받아오도록 하니, 저들은 모두 믿고 의심하지 않고 언찰(諺札: 한글편지)을 써서 주었는데 곡절을 빠짐없이 갖추었다.

그 중의 하나가 전 의주 부윤(前義州府尹) 황일호(黃一皓)가 또한 너의 한 일에 탄복하고 우리 집안을 곡진히 보호해 준다고 한 것이다. 신사년(1641) 5월 오랑캐가 차사(差使) 2명을 보냈는데 곧장 대궐 안으로 들어가서 승지(承旨)·사관(史官)을 물리치고 주상에게 귓속말을 하고는 최씨 집안 사람이 쓴 언서(諺書)를 바치면서 최씨 족속으로 언서 안에 이름이 있는 자들을 모조리 잡아들여 한번 문초하도록 하였다. 그런 뒤에 호차(胡差)가 본국(本國: 조선)의 법에 따라 처벌하게 하였다.

우상(右相) 강석기(姜碩期)는 절도(絶島: 외딴 섬)에 안치(安置: 함부로 옮기지 못하도록 주거 제한하는 형벌)하려 했고, 영상(領相) 이성구(李聖求)와 좌상(左相) 신경진(申景禛)은 곧장 법에 의거하여 참형에 처하려 하였는데, 강석기는 다투다가 뜻대로 되지 않자 곧바로 일어나 나가 버렸다.

이달 9일 두 오랑캐 및 정명수(鄭命壽)가 남별전(南別殿: 남별궁) 밖에 나가 승상(繩床: 노끈으로 얽어서 접었다 폈다 할 수 있게 만든 의자)에 걸터앉아 영상 이하 백관(百官)들을 줄 늘어 세우고 최씨 족속인 장후건(張厚健) 등 11명과 참지(參知) 황일호를 한꺼번에 목베어 죽이니, 피가 흘러 길에 물결을 이루었다.

이런 일은 옛 역사책 속에서도 있지 않았던 변고였다. 사람들로 하여금 기가 막히게 했지만, 황일호는 행동거지가 조용하고 조금도 두려워하는 기색이 없었다. 이조 참의(吏曹參議) 이덕수(李德洙)가 곁에 있다가 황일호의 자(字)를 부르며 말하기를, "평소 나라 위해 목숨 바치고자 하더니만 지금 헛되이 죽으니 참으로 참혹하네."라고 하자, 황일호가 말하기를, "나의 죽음이 오히려 그대들이 살고 있는 것보다 낫네."라고 하였다. 황일호는 80세 노모가 있었는데, 사람들이 모두 통곡하고 애석해 하는 것이 마치 자기 친척이 죽은 것과 같았다. 황일호의 자(字)는 익룡(翼龍)으로, 고인이 된 명재상 판서(判書) 황신(黃愼)의 양자이다. 사람됨이 강개하여 나랏일을 담당했었기 때문에 사람들이 이로 인하여 더욱 애석해 한 것이다.

지나간 해, 주상(主上)이 최효일의 일가족을 잡아가두라는 명을 내리자, 전 영상(前領相) 홍서봉(洪瑞鳳)은 비밀리에 차자(箚子)를 올려서 풀어주도록 청하였으나, 호차(胡差)가 그 사실을 알고 홍서봉을 대궐 뜰에 불러 갖은 모욕을 주었다. 영상(領相) 이성구(李聖求)가 정명수(鄭命壽)와 서로 이야기를 나눌 때, 정명수가 이성구에게 말하기를, "대감의 입에서 나온 말이란 것이 도리어 내 똥구멍에서 나온 것보다 못합니다."라고 하였으나, 이성구는 부끄러워하지 않고 웃으며 정명수에게 이르기를, "내 아들이 오래지 않아 인질로 심양(瀋陽)에 갈 것이니 부디 친밀히 대해 주게나." 하였다. 정명수는 방기(房妓)가 미색(美色)이 아니라며 여염집으로 가서 미색을 찾으려고 하자, 이성구는 날마다 은자(銀子) 천 냥을 뇌물로 주어 그의 환심을 사려 했는데, 이번 접대의 후하기가 지난번보다 배나 더하였다.

호차(胡差)가 돌아가면서 주상(主上)에게 말하기를, "이번 돌아가는 길에 처치해야 할 일이 있으니, 금부 당상(禁府堂上)과 함께 가도록 해 주십시오."라고 하자, 금부 당상에게 따라가도록 하였다. 호차가 관서(關西)에 이르러 최효일의 일가족을 친소관계도 묻지 않고 15명이나 또 죄다 죽이고 갔다.

○여헌(旅軒) 장현광(張顯光)은 난리를 겪은 뒤에 가묘(家廟)에 제사지내며 제문을 지어 고하기를, "집에 있어서는 못났고 나라에 있어서는 무익하였으니, 영원히 도성 밖 먼 곳에 있으며 도랑이나 골짜기에서 죽을까 합니다."라고 하였다. 이어 영천(永川: 포항의 오기인 듯)의 깊은 골짜기에 있는 입암산(立岩山)의 서당(書堂)에 들어가서 다시는 집으로 돌아오지 않고 그곳에서 세상을 마쳤다.

전 이조 정랑(前吏曹正郎) 김경여(金慶餘)는 어버이의 병을 핑계하고 벼슬에 취임하지 않았으니, 금교 찰방(金郊察訪)에 제수되었어도 또한 부임하지 않았다. 조정에서는 그곳을 싫어하여 피했다고 논핵하여 본역(本驛: 금교역)에 유배되었다가 풀려난 뒤로 양사(兩司)의 아장(亞長) 및 옥당(玉堂)의 응교(應敎)에 여러 차례 제수되었으나 또한 나아가지 않았다. 신천익(愼天翊)·이필행(李必行) 또한 양사(兩司)의 아장(亞長)에 여러 차례 제수었지만 모두 부임하지 않았다.

○중조(中朝: 명나라)의 대복경(大僕卿: 太僕卿) 장춘(張春)은 임술년

(1562)에 태어났다. 신미년(1631) 감군어사(監軍御史)로 변경(邊境: 대릉하)에 이르렀다가 노적(奴賊: 후금군)이 쳐들어왔을 때 포로가 되었는데, 참기 힘든 갖은 욕을 당했지만 끝내 굴복하지 않아서 아무도 없는 곳에 방치해두었으나 해가 지나도 죽지 않았다.

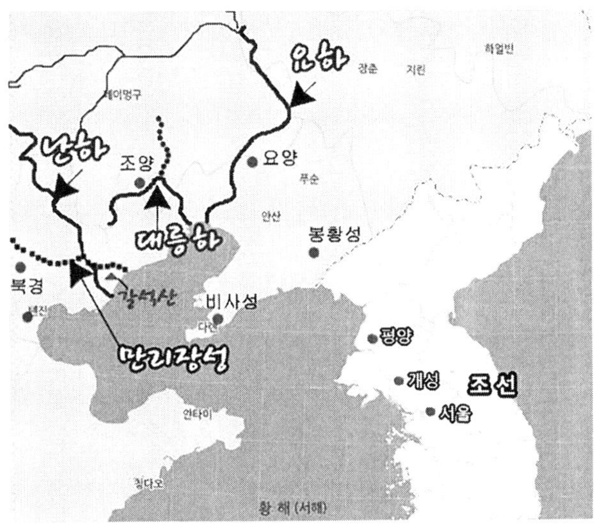

대릉하전투(1631)

그 뒤로 노적도 그의 충의에 탄복하여 심양(瀋陽)에 있는 칸(汗)의 처소와 아주 가까운 곳에 데려다 놓고는, 몇칸의 정사(精舍)를 지어서 젊은 승려 2명으로 하여금 시중들게 하고 필요한 것들을 최대한 갖추어 주도록 하였다.

혹여라도 항복하라고 위협하는 말이 있으면, 그는 반드시 칼을 자기 목에 갖다 대어 노적이 도리어 제지하였다. 앉을 때면 반드시 북쪽을 향하였으며, 남과 이야기하지 않았으며, 발로 땅바닥을 밟지 않았으며, 날마다 새벽에 일어나 하늘에 절하며 빌었다. 〈춘축(春祝)〉이라는 시의 한 구절을 문에 붙였으니 이르기를, "굳은 절개는 서리를 능멸하는 대나무 / 일편단심은 해를 향하는 해바라기.(勁節凌霜竹, 丹忱向日葵.)"이었다.

몸집이 자그마하나 기상이 날카롭고 강한데, 용모도 그 마음과 같았다. 나이가 80세로 신사년(1641) 3월에 병으로 인하여 심양에서 죽었다. 호인(胡人)의 풍속은 화장하는 것을 중히 여기었지만, 지금 장춘의 장례에 있어서는 염빈(斂殯)에 의복을 갖추었다. 칸(汗)의 사신 공유덕(孔有德)·경중명(耿仲明)이 모두 중국의 상제(喪制)를 사용하여 중조(中朝)와 왕래하는 길 가에 장례를 지냈다. 무덤을 도굴해 가는 도둑이 있을까 염려하여 무덤을 지키는 두 사람을 정하였는데, 해가 지나서야 그쳤다.

受淸之困辱事

○己卯秋, 賊使, 以五千舟師, 助攻天朝。以林慶業爲上將, 李院[1]爲副將, 發諸道舟師, 以赴師期十二月初十日。金尙憲上疏[2]曰:

---

1) 李院(이완): 李浣(1602~1674)의 오기. 본관은 慶州, 자는 澄之, 호는 梅竹軒. 1624년 무과에 급제한 뒤 당시 인조반정 공신의 한 사람으로서 군사권을 장악하던 李曙의 추천으로 처음 滿浦僉使가 되었다. 1627년 영유현령, 1629년 상원군수, 이듬해 숙천부사를 거쳐 1631년 평안도 병마절도사로 승진하였다. 1636년 병자호란이 일어나자 도원수 金自點의 別將으로 출전해 正方山城을 지켰는데, 적을 洞仙嶺으로 유인해 복병을 이용해 크게 무찔러 공을 세웠다. 1638년 함경남도 병마절도사로 옮겼다. 1640년 황해 병사로 있을 때 청나라의 요청에 따라 舟師大將 林慶業의 副將으로 명나라 공격에 나섰다. 그러나 이 사실을 명장에게 알려 종일토록 서로 싸웠으나 양쪽에 사상자가 나지 않았다 한다. 이듬해 8월에 돌아왔으나 청나라의 지탄을 받아 벼슬에 나가지 못하였다. 1649년 효종 즉위 후 북벌정책에 핵심 무관으로 역할하였으며 포도대장을 거쳐 1650년에는 어영대장에 올랐다. 金自點의 아들 김익이 일으킨 모역을

“負罪臣金尙憲, 伏以臣, 積毁砭骨, 分甘投荒, 伏蒙天地父母之恩, 行譴旣免, 職牒繼還, 偃息田廬, 沒齒[3]爲期。自念老病餘生, 朝夕待盡, 無以報聖德之萬一, 日夜感激, 涕泣而已。頃者, 伏聞, 上候違豫, 久未復常, 臣子之心, 雖切憂慮, 素昧方技, 末由效誠。近日又聞, 朝廷從北使之言, 將發兵五千, 助瀋陽犯大明, 臣聞之, 驚惑未定, 不以爲然。夫臣之於主, 亦有可從不可從。子路·冉求, 雖臣季氏, 孔子猶稱其有所不從。當初國家勢弱力屈, 姑爲目前圖存之計, 而以殿下撥亂反正[4]之大志, 臥薪嘗膽, 今已三年于此, 雪恥復讐, 庶幾指日可望, 豈意愈往愈微, 事事曲從[5], 終至亡所不至之地乎? 自古無不死之人, 亦無不亡之國, 死亡可戀, 從逆不可爲也。有復於殿下者曰: ‘人有助寇讐, 攻父母.’ 殿下必命有司治之。其人雖善辭以解, 殿下不赦, 必加以王法, 此天下之通道也。今之謀者以爲禮義不足守, 臣未暇禮義以辨, 雖以利害論之, 徒能爲强隣一朝之暴, 而不懼天子六師[6]之移[7], 非遠計也。自丁丑以來, 中朝之人, 未

다스리기 위해 포도대장을 거듭 맡았다. 이즈음 어영청 병제와 군비의 정비에 노력하였다. 1653년 鄭太和의 천거로 최고 정예부대인 훈련도감의 대장에 종래 공신이나 국왕 외척만이 임명되던 관례를 깨고 특별히 임명되어, 현종대에 걸치도록 16년 동안 직책을 유지하는 한편, 한성부판윤·공조판서·형조판서·포도대장 등을 겸임하였다.

2) 《仁祖實錄》 1639년 12월 26일 1번째 기사.

3) 沒齒(몰치): 생애를 달리 이르는 말.

4) 撥亂反正(발란반정): 난리를 평정하여 질서 있는 세상을 회복.

5) 曲從(곡종): 자기의 의지를 굽히고 남에게 따름.

6) 六師(육사): 천자가 거느린 六軍. 뒤에는 중국의 황제가 거느린 군대를 상징하여 쓰였다.

7) 六師之移(육사지이): 천자가 군대를 동원한 징벌. 《孟子》〈告子章句 下〉의 “천자가 제후국에 가는 것을 巡狩라 하고, 제후가 천자에게 朝會가는 것을 述職이라 한다. 봄에는 교외에 나가 경작하는 상태를 살펴 부족한 자를 보조해주고, 가을에는 수확하는

嘗一日忘我國, 特恕其無救而〈敗〉, 拜戎非本心也。關下[8]列屯之兵, 海上樓船之卒, 雖不足於掃氈[9]裘復遼强, 而至於禁我國之爲梗則有餘也。若聞我國之人爲倀鬼[10]於虎前, 問罪之師, 雷奔電擊, 帆風一日, 直到海西畿島之間, 毋謂可畏者獨在於瀋陽也。人皆曰: '彼勢方强, 違之必有禍.' 臣以爲名義至重, 犯之必有殃。與其負義而生終未免危亡, 曷若守正而俟命於天乎? 然〈其竢命者, 非坐而待亡之謂也。事順則民心悅, 民心悅〉, 則根本固, 以此守國, 未有不獲其佑者也。我太祖康獻大王, 擧義回軍, 建三百年鞏固之基, 宣祖昭敬大王至誠事大, 被壬辰拯濟之恩。今若棄義忘恩, 忍爲此擧, 則縱未顧天下後世之議, 將何以見先王於地下, 亦何使臣下盡忠於國家哉? 伏願殿下, 赫然改圖, 亟定大計, 勿爲强暴所奪, 勿爲邪議所詿, 以繼太祖·宣祖之志, 以副忠臣·義士之望。臣受國厚恩, 久從大夫之後, 雖在廢退, 當此國家莫大之事, 義不可泯默。前日柳琳之行, 臣居遠事迫, 未及獻言, 茹恨在骨, 至今耿耿。玆敢不避忌諱, 輒陳

상태를 살펴 부족한 자를 보조해 준다. 그 경내에 들어감에 토지가 잘 개척되었으며, 전야가 잘 다스려졌으며, 노인을 봉양하고 어진 이를 높이며, 준걸한 자가 지위에 있으면 賞을 내리니, 상은 땅으로 준다. 그 경내에 들어감에 토지가 황폐하며, 노인을 버려두고 어진 이를 잃으며, 착취하는 자들이 지위에 있으면 꾸짖음이 있으니, 한 번 조회오지 않으면 그 관작을 폄하고, 두 번 조회오지 않으면 그 땅을 떼어내고, 세 번 조회오지 않으면 육사를 동원하여 군주를 바꿔놓는다.(天子適諸侯曰巡狩, 諸侯朝於天子曰述職. 春省耕而補不足, 秋省斂而助不給, 入其疆, 土地辟田野治, 養老尊賢, 俊傑在位, 則有慶, 慶以地. 入其疆, 土地荒蕪, 遺老失賢, 掊克在位, 則有讓, 一不朝則貶其爵, 再不朝則削其地, 三不朝則六師移之.]"에서 나오는 말.

8) 關下(관하): 국경의 關門.

9) 氈(전): 氈裘. 털 가죽옷으로, 북쪽 오랑캐를 이르는 말.

10) 倀鬼(창귀): 호랑이에게 물려 죽은 사람의 영혼. 호랑이의 부림을 받아 앞잡이 노릇을 하며 못할 짓을 저지른다고 하는바, 여기서는 오랑캐 앞잡이가 되는 것을 이른다.

愚悃, 恭竢鈇鉞之誅。伏願殿下垂察焉.”

○庚辰十一月, 龍骨大·梧木〈道〉·諰沙, 三人出來, 二將留灣上, 木道馳到京中, 責以當初不如約條者十二件事。乃向化逃還唐人及我國人, 不卽刷還, 三公六卿質子, 或以孼子, 或以疏族[11], 苟充[12]以送, 前日徵兵以誤軍機, 今者舟師, 不得入來, 遲回不前, 採蔘人及佃獵[13]彼境者, 不爲禁斷, 漢人船隻, 到我境者不禁不告, 江都及山城, 不言渠擅自修築, 柳琳欲爲調用, 使之等待而擅送南方, 林慶業所率軍兵, 往在彼地者, 戰馬及糧餉, 不卽送之軍前等事也。恐嚇萬端。領相洪瑞鳳, 曾參於山城約條時, 吏曹判書李顯英, 主用人, 都承旨申得淵[14], 往年林慶業處送夫馬, 時有防啓, 參判朴潢, 前在瀋陽, 有豫知之事, 使之俱送。故領相以下, 諸人星夜, 馳往灣上。所謂朴潢有豫知云者, 指豫知鄭雷卿事也。蓋鄭於丙子之變, 以講院兼官, 自請赴瀋。及我國所送紅柹·生梨等物於汗也, 鄭命壽改其文書, 減其柹梨之半。雷卿, 欲因此事, 而除命壽, 與司書金宗一[15]·

---

11) 疏族(소족): 촌수가 먼 일가.

12) 苟充(구충): 겨우 채움.

13) 佃獵(전렵): 사냥.

14) 申得淵(신득연, 1585~1647): 본관은 高靈, 자는 靜吾, 호는 玄圃. 1603년 생원시에 합격하고, 1610년 식년문과에 급제하여 文翰官을 거쳐 검열·정언·사예·형조정랑 등을 역임하였다. 1632년 강원도관찰사, 이어서 回答使로 後金에 파견되었다. 다음해 도승지에 임명되었고, 慶尙左道 量田使를 역임한 뒤 世子侍講院賓客으로 청나라에 파견되기도 하였다. 1643년 그의 생질 李烓가 명나라와 밀무역한 것을 알고서 고하지 않았다는 이유로 제주도에 유배되었다.

15) 金宗一(김종일, 1597~1675): 본관은 慶州, 자는 貫之, 호는 魯庵. 1624년 생원시·진사시에 모두 합격하고, 이듬해 별시 문과에 장원으로 급제하였다. 1628년 正言이 되고, 1630년 持平을 거쳐 진주목사가 되었다. 1635년 다시 정언이 되었으며, 1636년 병자호란이 일어나자 순찰사의 從事官으로 일하였다. 전쟁이 끝나자 패전의

院吏姜孝先密議, 且與漢人之投虜[16]者, 同心結約, 欲一時竝殺, 而現露其事。世子往見汗, 時宗一陪行, 龍馬先知此計, 問宗一, 曰: "汝欲害命壽云, 然耶?" 宗一以不知答之, 龍馬卽往館所, 問雷卿, 答曰: "有之." 龍馬大怒, 囚雷卿於別處, 先殺漢人, 仍詰責我國朝廷。自上, 初欲送使救解[17], 相臣崔鳴吉曰: "如此則益致其怒, 亡益於雷卿, 不如馳送宣傳官使之賜死。孝先之名, 雖不出於胡人之口, 終若事發, 則初不如我國先爲同時賜死之爲愈。如此則雷卿輩, 或有萬一得活之幸." 上從其言, 送宣傳官, 四月初八日, 賜死雷卿孝先於瀋陽。世子親欲往救於龍馬館中, 諸臣力請猶不止, 先送講官鄭知和於刑部, 見辱而還, 然後不得已止之。兩人及死, 斂殯衣服, 皆自內出, 弔祭哀痛, 一出於誠, 遠近聞者, 無不感激。宗一以此拿來, 謫盈德。朴簬[18], 從前奉使虜中, 與龍馬兩胡及鄭命壽, 交結已久

책임을 들어 金鎏·尹昉 등을 탄핵하였으며, 이듬해 直講·지평을 지냈다. 그해 昭顯世子가 瀋陽에 볼모로 잡혀갈 때 사서로서 수행하였다. 당시, 조선인으로서 청나라에 잡혀간 뒤 벼슬에 올라 조선에 대해 갖은 횡포를 부리던 鄭命壽·金突伊 등을 청나라로 하여금 제거하게 하는 계획을 鄭雷卿과 함께 세웠다가 뜻을 이루지 못하고 송환되어 영덕으로 유배되었다. 1643년에 풀려나 1651년 修撰이 되고, 校理를 거쳐 1657년 울산부사를 지냈다. 1660년 慈懿大妃의 효종 상복에 대해 許穆과 함께 3년설을 주장하여 평해에 유배되었다가 이듬해 풀려났다.

16) 漢人之被虜(한인지피로): 沈哥. 《宋子大全》 부록 제16권 〈朴光一錄〉에 나온다.

17) 救解(구해): 죄에서 벗어나기 위해 잘 변호하거나 증거를 제시하여 減罪되거나 면죄되게 하는 것.

18) 朴簬(박로, 1584~1643): 본관은 密陽, 자는 魯直, 호는 大瓠. 1609년 문과에 급제하여 승문원에 들어간 뒤 사간원정언·병조정랑·홍문관수찬 및 교리, 사헌부지평·성균관직강·안동부사·의정부검상 등을 거쳤다. 1623년 인조반정 뒤에는 장연부사·신천군수·판결·파주목사·장단부사·이조참판·세자빈객·도승지·병조참판 등을 지냈다. 광해군대에 요직인 이조정랑으로의 진출이 북인에 의해 거부되었으며, 그들에 맞서 仁穆大妃 보호론을 주도하고 관인 명단에서 삭제되었다. 그러나 광해군을 동정

之, 到瀋陽, 至於龍馬, 出示其妻子, 龍馬曰: "令子卽吾兒也." 其與虜輩, 親切可知。而及與雷卿, 同處館中, 雷卿見多行麤鄙之事, 攻太甚, 未嘗與同坐相語。至是, 雷卿之死, 人皆謂爲之嗾也。

○領相·吏判, 先赴灣上, 申得淵到松京, 還上疏言: "今番, 龍胡之來, 專爲臣身, 往則必死。願死於朝廷." 上命速往, 則又上疏言: "臣素亡子姓[19], 收骨亡人。請率往外甥姜文明[20]." 備局請送之。文明, 卽左相姜碩期之子, 欲藉其勢力故也。中路聞吹角聲, 意謂胡差之來捕, 走入藪匍匐而行, 半月始到安州, 狀啓言: "罔晝夜來, 到安州."云, 人莫不竊笑。龍胡輩, 招領相·吏判而言曰: "貴國有金斜陽者, 不用大淸年號, 南漢出城, 不隨駕而下來, 世子往還, 亦不迎送, 不受官爵, 凡干上疏, 指敎年少輩爲之云, 然耶?" 所謂斜陽者, 蓋指金尙憲, 而胡語如此也。詰責亡數, 領相以下, 知其終不可諱, 答曰:

하였다는 혐의로 반정 뒤에도 처음에는 소외되다가, 이괄의 난과 정묘호란 때 국왕을 호종한 공로로 관직에 올랐다. 정묘호란 뒤에 後金의 심양에 여러 차례 파견되었고 병자호란 후에는 淸으로 볼모로 잡혀간 소현세자를 3년간 수행하였다. 대후금 외교 업무를 담당하여 온건한 입장에서 일을 처리하여 그 분야의 전문가로 인정받았으며, 청에 파견된 상태에서 병자호란이 일어나자 그들 부대에 억류되는 등 많은 고초를 겪었으나 反淸의 분위기 속에서 노고와 역량을 인정받지 못하였다. 세자를 따라 청에 있을 때 그곳으로 끌려간 三學士와 鄭雷卿을 위해 진력하였으나, 구하지 못하고 그들의 죽음을 목도하였다.

19) 子姓(자성): 자손.

20) 姜文明(강문명, 1613~1646): 본관은 衿川, 자는 公著. 姜嬪의 아버지인 姜碩期의 둘째 아들. 姜遠期에게 양자로 갔으며, 金光炫의 사위이다. 김광현은 金尙容의 아들로 김상헌의 조카이다. 1633년 진사가 되었다. 여동생인 세자빈 강씨의 장삿날로 정해진 날짜가 불길하다며 형과 함께 地官인 崔楠을 찾아가 협박하는 등 오만방자하게 굴었다가 먼 섬으로 유배를 갔다. 이후, 다시 서울로 불려가 고문을 받던 중 매를 맞다가 형과 함께 죽임을 당하였다.

"老病在遠, 故官敎下吏, 不卽下送, 此非不受官爵."云。其餘事, 亡復卞別, 龍胡等曰: "使速來見." 蓋備局回啓, "更令灣上諸臣善處." 上答曰: "依啓. 且此人, 如或往死, 貽患國家, 念之." 領府事李聖求, 密箚: "彼以不受官爵爲言, 若拜二相兼貳師而入, 則可以紓禍." 云。且備局, 別送下吏, 齎去銀兩, 行賂於彼處。賊初不甚催督。及申得淵至灣上, 暫被龍胡嗔責出, 見鄭命壽哀, 乞萬端指示生途, 命壽曰: "若言橫議[21]之人, 可生." 得淵卽書給金尙憲·曹漢英[22]·咸昌士人蔡以恒[23]等三人。此則厥外甥宣川府使李烓嗾之云矣。龍胡輩, 及聞此言, 催督三人, 使之兼程[24]入送。備局, 以得淵事, 稱以亡據, 則傳曰: "陷人求生不義也, 貽患國家不忠也。備局不以爲怒, 只稱

---

21) 橫議(횡의): 도리에 어긋난 의논.

22) 曺漢英(조한영, 1608~1670): 본관은 昌寧, 자는 守而, 호는 晦谷. 1627년 생원시에 합격하여 성균관 유생이 되고, 1637년 정시문과에 장원으로 급제하였다. 1639년 지평이 되고, 그 이듬해 청나라가 명나라를 공격하기 위해 水陸軍의 원병을 청하는 동시에 원손을 볼모로 瀋陽에 보내라고 요청하자, 이를 극력 반대하는 萬言疏를 올렸다. 이 사실이 청나라에 알려져 斥和派인 金尙憲·蔡以恒 등과 함께 1641년 심양으로 잡혀가 심한 고문을 받고 투옥되었으나 굽히지 않았다. 더욱이 옥중에서 김상헌의 시문집인《雪窖集》의 편찬을 도왔다. 1642년 심양에서 의주 감옥으로 옮겨졌다가 풀려났다. 1645년 지제교·헌납을 역임하고 지평이 되었을 때 姜嬪事件에 반대하다가 왕의 뜻에 거슬려 빛을 보지 못하였다. 1654년 승지, 1656년 대사간이 되고, 이어 대사성·이조참의·승지를 역임하고 다시 대사성이 되었다. 이후 대사간이 되고 여러 차례 이조참의를 지내면서 남인인 尹鑴의 등용을 적극 반대하다가 면직된 일도 있었다.

23) 蔡以恒(채이항, 1596~1666): 본관은 仁川, 자는 汝久, 호는 五峰. 1624년 이괄의 난과 1627년 정묘호란 때 행재소로 인조를 찾아 배알하였고, 1636년 병자호란이 일어나자 의병을 모아 경상우병사 閔泳과 감사 沈演을 도왔다. 1640년 청의 요구를 들어주다가는 나라의 장래가 위험할 것이니 은밀히 힘을 키워 청을 쳐야 한다고 상소하였다. 그 뒤 척화신으로 청나라의 미움을 사 1640년 金尙憲·曺漢英 등과 함께 瀋陽에 잡혀 갔다가 1643년에 돌아왔다.

24) 兼程(겸정): 하루에 이틀 길을 감.

亡據, 今日朝廷, 可謂亡法矣." 遠接使李景曾, 狀啓: "丁丑以後, 臣非遠接則館伴, 非不知彼中氣色, 卽今形勢頓異前日。金尙憲自知其不免, 至今不來, 朝廷不爲分付乎?"云云。灣上諸臣, 初欲救解, 及龍胡聞得淵之言, 逐日催督, 至以送兵一千於嶺南, 親自捉去云, 且以布帒籠去云, 領相以下等, 言語恐嚇, 京外騷動, 灣上諸臣, 大生恇㤼, 狀啓一日三續至, 所捉者皆是速送金尙憲之言也。金尙憲, 初以未有上命, 而不可先自上去, 及備局關子到本道, 十一月晦日, 自安東卽發, 而言語動止, 一如平昔。遠近親舊, 亡不哭送, 輿臺[25]·下卒, 亦皆流涕, 尙憲無一毫幾微[26]見辭色。到京, 上爲遣中使[27], 賜以貂裘, 厚給行資, 仍傳[28]曰: "卿以先朝舊臣, 遊予者亦且多年, 義雖君臣, 恩猶父子也。是以頃年退去, 猶極缺然。意外禍生, 竟至於此, 良由寡昧[29]不賢之致, 言念悲慙, 不覺淚下也。予切欲相見, 難便未果。願卿善爲開陳, 以解其怒." 金尙憲, 謝恩疏[30]曰: "伏以臣言無少補, 身卽遠行, 行過國門[31], 跡阻陛辭[32], 中心耿耿[33], 感慕[34]徒增。不意淵衷[35]曲體微情, 內使臨存[36], 天語[37]惻怛[38]。珍裘

---

25) 輿臺(여대): 지위가 낮은 사람. 賤役에 종사하는 사람.
26) 幾微(기미): 낌새.
27) 中使(중사): 궁중에서 임금의 명령을 전하던 內侍.
28) 《淸陰先生集》 권11 〈雪窖集·御札〉 1640년 12월 8일.
29) 寡昧(과매): 덕이 적고 우매하다는 뜻으로, 임금이 자신을 겸손하게 이르는 말.
30) 《淸陰先生集》 권11 〈雪窖集·謝賜御札貂裘疏〉 1640년 12월 9일. 또 《仁祖實錄》 1640년 12월 9일 2번째 기사.
31) 國門(국문): 도성의 문.
32) 陛辭(폐사): 임금에게 하직하고 돌아감.
33) 耿耿(경경): 마음에 잊히지 아니함.
34) 感慕(감모): 마음에 느끼어 사모함.

接手, 暖氣回春, 若登螭頭[39], 再覩龍顔, 雖死之日, 猶生之年。臣不勝瞻天望闕, 泣血馳情之至, 謹昧死以聞." 答曰: "省卿上疏, 予甚悲傷, 卿須善對, 以副至意." 行到平山, 胡差五人, 來見先去, 略無困辱之事, 而龍胡輩, 急於還歸, 催督甚急, 星夜兼程。自平山三日到龍灣, 精神氣力, 少無困頓。卽臘月十一日也。龍胡, 與本朝諸宰設筵, 引金尙憲, 坐於吏判李顯英之上。衣布衣着〈皀〉冠, 負於人而入, 入則偃臥, 胡輩亦不嗔怒。龍將曰: "俺等已有所聞, 盡言無諱." 答曰: "不知何言?" 龍胡曰: "丁丑, 國王之下城, 獨以爲淸國不可事, 不爲扈駕, 是何意耶?" 答曰: "〈豈〉不欲從吾君? 但老病不得從行耳." 又曰: "丁丑以後, 降拜[40], 一不受之, 還納官敎云, 何也?" 答曰: "國家以吾老病, 不爲除職, 不知除拜何官, 而不受耶? 我國大小之官, 皆在此, 孰不知? 如此誕妄之說, 聞於何處耶?" 又曰: "舟師〈徵發〉時, 何以阻撓[41]乎?" 答曰: "吾守吾志, 吾告吾君, 國家不用吾言, 微細之言, 何以至於他國乎?" 龍胡曰: "何以謂之他國乎?" 答曰: "彼此〈兩國〉, 各有境界, 安可不謂之他國乎?" 三將相語, 使之擡出, 別無怒色, 梧木道曰: "朝鮮之人, 言語間媕婀[42]發說, 此人應答甚快,

---

35) 淵衷(연충): 임금의 깊은 뜻. 깊은 속마음.

36) 臨存(임존): 귀한 사람이 찾아옴.

37) 天語(천어): 임금의 말씀.

38) 惻怛(측달): 불쌍히 여기어 슬퍼함.

39) 螭頭(이두): 대궐 계단에 돌로 새긴 뿔이 없는 용의 머리. 궁궐의 섬돌.

40) 降拜(항배): 除拜의 오기. 吏曹나 兵曹에서 예비 관리의 명단에 三望을 갖춰 임금에게 올려 결재를 받아 관직을 임명하는 것.

41) 阻撓(조요): 저지함. 제지함. 방해함.

42) 媕婀(암아): 媕娿. 우물쭈물하며 결정하지 못하는 모양. 머무적거리는 모양.

最難老人也.” 從胡輩, 亦嘖嘖稱强。胡人別定勤幹差使員, 使之扶護, 且令乘轎〈入瀋〉, 而凡路中幕次[43]·供饋, 必先之。曹·蔡〈追到〉, 與申得淵, 竝〈令〉入去。朴潢, 當初多用銀兩於龍·鄭, 故〈令〉卽還去, 終被再徵, 拘留於瀋中。蓋朴簹, 〈曾〉爲江原監司, 爲朴潢所論遞。及〈入〉瀋陽, 潢擯斥簹太甚, 仍成仇怨, 且累被金尙憲之重駁, 今番朴·金之事, 專由於簹之嗾云。

○辛巳正月初九日[44], 所謂質可王[45]者, 與刑部官, 會于刑部, 請世子及陪臣來會後, 金尙憲及曹·蔡·得淵等四人, 項加鐵鎖, 合結兩手, 先置刑部門外。先問金尙憲, 則所答一如灣上問答, 而當其入刑部時, 亦負於人, 而行到卽偃臥, 亦如前日, 胡人不爲呵禁。得淵負行, 亦如金尙憲, 則胡人以杖打之, 曰: “犬子犬子, 汝欲效金某耶?” 次問曺漢英, 曰: “爾之陳疏何事耶?” 答曰: “國王久在調攝中, 罕接臣隣, 請於臥內, 頻接大臣, 講論治道而已。萬一橫議, 則豈於丁丑登第, 送舟師時, 爲兵郎, 與調軍兵乎? 其亡他意, 可知矣.” 蔡以恒曰: “鄕人, 亡預朝家事, 只以賦役偏重陳疏.” 虜曰: “賦役, 指何事也?” 蔡曰: “量田後, 田稅·刷馬[46]之役, 比前煩重者也.” 更問得淵, 曰: “曹蔡〈所言〉, 與爾所言, 何相左也?” 得淵曰: “此皆吾在瀋陽時事也。龍胡嚴問之際, 只以所聞言之, 疏中辭意, 則果未知矣.”

---

43) 幕次(막차): 임시로 장막을 쳐서 잠깐 머무르는 곳.

44) 《仁祖實錄》에는 1641년 1월 20일 2번째 기사로 되어 있음.

45) 質可王(질가왕): 누르하치의 동모 동생인 슈르하치의 6번째 아들 지르갈랑[jirgalang, 濟爾哈朗]을 음차한 표기. 右眞王이라고도 하는데, 그의 封爵號는 鄭親王이다.

46) 刷馬(쇄마): 지방에 배치해 두었다가 일이 있을 때 거두어 쓰는 관용의 말.

刑部官三人, 使鄭命壽傳言曰: "金某, 丙子之前, 橫議紛紜, 〈使〉國家傾危, 尙不知悔, 猶踵前習, 曹疏, 請頻接臣僚者, 必是陳爲不善之事, 蔡疏, 徭役[47]煩重之說, 必指歲幣·軍糧而言也, 得淵, 夫馬調送之時, 陳疏作梗。發告曺蔡, 及已[48]相面, 乃反朦朧, 四人一樣當死."云云。龍骨大等, 來言於世子館所, 曰: "金某等罪, 亦初以死論斷, 〈汗〉以爲, 今番龍胡出去之時, 十二件事, 本國皆以自服, 金某等, 〈亦〉卽入送, 朝廷之失, 已皆置之, 此人等之罪, 亦當思量以處云." 仍拘留五臣於別館。執義趙絅, 大言於朝曰: "金某之事, 專由〈於〉柳碩等之論劾, 遠播胡中, 以至於此。胡人, 尙知敬歎, 而我國之人〈必欲擊去〉, 反不如犬羊云矣." 辛巳臘月, 金尙憲得病, 將至不救, 世子言於龍胡, 及汗出送金以下四人, 〈使〉之拘留於灣上。而出來時, 若値險路, 領來胡將, 必下馬, 扶引金某所乘之車, 可知醜虜尊敬之至也。壬午正月三日, 五臣到灣上, 上疏[49]曰: "伏以臣羈縶[50]異域, 再罹[51]寒暑, 枯形危喘, 與死爲期, 伏蒙天地父母之仁, 德動遠邇, 誠感上下, 脫之於鼎鑊·刀俎之間, 還之於乳哺[52]衽席之內。再生之恩, 如骨而肉生, 此非臣等之力所能仰報。而玉關[53]雖入, 長安尙遠, 不得趨詣闕庭, 少伸微悃, 亡任瞻天望日感激流涕之至."

47) 徭役(요역): 국가가 백성의 노동력을 무상으로 징발하는 수취제도.
48) 及已(급이): 及至의 오기.
49) 《淸陰先生集》 권11 〈雪窖集·到灣上後聯名疏〉 1642년 정월. 또 《인조실록》 1642년 1월 9일 1번째 기사.
50) 羈縶(기집): 羈縶.
51) 再罹(재리): 載罹의 오기.
52) 乳哺(유포): 아이에게 젖을 먹여 기름.
53) 玉關(옥관): 玉門關. 長安의 북서쪽에 있는 서역땅으로 가는 관문.

又上書[54]于王世子邸下, “伏以一言可以回生, 一言可以赴死[55], 此至仁之心, 與天地同其德者也。舊聞斯語, 於身親〈見〉。遭無妄[56]被災, 同陷不側, 一年牢獄, 死亡無日, 邸下哀而愍之, 軫念[57]不已, 感動之效, 終致影響。其體聖上矜恤之心, 而法皇天仁愛之道者, 至矣盡矣, 又非特臣等區區私情之所感戴也。臣等抑有所不能堪者, 身幽栫棘[58], 心係軒墀[59], 日夕延頸, 如聆玉音, 弱子慈母, 未足喩其情也。一朝蒙恩, 脫身獨歸, 而蒼黃驅迫, 竟阻祗謁。轉眄之頃, 已隔行館, 一步一涕, 肝腸如剪。今到龍灣, 食息已定, 自今至死, 皆邸下之賜也。臣等亡任北望感泣之至。謹昧死以達.” 傳曰: “申得淵之事, 極爲駭怪。奉命之官, 雖鈇鉞不當避, 而遽能走還, 多陷他人。尙不施罰者, 爲其方係淸國, 今姑削奪官爵。丙子之變, 扶植綱常者, 只是金尙憲鄭蘊兩人而已.” 鄭蘊患風痺, 卒于辛巳六月二十一日, 金尙憲, 尙在拘縶, 故本末曲折, 不憚縷縷, 詳載于此。

○頃於胡差之來, 領相洪瑞鳳·吏判李顯英等, 在灣上, 爲龍胡脅持[60], 亡一事卞爭。我民漢人, 萬死逃生者, 向化之來我土, 生長子孫者, 八道守令方伯, 不問眞僞, 惟務多送, 免彼嗔怒。及於備局,

54) 《淸陰先生集》 권11 〈雪窖集·到灣上後上春宮書〉. 上書는 조선시대 관원이 세자에게 올리던 글.

55) 赴死(부사): 사지로 향함.

56) 無妄(무망): 일이 갑자기 생기어서 생각지 아니하였을 판.

57) 軫念(진념): 존귀한 사람이 아랫사람의 사정을 돌보아 생각함.

58) 栫棘(천극): 가시나무 울타리. 귀양살이하는 중죄인의 거처에 가시나무로 울타리를 둘러 쳐서 출입을 제한하는 일이다.

59) 軒墀(헌지): 처마와 섬돌. 여기서는 소현세자가 있는 곳을 가리킨다.

60) 脅持(협지): 脅持의 오기. 위협하여 협박함.

點閱[61]之際, 父子·兄弟之相訣去留者, 斷指爲贈, 流血滿庭, 古今天下, 安有如此慘怛者乎? 聞之者莫不酸鼻[62]。龍胡所得三件人, 不知其幾千百, 而壑欲[63]亡厭, 使以百名追送, 又爲養契[64]。領相·吏判·遠接使李景曾等, 以百爲多, 反以隨得隨送爲約文, 着押而給之。厥後, 彼輩每每催督還, 爲日後無窮之弊, 可良歎也。

○鄭命壽, 本我國關西殷山[65]官奴也。備局議啓[66], 拜知事, 下送官教, 則命壽曰: "天恩感激, 卽當肅拜, 煩不能敢, 夜深後, 擇其淨潔處, 當東向拜謝."云矣。

○辛巳春瀋陽, 又使送砲手一千騎, 馬一百匹, 牽夫五百人, 以柳琳爲將, 趁三月二十日, 逢點[67]於瀋陽。故柳琳, 遞統制使以送, 而軍餉器械, 自我國陸續[68]入來[69]。林慶業, 與軍兵, 自海州衛[70], 撤戍[71]而還, 柳琳, 入往瀋陽, 與胡王·胡將, 往攻中朝祖摠兵所守錦州衛[72], 得其羅城, 合圍累月, 與天兵之自松山站[73], 來投者接戰。

---

61) 點閱(점열): 하나씩 죽 살펴서 점검함.
62) 酸鼻(산비): 콧마루가 찡함.
63) 壑欲(학욕): 아주 큰 욕심.
64) 養契(양계): 券契의 오기.
65) 殷山(은산): 평안남도 중부에 있는 고을. 동쪽은 성천군, 서쪽은 순천시·평성시, 남쪽은 강동군, 북쪽은 북창군과 접한다.
66) 議啓(의계): 임금이 명령한 일을 신하들이 의논하여 아룀.
67) 逢點(봉점): 점검을 받음.
68) 陸續(육속): 끊이지 않고 지속됨.
69) 入來(입래): 入送의 오기.
70) 海州衛(해주위): 요동성에서 남쪽으로 120리 떨어진 海州에 있는 衛所.
71) 撤戍(철수): 防戍하는 일을 걷어 치움.
72) 錦州衛(금주위): 중국 遼寧省 錦州縣. 祖大壽가 청나라에 항복한 곳이다.
73) 松山站(송산참): 遼寧省 錦州 남쪽으로 흐르는 小凌河의 서쪽 15리 지점에 있는

時星州[74]居砲手李士龍[75], 囊佩四十餘丸, 虛放, 見覺, 爲胡將所殺。蓋士龍, 雖是軍卒, 本士族孼子。凡行事, 與常漢自別, 及其發行, 謂其家人, 曰: "若聞與中朝相戰之日, 當爲我忌辰云, 其志已定。及聞其死, 人莫不悲之, 〈使〉牧使崔有淵[76]作文, 親往祭之。

○五月, 奴賊, 稱以遞代, 又使發送砲手五百, 而大將以年少武將定送, 故以統制使柳廷益[77]爲將, 發近道御營軍, 六月逢點入送

○中朝之王都事稱名人, 領二百船, 來泊龍川[78], 欲傳皇勅及冕服·印信, 平安監司鄭太和, 兵使李顯達, 沿江列陣, 多發大砲, 王都事還入海中。而以前都承旨沈演爲兩西都巡察使, 林慶業爲白衣別將, 李秾[79]爲從事官, 〈使〉御漢船, 不得下陸。沈演辭朝[80], 時引見, 請

驛站.

74) 星州(성주): 경상북도 남서쪽에 있는 고을. 동쪽은 낙동강을 경계로 대구광역시와 칠곡군, 서쪽은 김천시와 경상남도 합천군, 남쪽은 고령군, 북쪽은 김천시와 접한다.

75) 李士龍(이사룡, 1612~1640): 본관은 星山. 아버지는 남한산성에서 인조를 호위한 공으로 무과에 오른 李廷建이다. 1640년 청나라가 명나라를 치기 위하여 조선에 원병을 청하자 砲士로 징발되었는데, 錦州에서 明將 祖大壽와 대전하였다. 임진왜란 때 명나라의 은혜를 생각하고 空砲로 응전하였다. 이를 본 동료가 적극 말렸으나 이미 죽음을 각오하였다면서 듣지 않았다. 끝내 청군에게 발각되어 잡혀가서 칼로 위협을 받았으나 청장에게 욕설을 퍼부으면서 굴하지 않았다. 이때 우리나라 將領들이 청장에게 용서를 빌어 살려주기로 허락을 받았는데도, 이사룡은 웃으면서 스스로 죽음을 청하여 의롭게 죽었다고 한다.

76) 崔有淵(최유연, 1587~1656): 본관은 海州, 자는 聖止·聖之·止叔, 호는 玄巖·玄石. 1621년 신유별시에 합격, 1623년 改試文科에 급제하여 다음해 注書가 되고, 지평·副承旨를 거쳐 승지에 이르렀다. 외직으로 성주목사를 지냈다.

77) 柳廷益(류정익, 1599~1655): 본관은 文化, 자는 益之. 인조 초에 무과에 급제하여, 1638년 충청병사, 1640년 三道水軍統制使, 1654년 전라도병마절도사를 지냈다.

78) 龍川(용천): 평안북도 북서부에 있는 고을. 동남쪽은 철산군, 동북쪽은 신의주시·의주군, 서북쪽은 압록강을 사이에 두고 중국의 요령성 安東縣과 마주보며, 서남쪽은 황해와 접한다.

以干戈從事, 上以臨時相機爲敎。

○壬午二月松山站, 王廷臣[81]約爲內應。胡人猶不信, 使有罪立功自效[82]者, 試爲先登, 廷臣之黨, 扶腋以上。本月十八日, 終致失守, 城中之人, 皆爲屠殺, 只是廷臣將官親切者十三人不殺。設宴犒師, 洪軍門承疇[83]亦屈, 皇朝文士之降虜, 承疇爲始云。得城中銀貨二十餘萬兩, 糧餉足支數年云。松山站降將中祖大平[84], 卽摠兵大壽之弟也。九王[85]·右眞王, 在錦州, 送祖大平於城中, 使誘其兄, 則三月初八日, 大壽率其管下百餘名·將官二十餘人, 出降於九王會處。諸王設宴, 招我國大將以下, 視之, 諸王抄出, 甲騎八千名,

79) 李秾(이래, 1603~1650): 본관은 德水, 자는 秋賓, 호는 菱湖. 1624년 식년시에 합격, 1637년 종묘부봉사로 나갔다. 1638년 정시문과에 급제, 승정원가주서, 예문관 검열, 1639년 사헌부감찰, 지평, 1640년 예조정랑, 1641년 병조정랑, 사간원정언, 양서순찰사종사관, 1643년 홍문관교리, 1647년 광주부윤을 지냈다.

80) 辭朝(사조): 관직에 새로 임명된 관원이 부임하기에 앞서 임금에게 하직함.

81) 王廷臣(왕정신, ?~1642): 명나라 말기의 前屯衛總兵. 1641년에 洪承疇가 8명의 摠兵을 통괄하여 寧遠에서 청나라 병사와 전투를 벌일 때 참여했던 인물이다. 중국측의 기록에는 1642년 松山城이 반년 동안 포위되어 양식이 떨어지자, 副將 夏承德이 청군에게 아들 夏舒를 인질로 삼아 항복을 요구하였고, 이해 3월 청군의 공격에 의해 송산성이 함락되었다고 하였다.

82) 立功自效(입공자효): 무슨 실수나 과오 같은 것이 있는 사람을, 어떤 일이 있는 기회를 계기로 삼아 공을 세우는데 스스로 노력하도록 하는 것.

83) 承疇(승주): 洪承疇. 明末淸初 시기의 大臣. 명나라에서 陝西布政使參政, 兵部尙書, 薊遼總督 등을 지냈다. 松錦(1640~1642, 금주 송산성에서 벌어진 청과 명의 전투)에서 패배하고 포로로 잡혀 淸나라에 투항하여 청나라에서 武英殿大學士, 太傅, 太保, 少師, 太子太師 등을 역임했다.

84) 祖大平(조대평): 祖大樂의 오기. 祖大壽의 종형제.

85) 九王(구왕): 청나라 睿親王 多爾袞(도르곤). 누르하치의 열넷째 아들. 청나라 군대를 이끌고 중원에 들어와 李自成을 대파하였다. 世祖를 보좌하고 정사를 총관하여 섭정왕이라고 불렸다.

入城守堞, 而漢兵稱, 以分援八高山, 移去伊州衛。使其妻子出城後, 甲丁[86]則盡殺, 而其中漢兵及蒙古·淸兵, 曾投中朝者, 不爲出來, 與奴相格[87], 奴亦死傷頗多, 而終至敗衂。我國大將以下, 各給賞銀。蓋錦州城中, 飢死者甚多, 軍兵亦多, 不想被圍經年, 中朝不爲救援, 使至於此。天下事已無可言, 而祖大壽, 以天下名將, 偸生犬羊, 誠可痛惋。汗入門擊鼓, 會諸將受賀, 請世子隨參。我國之軍, 只留若干名, 其餘前後軍兵, 盡爲撤還。我軍, 當初入去之時, 如就死地, 及到彼境, 汗及胡王以下, 無不厚待, 盡給其戰中所得之物, 到今人皆感悅, 盛稱彼國威德, 咸有歆羨願行之意矣。中朝議和, 汗出送二師李景奭, 問其可和與否。其書[88]曰: "朕自與明朝搆兵[89]以來, 每見生民死傷太多, 心實不忍, 屢欲和好, 奈何明朝君臣, 妄自尊大, 視其軍民之塗炭, 毫不關心, 竟不欲和, 及見諸王圍錦州, 十三萬援兵, 頃刻覆沒, 始懼而欲和。乃令錦衣衛[90]官一員, 職方司官一員, 摠兵官二員, 至軍門前, 請成諸王, 以其無御寶書札, 拒回者三次, 嗣後二次齎御寶書札。其來官與我臣接見時, 正是遜辭恭敬, 自居其下, 不似曩日矣。諸王悉以情狀來奏, 朕閱所用明朝皇帝之寶札, 眞的亡疑."云云。"況壬申年, 皇帝征漢兒[91]時, 張家

---

86) 甲丁(갑정): 男丁의 오기인 듯.

87) 相格(상격): 얼굴의 생김새.

88) 《同文彙考》別編 권4 〈軍務·問與明朝和戰便否勅〉에 의하면 1642년 4월 28일에 발송된 칙지. 《太宗文皇帝實錄》 권61 1642년 6월 25일 1번째 기사.

89) 搆兵(구병): 군대를 내어서 싸움.

90) 錦衣衛(금의위): 錦衣親軍都指揮使司. 처음에는 황궁을 호위하는 친군이었고, 나중에는 朱元璋의 특명을 받아 刑獄 관리를 겸하게 되었으며, 직접 황제의 명을 받아 일을 처리하였다.

江[92]沈巡撫[93], 六月二十八日盟誓之事, 明朝皇帝亦明知。但不勝文臣浮議, 故罷巡撫之任, 後來復命, 和事會議, 又爲諸文臣所沮[94], 遽寢其事, 此事請和, 決非虛語."云云。"朕初以彼之請和, 不過設計誑誘[95], 欲免錦州四城之難, 亦未深信。今復遣官至, 朕思四城已破, 援兵已絶, 加以飢饉荐臻, 竊盜蜂起, 流賊轉熾, 蓋迫于不得不和耳。朕想近日, 我之藩服[96]不爲不多, 强國[97]不爲不廣, 彼旣請和意, 欲成和而共享太平之福。諸王·貝勒[98]等, 或謂明朝時勢已衰, 正宜乘此機會, 攻取北京, 安用和爲? 但念征戰不已, 死傷必衆, 固有所不忍。縱蒙天眷, 得成一統世, 豈有長生之人乎? 子子孫孫, 寧有世守不絶之理乎? 昔大金, 曾亦一統, 今安在哉? 朕之眞心如此, 諸王等所見如彼, 進取與和好, 二者孰善? 以王誼屬一體, 故降勅商議, 宜陳其所見, 勿得隱諱."

---

91) 漢兒(한아): 察哈爾. 차하르. 명나라 때 內蒙古의 한 部.

92) 張家江(장가강): 張家口[장자커우]의 오기. 중국 湖北省 북서부에 있는 고을. 만리장성의 관문으로 교역의 도시이며, 몽고에로의 철도와 도로의 요충지이다.

93) 沈巡撫(심순무): 沈棨. 일찍이 遼東에서 袁崇煥·孫元化와 함께 일했는데, 청나라 군대가 宣府에 쳐들어오자, 심계는 中官 王坤 등과 함께 화친하고 금, 비반 등을 바치자 청군이 철수한 바 있다.

94) 所沮(소저): 所阻의 오기.

95) 誑誘(임유): 誑誘의 오기.

96) 藩服(번복): 周代의 토지 행정 구획의 제도인 九服의 하나. 곧 王城에서 5천 리 떨어진 곳의 사방 5백 리의 땅이다. 중국에서 중원 밖의 제후를 일컫는다.

97) 强國(강국): 疆圉의 오기.

98) 貝勒(패륵): 청나라 때 만주인 宗室과 蒙古의 外藩들에게 봉해진 爵位 가운데 하나. 청나라에서는 만주인 종실과 몽고의 외번들에게 여섯 가지의 작위를 나누어 봉했는데, 그 여섯 가지는 親王·郡王·패륵·貝子·鎭國公·輔國公 등이었다. 이 가운데 패륵은 만주어로 部이라는 뜻이다.

○義州品官崔孝逸[99], 盡賣其田宅家藏, 買船入中朝, 方爲把摠云。故胡人使細作[100]漢人, 出送于孝逸族屬之在於關西處, 佯若自中朝來者然, 密傳安否, 使之捧書以來云, 則彼皆信之不疑, 書給諺札, 備盡曲折。其中一款, 乃前義州府尹黃一皓[101], 亦歎服爾之所爲, 曲護私黨云。辛巳五月, 奴送差二人, 直入闕中, 屛去承旨·史官, 與上附耳語, 仍納崔族諺書, 則崔族屬之名在書中者, 盡命拿來, 一番捧招。然後胡差, 使本國照律。右相姜碩期, 欲律之絶島安置, 領相李聖求, 左相申景禛, 直以處斬擬律[102], 姜爭之不得, 卽爲

99) 崔孝逸(최효일): 崔孝一(?~1644). 본관은 미상, 자는 元讓. 의주 출신. 선조 때 무과에 급제하고, 광해군 때 형조좌랑을 거쳐 훈련판관에 이르렀다. 金應河와 함께 이름이 알려진 용장으로, 1629년 淸軍이 침입하여 오자 의주에서 장사 張應林과 함께 출전하였다. 統軍亭에서 적병 수십명을 죽이고, 거짓 적진에 투항하여 당시 椵島에 주둔 중인 명나라의 좌도독 毛文龍과 내통, 모문룡으로 하여금 적을 공격하도록 정보를 제공한 다음 적진을 탈출하여 青梁山에 들어가 장사를 모아 적을 방어하였다. 1636년 병자호란이 일어나자 의주부윤 林慶業의 휘하에 들어가 압록강에서 적과 싸워 전공을 세우고 많은 군용품을 노획하였다. 청나라의 임금을 죽여 명나라의 위기를 구하고 원수를 갚을 계획으로 力士 車禮亮, 의주부윤 黃一皓, 절도사 임경업 등과 약속하고 登州로 건너가 陳洪範에게 청나라를 치자고 건의하였으나 거절당하였다. 다시 寧遠으로 가서 明將 吳三桂와 함께 錦州에서 청병과 싸워 여러 번 공을 세웠다. 1644년 적장 李自成의 침입으로 燕京이 함락되고 명나라가 망하자 오삼계는 항복하고, 그는 죽은 明主 毅帝의 빈소에서 10일 동안 통곡하면서 단식하다가 죽었다.
100) 細作(세작): 간첩. 비밀 수단을 써서 적의 정보를 탐지하여 자기 편에 알리는 사람.
101) 黃一皓(황일호, 1588~1641): 본관은 昌原, 자는 翼就, 호는 芝所. 음보로 운봉현감·전주판관·임천군수 등을 역임하고, 1635년 증광문과에 급제하였다. 그 뒤 세자시강원문학을 거쳐 1636년 장령이 되었다. 병자호란이 일어나자 인조를 호종하여 남한산성에 들어가서 督戰御史로 전공을 세웠고, 척화를 적극 주장하였다. 난이 끝난 뒤 호종의 공으로 通政大夫에 올라 진주목사에 제수되었다. 1638년 의주부윤으로 있을 때 명나라를 도와 청나라를 치고자 崔孝一 등과 모의하다가 그 사실이 발각되어 1641년 피살되었다.
102) 擬律(의율): 죄의 경중에 따라 법을 적용함.

起出。本月初九日, 兩胡及鄭命壽, 出南別殿[103]外, 踞坐繩床, 使領以下, 百官列立, 崔族張厚健[104]等十一人, 及黃參知一皓, 一時斬殺, 血流波道。此古史中, 亦未有之變也。令人氣塞, 黃擧止從容, 略無怖色。吏曹參議李德洙[105]在傍, 呼其字曰: "平生欲爲國事, 今乃浪死, 誠可慘也." 黃曰: "我死猶勝於令輩之生."云。黃有八十歲老母, 人皆痛惻, 如喪親戚。黃一皓, 字翼龍, 故名宰黃判書愼[106]之

103) 南別殿(남별전): 南別宮. 서울 소공동에 있었던 조선 왕조의 별궁. 1593년 宣祖가 還都한 뒤에 이곳에서 명나라 장수와 관원들을 접견하였다. 여기에서 유래하여 이후 남별궁으로 불리면서, 명나라와 청나라의 사신을 영접하는 장소로도 쓰였다.

104) 張厚健(장후건, 생몰년 미상): 본관은 仁同. 최효일의 생질이며, 의주 출신이다.

105) 李德洙(이덕수, 1577~1645): 본관은 韓山, 자는 師魯, 小字는 汝淑, 호는 怡愉堂. 1606년 진사가 되고 1608년 별시문과에 급제하여 승문원에 들어가 檢閱이 되었다가 著作·博士를 역임하였다. 1612년 金直哉의 誣獄이 일어나자 장인인 趙守倫과 함께 연루되어 理山으로 유배되었으며 1618년에 창평으로 이배되었다가 1621년에 풀려났다. 1623년 인조반정으로 收用되어 典簿에 임명된 뒤 예조좌랑 겸 춘추관의 기주관과 지평을 지내고, 1624년 李适 난 때에는 공조정랑으로 체찰사 李元翼의 종사관이 되어 인조를 공주까지 호가하였다. 1634년 우부승지로 있을 때 姜碩期 등과 인조의 私親인 元宗의 入廟 논의에 반대하다가 왕의 노여움을 사 연산에 귀양 갔다가 1636년에 풀려나 승지가 되었다. 이듬해 좌부승지로 관서지방에 武才 시험관으로 갔다가 병자호란을 당하여 부득이 돌아오지 못하고 嶺北으로 향하여 여러 도에 격문을 보내고 격려하다가 이듬해 돌아와 승지가 되었다. 호란 후 청나라의 갖은 횡포가 심하자, 표면상으로 그들을 위문한다는 명목으로 적진에 들어가 적정을 살피고 돌아왔다. 1641년 한때 강원감사로 나갔다 돌아와 이조참의로 있다가 1645년 죽었다.

106) 黃判書愼(황판서신): 黃愼(1560~1617). 본관은 昌原, 자는 思叔, 호는 秋浦. 1588년 문과에 장원 급제하였다. 사헌부 감찰, 음죽 현감, 호조 좌랑, 병조 좌랑, 사간원정언을 역임하였고, 1589년 鄭汝立의 옥사에 대해 논박했다가 고산 현감으로 좌천당했다. 1591년 왕세자 책봉을 건의하였다가 벼슬을 강등당한 鄭澈의 일파로 몰려 파직되었다. 1592년 다시 기용되어 세자시강원 사서, 병조 좌랑, 사간원정언, 사헌부 지평을 역임하였다. 1594년 명나라 장수 沈惟敬의 접반사로 부산에 머물렀고, 강화 회담을 위해 일본에 가는 심유경·楊邦亨 일행을 따라 통신사로서 일본에 다녀왔다. 1602년 鄭仁弘의 탄핵으로 삭탈 관직되었으나 1605년 임진왜란 때의 공을 인정받아 扈聖宣武原從功臣에 책록되었다. 1609년 陳奏副使로 명나라에 다녀온 이후 호조 참판, 공조판서·

養子也。爲人慷慨, 擔當國事, 人以此尤惜之。往年, 上命囚崔之一族, 前領相洪瑞鳳, 密箚放釋, 胡差知之, 招致領相於庭中, 致辱無數。領相李聖求, 與鄭命壽, 問答之際, 謂聖求, 曰: "台言出於口者, 反不如〈出〉我肛門."〈云〉, 而聖求不以爲恥, 笑謂命壽, 曰: "吾子不久, 當入質瀋中, 令須愛之."云。鄭命壽, 托以房妓非美色, 欲出求閭家, 日賂千兩銀子, 以悅其心, 今番接待之厚, 倍於曩時矣。胡差之還, 言於上曰: "今行有所處置, 請與禁府堂上." 使之隨去, 則胡差到關西, 崔族, 勿問親疏, 十五人又爲盡殺而去。

○張旅軒顯光[107], 經變後, 祭家廟, 爲文告之, 曰: "在家不省[108], 在國無益, 永跡邦外[109], 擬塡溝壑." 仍入永川[110]深谷立岩[111]書堂, 更不還家, 乃終於此。前吏曹正郎金慶餘[112], 托以親病不仕, 除拜

호조판서를 역임하였다. 1613년 계축옥사 때 옹진에 유배되어 1617년 세상을 떠났다.

107) 張旅軒顯光(장여헌현광): 張顯光(1554~1637). 본관은 仁同, 자는 德晦, 호는 旅軒. 柳成龍 등의 천거로 여러 차례 내외의 관직을 받았으나, 1602년 공조좌랑, 1603년 잠깐 의성현령으로 부임한 것 외에는 모두 사양하였다. 1623년 인조반정 후 산림직으로 신설된 성균관 司業에 서인인 金長生·朴知誠와 함께 선발되었다. 이후 장령으로 잠깐 상경하였을 뿐 이조참판·대사헌·우참찬 등에 모두 나아가지 않았다. 1636년 병자호란 때는 의병과 군량의 조달에 나섰으며, 패전 후 동해안의 입암산에서 은거하였다.

108) 不省(불성): 不肖의 오기.

109) 邦外(방외): 도성 밖.

110) 永川(영천): 포항의 오기인 듯.

111) 立岩(입암): 경상북도 포항시 북구 죽장면에 있는 산.

112) 金慶餘(김경여, 1596~1653): 본관은 慶州, 자는 由善, 호는 松厓. 1624년 別坐가 되었으며, 그 뒤 직장·주부·부여현령을 역임하였다. 1632년 世子翊衛司翊衛로 문과에 급제, 예조정랑을 거쳐 사헌부지평에 임명되었다. 1636년 병자호란이 일어나자 督戰御史가 되어 왕을 호종하여 남한산성으로 피란하였다. 이듬해 화의가 이루어지자 벼슬을 그만두고 회덕으로 돌아가 생활하였다. 그 뒤 여러 차례 대간에 임명되고, 書狀官으로 뽑혔으나 부임하지 않았기 때문에 金郊驛에 유배되었다가 풀려났다.

金郊察訪, 亦不赴。朝廷, 論以厭避, 徒配[113]本驛[114], 放還之後, 累拜兩司亞長及玉堂應教, 亦不起。愼天翊[115]·李必行[116], 亦屢拜兩司亞長, 而併不仕。

○[117]中朝大僕卿張春, 壬戌生。辛未年, 以監軍御史, 到邊上, 奴

1648년 승지로 발탁되었으나 끝내 사양하였다.

113) 徒配(도배): 徒刑定配. 徒刑의 죄목으로 귀양감.

114) 本驛(본역): 金郊驛. 황해도 금천군에 있던 驛院. 海西의 큰길에 있어서 피폐함이 가장 심한 데다 오랑캐 사신이 올 때마다 번번이 곤욕을 당하였던 곳이다.

115) 愼天翊(신천익, 1592~1661): 본관은 居昌, 자는 伯擧, 호는 素隱. 진사시에 합격, 1612년 증광문과에 급제하였다. 1615년 홍문관정자를 거쳐, 이조참의가 되었는데 광해군의 실정을 보고 사직하고, 전라남도 영암에 은거하였다. 인조반정 후 홍문관·사간원의 요직에 제수되었으나 나아가지 않았다. 1654년 다시 나와서 홍문관부제학을 지내고 대사간·이조참의가 되었다.

116) 李必行(이필행, 1589~1645): 본관은 廣州, 자는 而遠, 호는 天微. 1623년 알성문과에 급제, 승문원에 分館되었고 1626년 승문원정자를 거쳐 저작에 올랐다. 이듬해 정묘호란이 일어나자 江都에까지 호종했고, 곧 박사가 되었다가 환도한 뒤 병으로 사직하고 향리인 여주로 돌아갔다. 1628년 전적을 거쳐 감찰·예조·병조·형조좌랑을 역임하였다. 1632년 鏡城判尹으로 나갔다가 이듬해 돌아와 호조·형조좌랑을 역임하고 다시 보성군수로 나가 곧 병으로 물러났다가 다시 경상도사에 제수되었다. 1636년 12월 병자호란 때 인조가 남한산성으로 들어갔음을 듣고 호가를 위해 곧 갔으나 도중에 淸兵을 만나 좌절되고, 지평에서 의병을 모은 전 판서 李顯英과 함께 춘천·양양 등지에서 활동하였다. 1637년 이후 장령·예조정랑·군기시정·봉상시정 등과 네 번의 사간의 임명, 두 번의 홍문관응교의 제수, 승문원판교·사복시정·집의 등의 임명에 모두 병을 핑계로 거절하고 여주에서 머물다가 죽었다.

117) 朴性陽의《芸窓先生文集》권9〈雜著·芸窓瑣錄〉에 실려 있음. 大陵河戰鬪를 언급한 것이다. 1631년 8월 대릉하지역에서 명나라군과 후금군 간에 전투가 벌어졌다. 이 전투는 굶주린 명나라 병사들이 인육을 먹었던 끔찍한 전투였다. 홍타이지는 후금군 1만 여 명과 몽골기병 2만기, 한족 보병 및 포병 등 총 4만여 명의 군대를 보내어 8월 5일 밤에 대릉하성을 포위하였다. 이때 명나라 군사는 1만 5천여 명이 주둔하고 있었다. 홍타이지는 명나라 군이 홍이포라는 대포를 보유하고 있어서 섣불리 공격하지 않고 성을 외부와 완전히 고립시키는 고사 작전을 펼쳤다. 이에 따라 계속해서 패하던 명나라는 9월 24일 만리장성 산해관에서 監軍道 張春, 摠兵 祖大樂 등이 4만 대군을 동원하여 후금군을 공격하였지만 병력의 우세에도 불구하고 후금군에게 참패하고 말

賊之入寇時, 被擄, 窘辱萬端, 終不屈, 置之無人之境, 經年不死。然後奴, 亦服其義, 置瀋陽汗所居至近之地, 爲搆精舍數間, 使少僧二人侍側, 任使[118]所供極備。或有脅降[119]之言, 則必以刃加頸, 奴還止之。坐必北向, 對人不語, 足不履地, 每曉起, 拜祝天。以一句詩〈春祝〉帖門, 曰: "勁節凌霜竹, 丹忱向日葵." 爲人短小精悍[120], 貌如其心。年八十, 辛巳三月, 因病卒瀋陽。胡俗以火葬爲重, 而今於張喪, 斂殯衣服。汗使孔耿, 皆用華制, 葬於中朝往來路傍。恐有掘取之寇, 定以守塚二人, 經年乃罷。

았다.

118) 任使(임사): 책임을 맡기어 부림.

119) 脅降(협강): 脅降의 오기.

120) 短小精悍(단소정한): 몸집이 작으나 기상이 날카롭고 강함.

발문

아! 병자년 변란의 참혹함을 어찌 차마 말하겠는가. 멧돼지처럼 저돌적으로 밀어닥친 환란이 창졸간에 일어나서 불과 10여 일 사이에 삼경(三京: 서경·개경·경성)이 뒤집혔고 만백성이 어육같이 짓밟혔으며, 대가(大駕)도 도성을 떠났고 강도(江都: 강화도)도 함락되었다.

약탈과 방화로 국가나 민간에 남아 있지 않은 것이 임진왜란 때보다 더 심하였으며, 끝내는 출성(出城: 항복)하기에 이르렀고 동궁(東宮)과 대군(大君) 또한 이역 땅으로 잡혀갔으며, 양반집의 부녀자들이 더럽혀졌고 상하와 귀천이 모두 포로가 되었으니, 이는 지나간 옛날에도 모두 보기 드문 일이었다.

만약 내 자신이 직접 난리를 겪었는데도 사실을 다 자세히 기록해 두지 않으면, 후세 사람들이 어떻게 알 수 있으랴. 임진왜란을 겪은 지 겨우 50년이라서 당시에 병화(兵禍)을 겪은 사람들이 아직도 많건만, 살아 남은 사람들이 그 사실을 알지 못하고 어두워지면 어찌 탄식을 금할 수 있으랴.

임진왜란 때의 일을 기록한 책인 《황명전신록(皇明傳信錄: 皇明從信錄의 오기인 듯)》에는 중조(中朝: 명나라)의 장수와 군사들이 동정(東征)했던 일이 기록되어 있고, 서애(西厓) 류성룡(柳成龍)의 《징비록(懲毖錄)》에는 대가(大駕)를 호종하여 관서(關西) 지방으로 떠났던 일과 들은 바가 기록되어 있었고, 상촌(象村) 신흠(申欽) 또한 그가 들은 바를 약간 기록하였지만, 열에 일고여덟은 없어지고 말았다.

나는 늘 이를 한스럽게 여겼는데 지금 《병자록(丙子錄)》을 지으면서 먼저 화란(禍亂)이 일어나게 된 연유를 언급했고, 다음에는 눈으로 자세히 본 것 및 전해 들은 것들은 두루 찾고 널리 묻되 여러 사람들의 말을 듣고 수집해서 크고 작은 일을 막론하여 다 거론하지 않은 것이 없으며, 어질고 그른 사람과 옳고 그른 일들에 대해 친소를 가리지 않고 사실에 의거하여 곧이곧대로 썼다.

감히 스스로 야사(野史)에 견주는 것은 아니지만, 시간이 가고 세대가 멀어지면 혹시라도 잃어버릴까 두려워해서 분수에 넘치는 행위라는 것을 잊고 여기에 모두 갖추어 실었으니, 후세에 이것을 보는 자가 마치 눈앞에 펼쳐지는 것과 같다면 필시 조금이나마 보탬이 없지 않았다고 할 것이다.

구포 나만갑 짓다.

跋文

嗚呼! 丙子之變慘矣, 尙忍言哉? 豕突之患, 出於倉卒, 旬日之內, 三京覆沒, 萬姓魚肉, 大駕去邠, 江都失守。搶掠焚爇, 公私赤立, 有甚於壬辰之變, 終至於出城, 而東宮大君, 又縶異域, 士族婦女之汚衊[1], 上下貴賤之俘係, 此皆前古之所罕有也。若非身親徑亂[2], 詳盡記實, 則後世何得而知之? 壬辰纔經五十年, 當時被兵之人尙多, 存者昧昧然, 可勝歎哉? 壬辰記事之書, 《皇明傳信錄[3]》, 載其中

1) 汚衊(오멸): 피를 칠하고 더럽힘. 남의 명예를 손상하게 함.

2) 徑亂(경란): 經亂의 오기.

朝將士東征之事, 柳西厓《懲毖錄》, 載其扈駕西行之事且及其所聞, 申象村[4], 亦記其若干, 而十無其七八。余嘗恨之, 今著《丙子錄》, 先及其起禍之由, 次之以目見之詳, 若其傳聞者, 則旁搜廣訊, 博採群言, 毋論細大, 靡不畢擧, 人之賢否, 事之是非, 不問親疏, 據實直書。非敢自比於野史, 時移世遠, 恐或遺失, 忘其僭越, 備載于此, 後之覽此者, 幾若眼前, 則未必無少補云爾。鷗浦羅萬甲著。

---

3) 皇明傳信錄(황명전신록): 皇明從信錄의 오기인 듯. 沈國元이 지은 1352년부터 1620년까지 편년체로 엮은 明代史. 40권으로 되어 있다.

4) 象村(상촌): 申欽(1566~1628)의 호. 본관은 平山, 자는 敬叔, 호는 玄軒·玄翁·放翁. 예조참판, 자헌대부, 예조판서 등을 역임한 문신이다.

찾아보기

ㄱ

ㄴ

ㄷ

ㄹ

ㅁ

ㅂ

ㅅ

ㅇ

ㅈ

영인 자료

구포 나만갑 병자록

鷗浦 羅萬甲 丙子錄

여기서부터는 影印本을 인쇄한 부분입니다.

丙子錄
全

丙子録

奴兒哈赤佟姓故建州枝部也其祖叫場父塔失及于阿台之
難有殉國忠奴兒哈赤乃走東方漸壯侵張海色失諸酋盃
食之時送所掠漢人自結于中朝居頭之阿部夷克五十等
掠宗堡阿殺指揮使劉斧走建州奴酋即斬克五十以獻之
陞償又貢夷馬且述父祖兵火萬曆十七年己丑九月加奴兒哈
赤龍虎將軍既窃名号誇耀東夷勢愈強控弦數萬萬曆
四十年壬子冬奴兒哈赤殺其弟速兒哈赤并其兵侵兀剌諸
酋萬曆四十五年戊午四月奴兒哈赤潛陷撫順執遊擊李永
芳城遂陷揔兵張承胤副揔頗廷相遊擊梁汝貴死之全軍
覆沒萬曆四十六年己未三月經略楊鎬決策分四路馬林杜
遊擊麻岩丁碧都司竇永澄等攻其北由三松抵二道渕敗績

僉使潘宗顏竇永澄麻岩死之杜松率都司劉遇節等從撫
順趨瀋陽敗其西越五嶺關前抵渾河半渡賊萬餘忽遮擊
松血戰自午至酉力竭帥殲馬劉綎從晾馬佃趨寬甸都司
喬一琦督我國之衆萬餘兵率都元帥姜弘立副元帥金景瑞
從事官李民寏武將文希聖李一元金應河等攻其東綎從馬
家寨卽深入三百餘里克十餘寨初四日賊詭漢卒裝誘隨重
圍衆遂潰綎及劉松孫一琦並死之我將金應河力戰陣歿
追贈兵判有忠烈錄元帥姜弘立以下全軍投降奴主殺我軍
只留若干領將殺後金景瑞潛爲日記詳錄彼間事情早
晩欲送本朝弘立譖告於奴賊景瑞被害己巳年本道人上疏
伸冤復其官職奴賊欲通我國留弘立出送希聖一元民寏
後皆收用李如栢率叅將賀世賢李懷忠等鴉鶻關趨淸
河攻其南如栢以經略令箭撤回獲全超擢熊廷弼代楊鎬遣緹
騎逮治楊鎬竟死于獄中是年五月奴兒哈赤僭号後金國
汗建元天命指中國爲南朝黃衣稱朕其後陷瀋陽遼東
自建州移瀋陽袁崇煥代熊廷弼威振華夏奴酋擁兵侵關
外袁崇煥盡沒其軍奴酋憤恚疽發背而死至庚午冬奴
賊入寇帝京謂崇煥不能防禦終乃磔死人至今惜之 將祖
大壽代崇煥奴兒哈赤第二子和他時代立甲子李适之亂韓命
璉黨賊被斬彩子沇逃入奴穴以我國盡赤姜弘立一門爲言
誑誘弘立丁卯正月十三日弘立引賊入寇夜襲義州府尹李
莞判官崔夢亮被殺陷安州兵使南以興安州牧使金俊自
焚死平壤黃州平山自潰平安監司尹暄黃海兵使丁好恕
拿來尹被誅丁遠謫十年後收用 上去卯避江都 世子分

朝全州其時送弘立三寸晋昌君姜絪及弘立妻子于陣前弘立始厭詳知宗黨俱存反正後善類滿朝然後始生悔擄奴賊亦為弘立所引而来初意不過欲寇關西初面而止雖因列鎮尾觧深入平山而春夏之交遼水大漲進退維谷大生恐懼之心若於此時首尾邀擊則可使隻輪不返而我國不敢出此計只送使乞和奴賊許之 上與奴使歃血誓天相臣尹昉吴允謙兵判李廷龜叅判崔明吉叅於約誓而主和之計專出於崔明吉之謀奴賊出送姜弘立及所畜胡漢之女三司不敢論殷汭潛殺之云自此彼此春秋信使往来不絶丙子春初武宰同知李廓僉知羅德憲以春信使往瀋陽適當三月十五日金弘汗他時潛稱皇帝國号大清劫使廓等叅賀班廓等抵死不從差胡等毆辞廓等衣冠盡破終不入降漢人至有垂涙者廓等将還汗付荅書稱皇帝廓等賫至通遠堡褁以青布密置槖中托以馬病任重留置守堡胡人知而来平安監司洪命耉以廓等初受金汗僭号之書不為嚴辞峻斥潛置中道為罪馳 啓請借尚方劒梟示於境上自上下其狀啓於備局吏曹判書金尚憲以為廓等之罪不至置死備局回啓姑請拿来 上從之盖明知其無罪而衆論方張故以此為啓三司俱發論以按律館學儒生趙復陽等亦皆陳疏領議政金瑬方主斥和之論年少峻論者隨而和之搢紳中或以為金汗雖自帝其國我國只守丁卯兄弟之盟而已彼之僭号何與於我而不量我國之兵力先渝盟好以至於挑怒速禍哉雖所見如此莫敢開喙是年春末龍骨大馬夫大兩将稱以 仁烈王后吊祭而金國

十王致書于 主上盖陳僭号之事欲使和好不絶且及廓
等不忝賀班之非此乃探我國之意欲為加兵也時渕甚重
而朝廷以李溟朴簹失時之輩使主接伴之任溟等陰知日
後之有秋只恐得罪於時議凡待虜之際一切以慢忽薄略
為使兩將所請蒙古之人即全國所服者欲使我國多待
以為誇張之地而朝廷不許特以從胡待之以失其心且謂人
臣不敢致書於國君十王之書終不折見曾在 仁穆大妃之
喪胡將來吊也許令奏上設祭令則稱以致字偏側別設空
幄於禁川橋使之致祭使其行禮風吹帳開始覺見欺輙
有怒意且於是日都監炮手私習後苑皆會 勑下西宿
衛禁軍亦當相遊因虜使在勑各持弓兇俱在幕後帳開
之際疑其藏兵顛倒出來其時掌令洪翼漢抗疏請斬虜
使館學伎生又上斬使之疏胡將密知其指益生疑惧之心破
閑步出散入閭家奪馬而走道路觀者莫不驚駭閭巷兒
童爭相投石京城為之震動廟堂始為惟㥘發遣宰臣乞留
相屬道路胡將終不入來自 上即下教八道諭以斥和之意西
路賫去諭 旨為胡將所奪終為執言之地朝廷以廓等潛
置汗書於中道虜必不知使宣傳官到灣上移檄瀋陽為
通此意自此之後 上屢下悔悟之教勉以忠義敵愾之意遠
近疏章逐日沓至皆是斥和攻虜之言也大司諫尹煌陳疏戒
御供撤 廟樂焚江都行宮專意攻戰吏曹參判鄭蘊上疏
請進駐松都參議金德諴請進駐平壤漱屬將士時天灾物
恠疊見層出如雷平安山之移石嶺南関西之盆戰大口之鶴
陣青坡之蛙戰竹嶺之蟾行禮安之流斷 兩陵之雷震京也

之地赤都城一日之內震擊二十七処大水漲至東門路注三兩一
時俱震白虹貫日及星文之變咸萃於一年之內而領相金瑬
左相洪瑞鳳右相李弘胄方在廟堂和事既無所恃戰守
亦無所講矣金瑬兼體察使啓曰 上曰虜若深入都
元帥及兩西方伯請置孥戮之典 上以體察使亦難免重
律爲教金瑬曾主斥和之議及聞此教又爲和議時秋防已
迫崔鳴吉上疏請送和使教理吳達濟吏曹正郎尹集上
疏請斬崔明吉獻納李一相避嫌有上負天朝下欺吾民等
語蓋時論以斥和爲請議以羈縻爲邪議人無異議者朝
廷以此依違兩間別無建白及金瑬付崔鳴吉之論然後
始送小譯瀋陽以探虜意三司俱發請勿入送未及停論
上特命發送金汗言於小譯曰爾國若不於十一月二十五日前
入送大臣王子更定和議則我當大舉東搶云而其答書曰貴國
多築山城我當從大路直向京城其可以山城扞我乎貴國所
恃者江都我若蹂躪八路其可以一小島爲國乎貴國持論者
仗臣其可以揮筆却之乎小譯還傳其言與書廟堂欲送
宰臣上下斥和之論方峻不敢顯言送使久而後請送朴簏
臺諫又爲力爭彌時堅執不得已經送朴簏然已失金汗所
約之期矣李時白時爲南漢山城守禦使時白之父貴嘗與
金瑬不相好凡南漢守禦之事一不從其請守堞之卒皆以嶺
南之軍分定若有警急遠地之人何得以悉來乎自祖宗朝
以來要衝之地列置重鎭以便扞禦今者金瑬及都元帥金
自點首建毁撤之議使義州移白馬平壤移慈母黃州移
正方平山移長水其間近者去大路三四十里至一二日程兩

西一帶大鎮盡為無人之域其時椵島都督沈世魁以我國
作和之意傳報中朝是年秋監軍黃孫茂獎諭我國監軍
回到閔西移咨朝廷曰見貴國人心兇械決難當彼強寇勿以一
時獎諭以絕羈縻之計云金自點猝受推轂之重任不為
撫養軍卒敺役疲氓督勞已方且以刑杖立威積失人心嘗言
謂奴賊今冬必不來人或謂賊來則怒不來則喜故管下之人
以賊來之說為忌諱冬防已過守城軍卒無一人添防嘗於義
州越邊龍骨山置烽燧無事則烝一炬賊現形則二炬犯竟
則三炬接戰則四炬而自龍骨至元帥所在正方盖烽火若
達于都城恐為騷動使止於此矣十二月初六日以後連烝二炬
而自點曰此是朴簹乃去虜必來迎也寧有賊來之理不即
馳 啓初九日始送軍官申榕使到義州察其形勢申榕望
日到順安賊騎已遍蒲邑內即為回馬馳還言於平安監司
洪命耈〻亦不知賊勢之如此始為驚動屋以單馳騎慈母
申榕回報所見則自點謂之妄言亂軍情將斬之榕曰賊兵
明當此到姑勿斬我以待俄而追送軍官又來報恶一如
榕言始即狀 啓盖賊兵渡江不顧城鎮直為上來稱以
講和來如飄風凡邊臣狀 啓賊皆棄取朝廷漠不知邊
報十二日午後元帥狀 啓乃來然後始知賊勢之恶而亦不知
飄忽之至此十三日庙議將乃江都以金慶徵為撿察使李敏
求為副使起服沈器遠為留都大將初右相李弘胄承慶徵
而金瑬不知其子之不稱不為止之及承 上教又為稱亂沈器
遠起自草土無一手下之兵何能有為十四日賊兵已到畿甸大
駕蒼
去邠午後出南大門將向江都胡將馬夫大卒数

百鉄騎已到弘濟院上還入城御南大門樓上下皇皇罔知所
為都城士大夫扶老携幼哭辭載路吏曹判書崔鳴吉自
請上前往見馬胡都監大將申景禛出陣于慕華舘其
日朝先送都監將官李興業領馬隊八十餘騎禦賊拜辭之
際過飲賜酒及親舊餞盃將官以下無不沉醉行到昌陵
越邊為賊盡沒只餘數騎江都在二日程恐賊騎追逼大
駕自水 門馳入南漢山城崔明吉往見胡將問其深入之
由則陽言責國無故渝盟更為約和而來崔回入都城止宿
一邊啓此意于行在人多以馬將約和之言為信而上獨以為
不然體察使金瑬兵曹判書李聖求請對密議 上請來
曉潛入江都大提學李植請往仁川浮海入江都廟議
定歸駐之計而入城大小人已無不知者十五日曉 上出城大
雪之後山坂氷凍 御乘跌跌上下馬步行累次顚仆 玉體不
寧還入城中都監大將申景禛自京城追到以申景禛守
東城望月臺李顯達為中軍護衛大將具宏守南城副
以水原府使具仁垕添其所領本府之兵起服李廓為中
軍揔戎大將李曙守北城守禦使李時白守西城李稷為
中軍體察使前日山城分防時嶺南之兵遠未及到京圻
分堞守令呂州牧使韓必遠利川府使曺明勗楊根郡守
韓會一砥平縣監朴煥領若干哨軍僅入城軍兵皆太
半未到分堞四邑之兵外坡州牧使奇宗獻領數百名入援城
中城外軍兵僅一萬二千餘人文武及蔭官二百餘人宗室三
醫司二百餘人扈從官所率奴僕三百餘人崔鳴吉司知李
景稷自弘濟院來言馬夫大欲定和議領兵到三田渡風

日甚寒論以乃處人家則馬胡言未定和之前雖露處風雪
決不入云覩馬胡之辭色斷無它意乳朝頗信崔言矣十六日
賊兵隨後大至圍城中外始不通蓋馬胡以大軍未到故姑以
甘言詒我也賊兵始到兵數不多氷路遠来形色如鬼馬皆
疲困若乘此時急擊則或可取勝而急患入城守堞単弱諸
將皆懷畏惧無敢有出戰之意馬胡請送 王子大臣朝廷
以綾峯 陞秩為君刑書判書沈諿假銜大臣出送虜陣
則沈諿言我本平生所言忠信雖蠻貊不可欺謂馬胡
曰我非大臣乃假銜也綾峯君宗室非親 王子也綾峯君
曰沈諿之言非也此宗大臣我宗 王子也先是朴䕫朴蘭英
注瀋陽中路為馬將所執来在陣中馬胡問蘭英曰此言
如何答曰綾峯君之言是也其後馬胡知其為見欺以蘭英
賣言斬之綾峯君沈諿還入城中其日不得已使左相洪
瑞鳳户曹判書金藎國往上陣將送 鳳林麟坪兩大君
中一人而方在江都故未及送之云則馬胡曰東宮若不来不
可為和洪瑞鳳等空還 上連日巡城是日臣請對白 上
曰馬胡初言約和請以王子今者又請東宮變詐百出此豈
約和之真意乎必待後軍也請送 東宮之言此豈臣子
之所忍聞若有此事為人臣者生不如死先以臣頭碎於輦
前今若乘賊兵遠来疲弱之時出兵擊之或可以勝我國之
軍素不與敵交鋒故見賊先㤼若交戰得捷則軍情必以
此賊為無難一捷士氣自 氣自倍中原則献一馘賞以五十兩
白金故壬辰之亂天兵忘身赴敵者此也城中財帛不多而有
李曙賣来八千兩白金以此銀十兩賞其一馘不願受銀者除

戢酬功以此勇士則軍卒中豈無勇敢應募之士乎 上
以此意即問体察使對曰守城之卒孫弱若一戰見敗此非
萬全之計武将莫不危惧至以流涕太息度日皆以臣
言為陳濶而 上排衆議以二十兩銀賞一艤出令募之人
爭應募其夜領左相及金藎國李聖求崔鳴吉新
豊君張維四宰韓汝稷參判尹暉洪雱乃對請送東宮
陳 上且請稱臣稱皇帝 上不從禮曹判書金尙憲
聞有此議来入備局大言曰吾當手斬此建議者誓不與
共戴天日金瑬始覺其非即詣闕待罪李曙病不守城
以原平君元斗杓為摠戎副使代其衆黃緝為中軍十七
日 上出御大门集大小臣僚宣諭哀痛之教疏放前
後園籬以下罪人滿庭臣僚無不痛哭 上教以如有所懷
者痛言無諱承旨沈詻之子光洙入對請斬崔鳴吉誤國
之罪 上不答朝臣中数人之外皆恇怯失措面無人色而入
城之日前兵使李真卿托以墜馬中風落後不入可知其
時人皆以入城為必死之地也十八日北門大将元斗杓始令募
軍出戰殺六賊所殺雖少軍兵稍有擊賊之心是日以
我叙用即拜管粮使倉庫中見粮米及皮雜谷只有一
萬六千餘石此不過萬兵一月之粮矣李曙曾為南漢守
禦使盡心謀畫多積軍粮病遞之後廣州牧使韓明
勗以運入山城為民弊作甲士倉於江邊粮餉盡置於
此倉或分置於古邑倉今者盡為賊兵所據城中所儲乃
是李曙前日之所置而塩醬紙地兵器木綿及他所
用雜物亦皆李曙之所備倉卒入城賴以為用者秋毫

皆賭之力也戮謀經畧比諸他將亦差然人意憤中上下之
人皆以賭為社稷臣寧昔日以察〻從之若到今亦皆謂為
國重無不稱道不已十九日總戎使具宏出忠勇並殺賊二
十軍官信李斗戊翟進戰有功 上即命加資是日大風天
欲雨 命金尚憲祭城隍風即止不雨二十日馬胡送胡
譯鄭命壽依前約和 上即問金瑬其答可否臣亦入
對金瑬曰請開門送東宮臣我曰守城之日不可開門而
上今若設和則主乳必難從成 上隨問隨答可也 上從臣言
向賊 上傳言而勿使問答言 傳宣門塞依丞奉 命書
娃恙清脩道圍城之後能得入城 上命加資是日又永 命
而出二十一日御營將李起築等率兵出西城殺賊十餘東
賊中豈京蔽亦必出兵有所斬殺二十二日馬胡又送胡譯言

自今以後不請東宮若送王子大君定當講和 上猶不
許北門御營軍殺賊十餘東賊中豈京蔽又殺三十餘
只通前後所斬殺百餘我國之兵死者不過五六人中矢被
傷者七八人 上犒軍內庭二十三日四營出兵 上御北門
督戰四營各有殺賊之功而北門所殺稍多我軍有
或戰傷者而死者不多々害慮雖戰死害虜中之法以戰場
收尸為第一功故死執輸去不得時獻馘且於戰時明知其
殺賊者無獻馘司賞御營軍始得一馘獻營府府守
緊於軍門城無不從其冷落二十四日雨勢不止城上守
堞之卒盡為沾濕衰慮其凍死 上與世子露立庭中
以可請祝天曰今日之至於此者非吾父子獲戾之致城
軍民何罪天欲降禍〻於我父子而願活萬民協隨言

零 御衣盡濕近侍請入良久雨止夜半星河朗然
日氣亦不冱寒一城上下人莫不感泣守堞之卒終
無異心者宗感 聖上祝天之擧可見誠意之入人
之深也二十五日極寒廟堂欲送使胡中臣亦入侍啓曰
日者胡再送人請和而不應今若無故先送使臣則
彼必謂雨後士卒凍餒勢窘而送使云爾不可示弱
也諸臣皆以送使為是稱金藎國之言與我同矣
上始問大臣備局亦請送使 上曰我國毋以和見欺於
彼今番送使想亦見辱而群議如此姑為勉從歲時
犒迫送牛酒且於小銀榼盛以果實以示不忘舊情之
意仍為設辭以察氣色可也二十六日金藎國李景
稷持牛酒銀榼往虜中則虜言軍中日擊牛飲酒
寶貝山積何用此為汝國君臣入處石窟飢餓已久自
可用之遂不受還送此正主辱臣死之日也二十七日城中
日望援軍之來而寂然無聲影夜則人皆登城四望江
原監司趙廷璋以本道軍兵未盡會集退陣楊根以
待後到之軍先使營將權井吉領兵來到劒丹山上擧
烽相應原州牧使李重吉上疏請陳為國一死星夜赴
難之意上即命加資城中相慶數日後為賊所敗一軍
潰散李重吉徒為壯語事皆無實出城後拿致削職
二十八日先是衛士數人邀入城中皆言今日和戰俱吉体
相頗信其言欲一邊請和一邊接戰我謂贊畫使朴
潢曰欲戰則戰欲和則和一日之內和戰何可同也此誠歟
哭之不可並也於是体相親率將士往西城督戰而城下

谿谷互四虜騎處處藏兵賊騎聞炮聲陽退而火留屯兵
其牛馬皆是擄掠我国之老弱羸畜也此乃誘引之
謀而城上士庶之觀光者齊聲群唱下兵野戰則留陣之
人畜可盡取奔掛之兵亦可攻倅相不爲料度督令下
擊而我軍之在山上者詳知賊謀之叵測相持不肯下
倅府兵房軍官柳瑚媢恍倅相之意曰若送斬退將
殺其逗留者何敢不進乎即使柳瑚賜劍而送逢人輒
乱斫一軍知其必死而不下亦死始乃下別將申𡉏三至
有与人永決之語矣我軍一取其留陣之牛馬虜初若
無睹及其我軍下山然後虜兵之藏兵者四出退去者
還集俄頃之間盡戮我軍初人或言若焚松柵則進
兵無所碍倅相即命焚之所謂松柵者虜兵圍城之
後伐取遠近松木列柵於城外八十里張以繩索懸以金
鉄之物人或有踰越者錚然有聲使能覺之中外之截然
不通者以其有柵也北面之松柵既焚虜兵之進擊我軍更
無攔阻者亦以其無柵也凡於接戰之際若多給火藥則恐
或耗失隨告隨給故請藥之聲不勝其紛然及其兩軍相
接何暇請藥只以藥銃相搏而已既無藥丸不能禦賊山
坂峻急勢難俾上乃至於盡死倅相見我軍之敗戮始命
一哨官麾旗退軍而城上城下隔阔不相見況騎首就戮
之際何能見城上之麾旗乎柳瑚又言於倅相曰我軍之
趍不得退實由哨官不斬此人無以泱群情即命斬之人
皆冤之力士出身趙陽出死力射殺無數身被九矢而生
還体相自戰自敗無所歸咎托言此城將元事杓不爲相

救將置於極罪左相洪瑞鳳曰首將失律故罪副將事
甚未妥極為申救体相不獲已伏闕待罪杖元斗杓之中
軍八千褆幾死得生精兵健卒驍勇武士咸衆倅府今
日之死不下三百餘人而倅相悉其實報柳湖並以四十
人啓之人心尤不服別將申誠立池如海李元吉等皆
死於此戰自此士氣沮喪更無出戰之意廟堂亦專以乞
和為心留都大將沈器遠狀啓言與戶曹參議南銑
領御營別將李井吉炮兵三百七十餘人夜斫阿五介京
圻監司徐景雨家近處屯兵四百五擊殺頗多狀啓乃來
即以沈器遠為諸道都元帥李井吉加資体府兵大敗
之餘及聞此報人心稍定廟堂之議初欲罷金自點以沈器
遠代之或言領軍大將賊未及平經先遞易則事後多掣
肘云故以沈器遠為諸道都元帥而亦不罷金也追後聞
之則沈之所謂破賊云者名實不相符矣沈與南銑輸置戶
曹物件於三角山盡為賊所棄賊退又恐沈器遠步往光
陵仍入楊根彌京深處以避賊鋒諸道軍兵聞元帥所
在章皆從乃於彼終不勤王初入城之後南銑及禮曹正
郎金克恒直長崔文漢戶曹佐郎任善伯皆以分司自
請往京蓋以出城為幸也至是南銑任善伯奔竄得生
崔死於賊諸道監司兵使無一人入援忠清監司鄭世規
洒泣忘死率本道兵衝突賊鋒來陣於廣州險　山城
相望之地終為所敗萬死僅生卒無所成而其忠義可
尚也臣每侍白上曰今日　殿下之臣只有鄭世規一人而已趙
廷虎亦其次也此外元帥以下坐視君父之危急無意勤

王皆當坐軍律我国之事〻定之後則人皆伸救難以法
罪之在城之日預定死律出城後盡皆斬之不如此無以立
軍法也滿城之人無不扼腕 聖上亦豈無憤怒心哉上不荅
二十九日別無事三十日大風日色甚慘是日賊自廣津麻浦
献陵三路行兵日出乃始日沒而止風勢大作賊止風亦止雖
未知賊兵多少而纔有大雪日寒未消大軍滿山蔽野地
上無一點白處其多可知也賊来日衆拔兵不至我勢日
縮士無鬪志行宮近處南鵲結巢人皆瞻望占以為吉城
中所恃者只此而已可想其時危迫之狀矣文官李光
春隨 駕入城之後上疏極言老母在天安願往湖西
募粟踏 啓字下備局因賊圍甚密未得出去至是来
于備局請推前疏詢其由則荅曰疏中有賊字以此為
惧而推之云人無不捧腹
丁丑正月初一日〻食廣州牧使許徽造来餅一器進御分送
数條於百官對此可㴬朝使宣傳官魏山寶傳言於
胡人然後金盖國李景稷紬往陳上胡言昨日汗出来
方巡視山城形勢此後之事非我等所知當待汗還陳
然後回報使价不欲来則已欲来則明日更来備局氣
色頗幸更来之言矣魏山寶初至陣中被賊曳髮以去
為它胡所止及其回報惶㤼若丧性此實無形之人而廟
堂必擇如此之人每送賊陣可謂未得其人矣午後自
東城外張兩諒傘兩大旗 放大炮此必是汗也初二日往端
鳳金盖國李景稷往胡中胡以黄紙所書詔諭為名
凶慘至此不忍聞不忍見寧欲溘然而無知也胡人出

置黃紙于床上左右以下先行四拜禮然後奉書以來
其書曰大清國寬溫仁聖皇帝詔諭朝鮮國王我兵
先年東征兀良哈時爾國起兵邀擊後又協助明朝
荼毒我國然猶念隣好竟不介意及得遼地爾復
招納吾民而獻之明朝朕赫斯怒丁卯興師伐爾者豈
曾不恃强凌弱無故而興師者也通來何故反誘爾邊
臣有不得已権許羈縻今以正義斷決卿其曉諭
列邑使忠義之士各效策略勇敢之人自願從征等
語今朕親統大兵來此爾何不令智謀者效策勇
敢者從征而身當一戰哉朕不恃强大毫不相犯爾以
弱小之國反擾我邊境採蔘國境者何故朕有逃民
爾輙納之明朝及明朝之孔耿二將來歸朕兵至彼處
接爾兵放炮截戰者何故是兵之端又啓於爾國也朕
之弟侄何不如爾又外藩諸王致書於爾何故云從無
通書之例丁卯來征之時爾適島中寄使求成往來致
書者非諸王其誰耶朕之弟侄何不如爾又外藩諸王致
書於爾爾拒而不納彼乃大元皇帝之後何不如爾大元時
爾朝鮮納貢不絶今何一朝自高如是也其不納來書者
爾之昏暗驕傲至此極矣爾朝鮮乃遼金元三朝年年奉
貢世世稱臣自古以來曾有北面事人而得其自便者乎
朕既以弟待爾國爾愈作背逆自成仇敵陷生民於
塗炭拋城郭棄宮殿致令妻子分離不能相顧僅
以一身適入山城縱命延千年有何益哉欲雪丁卯之辱
恢目前之安樂自招其禍以致遺笑於後世也 此之辱

又將何以湔之乎旣欲湔丁卯之辱爲何縮頸不出甘效
婦人之處閨閣也爾雖潛身此城意欲偸生朕豈
肯縱爾乎朕之內外諸王及文武諸臣勸進以帝
号爾聞之乃云是豈我国君臣所忍聞者何故夫
帝号之定否不在爾也天佑之則匹夫可爲天子天
禍之則天子其爲獨夫乃爾之出此言也亦甚肆妄矣
且背盟脩築城垣待使臣之禮頓衰又令去使見爾
宰臣欲設計擒縶者何故父事明朝圖謀害我者
何故此特數其罪大者耳其餘小嫌更難枚擧矣今
朕提大兵而來以勦爾之八道試觀爾父事之明朝將
何以救爾乎豈有子患倒懸父不之救者不然是自
陷其民於水火之中億兆之衆寧不飮恨於爾哉爾

若有辭不妨明告崇德二年正月二日初三日近日日氣極寒自
今日稍暖校書館庫直之妻自胡中逃還言蒙古騎日及元
日焚蕩京中擄掠人民洛中人家多爲燒火聞之慘然洪鳳瑞
鳳金藎國李景稷持國書傳于虜中其書曰朝鮮國王謹
上書于大淸國寬仁聖皇帝小邦獲戾大國自速兵禍棲
身孤城危迫朝夕思欲專使奉書導達忠悃而兵戈阻絶
無路自通昨聞 皇帝臨曁僻陋疑信相半喜愼交至玆
蒙大國不忘旧盟明賜誨責俾自知罪此正小邦心事得伸
之秋也何幸〻〻小邦自從丁卯結好以來十餘年間情好之
篤禮節之恭不但大國所知實是皇天所鑒而惟是昏謬
之甚事多不察如邊民採蔘及孔耿時事雖非小邦本情
未免積成疑阻而蒙大國輒加寬恕小邦固已久在洪度

中矣至於上年春間之事小邦誠有不得辭其責者亦緣小
邦臣民識見淺隘膠守名義終致使臣發怒徑去而跟
行之人皆以大兵將至認之小邦君臣不免過慮申飭邊臣
而詞臣撰文語多乖剌不覺觸犯大國之怒其敢曰事出群
臣非我所知乎至於擒縶使臣之語宗我所無之事豈料大
国朋怨猶不能無疑於此也皇明是我父子之國前後大國兵
馬之入關也小邦未嘗以一簇相向無非以兄弟盟好爲重也讒
害之言奚爲而至哉然亦出於小邦誠信未孚見疑大国而
然也尚誰尤哉且馬將自言以好意而來故小邦信之不疑
豈料終至於此哉夫往日之事小邦已知罪矣有罪而伐知
罪而恕之大國所以体天心容萬物者也如蒙念丁卯誓天
之約恤小邦生靈之命令小邦改圖自新則小邦之洗心從事
自今日始矣若大國不宥加怒必欲窮其力小邦理窮勢
極以死自期而已敢陳肝膽恭竢指教不受故還撰初四
日杞平君俞伯曾上疏極陳海昌君尹昉体相金瑬誤國
之罪並請斬之上特命罷職以李縈代伯曾爲協守使
初五日南兵使徐祐申牙兵持狀　啓來言兵使身巡察使
閔聖徽領馬步兵一萬三千已到　光陵新元帥沈器遠
處數日內將爲進戰壯兵使亦領四千馬兵朝夕到元帥
處而全羅兵使金俊龍軍官持狀　啓來言兵使領萬
餘兵來住光交山監司李時昉領兵已到稷山云廣州牙
兵墜城逃走爲全羅所捉梟示軍中初六日嵐霧晝昏
平安兵使柳琳及副元帥申景瑗狀　啓言奴兵五千
餘騎又自昌城出來昌朔兩州府使不知死生來圍寧邊

副元帥所在處而咸鏡監司閔聖徽狀 啓 金化南兵使
徐祐申不日將到令軍前進云乃初五日成貼也 江原監司
趙廷虎狀 啓 劍州軍遇賊自潰收拾餘軍由加平將
与閔聖徽合勢前進云云初七日元帥金自點狀啓去月二
十日破洞山賊兵之後抄出以元帥軍三千黃海兵使軍二
千与兵使李碩達進兵來住新溪先令谷山郡守李緯
國領軍五百已到 光陵云乃初十日成貼也全羅監司
李時昉狀 啓 進軍陽智先遣二十兵添於光文山兵使
處聽宣傳官募兵二百令將三人進于中路相機勦賊移
文統制使尹璛領手兵三百數日來到臣則難以孤軍
前進故退于廣州尚聞監司沈演將爲合軍前進云云全羅
兵使金俊龍狀 啓 今方處[illegible]賊陣十里之地結[illegible]勢前

進云而將狀 啓若連三日晝伏夜行始得入來、時遇一禁軍
言兵使与書明兵三日連戰多有斬獲云 當今李厚源來
言衆會處日咸後兩司啟請以備局九人之請遂 世子爲
及左相前往虜中奉 上書以來鳴吉然始主和誤國皆欲
以死罪論 啓而兩司長官及諸官中或有欲待事定後論
啓之意故姑停云若事畢然以出城爲謀者自知其將不
免於公議也初八日朝[illegible]雷[illegible]雹初九日自此之後內外益不
相通狀 啓亦斷初十日曉軍兩司 上達禮曹判書金尚
憲崇亦于溫祚有一人自謂妙於針術者實未知穴脈從
前殺人甚多請於体相曰出城夜斫體相曰當與衆人出
戰金曰欲率千去者大也體相曰何其少也金曰吾意亦以一人
爲多云盖有詐計也翌朝人傳金某斬虜頭而來體

相出坐受馘仍爲、啓達之上賞賜綿紬三疋體相命懸於
軍門而觀其所献之頭無一點血凍肉如雪人頬惟之俄
而原州將官一人棄其頭抱諸懷中匍匐而笑曰亡兒亡
兒何至再死也盖頃日體相督戰之時關東將官死於賊
鋒者也左右觀者無不掩泣體相送彥霖于捴戎副
將元斗杓軍前十日〻出時有珥白氣自東至西亘天禮
曹判書金尚憲建言人窮則反本當此危急之日當親祭
於崇恩殿影幀　上從其言即元宗影幀也是日出祭于
影幀奉安之所即開元寺也黎明出宮行祭百官陪祭
朝前還宮自入城後城中無烏鵲是日烏鵲多入城内人
以爲吉兆云我言於張維曰講和之言出於不得已而一向哀
乞則萬無得情之理當以利害爲言則或可動聽矣張
維大然之〻從我言構草使副學李景奭入對細陳其由　上
與領相取許其書而崔鳴吉撰書專以哀乞爲主意請
用其文故不用張維之文賊分三路添兵江邉處〻設津
此蓋援兵之或来也人心益懼是夜月暈十二日遣左相洪瑞
鳳崔鳴吉及尹暉許僩於虜營未得傳國書以明日更
来西门爲言且言新將又到之而頗有匆〻之色我國東西
兩營傳言賊兵多数出来云龍胡所言將出来之說似
指此也又聞賊騎数千向利峯峴咫或我軍来在近地
也許僩有口辨近於策士厥外甥李稠時爲體相從事
薦於體府故每於待虜之際送去矣十三日西南風大起　上
出巡南城又遣洪瑞鳳崔鳴吉及尹許往虜營龍馬兩胡
受國書責以無故渝盟崔鳴吉推肖叩頭曰此非　聖

主之意乃臣下之罪也欲刺劍出腸以明君父之不然云則約
於數三日內待汗出令面報云矣其書曰屬者小邦宰臣奉
書軍門有所稟請迴稱皇帝將有後命小邦君臣延頸企
踵日俟德音已浹旬日迄無皂白懃窮情迫未免再瀆惟
皇帝垂察焉小邦前蒙大國之恵猥托兄弟昭告天地疆
域雖分而情義無間伺以謂子孫萬世無疆之福豈料盟
血未乾釁搆中結更有何說但念兄之於弟見有罪
過怒而責之固其宜也然責之太蔑反有乖於兄弟
之義則豈不為上天之所恠乎小邦僻在海隅惟事
詩書不習兵革以弱服強以小事大乃理之常豈敢與
大國相較者哉徒以世受皇明厚恩名分素定曾在
壬辰亂小邦朝夕且亡 神宗皇帝動天下之兵拯濟
生民於水火之中小邦之人至今銘鏤心骨寧獲罪於大國
不忍負皇明此無它其受恩厚而感人心深也因恩之加
人非一道苟有能活其生炅之命救其宗社之亡者則豈
兵而救難舁回兵而畐存其事雖殊其恩則一也上年
小邦處事昏謬蒙大國勤教屢矣而猶不自悟以致
大國之兵君臣父子久處孤城其窘亦甚矣誠於此時
蒙大國飜然捨過許其自新俾得保守宗社長奉大
國則小邦父子君臣銘鏤感戴至于子孫永世不忘而
天下聞之亦無不服大國之威信是大國一擧而結大恩於
東土施廣言於四國也不然而惟快一朝之怒務窮兵
力傷兄弟之恩閉自新之路以絶諸國之望其在大國恐
未為長策以皇帝之高明何不慮及於此乎秋殺而春生

天地之道從弱而由已覇王之業也今皇帝方以英武之略撫
定諸國而新建大号首揭寬溫仁聖四字蓋將以体天地
之道而恢覇王之業則如小邦之願改前約自托庇者宜
若不在棄絶之中茲以不辟尊嚴更布區區以請命於下
執事且將賊之兵馬無数結屯於西北門外必是賽日之
添兵及我國之被擄者日多故也十四日手金蓋國處忠鍊粮
糧凡一日所食軍卒減三合百官減五合然後僅支閏月二十
日軍無見粮賊若久圍則不知所為我手金蓋國入陳此
意於　上前賊類焚　康泰陵又焚獻陵烟火熏熏漲天際
不忍見主上日近日狀啓絶然不通今日始見新都元帥沈
器遠咸鏡監司閔聖徽南兵使徐祐申江原監司趙廷虎
元帥自辟狀啓書使南銑等初十日及十三日成貼狀啓則近

住楊根蒲原始為休兵將為進陣龍津云云咸鏡監司軍官
持狀啓入來十六日風雪洪瑞鳳崔鳴吉尹暉往虜陣問
前所送國書也今不報之由則龍馬兩胡多以叱咄之言
曰孔耿兩將領唐兵七萬載運紅夷炮二十柄而來又將犯
江都云云而且以白旗書招降二字立於望月峰下爲風所折
十七日龍馬兩胡要我使洪瑞鳳崔鳴吉尹暉出去受
答書而來書辭不測遂出城一款也其書曰大淸國寬溫
仁聖皇帝詔諭朝鮮國王來書云責之太嚴及有非
於兄弟之義豈不為上天之所怪乎朕以丁卯盟誓爲重
曾以爾國敗盟之事屢加申諭爾不畏上天不恤生民之
塗炭先背盟好與爾邊臣之書爲朕使臣英俄兒代等
所得始實知爾國有構兵之意朕輒對爾春秋二信使及

衆商人云爾國如此無狀今將往征歸語爾王以下至於庶人
益明諭以遣之非以詭譎興師者也且偹書爾敗盟啓釁
之事告之於天然後擧兵朕若以爾負盟自畏天譴也爾
實負盟故降之灾殃爾何又似漠不相関之人猶以天之一字
强相附會哉又云小邦僻在海隅惟事詩書不習兵革曩
者己未之歲爾無故侵我朕以為爾國必請兵事今又啓釁
爾兵必更精鍊矣孰 以為未習耶然爾固好兵者倘志猶
未已今而後更加操鍊可矣又云壬辰之亂朝夕且亡神宗皇
帝動天下之兵拯濟生靈於水火之中云天下之國亦多矣救
爾亂者止明朝一国天下諸國之兵豈盡至耶明朝爾国
誕妄無已終不能已今既固守山城命在朝夕猶不知恥
出此空言何益哉又云惟抉一朝之忿務窮兵力傷兄弟
之恩閉自新之路以絶諸国之望其在大国恐未為長筭以
皇帝之高明何慮不及此然爾欲求兄弟之好謀動干
戈鍊兵繕城修路造艦預偹軍兇惟俟朕西征之日乘間
窃發欲荼毒我國耳豈有施恵於我国者哉凡若此者
爾自以謂不施衆望也自以謂高明也自以謂長筭也朕
亦以誠哉其為長筭也又云皇帝方以英武之略撫定諸国
而新建大号首揭寛温仁聖四字盖將以体天地之道而恢
伯王之業朕之內外諸王大臣固皆以此尊号上我矣然朕
非不恢伯王之業無故興兵為滅爾国為害爾民也興兵之
故正欲伸理曲直耳且天地之道福善禍淫至公無私朕体天
之道傾心歸命者優之望風請降者安全之逆命者奉
天討之黨惡攖鋒者誅之頑民不順者俘之務令倔强者

知警狡詐者辭窮今爾毋朕為敵我故興兵至此若爾国盡
入版啚朕豈有不生養安全字之若赤子者哉且爾所言毋
所行甚不相同內外前後往來文移為我兵所得者往往呼我
兵為奴賊此蓋爾之君臣素稱我兵為賊故啓口之間不覺
至此也但聞潛身竊取之謂賊我果為賊爾何不擒捕之
而置之不問耶爾之以口舌罵言謗所謂羊質虎皮者誠
爾之謂也我国俗有云凡人行貴敏而言貴遜故我国每以行
之不逮言之不怍為戒若爾国欺因狡詐奸偽虛誑恬不知
愧如此其妄談無忌憚者哉今爾欲降耶宜亟出城歸命
欲戰耶亦宜亟出一戰兩兵相接上天自有處分矣十八
日又遣洪瑞鳳崔鳴吉尹暉持国書往虜陣龍胡托以馬
胡出他不受而言曰明日明日兩日當相戰云賊又來誘守

堞軍卒使之出降国書曰朝鮮国王某拜上書于大清国
寬溫仁聖皇帝伏承明旨勤賜申諭其所以責之切者
乃所以教之至秋霜凜冽之中帶得春生之意伏讀惶感
措身無地伏惟大国威德遠加諸藩合辭天人所歸景命
方新而小邦以十年兄弟之国顧多獲戾興運之初及永諸
心有噬臍靡及之悔今之所願只在改心易慮一洗旧習奉
国承命得比諸藩而已誠蒙曲全許以自新則文書禮節
自有應行儀式講而行之其在今日至於出城之命宗出
於仁覆之意然念重圍未解帝怒方盛在此亦死出城
亦死是以瞻望龍旗分死自決情可慼矣古人有城上拜
天子者禮不可廢而兵威亦可怕也然小邦情願既如所陳
則是辭窮矣是可警也是須心歸命也皇帝方以天地生

物為心則小邦豈不留獲預於全活優養之中也哉伏惟帝
德如天必垂矜恕敢吐情實恭俟恩旨 此吏書判書崔
鳴吉所製衣也禮判金尚憲入備局見此書手自尽裂失聲
痛哭聲徹大内謂鳴吉曰先大夫頗有名於士友間台監
何忍為此等事耶鳴吉微哂曰台監裂之吾輩當拾之
遂乃收拾補綴兵判李聖求怒而言曰台監從前亦和使
国事至此台監可往虜中矣金尚憲曰吾欲自決而不得若
送虜中得其死所則是台監之賜也仍書寓舍逢人必哭
泣涕漣漣自今日始却食自期必死十九日左相有病代送崔
鳴吉尹暉于虜陣傳給昨日國書而但以出城一款力
爭虜初不受終乃受去右相以下以虜答再出空還忝
賫韓 汝稷謂崔鳴吉曰答書再往不受何故鳴吉曰
莫知其由也汝稷曰厥字不書吾已知其不答也書送一
字真骨子也金尚憲已出其寓莫若乘此時急急書
送也所謂厥字指國書中當書臣字也鳴吉等以汝稷
之言為可曰雖昏愚將欲書臣字以去或言犯夜出去
似為未妥姑待明朝亦未晚云故止之是日朝使臣之出龍
胡曰已送大兵於諸道副元帥今已見執江都亦陷大勢
可知云云或云當此嚴冬何可陸地行舟江都見陷之說
必是恐嚇矣利川府使曺明勗病歿此外朝官入城死
者亦数人有雄雉自南飛入 闕下擒之注者城中亦有獐
被獲進 御供二十日大雪大風右相及崔尹平明出虜陣
受汗書以来其書曰大清国寛温仁聖皇帝詔諭朝
鮮国王爾違天背盟故朕兼斯恕統兵来征志在不赦

令爾困守孤城見朕手詔切責方知悔罪屢屢上書求免
朕開宏㝎許以自新者非力不能攻取勢不能環圍招
之使來也此城攻固可得加熱因爾芻粮食兵秣馬令爾
自窮困亦可得似此蕞爾小城既不能取將以下幽燕
於命爾出城面朕者一則見爾誠心悅服二則樹恩於爾
復以全國旋師後示仁信於天下耳若以計誘爾則朕方
承天恩撫定四方正欲赦爾前愆以為南朝標榜若以詭
計取爾天下之大能盡譎詐取之乎是自絕來故路矣
斯固無智愚之所共識也爾若猶豫不書[出]則地方蹂
躪芻粮罄盡生靈塗炭苦日增不容時刻緩者也
爾首謀敗盟之臣朕初意欲盡戮之而後已今爾果
能出城歸命可先縛送首謀二三臣朕當梟示以警後

人誤朕西征之大計陷爾生靈於水火者此人誰敢若不預送
首謀於爾既降之後始行素[索]取朕不為也爾若不出縱淳[請]
祈請朕不聽矣特諭去夜虜人來言崔答國書如未及
成雖言語答之可也故答書中稱臣稱陛下右相病代李
德泂假銜出西門虜已還陣故空還而崔鳴吉落後
使胡譯李信儉密言行賂於龍馬及稱臣奉勅謝恩等
件事於胡人二十日平明右相以下傳昨日国書而還夕
特以受答事并往胡陣而以出城及執送斥和臣不許之故賊
艴怒還國書而不答其書曰朝鮮國王臣姓諱謹上書于
大清國寬溫仁聖皇帝陛下臣獲戾于天坐困孤城自分
朝夕就亡細思往前罪戾無以自贖雖迫私情屢上書蹟
以自求新而宲不敢取必於崇怒之天茲奉恩旨書釋前

怨弛秋霜之嚴威布湯春之惠澤將使東方數千里生靈得脫於水火之中豈但一城幸全性命而已君臣父子感激流涕不知所報前承出城之命宗多疑畏之端而邊當天怒未收之日不敢盡陳所懷今蒙開示悃愊引諭丁寧其古人所謂推赤心置人腹中者也臣自承事大國以來十有餘年心服陛下信義久矣尋常言行無不相符況於絲綸之命如四時者乎臣不敢以此為慮也獨臣悶迫私情為陛下布之東國風俗迫隘禮節細苛見其君上動止稍異常度者則駭目相視以為怪事若不因俗而治終無以立國自丁卯以後朝臣間果有異同之論而務為鎮定不敢遽為呵責者蓋慮此也至於今日萬姓百官士庶目見事勢危迫歸命之議同然一辭而獨於出城一款皆以為自麗朝以來所未有之事以死自決必不欲出城若大國督之不已則他日所得不過積屍空城而已今者城中之人皆知朝夕且死而所言尚如此況其他者乎自古亡國之秋不專在於敵兵雖使蒙陛下恩德復得主國而以今日人情觀之則必不冒戴以為君此臣之所以為大懼也陛下之所以許令故舍者蓋欲以保全小邦宗社而因此事亦不為國人所容終至滅亡則必非陛下憐恤之本心也且陛下以雷霆之師深入千里之境未及兩月正其國而撫其民此天下之奇功而前代之所未有也豈必待出然後方可謂之克此城乎無損陛下之威武而有闕小邦之存亡者在此況大國於此非不攻城所以討有罪也今既臣服何用城為伏惟陛下曆知出天明照萬物其於小邦之真

情宗狀安有洞燭無餘矣斥和諸臣事小邦例有臺諫
諸官敢主諍論向日所為誠極謬妄使小邦生靈塗炭
至此無非此輩之罪故上年秋間已摘其浮論誤事並
加斥黜矣今承皇帝命曷敢違越但念此輩本情不
過識見偏暗不知天命所在竟欲謬守故常而然也今
陛下方以君臣大義諷動一世則若此輩者似宜不在乾恕
中矣伏惟陛下大度如天既赦國君之罪則此則蟣虱小
臣直付之小邦政刑之中益見寬大之德故並陳愚見
以俟陛下裁處臣既蒙陛下霽布威信不覺誠心親付
畢其所懷縷縷至此煩瀆之罪誅無所逃謹昧死以聞
此又崔鳴吉所製 上使崔鳴吉及大提學李植製答
虜書雖用鳴吉之文諂屈請降之意少無異同而植只
以文不用故每攻鳴吉自以為高人皆不服吏曹參判鄭
蘊曾以元帥金自點不即入援陳劄曰伏以再非請對非
有一謀一策可以有補於群議盈庭之日只欲仰望天顏
暫陳淺見而已王容癯瘁倦於酬應氣促言短未盡所
悵惘然下皆含淚出門矣目今天心助順 聖怒甚然諸
將有死之心士卒無生之氣應募之軍日益衆殺賊之報
日益多破竹之勢指日可待此正轉危為安不失舊物之
秋也昨日胡差之來往非本情也乃覘我也若信其甘
言陷墜其術中則向之有死之心者將必欲生無生之氣者
變而無死 宗社將亡姑置勿論而 殿下及虜之患人
復有以來斷指之說矣抑臣之所大惟者元帥之事也以
虜賊遺君父使之窮蹙於一髮孤城之中晏然退在近

無赴難之聲古今天下安有此等司命也伏願 殿下堅定昔憤
之志勿為邪説所撓亟遣金吾郎取元帥頭竿之軍
中然後復論不返之切不日可辨矣取進止又以国書稱臣
上疏曰伏以臣竊聞外間喧傳之説距日使臣之行有以稱臣
陳乞者云此語誠然乎哉若果有之必鳴吉之言未知鳴
吉稟白定奪而往耶抑亦私自臆決有如此言耶臣聞之
不覺心膽俱墜嗚咽不能成聲也前後国書皆出於鳴
吉之手辞極卑謟乃降書也然不書臣字名分猶未定
也今若稱臣則君臣之分已定矣君臣之分已定則將惟其命
是從彼若命之出城則 殿下其將出城乎命之北去則 殿
下其將北去乎易衣行酒則 殿下其將易衣行酒乎
不從則彼必以君臣之義聲罪致討然則国已亡矣到此
地頭 殿下其何以處之乎鳴吉之意以為一稱臣則城圍可解
也君父可全也設或如是猶為婦寺小人之中心也況萬〻無
此理乎自古及今天下國家安有長存而不亡者乎身其屈
膝而生曷若守正而死社稷乎況父子君臣背城一戰則不
無完城之理嗚呼国之於中朝非如麗季之於金元也父子
之恩其可忘乎君臣之義其可背乎天無二日鳴吉欲二
其日民無二王而鳴吉欲二其王是可忍也孰不可忍也臣身
疲力弱雖不能以手夜擊之而不欲相容於同席之間伏願
殿下痛斥鳴吉之言以正賣国之罪若未也亟命罷斥臣職使
妄言不得更作二十二日備局引對時以洪翼漢為斥和之着(首)東
宮下令欲自出城命齊夫馬而不得自由而止吏書叅判鄭蘊
以斥和自首陳劄曰伏以臣區〻陳劄之意忘宗欲額防鳴吉

稱臣之語而一夜之間遽行其計臣未及聞知不能以死爭之臣
罪大矣主辱已極臣死當矣而猶且遲回隱忍不能自決者
猶幸 殿下確然無出城之意臣何敢輕死哉第聞彼虜
求斥和之臣甚急云臣雖非首請斬使焚書之人而終始堅
戰則臣宗有之臣死而有一毫補益於存亡之計則臣何
敢愛身而不為君父死哉伏願 殿下命廟堂議以臣應
虜人之求取進止二十三日上候未寧而內局賫來藥村只定
氣散十貼所入而已姑以正氣散二貼劑進旋即乃瘳近以
虜以斥和臣不送之故趣不許和倅府中軍前統制使申
景禋南陽君洪振道達夜陞來於具宏申景禛陣中有
所密議原竹山邑等將官及訓鍊哨官數百餘人詣闕
下請出給斥和臣先指体府撫釰高聲而進体相頗有懼
色不問曲直只言當從甯等之請速退云蓋水原府使具仁
垕方在具宏陣中竹山府使即具仁基也其邑束伍亦屬
於宏而申景禛方為訓鍊大將此日此擧皆非軍卒之
意也右相以下持國書往虜陣蓋為斥和臣洪翼漢縛
送事也書曰朝鮮國王臣姓諱謹上書于大淸國寬溫
仁聖皇帝陛下臣謦竭衷悃冐陳一書誠意淺薄未蒙
領可慚惶悸恐若無所容仍念君臣之名非可以苟立宗
社之計不容於　己雖蒙嚴譴有不可避伏惟陛下垂
察焉小邦以海外弱國舟中土絕遠唯強且大者是臣是
服麗朝之於遼金是也今陛下受天眷佑丕闡洪運而小
邦壤地相接服事已久固宜首先歸順為諸國倡而所
以遲回至今者世事明朝名分素定其不欲遽變以臣節

亦出於情禮之當然而惟是昏謬無狀事多妄作自上年春
後大國之所以待小邦者情意靡沓而小邦之所以獲過
大国者種々非一大兵之加實所自取君臣上下惴々度日以待
死已不啻 聖德如天俯賜矜愍思所以保全宗社本月
十七日皇帝有曰若爾國盡入版啚朕豈有不生養安全
字之若赤子乎二十日皇楮〔旨〕有曰朕嗣弘道許以自新恩
言一布萬物皆春真所謂生死而肉骨也東方之人子々
孫々皆將頌陛下之切德況於臣之躬被再造之賜者乎今
臣之所以稱臣奉表願為藩邦世事大朝者亦出於人情天
理之不容已此臣所謂君臣之名非可以苟立也臣既委躬
陛下則其於陛下之命固當奔走奉承之不暇而至於未々
敢出城之由則臣之情勢誠有前所陳只此一款臣有死而已
傳曰人之所欲天必從之陛下則臣之天也豈有不曲賜採量
者乎且陛下既已貸罪許臣々既以臣禮事陛下則出城另
否特其小節耳寧有許其大而不許其小者乎故臣之所望
欲待天兵退舍之日親拜恩於城中而詣壇望拜以送乘輿
即差大臣充謝恩使以表小邦誠心感悅之情自玆以往事
大之禮悉昭常式永世不絶臣方以誠信事陛下々々亦以禮
義待小邦君臣之間各盡其道貽福於生靈見稱於後世則
今日小邦之被兵實為子孫無疆之休慶矣亦和諸臣事
前書亦已略陳大抵此輩敢為謬妄之言壞誤兩国之大計
此非但陛下之所惡寔小邦君臣之所共憤也鈇鉞之誅有
何一分顧籍但上年春初首倡臺諫洪翼漢當天兵到京
時斥拜平壤庶尹今渠自當兵鋒若不為兵前俘獲則必

在本土班師之路不難縛致其它被斥在外者道路不通未易
尋其去處此則理勢然也以陛下之大度仁恕想能包容而
閣略之如欲窮究請於師還之日查得其人以待處分謹
牀死以聞金尚憲上疏以斥和待命於 闕下 上以卿之請
命似過安心退去為答金尚憲自十八日裂書之後却食
不入勺漿於口者六日命在頃刻聞有斥和臣送虜之報自今
日始起飲食曰我若不食先死則人必謂欲避虜陣之行矣前
大司諫尹煌亦詣 闕請命其子尹文舉上疏請代父往虜陣
上答曰予無此意千萬勿惧校理尹集修撰吳達濟聯名
上疏以斥和自首不 答蓋体相及李聖求崔鳴吉之意將
有查正斥和臣之亂也夜三更賊自西城李時白所守之處
潛設雲梯踰入之際去城纔一尺許守禦使軍官先覺之

怒驚衆蹴守堞就睡者宣傳巡邏者至矣蓋其巡邏之規
初更督戰御使巡之二更体府軍官巡之三更宣傳官巡之
四更五更守門將軍官巡之故也睡卒皆起然後潛言賊踰
之狀以此軍卒不驚散倉卒未及發矢先以大石下擊次用
碎磨鐵維之以火炮賊大挫自却夜黑初不知所殺多寡翌
朝見之則賊屍而下氷雪之上血流尽赤可知被殺者多
矣守禦使李時白初以軍卒皆無被甲者死生當與共之終
不被甲冑至是屢送內官勸着甲冑終不承命身被兩矢上
下頗慮竟得廖蓋時白所領者乃京畿哨軍不教者也居
處甘苦一與士卒同竟得其力賊每於国書性來之際必來西
城者蓋山城無不危險而西城便於進兵欲習知其形 之計也五
更又犯東邊望月城申景禛擊却之所殺亦多於西城之戰及

其危迫殺三人鑿穴以爲出生之地厥後其穴尚存人稱之曰尹公郞
穴在穴之二十五日平明賊又犯南城具宏所守處向夕又犯曲城具
宏皆擊卻之大捷諸將出我軍於曲城齊發火炮所殺多賊又敗
北賊率七八人數日前上望月峯將設大炮之際申景禛令訓
局習放者設放天字炮中其胡將及卒數人餘賊撤去自
今日賊又設大炮終日不絕每向 行宮而放之見其丸大如沙碗
落於私倉屋宇上宮中有樓々下有檐寶穿三重入地底尺
許且設於南城越邊丸過城落於城外十里許胡陣賊或有
死者即撤去之望月峯賊放炮時失火於火藥賊黨死者或
外我軍之出戰時亦火發而無一人死者天幸也但軍官李呈
忠爲火藥所傷竟病死夕後賊自西門呼我使右相以下持
國書出去矣是日朝不受故令人持去三司力爭洪瑞鳳遂之
外不可又爲酋送之語 上許之改擬住以送二十五日賊又自西門
呼我使相臣有病代送李德泂及李聖求崔鳴吉往傳
陣則賊還送昨日所傳國書而言之曰汗明日將回去若
不出城和事難成此後不須更來也且言諸道援兵
已盡擊破云終日放大炮我國人之中死者司僕書吏及申景
禛軍官尹 也夜三更賊又犯望月城我軍有備拔賊退
去東城爲大炮所傷城堞盡毀收得倉廩空石四五百空之
以土積而成城灌水爲冰大炮雖觸丸入土中別無所害軍
官中丸死於北門城毀更備了無危懼之色申景禛可
謂有將帥風矣二十六日申景禛具宏陣下將官又來 闕
下請出斥和臣蓋指金尚憲鄭蘊尹煌等人也直入政院
喧呼不止承旨李行遠拔劍出言曰雖當危急之日汝等

来此大内不遠之地何敢乃尔軍人張目盛怒以前日李承
旨似是才略之人吾等若陪往虜陣則可以較手之速出〻〻
同官使勸避然後乃已軍人自此將有作亂之狀人心洶惧
景色可駭同是一城守堞之卒而只是申景禛兩將管下諸
闕之外其它將官不為来請可知所以云則又即教誘址
城摠戎將官亦使来請而摠戎副使元斗杓及守禦使李
時白之管下則無一人来者是夕洪瑞鳳崔鳴吉金藎國
出虜營則龍馬兩將出示江都所獲長陵守陵宗室珎
原君及内羅業而云二十二日兵渡江都掩圍内城舟大君兄
弟及淑仪嬪宫一行已到通津持大君手書及前領相
尹昉等状 啓傳之夜大臣入對以出城定议二十七日大霧
李弘胄崔鳴吉金藎國持國書往虜陣蓋因 上
已許出城也其書曰朝鮮国王上書于大清国寬温仁
聖皇帝陛下臣於本月二十日欽奉聖旨節該今爾固
守山城見朕手詔切責方知悔罪朕開宏度許爾自
新而爾出城面朕一則見爾誠心悦服一則樹恩於爾復
爾國主旋師後示仁信於天下耳目朕方承天眷撫定四
方正欲赦爾前愆以為南朝標榜若以詭計取爾天下
之大能尽譎詐取之乎是自絶来故之路矣臣自承聖
旨仰感天地容覆之大德歸附之心益切于中而循省
臣身罪積丘山不知陛下之恩信明著絲綸之降皇
天是臨猶懷惶怖累日俳佪坐積逋慢之誅今聞陛
下旋駕有日若不早自趍詣仰覲龍光則微誠莫
伸追懷何及第惟臣方將以三百年宗社數千里生灵

仰托於陛下情理誠爲可矜若或事有參差不如引劒
自裁之爲愈伏願聖慈俯鑑血悃明降詔旨以湔
臣安心歸命之路謹昧死以聞臣與吏曹叅議李敬輿
入陳死守之義　上勅然至下嚴旨或傳禮判金尚憲自
縊將死我馳往所寓處則將至命絶面無人色手自解
之俄頃又自以束袴之史結項旋又救之出見禮判之
姪叅判金光炫及其子前正郎光爕則出在房外易服
標擗如待命終者然我謂兩人曰父兄之死雖至於
扶植綱常公輩何至任其所裁乎垂泣而答曰父兄
之事令公所知既以一死自判雖欲救之何可得也我
曰父兄之志雖如此公等若盡其房內絶繫之物左右
扶持則大監何得自由俄而李敬輿亦到我謂敬
輿曰我則事務方急不得留此令須在此救之敬輿
亦在房力救光炫光爕亦扶持使不得自決翌日以後
又有欲送燸凍之議故竟不死厥後或有以佯死爲
言者必不知當初曲折如此矣吏曹叅判鄭蘊自分
必死同鄕人曾有請銘者即日構製使其孼子傳
給其人又製衣詩數百及衣帶中贊其詩曰生世何險巇
三旬月暈中一身無足惜千乘柰之窮外絶勤王師
朝多賣國凶老臣何所事腰下佩霜鋒又曰炮聲發
如雷震衝破孤城士氣洶惟有老臣談笑聽擬將茅
屋号從容又贊曰主辱已極臣死何遲捨魚取熊此
正其時陪輦出城 臣 實恥之一劒得仁視死如歸即以
佩刀刺腹中流血滿衣衾而不死我往見之則笑謂我

伏釼而死伏則祀五臟卧則五臟不祀今而後始知伏釼之
義略無戚戚之容如金尚憲鄭蘊可謂烈丈夫能與
白日爭光矣山城居徐欣男者今月十二日持諭旨出
去諸道今曉入來言全羅兵使金俊龍陣廣州光
交山屢次接戰殺獲頗多賊之名將亦斃而粮絶軍
潰渠又往水原双阜則已經搶掠前相鄭昌衍今月
初六日已卒草殯賊之大陣方住天安其下未及被兵全
羅監司退住公州收拾散卒忠清監司萬死得生已
還本營渠仍往清州到尙州則賊騎未及到又到原
州則江原監司趙廷虎退住春川統制使尹璛來到原州
之境別無抄擊自如察訪沈挺亭降倭及我国炮手
若干人遇騎數千人盡爲擊破虜陣方屯於利川呂州
等地兩元帥時住楊根彌原爲賊所遮不得出來云欣
男頃又入虜陣佯若病廢之人不得入城者然脫裙襖
衣匍匐而行則有一冠珠冕者被黃衣張黃幕坐
鉄牀上以餘食其下此必是汗也憐其行乞賜以食
不用手以口就食放溲矢於坐賊皆不起俄而膝行
而前稍遠賊所起而疾走踰柵入城汗起其刺客
翌日移陣於三田浦欣男素以無賴或爲巫覡或以
鉄爲業今乃如此人不可蔑視也以此賞職通政賊
造木人長大略似將軍石載於車上擁遮以帳虛其內
人之腹使人通行其中可得踰城如此者二置諸城傍
以示踰城之意一邊鑿塹於松柵之外且示內外難通
之勢雖使价往來快示出城之意而陷城之具無不

倫乱終日大炮亦不止二十六日金瑬洪瑞鳳李弘胄入侍
金瑬請以禮曹判書金尚憲吏曹參判鄭蘊前大
司諫尹煌父子吳達濟尹集金壽益金益熙鄭雷卿
李行遇洪瑑等十一人出送虜陣蓋虜以斥和臣洪翼
漢之外更無所送不許講和勢將加送而金瑬難於
取舍混而為請金瑬危出城之意一并崔鳴吉同心而
金尚憲近日語言多所觸忤於瑬故所言如此矣 上
問可否於左右相則亦以領相之意為言 上亦許送
罷對金瑬直往府左右相留在政院聽事我見兩相
言則大監之自許如何人之屬望亦如何萬古天下安
有是事否況左相之於金尚憲平生情義雖兄弟
之歡不如也今於領相之請一無非是反以為然雖以私
情言之何忍為此右相只仰天長歎左相即惕然送言
於領相曰吾等所請十一人太多更為請對略送若干人為
當金瑬即回答曰今聞台監之言必知某也當不送若指
示可送之人則當送台監之言矣我謂副提學李景奭
曰我欲請對極言而戢非諫官言似不重公為玉堂之
長安敢嘿嘿景奭曰大諫朴潢若入來則吾欲舟之力
爭我委通此意於大諫則即為入來曰先爭於相臣然
後如不得請則入對未晚也因往見金瑬曰今日出送虜
陣雖數人可以塞責不須多至於十餘人吳達濟尹集
當初上疏力主斥和此非私罪今送兩人亦甚不忍而如
其終不得免豈若只送此兩人乎金瑬曰當初廟堂的
指可送人如今言則吾亦何至多請今以今言當只送此

兩人朴潢曰若送此人而使吳尹于弟之情言之終必怒我
以朝廷之事言之則如其勿送不若小送之爲愈也然
乃只送吳尹者從朴潢之言也尹文擧初不干於斥和
之議而以其爲父代往爲請故亦置出送之中人尤以爲
冤固言將何說洪瑞鳳崔鳴吉金藎國出虜陣講定出城
之節目則賊曰此事從古自有規例而第一等節目則
條不用之第二節等目行之爲可云所謂第一等者蓋
指銜璧至輿櫬也只使軍卒以臣身與宗室合五百人去其
威儀軍卒臨日出城云而别無著其衣之言崔鳴吉
以聽虜來言毋以第二等爲然不可仍著紅衣改著靑
衣爲當云故 上與世子所著靑衣達夜縫造且言於
賊請止大炮自今夕始止云前後中死者六人一馬其夜龍
馬持汗書來傳其書曰寬溫仁聖皇帝詔諭朝鮮
國王來奏具述二十日之詔旨且憂心計宗社生靈有明降
詔旨開安心歸命之路者疑朕食言耶然朕素推誠
不特前次既言併其以後日之維新今盡釋前罪詳
定規例以爲君臣世守之信義也爾若悔過自新不
忘恩德委身歸命以爲子孫長久之計則將明朝所與
之誥命冊印獻納請罪絶其交往去其年號一應文移
奉我正朔爾以長子及再一子爲質諸大臣有子者以
子無子者以弟爲質萬一爾有不虞朕立質子嗣
位朕若有征明朝降詔遣使調爾步騎舟師或數萬
或刻期會處不得有誤朕今回兵攻取椵島爾可發
船五十進水兵槍炮弓箭俱宜自備大兵將回宜獻犒軍

禮其聖節正朝冬至中宮千秋太子千秋及慶弔等事俱
須獻禮命大臣及內官奉表以來其所進表箋程式及
朕降詔勅或有事遣使傳諭爾之使臣相見或爾陪
臣謁見及迎送饋使禮毋違明朝舊例軍中俘係自過鴨
綠江若有逃者執送本主若欲贖還聽從本主之便蓋
我兵已死戰俘獲之人爾後毋得以不忍縛送爲難也爾
諸臣締結婚媾以固和好新舊城垣不許繕築爾國所有
兀良哈人俱當刷還日本貿易聽爾如舊導其使者赴
朝朕亦將遣使至彼也其東邊兀良哈避居於彼者不
得復與貿易若見之便當執送爾以既死之身朕復生
之全爾垂亡宗社完爾已失之妻孥爾當念國家之再
造異日子子孫孫毋違信義邦家永奠矣朕因爾國狡
詐反覆故玆詔示每年歲貢物目 黃金一百兩白金一千兩
水牛角弓面二百部 丹木二百斤 環刀二十把 豹皮一百張 鹿
皮一百張 茶一千包 水獺皮四百張 青黍皮二百張 胡椒
十斗 好腰刀二十六把 好大紙一千卷 好小紙一千卷 五爪龍文
席四領 各樣花席四十領 白苧布二百匹 各色細細二千匹
麻布四百匹 各色細布一萬匹 布一千匹 米一萬包 自己卯
秋始貢 懷恩君之女初爲汗第六皇后後給寵臣皮牌
傅氏蓋胡俗若其寵待之臣則例以所愛給之故也庚辰
秋懷恩君爲上使安應亨爲副使尹得說爲書狀懷
恩因其女齎藏米九十包故一行各加資懷恩君則別賜奴
婢田畓是日夕月集兵達濟將出膺津氣色略無異於
平昔差强人意 上引見痛泣賜酒與別曰爾等父母妻子

予當終身顧恤此則乃以爲念云云。數年餘未之後更無見也
吳尹亦得從拜謝而出當入城之日吳達濟與其兄達升
無馬步入及今吳達升泣言於臨局曰舍弟當初無馬而
徒步遠赴寧津鎭得人馬而送聞者莫不垂涕因日答不
得出二十九日國書曰朝鮮國王臣姓諱謹上書于寬溫仁聖
皇帝陛下小邦曾有一種浮議頗能壞誤國事上年秋後臣
摘其尤甚者若干人並爲斥黜而首倡臺諫人當天兵到
境之時差平壤庶尹督令即日前進或爲兵前所獲或從
間道趁往俱不得知之今在城中者雖或當聞和附之罪比
前徙作者則輕重相懸然依見前詔上旨索出囚送小
邦之至意若終始持難則以陛下未察本國事情故臣有
所答備臣之誠心向順之意措辭以自白故有得二人送詣
軍門以俟處分謹昧死以聞吳尹兩人朝出虜陣朝廷別
無令付領去之人而崔鳴吉與武人李英達私自領去謂吳尹
曰君輩若從吾言而對之則畢竟無事之至以陷陳伏罪之
言也吳尹唯唯而去及到虜陣不遠之地崔鳴吉各解其
帶反縛兩人親自執之汗令鳴吉等饋飯及酒喜加獎順
歸之意執吳尹向於庭下問以何使敗兩國之盟吳達濟問
曰我國之於大明臣事三百年只知有大明而不知有清國皆言
臺諫使身爲臺諫安不作言此外更無所言頗得達孔尹在示
所對則雖不如吳對從容直說亦無諂屈之辭似無優劣而
或者以吳而疑尹可歎崔鳴吉要送來喚吳尹言若一如我所
指欲以無它故出去之語多般教誘而及至汗前所答相
反必是悔而然也云云人無不痛惜吏曹參判鄭蘊上疏以

臣之自決止不忍見 殿下今日之事而一縷殘命三日猶存臣
實愧之鳴吉既使 殿下稱臣出降君臣之分已定矣臣之於
君不遠承順爲忝可爭則爭之可也彼若求納皇朝之
印則 殿下當爭之曰自 祖宗受用此印令將三百年矣
此印當還納於明朝不可納於清国云彼若求助攻天朝
軍則 殿下當爭之曰明朝父母之恩清國亦知之矣教
子攻父有關於倫紀非但攻之者有罪教之者亦不云則
彼之亢狡亦不諒矣伏願 殿下以此二者爭之不爲浔罪於
天下後世不勝幸甚臣命在垂死既不能從駕又不能
哭辭於路左臣罪大矣本戟及燕帶並命遞改使臣浔
以雅目其日申具兩大將及崔鳴吉李時白同會一處
我亦忝坐謂崔鳴吉曰今者出城節目不爲詳定則後
日雖有難從之請決難相爭今日不可不定其節目也鳴吉
曰今姑唯唯浔出城然後陳卞未爲晚我笑曰今日尚未
浔爭何日更爲陳卞乎彼方督納皇朝印誥三百年列
聖相傳之寶其忍納諸彼賊乎且欲攻椵島犯大明其宗
可從乎今言於彼賊曰我朝之於天朝義君臣而情父子也
其所賜之印誥決不可納之父母之邦又不可攻之若於此等
事皆不以爲難則亦角國之所當惡也後若有教背本國
如今日之於天朝則其不可從亦當如此云則彼雖犬羊豈
無動之理乎且黃金本非我国所産決難備此亦可爭也
崔鳴吉不宜聽從蓋恐和事之生梗不成也申景禛謂我曰
令公素能抗言於 上前今日言於汗前無如令公今何不
不言於彼耶我曰不以我無似若從虜陣可以死爭台監

何不送我邪中黙然盖我從前屢以申之所失陳於 上
前故也金瑬言於 上曰世子將北行目今三公皆是老病之
人似難從行請以筋力方强者更爲卜相 上允之右相即爲
作闕以兵判李聖求代之聖求旣爲右相之後金瑬又曰世
子從行不必相臣也正二品中亦可差送李聖求素多
才智姑令留此共議国事 上又允之即以春城君南以
雄代送盖聖求爲体副使凡大小事無不同心須者俞
伯曾之上疏請斬金瑬也三日猶不聞知盖搶攘之際旣
無朝報上下人皆與金瑬否滿人無言者獨聖求言
之故終始抜擢如此也且 上雖出城守堞軍卒無一人
邑 駕体相似難棄去而 上若出城賊或慮其彼賊
以山城爲必争之地城之危安未可知且江都旣陷一家存
沒亦不可期以此悬於出城又請以李弘胄爲假体察使姑
領城中將士〻〻無不安心可知前日之爲苦矣出城時邑
行五百人之數皆自体府定出下輩請囑於金瑬而得出
厥發太半吏輩及三醫司而三司長官亦不得陪從李弘胄
亦以 上命留二月初二日旣出城無統領之人守堞之卒任意
渙散到處賊陣未罷我国人爲殺掠者不知其幾徊閔萬
死之餘僅存縷命竟至於此可憐三十日日色無光 上與
世子服藍戎服由西門出汗曽陣於三田渡設壇於浦南
爲九層階張黄幕立黄傘盛陣兵威戎陣整肅冑旌
照日千下精兵數萬身長壯健略無異同被五重錦繡
甲常在左右 上行三拜九叩頭之禮於軍前仍入階西向
坐諸王之右汗則南面坐於壇之上層設酒饌動軍樂臨

罷贈 上以貂裘兩襲次給大臣六卿承旨各一襲 上服
其一襲行謝於庭大臣以下亦以次庭謝其時 嬪宮大臣
舟淑儀及兩大君夫人已自江都來在陣中夕時使 上還
京亦許淑儀陪還鏻平大君及夫人亦令入城而 東宮嬪
宮鳳林舟夫人則將入瀋陽故仍留陣中宿於野次帳
幕春城君南以雄爲宰臣大諫朴潢參議金南重陞
秩爲賓客侍講院輔德李命雄鄉善李時楷司書李
袗陪留將壯行文學鄭雷卿則自請而行朴魯至是見
釋還朝改爲副賓陪往以其有權於虜中也金南重則
以此還遞副元帥申景瑗軍敗見執舟朴魯在南漢下
是日亦許還幷給其見棄副元帥印信 上出城時滿城
哭送聲動天地

二月初一日陰 標信宣 傳官來到使之罷兵明日皆下城
二日城中上下人皆蓐食下城賊兵處處緇漫雖平日往
來之處迷不知東西矣我國之人被擄者過手不敢公
然出聲潛啼暗泣垂淚向人或擧頭合掌出伏道左
如有所訴之狀賊若見之必以鐵鞭箠之慘不忍見或
者塗粉凝粧揚揚馳馬者此則乃關西官妓之被執者
云矣或有偃卧於賊兵之中橫吸煙竹略無戚戚之容者不
知此何人心亦可憤也士大夫妻妾及處子不忍露面見
人或以衣蒙頭者在在皆然到三田浦大陣 世子方駐
駕其中而賊陣深密無由入拜臣子之情罔極雖言灘
水方深或由灘以渡水沒馬鞍或以舟濟人奔踏競渡
自朝至暮矣賊以車載大炮所藏之具長大如二間大樑

而車制甚捷駕馬以牛相接大路山城以下麻浦以西漢江
以下玄石以東賊兵滿野南方下去之兵未及田還而汗乃發
行 上出東郊送之汗由箭串馬場橫向楊州踰花巖
嶺仍往西路餘兵排日撤去至十三日乃止可知其兵盛
也蒙古由江原道回入北道而去當初皆牽其老弱妻
子而來可謂無我國矣自箭串至都城無賊陣我國
人死者相籍於道路傷心慘目有如是矣入城都則閭
閻蕩殘自鄕洞口左右至筆肆行廊及大小廣通橋左右
人家皆燒盡百官上下入闕中政院在於差備門外大小之
官同在政院無復下別各司書吏皆以尋問父母妻子死
生而出去只有政院一吏高仁繼者戶曹一吏兵曹三吏而已出
城之際或有被賊刼掠者前參議李尙伋自在山城有病
落後獨行賊赤脫衣服是夜凍死三日龍馬兩胡率鄭譯
來闕下領左相出待金瑬謂龍馬曰今則吾兩國已爲父
子之國何言不從此後攻椵島擊南朝惟命是從云洪瑞鳳
曰黃金非國所産轉奏汗前使之減除此亂國之望也命
壽曰本國初不定棄於條目講定之日我何敢言於龍將
〃〃亦何敢言於汗前乎台監何不念体面乎洪稱是而已
金瑬妾女被擄自 上曾待龍胡之際達於 上前使請龍
胡 上從其言請之龍胡不答罪待之後金瑬言於龍胡
等曰若爲贖還當給千金云被擄之價重實由瑬之
言及是又言於龍胡女子贖還事自上曾已請之大人願
須周旋龍胡又不答龍胡出去時兩相下庭金瑬遽抱鄭
命壽屬耳而言曰令身判事向一家判事所請吾豈不

從吾之所請判事亦何忍拒之女子贖還事判事須十
分宣力命壽亦無言金壐抱之命壽苦之拂衣而去蓋
胡俗以相抱為親故也世子夕到閣下從胡五六日陪行入來未
久胡輦促行甚急命壽以跨馬出入閣中如道路然命
壽尤促 世子暫來即還臣子悲痛尤如何五日我以兵曹
叅知叅於兵曹政席判書即申景禛叅判鄭基廣也
判書嘗怒叱文官輩曰如鼠子之類使国事至此云則基
廣贊揚其言頌用亂勢佐郎南老星以其妻子被擄
出訪三田浦賊陣其夕趂未入來之故基廣特劾老星蓋
基廣久為士類所擯及其時托武將廣戾如此也且宏
自還都以來攘臂大言曰尹煌喜言擄若入來寧吾分
亦可擊却云而八子安在主倡斥和使至此極若不斬尹
煌何以為国乎大小武人仍此生氣視文士如奴隷人皆凜
〻莫保朝夕蓋自謂守堞之功出於武將之手今日下城北
若中興然驕橫如是矣六日早食後陪 駕往西江城山九
王子所在處 世子亦在其近處 上先指世子帳幕然後
往見九王子乃汗之九弟也九王子中路來迎 上馬上相揖
並興而行到其幕分左右相對而坐侍臣列坐於後九王
寒暄後設饌行酒動以軍樂九王以食餘賜其將官 上
亦依九王所為分給左右而侍臣亦設饌飢渴之餘人皆甘
食不食者只三人東陽尉申翊聖翰林李之恒而已 上
還宮時 世子落後我執羈靮泣辭 世子含淚謂臣曰爾
安有尋母之行而初八日予當西行汝須送予於西郊及
聞此教不覺痛矣西江往來見其賊陣則我国或有已

被殺者或逢箭未及死者或見上過行追到斬後而被執
者或向 上前合掌祈祝者觸目悲慘在在皆然八日 上
將送世子之行曉出昌陵越邊路左或者誤傳九王由昌
陵下路而來 上顚倒動駕幾至十里或者又言由弘濟
院而來還爲馳到逢於路中暫時駐馬立語辭別後面
到 世子幕次 上與嬪宮及大君夫人語幕中 世子在幕
外臣僚進拜泣辭 世子謂曰汝有九王老病親今在何處
對曰所往及死生時未聞知矣 世子曰棄其親從君父而在
山城時勞苦倍於他人予嘉念之臣感激痛 世子止之
曰天之所爲謂之奈何義州譯官韓甫龍者適以胡譯
來此謂士大夫曰我雖身陷胡地爲本国豈無誠意乎彼
中情狀一一詳言我問今番兵馬幾許甫龍曰軍號二十萬
而其實十四萬也我曰賊兵之死於我国者幾何甫龍曰不
過數萬我曰賊將有死者乎甫龍曰汗妹夫戰歿如我国
防禦使者死於光交之戰矣我曰其時瀋陽無兵乎甫龍
曰彼豈空国而來乎亦有六七萬矣他胡譯來到欲後甫龍不
言俄而 世子與一大君發行嬪宮侍婢六人大君夫人侍婢
四人從行百官上下一時號慟 上亦頻頻拭淚此日景色誠今古
之所罕有也賊自平明行軍大路作三行我国人數百先行一三
胡跟去終日不止後日瀋陽人市六十萬而被擄於蒙古者不
在此數其多可知也 上不忍見慘狀未時不由大路東由西山
松川路依山而行從新門還宮時筆市路上有一老媼拍掌
大聲哭曰積年修築江都以爲士民依歸之所何使今日至
於此乎檢察使以下受国重任日以杯酒爲事竟使民生尽

死誰之咎也我之四子母夫俱死賊鋒只餘身此天乎天乎安
有此痛乎左右見聞莫不悲之是夕以尋問老毋陳疏
受由自是以後之事雖未目見以耳聞所詳者如八道監兵
使及江都見敗首末與後日有涉於奴賊之事不遺毫末
並爲陪錄於左朝鮮国王姓諱謹上書于寬溫仁聖皇
帝陛下以罪而進以恩而退天地生成不啻過之甫賠
耿光沾洽全渥纖悔宿愆恍服新命欲報之德河海
猶淺淪浹之餘頂踵是期貢誠輸悃寔出于中享上之
意膚髮何惜而積弱以來民散財竭所在懸磬公私
赤立而詔諭土貢或非地產力有所不逮窃念千一之會
首蒙曠典名分已定恩義俱隆上撫下效宜盡其道日
月之明旁燭無遺其於小邦羸瘁之形顛躋之狀莫逃

於照臨之下必須量力而稟定永爲品式毋負奉上之
禮以盡事大之誠矜慮恪虔既許自新恩窮恤隮宜
垂大德伏願聖慈察小邦危迫之私怵大朝儔來之慶
一以綿將絶之民一以宥同仁之化不勝幸甚朝鮮国王
臣姓諱言欽蒙皇恩矜愍小邦快釋前愆六師言旋再
造殭域臣與一國臣民不勝感激謹奉表稱謝者臣諱誠
惶誠恐稽首稽首伏以立山嶪重自于九代之威天地仁深獲
荷再造之澤驚魂繕定感淚隨零伏念臣猥以薄村守此
偏壤慕大非之高厚雖幸托於幈幪襲先祖之故常未敢
輕於去就終至王帀之後至遂煩徂鉞之運臨孤城見覩著
之危阽境隔塗山戾之辰孽由己作雖悤殞滅之期愛欲
其生特恢綏懷之略既沾雷雨之渥復覩龍鳳之章風揮日

舒所期有祇無戕海涵川納方知兩國一家枯木懷春寒灰
煙燠玆蓋伏遇寬仁溫聖陛下神武不殺聖度能容膺
景命而居尊寶祚肇馭群英而蘭遠邇荒服咸賓奚併傾
覆之踉亦被陶埏之德臣敢不銘肝肖洗心畜新星
拱北辰仰宸儀而恒惕土全東社修職貢而罔諭臣無
任仰聖激切屏營之至謹奉表稱謝以聞丁丑四月十九
日朝鮮國王臣諱姓右伏以神旌遙回方賀滌瑕之澤懷
奠雖微敢效執琛之誠謹備黃細苧布三十匹 白細
苧布二十匹兩色綿紬一百匹白布一百匹白木綿一千匹
龍文簾席二張 黃花席一十張豹皮一十張 獺皮三十
張 白綿紙一千卷 粘六張 厚油紙三部 粘四張 厚油
紙三部 黃毛筆一百枝油煤墨五千張乾柿子三十貼
黃栗十五斗乾鰒魚十貼 乾八梢魚一十尾雜豹文花席
十五張右物件等製造非精雖自表其衷悃豈足稱
於享儀臣無任兢惶激切之至謹隨來使奉進以聞
朝鮮國王臣姓諱謹備中宮殿追獻禮物紅細苧布
二十匹 白細苧二十匹 白布三十匹萬花席十張雜彩
花席十張右物件等謹奉進以聞 上太子箋伏以至大
無外既荷穹昊之仁繼明有臨特紆重雲之澤心肝
含感頂踵知榮伏念臣鍉岑僻居蛙井陋識襲先祖
之塗轍久矣執迷致王師之躍汜安所逃命幸被青陽
之昫渴復東社之封伏遇譽洽溫文德備孝敬雷衍雷
掃克贊服遠之圖秋殺春生咸懷字小之恩遂令顛
覆之餘亦穎陶鎔之末臣敢不懲前毖後改舊遷

新地編妥邑雖阻班於東禁波深少海長寄心於龍
楫右伏以重我無盡列既荷貸道導之澤執壤奠有
事斯陳用享之誠謹備 白苧細布三十匹 白布五十
匹 白木綿五百匹 萬花席十張 雜彩花席十張 黃
毛筆四十枝 油煙墨四十錠 右件物等兵燹餘角甾微
薄產雖不合於庭實聊自效於土宜 朝鮮國王姓諱
謹奏爲陳衷悃冀蒙恕察事臣罪戾深重自觸天威
幸賴聖度包含曲加矜宥快釋前愆許以自新存其
垂死之性命續其既絶之宗社此誠霸王之所未行
前史之所罕聞臣與一國臣民感戴恩造銘鏤心骨
惟思剖肝破腦以圖報效者是臣今日之職分而或有
不安於心則披誠直告無所隱蔽者是亦人臣事
心事君之常道天地之大日月之明其可有所掩嘿不盡一所
欲言乎臣於本年正月二十八日欽奉詔旨誨諭備至其中
一款有若征明朝遣使調角步騎舟師或數萬或到
期會處不得有誤欽此仰有以見陛下親信小邦責
效將來之盛意而承諸事理誠有所不忍於臣心者焉
臣之始祖康獻大王臣事明朝高皇帝至有子孫世世
不替於今二百餘年而萬曆再造之恩尤是小邦之所
不敢忘此大朝之所熟悉也今陛下新膺大號帝業
日隆天命所在人誰敢違况海外屬藩事異內服非
不知早托興運可以坐享安便而然且遲回不決坐致天
兵直待力弱勢窮而後已此豈好亂樂禍而然哉如
是然後可以無憾於臣心天地鬼神亦必矜恕故也今既

愛恩大朝誠心向順則固當惟命是從其他非所
敢論也然念古者有爲膺君服喪之禮蓋臣嘗所
臣事之地恩義猶重豈容一朝便同路人有婦禽焉
其夫貧弱不能庇其伉儷而棄之則改適他人事勢
或然若至於操刀兵而仇害膺夫則其爲後夫者始
雖爲悅終必生疑以爲後之待我亦必如此云爾則是
求親而反疎矣臣道與妻道一般臣竊切恐因此一事
反致大朝之疑而終無以復立於天壤之間矣昔者
燕臣樂毅事辟昭王昭王孱忠立功及昭王沒而爲嗣王所
疑逃死降趙〻王以爲將與之謀伐燕毅泣辭曰臣疇
昔之事昭王猶今日之事大王設令得罪在他國終身
不敢謀趙之奴隷況其子孫乎趙王義而許之至今
爲千萬古美談夫燕乃趙之讎敵也毅爲趙將而辭
伐燕則宜若有媿於毅而反義而嘉許者蓋毅
必以事燕之心事趙故也今臣之賢雖不及樂毅而
陛下之德高出古昔誼辟則臣何敢不盡所懷以自
疎外於大朝乎小邦新經兵禍人民死亡殆盡重以
飢饉癘疫所餘老弱次第塡壑雖調聚兵馬仰
助大國之勢末由而臣不敢以此爲辭者義有未
安心即不忍事力難易有不暇論倘蒙陛下俯諒悉
衷曲垂矜恕旣全臣之血肉支骨復全臣之性情心
術俾不爲禮義之罪人則將見大朝義聲仁聞
洋溢於宇宙流傳無窮不特爲小邦君臣之私幸
也而已臣誠不任瞻天恩迫之至委披肝瞞恭俟

裁處緣係冒陳衷悃冀蒙事理為此謹具奏聞
奏本不呈還來朝鮮國王依前旨委送別差贖還
俘口事誤改前狀啓臣等竊恐京外士民失其父母
妻子者處處號訴皆願贖還目今六師初旋謝使
將發贖還一事誠不可緩除使臣一行員役外許其
願往之人以廣贖還之路似不可已而第念使臣之
行專委謝恩事體重大若許事例外人數則訪問
交易之際似涉紛擾反為未安先於謝恩使之行備
將前因移咨該部轉奏皇上明降相應等因俱啓
據此參詳當職事大無狀遠勞王師使殭內士女
見俘係此實小邦自作之孽而幸賴大度包容伏
釋既往之愆再造瘡痍保三百年之宗社又軫念
蒼生思所以保養安全之方本年正月二十八日欽奉
宣諭聖旨節該若欲贖還聽從本主之便欽此蓋見
皇上一視同仁之誠意也當職已將聖旨事意曉諭
中外則小邦之民無不敢謝流涕仰戴天覆之澤第
願裹足奔走前生贖買而兩國既為一家使价原無
嫌忌合於例使之外別差一官常領願贖之人自備
粮料勿定番數次第前往贖還允為便益且念小
邦新經兵火公私赤立孑遺殘氓僅辦價直經涉
險阻專為贖還而若刀蹬索高轉賣深冤則俘係
者去國逾遠顛仆於溝壑願贖者徒償空還號
注道路想見情事委屬矜惻煩乞貴部備將此
意轉奏皇上如蒙許送別差尋訪贖還乃勅各營

不許轉賣深怨務要兩平交易則不惟宋土生靈
永被霑洽之恩而天下歸仁之效將由此而致之矣當
我新蒙聖恩復主一方有土無民國不爲國則此實
貴部勤心処也爲此合行移咨伏請照驗須至咨者
右咨禮部謝恩使左議政李聖求懷仁君李德仁書
狀官司成蔡裕後丁丑四月之初忠淸監司鄭世規知本
道兵使已無可爲逆其輕銳星夜進兵初欲直到於獻陵
爲賊所逼陣於險川賊自高峯壓擊敗傷逃生者不多
尼山縣監金弘翼藍浦縣監李慶徵金井察訪李尚
載俱死戰鋒鄭世規落於絶壑賴下卒推挽得脫兵
使李義培本以老怯之人久駐竹山、城越不進兵回標信
宣傳官聞朝廷論議甚峻最晩到慶尚左右兵使留
陣処同時見賊或云逃生或云自縊岩穴間後得其屍而
全有部棺之設南兵使徐祐申之未援也欲從大路直進
進南漢監司閔聖徵欲進元帥所在処祐申曰險路行
兵卒困馬疲則難以得力莫如直向南漢之爲愈監司不
從其言祐申至於文報相爭及到緬原又請新元帥沈器
遠速爲進兵而亦不許至於被收罰出城後論罪減死論
江界厥後因金時讓上疏更爲拿致將用軍律賴以死師
処相爭文書配於南漢金時讓請斬祐申以償安邊敗
死之軍兵者祐申罷兵歸本道之時蒙古大兵自嶺
西直向南北道雖已講和搶掠無異入寇時祐申遇於
鐵嶺上擊殺甚多蒙古潰敗而走先據安邊藏兵溪壑
之間南道將領乘其小捷頗有怠驕之意弛弓韜箭

不復以相戰爲意憤然前進爲蒙古迎擊所領軍兵
幾盡見殺德源府使裵命振南虞侯韓震英洪原縣監
宋沆俱死大將之無謀甚矣時褒之疏 蓋指此也閔聖徽
之入迷原也知元帥無意進戰每以進戰請於元帥而元
帥不許則輒受不許之文字故竟以此得免罪罰卽還
本營聞蒙兵作亂單騎往見賊將責其不守約誓之
失館接極厚咸興以後賊更不作亂此閔聖徽之力也全
羅兵使金俊龍之行兵也選其輕銳作爲方陣而四面
皆外向糧食置之陣中以爲遇賊將戰之計及其未抵
光交山在南漢一息程賊逐日來戰殺傷無數賊中名將
亦死之而兵盡糧渴退陣水原欲得糧更進軍卒潰散
終不成功坐此罷職平安監司洪命耉使兵使柳琳領兵
同時前進則柳琳不宜命耉欲用軍律琳不得已從命
而兩將自此不協事事相違到金化賊多至柳陣於高峯
洪陣於峯下洪欲爲合陣柳不從賊先犯監司陣中柳
琳李元坐視不救洪自知必死凝然不動終爲射賊而
死柳與一元俱是名武且多御營炮手終爲力戰所殺甚
多賊力盡乃却丙子之變賊之敗衄無如此戰及金俊龍光交
之戰而柳琳之接戰亦稱於自中矣申景瑗以副元
帥守鐵瓮城見賊現形出數百騎必無殺獲我軍貪其小
利不卽退還賊大陣猝至我軍已在賊後不得入城或爲
賊所殺或自奔竄賊圍鐵瓮城數日陰求福陽爲解去景
瑗使郭山郡守賓進前偵探而賓曾被賊箭瘡痛臥
於閭家還到瞞告以無賊景瑗信之不疑搬運其營中卜

馱領兵而行賊破藏兵於香山洞口虜我國避亂人詳知
景瑗行兵之期及其過去後兵大戰軍卒盡散生擒景瑗
帶置明達王軍中此十王中之一也胡王累問同知情義
極親出城之後忍其被誅懇請　上前累否施輕典初配
南漢旋即放釋臺諫執不可　上謂之酸論終不從旋
拜揔戎大將江原監司趙廷虎聞變之初領軍入援先於
諸道藩臣雖軍散無功比諸終不進兵者不可同日語而
武人任夢得欲自原州　行在　上問本道事情則夢
得欲自衛其身誣告監司在營中晏然如平日渠大
言責之然後始爲進兵云且原州牧使李重吉爲最
居中心御之及拿獄原情多般構誣廷虎故　上特寵
經年蒙釋夢得後以此至拜萬户元帥金自點出兵
洞仙嶺有殺獲汗領大兵來之後不敢更生勦賊之
意使監司李培元守本道與兵使李頤達寧海西
兵五千及御營砲手數千入援行到兔山無所候望
發日出時賊五六千猝至海西兵幾盡見殺元帥單
騎上本邑主山從事官鄭太和眉黃入衛中江陰縣
監邊士紀入閭家束手待縳之際御營砲手一時放
炮賊累進累敗賊本五千餘名而生存者不過數十日晡
後退陣翌日又相持賊終不更戰而退此則非將領之功乃
是御營軍之力也朝廷以鄭太和邊士紀有經畧近年大
用皆由於此戰載寧郡守澤善見執被殺元帥只率御營
軍得到涌泉與新元帥沈器遠諸道監司兵使坐待二十
餘日聞南漢山城始爲前進沈竄羅州旋移南漢未久

放釋全安置珎島旋移中道己卯秋放歸田里而司論執累
日不從後俱拜兵判全羅監司李時昉若干手下兵盡送
兵使処且定別將數人添給餘兵使之前進或勦遊兵或為夜
斫使中軍吳岩郡守嚴愰駐陽城以為先鋒自謂待僧
軍之來欲與慶尚監司沈演同力進戰聞光文山金俊龍
之軍自潰托以收拾散兵退歸公州自監司之退軍官
以下次第撤散時昉謫定山一年而放特拜濟州牧使統制
使尹璛以李時昉之移關棄其本鎮使虞候黃漢領送
舟師自率手下兵數百名來到原州近境山谷之間善避
賊陣終不遇一賊後謫寧海病死水陸之將自有所管
若使在於本鎮領三道舟師刻期上去江都豈至於敗
衄慶尚監司沈演號令本道別無可觀來在忠州木溪
去山城相遠之地終不前進正月初二日始進呂州又
陵聞以嶺軍敗頹倒諭嶺與倡義大將全湜會于
鳥嶺湜所率不過士子奴僕數百餘人而亦使參謀
軍官分領其軍湜只與士大夫六七人潛行於鳥竹兩
嶺間及與監司相會之際有人訛傳賊至監司單
各自鞭馬而走後覺其虛傳皆有慚色演後謫臨
陂未久特拜濟州牧使其後升秩顯用湜擢拜吏曹
參判左兵使許完右兵使閔栐所率合四萬餘兵而
許完年老恐㥘對人垂淚人知其必敗進于廣州雙嶺
閔陣於右岡許陣於左岡砲殺精兵不置外面皆為
中堅正月初二日賊先與左兵使合戰不於木柵中軍
卒不戰自潰左軍既敗之後次與閔戰相持移時稍

有殺傷失火於火藥軍中大擾賊乘時衝突左右兩
軍一時大敗兩兵使俱死陣中戰死之後沈演以許延
走馳啓贈職賜祭之典及於閔而不及許承旨上疏訟
冤於後贈祭初演以前庶尹都慶俞爲從事官軍
中之事一委慶俞右兵使雖領近邑兵先進嶺
下而遠邑之軍太半未到粮糗亦在後兩兵使有所
待未發慶俞斬右兵使兵房軍官朴忠謙督進日
急兩兵使不得已進兵而當極寒之時盡失衣服所
着單衣剪以爲短併日而行無不凍餒軍情大潰
雙嶺之敗皆由於慶俞賊退後慶俞南還中路中
丸而死慶俞家告官謂忠謙兩子之所爲逮獄兩年
竟以冤獄蒙放全羅義兵大將前參議鄭弘溟未
到公州聞賊罷動王而還當去邠之時金慶徵將入
江都也取母及妻妾各乘屋轎婢子着剪帽與其下
馱并五十匹載盡京畿夫馬有婢子所騎之馬足蹶
見落謂其不善護行杖京圻邑陪吏於路左與副
使李敏求從事官洪命一先入江都原任大臣尹昉
金尙容禮曹參判呂爾徵正郎崔時遇社稷令
閔栴參奉池鳳遂柳邇宗廟令閔光勳直長李義
遵奉事呂爾弘奉宗社承旨韓興一奉嬪宮元
孫淑儀及兩大君與夫人諸宮騎馬公主翁主隨行
知事鄭光績四宰朴東善前判書李尙吉姜碩
期同知鄭孝誠都正沈譿以老病宰臣奉承傳
入去武宰知事邊滄前參議洪命亨沈之源

前正李時稷奉常正趙希進掌令鄭百亨獻善尹烇前
校理尹鳴殷修撰李一相工曹佐郎李行進朴宗阜直講
邊浚一都事李奇晩獻納戶曹佐郎任善伯丞文正字鄭泰
齊林㟳學諭尹養前縣監沈東龜僉正李士圭司僕主
簿宋時棨別坐權頎長奉常主簿高進民或未及危
從或分司在洛者從後隨入禮曹判書趙翼別無承命而
落後自南陽初為義兵轉入江都前大司成李明漢叅
議聦漢方在草土以退避為未安於分亦為入去其時嬪宮
到甲串津頭無舡不得渡兩畫夜留岸上上下皆凍餒而
渰人之權在於檢察使舡隻皆在越邊不得相通嬪宮
在屋轎內身出玉聲大呼曰慶徵慶徵汝何忍為留此守張
紳聞之言於慶徵艱渰嬪宮以下而其他士民避亂者不知其
幾許千萬遍滿津頭求渰而未渡賊奄及一嚮之間蹴蹈殆
盡或被搶掠或投海水慶徵舡運金浦通津國穀名為賑救
島中士大夫而慶徵親舊之外無一人得食者當時穀貴寶賤
畜為自己之利且將移運海州結城倉穀江都被陷未及逐
計自以江都為金湯賊不能飛度朝夕宴樂日以杯酒為事
山城被圍累月聲聞不通而不以君父為念大臣或有所言則
慶徵曰避亂大臣何敢指揮大君或有所議則慶徵曰當此危
疑之際大君何敢與焉云故大君大臣以下莫敢開口別坐權頎
長生員金益謙上書於慶徵數求張紳等曰薪膳即車杯酒
非時慶徵怒之慶徵固不足責其餘諸人等皆侍江都之險
無意防備放送哨官盡還其家一島之外不為偵探識者莫
不寒心或傳忠清監司鄭世規死於賊陣大臣以李敏求代之

斂求以江都為萬全之地湖西為必死之所遑遑汲汲百般謀避分
司促其行謂海氣寒凜不可無御寒之具煮取燒酒托此
騰日而且欲率去妻子金尹兩相相議曰若角徒斃列邑逐
止之先是京畿監司在圍城中所邑之事無可分付廟堂請
以斂求為所伯　上曰予以此人欲托定吏擬他人大臣曰雖拜此
職他日之托未為不可云則　上許之賊圍甚密　敎旨終不得出
三道舟師無一人赴難惟忠清水使姜晋昕星夜入援而撿察
使使以所領舡隻分置於燕尾亭及諸處乞島舡隻則皆在廣
津丁丑正月二十日通津假守金頲牒報撿察使曰賊方以童車
載小舡向江都云云慶徵曰江氷尚堅何能運舡謂之亂軍情
方欲斬之甲串把守所報亦如慶徵始為驚動以海崇尉君新
之守大青浦全昌君柳廷亮守佛院俞省曾守長零李惆
守加里山慶徵出鎮鎮海樓下但守甲串軍卒不滿數百事已
危急而軍器火藥分給之際隨給隨錄蒼黃舉措如此何能有
為乎一大君初與慶徵出見津邊見其兵數零星還入城中更
欲收拾軍器以為防守之計人皆走散不得已始為守城留
守張紳為舟師大將捽蒙廣津戰舡所向甲串而時當
下弦潮水甚少達夜剌船二十二日曉頭僅至甲串下相距五
里許姜晋昕率七舡住甲串與賊力戰戰舡被陷者數隻
晋昕船亦被大炮者數十穴軍兵死者數十人晋昕身被數
矢而所奪賊矢及他戰具之物亦多晋昕所領之船甚少張
紳則見賊勢甚急無意前進晋昕擊數揮旗催督張
紳紳終不進晋昕呼於船上曰汝受国厚恩何忍如此吾將
斬汝紳不摇動仍順流而下時牛浦萬戶鄭 延德浦僉

使趙宗善為前鋒賊之初渡鄭延諂賊船一隻將為進戰之
際張紳擊錚退軍鄭延軍仍為退還賊初起其設伏不
為莅舡及賊船一隻衝過戰舡之間先為着岸下陸者七八
而無箭可射只守一劍無馬步行繞岸而壯上岸周望四無藏
兵必知其無倫結陣高処以白旗招越邊之軍然後賊船
蔽海而渡本邑中軍黄善身率哨軍百餘力戰於鎮
海樓下身自射殺者三軍人射殺者六善身力盡而死之
軍皆逃散此時江都哨兵皆在張紳船中以主將退去故
無一人下陸者慶徵自知其無可奈何矣走浦口舍馬入水得
上戰舡時慶徵張紳之老母俱在城中而皆自矣船而走
兩家老母竟死城中相臣仝若干人守城若有先出者當
行軍令嬪宮命金仁侏後行林友閑權俊俞好善李五
人奉元孫出從海邊宋国澤閔光勳呂甬弘閔栢柳興李義
遵部將閔又詳等相议曰元孫已出吾等守城何為皆出城
隨去金仁抱元孫而行馬貽賊追宋国澤棣給所騎馬及
至海上適有艤舡者若待侯然乗舡浮海数日到喬桐此
實天也聞孔耿将欲搜索諸島自喬桐移往文島仍向
唐津其時任中諸人之夢有舡擁五雲自喬桐到本島
故問之云人皆驚異朴知事東亮沈參議之源亦在其
舡覩聞而書之国澤以此加資而其餘則陞叙大臣啓辞
以彼此皆宗廟社稷之官矣其廟社主国澤之外皆追奪之
賊兵四圍前左議[illegible]尚容已知事去脱其所着衣付諸下
人曰汝若全生以此衣傳諸兒以為他日虛葬之具因往南門
踞火藥櫃他人之在傍者皆命麾去金益謙權順長并死

之尹昉以廟社提調方在於廟主奉安之處及賊至昉呼曰汝
殺我賊不應愬投廟主於汚溝昉収拾廟主褁以空石載諸卜
馬渡海特我當投死賊迫脅下陸慮其廟主之見辱於
賊分載奴僕衣衿使婢子乘其上事定後三司俱發論以
按律再被罷黜爲付処放還未幾而終都正沈諹與
其妻將死製衣疏納諸懷中而并自決其疏曰臣某東向四
拜 上書于南漢山城 主上殿下臣與妻宋姓同日自決以報
國恩主簿宋時榮初與李時稷同舍時榮先自決時稷
結項使奴引之奴不忍從命以所製誓文及網巾付諸家
奴使遺其子其誓曰長江失險壯軍飛渡醉將惶㤼背
國偸生把守瓦解萬姓魚肉況彼南漢朝暮且陷義不
苟生甘心自決殺身成仁俯仰無怍嗟爾吾兒愼勿傷
生歸葬遺骸善養老母縮伏鄕廬隱而不起區區遺願在
爾善述士大夫自決者金尙容鄭孝誠洪命亨尹烇鄭
百亨後皆旌表其中三人或称爲賊所殺云而無目覩者
豈可流言沒其善哉故宰臣閔仁伯之子恡先殺其妻
子然後自決一子遠在他地賴以得生李士圭死於賊鋒如
此輩者不能盡記婦人之自決者金璽李聖礼金慶徵
鄭百昌呂爾徵金槃李昭漢韓興一洪命一李一相李尙
圭鄭善興之妻西平府院君韓浚謙之妾母子延陵府院
君李好閔妾女卽鄭孝誠之妾也其婦人之死節者甚多
未能盡知可惜金震標迫其妻使之自盡金璽及慶徵妻見
其婦死継以自決新及第李嘉相文章早著家行冠人
厥慈親宿病六七年暫不離側藥餌飮食不任奴僕親其

行者莫不歎服及是賊兵至僅得藏其母而身則被擄賊退
後其妻負其母而走不料其妻之負逃意其母不能自
保軍女死於當初被擄之所冒白刃逸歸往來賊陣尋其母
屍旋執旋逸如是者六一日遁入於島中僻寺又將向賊陣
士友之避亂寺中者牽衣力止之答曰我亦知其在此則生故
則女死病母萬無生理不忍獨生仍裁書付贈使傳其父
兄以通女死之意强入賊中終至被害死於孝是亦死節
并錄於此權頎長自焚後厥妻即李久源之女也先縊三女
而後自縊死頎長妹十二歲處子亦自縊死此皆婦人之能継
者也李㶚及尹新之皆在防禦之処厥父在於城中賊滿路
塞皆自乘舡以避亂定後俱被重劾俞省曾等不為防守
亦先逃去陷江都者九王子也及其留軍城中被擄者放
還城外被擄者寧皆獲去韓興一呂甬徵贖其所著更被
新衣曰初見他国之人不可整其儀表先自入拜言于賊曰
國舅姜碩期亦在此云盖欲招入以混其迹姜托病跌墜之
久而不前賊竟捨去姜初欲自決嬪宮亦從死為兩大君
所挽不果其意遠逃士族婦人之被擄者非一而李敏求
妻及其兩婦之事人皆嗤罵言之醜也敏求以其妻死於
嘉山謂之節死往諸銘盛称其義求字於東陽尉申翊聖
人皆笑之妻妾之贖還者無不依旧同居獨新豊府院君
張維以為失節之人不可為配以奉先祀欲婦贖還之後
陳跪請令子汝娶領议政崔鳴吉回啓之辭曰如此則怨女
女多不可不慮乃為防啓及張維死後厥夫人更為上言
上命只許此人勿以為例及江都諸將失律之罪張紳金

慶徵李敏求等臺論初以按律爲 啓張紳賜死而不
爲決案 上命自盡欽家在西小門外自縊其家禁府
都事亦不親見以此都事見罷人言藉藉起其逃生
至於承旨洪憲啓於榻前請部棺 上不許金慶徵
則初以按律論啓而謫江界判書金時讓及叅判俞伯
曾等疏更發臺論又爭拿来賜死敏求圍置 邊且以
姜晉昕不能善戰使賊渡海配遠地臺諫更請拿来
偈帝忠清水營軍官及下卒詣闕號哭累度上書於備
局伸其冤竟不免於死初與慶徵同在禁府聞賜死
命下慶徵號哭失仄晉昕笑謂慶徵曰雖哭而免乎飲
食自若以其寶劍給斬頭人曰此是利劍以此速斬我而
海持去加上力戰無如晉昕而終至於死臨死從容又如
此之誠壯死之有所守者人皆惜之水營軍卒無少長皆
追思垂泣如悲親戚云尹煌俞棍李一相俱以斥和尹俞
中道付處李遠竄說書俞棨曾在南漢請斬金流之言
甚直截趙絅曾論洪瑞鳳三公同議定罪俞棨付處趙
門黜其後因臺官之啓趙則蒙釋洪翼漢時爲平壤
庶尹賊之西軍之時我國定差使員甑山縣令邊大中押
送擄營大中東縛困辱使不得飲食翼漢泉乞解縛
不聽此月十三日也十八日到龍灣二十日到通源堡胡人来問
遠来之由出食享饋此雖犬羊猶勝於我國之大中也二
十三日到瀋陽汗令禮部設宴享于館所似無害之意三
月踏青日有詩陽坡細草柝新胎孤鳥樊籠意轉哀
荊俗踏青心外事錦城浮白夢中迴風翻夜石隕山動

雪入春澌月窟開飢渴並能聊待命百年今日淚沾臆初七
日招問時翼漢不屈以文字書示其書曰朝鮮国累臣
洪翼漢作和事意歷歷可陳而但語音不相慣曉敢以
文墨拝白夫四海之内皆可為兄弟而天下無兩父之子朝
鮮素以禮義相尚諫臣惟以直截為風故上年春適授
言責之任聞金国将渝盟称帝心以為若果渝盟則是悖
兄弟也若果称帝則是二天子也門庭之内豈有悖兄弟
哉覆載之間豈有二天子哉況金国之於朝鮮初有交隣
之約而先背之大明之於朝鮮旧有字小之恩而深結之
忌深結之大恩事先背之空約於理甚不近於事甚不當
故首建此意欲守禮義者是臣職耳豈有他哉但臣子
職分義當忠孝而已上有君親俱不得扶護而安全之
今 王世子大君皆為俘虜老母存没亦不得知之良由一疏之浪
陳以致国家之禍敗揆諸忠孝之道掃地尽矣自究乃罪可
殺罔赦雖萬被誅戮実所甘心血一釁鼓魂飛去天故遊
舊国快哉快哉此外更無所言惟願速死速死 汗見此書大怒
別因其随行奴僕使不得相通仍即出其奴於我国厥後事
情邈然不聞知而或言初十日被害云三月初三日以前之事皆
出於翼漢日記中厥妻及兩子俱死於賊鋒老母一女得存
呉達濟有寄家四韻其思親詩曰風塵南北各浮萍誰謂
相分有此行別日兩兒同拝母未時一子獨趨庭絶裾已負
三遷教泣線空悲寸草情関塞道脩西影暮此生何路更
皈寧其思君詩曰孤臣義正心無怍聖主恩深死亦軽寂是
此生無限痛北堂虚負倚閭情其思兄詩曰南漢當時就

死身楚囚猶仕未敢臣西來歲洒思兄淚東望遙憐憶弟
人魂逐征鴻悲隻影夢驚池草惜殘春相思當彩服趨
庭日忍把何辭慰老親其贈内詩曰琴瑟恩情重相逢
未二朞今成萬里別盡負百年期地闊書難寄山長夢
亦遲吾生未可卜須讓腹中兒衾辭苦意備載於此聞者
莫不悲之或云與尹集同時撕殺或云幽於深處已經累
年尚無消息想已見殺矣尹集之兄棨亦人才也丙子乞
郎為南陽府使向化引賊入府見執不屈罵賊而死丙
子冬虜主自江都移圍蘿於喬相丁丑出城後申景禛
具宏申景瑗申景禋洪振道等聯名貽書於京圻水
使申景玢使之善処善処谮害之意也景玢不從二月自
喬桐又移於濟州也有武人者亦為別將以為立仍之地而

不得為蓋景禛等之餘意也辛巳七月初二日卒于濟州
賊兵回還時留孔有德耿仲明等兩賊與我国會勢以犯
椵島有德仲明初以唐將習於舟師曾投抑山東為天
朝所擊浮海投賊者即所謂孔耿也我国以柳琳為首
將林慶業為副隨孔耿同犯椵島島在海中非但泊船甚
難周設大炮賊累日不敢犯問策於我国兩將辭以不知
賊或威或誘慶業曰島之一面阻山山下海水相通島人不
設備於此若乘夜擧舡踰山潜渡以入可以陷之賊大善其
計一如林言終以此謀陷島慶業佯托逗留多殺賊兵而陷
島之計專出於此人及其入島我国之人殺掠漢人有甚於
虜賊島人僅以五六舡浮海逃生都督沈世魁率手下兵
數百登山賊誘之曰汝若來降富貴可全世魁使人答曰

我爲大明之臣死則死豈降於犬羊手賊專力圍攻皆死
鋒刃無一人降者世魁素是賈豎賤隷終建大節誠天
下之烈士也當初賊之攻島也朝廷亦可預先潛通而畏其
賊威竟不能爲以至於此自汴以下次第罔內渡江慶
業以攻島之功多受賊賞至受賊爵當其變初全羅
水使成夏宗左水使安夢尹統營虞候黃瀷領舟師
趂不上來到処遲留幾到在江都一日程聞島已陷遂
亦不赴難從外洋迂往喬桐及出城之後盡爲退還本
鎭其後夏宗陞拜洛牧夢尹配於王方未久蒙放瀷只
爲罷職旋爲叙用杞子君俞伯曾上疏畧曰尹昉金瑬
之誤國臣之正月疏畧陳其大畧矣正月以後尹昉金瑬
之罪臣請條陳焉上年秋夏以前瑬之作和論議甚
峻至曰清国不當書信使不可送而 殿下特下敵若深
入体察難免其罪之教自此以後附會和議尹集縛送
尹煌等論罪瑬宗主張山城被圍身爲將相終使受
出城而未嘗番引咎元帥以下之科罪偃然擬當之初
請人之請出東宮也瑬即勸出須爲隨行及夫北轅也辭
以老病人臣分義果安在哉亟人誣誘守堞之卒群聚
闕下請出作和臣軍情一動爭欲剌刃瑬腹自知難免
使李弘胄代領其衆 殿下以瑬爲忠於君耶爲身謀
耶瑬以質子屢徵官高遣表懸録名下具宏大言曰東
宮爵位不及屢徵耶 中殿之初朞纔過屢徵獨在毋
喪耶瑬即寢其事上年龍胡之來也備局凍絶和之
計政院謄爲有 旨傳於撥上見露於清人若送作和人

則其時廟堂當之年少之人矣罪爲趙綱俞榮浔罪大臣者也自爲之罪未嘗聞也其他平日受賂無厭循私蔑法忌君負国特其餘事項者犒賞之日以馬賞壓云前日賊若深入則倖察難免之教 殿下無乃忌之耶臘月二十九日之戰一出於壓之指揮壯士多死士氣大挫及敗罪於申景禛黃緝至於棍打此何異桓溫之貶枋頭而罪袁真也昉則久在相位越視秦瘠罪不容誅而變生之初既受廟社之托其責不其重乎金慶徵之爲撿察使出於壓之自薦盖爲一家避乱之計也當入江都也先濟其家屬卜駄令廟社嬪宮留津頭三日不浔濟內官金仁不勝其憤失聲痛哭此人非但 殿下之罪人乃金仁之罪人也又以令眞先濟其親切之人致令士民彌滿於江邊没數被擄如是者非一可勝痛哉爲大臣者若以此罪帰慶徵之首則張紳何以逃去江都何以陷没金尚容何至於自決乎誅不出此而任他狂童所爲不能有無於其間昉爲浔免重罪乎嗚呼望風奔潰何代無知而不有宗社嬪宮有如慶徵者乎矣其母如契庭亦有如慶徵者乎兩司承壓旨没其重罪草〻塞責之態臣不忍正視也慶徵以斂亦勝己一動一靜無不問於斂亦江都號斂亦爲慶徵之乳母斂亦之罪與慶徵何異哉津頭將失守也是奉廟社請嬪宮大君從後门馳出則可以乘舡而昉乃縮頭鼠竄匿於民家爲內官所浔非但廟社污衊散失終乃拜手奪津此則 殿下在山城之日也昉之罪如此而只以廟主散失止於罷職公論何時浔見乎張紳臨決不服可於

本罪加一等而使之自盡自古安有自盡之軍律乎其實罪不
殺何異哉噴於憲府之答有曰若重罪犯循私停 啓使
死者不服 殿下既知張紳之獨死爲冤而慶徵之不死
爲失刑則誰憚而安待兩司之論乎合啓之答有曰元勳
獨子不忍加法此又不以慶徵爲無罪也若連啓不已則
恐妄蒙 允即並停啓之間爲大諫金南重所沮翌日又
停 啓即停惟意所欲沮之勢重耶輕耶元勳之子比
之於宗社則孰重孰輕無乃 殿下視宗社嬪宮不及慶
徵耶抑畏沮權勢不能行法欲假手於兩司耶 殿下
尚且畏之兩司獨不畏之乎沈諿以假王子假大臣之說詐
清人曰此輾轉國事終至於大誤其時不斬其頭而尚
保首領可勝痛哉臣言昉沮之事被罪曾未半年又復
妄言利於身乎利於國乎願 殿下深思焉 上留中不下

南漢扈從臺官及士子守堞軍士設文武科文士論題武之
規矩弓馬以十五放中以上入格文科鄭知和等十餘人
武科七千餘人京外公私賤及都監炮手皆與焉朝廷
難以處置以一千爲句稱以國出身若依前爲賤業則
自中有罰故失其所業無以衣食洛下賊倘之橫行凡
百物貨之騰貴皆由於此識者憂之丁丑五月金汗
號爲封王遣差胡號爲天使其書號爲勅汗自稱清
國奉天承運皇帝書曰天地布寒暖之節帝王操賞
罰之公惟殺服者無帝故恩威之異用今爾朝鮮係
我隣國往來行李不啻兄弟朕方期金石之堅王忽
起釁啇之異非我信使戒爾邊臣爾實興戎朕方耀

武雖云辨罪而致討惟當南面而回心王今既悔前非
朕豈仍念旧惡從前嗣始嘉與惟新既定藩封爰銷傳
国之印宜申新命用頒同文之符特遣使臣齎捧印
誥仍封爾為朝鮮国王嘉乃恭順金章寶冊重
新作我藩屏帯河礪山不改立一時之名公定萬載
之綱常善始令終永保平康之福敬之懋哉勿替帝
命又誂勑諭曰朕惟禮不廢王帛賞以勸忠所從
来久矣念爾歸命宜有封錫今特遣英俄代馬付
達戴雲封爾国王齎印并貂裘鞍馬王其祇受
以見朕優賚至意故諭給朝鮮国王黑狐皮一張玄狐
皮一領紫貂皮一百張駿馬一匹玲瓏鞍一部崇德二年
十月二十六日所渭英俄兒代即龍胡付達即馬胡胃大

付大乃戝名云鼓印上有篆文四字下有二件篆書一件
無印而書中說話盖我国向化刷還漢人接置緣由
諸问漢人刷還被擄逃還譯官三人刷還清馬盜者
推給三公六卿及士大夫家相為婚姻美色侍女入送
等事也龍骨大等到我境作拏受賂罔有紀極而至
於勒納房妓遠接使李景曾累度防塞且為啓稟
龍胡等致辱無殺朝廷不得已許之自此以後各邑妓
生逐日入房適意者往来率行到京以醫女巫女入之
欲後凡出我国者遂以為例必有怒意擊打士大夫有
同奴隷兵曹佐郎邊虎吉被杖得病而死三公六卿士
大夫家十二人定將婚姻預報滿中汗謂遠来有槩罷
之釋各道妓女十餘人以充侍女欲後汗使勿更送出城

後南漢望月對峯加築曲城屬於山城胡差伍見使
之盡毀且於三田浦使立勝捷碑任彩閣設層階立崇
碑其中圍以垣墻工役酷大且巧大提學李景奭製
其碑文叅知吳竣書之叅判呂爾徵篆之而請國及
蒙古番文并書一碑 其文曰大淸崇德元年冬十
有二月皇帝懷和自我始赫然怒以武臨之直擣而
東莫敢有抗者時我寡君栖于南漢凜凜若履春
氷而待白日者殆盡五旬東南諸道兵相継而崩潰
西北師逗撓峽内不能進一步城中食且盡當此之時以
大兵薄城如霜風捲秋 爐火之燎鴻毛而皇帝以不
殺為武惟布德是先降勅諭之曰来朕全爾否屠之
有若英馬諸大將承皇命相續於道於是我寡君
集文武諸臣謂曰予托和好于大邦十年于玆矣由予
昏惑自速天討萬姓魚肉罪在予一人皇帝猶不能
屠殺諭之如此予曷敢不欽承以上全我宗社下保我生
靈乎大臣協贊之遂從數十騎詣軍前請罪皇帝
乃優之以禮拊之以恩一見而推心腹後有錫賚之恩遍
及從臣禮罷即還我寡君于都城立召兵之南下者振
旅而西禁暴勸農遠近之雉鳥散者咸復厥居環東
土數千里山何即依舊矣霜雪變爲陽春枯旱轉爲
時雨既亡而復存已絶而還續此實古昔以来所罕有者
也漢水上流三田渡之南即皇帝駐蹕之所也壇場在
焉我寡君爰命水部就壇所增而高大之又伐石而
碑之垂之永久以彰夫皇帝之功德直與造化而同流也

豈特我小邦世世永賴抑亦大朝仁聲威誼無遠而不
服者未始不基于玆也顧舉天地之大尽日月之明
不足以彷彿其萬一謹載其大畧銘曰天降霜露載
肅載育惟帝則之并布威德皇帝東征十萬其師
殷殷轟轟如虎如貔西藩窮髮暨夫北落執殳前駈厥
灵赫赫皇帝孔仁誕降恩言十行昭回既嚴且温始迷
不知自貽伊慼帝有明命如寐之覺我后祗服相率而
歸匪惟怛威惟德之依皇帝嘉之澤洽禮優載色載
笑爰束干戈何以錫之駿馬輕裘都人士女乃歌乃謳我
后言旋皇帝之賜皇帝班師
活哀我蕩析勸我穡事金甌依旧翠壇惟新枯骨
再肉寒荄復春有石嵬嵬大江之頭萬載三韓皇帝之休

百官加賞金尚憲辭資上疏曰臣本病人加以年老悖
耗殞心於擢髮數罪之語失性於天地飜覆之際形存
心死有同土木無復有立朝從仕之望輾轉流落朝夕待
尽不意伏聞南漢危急從諸臣俱受賞加而臣名亦在
其中臣始爲驚駭終爲慚懼涉月經旬愈不自安方
駕駐山城也大臣執政爭勸出城而敢以死守之義妄陳
榻前臣罪一也降書文字所不忍見手毁其草痛哭廟
堂臣罪二也兩宮親詣敵營臣既不能碎首馬前又不
得從行臣罪三也臣負此三罪尚逭刑章豈敢與諸臣
之終始羈絏者均蒙恩數也伏乞殿下亟收成命以嚴勸
懲之道如臣濫廁亦有公論改正之事遠伏荒野聞見未
逮猥此煩瀆無乃謬乎且臣伏念寒暑不攄則裘褐不

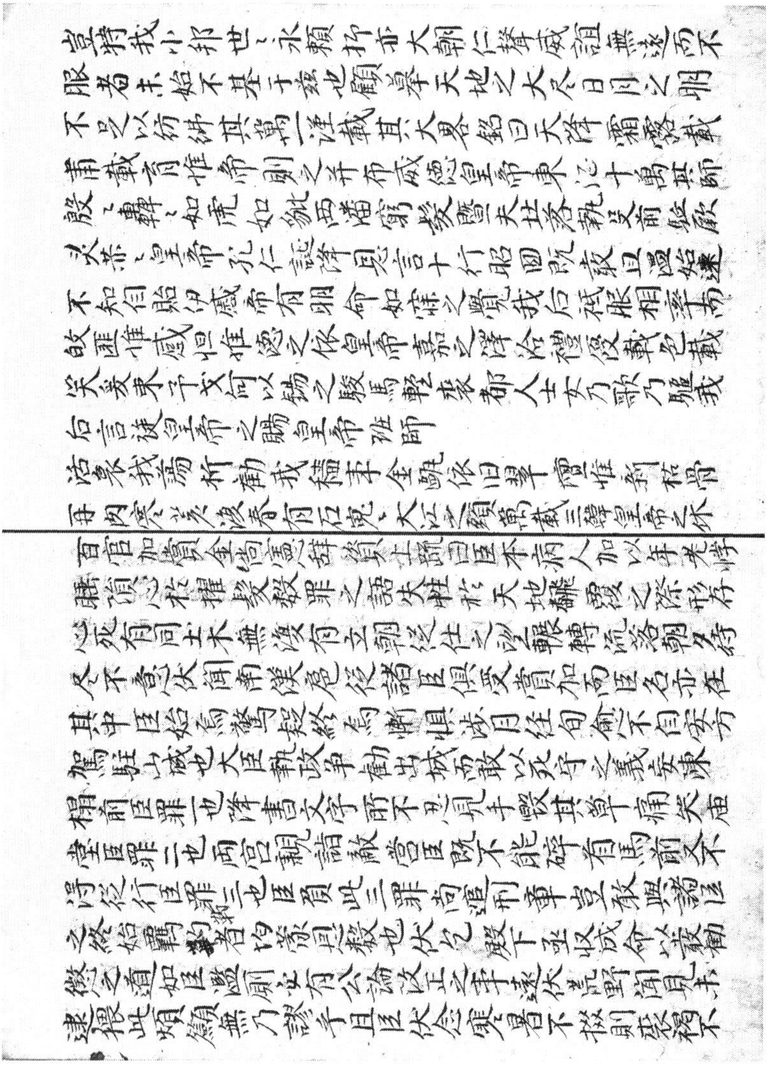

可廢敵国未滅則戰守不可忘伏願 殿下克勵薪膽之
志增修保障之地免使国家再辱嗚呼毋信一時之
要盟毋忘前日之大德毋過恃虎狼之仁殄絶父母之邦讎
能以此爲 殿下忌〻陳戒乎夫以千里爲讐人役古今所
羞每想 先王奏文萬折必東之語不覺沾衣也伏願
殿下念之哉臣妄感述辭又後妄發臣罪萬死
戊寅七月二十九日掌令柳碩朴啓榮等啓曰君臣之義無所
逃於天地之間死生榮辱理無獨殊豈可以運之汚降身
之利害而二其心哉前判書金尙憲以一時名受知於 聖
朝帷幄十年寂承恩遇眷注之深分義之重何忍棄
殿下於危急存亡之際乎方南漢下城之日君父陷不測之
危臣民同罔極之痛先身後君義之所不敢出金尙憲旣
不如鄭蘊之刺刃則始終禍福唯 殿下與共而抽身遠逝
曾不顧念特事稍定竟溯未覲偃息便地越視王室
自爲潔身全節不事汚君敢舞異論彰国之惡而
眩亂人志噫人臣之義至此而掃盡矣要名敗身樹黨
誤国特尙憲餘事耳其無君不道之罪不可不懲請
命極邊圍籬安置 答曰金尙憲論罪太晩置之無
妨大司憲金槃祖以陳奏使將赴瀋陽上疏請遞畧
陳救意禮曹判書李顯英劄子大槩金槃祖上疏
啓下該曹而伏見金尙憲論罪太晩之教臣亦曾參
法官不覺瞿然先削臣職蓋其義則伸救金尙憲
也 答曰此劄似無前規亦有如此規例乎向啓持平
李海昌方在呈告中卽出仕論 啓請柳碩朴啓榮等

削去仕版永不敍用 答曰此啓辭還出給勿出朝報仍
傳曰如此之前㤼妄之疏政院何以捧入耶 諸承旨所為
亦甚可㤼矣李海昌以此遠竄盈德玉堂副提學李
景應教洪命一修撰李行遇等劄子大槩柳碩罷職
朴啓榮遞差 答曰此人只取欲死之名而終無損軀
之棕以予觀之其不及任天真者似遠矣奚其危亂
之君翱翔安靜之地其與涕泣隨駕忘身尽悴者亦似不
侔矣而卿等過為褒美無乃公道不足之而然耶憲府
所謂彰悪等語皆是滄浪自取之事何必過為盛怒
哉柳碩等設有罪過臺諫自當論之何必如是遑遑有似
捕盜哉今此孔措棕為可駭予甚惜之左相崔鳴吉劄子
大槩金尚憲文章操行見重於一時當南漢被圍之日
挺身赴亂裂書痛哭其節義誠似可尚渭濱之凉自不
能辨乃欲責望於奉社稷宗庙之君倅倅出城不顧而去
跡涉已悔忠臣去国不絜其名彼其平日自視何如而臨
危处身乃至於此見者不察指謂高致世道憂良亦不淺
雖然迹其所為特出於剛偏太過淺見不足一時見得之差
遂成多少狼狽其在今日不過田間之一逋臣置之不問益
見天地之量何至於無君不道之目過為擬律使人心不
平益長携貳之漸乎李海昌不問長官獨去論劾事
甚已愧遞差之命亦出寛假其他二臣理難獨免臣之
愚意勿問論议異同並加遞免今不得更生閙端有令
鎮静之道臣之不與金尚憲衆所共知為世道憂不得不
如是 答曰柳碩等劄辭如此賞令姑劄施行全棕祖

遞大憲金槃代之 啓辭大槩柳碩朴啓榮不恤公議循
主私見私措不矣群情甚駭請命罷職 答曰因大臣
劄子已為遞差更勿煩論金尚憲圍籬安置事停啓
新除授持平朴守文上疏遞差八月初六日掌令李尚馨
持平金重鎰掌令李烓尚馨在外李烓 啓曰論金尚
憲之罪雖始發之際微欠周詳宗係明君臣之義因
人所共知非一人之私言也欲救尚憲者汲汲繼起詆互
發扶植羅人搏擊言者玉堂則身被四旨不思引咎憲
長則躬行彈劾不假顧例循停重論如此不及何甚臣
忌憚之甚乎請副提學李㮨應教洪命一修撰李行遠
大司憲金槃並命遞差 答曰依 啓持平金重鎰避嫌
大槩掌令李烓避嫌以史起渦論淵源依舊論欲
論其私與情共憤識者寒心請掌令李烓遞差 傳
曰人之言宗非公論違例之事可否不可此啓辭還出給
今後如此悖文勿為捧入重鎰以此特拜出青判官大司
諫崔惠吉避嫌金尚憲以蒙重望之人求死不得終不
來覲於下城之後其情雖怨難免人言至於斷以重
律則亦果何公論乎李海昌之於柳碩等所失不甚相
遠而遞職遠竄輕重懸殊金重鎰之於李烓所失本
正異同臣之愚意並不遞李烓金重鎰之職則臣以繼
違例循軌之習若不還收李海昌遠竄之命則終不能
已罪同罰異之歎故欲以此論啓僚以不一臣忝長官言
不見信請命罷職正言鄭之虎啓曰李烓決不可與金
重鎰同罰而長官終不肯諾先為來避臣不敢循冒

請命罷作獻納崔繼勲啓曰頃日脅坐時以論遞王堂
事發於席上今見大司諫崔惠吉簡通則以掌令
李幢持平金重鎰物為彈劾殊失事体並請遞差臣
旣欲論劾王堂而又遞李幢則必涉已抱李幢之遞王堂
憲長宗出於公議物啓未為不可金重鎰歷敭清顯誰
所致也其所謂不避嫌迹宗自道也臣之所見旣同僚
相左請遞臣職王堂副提學金壽賢應教鄭致和修
撰沈齊劉子大槩崔惠吉遞差獻納崔繼勳正言鄭之
席出仕　答曰依啓八月十九日晝講經筵官叅判李景奭
王堂韓性善沈齊入侍李景奭曰柳碩之論出於挾憾
此非公論　上曰挾憾之言非矣惟當觀其是非而已金
尚憲鄭蘊所為一体而亂而論之非也但尚憲不問其君
不哭其兄果謂得人倫乎金尚憲以世祿之臣相從一紀餘
遭此罔極之變矣君父不問月令潔身遠居者尚憲之
所作俑也此時論尚憲者雖謂鳳鳴朝陽可也韓性善曰
為今計莫若先立紀綱明其是非自定矣兵曹叅判李敬輿
在鄕辭職上疏大槩臣曾在南漢目見金尚憲鄭蘊玉
絶幸生札死不得之狀尋常憐歎自懷慚恧不啚人之
意見不同到今攻作金尚憲如仅索惟小人至請安置之
律二百年禮義之邦為天朝守義者惟此二人又從而深攻
為則其何以有辭於天下後世也两臣之事足以為国之
光有何彰君之過也以此為罪管宗未服也十月初九日掌令
李海翊持平李道長啓曰見危致命人臣之大節也苟
不亂法治之則其流之害將至於臣不臣而国不国可不

惧哉前判書金尙憲執死不得則義不敢後而托疾纏卧
終不遑駕焉頓乃透往春川尋挈家累踰嶺擇便遑從
責加乃是恩典而封還 教旨者將悅焉況春宮異域之
行哉在賓客終闕拜送其與孫傳之請從一何相左也淸
金尙憲中道付知人臣之事其君見危授命亡可去之義
前參判鄭蘊剚刃不死病已之後義當來覲而邁ゝ敢
卿ゝ顧戀之意要潔其名不念分義之重爲人臣子安
敢如是請罷職不敍 答曰亟之可矣不必施罰 蓋啓辭
中封還 敎旨透往春川哉在賓客等語皆誣語也掌令
徐祥履 啓曰臣伏見本府論金尙憲等之啓不勝驚訝李
汝翊等更從已傳之論值一時奇貨以爲擠人之機穽何其
甚耶臣之愚見如此不可苟同於一席請命罷斥正言嚴
鼎耉朴守文處置李道長李汝翊徐祥履並命遞差執義
權澍出仕 答曰依 啓祥履如此特拜鏡城判官大司憲徐景
雨呈辭遞差金槃祖代之又遞金槃代之 啓曰區ゝ愚見
已悉於前今何更瀆第告君之辭不容有一毫虛誣而
初不下送之教旨至謂之封還不敬之罪浮於加人似此構
豈是出於正者乎至於鄭蘊之特立獨行 聖上之素所察
許剚刃不死其志可見孰謂樸直任眞之人乃生計較要
名之意乎欲加之罪臣實未曉也決難苟冒首席請命
罷斥臣職 傳曰金尙憲加資教旨該曹何以不爲下送耶
問啓兵曹啓曰凡教旨本曹別無下送之規吏曹書吏金義信
受去以在遠道故不即傳送置之文書軸云矣執義權澍啓
曰臣於金尙憲心實非之而秋間承召上來正値西事雖虞

不欲提起往事以開端及臣忝本府已發於儕席未得
處允今見大司憲金盤引避乃與臣之所見相左何敢偃然
處置請命遞斥正言朴守文啓曰臣之愚見與長官相左請
命罷斥大司諫崔惠吉啓曰金尚憲鄭蘊之事憲府提起
陳論更惹開端此豈今日之急務乎且兩臣心跡似不可强
為今別而擬律懸殊尤未知其可也大司憲金槃不為引
嫌出於鎮靜今日處置之道臣以此發言同僚先避不可
仍冒請命罷斥玉堂處置大司憲金槃執義權濶出
仕大司諫崔惠吉正言朴守文遞差　答曰依啓金槃
呈辭權濶就職　十月二十一日憲府執義崔濶掌令朴
敦復洪瑱持平李雲栽啓曰金尚憲罪狀已盡於前啓
而　聖批乃以置而容之為教臣等之惑滋甚不得不
畢其說焉宗社之計自別於匹夫之諒人臣之義當盡
於所事之君尚憲之責望於　殿下則高出於太王文王之上
其所以自處則乃出於吉朗孫傅之下其言不顧行吁亦甚
矣當日之事臣等緊可想矣自以平生挾中之人不量
事勢固守己見進既不能以國斃退又不能指其躯一味嘶
恨悻悻下城以至君危不恤兄屍不收自不知忌親負國之罪
來萃其身及其踰嶺之後不能靜處而尚憲浮遊於湖
嶺之間自負以辨得大節其與所謂窮人之所噶者一何
相左識見偏暗雖謂之不足取可也以聖人包荒之量置
而容之亦或一道而獨人心不淑橫議與行以尚憲放論議
角立朝著不靖改之者目之以不道保之者許之以立節
不道誠為過當而原未知所立者何節也夫以鄭伯之句

褆牽羊而子產變其政宋高之忘親事讎而朱子立其
朝上下數千載間人臣處變不一其道而如尚憲所為求之
簡冊蓋亡其倫頃中當國事既去之後棄位而逃之上戚尚
憲之處其身務勝子產朱子而乃比於頃中臣等不知尚
憲之平日讀書以頃中為何如人也尚憲稍以請名自持
為一代所依此論之發衆起而咻之必欲置尚憲於已過
之地黨論之壞人心術一至於此誠可寒心大抵天下之
事本無兩是必以尚憲為是則今日在朝者為非
是非之際衆人所趨皆將相率而去自以為高致誰
肯從 殿下於危難之際哉此臣等之所大懼也議論不
可不定是非不可不明請勿留難亟命中道付處此權尉
所製衆也 答曰辭職金尚憲聞之兄金尚容凡從自京
中下來乃浦行致忠州知其處傳而望還所謂浮遊湖嶺
之間者指此也蓋諸臣之謂柳碩李烓之挾憾云者嘗在
乙丑年間睦性善柳碩聯名上疏伸救仁城君之寃死金
尚憲時為大司諫重駁之睦柳坐此廢棄十餘年李烓
嘗在甲子逆變烓之祖湛父之書佐郎晉英及烓皆不
免後金尚憲以大司諫論劾至謂父祖孫三世負國之
人及今始通顯路又嘗以權尉為不正之人群憾齊集期
於必陷而後已故所論如是矣正言李道長啓曰須吝
憲府論金尚憲也宗國之猝猝並舉其不受責加
之事措語之間下字錯誤至被虛誣之斥請命遞職
掌令洪瑱朴敦復持平李雲栽啓曰臣於前日諸坐
以罪重律輕之意言及於席上執義臣權尉亦以為

然而業已連啓引避瀆擾因前論啓矣今日持平李慶
相以金尚憲罪律不相副為非臣亦論事不中之失著
矣又請命罷亦執義權濤啓曰僚議以金尚憲前啓罪
重律輕為言臣曰此啓則果如僚議改議而搆之如何僚
議亦以為然而改搆之後又執前論臣意以為此論之發只欲
明是非定人心律之輕重不必計較矣昨日又發於席
上同僚引避何敢晏然請命罷亦持平李慶相啓
曰今日行相會禮然後臣以為金尚憲之罪以避辭論之
不但付處而已云則諸僚先自引避臣何敢仍冒請命遞
亦臣我玉堂應教鄭致和副校理睦性善李炷修撰沈
齊劄子大槩正言李道長掌令洪瑱朴敦復執義權濤
持平李雲栽李慶相並命出仕答曰依啓李慶相遞
差掌令洪瑱朴敦復持平李雲栽就職十月二十六日前啓
金尚憲付處連啓今日加請遠竄鄭蘊罷職不叙 答
曰已諭勿煩大司憲金槃呈辭遞差李行遠代之啓
曰近來以金尚憲鄭蘊等事輾轉紛紜攻之者加以不近
之說救之者亦不得其宗臣亦切惜之然而臣在山城
求死不得及至還都攻亦和之議日以益峻非惟不敢遑
亦不得容於世其情可戚不可怒也今之攻之者初不下遜
之教旨謂之封還亂前已適之賓客謂之猶弟一陸湖窠
其兄則謂之浮遊回鑾回都不可與崔山北屛伏山巓
亦不與山城同而至擬宜中之適玄遣辭儱侗蒼素易位
其能立公論而服人心乎至於鄭蘊之罪而不得其說初
謂之要名竟以悻悻為辭吁亦異矣如臣疲劣叨授首席決

難鎮浮議而振頹綱請令遞斥持平鄭泰齊啓曰近日本府
以金尚憲鄭蘊事論議方張其間意見稍有不同者則輒
被去斥臣宗廟焉當天地翻覆之日誓必不負者只有金
尚憲鄭蘊也斥和之論既云誤國則兩臣不能自以為之罪
而重入都門者其情誠可矜也不此之諒秉時搆捏擠人手
段吁亦甚矣臣之所見與諸僚相左請命罷斥掌令朴𤥽
復洪鎮持平李雲栽啓曰近以金尚憲論罪論議角立群
起而曲護之攻斥而使不敢言竊以為惟焉臣等商議其律
以遠竄論啓矣今見大司憲李行遠持平鄭泰齊引避之
辭則已非救解金尚憲之罪而攻斥臣等之言也如欲爭卞
臣亦疲矣何敢仍冒請斥臣等之職正言李道長啓曰
金尚憲之負殿下者多矣為殿下之臣者見人之負殿下
則按法而論罪宗出於公論今見大司憲李行遠持平鄭
泰齊之避辭不覺瞿然嗟咄也一品宰教何等榮寵而終
年投置於下吏之家寧是意慮之所不到誤下封字臣
已目作十年青遊最承殊遇亂前已適今始初聞而畏陵
當日泣血拜送者不獨春宮之僚屬則分義尤重之說雖
使尚憲亦必流涕而自服矣至於鄭蘊不為來覲長往
不返殊已顧慮分義之重且非不潔其名之義論以薄罰
亦欲防一時自好者之口宲也不圖乃與金尚憲而並舉必
曰兩臣〻〻至以孫為分別為論事者之罪案此又未曉也臣
寧不論事以致不靖之端何敢晏然冒命削臣職正言
任孝達啓曰金尚憲少有文名持身清苦足稱狷介之士而
賊性剛狹果於自用一生嘗論陂斥異己則為人亦可知矣

當殿下出城之日終亡係戀長往不返揆諸公義豈得亡罪
既罷其職公論已行則亦可休矣臣之所見如此何敢處
置多官爭請命罷斥大司諫金世濂啓曰金尚憲事初
非係國家存亡論議一潰彼此相激君危國亡置之度外
臣叨首席其敢定是非鎮浮議哉決難仍冒請命遞斥
司諫洪命一啓曰大司憲李行遠持平鄭泰齊掌令洪瑱
朴敦復持平李雲栽正言李道長任孝達大司諫金
世濂並引避而退今者憲府之論金尚憲鄭蘊也定是
非於衆口不齊之中別輕重於心迹一体之人所謂教旨寬
容誣狀呈露其於批擬之不論何可種々攸破哉二臣
有罪亡罪宜亡異同而亂律罷罰科斷懸殊告君之辭
不直終不免罔上隔人之歸為今鎮靜之責専在首席
若去已其甚其餘數々何足掛齒請李行遠鄭泰齊出
仕洪瑱朴敦復李雲栽任孝達金世濂並命遞差十一月初
一日改大司憲南以雄大司諫金槃掌令李烓持平申濡
正言鄭之虎黃暐院啓憲府之論金尚憲采一時之公
論則不可以罪尚憲者為非也李行遠鄭泰齊未護黨自
誣以尚憲亡一點可疵者然引避之筆都是搏擊言者阿
好傾軋之態莫此為甚司諫洪命一不念是非之章後擧
怨詈之歸其手乘時逞私盡遞多官只獨出兩人亡辭
之漸不可長也請命遞差　答曰依啓洪命一以此特拜
高敞初三日府啓金尚憲遠竄　答曰削奪官爵初四日
鄭蘊罷職不敘停啓初五日改司諫權謝執義李烓
副校理李道長掌令任孝達修撰嚴鼎耈初六日朝

講搨前啓上曰其罪不必深治初欲罷職而止耳近來
年少之輩過爲營救且措不美故已加罪今後則決不
可從停啓可也初八日執義李娃持平朴守文申濡啓
曰近以金尙憲論罪事朝著之間氣象不佳臣等非不
知鎭靜之爲好而臺諫論事之体輕重久違一徇公議
尙憲之罰止於削奪物情皆以爲太輕臣等不得請爲
期今日大司憲南以雄停啓送簡臣等以更議答送
南以雄更爲送簡以勢難參啓爲辭臣等所見旣與
長官相左何敢晏然論事請命遞斥大司憲南以
雄陳疏辭職　上不許生仕啓曰近以金尙憲事論
議橫潰朝著不端兩臣之同意　聖上旣已施行公議
亦得少伸一向堅執以涉瀆慢臣停論發簡則同
僚以太過爲答卽爲引避臣何敢自是已見晏然是非淸
命遞斥大司諫金槃啓曰臣曾以此事重被扶植罪
人之忌憚之斥今安敢晏然是非請命遞斥院啓執
義李娃持平朴守文申濡大司憲南以雄大司諫並引
避而退止於削奪果似太輕朝著不靖欲爲停論前旣
被參不敢處置俱之可避之嫌請並命出仕十三日改大司
憲南以雄陳疏遞差其代金湜在鄕獻納沈齊正言洪瑱
副校理林墰二十三日府啓金尙憲遠竄事停啓庚辰正
月大司諫朴潢啓辭大槩掌令柳碩用心處事似非吉人
正士請罷　上不允柳碩上疏大槩臣本疏愚得罪於
時見嫉於人久矣行護軍金尙憲有忌君負國之罪
臣知有君父而不知權臣曾叨本職略陳所懷臣

既不知一論此人音袂立至而盖其狂妄之見不可核
也今日朝廷之上亡非尚憲之人者張目切齒必欲殺之
而幸頼天地父母曲加寛貸得至今日而含沙之毒
伏以伺人臣自料然必行事之謂何可免也 殿下深
居九重何知今日景象盤挖之勢焯爀之熖威福一
世十有八年以已異同窮達其人臣有人情尚有患失
之心則何可捨必利之途觸難犯之怒而自取顛頼也哉
臣又竊聞尚憲之疏曰自古無不死之人亦無不亡之國
身是匹夫而猶不能自決乃欲以溝瀆之諒望於奉
宗庙社稷之人君何其不思之甚也臣即 殿下之臣
可愛者吾君雖萬被誅戮義難緘口臣亦戚矣臣既已
已狀取人搆揑之斥豈敢強顔得班玷行並許鑴免
以便公私 答曰省疏具悉臺諫之不正予已洞燭勿
控辭安心察職 上經年違豫汗使差胡湍日介來審
於上卧內然後使送元孫及麟平大君與夫人庚辰三
月十五日世子一番出来其後送一大君旋即俱還送
元孫與麟平夫人己卯秋賊使以五千舟師助攻天朝
以林慶業爲上将李浣爲副将發諸道舟師以赴師
期十二月初十日金尚憲上疏曰貝罪臣金尚憲伏以臣精
毁碊骨今甘投荒伏蒙天地父母之恩行遣既免戰慄
繼還偃息田廬沒齒爲期自念老病餘生朝夕待盡無
以報 聖德之萬一日夜感激涕泣而已頃者伏聞 上候違
豫久未復常臣子之心雖切憂慮素昧方技末由效誠
近日又聞朝廷從北使之言将薮兵五千助瀋陽伐大明臣

閔之變焉哉未定不以為然夫臣之於主亦有可從不可從子
路冉求雖臣季氏孔子猶稱其有所不從當初國家勢弱
力屈姑為目前苟存之計而以 殿下撥亂反正之大志臥薪嘗
膽今已三年于此雪恥復讎之策抑指日可望豈意愈往
愈微事事如此從然至三前不至之地乎自古無不死之人亦無
不亡之國死亡可悲而遂迷不可為也有復於 殿下者曰今有
寇讎攻父母 殿下必命有司治之其人雖善辭以解
殿下不赦必加以王法此天下之通道也今之謀者以為禮
義不足守臣未暇禮義以辨難以利害論之徒能為彌縫
一朝之暴而不惧天子六師之移非遂討也自下日以來半朝
之人未嘗一日忘我國特懲且無救而拜戎非本心也閣下到
此之忠海上捷北之卒雖不足於掃蕩亦豈復遼瀋而走於
楚示我國之為捷則有餘也若闕我國之人為張兒於虎前則罪
之師雷奔電擊帆風一日直到海西竹島之間世謂可畏
者猶在於唐陽也人皆曰彼勢方强違之必有禍臣以為君
義至重他之必有殃與其負義而生終亦免危亡曷若守正
而俟命於天乎然則非本國以此守國未有不復其治者也
我 太祖康獻大王以義回軍建三百年丕業固之基 宣
祖昭敬大王至誠事大被壬辰援濟之恩今若負義忘
恩忍為此舉則非但未循天下後世之議將何以見 先王於地
下亦何使臣下盡忠於國家執伏願 殿下亦然改圖亟定
大計勿為殘暴所奪亦勿為邪議所誤以繼 太祖宣祖之志
以副忠臣義士之望臣受國厚恩以從大夫之後雖在廢
退當此國家莫大之事義不可泯默前日柳琳之行臣

居遠事迫未及献言茹恨在骨至今耿耿玆敢不避忌
諱輒陳愚悃恭俟鈇鉞之誅伏願　殿下垂察焉庚
辰十月龍骨大梧木渴汝三人出來二將留灣上木道馳
到京中責以當初不如約條者十一件事乃向化逃還唐人
及我國人不即刷還三公六卿質子或以孽子或以疎族
苟充以送前日徵兵以誤軍機今者舟師不得入來歷田
不前採蔘人及佃獵彼境者不爲禁斷漢人舡隻到我
境者不禁不告江都及山城不言渠擅自修築柳琳欲
爲諂用使之等待而擅送南方林慶業所率軍兵往
在彼地者戰馬及館餉不即送之軍前亦事也恐嚇萬端
領相洪瑞鳳曾參於山城約條時吏曹判書李顯英主
用人鄙吝旨申得剛性平林慶業處送夫馬時有防啓
參判朴潢前在瀋陽有豫知之事使之俱送故領相以下諸
人星夜馳往灣上所謂朴潢有豫知云者指豫知鄭雷卿
事也蓋鄭於丙子之變以講院無官自請赴瀋及我國所送
紅柿生梨等物於汗也鄭命壽改其文書減那柿梨之半
雷卿欲因此事而除命壽與司書金宗一院吏姜孝先密議
且與漢人之被虜者同心結約欲一時並殺而現露其事世
子往見汗特宗一倍行龍馬先知此計問宗一曰汝欲害命
壽云然耶宗一以不知答之龍馬即往館所問雷卿答曰
有之龍馬大怒因雷卿於別処先殺漢人仍詰責我國朝廷
自上初欲送使救解相臣崔鳴吉曰如此則益致其怒三益
於雷卿不如馳送宣傳官使之賜死孝先之名雖不出於胡
人之口終若事發則初不如我國先爲同時賜死之爲愈如

此則雷卿輩或有萬一得活之幸　上從其言送宣傳官四
月初八日賜死雷卿孝先於瀋陽　世子親欲往救於龍馬館
中諸臣力請猶不止先送講官鄭知和於刑部見辱而
還然後不得已止之兩人及死斂殯衣服皆自內出弔祭哀
痛一出於誠遠近聞者無不感激宗一以此拿來論罪德
朴㷜魯從前奉使虜中與龍馬兩胡及鄭命壽交結已久
魯之到瀋陽至於龍馬出示其妻子龍馬曰今子即吾
兒也其與虜輩親切可知而及魯與雷卿同処館中
雷卿見魯多行麤鄙之事攻魯太甚未嘗與同坐相語
至是雷卿之死人皆謂為魯之嗾也領相吏判先赴湾
上申得渊到松京還上疏言今番龍胡之來專為臣身往
則少死願死於朝廷　上命速往則又上疏言臣素乏子姪叔
骨三人請率往外甥姜文明倫司請送之文明即左相姜
碩期之子欲藉其勢力故也中路聞吹角拜意謂胡差之
來捕走入數匍匐而行半月始到安州狀啓言因晝夜來
到安州云人莫不竊笑龍胡輩招領相吏判而言曰貴國
有金斜陽者不用大清年号南漢出城不隨駕而下來
世子往還亦不迎送不受官爵凡干上疏指教年少輩為
之云然耶所謂斜陽者蓋指金尚憲而胡語如此也詰責
已數領相以下知其終不可諱答曰老病在遠放官教下
吏不即下送此非不受官爵云其餘事已復卞別龍胡
亦曰使速來見蓋倫司回啓更令湾上諸臣善処　上答
曰依啓且此人如或往死貽患國家念之領府事李聖求
密劄彼以不受官爵為言若拜二相兼武師而入則可以紓

秋云且倫局別送下吏賫去銀兩行賂於彼処賊初不甚催督
及申得淵至灣上暫枝龍胡嗔責出見鄭命壽袁乞萬
端指示生途命壽曰若言横議之人可生得淵即書給金
尚憲曺漢英咸昌士人蔡以恒亦三人此則厥外燭宣川府使
李烓唆之云矣龍胡輩及聞此言催督三人使之兼程入送倫
局以得淵事稱以巨擘則 傳曰陷人於不義也貽患國家
不忠也倫局不以為怒只稱巨擘今日 朝廷可謂巨法矣處
接使李景曾狀啓丁丑以後臣非遠接則館伴非不知
彼中氣色即今形勢頓異前日金尚憲自知其不免至今不
来朝廷不為分付予云云灣上諸臣初欲救解及龍胡聞
得淵之言逐日催督至以送兵一千於領南親自捉去云
且以币帘龍去云領相以下亦言語恐㤼京外騷動灣上
諸臣大生恇怮狀啓一日三續至所捉者皆是速送金尚憲
之言也金尚憲初以未肯 上命而不可先自上去及倫局聞
予到本道去月晦日自安東即發而言語動止一如平昔遠
近親旧巨不哭送興臺下卒亦皆流涕尚憲無一毫幾微
見辞色到京 上為遣中使賜以貂裘厚給行資仍 傳曰
卿以先朝旧臣遊予者亦且多年義雖君臣恩猶父子也
是以頃年退去猶極缺然意外秋生竟至於此良由寡
昧不賢之致言念悲惻不覺淚下也予切欲相見難使未
果願卿善為開陳以解其怒金尚憲謝恩疏曰伏以臣言無
火補身即遠行[illegible]過國門跡阻陛辞中心耿耿感慕徒增
不意淵衷曲体微情内使臨存天語惻怛珎裘携手賤氣
回春若登鶴頭再觀龍顏雖死之日猶生之年臣不勝攢天

望闕泣血馳情之至謹昧死以聞　答曰省卿上疏予甚
悲傷卿須善對以副至意行到平山胡差五人來見先去
略無困辱之事而龍胡輩急於還歸催督甚急星夜
兼程自平山三日到龍灣精神氣力少無困頓即臘月吉
也龍胡與本朝諸宰設筵引金尚憲坐於吏判李顯英之
上衣布衣着冠負於人而入之則偃卧胡輩亦不嗔怒龍
將曰俺亦已有所聞公言無諱答曰不知何言龍胡曰丁丑
國王之下城獨以為請國不可事不為扈駕是何意耶
答曰豈不欲從吾君但老病不得從行耳又曰丁丑以後
降拜一不受之還納官教云何也答曰國家以吾老病不
為除職不知除拜何官而不受耶我國大小之官皆在此
孰不知如此延宴之說聞於何處耶又曰舟師時何以沮撓予
答曰吾守吾志吾告吾君國家不用吾言微細之言何
以至於他國乎龍胡曰何以謂之他國乎答曰彼此各有
境界安可不謂之他國乎三將相語使之撞出別無怒色
梧木道曰朝鮮之人言語閒婥婀發說此人應答甚快
最難老人也從胡輩亦嘖嘖稱强胡人別定勤幹差使
負使之扶護且令秉轎而行路中幕次供饋必先之曹祭
與申得淵並入去朴潢當初多用銀兩於龍胡故即還去
終被再徵拘留於瀋中蓋朴潢為江原監司為朴潢所
論遞及瀋陽潢摘斥魯太甚仍成仇怨且累被金尚憲之重
駁　令番朴金之事專由於魯之嗾云辛巳正月初九日所謂
質可王酋與刑部官會于刑部請 世子及陪臣來會後金
尚憲及曹蔡得淵亦四人項加鐵鎖合縛兩手先置刑部門外

先問金尚憲則所答一如灣上問答而當其入刑部時亦負
於人而行到即偃卧亦如前日胡人不爲呵禁得渊負行亦
如金尚憲則胡人以杖打之曰大子〻〻汝欲效金某耶次問曹
漢英曰爾之陳疏何事耶答曰國王久在諒闇中罕接臣隣
請於卧內頻接大臣講論治道而已爲一款則豈於丁丑
登萊送舟師時爲兵郎與調軍兵乎其臣他意可知矣蔡
以恒曰鄉人臣預朝家事只以賦役偏重陳疏虜曰賦役
指何事也蔡曰量田後田稅刷馬之役比前頗重者也更
問得渊曰書蔡與爾所言何相左也得渊曰此皆吾在
瀋陽時事也龍胡如問之際只以所聞言之疏中辭意
則果未知矣刑部官三人使鄭命壽傳言曰金某丙子
之前橫議紛〻紜國家顚危尚不知悔猶踵前習書疏
請頻接臣僚者必是陳爲不善之事蔡疏徑從頗重之
說必指歲幣軍糧而言也得渊夫馬調送之時陳疏亦
梗發告曹蔡及已相面乃反縢靴四人一樣當死云〻龍胥
大亦來言於世子館所曰金某亦罪亦初以死論斷以爲
今番龍胡出去之時十二件事本國皆以自服金某亦
即入送朝廷之失已皆置之此人等之罪亦當思量從
之云仍拘留五臣於別館執義趙絅大言於朝曰金某之
事專由柳碩亦之論劾遠播胡中以至於此胡人尚知敬
歎而我國之人反不如犬羊云矣辛巳臘月金尚憲得病將
至不救世子言於龍胡及汗出送金以下四人之拘留於
灣上而出來特若值險路領來胡將必下馬扶引金某所
乘之車可知醜虜尊敬之至也壬午正月三日五臣到

灣上〻疏曰伏以臣羈縶異域再罹寒暑拮形危喘
與死為期伏蒙天地父母之仁德動遠邇誠感上下
脫之於鼎鑊刀俎之間還之於乳哺衽席之内再生之
恩如骨而肉生此非臣等之力所能仰報而王闗雖入長
安尚遠不得趍詣闕庭少伸微悃巨任瞻天望日感激流
涕之至又上書于　王世子邸下伏以一言可以回生一言可
以赴死此至仁之心與天地同其德者也旧聞斯語於身
親遭無妄被灾同陷不測一年牢獄死巨無日　邸下
哀而愍之軫念不已感動之效終致影響其体　聖上
矜恤之心而法皇天仁愛之道者至矣尽矣又非特臣
等區〻私情之所感戴也臣等抑有所不能堪者身
幽拘棘心係軒墀日夕延頸如聆玉音弱子慈母未
足喻其情也一朝蒙恩脫身彷彿而蒼黃驅迫竟
阻祗謁轉聘之頃已滿行館一步一涕肝腸如剪今
到龍灣食息已定自今至死皆邸下之賜也臣等巨
任北望感泣之至謹昧死以達　傳曰申得淵之事極為
驕恠奉命之官雖鈇鉞不當避而迺能走還多陷他
人尚不施罰者為其方係清國今姑削奪官爵丙子
之變扶植綱常者只是金尚憲鄭蘊兩人而已鄭蘊
患風痺卒于辛巳六月二十日金尚憲尚在拘縶故本
末曲折不憚縷〻詳載于此頃於胡差之來領相洪瑞
鳳吏判李顯英等在灣上為龍胡所責持巨一事下
爭我民漢人萬死逃生者向化之來我土生長子孫
者八道守令方伯不問真偽惟務多送免彼嗔怒

及於倫局點閱之際父子兄弟之相訣去留者斷指爲
贖流血滿庭古今天下安有如此慘怛者乎聞之者莫
不酸鼻龍胡所得三件人不知其幾千百而壑欲已厭使
以百名追送又爲眷契領相吏判遠接使李景曾等以
百爲多反以隨得隨送爲約文着押而給之我後彼輩
每每催督還爲日後無窮之弊可良歎也鄭命壽本
我國關西殷山官奴也倫局議啓拜知事下送官教則
命壽曰天恩感激卽當肅拜煩不能敢夜深後擇其
淨潔處當東向拜謝云矣辛巳春瀋陽又使送砲手
一千騎馬一百匹牽夫五百人以柳琳爲將捴三月二十日逢
點於瀋陽故柳琳遞統制使以送而軍餉器械自我
國陸續入來林慶業與軍兵自海州衛撤戍而還柳琳
入往瀋陽與胡王胡將往攻中朝祖總兵所守錦州
衛得其羅城合圍累月與天兵之自松山站來援者接
戰時星州居砲手李士龍裹佩四十餘丸虛放見覺爲
胡將所殺蓋士龍雖是軍卒本士族孽子凡行事
與常漢自別及其分行謂其家人曰若聞與中朝相戰
之日當爲我忌辰云其志已定及聞其死人莫不悲之牧
使崔有淵作文親往祭之五月奴賊稱以遞代又使發送砲
手五百而大將以年少武將定送故以統制使柳廷益爲將
發近道御營軍六月逢點入送中朝之王都事稱名
人領二百船來泊龍川欲傳皇勅及冕服印信平安監司
鄭太和兵使李顯達沿江列陣多發大砲王都事還入海
中而以前都承旨沈演爲兩西都巡察使林慶業爲白衣

别將李稑為從事官御漢兵不得下陸沈演辭朝特引見
請以干戈從事 上以臨時相機為教 壬午二月 椵山站王
廷臣約為內應胡人猶不信使有罪立功自効者試為
先登廷臣之黨扶腋以上本月十八日終致失守城中之人
皆為屠殺 只是廷臣將官親切者十三人不殺設宴犒
師洪軍門承疇亦屈皇朝文士之降虜承疇為始云
得城中銀貨二十餘萬兩糧餉足支數年云 椵山站降將
中祖大平即總兵大壽之弟也九王右真王在錦州送祖大平
於城中使誘其兄則三月初八日大壽率其管下百餘名將
官二千餘人出降於九王會處諸王設宴招我國大將以下
視之諸王拔出甲騎八千名入城守堞而漢兵稱以分援八高
山移去伊州衛使其妻子出城後甲丁則盡殺而其中漢兵
及蒙古清兵曾投中朝者不為出來與奴相格奴亦死
傷頗多而終至敗衂我國大將以下各給賞銀蓋錦
州城中飢死者甚多軍兵亦多不想被圍經年中朝
不為救援使至於此天下事已無可言而祖大壽以天下名將
偷生犬羊誠可痛惋汗入門擊鼓會諸將受賀請世
子隨參我國之軍只留若干名其餘前後軍兵盡為撤
還我軍當初入去之時如就死地及到彼境汗及胡王以下
無不厚待盡給其戰中所得之物到今人皆感悅盛稱
彼國威德咸有歆羨願行之意矣中朝設和汗出送
二師李景稷問其可和與否其書曰朕自與明朝搆兵以
來每見生民死傷太多心窃不忍屢欲和好奈何明朝
君臣妄自尊大視其臣民之塗炭毫不關心竟不欲和

及見諸王圍錦州十三萬援兵須剋覆沒始惧而欲和乃令
錦衣衛官一員戒方司官一員摠兵官二員至軍門前
請成諸王以其無御寶書札拒回者三次嗣後二次齎御
寶書札其来官與我臣接見特正是遜辭恭敬自居
其下不似曩日矣諸王悉以情狀来奏朕閱所用明朝
皇帝之寶眞札真的已疑云云況壬申年皇帝征漢兒
特張家江沈巡撫六月二十八日盟誓之事明朝皇帝
亦明知但不勝文臣浮议故罷巡撫之任後来復命
和事會議又為諸文臣所沮遂寢其事此事請和
決非虛語云云朕初以彼之請和不過設計誑誘欲免
錦州四城之難亦未深信今復遣官至朕思四城已破
援兵已絶加以飢饉薦臻窃盗蜂起流賊轉熾蓋迫
于不得不和耳朕想近日我之藩服不為不多強國不為
不廣彼既請和意欲成和而共享太平之福諸王貝勒等
或謂明朝特勢已衰正宜乘此機會攻取北京安用和
為但念征戰不已死傷必衆固有所不忍彼蒙天眷得成
一統世豈有長生之人乎子子孫孫寧有世守不絶之理乎
昔大金曾亦一統今安在哉朕之真心如此諸王等所見如彼
進取與和好二者孰善以王誼屬一体故降勑商議宜陳
其所見勿得隱諱
義州品官崔孝逸盡賣其田宅家蔵買舡入中朝方為
把揔云故胡人使細作漢人出送于孝逸族屬之在於関
西処佯若自中朝来者致密傳安否使之捧書以来云則彼
皆信之不疑書給諺札備陳曲折其中一款乃前義州府尹

黃一皓亦歎眠甭之所為曲護私黨云辛巳五月奴送差
二人直入闕中屏去承旨史官與上附耳語仍納崔孝一
誇書則崔孝一屬之名在書中者尽命拿來一番捧招
然後胡差使本國照律右相姜碩期欲律之絶島安置
領相李聖求左相申景禛直以死斬擬律姜争之不
得即為起出本月初九日兩胡及鄭命壽出南别殿外踞
坐繩床使領以下百官列立崔孝一張厚健亦十人及黃
參知一皓一時斬殺血流波道此古史中亦未有之變也
令人氣塞黃擧止從容略無怖色吏曹參議李德洙
在傍呼其字曰平生欲為國事今乃浪死誠可憐也黃
曰我死猶勝於令輩之生云黃有八十歲老母人皆痛惻
如表親戚黃一皓字翼龍故名宰黃判書慎之養子也
為人慷慨擔當國事人以此尤惜之往年 上命囚崔孝一
之一族前領相洪瑞鳳密劄致釋胡差知之招致領相
於庭中致辱無數領相李聖求與鄭命壽問答之際
謂聖求曰台言出於口者又不如我肛門而聖求不以為耻矣
謂命壽曰吾子不久當入質瀋中令須愛之云鄭命壽
托以房妓非美色欲出求閭家日賂千兩銀子以悅其心令
番接待之享倍於曩時矣胡差之還言於 上曰令行有
所處置請與禁府堂上使之隨去則胡差到関西崔孝一
勿問親疎盡入又為尽殺而去
張旅軒顯光經變後祭家廟為文告之曰在家不肖在國無
益來跡邦外擬填溝壑仍入永川深谷立名書堂更不還
家乃終於此前吏曹正郎金慶餘托以親病不往除拜金

郊祭訪亦不赴朝廷論以嚴避徙配本驛放還之後累拜
兩司亞長及玉堂應教亦不起愼天翊李以行亦屢拜
兩司亞長而併不仕中朝大僕卿張春壬戌生辛未年
以監軍御史到邊上奴賊之入寇時被擄寧辱萬端
終不屈置之無人之境經年不死然後奴亦服其義置
瀋陽汗所居至近之地為搆精舍救聞使必僧二人侍側
任使所供極備或有勸降之言則必以刃加頸奴還止之
坐必北向對人不語足不履地每曉起拜祝天以一句詩
春祝怙門曰勁節凌霜竹丹忱向日葵為人短小精悍
貌如其心年八十辛巳三月因病卒瀋陽胡俗以火葬為
重而今於張表斂殯衣服汗使孔耿皆用華制葬於
中朝往來路傍恐有掘取之寇定以守塚二人經年乃罷

○嗚呼丙子之變慘矣尚忍言哉豕安之患出於倉卒旬
日之內三京覆沒萬姓魚肉　大駕去邠江都失守搶掠
焚毀公私赤立有甚於壬辰之變終至於出城而　東
宮大君又繫異域士族婦女之污衊上下貴賤之俘係此
皆前古之所罕有也若非身親經亂詳盡記宗則後世
何得而知之壬辰纔經五十年當時被兵之人尚多存者
狀可勝歎哉壬辰記事之書皇明傳信錄載其中朝將
士東征之事柳西厓懲毖錄載其　扈駕西行之事且
及其所聞申象村亦記其若干而十無其七八余嘗恨之今
著丙子錄先及其起禍之由次之以目見之詳若其傳聞者
則旁搜廣訊博採群言毋論細大靡不畢具人之賢否
事之是非不問親踈據實直書非敢取自比於野史時移世遠

恐或遺失忘其僭越備載于此後之覽此者恕若眼
前則未必無少補云爾

鷗浦羅萬甲著

羅萬甲号鷗浦
仁祖朝歷翰林舍人官止工曹參議
丙子作和有真声沙溪金長生门人

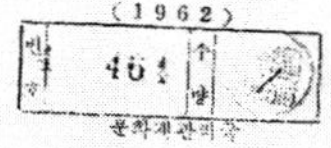

역주자 **신해진(申海鎭)**

경북 의성 출생
고려대학교 국어국문학과 및 동대학원 석·박사과정 졸업(문학박사)
전남대학교 제23회 용봉학술상(2019) ; 제25회·제26회 용봉학술특별상(2021·2022)
현재 전남대학교 인문대학 국어국문학과 교수

저역서 『팔곡 구사맹 난후조망록』(2023), 『암곡 도세순 용사일기』(2023)
『설하거사 남기재 병자사략』(2023), 『사류재 이정암 서정일록』(2023)
『농포 정문부 진사장계』(2022), 『약포 정탁 피난행록(상·하)』(2022)
『중호 윤탁연 북관일기(상·하)』(2022), 『취사 이여빈 용사록』(2022)
『양건당 황대중 임진창의격왜일기』(2022), 『농아당 박홍장 병신동사록』(2022)
『청허재 손엽 용사일기』(2022), 『추포 황신 일본왕환일기』(2022)
『청강 조수성 병자거의일기』(2021), 『만휴 황귀성 난중기사』(2021)
『월파 류팽로 임진창의일기』(2021), 『검간 임진일기』(2021)
『검간 임진일기 자료집성』(2021), 『가휴 진사일기』(2021), 『성재 용사실기』(2021)
『지헌 임진일록』(2021), 『양대박 창의 종군일기』(2021), 『선양정 진사일기』(2020)
『북천일록』(2020), 『괘일록』(2020), 『토역일기』(2020), 『후금 요양성 정탐서』(2020)
『북행일기』(2020), 『심행일기』(2020), 『요해단충록 (1)~(8)』(2019, 2020)
『무요부초건주이추왕고소략』(2018), 『건주기정도기』(2017)
이외 다수의 저역서와 논문

구포 나만갑 병자록
鷗浦 羅萬甲 丙子錄

2023년 10월 31일 초판 1쇄 펴냄

원저자 나만갑
역주자 신해진
펴낸이 김흥국
펴낸곳 도서출판 보고사

책임편집 이경민
표지디자인 김규범

등록 1990년 12월 13일 제6-0429호
주소 경기도 파주시 회동길 337-15 보고사
전화 031-955-9797(대표)
팩스 02-922-6990
메일 bogosabooks@naver.com
http://www.bogosabooks.co.kr

ISBN 979-11-6587-653-1 93910

정가 29,000원